대원불교
학술총서

12

대원불교
학술총서

12

달라이 라마의 정치철학

. . .

The Political Philosophy of the Dalai Lama

. . .

수바쉬 C. 카샵(Subhash C. Kashyap) 편집

허우성 · 허주형 옮김

. . .

운주사

발간사

오늘날 인류 사회는 4차 산업혁명을 통해 완전히 새로운 세상을 맞이하고 있습니다. 전통적인 인간관과 세계관이 크게 흔들리면서, 종교계에도 새로운 변혁이 불가피하게 되었습니다. 이런 상황에서 대한불교진흥원은 다음과 같은 취지로 대원불교총서를 발간하려고 합니다.

첫째로, 현대 과학의 발전을 토대로 불교를 현대적으로 재해석할 필요가 있습니다. 불교는 어느 종교보다도 과학과 가장 잘 조화될 수 있는 종교입니다. 이런 평가에 걸맞게 불교를 현대적 용어로 새롭게 이해할 수 있도록 하려고 합니다.

둘째로, 현대 생활에 맞게 불교를 이해할 필요가 있습니다. 불교가 형성되던 시대 상황과 오늘날의 상황은 너무나 많이 변했습니다. 이런 변화된 상황에서 부처님의 가르침을 제대로 이해할 수 있도록 하려고 합니다.

셋째로, 불교의 발전과정을 종합적으로 이해할 필요가 있습니다. 북방불교, 남방불교, 티베트불교, 현대 서구불교 등은 같은 뿌리에서 다른 꽃들을 피웠습니다. 세계화 시대에 부응하여 이들 발전을 한데 묶어 불교에 대한 총체적 이해가 가능하도록 하려고 합니다.

대원불교총서는 대한불교진흥원의 장기 프로젝트의 하나로서 두 종류로 출간될 예정입니다. 하나는 대원불교학술총서이고 다른 하나는 대원불교문화총서입니다. 학술총서는 학술성과 대중성 양 측면을

6

모두 갖추려고 하며, 문화총서는 젊은 세대의 관심과 감각에 맞추려고
합니다.

　본 총서 발간이 한국불교 중흥에 조금이나마 기여할 수 있기를
바랍니다.

불기 2567년(서기 2023년) 11월

(재)대한불교진흥원

머리말

오늘날의 세계는 큰 변화를 겪고 있습니다. 새로운 갈등이 계속 일어나지만, 세계의 많은 분쟁 지역에서 화해와 평화의 정신이 나타납니다. 따라서 우리가 진리와 정의, 비폭력에 기반을 둔 중도 어프로치를 통해 평화적이고 원만한 해결을 모색하고 있으므로, 티베트 본토에서도 긍정적인 변화가 일어날 것이라고 믿습니다.

티베트 의회정책 연구센터(Tibetan Parliamentary and Policy Research Centre)가 시리즈 중 4번째로 『달라이 라마의 정치철학』이라는 제목의 책을 출간하게 되어 기쁩니다. 이전에 나온 세 권의 책은 시로마니(A. A. Shiromany)가 편집하고 연구센터가 출판한 것으로, 성하의 사상을 명상에서부터 환경과 생태에 이르는 주제들, 티베트인의 교육에서부터 티베트 정치체제의 민주화 그리고 중국·티베트 관계에 이르는 주제까지 폭넓게 다루었습니다. 또한 이번 책은 인류 전체의 정치적, 사회적, 도덕적, 영적 사안에 대해 여러 포럼에서 발표된 성하의 담화문, 연설, 메모, 성명 등을 모은 것입니다.

이 책의 편집자 수바쉬 C. 카샵 박사(Dr. Subhash C. Kashyap)는 방대한 자료를 선별해서 분류하고 적절하게 편집하는 어려운 일을 맡았습니다. 이것은 정말 꼼꼼하게 행해졌고, 그 결과는 성하의 견해, 특히 정치철학에 대한 견해를 드러내는 값지고 읽을 만한 책이 되었습니다. 편집자의 사려 깊은 서설은 올바른 관점을 제공하고, 인간

행동의 동기로서 자비, 이타주의, 사랑, 비폭력이라는 메시지에 주목
함으로써 이 책을 요약하고 있다고 생각합니다.

저는 이 거대한 프로젝트를 책의 형태로 만든 티베트 의회정책
연구센터에 감사를 표하며, 성하의 연설, 글, 인터뷰가 포함된 이
책이, 그의 사상이 더 널리 공유되고 티베트 문제가 세계적으로 더
잘 이해되는 데 도움이 되기를 바랍니다.

롭상 상게 박사
시콩(중앙 티베트 정부)

서문

티베트 의회정책 연구센터(TPPRC)는 『달라이 라마의 정치철학: 연설과 저작 선집』을 발간하게 된 것을 영광으로 생각합니다. 이 책은 14대 달라이 라마의 연설과 저작 모음집 중 제4권입니다.

이 시리즈의 목적은 달라이 라마의 방대한 사상과 철학의 모음집을 한 곳에서 보여주려는 것입니다. 이 책에서는 그가 다양한 주제에 대해 전 세계에 전한 수천 편의 연설과 저작 중에서 100편(그리고 부록)만을 수록할 수 있었는데, 주제는 인권, 세계평화, 자비, 환경·무장 해제·교육·민주주의에 대한 보편적 책임, 그리고 불교철학 사상에까지 걸쳐져 있습니다. 우리는 성하의 사상을 주제별로 8부로 정리했습니다.

성하의 말씀에 따르면, 우리가 알고 있는 지구상의 평화와 생명의 존속은 인간의 활동 탓에 그리고 인도주의적 가치에 대한 헌신이 부족한 탓에 위협받고 있습니다. 그는 우리가 같은 인간과 온화하고 평화로운 관계를 유지해야 할 뿐만 아니라, 자연환경에 대해서도 같은 태도를 갖는 것이 매우 중요하다고 생각합니다. 그의 정치철학은 수십 년간 티베트인을 이끌어 주던 원칙이었으며, 중국 지도부와 티베트 문제를 원만하게 해결하는 데 여전히 영감을 주고 있습니다.

우리는, 이 책이 달라이 라마를 티베트의 비극을 온몸으로 구현하고 자신의 것으로 삼고 있는 지도자로서만이 아니라, 도덕적 명성이 높은 정치가로 국제적으로 인정받는 인물로서 성하께서 기여하신 바를 보여주길 간절히 바랍니다. 이 책은 글로벌 리더들과 젊은 세대들이 모든 생명에 대한 보편적 책임감과 존중의 철학을 이해할 수 있는 기준이 될 것입니다. 우리는 또한 독자들이 이 책을 통해 티베트의 비극을 폭넓고 명확하게 이해할 수 있길 바랍니다.

우리는 카샵 박사님께서 이 엄청난 일을 맡아서, 모든 세부 사항을 꼼꼼하게 검토하여, 자료를 분류하고 적절하게 편집하여, 대단히 중요하고도 시의성 있는 이 출판물을 내기 위해 노력하신 일에 대해 진심으로 감사드립니다. 우리는 또 게렉 남걀(Gelek Namgyal) 씨에게도 감사드립니다. 그분은 다양한 출처의 자료를 수집하고 화면으로 볼 수 있게 디지털화하여 편집자와 협력하는 데 헌신하고 지칠 줄 모르는 노력을 기울였습니다.

프리드리히 나우만 재단의 지속적이고 끊임없는 지원에 진심 어린 감사의 말씀을 분명히 드려야겠습니다. 그런 지원이 없었다면 출판할 수 없었을 것입니다.

최충 왕축
티베트 의회정책 연구센터 집행위원장

편집자의 말

티베트 의회정책 연구센터가 14대 달라이 라마의 저작과 연설문을 편집하여 출판해 달라는 요청을 해 왔습니다. 이는 저에게 엄청난 영광이었고 깊은 내적 기쁨을 주었습니다.

티베트 투쟁은 티베트 민족의 자유, 정의, 평등, 인간의 존엄성, 정체성을 위한 것입니다. 수천 년의 티베트 역사에서 가장 어려운 시기에, 14대 달라이 라마 성하는 60년 이상 티베트인에게 영적, 정치적 지도력을 제공해 오셨습니다. 그의 높은 도덕적 위상과 고결한 비전, 개인적인 광휘 덕분에 이 시기 동안 티베트의 대의와 문화는 세계적인 규모를 갖추게 되었습니다. 티베트의 정신, 제도, 지식은 현재 전 세계적으로 널리 알려지고, 논의되고, 인정받고 있습니다. 티베트인이 겪어 온 충격과 비극에도 불구하고, 성하는 비폭력, 자비, 평화에 대한 자신의 신념을 꿋꿋하게 지켜 오셨습니다. 그는 중도中道를 주장해 오셨으며, 독립이 아니라 진정한 지역 자치만을 요구하십니다. 중화인민공화국의 헌법 자체가 티베트를 중국의 자치 지역으로 규정하고 있는 만큼, 이 요구는 표면적으로 중국인에게 아무런 문제가 되지 않아야 합니다. 티베트의 지역, 경계 등에 대한 인식 차이, 그리고 티베트 자치의 내용과 자치의 정도만 협상하면 됩니다.

처음부터 성하께서는 티베트인을 위해 민주주의를 도입하시고 민주적 제도를 구축하려고 애쓰셨습니다. 달라이 라마께서는 마하트마 간디처럼 권력은 민중에게 귀속해야 하며 통치자에게 빼앗겨서는 안 된다고 믿으셨습니다. 그는 1961년부터 티베트 난민의 정치제도에 조금씩 민주주의를 도입하셨습니다. 2011년 마침내 그는 모든 정치적, 행정적 책임을 대중 투표로 선출된 칼론 티빠(총리)인 롭상 상게 박사님에게 완전히 이양하셨습니다. 그가 현재 시쿙(Sikyong, 섭정), 즉 중앙 티베트 정부의 최고 정치 지도자입니다. 그러나 성하께서 거듭 말씀하셨듯이, 실질적으로 모든 권력은 칼론 티빠가 아닌 전 티베트인에게 이양된 것입니다.

성하께서는 모든 정치적 권력을 내려놓으셨지만, 여전히 최고 지도자, 민족의 빛과 수호자와 보호자, 통합과 정체성의 상징, 티베트인의 목소리로 남아 있으십니다. 그는 계속해서 조언과 격려를 하실 것이고, 세계 지도자들과 만나는 등 티베트 문제의 해결에도 계속 관여하실 것입니다. 그는 모든 정치적―집행적·행정적―책임에서 벗어나신 것뿐입니다. 이렇게 비폭력적이고 평화적인 민주혁명이 있었던 덕에, 신의 화신으로 신성한 자격을 가지신 달라이 라마, 모든 주권적인 정치적, 영적 권력의 의심할 바 없는 최고의 보고寶庫이신 달라이 라마는 전체 수장으로서의 모든 정치적 권력과 지위를 자발적으로 포기하시고, 이를 선출된 국민의 대표들에게 이양하셨습니다.

그런데 모든 불리한 역경 속에서도 티베트인의 희망을 살려온 것은 성하의 숭고하고 역동적이며 매력적인 인격이십니다. 그는 특유의 인내심, 무한한 관용, 절대적인 평정, 긍정적인 낙천주의를 보여주셨습니다. 티베트 안팎의 티베트인은 그들의 정체성, 인권, 문화적 가치, 전통, 예배와 삶의 자유를 보존하자는 결의를 어느 때보다 더 강하게 다지고 있습니다.

성하께서는 모든 정치적 지위와 권력을 포기하셨지만, 사람들의 마음 안에 보편적인 사랑과 존중의 불을 붙이시면서, 700만 명 남짓한 티베트인뿐만 아니라 전 세계 수십억 명의 사람들의 마음을 얻고 있으십니다. 티베트의 자유와 티베트인의 인권을 위한 그의 비폭력 투쟁은 실제로는 전 인류를 위한 것입니다. 그는 살아 있는 전설이시자 가장 존경받는 글로벌 지도자 중 한 분이십니다. 평화의 사람이시고 에고를 내세우는 흔적이 없는 온전한 정신의 목소리이십니다. 그는 깨끗하고 순수한 혼의 힘으로서, 전 인류를 위한 등대이시며 불빛으로서 인류의 양심을 대변해 오셨습니다.

이 책의 주요 초점은 성하의 글과 연설문에서 골라내 큰 테두리에서 분석한 정치철학, 즉 성하 자신의 말로 설명한 그의 정치철학입니다. 이 책은 주로 1997년부터 2013년 사이의 텍스트 모음을 담고 있습니다. 1997년 이전의 몇몇 주요 연설문과 글의 텍스트라고 해도, 티베트 의회정책 연구센터가 전에 출판한 3권의 책에 어떻게 해도 수록할 수 없었거나 현재 이 책에 꼭 필요해 보이는 텍스트를 골라서 나머지 다른 자료와 적절히 배치했습니다.

달라이 라마의 연설 중 아주 몇 개만이 사전에 원고로 쓰신 것임을 명확히 해야겠습니다. 보통 그는 즉흥적으로 말씀하시는 것을 선호하십니다. 위대한 소통가 겸 매력적인 연설가이신 성하께서는 청중들에게 강의하는 스타일이 아니십니다. 그는 특유의 자유롭고 격식에 얽매이지 않는 방식으로 청중들에게 말씀하시고 그들과 소통하십니다. 국제 모임에서 남이 흉내 낼 수 없는 스타일로 영어로 연설하시고,

자신의 영어에 대해 농담하십니다. 때로는 완전한 문장을 말씀하시는 대신 단어로 그림을 묘사하시듯이 얘기하시거나 반쪽짜리 문장을 통해 자신의 진솔한 느낌과 명쾌한 생각을 전달하시기도 합니다. 그가 하시는 말씀은 청중의 마음에 곧바로 전달되고 그들의 마음에 영향을 줍니다. 그의 말을 직접 들어본 사람들은 이를 너무 잘 압니다.

그의 매력적인 미소, 즉흥적인 태도와 유쾌함, 어린애 같은 유머와 자기 자신을 놀리는 성향은, 주변 세계와 완벽한 평화를 이루고 있는 훌륭한 인간이라는 확실한 증거입니다. 그의 곁에서 이야기를 듣는 것은 기분이 고양되고, 더 없는 지복과 함께 우주적 영의 광채가 발하는 매혹적인 주문呪文을 경험하는 것입니다.

성하께서는 망명 티베트 대표자의회나 티베트인을 위한 다른 모임에서 티베트인 그룹에게 연설하실 때 거의 언제나 티베트어로 말씀하십니다. 이 책이 담고 있는 연설문들은 그의 연설을 기록하여 영어로 번역한 것을 편집한 것입니다. 이 모든 경우에 있어서 티베트어로 된 원본 기록만이 진본, 즉 적법하게 승인받은 것으로 간주해야 한다는 점을 유의해야 합니다.

편집상의 재량권을 행사함에 있어 성하 연설의 본래 의도, 성격과 취지가 온전히 보존되도록 세심한 주의를 기울였고, 구어체를 인쇄할 때는 영미권 독자들의 편의를 위해 최소한으로만 수정했습니다.

독자들은 성하께서 다양한 행사의 여러 모임에서 반복해서 기본 사상을 강조하셨음을 알 수 있을 것입니다. 불가피한 반복에 대해 독자들에게 사과드립니다.

편집자로서 겸허하고 솔직하게 인정해야 할 일이 몇 가지 있습니다.

티베트 의회정책 연구센터(TPPRC)의 설립 초기부터 이 센터와 인연을 맺게 되어 기뻤습니다. 이 중요한 프로젝트를 저에게 맡길 생각을 한 그들에게 신세를 졌습니다. 이 프로젝트는 성하의 숭고한 사상을 더 깊이 숙고할 수 있는 기회를 주었기에, 저는 많이 배울 수 있었습니다.

TPPRC는 제게 이 책의 모든 기본 자료를 주었는데, 여기에는 달라이 라마의 영어 연설문, 글, 성명, 영어 인터뷰 텍스트, 티베트어로 된 원문을 필사하여 번역한 것이 있었고, 역사적인 사진 모음도 있었는데, 거기에서 일부만 골랐습니다.

TPPRC는 유능하고 헌신적인 연구자 겔렉 남걀 씨가 저를 도울 수 있도록 했습니다. 그의 노고가 없었다면, 이 프로젝트를 완성하는 데 훨씬 더 오래 걸렸을 것입니다. 남걀 씨는 달라이 라마 성하의 짤막한 전기적 기록의 초고도 준비해 주었습니다.

중앙 티베트 정부 시콩 롭상 상게 씨는 너무나 감사하게도 이 프로젝트를 머리말로써 축복해 주셨는데, 이것은 지속적인 영감의 원천이 될 것입니다.

저는 티베트 대표자의회 명예의장 겸 의회정책 연구센터의 집행위원장 최충 왕축의 도움과 지도를 받았는데 그것에 대해 특별히 감사를 드립니다. 그는 이 책의 서문도 써 주셨습니다.

이 책에 포함된 성하의 100개에 달하는 연설문과 글은 대체로 주제 중심으로 제1부에서 제8부까지 여덟 개의 주요 부분으로 분류되어 있습니다. 각 부 아래에 제목들이 연대순으로 배열되어 있습니다. 원고가 확정된 후에 나온 성하의 최근 연설문 세 개를 부록으로 포함시켰습니다. 자료를 취사선택하고 분류하고 편집하는 일은 매우 어려웠는데, 이 일을 마무리 짓게 되어 참으로 흡족합니다.

제1부는 다섯 개의 자료로 구성되어 있는데, 두 개의 언론 성명, 두 개의 연설, 그리고 유엔에 보내는 호소문입니다. 모두 1959년의 것으로, 중국 침략, 달라이 라마 성하의 탈출과 인도 망명과 같은 비극적 사건들을 다루고 있습니다. 중국인이 가한 잔혹 행위와 고문으로 티베트인이 겪은 지속적인 고통 그리고 역사와 법에서 본 티베트의 대의는 충분히 논의되었고 문서로도 입증되었습니다.

제2부는 주로 1989년에서 2011년 사이에 티베트 대표자의회에서 행하신 연설문 등 23개의 글을 포함하고 있습니다. 그리고 티베트인에게 보내는 호소, 티베트의 미래 헌법에 대한 생각, 중국과 티베트의 관계, 정치권력 일체로부터의 성하의 은퇴, 망명 티베트 정부의 민주화, 환생과 차기 달라이 라마 문제 등도 포함하고 있습니다.

제3부는 1989~2013년 기간에 집중하면서 25개의 글을 통해 티베트 문제를 더 상세하게 설명하고 있습니다. 여기에는 달라이 라마의 노벨 평화상 수락 연설; 전 세계의 의회 의원들, 티베트 지원단체 및 유럽의회에서의 연설들; CNN, 뉴스윅, NDTV, BBC, 더 힌두, NBC, 르 땅(Le Temps)지와의 인터뷰가 포함되어 있습니다. 그리고 성하께서 제시하신 중도中道라는 타협안과 티베트를 위한 명실상부한 자치의 골자를 어느 정도 상세하게 다루고 있습니다.

제4부는 12개의 글(1981~2011)을 통해 중국과 티베트 관계의 쟁점을 전반적으로 강조하려고 합니다. 여기에는 성하께서 중국 지도자들에게 보내신 편지, 예일대 연설, 중국인에게 보내시는 호소문이 포함

되어 있습니다.

제5부는 1999년부터 2011년 사이, 티베트민족봉기 기념일인 매년 3월 10일마다 성하께서 발표하신 13개의 성명을 재현했습니다. 달라이 라마는 이 모든 성명에서 티베트의 자유라는 대의를 위해 목숨 바친 용감한 남녀에게 경의를 표하시고, 티베트 본토의 티베트인에 대한 인권 침해와 잔혹 행위를 상술하셨습니다.

제6부는 1993년에서 2012년 사이에 행해진 성하의 네 개의 연설과 네 개의 메시지로 구성되어 있습니다. 여기서 주요 초점은 비폭력, 인권, 민주주의, 자유에 대한 그의 철학 그리고 보편적 책임감이라는 그의 교리를 설명하는 것입니다.

제7부는 1993년부터 2012년까지의 아홉 개의 텍스트로 구성되어 있는데, 이것들은 사랑, 자비, 평화라는 불교 개념들을 논하고 있습니다. 여기에서 성하는 전쟁을 비난하고 무장 해제와 이타주의의 바람직함을 강조하십니다. 그는 불교 사상과 불교사에서 민주주의의 핵심 원리를 발견하십니다. 또 그는 티베트를 평화지대로 보는 이론을 발전시키셨습니다. 그리고 그는 언론과의 인터뷰에서 다양한 질문에 답하시고 진정한 행복의 원천으로 이타주의에 대하여 깊이 생각하고 있으십니다.

제8부는 환경과 생태계에 대한 성하의 견해를 모았습니다. 이 주제에 대한 그의 생각은 자연 존중과 인간의 선함이라는 두 개의 불교 개념에서 직접 도출되었습니다. 그는 소비주의의 발전을 환경에 대한 재앙이라고 한탄하십니다.

부록에 있는 2012년 1월과 2013년 4월에 있었던 최근의 두 연설은,

비폭력과 평화의 두 원칙에 대한 책무를 다룬 것, 그리고 인간 감정의 함양과 훈련을 위한 교육제도를 재검토하는 것입니다. 마지막 장은 아주 상징적이고 알맞게, 그리고 간단하게 '희망'이라고 붙였는데, 2013년 5월 18일에 행해진 연설로서, 이 책을 편집할 당시 있었던 성하의 가장 최근 연설입니다.

자유, 민주주의, 평화를 귀중하게 여기는 사람이면 누구든 달라이 라마 성하의 사상이 아주 깊은 영감을 준다고 생각하기 마련입니다. 저는 지극히 겸손한 마음으로 이것들을 분석하고 요약해서, 그 요점을 바로 다음에 나오는 서설에 담으려고 노력했습니다.

이 책이 널리 환영받기를 원하며, 티베트 대의의 정당성, 달라이 라마 성하의 철학 그리고 전 인류의 행복을 위한 그의 귀중한 공헌을 이해하는 데 도움이 되기를 바랍니다.

수바쉬 C. 카샵

2013. 7. 6.

'허공계가 존재하는 한
그리고 중생계가 존재하는 한
나 역시 그곳에 머물 겁니다.
세계의 고통을 물리칠 때까지.'*

− 달라이 라마 성하의 기도 −

민주주의의 가치, 열린 사회, 인권 존중과 평등은 보편
적 가치로서 전 세계적으로 인정받고 있습니다. 제 생각
에 민주주의적 가치들과 인간의 선함이라는 근본 가치
사이에는 밀접한 관계가 있습니다. 민주주의가 있는 곳
에는 그 나라의 시민들이 자신들 속에 있는 인간의 기본
적 자질들을 드러낼 가능성이 더 큽니다. 그리고 이러한
인간의 기본적 자질들이 주도하는 곳에서는 민주주의
를 강화할 수 있는 여지도 더 큽니다.

− 인권과 민주주의에 대해, 달라이 라마 성하 −

---

* 샨티데바(寂天)의 입보리행론 회향품에 나온다. 달라이 라마의
  실천적 사상에 지대한 영향을 준 논서이다. (역주)

서설

정치사상은 반드시 사회·문화적 환경에 의해 좌우된다. 그것은 특정한 문제와 관심사를 중심으로 생기고 짜여진다. 달라이 라마 성하의 인생에서 주요 관심사는 다음과 같았다.

• 티베트인으로서 그리고 티베트의 영적, 정치적 수장인 달라이 라마로서: ① 중국의 억압적인 통치로부터 티베트의 자유 문제를 해결하고, 티베트 종교, 문화 및 전통의 보호를 보장하는 것, ② 망명 티베트인 공동체를 위해 일하고, 그 티베트인을 위해 민주적 제도와 완전히 선출된 망명 중앙 티베트 정부(Central Tibetan Administration in exile)를 수립하는 것.

• 영적 지도자로서: 전 세계적으로 종교 간 이해, 종교 간 화합 및 인간의 가치를 위해 노력하는 것.

• 인간이자 승려로서: 사랑, 비폭력, 평화라는 긍정적인 가치를 바탕으로 인간의 행복과 선함의 메시지를 전파하는 것, 그리고 자비심에 대한 생각과 모든 존재의 안녕을 향한 각 개인의 보편적 책임감에

대한 생각을 타인과 공유하는 것.

S. 린뽀체 교수의 말에 따르면

'성하의 정치철학은 현실, 진리, 그리고 (원인과 결과 사이의)
상호의존성의 원리에 바탕을 둔 불교적 세계관에 깊이 뿌리내리고
있다.'

성하에게 인생은 분할할 수 없는 것이다. 인생은 그 전체로 하나이
다. 진리, 사랑, 비폭력, 평화, 자비심, 그리고 보편적 책임감, 이
모든 것은 어떤 의미로는 모두 불교의 가르침에서 오는 것으로 달라이
라마 정치철학의 기본 교리이다. 이것들은 서로 얽혀 있고 상호의존적
이다. 티베트인의 자유를 위한 그의 투쟁, 그리고 티베트 사회구조와
정치체제를 현대 민주주의로 변화시키기 위한 그의 사명 또한 이러한
교리에 의존한다. 다른 말로 하면, 성하의 정치사상은 평화로운 티베
트인을 위한 자유와 민주주의에 대한 그의 책무와 그리고 비폭력,
자비심, 보편적 책임, 세계평화에 대한 그의 믿음에 근거하고 있다.
　성하의 정치사상은 영성주의(spiritualism)와 인간의 가치관으로부
터 분리될 수 없다. 마하트마 간디처럼 달라이 라마도 원칙 없는
정치는 받아들이지 않는다. 그에게 있어서 영의 생명과 정치는 서로
불가분의 것이며, 그것들은 인류와 인간의 존엄성을 사랑하는 티베트
문화로부터도 분리될 수 없다. 그런데 성하의 정치철학을 중국의
침략으로부터 자유를 얻기 위해 티베트인이 벌이는 투쟁의 부산물로

보는 것은 잘못이다. 사실, 그의 정치철학은 그의 세계관과 인류 전체의 행복에 대한 그의 글로벌 비전을 대변한다. 달라이 라마에게 있어 해탈의 목적조차 이기적인 목적을 얻기 위해서거나 개인의 영혼을 위한 것이 아니다. 그것은 모든 생명과[1] 환경을 위한 것이다. 그는 승려로서 자신의 관심사는 인간 가족의 구성원 전부, 그리고 실로 모든 생명에게까지 확장된다고 말씀하신다.

성하에게 정치란 권력이 아니라 인류에 대한 봉사를 위한 것이며, 권리를 주장하기 위해서가 아니라 책임을 이행하기 위한 것이다.

티베트 문제

티베트 문제는 다면적이다. 거기에는 중국과 티베트의 정치적 관계, 독특한 티베트 문화와 전통을 유지하기 위한 진정한 자치의 문제, 티베트 정치체제와 사회의 민주적 변혁의 필요성 외에도, 여러 가지 인구학적, 생태학적, 환경적, 인도주의적, 지구적, 철학적 측면이 포함되어 있다. 이 문제는 티베트에 거주하는 600만 명의 평화로운 민족의 자유와 인권에 관한 것이다. 중화인민공화국의 공산군이 티베트를 침공하고 점령한 이후 이들은 60년 이상 엄청난 고난과 궁핍을 견뎌왔다. 그들은 언론의 자유, 결사와 종교의 자유 등 모든 기본적인 인권을 계속해서 부정당하고 있다. 달라이 라마의 가장 시급한 목표는 티베트인의 고통을 종식시키고 그들의 문화적 정체성을 보호하는 것이었다.

---

1 생명은 sentient beings의 번역어인데, 중생 또는 '지각이 있는 존재'로 번역되지만, 이 책에서는 주로 생명으로 번역한다. (역주)

성하께서는 티베트의 실정을 매우 간단하게 묘사하신다. 티베트는 고대 티베트에 뿌리를 둔 고유한 문명, 문화, 언어, 예술 형식을 갖춘 고대의 땅이라는 정체성을 항상 가지고 있었다. 정치적으로 티베트는 주권의 모든 속성을 갖춘 독립 국가였다. 중국이 자신의 종주권을 강요했던 시기에도 티베트는 내정에서 완전한 자치와 자유를 누렸다.

한 국가의 주권적 지위의 필수 요소 중 하나는 다른 주권 국가들과 조약을 체결할 권리이다. 1856년 네팔과의 조약을 시작으로, 티베트는 5개의 국제 조약을 체결했다. 외몽골과의 조약은 양 당사국의 주권을 인정했다. 티베트는 영국과 부탄을 포함한 다른 여러 외국과 외교 관계를 유지했다. 1901년 달라이 라마의 외교사절단은 러시아 국가 원수의 영접을 받았다. 티베트의 무역대표단이 영국과 미국을 방문했고, 이들 정부는 티베트 정부가 발급한 여권을 받아들였다. 1904년 영국과 티베트 정부 사이에 체결된 라싸 협약도 1906년의 베이징 협약에 따라 중국 정부가 받아들였다. 어떤 경우에도 13대 달라이 라마가 정권을 잡은 1894년과 중국군이 티베트로 진군해 들어온 1950년 사이에, 중국은 티베트에 대해 권력이나 권위를 행사하지 않았다. 13대 달라이 라마는 1912~13년에 중국군을 추방한 이후, 티베트의 완전 독립을 선언했다.

1914년 티베트는 중국 및 영국령 인도와 동동한 자격으로 심라 협정(Simla Convention)에 참가했다. 영국 정부가 티베트에 대한 중국의 종주권을 인정한 반면, 중국은 티베트의 자치권을 인정하기로 했다. 중국의 종주권이 중국에게 티베트의 행정에 개입할 권한이나 티베트를 중국의 성으로 전환할 수 있는 권한을 부여하지 않았음이 분명했다. 중국 정부가 심라 협정을 비준하지 않았으므로 티베트에 대한 중국의 종주권을 인정하는 조항도 무효였다. 따라서 티베트 정부가 중국의 종주권을 승인하는 국제협정은 존재하지 않았다.

제2차 세계대전 중이던 1942년, 중국 정부가 티베트를 거쳐 가는 통신 수단을 개방하도록 압박하자, 티베트는 비전투적인 물품만이 통과하도록 허가함으로써 자체의 중립성을 주장했다. 영국 외무장관은 1943년 중국의 총리에게 보낸 각서에서, 티베트에 대한 중국의 종주권 인정은 중국이 티베트의 자치권을 인정하는 것을 조건으로 한다고 명시했다. 1948년 티베트 정부의 무역 대표부가 티베트 여권을 이용해 인도, 프랑스, 이탈리아, 영국, 미국을 방문했다.

따라서 1949~50년 중국군이 티베트 영토를 침공했을 때, 티베트가 주권적·국제적 지위를 가지고 있었다는 사실에는 의심의 여지가 없다. 중국의 티베트 영토 침범은 국제법의 원칙과 국가 간 우호의 원칙을 무시한 노골적인 공격 행위였다.

유엔에 보내는 티베트의 호소문에도 아무런 반응이 없자, 티베트 정부는 중국군에 의한 더 이상의 유혈과 잔학 행위를 막기를 간절히 바라면서, 교섭의 길을 택했다. 1951년 중국은 달라이 라마에게 17개 조협정을 강요했다. 성하께서는 이 협정에 대해 다음과 같이 말씀하셨다. '나와 우리 정부는 자발적으로 그 협정을 받아들인 것이 아니라, 전멸의 위험으로부터 내 국민과 조국을 구하기 위해 협정을 묵인하고 조건을 준수하기로 결정했다.'

이 협정에 의해 중국의 종주권은 인정됐지만 티베트는 '완전한

자치'를 향유할 것이며, 티베트 종교, 관습, 내정에 중국인의 간섭은
일체 없을 것이라는 점도 선언되었다. 그러나 중국인은 협정을 이행할
의사가 없었음이 처음부터 분명했고, 중국군에 의해 티베트 영토가
점령된 후 티베트인은 사실상 내정에 있어서도 모든 자치권을 박탈당
했다. 그 후 티베트 역사상 유례없는 공포정치, 강제노동과 강제징수,
인민에 대한 조직적인 박해, 개인과 사원의 재산 약탈과 몰수, 티베트
지도자들에 대한 처형이 만연했다.

성하께서는 티베트인에게 진정하고 그들의 감정을 자제해 달라고
계속해서 호소하셨다. 동시에 그는 중국인이 화해 정책을 채택하도록
최선을 다해 설득하셨다. 성하께서는 1954년 베이징을 방문하여 마오
쩌둥 주석과 여러 차례 만나 중화인민공화국의 공산주의 지도부와
우호적인 관계를 구축하려고 노력하셨다. 마오 주석은 달라이 라마에
게 중국인은 티베트인의 발전을 '돕기 위해' 티베트에 있을 뿐이라고
말했다. 마오는 그에게 티베트 국기를 중국 국기 옆에 두라고 요청했
다. 성하께서는 나중에 자신이 마오에게 아들과 같았고 '마오는 이제
아버지처럼 되었다'고 말씀하셨다. 그러나 1956년 성하께서 부처님
성도成道 2,500주년 기념행사에 참석하기 위해 인도를 방문하셨을
때, 그는 중국인이 화해할 준비도, 티베트인을 평화롭게 살도록 내버
려 둘 준비도 전혀 되어 있지 않다고 확신하셨다. 따라서 그는 티베트
로[2] 돌아가고 싶지 않으셨고 그 당시 바로 인도에 망명하고 싶어
하셨다. 하지만 자와할랄 네루 인도 총리는 저우언라이 중국 총리와

---

2 영어 원본에는 중국으로 되어 있다. 하지만 문맥상 티베트가 옳다. (역주)

대화했고 성하를 티베트로 돌아가게 설득했다. 나중에 성하께서 쓰신 것처럼, 네루 총리는 그에게 '티베트의 자치권이 존중될 것'이라고 저우언라이 총리로부터 보장받았다'며, 따라서 '개혁을 실현하기 위해 중국과 협력하는' 노력이 필요하다고 말했다.

달라이 라마는 화해의 정신과 직접 대화를 통해서 해결책을 모색하겠다는 의지를 가지고 돌아오셨다. 1951년 협정에서 구상한 대로 '티베트 자치구 준비위원회'는 달라이 라마를 의장으로, 빤첸 라마를[3] 부의장으로, 중국 정부 대표를 위원으로 임명했다. 그러나 중국 당국은 이미 티베트인에게 공산주의를 강요하기 시작했고, 달라이 라마가 활동하는 것을 허가할 의도도, 1951년의 '협정'조차 이행할 의도가 없다는 것이 곧 명백해졌다.

성하께서 티베트인의 감정을 진정시키고 티베트와 중국의 협력을 위해 최선을 다하셨지만, 저항운동은 중국의 점령에 대한 무장 시위에 돌입했고, 중국의 가혹한 군사 탄압으로 상황은 급속도로 악화되었다. 중국군은 사원을 파괴하고 라마들을 살해했으며, 승려와 티베트 관리에게 육체노동을 강요했다.

1959년 초, 중국과 티베트 관계는 공공연하게 경색되었다. 사람들은 중국이 성하를 납치하거나 해를 가할지도 모른다고 우려했다. 많은 군중이 티베트의 중국 통치에 반대하는 데모를 하려고 모여들었다. 달라이 라마의 여름 궁전을 향해 발사된 중국의 박격포 포탄이

---

3 제10대 빤첸 라마 롭상 틴레 륀둡 최끼 걀첸(Lobsang Trinley Lhündrub Chökyi Gyaltsen, 1938~1989)을 가리킨다. 재위는 1949년에서 1989년이다. 티베트 암도 출신이며, 훗날 환속했다고 한다. (역주)

달라이 라마의 생명에 대한 위험을 확인시켜 주었다. 그와 그의 가족, 티베트 고관들은 라싸를 떠나 인도로 망명하고, 티베트 망명 정부의 구성을 발표하는 것이 급선무가 되었다. 그것은 새로운 정부가 아니었다. 달라이 라마와 함께 그의 추종자 약 8만 명도 인도로 망명했다. 성하는 그 사건을 상기하며 다음과 같이 말씀하신다. '1959년 내가 몇몇 각료와 함께 탈출했을 때, 300년의 역사를 가진 티베트 정부도 망명길에 올랐다. 망명 티베트 정부는 새로운 창조물이 아니다. 달라이 라마가 어디에 거주하든 티베트인은 그 장소를 티베트 정부의 소재지로 여긴다.'

달라이 라마 일행은 처음에는 우타라칸드의 무수리 언덕 역에 머물다가,[4] 1960년 다람살라로 이주했다. 점차 티베트 대표자의회와 카샥(내각)이 설립되었다. 그 이후 성하와 티베트 정부의 본부는 다람살라에서 계속 활동하고 있다. 티베트인 정착촌은 인도의 다른 지역에도 생겨났다.

호소에 대한 응답으로 유엔은 1959년, 1961년, 1965년 티베트인의 자결권을 포함한 기본적인 인권과 자유를 박탈하는 행위의 중지를 요구하는 결의안을 통과시켰다.

1973년경 티베트 망명 기구의 내부에서 몇 가지 심각한 논의가 있었고, 1974년에 회담이 열릴 경우에 대비하여 중도 어프로치를 선택하기로 결정했다. 요컨대, 중도 어프로치는 티베트가 독립을 요구하지 않는 대신, 중국은 티베트인이 자신들의 고유문화, 전통,

---

4 우타라칸드 주는 인도 북부에 위치해 있으며, 주도는 데라둔이다. 2000년 11월 9일 우타르프라데시 주에서 분리되면서 인도의 27번째 주로 승격되었다. (역주)

예술, 언어, 종교, 그리고 유산을 보존할 수 있도록 진정한 자치권을 가지는 것에 동의하는 것이다. 달라이 라마는 이렇게 설명하셨다.

저는 티베트의 미래를 위해 중화인민공화국의 테두리 안에서 해결책을 찾기로 했습니다. 1974년 이후, 저는 상호이익이 되는 중도 어프로치를 성실하게 고수해 왔습니다. 온 세상이 이를 알고 있습니다. 중도 어프로치는 모든 티베트인이 같은 행정부의 지배를 받아야 한다는 것을 의미하는데, 이 행정부는 외교 관계와 국방과 관련된 사안을 제외하면, 명실상부한 민족 지역 자치와 그 안에 있는 모든 조항, 자치 및 완전한 의사 결정권을 누리게 됩니다. 하지만 저는 처음부터 티베트의 미래에 대한 최종 결정권은 티베트 본토의 티베트인에게 있다고 말해 왔습니다.

1979년 말, 달라이 라마의 형인 갤로 퇸둡(Gyalo Thondup)은 덩샤오핑과 회담했는데, 덩샤오핑은 '독립 문제만 제외하고, 무엇이든 논의할 수 있다'고 말했다. 그런데 성하께서는 독립을 요구하신 게 결코 아니었다. 성하의 호소는 중국 헌법의 테두리 안에서 진정한 자치를 구하고, 티베트인이 문화적 정체성과 기본적 인권을 지킬 수 있도록 하는 것뿐이었다. 달라이 라마가 제안하신 모든 내용은 1979년에서 1986년 사이에 중국 지도자들과 논의되고 공유되었다. 4명의 진상조사단은 티베트로, 2명은 베이징으로 파견됐다. 티베트 본토의 티베트인과 망명자들 사이의 가족 방문이 시작되었다. 그러나 이 모든 것이 근본적인 문제에 전혀 영향을 주지 못했다. 중국 측에서는 아무런 반응이 없었다. 대신 1980년대 초, 중국 정부는 달라이 라마의 귀국에 관한 5개 조항의 제안서를 보내, 전부터 그가 가진 모든 특권과 지위 등을 보장했다. 성하께서는 진짜 문제는 달라이 라마의 미래가 아니라 600만 티베트인의 권리와 복지라는 이유에서 그 제안을 거절하셨다.

중국 지도부는 달라이 라마가 스스로 티베트가 항상 중국의 일부라고 받아들였다고 공식적으로 선언하시기를 원했다. 그러나 달라이 라마는 티베트가 지리적으로, 언어적으로, 문화적으로, 인종적으로, 역사적으로 독립된 국가라는 것은 사실이라고 말씀하시면서도, 그는 과거를 흘러가도록 내버려 두고, 티베트가 이제는 문화, 언어, 생태, 종교, 정체성을 보호할 수 있는 진정한 자치적 지위를 가진 중국의 불가결한 부분이라는 점에 동의할 준비가 되어 있다고 말씀하셨다. 그는 독립이나 분리를 요구하지 않으셨다. 그는 모든 티베트인이 중국의 시민권을 갖는 것을 받아들이셨다. 이 경우 티베트 문화도 중국 문화의 일부가 된다. 티베트의 풍부한 문화유산과 영성이 제대로 보존된다면 중국의 문화와 영성을 풍요롭게 하는 데 큰 도움이 될 수 있다.

1987년 성하께서는 그의 구체적인 5항목평화플랜을 공표하시고 국제사회의 지지를 구해야 한다고 생각하셨다. 그는 나중에 매우 유화적인 자신의 계획이 더 이상의 유혈사태를 방지하려는 염원에서 비롯되었다고 설명하셨다. 그는 9월 21일 워싱턴 DC에서 열린 미국 의회 인권대회에서 연설하시고, 자신의 평화안에는 다음과 같은 기본적인 요소가 포함되어 있다고 말씀하셨다.

1. 티베트 전 지역을 평화지대로 바꾼다.

2. 티베트민족의 존속을 위협하는 중국인 대량 이주 정책을 폐지한다.

3. 티베트인의 기본적 인권과 민주적 자유를 존중한다.

4. 티베트의 자연환경을 복원하고 보호하며, 중국이 티베트를 핵무기 제조 및 핵폐기물 처리용으로 이용하는 것을 금지한다.

5. 미래의 티베트 지위 및 티베트인과 중국인 간의 관계에 대한 진지한 협상을 개시한다.

그는 5항목을 설명하시면서 다음과 같이 덧붙이셨다.

● 티베트에 평화지대를 건설하기 위해서는, 중국군과 군사시설을 티베트에서 철수할 필요가 있다. 이는 인도도 티베트와 국경을 접한 히말라야 지역에서 병력과 군사시설을 철수할 수 있게 할 것이다. 이는 분쟁 중의 히말라야 국경 지역에 많은 병력을 계속해서 집중시키는 데 드는 경제적 부담을 줄이는 동시에 양국의 안전을 더더욱 보장하게 될 것이기 때문에, 모두에 특히 중국과 인도에 가장 이득이다. 중국군이 티베트로 진군하자 비로소 공동의 국경이 만들어졌고, 두 세력 사이에 긴장이 생겼고 결국 1962년 전쟁으로 이어졌다.

● 중국인의 티베트 대규모 이전 계획은 중지되어야 한다. 1987년에 이미 750만 명의 중국 이주민이 들어와서 티베트인보다 수가 더 많아졌다. 이는 1949년 제네바 협약을 위반하는 것이며, 티베트인 주민을 자신들의 영토 안에서 미미하고 권리를 박탈당한 소수 민족으로 전락시키고 있다.

●티베트의 인권 침해는 세계에서 가장 심각한 경우의 하나이다. 티베트에서 차별은 중국인이 '분리와 동화'라고 부르는 인종분리정책 (아파르트헤이트, apartheid)에 따라 실시되고 있다. 티베트인은 자국에서 2류 시민이 되었다. 그들은 모든 기본적인 민주적 권리와 자유를 박탈당한 채, 모든 실권이 공산당의 중국 관리들과 군대에 의해 행사되는 식민 통치 아래 살아가며, 수천 명이 종교적이거나 정치적 신념 때문에 티베트 내의 교도소와 노동캠프에서 고통받고 있다.

●슬프게도, 지난 수십 년 동안, 티베트의 야생동물과 숲은 중국인에 의해 거의 완전히 파괴되었다. 티베트의 섬세한 자연환경에 미치는 영향은 괴멸적이었다. 티베트에 그나마 남아 있는 것들은 보호받아야 하고, 환경을 균형 잡힌 상태로 복구하기 위한 노력이 이루어져야 한다.

●티베트의 장래와 중국과 티베트 관계는 티베트인과 중국인 및 기타 관계자 모두의 장기적인 이익을 위한 해결책을 찾기 위해 합리적이고 현실적인 방식으로 논의되어야 한다.

중국 지도부가 이 제안들이 충분히 구체적이지 않다고 지적했기 때문에, 달라이 라마는 스트라스부르의 유럽의회 연설에서(1988) 이러한 사항들을 더 자세히 설명하셨다. 그는 티베트를 완전히 자치적인 민주 정치체로 구상하시고, 티베트 문제에 관한 최종적인 결정은 티베트 일반 대중이 내릴 것이라고 말씀하시면서, 이렇게 덧붙이셨다.

중화인민공화국 정부는 티베트의 외교정책에 대해 계속 책임을 질 것이다. 그러나 티베트 정부는 자국의 외교국을 통해 상업, 교육, 문화, 종교, 관광, 과학, 스포츠 및 기타 비정치적 활동 분야에서 관계를 발전시키고 유지해야 한다. 티베트는 이러한 활동과 관련된 국제기구에 가입해야 한다.

장래의 티베트 정부는 언론·집회·종교의 자유, 세계인권선언의 완전한 준수, 대중 투표로 선출한 최고 행정수반, 이원제 입법부와 독립된 사법부를 가진 민주 헌법 또는 기본법에 기초해서 설립될 것이었다. 야생동물과 식물이 보호되고, 천연자원의 이용은 신중히 규제되며, 티베트는 비무장화와 중립화를 통해 지구 최대의 자연보호 구역과 진정한 평화의 성역으로 변할 것이다. 중국은 오직 방어 목적을 위해서만 제한적인 군사력을 유지할 수 있을 것이다.

1988년 9월 23일, 중국 정부는 달라이 라마의 대표단과 기꺼이 회담할 용의가 있다는 성명을 발표했다. 하지만 그들이 제시한 모든 조건이 수용되었음에도 불구하고, 그들은 약속을 저버렸다. 성하께서는 포기하지 않으시고 1991년 10월 예일대학 연설에서 티베트 방문을 계획하고 있다고 밝히셨다. 그 아이디어는 즉시 중국인에 의해 거부당했다.

중화인민공화국 헌법 자체가 자치를 규정하고 있다. 유일한 문제는 그것이 진실하고 명실상부해야 한다는 것이었다. 중국 정부의 최우선 과제는 '안정과 단결에 의한 번영'이었다. 성하께서는 이에 동의하셨고 안정과 단결은 안에서, 총구가 아니라 마음에서 나와야 한다고 덧붙이셨다. 티베트인에게 진정한 자치권이 주어지면, 중국은 자동적으로 안정과 단결을 이루게 될 것이다. 성하께서는 자치권에 대한 어떠한 합의도 티베트 독립을 위한 디딤돌로 사용할 의도가 없다는 것도 중국 지도부에 보증하셨다. 사실, 그는 티베트가 물질적으로 낙후되어 있어서 발전과 현대화가 필요하다는 점을 알고 계셨고, 그 때문에 만약 중국의 일부가 되는 것이 진정한 자치와 결합된다면, 확실히 유리하다는 것을 알고 계셨다.

1993년 9월에 발표된 성명에서 성하께서는 중국인에게 제시한 협상안의 대략적인 윤곽을 밝히셨다. 그는 말씀하셨다.

저는 협상이, 티베트인의 생존을 위협하는 중국인 이주 정책을 종식시키는 방식에 초점을 두어야 한다는 점, 그리고 티베트인의 기본 인권과 민주적 자유의 존중, 티베트의 비무장화와 비핵화, 자신들의 일에 영향을 미치는 모든 사안에 대한 티베트인의 통제력 회복과 자연환경보호에 초점을 두어야 한다는 점을 분명히 했습니다. 저는 어떤 협상도 중국이 '티베트 자치구'라고 부르는 지역만이 아니라 티베트 전체를 포괄해야 한다는 점을 항상 강조해 왔습니다.

2001년 스트라스부르에서 열린 유럽의회에서 다시 한번 발언하신 성하께서는, 진정한 자치에 대한 강조를 반복하시며 다음과 같이 덧붙이셨다.

그러나 〔그것은〕 50년 전 17개조협정으로 우리에게 부과된 서류상의 자치가 아니라 진정한 자치, 진정으로 자치적인 티베트를 말합니다. 진정한 자치는 티베트인이 자신들의 내정, 즉 자녀 교육, 종교 문제, 문화적인 사안들, 섬세하고 소중한 자연환경 관리, 지역 경제 등의 문제들에 전적으로 책임을 지는 것을 말합니다. 베이징은 외교와 국방 문제에 대한 책임을 계속 질 것입니다. 이 해결책은 베이징의 두 가지 최우선 과제인 중국의 국제적 이미지를 크게 높이고, 중국의 안정과 단결에 기여하게 될 것입니다. 동시에 티베트인은 기본권과 자유를 보장받아서 자신들의 문명을 보존하고 티베트고원의 섬세한 자연환경을 보호할 수 있을 것입니다.

2002년 중화인민공화국과의 회담이 재개된 이후 2008년까지 여덟 번의 회의가 있었다. 티베트 측은 중도 어프로치에 중점을 두었다. 2008년 7월에 열린 7차 회담에서 중국 관리들은 '진정한 자치'의 요구를 해명해 줄 것을 요청했다. 이에 따라 2008년 10월에는 '티베트인의 진정한 자치에 관한 메모'가 제시되었다. 국제사회와 많은 중국 지식인이 이런 중도 어프로치를 높이 평가했음에도 불구하고, 티베트에 대한 중국의 정책은 변함이 없었고 회담의 목표를 향한 실질적인 진전은 없었다.

이에 앞서 2008년 3월부터 중국의 점령과 만행에 항의하는 시위가 티베트 대부분의 지역에서 다시 일어났다. 이 항의는 소수의 반동 세력을 제외하고 티베트인 대다수가 '풍요롭고 만족스런 삶을 누린다'

는 중국 측의 주장을 부인한 셈이었다. 2008년 4월의 전개에 대해 성하께서는 다음과 같이 말씀하셨다.

이런 시위들은 또 티베트 문제가 더 이상 무시될 수 없음을 세계에 알려 주었습니다. 이런 시위들은 '사실에서 진실을 찾음'으로써 문제를 해결할 수 있는 방법을 찾아야 할 필요성을 부각시키고 있습니다. 국제사회가 티베트인의 정신을 인정하고 지지해 왔기 때문에, 티베트인의 큰 이익을 위해 모든 것을 걸고 자신들의 깊은 고뇌와 희망을 보여준 티베트인의 용기와 결의는, 참으로 칭찬할 만합니다.

그것은 티베트인의 장기간 억눌린 육체적·정신적 고통에 대한 원한의 폭발, 그리고 티베트인의 권리 탄압, 종교의 자유 결핍, 그리고 매번 진실을 왜곡하려는 시도에 대한 깊은 원한의 폭발이었다. 달라이 라마는 티베트인의 평화적인 시위를 진압하기 위해 무기를 사용해서, 티베트 본토에 불안을 야기하고 수많은 사상자, 구금, 부상자를 낸 일에 대해 슬퍼하시고 우려하셨다.

중국 당국은 달라이 라마와 중앙 티베트 정부가 티베트의 데모를 선동했다고 주장했다. 성하는 그 의혹을 완강히 부인하고 진상규명을 위해 철저한 조사를 거듭 호소하는 것으로 대응하셨다. 동시에 티베트 문제의 평화적 해결책을 찾겠다는 결의를 고수하셨다.

저는 티베트의 미래를 위해 중화인민공화국의 테두리 안에서 해결책을 찾기로 했습니다. 1974년 이후, 저는 상호이익이 되는 중도 어프로치를 성실하게 고수해 왔습니다. 중도 어프로치는 모든 티베트인이 같은 행정부의 지배를 받아야 한다는 것을 의미하는데, 이 행정부는 외교 관계와 국방과 관련된 사안을 제외하면, 명실상부한 민족 지역 자치와 그 안에 있는 모든 조항, 자치 및 완전한 의사결정권을 누리게 됩니다. 하지만 저는 처음부터 티베트의 미래에 대한 최종 결정권은 티베트 본토의 티베트인에게 있다고 말해 왔습니다.

많은 티베트인은 스트라스부르 제안에서 성하께서 중국인에게 너무 많은 양보를 하셨다고 느꼈다. 그러나 달라이 라마 자신의 말을 빌리자면, 성하께서는 티베트 본토의 티베트인이 계속 겪어 왔던 '중국의 인구학적 침략'과 '무제한 탄압'을 종식시키는 데까지 나갈 준비가 되어 있으셨다. 티베트 문제의 해결과 중국과 티베트 관계의 해결은 특별히 시급했는데, 중국 정부 지원에 의한 중국인의 대량 유입의 영향으로, 티베트인이 자국 영토에서 소수 민족이 되어 가고 있기 때문이었다. 달라이 라마의 표현대로, '중국인은 계속 유입되고, 중국인의 통제는 더욱 엄해지고 환경은 악화되고 있다.' 성하께서 이를 방지하시고, 중도 어프로치를 채택하셔서 중국인을 최대한 회유하는 제안을 하신 것은 정치가 가능성의 예술이라는 사실을 아셨기 때문이다.

티베트 본토의 점증하는 탄압, 계속되는 환경 파괴, 그리고 티베트 문화와 정체성의 지속적이고 체계적인 훼손을 보면, 티베트 본토의 상황은 거의 절망적으로 생각되었다. 티베트인이 사실상 계엄령 아래에서 포위된 상태에서 살아가고 있고, 그들의 독자적이고도 풍부한 문화유산과 민족의 정체성이 절멸의 위협에 처한 상황에서, 성하께서는 국제적인 이해와 지원을 구하고 계셨다. 그러나 그는 국제사회의 지원을 환영하시면서도 티베트 문제에 대한 해결책이 중국인과 티베트인 사이에 있다는 것을 너무나 잘 알고 계셨다. 그는 티베트인에 대한 중국의 온갖 만행에도 불구하고 중국인에 대한 증오가 전혀 없다고 하시면서, 티베트인에게 중국인을 해치는 일은 어떤 것도 하지 말라고 항상 호소하셨다. 그는 중국인에 대해서도, 중국 지도자에 대해서조차도 반대하지 않으셨다. 그는 중국인을 불교의 선배로 여기셨고, 그들을 '인간적인 형제자매'로 존경하셨다. 그의 투쟁은 티베트인에 가해지는 불의를 종식시키고, 티베트인에게 기본적이고도 인간적인 자유와 자신들의 가치 체계와 정체성을 유지할 권리를 주는 것뿐이었다. 그의 모든 희망은 티베트인의 사랑, 정의, 용기에 집중되어 있었다.

성하께서는 티베트 문제의 평화롭고 우호적인 해결을 가장 간절히 원하셨다. 그는 증오를 인내로, 억압을 자비심으로 갚아야 한다고 믿으셨다. 그는 '억압과 고통이라는 참을 수 없는 비극'을 겪었음에도 불구하고 모든 티베트인이 원하는 것은 평화롭게 사는 것이라고 거듭 밝히셨다. 그들은 '위대한 중국인'에 대한 그 어떠한 원한과 증오의 감정도 품지 않았다. 그들이 추구한 모든 것은, 1950년 이전의 내정의 자유와 티베트 종교, 문화, 풍속, 전통의 사안에 있어서 진정한 자치권을 유지하는 것이었다.

티베트 투쟁은 길었지만, 성하의 지도 아래 사람들은 인내심을 잃지 않았다. 싸움은 완전히 비폭력적이었고 증오가 없었다.

현재 중국과 티베트 관계는 긍정적인 신호를 별로 보여주는 것 같지 않다. 대단히 유화적인 성하의 제안은 어떤 응답도 받지 못했다. 하지만 티베트의 대의는 죽지 않았다. 달라이 라마가 종종 말씀하시듯, 티베트 내외의 티베트인의 용기와 결의 덕분에, '중국인은 티베트를 삼키긴 했지만, 티베트를 소화할 순 없었다.' 또한 '티베트 본토의 젊은 세대 티베트인의 정신과 단결력이 기성세대보다 더 강하다.'(2012년)

티베트인이 자신들의 투쟁에 받아들인 보편적인 원칙 덕분에, 티베트 운동은 세계적인 지지를 받았다. 이러한 원칙에는 비폭력, 민주주의, 대화, 타협, 상대방의 진정한 우려에 대한 존중 및 우리 공동의 환경에 대한 존중이다. 오늘날 티베트 문제를 훨씬 더 잘 이해하게 되었고 국제적으로 티베트 대의에 대한 관심과 지지가 고조되었다. 중도 어프로치와 티베트 투쟁이 가진 정당성은 미국 대통령, 저명한 비정부 기구, 국제사회, 특히 중국 지식인들을 포함한 많은 정치적·정신적 지도자들로부터 해마다 점점 높아지는 이해와 지지를 얻고 있다.

정치적으로 성하께서 가장 좋아하시는 꿈은 티베트가 비무장 평화지대로 발전하는 것을 보시는 것이다. 그는 티베트 영토가 대량 살상 핵무기의 제조와 비축에 사용되는 것을 보시고 괴로워하셨다. 그는 말씀하신다.

그렇다면 제 꿈은 최종적으로는 티베트가 정치적으로 비무장 평화지대가 되어야 한다는 것입니다. 왜냐하면 중국 본토와 인도 사이에 놓여 있는 티베트고원이 평화지대가 되어, 양측에 병사가 줄어들면, 경제적, 환경적, 정치적으로 엄청난 이익이 될 것이기 때문입니다. 이를 바탕으로 여러분은 진정한 우정과 상호신뢰를 쌓을 수 있습니다.

달라이 라마는 정당한 티베트 대의에 대한 중국의 완고함, 고집, 냉담함에 낙담하지 않으신다. 실제로 그는 지난 수십 년간의 망명 기간 내내 일부 중국인을 포함한 외부 세계에서도 티베트 대의의 정당성에 대한 인식이 높아졌다는 사실에 대해 티베트 정부가 자부심을 가질 수 있다고 말씀하신다. 또한 티베트 본토의 티베트인은 무자비한 탄압에도 불구하고 엄청난 용기와 저항을 계속 보여 왔다. 그의 말처럼, '그것은 세력의 문제가 아니라 진실의 문제이다.' 비폭력에 대한 그의 헌신으로, 많은 중국 지식인과 관료들도 '연대감과 감사'를 느끼게 되었다. 성하께서는 궁극적으로 티베트 대의가 승리할 것이고 언젠가 티베트는 자유롭게 될 것이라고 확신하고 있으신데, '목표가 정당하고 진실에 기초하고 있기 때문입니다.' '세계적 추세는 더 큰 개방, 자유, 민주주의, 인권 존중의 방향으로 향하고 있습니다. 머지않아 중국은 세계 트렌드를 따라야 할 것입니다.'라고 말씀하신다.

생태적·환경적 차원
달라이 라마 성하께서는 티베트 문제의 생태적·환경적 측면에 매우 주목하신다. 과학자들에 따르면 티베트의 취약한 환경은 수십억 명의 사람들이 관련된 광범위한 지역에 영향을 미칠 것이다. 티베트의 위치 때문에 티베트 생태계에 대한 특별한 관리가 중요하다. 아시아의 거의 전 지역으로 흐르는 주요 강들은 티베트에서 발원한다. 수백만에서 수십억의 사람들의 목숨이 이런 강들에 달려 있다. 중국 전역은 티베트에서 흘러나오는 세 개의 중요한 강에 의존하고 있다.

삼림 벌채와 천연자원의 개발로 티베트의 환경에 큰 피해가 발생했다. 티베트는 높은 고도와 건조한 기후 탓으로, 생태계가 훼손되면 회복에 오랜 시간이 걸릴 것이다. 지리적으로 티베트는 세계의 지붕이기 때문에 당연히 춥고 눈이 많이 온다. 1999년 티베트민족봉기 기념일의 성명에서 성하께서는 다음과 같이 말씀하셨다.

저는 티베트고원의 취약한 환경을 무분별하게 착취한 결과에 대해 오랫동안 경고해 왔습니다. 이는 티베트뿐만 아니라 중국의 모든 인접 지역과 심지어 이웃 국가에도 영향을 미칠 것입니다. 작년의 엄청난 홍수를 겪고서야 중국 지도부가 환경보호의 필요성을 깨달았다는 것은 슬프고 불행한 일입니다.

성하께서는 우리 세대가 나무, 물, 광물자원 등 이용가능한 모든 천연자원을 다음 세대와 미래를 고려하지 않고 착취한다면 우리에게 죄가 있다는 진지한 견해를 갖고 계신다. 우리가 진정한 보편적 책임감을 중심 동기이자 원칙으로 가지고 있다면, 환경과의 관계도 균형을 잘 이룰 수 있을 것이다.

48

티베트 본토에서는 야생동물이 불교 원리에 따라 엄격하게 보호받았다. 17세기에 티베트는 환경보호령을 제정하기 시작했다. 환경은 주로 어린 시절 티베트인의 마음에 심어진 믿음에 의해 보호받았다. 또한, 적어도 지난 300년 동안 티베트는 사실상 군대가 없었다. 티베트는 8세기에 국가 정책의 수단으로서 전쟁을 포기했다. 슬프게도, 티베트의 풍부한 야생동물은 더 이상 발견되지 않는다. 부분적으로는 사냥 때문이기도 하지만 주로 서식지 상실 때문인데, 티베트가 점령된 지 반세기가 지난 지금 남아 있는 서식지는 예전에 비해 극히 일부분에 불과하다. 달라이 라마는 환경에 영향을 미치는 우리의 힘들이 다른 것들에게도 영향을 미칠 가능성이 있다고 권력자들에게 거듭 경고하셨다. 예를 들어, 삼림 벌채가 토양과 지역 강우에 미칠 궁극적인 영향은 무엇일지 우리는 확실히 말할 수 없다. 하물며 지구의 기상 시스템에 미칠 영향을 우리가 어떻게 알겠는가? 한 가지 분명한 것은 지구를 파괴할 수 있는 힘을 가진 종은 우리 인간뿐이라는 것이다. 자연을 파괴하지 않는 제조 방법을 찾는 것이 필수적이다. 우리는 목재나 다른 한정된 천연자원의 사용을 줄일 방법을 찾아야 한다. 산업을 정지시키지 않고 자연계에 대한 피해를 줄일 수 있는 해결책이 존재한다. 경제 발전을 명분으로 환경을 파괴하는 것은 위험하다.

민주주의로의 전환

1642년부터 역대 달라이 라마들은 티베트의 영적 지도자이면서 현세現世적 지도자였다. 2011년 14대 달라이 라마 성하께서 자신의 의지로, 큰 자부심을 가지고 모든 정치적 권력을 포기하시면서, 망명 티베트 정부는 한 사람에게 의존하지 않고 자립하게 되었다. 그는 그렇게 한 이유를 설명하시면서 이렇게 말씀하셨다.

세계는 왕, 종교 수장, 통치자의 것이 아니라, 거의 70억에 달하는 인민들의 것입니다. 개별 국가에서도 마찬가지입니다. 즉 통치자가 아니라 시민들이 권력을 가져야 한다는 것입니다. 마찬가지로 티베트인이 티베트의 주인이지, 종교 수장이나 그들의 후계자가 아닙니다. 따라서 저는 종교적 지도자들이 정치적 지위를 갖는 것은 잘못이라고 항상 말해 왔습니다. 저 자신이 정치적 권한을 가진 종교 지도자인데, 이는 저 자신의 말과 모순되는 것이어서, 저를 불편하게 합니다.

달라이 라마는 어린 시절부터 티베트 정치체제의 민주적 개혁과 현대화를 생각해 오셨으며, 16세에 티베트의 영적, 정치적 수장으로 취임하신 후 그것을 위해 열심히 일하셨다. 개혁위원회도 설치되었다. 중앙 정부를 민주 체제로 전환하는 것은 티베트의 즉각적이고 장기적인 이익을 위해 매우 중요한 일이었다. 따라서 인도에 와서 망명 정부를 수립하신 후 그가 가장 먼저 하신 일 중 하나가 1960년 티베트 대표자의회(Assembly of Tibetan People's Deputies, ATPD)와 각 부서를 담당하는 칼론(각료)들을 통해 대의적인 정부 형태를 수립하신 것이다. 1969년, 성하께서는 미래의 티베트 민주 정부를 이끄시지 않기로 결정하셨고, 티베트 정치체제에서 달라이 라마 제도의 향후 위상은 티베트인의 의향에 달려 있다고 말씀하셨다. 그의 전체적

어프로치는 완전하고 진정한 민주주의로 나아가서, 티베트에 대한 확고하고 안정적인 미래의 통치 시스템이 보장되도록 하는 것이었다. 성하께서는 국민들의 사랑과 존경을 흠뻑 받고 있으시지만, 그가 더 이상 이 세상에 없어도 행정부의 안정이 보장되길 간절히 원하셨는데, 이는 민주주의 제도를 구축해야만 가능했다. 1991년 달라이 라마는 대표자의회 연설에서 다음과 같이 말씀하셨다. "여러 이유로 저는 티베트가 자유로워지면 제가 정부의 수장이 되지도 않고 어떤 역할도 맡지 않겠다고 결심했습니다. 티베트 정부의 미래 수장은 국민이 선출한 사람이어야 합니다."

티베트 안팎의 많은 사람은 달라이 라마가 더 이상 그들의 정치적 지도자가 아니실 것이라는 전망에 극도로 불안함을 느꼈다. 그들은 그가 이런 조처를 취하지 않으시도록 설득하려고 노력했다. 그러나 그는 피로감이나 책임을 회피하기 위해서가 아니라 오직 국민에게 최선의 이익이 되도록 하기 위해서라고 말씀하셨다.

달라이 라마의 정치철학에서는, 국민이 궁극적인 주인이며 미래의 운명을 결정하는 최종 결정권을 가져야 한다.

어떤 통치 체제도, 국민의 지지와 정치과정에 국민의 참여 없이 한 사람에게만 의존한다면 안정과 진보를 보장할 수 없습니다. 1인 지배는 시대착오적이고 바람직하지도 않습니다. 우리는 600만 티베트인의 장기적 이익에 봉사할 목적으로 민주주의 제도를 강화하기 위해 많은 노력을 기울였습니다. 이는 다른 사람을 모방하기 위해서가 아니라, 민주주의가 가장 대표적인 통치 시스템이기 때문입니다.

달라이 라마에게 민주주의는 반대 의견과 의견 차이를 수용하는 것을 전제로 한다. 자신의 사고방식에 반하는 의견에 대해 의심이나 불쾌감을 가지고 반응해서는 안 된다. '의견의 차이를 공개적으로 검토하고 합리적으로 논의하는 것이 필수적이다.' 다른 관점들은 '솔직하게 말하고 현명하게 논의할 필요가 있다.' 민주주의 체제의 본질은 선출된 지도자들이 국민의 이익을 위해 정치적 책임을 지는 것이다.

자유 티베트를 위한 헌법 초안 이외에도, 망명 티베트 정부의 기능을 규제하는 헌장이 필요하다고 생각되었다. 망명 티베트인을 위한 헌장 초안을 마련하기 위한 위원회가 구성되었다. 헌장은 1991년에 티베트 대표자의회에 의해 채택되었다.

2001년 티베트인은 처음으로 칼론 티빠(총리)를 선출했다. 2011년, 성하는 모든 정치적 권력을 대중적으로 새로 선출된 칼론 티빠, 곧 망명 티베트인의 완전한 세콩(Sekyong, 정치적 수장, 섭정)에게 양도하셨다.[5] 달라이 라마에게 있어, 이 날은 그가 품어 왔던 '가장 소중한 염원' 중 하나가 실현된 만큼 성취의 날이었다. 망명 중인 티베트인이 단기간에 민주주의 정신을 따르고, 민주적 권리에 적극적으로 참여하

5 웹페이지 달라이 라마 성하 일본대표부사무소(https://www.tibethouse.jp)에는 2012년 9월 20일 다람살라 발 티베트 중앙 정부 뉴스로서, 제15기 티베트망명정권 의회는 오늘, 칼론 티빠의 칭호를 고쳐서 세콩 곧 섭정攝政으로 했다고 전하고 있다. 2021. 09. 21 참조. (역주)

고 그 권리를 충분히 활용한 것은 만족스러운 일이었다.

다른 민주주의와는 대조적으로, 달라이 라마가 고안하신 티베트 민주주의는 '비폭력과 평화에 뿌리를 둘 것'이며, 이는 '영적 가치와 현세적 가치의 결합에 기반을 둔 정부'를 의미한다. 티베트 민주주의는 모든 종교를 충분히 존중하고 차별하지 않는다는 의미에서 세속적이다. 그러나 그것은 종교의 부재를 의미하지는 않는다. 예를 들어 티베트인의 마음에는, 티베트의 자유는 항상 부처님의 법(Buddha Dharma)과 연관되어 있다.

달라이 라마는 국민들의 정치의식을 높이기 위해 다양한 방법으로 노력하셨다. 1989년부터 2011년에 걸쳐서 티베트 대표자의회를 활용하시면서, 그는 모든 정치적 책임에서 벗어날 수 있는 상황을 조금씩 만들어가셨다. 2011년에는 완전히 민주적으로 선출된 의회와 직접 선출된 행정부 수반인 칼론 티빠가 생겼다. 전 세계에 퍼져 있는 15만 명의 티베트 망명자(디아스포라)를 위해 '완전하면서도 제대로 작동하는 민주주의 체제'를 갖겠다는 성하의 꿈은 실현되었다.

오늘날 망명 티베트 사회는 '진정한 의미로 현대 민주주의로 완전히 변모되어' 있으며, 독자적인 헌장을 가진 정부와 국민투표로 선출된 지도부를 가지고 있다. 성하께서는 자신을 '민주주의에 대한 확고한 신봉자'이며 '망명 티베트인에게 민주주의 과정을 따르도록 일관되게 격려했다'고 표현하시면서, 큰 자부심을 가지시고 인도 국회의원들에게 '오늘날 티베트 난민사회는 민주주의의 세 기둥, 즉 입법부, 사법부, 행정부를 모두 갖춘 몇 안 되는 난민사회 중 하나일 것'이라고 말씀하셨다. 티베트인은 이제 선출된 내각 의장을 가지게 되었고, 선출된

의회는 국민의 합법적 대표로서 티베트 문제를 다룰 책임을 지게
되었다.

민주주의의 질

2009년 로마에서 열린 세계의원 대회에서 성하께서는 '개방성, 투명
성, 민주주의, 법치에 관한 한 우리가 중국인보다 더 진보했고, 이에
대해 우리는 정말로 긍지를 느낀다'고 자랑스럽게 말씀하실 수 있었다.

달라이 라마의 철학에서, 윤리 없는 민주정치는 인간의 복지를
더 이상 발전시키지 않으며, 도덕 없는 삶은 인간을 짐승의 수준으로
타락시킨다. 정치인에게 윤리는 종교 수행자에게만큼이나 중요하다.
정치인들과 통치자들이 도덕적 원칙을 망각하면 위험한 결과가 뒤따
를 것이다.

민주주의와 개인의 자유에 기반을 둔 조직체계야말로 인간의 욕구
에 가장 적합하다. 그럼에도 불구하고 민주주의 내에서 자유를 허용하
는 조건들 자체는 악용될 여지가 있으며 개인의 부정행위가 일어날
가능성이 더 커지게 한다. 부정직하고 기만적인 행동을 할 가능성이
더 많아진다. 그러므로 성하께서는 우리의 민주주의 구조를 유지할
수 있는 방법과 수단을 찾는 동시에, 뇌물이나 부패와 같은 해로운
행동을 줄일 수 있는 전략을 세우는 것이 매우 중요하다고 믿으신다.

달라이 라마는 정치에서의 윤리의 역할에 대해, 그리고 부패를
폭로하고 근절할 필요성에 대해 글을 쓰시면서, 언론의 자유와 대중매
체의 독립성이 민주주의의 필수적 구성 요소라고 말씀하셨다. 이러한
자유는 사기꾼 정치인, 사기꾼 관료 및 지역 사회 노동자들을 폭로하는

데 사용되어야 한다. 이러한 기준은 배후에서 하는 행동이 대중 앞에서 하는 말과 일치하지 않는 모든 분야에서 일하는 사람들에게 적용되어야 한다. 우리는 이러한 사회의 약점을 성실하고 정직하게, 직접 그리고 분명하게 폭로할 수 있는 용기를 가져야 한다. 이렇게 우리는 공익을 손상시키는 부패와 착취 행위에 대처할 수 있다. 여러분이 선한 동기를 가지고 더 나은 사회를 추구한다면, 여러분은 선하고 정직한 정치인이 될 것이다. 정치 자체는 나쁘지 않다. 우리는 정치가 더럽다고 말하지만, 이는 잘못이다. 정치는 사회의 문제를 해결하는 데 필요한 도구다. 그러나 올바른 동기도 없는 사람들이 이기적이고 단기적인 목적만 가지고 정치를 한다면 정치는 당연히 나빠진다. 종교가 나빠지는 것과 같다.

완벽한 정부 시스템은 존재하지 않지만, 민주주의는 인간의 본성에 가장 가깝다. 우리가 하나로 일하기 위해서는, 모든 민족과 국가들이 자신들의 독자적인 성격과 가치를 유지할 수 있는 권리를 우리는 존중해야 한다.

자유 티베트 헌법

성하께서는 티베트 망명자를 위한 민주주의 확립 이외에도, 자유 티베트를 위한 민주 헌법 초안의 준비에도 착수하셨다. 1961년 헌법 초안이 작성되어 티베트 사회 안에 회람되었다. 의견을 구하고 받아들였다. 1963년 헌법 개정 초안이 발표되었다. 이에 따르면 티베트의 자유민주 정치체제의 헌법은 성하의 축복을 받아 다음과 같은 특징을 가질 것이다.

1. 티베트 정치체제는 영적 가치에 근거하여 수립되어야 한다. 이는 비폭력, 자유, 사회복지, 민주주의, 자비, 협력 및 환경보호라는 이상들을 지지하는 것을 목표로 한다.

2. 입법기관 및 집행위원장의 사무소에 대해서 선거를 실시하기 위한 독립적인 선거관리위원회를 둔다.

3. 모든 티베트인의 인권 준수와 보호 그리고 도덕적·물질적 복지의 증진이 보장되어야 한다.

4. 티베트는 평화지대가 되고, 국제 문제에서 비동맹, 완전 중립이 되며 전쟁과 군대 사용을 포기하며 모든 국가와 우호 관계를 맺을 것을 약속한다.

5. 시민의 기본권들, 즉 법 앞의 평등, 성별, 인종, 언어, 종교, 사회적 출신 등의 이유로 차별받지 않을 권리 등이 보장되어야 한다. 이와 함께 생명, 자유, 재산, 유급으로 고용될 권리, 언론과 표현 및 결사의 자유, 정보와 사상의 출판 및 보급에 대한 자유도 보장되어야 한다.

6. 모든 시민에게 투표권과 공직을 맡을 권리가 보장되어야 한다.

7. 토지는 농업, 주거, 공장, 사업 및 기타 직업상의 목적을 위해 국민에게 적절히 분배되어야 한다.

8. 티베트는 소득 기준에 기초한 과세를 부과하고, 자본주의와 사회주의의 교차점인 고유한 특별 경제체제를 구상할 것이다.

9. 티베트 헌법은 특수교육 정책의 수립 및 공공 의료체계의 확립을 정할 것이다.

10. 지방의회와 인민의회를 포함하는 양원제 입법부를 두며, 대법

원을 수장으로 둔 독립 사법부가 있어야 한다. 의원내각제를 선택하는 경우, 국회 및 지방의회에 의해 선출된 대통령과 부통령이 있어야 하고, 각료회의가 있어야 하는데 거기에는 다수당/다수 그룹 출신의 수상, 그렇지 못한 경우 전체 인민의회에 의해 선출된 수상이 있어야 한다.

11. 국회는 경제·지리·인구통계·교통·통신의 특성을 바탕으로 전국을 여러 지방으로 나눠야 한다. 각 지방마다 입법회의, 섭정(대통령)이 임명하는 주지사, 그리고 지방의회에서 선출된 최고 지방 장관이 이끄는 내각이 있어야 한다.

불교와 민주주의

1993년 4월 워싱턴 DC에 있었던 모임에서 성하께서는 다음과 같이 말씀하셨다. '현대 민주주의는 모든 인간이 본질적으로 평등하며, 우리 각자가 생명, 자유, 행복에 대한 동등한 권리를 가지고 있다는 원칙에 바탕을 두고 있습니다. 불교는 또한 인류라는 가족이 정치적인 자유만이 아니라, 근본적으로 두려움과 결핍으로부터 해방될 권리, 평등하고 양도할 수 없는 권리가 있다는 것을 인정합니다.'

사람들은 자유에 대한 선천적인 욕구를 가지고 있지만, 자유의 힘과 억압의 힘은 역사를 통해 끊임없이 대립해 왔다. 그러나 성하께서는 오늘날 전 세계에서 민주주의의 세력이 승리하는 쪽에 있다고 확신하고 계신다. 좌·우익 독재를 타도하는 민중의 권력 운동의 출현은, 인류가 폭정 아래서는 참을 수도, 제대로 기능할 수도 없음을 의심할 여지없이 보여주었다.

성하께서는 민주주의의 토대로서 세속적 민주주의와 비폭력에 대해 큰 경의를 표하시면서, 사람들이 개인으로서 함께 자유롭게 살 수 있다는 생각, 원칙적으로 평등하고 서로에 대해 책임지는 태도로 살 수 있다는 생각은, 모든 인간 생명을 동등하게 존중하는 불교적 성향에 본질적으로 부합한다고 말씀하셨다.

그 밖에 성하의 논지는 다음과 같다.

• 불교는 평화와 행복으로 가는 다양한 길을 받아들인다. 불교의 결속력은 서로가 형제자매라는 하나된 의식의 결실이다. 불교는 다양한 형식으로 번창해 왔다. 개인들이 스스로를 책임진다는 불교의 다원주의적 접근방식은 민주주의적 관점과 잘 조화된다.

• 어떤 정부 시스템도 완벽하지 않지만, 민주주의는 우리의 본질적인 인간 본성에 가장 가깝다. 그것은 정의롭고 자유로우며 글로벌한 정치구조를 구축할 수 있는 유일한 안정적 기반이기도 하다.

• 자비, 비폭력, 타자에 대한 책임은 불교와 민주주의에 공통이다.

불교도로서, 성하께서는 망명 티베트인이 민주주의를 향해 나아가는 진보에 대해 행복감을 표하시면서, "우리의 민주화는 전 세계의 티베트인에게 도달했습니다. 저는 미래 세대가 이러한 변화를 망명 경험의 가장 중요한 성취의 하나로 생각할 것이라고 믿습니다."라고 말씀하셨다.

자비의 철학

달라이 라마 성하의 철학에서 자비라는 개념은 사전적 의미와 매우 다르고 그것을 넘어선다. 단지 타인의 고통이나 불행에 대한 동정, 연민, 걱정, 슬픔의 감정만을 의미하는 것이 아니다. 달라이 라마에게 자비는 본질적으로 고통 속에 있는 사람과 하나가 되는 것, 타자성 (otherness)이라는 장벽을 깨고 그 고통과 자기 자신을 완전히 동일시 하는 것을 의미한다. 월트 휘트먼의 표현대로라면,

나는 상처 입은 사람에게 어떤 기분인지 묻지 않으며,
나 스스로 상처 입은 사람이 된다.

자비는 동료 인간들에 대한 사심 없는 사랑으로서, 그들의 권리와 존엄성을 존중하고 모든 인류의 문제를 공유하는 의무나 책임을 떠맡게 한다. 그러므로 성하의 자비와 보편적 책임에 대한 개념은 하나가 된다. S. 린뽀체 교수는 달라이 라마의 자비의 개념이 다르마(Dharma) 개념과 같다고 보면서, 다음과 같이 말한다.

달라이 라마 성하께서는 항상 만사에 대한 책임감, 결국 다르마에 대해 말씀하신다. 다르마와 책임은 거의 서로 호환이 되는 단어이 다. 우리가 보통 다르마만을 말할 때, 그것은 우리가 해야 할 일들을 의미한다. 다르마는 우리가 해서는 안 되는 일이 무엇인지 도 가르쳐준다. 다르마는 결국 해야 할 일과 하지 말아야 할 일, 옳고 그름의 차이에 대한 것이다. 전 우주에 대한 인간의 책임

실현이 최대의 다르마다.

진정한 자비는 단순한 감정적 대응이 아니라 이성에 근거한 확고한 책무다. 따라서 타인들에 대해 진정으로 자비로운 태도는 그들이 부정적으로 행동한다고 해도 변하지 않는다. 분노와 증오는 자비의 가장 큰 방해물이며 나약함의 표시이다. 관용은 자비에서 필수적인 부분이다. 자비는 본래 온화하고 평화롭고 부드러우나 매우 강력하다. 성하께서는 국가, 종교, 언어 등에 관계없이 모든 인간이 동일하고 평등하다는 점을 거듭 강조하신다. 우리 모두는 서로를 배려하는 마음을 갖고 있다. 인간으로서 우리는 서로에게 자비를 느낄 수밖에 없다. 그는 티베트 대의에 대한 관심과 지원조차도, 모든 이들이 자비롭고, 동료 인간에 대한 사랑과 배려를 가진 데에서 비롯된다고 생각한다. 그의 말처럼, "모든 사람들이 자유롭지 않은 이상 당신도 진정으로 자유로울 수 없다."

달라이 라마에게 자비는 행복의 기술이다. 모든 인간은 천성적으로 행복하기를, 보살핌을 받기를 원한다. 아무도 고통을 좋아하지 않는다. 사실 행복은 남을 도와야만 이룰 수 있다. 최고 수준의 내면적 평정과 마음의 평화는 사랑과 자비심의 발달에서 온다. 타인의 행복을 배려할수록 우리 자신의 안녕감은 더 커진다. 타인에 대해 친밀하고 따뜻한 감정을 함양하는 것은 자동적으로 마음을 편안하게 한다.

달라이 라마는 우리의 많은 문제가 사랑, 보살핌, 자비라는 전통적인 인간 가치에 태만했기 때문에 생긴 것이라고 생각하신다. 우리 각자는 이러한 가치들을 보호하고 증진시킬 책임이 있다. 성하 자신에 관한 한, 그는 어디를 가든 따뜻한 마음이나 자비와 같은 인간의 가치를 촉진하는 데 주된 관심이나 책무가 있다고 말씀하신다. 서로에 대한 자비와 사랑을 바탕으로 한 인간관계는 인간의 행복에 있어 근본적으로 중요하다.

우리는 동료 시민들의 고통을 함께 나누어야 한다. 사랑하는 사람뿐만 아니라 적에게도 자비와 관용을 베풀어야 한다. 사치스런 삶을 살지 않는 사람들도, 만족하고 자기 훈련을 실천하는 선택에 기초하면, 자비로 가득 찬 가정을 가질 수 있다. 따라서 육체적이거나 물질적 어려움에도 불구하고 우리는 행복할 수 있다.

보편적 책임의 교리

성하가 사회·정치철학에 가장 두드러지게 공헌한 부분은 보편적 책임이라는 교리다.(그는 '교리'라는 단어를 쓰고 싶지 않으실 것이지만.) 이 개념의 핵심은 우리 각자가 인류 전체에 대한 책임을 가지고 있다는 것이다. 우리는 자기, 가족, 심지어 국가의 좁은 이익을 넘어서서 우주의 나머지 부분까지 생각해야 한다. M.K. 간디의 말처럼 세상을 바꾸고 싶다면, 그 변화가 되고, 자신을 변화시키는 데서 시작하라는 것이다. 사회를 발전시키기 위해서는 모든 구성원들이 책임을 지고 스스로 기여해야 한다. 모든 발전은 집단적인 노력에 달려 있다. 성하께서 말씀하시길,

우리가 집단적인 기여를 하지 않으면 발전은 없으리라. 개인의 능력에 있어서 차이가 있기 때문에 주도권은 전 인구가 아닌

소수의 사람에게서만 나오지만, 모두가 집단적인 노력을 해야
한다. 그래야만 비로소 문화, 종교, 경제 등의 분야를 포함해서
사회가 발전한다.

달라이 라마는 불교 사상 덕택에 자신이 상호의존의 개념 그리고
무한한 자비심에 대한 인간 잠재력과 같은 개념을 아시게 되었고,
이 개념들이 보편적 책임, 비폭력, 종교 간의 이해의 중요성을 깊이
인지하게 해주었다고 말씀하신다. 상호의존은 자연의 기본 법칙이다.
우리의 존재는 타인의 도움에 의존하기 때문에, 사랑의 필요성은
바로 우리 존재의 토대를 이룬다. 그러므로 우리는 타인의 복지에
대한 진정한 책임감과 진지한 관심이 필요하다. 부모는 아이가 스스로
를 돌볼 수 있을 때까지 아이를 돌보겠다는 자비로운 책무를 가지고
있다. 그러므로 수태의 바로 그 순간부터 우리 부모님의 사랑이 우리의
창조와 직접 관련되어 있다. 우리는 첫 성장기부터 어머니의 보살핌에
전적으로 의존하고 있다. 아이는 다른 사람의 보살핌 없이는 살아갈
수 없으므로, 사랑은 그 아이의 가장 중요한 영양분이다. 태어난
날부터, 인간의 애정에 대한 욕구는 우리의 핏속에 있다.
  성하께서는 매일 쏟아지는 불쾌한 사건들에 대한 뉴스에도 긍정적
인 시각을 가지고 계신다. 그는 사랑과 자비가 이 세상에서 우세하다고
말씀하신다. 그래서 불쾌한 사건은 뉴스가 되고, 자비로운 행동은
일상생활의 대부분이어서 당연시되고 대부분 무시된다.
  성하께서는 다음과 같이 결론을 내리신다.

궁극적으로 인류는 하나이고 이 작은 행성은 우리의 유일한 집입니다. 만약 우리가 우리 집을 지키려면, 우리 각자는 보편적 이타심을 생생하게 경험해야 합니다. 우리는 이 이타심 덕분에 타인을 속이고 악용하는 자기중심적인 동기를 제거할 수 있습니다. 사회의 모든 차원, 즉 가족, 종족, 국가 및 국제사회의 차원에서, 보다 행복하고 보다 성공적인 세상을 만드는 비결은 바로 자비심의 성장입니다.

자비의 실천은 단지 비현실적인 이상주의의 증상만이 아니라, 타인과 우리 자신에게 최선의 이익이 되는 것을 추구하는 가장 효과적인 방법이다. 우리가 국가로서나 개인으로서나 다른 사람들에게 더 많이 의존하면 할수록, 그들의 안녕을 보장하는 것이 우리에게 최선의 이익이다. 모든 개인은 자신의 글로벌 가족을 도와서 올바른 방향으로 인도할 책임이 있으며, 우리는 각자 그 책임을 져야 한다.

티베트 전통문화에서는 많은 사람이 하나의 약, 즉 사랑과 자비심을 통해 치료될 수 있다고 말한다. 자비에 헌신하는 마음은 넘치는 저수지와 같은 것이고, 에너지와 결의 그리고 친절함의 항구적인 원천이다.

자비와 보편적 책임의 개념은 고대의 대승불교 사상까지 거슬러 올라갈 수 있다. 이것은 또한 모든 시민이 민주적 통치 체제의 과정에서 적극적이고 주의 깊은 참여자가 되어야 할 의무나 책임이 있는 참여민주주의의 현대적 개념의 본질이기도 하다.

성하에게 있어 망명 티베트 정치체제 민주화의 주요 목적은 유능한 시민, 즉 책임을 다 할 수 있는 시민을 만드는 것이었다. 세상이 작아질수록 우리는 서로를 점점 더 필요로 한다. 인류 사회는 그 역사에서 중대한 고비에 도달했다. 오늘날의 세상은 우리에게 인류의 하나됨을 받아들이라고 요구한다. 한 지역에서 무슨 일이 일어나든 결국 많은 다른 지역들에 영향을 미치게 된다. 세계는 점점 상호의존적이 되어 가고 있다. 이 새로운 상호의존의 맥락에서는, 자기 이익은 분명히 타인의 이익을 고려하는 데 있다. 보편적인 책임감에 대한 육성과 촉진이 없다면 우리의 미래는 위험에 처하게 된다. 그러므로 성하께서는 보편적 책임감 없이는 우리의 생존 그 자체가 위험하다고 결론지으셨다.

다른 사람과 함께 그리고 자연과 더불어 조화롭고 평화롭게 사는 것이 모든 인간에게 불가피한 일이 되었다. 세상은 작아졌다. 우리는 공통의 문제를 안고 있고 서로에게 의지하고 있다. 고립된 삶은 이미 불가능하다. 사랑과 자비라는 따뜻한 감정이 없다면, 우리는 결국 우리 스스로를 해치게 될 것이다. 성하께서는 우리가 서로 상호의존적이기 때문에 보편적인 책임감을 기르는 것 이외에 선택지는 없다고 말씀하신다. 보편적인 책임은 각 개인이 우주에 대해 지는 책임을 의미한다. 우리 각자가 서로에 대해 책임지기 위해 성실하게 노력하는 것이 중요하다. 티베트 사상은 자비의 정신으로 가득 차 있기 때문에, 티베트의 자유는 모든 인류에게 중요하다. 자유 티베트는 인류의 이익에 귀중한 공헌을 할 것이다.

종교 간 이해

성하가 가진 사명의 하나는 모든 종교 간의 이해와 화합을 발전시키는 것이다. 모든 종교는 사랑, 자비, 용서, 관용, 자기 훈련 및 만족이라는 동일한 가르침을 갖고 있다. 철학도 다양하고 접근방식은 다르지만 목적은 다 같다. 불행하게도, 인류의 역사는 종교의 이름으로 일어난 많은 갈등을 목격해 왔고 지금도 목격하고 있다. 성하께서 말씀하시길,

> 오늘날에도 종교의 오용 그리고 종교적 편견과 증오의 조장으로 인해, 개인은 살해되고, 공동체는 파괴되고, 사회는 불안정해집니다. 제 개인적인 경험에 따르면, 종교 간의 화합을 방해하는 장애물을 극복하고 이해를 이끌어 내는 가장 좋은 방법은 다른 신앙과 다른 전통의 구성원들과의 대화를 통해서입니다. 이런 일이 다양한 방식으로 일어나고 있다고 봅니다.

성하 자신도 여러 종교 지도자들 간의 모임에 참석하셨고, 하나의 강단에서 함께 기도도 하셨다. 그는 인도와 해외에서 힌두교, 이슬람교, 기독교, 자이나교, 시크교 사원들을 방문하셨다. 그는 다양한 전통의 종교 지도자들과 만나 종교 간의 화합과 이해에 관한 문제들을 논의하셨다. 그는 말씀하신다.

> 이와 같은 교류가 일어나면 한 전통을 따르는 사람들은, 다른 신앙의 가르침도 그들 자신의 신앙처럼 추종자들에게 윤리적 지침 겸 영감의 원천이라는 것을 알게 될 것입니다. 교의 등에서 차이가 있겠지만, 모든 세계 주요 종교들이 개인을 선한 인간으로

변화시키는 데 도움을 준다는 사실도 분명해질 것입니다. 모든 종교들은 사랑, 자비, 인내, 관용, 용서, 겸손, 자기 훈련 등을 강조합니다. 그러므로 우리는 종교 분야에서도 다원성의 개념을 수용해야 합니다.

성하의 말씀에 따르면, 우리는 모든 주요 종교적 전통이 인류의 향상, 인류에의 봉사, 지구의 구원을 위해, 그리고 종교의 이름으로 일어나는 갈등을 줄이기 위해, 인간의 잠재력을 확실히 사용할 수 있도록 더욱 노력을 기울여야 한다. 이를 위한 한 가지 방법은 종교학자들과 지도자들을 한 자리에 모으는 것이다. 또 다른 방법은 일반인들이 성지를 방문해서 그 장소의 분위기를 통해 다른 종교에 대해 더 깊은 감정을 경험하는 것이다. 성하께서는 바로 지금이 종교 지도자들이 그런 일을 주도하기에 적절한 시기라고 믿고 계신다.

21세기가 막 시작되는 지금, 우리는 주변의 사건들에 대해 우리가 생각하는 방식을 바꾸는 것이 중요하다는 것을 분명히 알 수 있습니다. 비폭력, 평화, 마음속 전쟁 타파라는 이상들을 함양하면서 내적 발전을 도모하는 일이 가져올 잠재적 보상은, 모든 종교 전통이 자비, 관용, 만족, 자기 훈련이라는 긍정적인 자질들을 증진하는 데 시의적절하다는 것입니다. 결과적으로 우리의 다른 종교 전통들은 현대에도 중요한 역할을 하고 있습니다. 그러므로 세계의 다른 종교 전통들 간에 깊은 이해와 화합이 있어야 하고, 이 전통들은 모든 인류의 복지에 기여하기 위해 공동으로 노력해야 합니다.

모든 종교는 생명들이 고통을 피하고 행복을 얻도록 돕기 위해 나름대로 노력한다. 우리는 모든 세계 종교의 공통분모인 인도주의적 이상을 강조해야 한다. 우리가 서로 다른 종교를 본질적으로, 선한 마음—곧 사랑, 타인에 대한 존중과 진정한 공동체 의식—을 발전시키는 도구로 본다면, 그 종교들은 세계평화를 위해 함께 일할 수 있다. 가장 중요한 것은 종교의 목적을 살펴보는 것이지, 우리를 단순히 지성주의로 이끌기만 하는 신학이나 형이상학의 세부 사항을 살펴보는 것이 아니다. 달라이 라마는, 세계의 모든 주요 종교가 단지 각 종교의 내부적 사안에 불과한 미묘한 형이상학적 차이점을 제쳐두기만 하면, 세계평화에 기여할 수 있고 인류의 이익을 위해 협력할 수 있다고 믿고 계신다.

모든 종교의 궁극적인 목적은 인류에게 봉사하고 이익을 주는 것이다. 바로 이 때문에 종교가 단순히 다른 사람을 개종시키기 위해서가 아니라, 항상 모든 존재의 행복과 평화를 가져오기 위해 사용되는 것이 중요하다. 종교에는 국경이 없어야 한다. 서로 다른 신앙을 가진 수행자들은 각 종교 전통이 정신적, 영적 건강을 제공하는 수단으로서 엄청난 내재적 가치를 가지고 있음을 깨달아야 한다.

경제정책

사회경제이론과 경제정책의 사안에 있어서 성하께서는 분명히 가난한 자와 소외당한 자를 대변하신다. 그는 주저 없이 스스로를 마르크스

주의자로 부르시고, 토지개혁과 인민 사이에 적절한 토지분배를 전적
으로 지지하신다. 그는 중국에 머무시는 동안 자신이 만난 공산주의
지도자들이 정직하고 솔직하며 개방적인 모습을 보였다고 고백하신
다. 그는 공산당 친구들에게 자신이 가입할 수 있는지 물어보기까지
하셨다. 그는 불교가 다른 어떤 경제 시스템보다 사회주의에 가깝다고
생각하신다. 그러나 오늘날 세계적인 현실의 맥락에서 보면, 그는
개인의 동기가 성장에 필수적인 자극이 되었다고 믿으신다. 이 사실은
중국의 공산당 지도부가 소위 사회주의 시장경제로 이동하면서 스스
로 깨닫고 받아들인 것이다. 달라이 라마는 혼합경제 모델을 지지하신
다. 그는 다음과 같이 말씀하신다.

기술의 진보는 오늘날의 세계에 물질적 번영을 가져왔지만, 인간
에 대한 존중을 상실하게 되는 결과를 낳기도 했습니다. 인간
또한 자신들의 자유를 많이 잃어서 기계의 노예가 될 정도가
되었습니다. 소수의 특권층만이 풍요의 섬에 살고 있지만, 대다수
의 사람들은 가장 기본적인 삶의 필수품조차 없이 살아가야 합니
다. 이와 같은 경제적 격차를 막기 위해서는, 미래의 자유 티베트를
위해 보다 바람직한 경제적인 방향이 그려져야 합니다. 우리는
자유경제를 지향하겠지만, 우리의 경제정책은 국가와 일반 대중
의 이익에 기여하는 것을 목표로 할 것입니다. 우리는 모든 시민들
이 기본적인 삶의 필수품을 얻을 수 있도록 노력하겠습니다.

달라이 라마는 후에 공산주의를 받아들일 수 없다고 보셨다. 이는

대중들에게 자신들의 견해를 강요하려는 지배 엘리트들의 시도는 참담한 것으로 판명되었기 때문이다. 공산주의는 그 자체의 여러 신념을 고취하기 위해 강제력에 의존했기 때문에 철저하게 실패했다. 결국, 사람들은 공산주의가 만들어내는 고통을 견딜 수 없었다. 아무리 강하게 폭력을 가해도 자유를 향한 인간의 기본적인 욕구는 결코 억누를 수 없다. 우리는 경제 발전과 영적인 성장을 결합하고 서로 조화를 이루게 해야 한다. 과학과 기술의 형식을 취한 물질적인 지식은 인간의 복지에 크게 기여했지만, 영속적인 행복을 만들지는 못했다.

국제 비즈니스의 분야에 자비심을 불어넣기 위해서는 엄청난 노력이 필요할 것이다. 특히 개발도상국 간의 경제적 불평등은 이 지구상에서 가장 큰 고통의 원천으로 남아 있다. 달라이 라마는 다국적 대기업들에게 비록 단기적으로 손해를 볼지라도 빈곤한 국가들에 대한 착취를 줄이라고 충고하신다. 선진국의 소비주의를 부채질하기 위해 빈곤 국가들이 보유하고 있는 얼마 안 되는 귀중한 자원을 빼내는 것은 재앙이다. 만약 소비주의가 견제받지 않고 계속된다면, 결국 우리 모두가 고통을 받게 될 것이다. 취약하고 다각화되지 않은 경제를 강화하는 것은 정치적, 경제적 안정을 촉진하는 훨씬 현명한 정책이다. 이상적으로 들리겠지만, 오로지 경쟁과 부에 대한 욕구가 아닌 이타주의가 사업의 원동력이 되어야 한다.

성하께서는 자신이 반공주의자가 아니며 중국 혁명의 초기 지도자들에게 찬사를 보냈다고 말씀하셨다. 그는 그들이 사심 없고 수고하는 대중을 섬기려는 열의가 있음을 아셨다. 달라이 라마는 마오 주석에게 호감을 가지셨다. 그는 마오 시대가 이데올로기를 중시한다고 느끼셨다. 초기에 공산주의자들은 진실의 힘과 총의 힘, 둘 다를 가지고 있었다. 그러나 후기에는 진실의 힘은 사라지고 총의 힘만 남았다. 그래서 그게 실제로 운동을 망친 것이다. 그는 말씀하신다.

당시 중국 해방군에는 기술자뿐 아니라 과학자가 많았습니다. 그들은 자비심과 동기라는 두 단어를 사용한 적은 없지만 정말로 자비심과 같은 것을 가지고 있었습니다. 그들은 대중의 권리와 이익에 대해 생각하고 기꺼이 목숨을 바쳤습니다. 이념과 신념 덕분에 공산주의에 대한 분명한 비전, 경찰 없는 사회, 계급 없는 사회, 사회주의를 통한 아주 평화로운 사회가 있었습니다.

경제와 발전에 관한 한, 달라이 라마는 중국과 같은 강대국의 일부로 남는 것이 티베트의 이익이라는 데 동의하신다. 성하께서는 덩샤오핑에게 보내신 편지에서 자신이 모든 인간의 안녕, 특히 프롤레타리아의 안녕을 추구하는 공산주의의 이념을 믿으시며, 레닌의 '민족 평등' 정책을 믿으신다고 쓰셨다. 그러나 그는 현재의 발전 모델이 티베트 불교가 양성해낸 인간의 가치들과 잘 맞았는지 확신하지 못하셨다. 그 가치들은 다음과 같다.

1. 보편적 인도주의는 지구적인 문제를 해결하기 위해 필수적이다.
2. 자비는 세계평화의 기둥이다.
3. 세계의 모든 종교는, 모든 이데올로기의 인도주의자들이 그런 것처럼 이미 이렇게 세계평화를 위해 존재한다.

4. 모든 개인은 인간의 필요를 충족시키기 위한 제도를 만들어야 할 보편적인 책임이 있다.

세상의 종교, 이념, 정치 시스템들은 사람들이 행복을 얻기 위한 것임을 우리는 기억해야 한다. 우리는 이러한 근본적인 목표를 놓쳐서는 안 되며 어떤 경우에도 수단을 목적 위에 두어서는 안 된다. 즉 물질과 이데올로기보다 인간이 우위에 있다는 점을 항상 지켜내야 한다. 성하께서는 경제 발전, 물질적 진보, 기술 향상의 필요성을 인정하시면서도, 그 과정에서 인간의 높은 가치들이 희생되어서는 안 된다는 점을 힘써 강조하신다. 발전의 물질적 측면과 영적 측면 모두, 균형을 이루기 위해 중요하다.

비폭력, 세계평화 및 국제질서

성하의 정치사상은 티베트 및 중국과 티베트 관계의 현안에만 국한되지 않는다. 그의 비전은 훨씬 넓고 시공을 초월한다. 그의 비전은 세계질서에 대한 것인데, 그 질서 안에서는 비폭력과 평화가 주도하고, 모든 인류가 행복하고 고통에서 해방된다. 그의 견해는 세계의 운명과 아시아의 평화와 직접적인 관련이 있다. 세계 인권도 위태롭다. 1997년 티베트 대표자의회 연설에서 이렇게 말씀하셨다.

우리의 목표는 수천 년 동안 우리 속에 뿌리내린 고귀한 티베트 전통을 보존하는 것인데, 오늘날 세계의 많은 공평한 사람들은 그 전통을 칭찬하고 있습니다. 이 고귀한 전통은 우리에게만 유용

한 것이 아니라 전 세계에 분명히 이득이 될 수 있습니다. 이
세상에 물질적인 선진국에서 사람들은 정신적 평화를 갈망하고
있는데, 우리에게 고귀한 전통의 형태로 평화를 제공할 수 있는
수단이 있습니다. 그리고 우리가 이 전통을 잘 보존할 수 있다면
600만 명의 티베트인과 티베트 환경뿐만 아니라 이 히말라야산맥
에 있는 수백만의 생명 그리고 모든 인류와 동물에게도 이익이
될 것입니다.

자비와 보편적 책임이라는 그의 개념들도 글로벌 차원과 글로벌
적용 가능성을 가지고 있다. 모든 인류의 행복과 복지, 세계평화는
그의 보편적 책임 교의에서 자동적으로 흘러나온다. 성하께서는 다음
과 같은 것을 예상하신다.

- 갈등과 대립이 아니라 비폭력적 수단, 대화 및 논의를 통한 국제
분쟁 해결
  - 전 세계의 인권 보호
  - 전 세계의 자연과 환경 보존, 무공해 세계의 보장
  - 모두에게 보편적인 책임감을 고취하는 것
  - 핵무기 감축과 평화지대 조성

상호의존은 자연의 근본 법칙이다. 오늘날 세계는 점점 더 작아지고
있어서 우리 모두는 서로를 더 필요로 한다. 우리는 이 행성에서
공존해야 한다. 따라서 개인, 민족, 국가 간 차이를 해결할 수 있는

유일하게 합리적이고 이지적인 방법은 비폭력과 대화로 이뤄진 정치 문화를 통해서이다. 우리는 또 인구과잉, 천연자원의 감소, 그리고 지구상 존재의 기반 자체를 위협하는 환경 위기 등 우리가 직면하고 있는 심각한 문제들에 함께 끌려가고 있다. 성하께서는 우리 시대의 도전에 맞서기 위해서는 인간이 더 큰 보편적 책임감을 길러야 한다고 믿고 계신다.

오늘날 인류가 직면한 가장 큰 단일 위험은 핵 파괴의 위험이다. 성하께서는 말 그대로 세계의 미래를 손에 쥐고 있는 모든 핵보유국의 지도자들에게, 이러한 거대한 파괴 무기를 계속 만들어내고 있는 과학자와 기술자들에게, 그리고 자신들의 지도자들에게 영향력을 행사할 수 있는 위치에 있는 모든 사람들에게, 정신을 차리고 모든 핵무기를 해체하고 파괴하는 작업을 시작하라고 호소하신다. 우리는 핵전쟁이 일어날 경우 승자가 없다는 것을 알고 있다. 왜냐하면 생존자가 없을 것이기 때문이다! 성하께서는 행복에 대해 보다 일반적이고 구체적인 생각을 갖고 계신다. 즉 내면의 평화와 경제 발전의 결합, 그리고 무엇보다도 세계평화와의 결합이다. 그런 목표를 달성하기 위해서는 교리, 피부색, 성별, 국적과 관계없이 모든 사람에 대한 보편적 책임감과 깊은 관심을 길러야 한다고 그는 생각하신다.

오늘날 우리는 너무나 상호의존적이고 서로 밀접하게 연결되어 있기 때문에 보편적인 책임감과 보편적인 형제·자매애의 감정이 없다면, 그리고 우리가 정말로 하나의 큰 인간 가족의 일원이라는 이해와 믿음이 없다면, 평화와 행복을 가져오기는커녕 우리의 존재에 대한 위험을 극복하기를 바랄 수 없다. 한 나라의 문제는 더 이상 그 나라만으로는 충분히 해결될 수 없다. 너무 많은 것이 다른 나라들의 관심, 태도, 협력에 달려 있다. 세계 문제에 대한 보편적인 인도주의적 접근만이 세계평화를 위한 유일하게 건전한 토대인 것 같다.

모든 국가가 그 어느 때보다 경제적으로 서로 의존하고 있기 때문에, 인간의 이해는 국경을 넘어 국제사회 전체를 포용해야 한다. 위협이나 실제적인 무력 사용이 아니라 진심 어린 이해를 통해 얻어지는 진정한 협력 분위기를 조성하지 않는 한, 세계 문제는 더욱 커질 수밖에 없다. 빈국의 사람들이 그들이 원하고 마땅히 받아야 할 행복을 거부당한다면, 그들은 당연히 불만족스러워하고 부국들에게 문제를 일으킬 것이다. 원치 않는 사회적·정치적·문화적 행태들이 원치 않는 사람들에게 계속 강요된다면, 세계평화의 달성은 불확실하다. 하지만 우리가 감정적으로 사람들을 만족시킨다면 평화가 반드시 올 것이다. 각국은 다른 나라의 복지에 대해 걱정할 수밖에 없다. 그것은 인류에 대한 각국의 믿음 때문이 아니라, 관련 당사국 모두의 상호적이고 장기적인 이익이 걸려 있기 때문이다. 이러한 새로운 현실에 대한 인식은 유럽경제공동체, 동남아시아 국가연합 등과 같은 지역 또는 대륙 경제 기구의 출현으로 나타난다.

도덕, 자비, 품격, 지혜 등 인간의 자질들이 모든 문명의 토대였다. 이러한 자질들이 우호적인 사회 환경에서 체계적인 도덕 교육을 통해 함양되고 유지되어서, 보다 인간적인 세계가 출현할 수 있어야 한다. 달라이 라마의 표현대로라면, 희망이 있다면 미래 세대에게 있지만, 현재의 교육 시스템에서 세계적인 규모의 변화를 일으키지 않는 한 그런 희망은 없다. 우리는 보편적인 인도주의적 가치에 대한 책무와 실천에 있어서 혁명이 필요하다. 인간 가치관의 갱신과 지속적인 행복의 달성을 위해서 우리는 세계 각국의 공통된 인도주의적 유산에 주의를 기울일 필요가 있다. 지구상에서 우리 모두를 하나의 가족으로 단결시키는 것은 인간의 가치관이다.

전쟁과 대규모 군사시설은 세계에서 폭력의 가장 큰 원천이다. 이 거대하고 강력한 조직들은 그 목적이 방어적이든 공격적이든, 오로지 인간을 죽이기 위해 존재한다. 우리는 전쟁의 실상에 대해 신중히 생각해야 한다. 전쟁은 화려하지도 매력적이지도 않다. 그건 끔찍하다. 그 본질은 비극과 고통이다. 강력한 군대가 존재하는 한 독재의 위험은 항상 있으리라. 우리가 독재를 비열하고 파괴적인 정부 형태의 하나로 진실로 생각한다면, 강력한 군사시설의 존재가 독재의 주요 원인의 하나임을 인식해야 한다.

군국주의 또한 매우 비싸다. 군사력을 통한 평화 추구는 사회에 엄청나게 낭비적인 부담을 준다. 정부들은 점점 더 정교해지는 무기에 막대한 돈을 쓴다. 성하께서는 전쟁을 깊이 반대하시지만, '부당한 침략에 대항하기 위해 종종 강경한 입장을 취하는 것이 필요하다'고 하시며 유화적인 입장을 옹호하지 않는다는 점을 명확히 밝히신다. 군비 축소는 새로운 정치적, 경제적 관계의 맥락에서만 일어날 수 있다. 우선 우리는 핵무기 제거 작업을 해야 하고, 다음으로 생화학 무기, 공격 무기, 그리고 마지막으로 방어용 무기를 제거해야 한다. 동시에 평화를 수호하기 위해 우리는 하나 이상의 글로벌 지역에서 집단 지휘 하에 각국 동수의 국제 경찰력을 발전시켜야 한다. 결국 이 경찰력은 전 세계를 관장하게 될 것이다. 군비 축소와 연합군 발전이라는 이중의 과정은 다국적이면서 민주적일 것이다.

유럽공동체와 같은 지역 조직은 우리가 창조하려는, 보다 평화로운 세계의 필수적인 부분일 수 있다. 유럽공동체는 이러한 노력의 선구자로서, 한편으로는 경제적, 군사적, 정치적 압력과, 다른 한편으로는 회원국들의 주권 사이에서 미묘한 균형을 협상하고 있다.

아시아 국가공동체를 건설하는 데 수반되는 대화, 근대화, 타협의 과정은 중국 내 신질서가 평화적으로 진전하는 일에 진정한 희망을 줄 것이다. 그러한 공동체의 회원국들은 처음부터 그들의 국방과 국제관계 정책을 동시에 결정하는 일에 동의할 수도 있다. 협력할 수 있는 기회는 많을 것이다. 중요한 점은 그 국가들이 현재의 부당한 억압의 분위기 속에서도 자유, 민주주의, 온건주의라는 힘들이 성공적으로 드러날 수 있도록 평화적이고 비폭력적인 방법을 발견할 수 있을 것인가 하는 점이다. 갈등은 영혼과 폭력, 사랑과 증오, 그리고 자비와 억압 사이에 일어난다.

달라이 라마는 모든 단계에서의 폭력 철폐가 세계평화를 위한 필수적 토대이자 모든 국제질서의 궁극적 목표라고 믿으신다. 지구상의 70억 인구 중 실제로 폭력을 행사하는 사람은 극히 적다. 우리 대부분은 평화롭기를 선호한다. 모든 파괴적인 행동은 우리의 기본 본성에 어긋난다. 그러므로 건설적인 것이 인간의 방식이다. 그러나 국제관계에서 우리는 진리에 거의 경의를 표하지 않는다. 대부분의 사회에서 약자들이 더 부유하고 강력한 사람들의 손에 고통을 받듯이, 약한 국가는 필연적으로 더 강한 국가에 의해 조종받고 억압당한다.

유엔은 미래를 위해 그 구조를 수정해야 할 필요가 있다. 유엔,

특히 상임이사국 5개국이 있는 안보리는 좀 더 큰 대표성을 지녀야 한다. 소수의 강력한 회원국들이 그들의 일방적인 이익을 위해 유엔과 같은 세계 기구를 계속 오용한다면, 그것은 정말로 비극이다. 유엔은 세계평화의 도구가 되어야 한다.

성하께서는 미래에 대해 낙관적이시다. 최근의 몇 가지 흐름은 더 나은 세상을 위한 큰 가능성을 예고한다. 1950년대와 60년대만 해도 사람들은 전쟁이 인류의 불가피한 조건이라고 믿었다. 오늘날 전 세계의 사람들은 세계평화를 진심으로 걱정하고 있다. 그들은 이데올로기를 내세우는 것에 관심이 적고 공존에 더 전념한다. 이것들은 매우 긍정적인 발전이다. 또 다른 희망적인 발전은 과학과 종교 사이의 양립 가능성이 증가하고 있다는 것이다.

성하께서는 티베트를 무기가 금지되고 사람들이 자연과 조화를 이루며 살아가는, 중립적이고 비무장화된 성역으로 구상하고 있으시다. 그는 이를 단순한 꿈이 아니라 티베트인이 비극적인 침략을 당하기 전, 천 년 이상 이런 방식으로 살기 위해 노력해 왔다고 말씀하신다. 그는 모든 사람이 부당한 간섭 없이 평화롭게 살 권리가 있다고 믿으신다. 그는 우리 모두에게 우리의 이 푸른 행성에 대해 열정을 느끼라고 권하신다. 지구의 생명은 우리의 생명이고 지구의 미래는 우리의 미래다. 실제로 지구는 우리 모두에게 어머니와 같다. 평화의 씨앗은 보편적인 자비심 속에서 활짝 꽃피울 수 있을 것이다. 사람들이 벌이는 큰 운동은 개별 인간의 선도적 행위에서 비롯된다. 달라이 라마는 세계의 양심에, 그리고 평화를 사랑하는 모든 문명화된 국가에 화해, 자비, 우정, 우호, 관용의 정책을 채택하도록 호소하신다.

성하에게 비폭력은 자비의 행위다. 자비 없는 비폭력은 그저 입에 발린 소리일 뿐이다. 그래서 티베트인은 심지어 중국 강제수용소에 있는 동안에 사형 선고를 받으면서도 자신들을 박해하는 사람들의 안녕을 기원한다. 비폭력은 문제가 없는 세상을 의미하지 않는다. 그러나 폭력은 항상 고통을 낳기 때문에 본질적으로 역효과를 낳는다. 그러므로 이제는 세계 지도자들이 인종·문화·이데올로기의 차이를 초월하고, 공통의 인간 상황을 이해하며 상대를 존중하는 법을 배워야 할 때이다. 그렇게 하면 개인, 지역 사회, 국가 및 세계 전체에 이득이 될 것이다.

1996년 티베트 대표자의회에서 성하께서는 다음과 같이 말씀하셨다.

비폭력은 그저 무기를 포기한다는 뜻이 아닙니다. 겉으로만 무기가 없는 걸로는 부족하고, 속으로 생각에서도 자비심이 있어야 합니다. 증오와 교만, 악의가 있는 사람이면 외적으로 무기가 없더라도 돌멩이라도 던지게 됩니다. 그러므로 비폭력의 진정한 의미는 정신적으로 내면에 폭력이 없어야 한다는 뜻입니다. 비폭력의 정체성은 자비로운 생각입니다.

달라이 라마의 중도 어프로치는 비폭력에 바탕을 두고 있다. 마하트마 간디와 같이 그에게 있어서도 '비폭력이 유일한 길이며 올바른 길'이다. 1989년 노벨 평화상의 수락 연설에서, 성하께서는 그의 멘토 마하트마 간디에 대한 '헌정獻呈'으로 이 상을 받으셨다고 말씀하셨다. 간디는 변화를 위해 비폭력 행동의 현대 전통을 세우고 '그의 삶이 그에게 가르침과 영감을 준 사람'이었다. 달라이 라마는 또한 '모든 곳에서 억압받는 자와 자유를 위해 투쟁하고 세계평화를 위해 일하는 모든 자들을 대표하여' 상을 받으셨다. 그는 노벨 평화상을 자비와 비폭력의 가치에 대한 인정으로서 받으셨다. 이 상을 그에게 수여한 것은 보편적인 책임감이 인류에게 유일한 대안임을 보여준 것이라고 그는 말씀하셨다. 성하께서는 또한 노벨 강연(1989)에서 자신의 꿈, 곧 티베트를 평화와 아힘사(비폭력) 지대로, 곧 자유로운 피난처로 만드는 꿈에 대해 언급하셨다. 그 피난처는 인류와 자연이 '평화롭고 조화로운 균형 속에서 살아갈 수 있고', 세계 각국에서 온 사람들이 자신들 안에서 평화의 진정한 의미를 찾을 수 있는 곳이다. 이를 위해서는 다음이 필요하다.

1. 티베트고원 전체를 비무장화한다.

2. 티베트고원에서 핵무기 및 그 밖에 무기 제조, 실험, 비축을 금지한다.

3. 티베트고원을 세계 최대의 자연공원 또는 생물권으로 변모시킨다. 야생 동·식물을 보호하기 위한 엄격한 법률을 시행한다. 천연자원의 이용은 관련 생태계를 훼손하지 않도록 신중하게 규제한다. 그리고 인구 밀집 지역에서 지속가능한 개발정책을 채택한다.

4. 원자력의 제조와 사용 그리고 그 밖에 유해 폐기물을 생산하는 다른 기술들도 금지한다.

5. 국가자원과 정책은 평화와 환경보호를 적극적으로 추진하는

방향으로 가야 한다. 평화 촉진과 모든 형태의 생명 보호에 헌신하는 조직들은 티베트에서 우호적인 처소를 발견할 수 있을 것이다.

6. 인권 증진과 보호를 위한 국제적 및 지역적 조직의 설립을 티베트 내에서 장려한다.

티베트는 평화와 아힘사의 성역으로서 아시아의 전략적 중심에 있고 세계에서 인구가 가장 많은 국가인 인도와 중국을 분리하고 있다. 티베트는 그래서 양국의 안보를 강화하는 동시에 외딴 지역에 많은 병력을 계속해서 유지하는 데에 따른 경제적 부담을 줄일 것이다. 성하께서는 여전히 대부분의 인간 갈등은 개방과 화해의 정신으로 행해지는 진정한 대화를 통해 해결될 수 있다고 확신하고 계신다. 그가 1989년 초 코스타리카를 방문하셨을 때, 한 국가가 군대 없이도 성공적으로 발전하여 평화와 자연환경보호에 헌신하는 안정적인 민주주의가 될 수 있다는 믿음이 확인되었다.

성하에게 있어 정당한 대의를 위한 비폭력적 티베트 투쟁은 하나의 시험대이다. 그는 비폭력에 전적으로 헌신하는 티베트인의 투쟁이 실패한다면, 비폭력은 비실용적이고 약하다는 것을 전 세계에 보여주는 사례가 될 것이라고 말씀하신다. 그러면 그들은 폭력을 행사할 수도 있다.

만약 우리가 이 일에 실패한다면 그것은 재앙입니다. 반대로 자비 심을 수반한 비폭력 투쟁에 성공한다면, 우리는 문제와 갈등을 해결하는 새로운 길을 만들어 인류 공동체 전체의 이익에 기여하게 될 것입니다.

인류의 미래를 위한 대화와 비폭력 문화의 진흥은 국제사회의
절실한 과제다. 성하께서는 2001년 유럽의회 연설에서 다음과 같이
말씀하셨다.

새롭게 부상하고 있는 우리 지구 공동체의 맥락에서 보면, 전쟁을
포함한 모든 유형의 폭력은 분쟁을 해결하기엔 전적으로 부적절한
수단입니다. 폭력과 전쟁은 항상 인류 역사의 일부였고, 고대에는
승자와 패자가 있었습니다. 하지만 만약 또 다른 지구적 분쟁이
오늘날 발생한다면 승자는 전혀 없을 것입니다.

20세기가 전쟁과 폭력, 유혈사태의 세기였다고 할 수 있다면, 21세
기는 평화와 비폭력의 세기, 그리고 대화를 통한 분쟁 해결의 세기가
되기를 바란다.

성하께서는 아마도 국제 문제에서 예방적인 정치적 관리의 필요성
을 역설한 최초의 고위 인사이실 것이다. 그의 말씀에 따르면,

갈등에 대처할 때 우리는 적절한 판단력과 용기가 부족한 경우가
너무 잦습니다. 우리는 갈등 상황의 초기 단계에서 그 상황에
제대로 주의를 기울이지 못합니다. 일단 모든 상황이 나빠져 분쟁
에 연루된 사람들의 감정이나 사회의 감정들이 고조되면, 위험한
상황이 폭발하는 것을 막는 것은 불가능하지는 않더라도, 극히

어렵습니다. 우리는 이 비극적인 상황이 반복되는 것을 봅니다. 그러므로 우리는 갈등의 초기 징후를 감지하는 법을 배워야 하며, 그 문제가 비등점에 도달하기 전에 대처할 용기를 가져야 합니다.

요약

달라이 라마는 티베트 문제에 대한 평화적이고 비폭력적인 해결을 지지하신다. 그는 중국으로부터의 분리나 독립을 원하시는 것이 아니라, 티베트 독자적인 문화의 정체성, 그리고 언어, 종교, 가치, 전통의 정체성을 보존할 수 있도록 티베트가 진정한 자치권을 갖기를 원하신다.

달라이 라마는 정치제도 중에서 민주주의가 최고라고 생각하신다. 입법기관, 행정기관 및 사법기관들이 지정된 영역 내에서 자유롭게 작동하고, 기본적인 인권과 자유가 보장되기 때문이다. 그는 그어떤 사람의 독단적인 권력에도 반대하신다. 자유 없는 질서는 억압이고, 질서 없는 자유는 무정부상태다. 자유와 질서가 함께 사회를 지탱한다.

성하께서는 보편적 책임감이라는 교의와 자비 개념을 통해, 모든 개인이 자국의 민주적 통치체제에 적극적으로 동참하고, 동시에 점점 상호의존적이 되어 가는 세계에서 다른 인간들의 고통과 문제에 대해 지구적 맥락에서 책임을 지기를 바라신다. 그에게 있어, 동료 인간과 모든 생명을 섬기는 것이 삶의 목표다.

경제정책에 있어서 마르크스주의자와 사회주의자에 가까운 성하께서는, 농지개혁과 가난한 자와 박탈당한 자를 위한 정의에 찬성하신다. 그는 혼합경제를 통한 발전에 찬성하신다.

성하께서는 개인, 단체, 국가 간의 모든 분쟁이 원만하게, 무력에 의존하지 않고 대화를 통해 해결되기를 원하신다. 사실, 그는 핵 군축만이 아니라 완전한 무장 해제의 전도사, 공정한 국제질서와 세계평화의 전도사이시다.

성하께서는 자연과 환경보호, 인간의 가치 보호, 물질과 영靈의 동시 발전, 모든 종교의 상호 이해와 기본적인 통일을 대표하고 계신다.

티베트 문제에 대한 중국인의 비타협적인 태도와 무반응에도 불구하고, 성하께서는 결국 비폭력, 진실, 정의가 이길 것이라는 희망을 잃지 않으셨다. 그의 꿈은 자치하는 민주적 티베트가 평화와 평온의 비무장지대가 되는 것을 보시는 것이다. 그는 세계무대에서 21세기가 대화와 평화의 세기가 되기를 희망하신다.

성하께서 만수무강하시기를.
수바쉬 C. 카샵

1부

. . .

망명과 그 후:
티베트 비극의 시작

1. 망명[1]

- 언론에 보내는 성명서, 테즈푸르,[2] 1959년 4월 18일 -

티베트민족이 중국의 한족과 다르다는 점은 늘 인정되었습니다. 티베트민족은 독립에 대한 강한 욕구를 보여 왔습니다. 이런 점은 역사상 여러 차례 주장되었습니다. 때로는 중국 정부가 티베트에 대한 종주권宗主權을 강요해 왔으며, 때로는 티베트가 독립국으로 작동해 왔습니다. 어떤 경우에도, 심지어 중국의 종주권이 강요되고 있을 때도 티베트는 항상 자치를 해 왔고 티베트 국내 사안을 통제해 왔습니다.

1951년 중국 정부의 압박 하에서, 중국과 티베트 사이에 17개조협정이 체결되었습니다. 그 협정에서 중국의 종주권은 인정되었습니다. 티베트인에게 다른 대안이 없었기 때문이었습니다. 그런데 그 협정에서조차도 티베트는 완전한 자치를 누릴 것이라고 명기되어 있습니다. 외교 사안과 국방에 대한 통제는 중국 정부의 손에 있다고 해도, 중국 정부는 티베트 종교와 습속, 그리고 내무 행정에 대해서는 간섭하지 않겠다는 점에 대해 합의했습니다. 실제로는 중국 군대가 티베트를 점령한 다음, 티베트 정권은 내정 사안에 대해서조차 자치를 전혀 누리지 못하고 있고, 중국 정부가 티베트 사안에 대해 완전한 권력을

---

1 이 성명서의 표현을 보면, '달라이 라마'는 '저 달라이 라마'의 생략형으로 보인다. (역주)

2 테즈푸르(Tezpur)는 인도 아삼 주 소닛푸르 지역에 있는 도시이자 도시 집합체 이름이다. (역주)

행사했습니다.

1956년 준비위원회가 결성되었습니다. 티베트 쪽에서는 달라이 라마가 의장으로, 빤첸 라마는 부의장, 장구호 훈(Chang Kuo Hun 張國憲) 장군이 중국 정부 대표가 되었습니다. 하지만 실제로 이 기구조차도 거의 힘을 갖지 못했고, 모든 주요 사안에 대해 결정은 중국 당국이 내렸습니다. 달라이 라마와 그의 정부는 17개조협정을 준수하기 위해 노력했습니다. 하지만 중국 당국의 간섭은 지속되었습니다.

1955년 말 캄 주州에서 갈등이 시작되었고, 1956년에는 더욱 심각해졌습니다. 연이은 갈등에서 중국군은 많은 사원을 파괴했습니다. 수많은 라마승들이 살해되었고, 많은 수의 승려와 관리들이 끌려가서 중국 내의 도로 건설에 투입되었습니다. 종교적 자유의 행사에 대한 간섭이 증가했습니다.

1959년 2월 초부터 중국과 티베트인의 관계는 공공연히 긴장되었습니다. 달라이 라마는 중국 사령부에서 열리는 문화 공연에 참석하기로 한 달 전에 동의했습니다. 그런데 그 날짜가 3월 10일로 갑자기 앞당겨졌습니다. 라싸의 민중들은 달라이 라마에게 어떤 위해가 가해질지도 모른다고 의심하게 되었고, 결과적으로 1만 명 정도의 사람들이 달라이 라마의 여름 궁 노르부링까(Norbulingka) 주변에 모여들어, 그가 그 문화 행사에 참석하지 못하도록 물리적으로 막았습니다. 그 이후 민중들 스스로 달라이 라마를 보호하기 위해 경호대를 세우기로 결정했습니다. 티베트인은 대규모로 라싸 시내 거리로 몰려 나가 중국의 티베트 지배를 반대하는 시위를 벌였습니다. 이틀 후, 수천 명의 티베트 여성들이 중국 당국에 항의하는 시위를 벌였습니다. 민중들에 의한 이런 항의 데모에도 불구하고 달라이 라마와 그의 정부는 중국인과 우호적인 관계를 유지하기 위해 노력했고, 티베트에 평화를 가져오고 티베트인의 불안을 달래는 최선의 방식에 대해 중국 대표부와 협상하기 위해 노력했습니다. 이런 협상이 진행되는 동안, 라싸와 티베트 본토에 있는 중국수비대를 강화하기 위해 증원군이 도착했습니다. 3월 17일 노르부링까 궁전 방향으로 포탄 두, 세 발이 발사되었습니다. 다행스럽게도, 그 포탄들은 인근의 못에 떨어졌습니다. 이 사건 이후, 고문단들은 달라이 라마의 신변에 대한 위협을 알아차렸습니다. 이렇게 어려운 상황에서 달라이 라마와 그의 가족, 고위직들이 라싸를 떠날 수밖에 없음이 분명해졌습니다. 달라이 라마가 라싸와 티베트를 떠나 인도에 온 것은 자신의 자유의지에 따른 것이지 강압에 의한 것이 아님을, 달라이 라마는 단언합니다.

달라이 라마가 험난한 길을 헤쳐 나갈 수 있었던 것은 티베트인의 충성심과 애정 어린 지지 때문이었습니다. 달라이 라마는 키츄(Kyichu), 창뽀(Tsangpo) 강을 통과하는 길, 로카(Lhoka) 지역, 야룽(Yarlung) 계곡과 초나종(Tsona Dzong)을 통과하는 길을 선택했고, 그 다음 추탕무(Chuthangmu) 인근의 칸제이 메인(Kanzey Mane)이라는 인도 접경지역에 도달했습니다.

1959년 3월 29일, 달라이 라마는 인도·티베트 국경 너머로 두 사람의 특사를 보내서 인도 입국과 망명의 허락을 인도 정부에 요청했습니다. 인도 정부는 달라이 라마와 그의 추종자들에게 망명을 허락하고 즉각적이고 관대하게 환영해 주었으며, 이에 대해 달라이 라마는 인도 정부와 국민에게 지극히 감사한 마음을 가졌습니다. 인도와 티베트는 1천 년 이상 종교, 문화, 교역을 두고 연결되어 있었습니다. 인도는 티베트인에게 깨달음의 땅, 부처님을 낳은 땅이었습니다. 달라이 라마가 인도에 안전하게 도착하자, 자와하랄 네루 수상과 인도 정부 내에 있는 수상의 동료들이 그에게 친절한 환영 인사를 보내주었고 이에 대해 달라이 라마는 깊이 감동했습니다. 그는 환영 인사의 메시지에 대해 이미 대답을 보냈습니다.

달라이 라마가 인도 내 추탕무 인근의 칸제이 메인에 도착한 이래, 그는 북동 국경 관리기관의 카멩 국경 국局의 사람들이 그에게 보여준 존경과 환대를 한껏 경험했습니다. 그리고 달라이 라마는 그곳에 배치된 인도 정부 관리들이 인도의 지극히 잘 관리된 이 지역을 최대한 편하게 머물며 여행할 수 있도록 노력을 아끼지 않았다고 말하고 싶었습니다.

이제 달라이 라마는 며칠에 걸쳐서 무수리(Mussoorie) 지역으로 갈 예정입니다. 달라이 라마는 그의 장래 계획을 생각해 볼 것이고, 조금 휴식하면서 최근 사건을 숙고할 여유가 생기는 대로 필요하다면 그 계획을 발표할 것입니다. 그의 나라와 민족은 지극히 어려운 시기를 통과했는데, 바로 이 순간 달라이 라마가 말하고 싶은 전부는 티베트를 삼켜버린 비극에 대해 진지한 유감을 표하고, 이런 난관들이 더 이상의 유혈사태 없이 곧 끝나기를 간절히 바랄 뿐이라는 점입니다. 달라이 라마 곧 티베트 본토 모든 불교도들의 영적 수장으로서 그의 제1차적 관심사는 민족의 안녕에 있고, 그의 거룩한 종교와 조국의 자유가 영구히 번성하는 일을 보장하는 데 있습니다.

달라이 라마는 인도에 무사히 도착한 것에 대해 다시 한번 감사를 표하며, 이번 기회를 통해 인도와 해외에 있는 모든 친구, 지지자와 신자들에게, 그들이 보낸 수많은 메시지, 즉 물밀듯이 밀려오는 연민과 관심의 메시지에 대해 심심한 감사의 말씀을 전합니다.

2. 진홍색의 비극

- 언론에 보내는 성명서, 무수리, 1959년 6월 20일 -

제가 인도에 도착한 이래, 저는 우리 민족이 겪는 고통과 비인간적 대우에 대한 슬프고도 비통한 뉴스를 거의 매일 들어 왔습니다. 저는 거의 매일 그들의 고뇌와 고통, 그들의 괴롭힘과 박해에 대해, 그리고 무고한 사람들에 대한 끔찍한 추방과 처형에 대한 이야기를 무거운 마음으로 듣고 있습니다. 저는 이것들을 통해 우리 민족과 종교를 위해, 그리고 멸종 직전의 위험에서 그들을 구하기 위해 더 이상 침묵하지 말고, 티베트에 대한 진실을 세계에 솔직하고 분명하게 말하고, 평화를 사랑하는 모든 문명국가의 양심에 호소해야 할 때가 분명히 왔음을 강하게 깨닫게 되었습니다.

최근 티베트에서 일어난 비극적인 사건의 의미와 함축을 이해하고 평가하려면, 1950년 이후 티베트 본토에서 일어났던 주요 사건들을 참고할 필요가 있습니다. 티베트가 사실상 독립적이어서, 내부든 외부든 모든 주권을 향유하고 행사해 왔다는 것은 모든 독립적인 참관인들에 의해 인정받고 있습니다. 이것은 또한 중국 공산주의 정부도 암묵적으로 인정해 왔습니다. 왜냐하면 소위 1951년의 협정의 구조, 약정과 조건 바로 그 자체가 그 협정이 두 독립국·주권국 사이의 것이었음을 결정적으로 보여주기 때문입니다. 따라서 중국 군대가 티베트의 영토 보전을 침해했을 때 그들은 노골적인 침략 행위를 저질렀던 것입니다. 티베트 침공 이후 체결된 협정은 티베트인과 그 정부에게 가해진 무력 위협에 의해 강요된 것이었습니다. 그들은 그것을 결코 자유의지로 받아들이지 않았습니다. 티베트 정부의 동의는 강요와 총검으로 얻어냈습니다. 대표들은 티베트에 대한 추가 군사작전의 협박─중국 침략군이 티베트를 완전히 초토화시키고 파멸시키려는 협박─ 아래에서 협정에 서명해야만 했습니다. 협정에 사용된 티베트 인장도 제 대표들의 인장이 아니라 베이징의 중국 당국에 의해 복사되고 조작된 인장이며, 그 이후로 그 인장은 그들이 소유하고 있습니다.

저와 우리 정부가 자발적으로 그 협정을 수용하지는 않았지만, 민족과 조국을 전면적인 파괴의 위험에서 구하기 위해 어쩔 수 없이 이를 묵인하고 약정과 조건을 지키기로 결정했습니다. 그러나 중국이 이 협정을 이행할 의사가 없었음은 처음부터 분명했습니다. 비록 그들은 달라이 라마로서의 저의 지위와 권력을 유지한다고 엄숙히 약속했지만, 그들은 제 권위를 훼손하고 우리 민족 사이에 불화를 심어주기 위해 모든 기회를 이용했습니다.

사실 그들은 제 총리들을 재판 없이 처형하겠다고 협박하며, 제가 그런 자리에 있으니까 그들을 해임하라고 강요했습니다. 그 총리들이 티베트 본토 중국 정부 대표들의 부당한 권력 찬탈에 대해 정직하고 성실하게 저항했기 때문입니다. 중국 정부는 협정을 이행하기는커녕 스스로 정한 약정과 조건과 정반대되는 정책을 의도적으로 추진하기 시작했습니다. 이리하여 티베트 역사상 거의 유례가 없는 공포 통치가 시작되었습니다. 강제노동과 강제징수, 사람들에 대한 조직적인 박해, 개인과 사원 소유물의 약탈과 몰수, 티베트의 주요 인사들에 대한 처형, 이것들이 티베트에서 행해지는 중국 통치의 영광스러운 업적입니까! 그동안 내내 저는 끈기 있고 성실하게 국민을 달래고 그들의 감정을 진정시키기 위해 노력했으며, 동시에 라싸에 있는 중국 당국이 화해와 우호 정책을 채택하도록 설득하기 위해 최선을 다했습니다. 거듭된 실패에도 불구하고, 저는 티베트에 남아서 국민에게 유익한 봉사를 하는 것이 불가능해진 마지막 날까지 이 정책을 고수했습니다. 이런 상황에서 저는 더 이상의 위험과 재앙으로부터 우리 조국을 구하기 위해 어쩔 수 없이 떠나야만 했습니다.

저는 제가 하는 말의 심각성을 잘 알고 있지만, 제 말이 진실인 것을 아니까 티베트 본토의 중국 관리들에 대해 이런 말을 하게 되었다는 점을 분명히 하고 싶습니다. 베이징 정부는 실제 상황을 충분히 모를 수도 있지만, 만약 그들이 이 성명을 수용할 수 없다면 국제위원회의 조사에는 동의해야 합니다.

우리 쪽에서도 저와 우리 정부는 그런 공정한 기구의 판정을 따르는 데 흔쾌히 동의할 것입니다.

제가 1956년 인도를 방문하기 전, 제가 취한 우호와 관용 정책이 티베트 본토 중국 정부 대표들에게 어떤 인상도 주지 못했다는 사실이 점점 분명해졌다는 점을 덧붙일 필요가 있습니다. 실제로 우리 민족이 느끼는 쓰라린 원한을 없애기 위해, 그리고 필요한 개혁을 수행하도록 평화로운 분위기를 티베트에 조성하기 위해, 제가 취한 모든 조치들을 그들은 좌절시켰습니다. 제가 우리 민족의 이익을 위해 할 수 있는 일이 없었기 때문에, 인도에 왔을 때 중국 당국의 태도에 명백한 변화가 생기기 전에는 티베트로 돌아가지 않겠다고, 저는 사실상 결심했습니다. 그래서 저는 항상 제게 변함없는 친절과 배려를 보여주었던 인도 수상에게 조언을 구했습니다. 네루 씨는 중국 총리와의 회담 후에 중국을 대표하여 중국 총리가 준 보증의 힘에 근거해서, 저에게 결정을 바꾸라고 조언했습니다. 저는 그의 충고를 따라 상황이 훨씬 더 좋아지기를 바라면서 티베트로 돌아왔습니다. 중국 당국이 중국 총리가 인도 총리에게 준 보증을 이행했다면 제 희망이 실현되었을 것이라고 저는 믿어 의심치 않습니다. 그러나 제가 돌아온 직후 중국 정부의 대표들이 그들의 약속을 지킬 의사가 없다는 것은 고통스러울 정도로 분명해졌습니다. 자연스럽고 피할 수 없는 결과이지만, 상황이 점점 악화되어서, 중국 당국의 폭정과 탄압에 맞서 우리 민족의 자발적인 봉기를 억제할 수 없을 지경에 이르렀습니다.

이 시점에서 저와 우리 정부는 티베트 본토에 지배적인 사회, 경제, 정치체제에 필요한 개혁에 반대해 본 적이 없다는 점을 강조하고 싶습니다. 우리는 우리 사회가 고대 사회라는 사실, 우리는 티베트인의 이익을 위해 즉각적인 변화를 도입해야 한다는 사실을 감추고 싶지 않습니다. 사실 지난 9년 동안 저와 우리 정부가 여러 가지 개혁을 제안했습니다. 그러나 저와 우리 정부가 이 개혁안들을 제안할 때마다 그리고 대중들의 요구에도 불구하고 중국인의 완강한 반대를 받아서, 국민의 사회적·경제적 여건 개선을 위해 아무것도 진행할 수 없었습니다. 특히 토지점유제도가 더 이상 지체 없이 획기적으로 바뀌어야 하고, 국가가 토지 경작자들에게 분배하는 보상금으로 대규모 토지를 취득해야 한다는 것이 저의 간절한 바람이었습니다. 그러나 중국 당국은 이 정당하고 합리적인 개혁의 수행을 의도적으로 방해하기 위해 모든 장애물을 투입했습니다. 저는 우리가 확고한 불교도로서 우리 민족의 천재성과 우리나라의 풍부한 전통에 따라서 변화와 진보를 환영하지만, 티베트인은 개혁이라는 명목으로 가해지는 어떠한 희생과 신성모독과 약탈에도 단호히 저항할 것이라는 사실을 강조하고 싶습니다. 현재 라싸에서 중국 정부의 대표들이 시행하고 있는 정책이 바로 그런 개혁입니다.

저는 티베트 본토의 상황에 대한 명확하고 정직한 그림을 제시하려고 했습니다. 저는 티베트에 대한 진정한 진리를, 즉 악의 힘이 오늘날 아무리 강해 보여도 결국 승리하고야 말 진리를 문명 세계 전체에 말하려고 노력했습니다. 저는 또 우리 불교도들이 평화를 굳건히 믿고 있다는 점을, 그리고 전 세계 모든 민족과 국가들과 평화롭게 살기를 바란다는 점을 선언하고 싶습니다. 티베트 본토에 대한 중국 당국의 최근 행동과 정책이 중국 정부에 대한 쓰라림과 원한이라는 강한 감정을 불러일으켰지만, 우리 티베트인은 재가자와 출가자 모두 위대한 중국 인민에 대한 적개심과 증오의 감정을 품지 않습니다. 우리는 평화롭게 살기를 바라며 세계 각국에게 평화와 호의를 구합니다. 그러므로 저와 우리 정부는 현재의 비극적인 문제에 대한 평화적이고 우호적인 해결책을 환영할 만반의 준비를 갖추고 있습니다. 그러한 해결책이 1950년 이전에 티베트가 아무런 간섭 없이 누리고 행사했던 권리와 권력의 보존을 보장한다는 전제하에서 말입니다. 우리는 또 평화적 해결을 위한 협상의 전제조건으로 필수적인 조치들을 즉각 채택해서 우호적인 분위기를 조성해야 한다고 주장합니다. 우리는 평화와 평화적 해결을 요구하지만, 티베트 국가와 국민이 갖는 권리와 지위의 유지도 요구합니다.

언론인 여러분, 저와 우리 국민은 생존과 자유를 위한 우리의 투쟁을 돕기 위해 여러분이 해주신 모든 일에 대해 큰 은혜를 입고 있습니다. 여러분의 동정심은 우리에게 용기를 주고 우리의 결심을 강하게 했습니다. 저는 여러분이 오늘날 티베트인이 투쟁의 목표로 삼고 있는 평화와 자유라는 대의를 위해, 계속해서 여러분의 영향력을 발휘하시길 확신하고 있습니다. 여러분, 우리 국민 모두를 대신해서 여러분 모두에게 감사드립니다.

3. 티베트 난제

- 뉴델리, 1959년 9월 5일 -

의장님, 그리고 신사 숙녀 여러분!

언어의 장벽을 넘을 수 없을 것 같은 느낌이 드는 순간이네요. 제가 여러분의 언어로 말할 수 있어서 여러분에게 제 감정을 정확하게 전달할 수 있으면 좋겠습니다. 우리 민족의 암울한 생존 투쟁을 돕기 위해 여러분이 해주고 계신 훌륭한 일에 대해 듣고 또 읽었습니다. 오늘날 탄압과 고통에서 오는 견디기 힘든 비극에 직면한 티베트인에게 영감과 격려의 원천이 되는 것은 바로 여러분의 용감한 노력과 아낌없는 동정심과 지원입니다.

저와 제 민족은 절망과 좌절의 암울한 시기에 저희들에게 많은 도움을 주신 의장님과 다른 회원님들께 특히 감사드립니다. 그러니 이 기회를 빌려 여러분에게 진심으로 감사를 드리고 싶습니다. 우리 두 나라는 수 세기 동안 관계를 지속해 왔고, 문화와 종교로 형성된 유대는 평화, 긴장, 폭풍 속 어디서든 항상 우리를 하나로 묶어 왔습니다. 티베트인을 위해 여러분이 쏟은 고귀한 노력은 이 오래된 관계를 보여주는 가장 훌륭한 증거라고 할 수 있지요. 우리의 미래가 어떻든지, 오늘날 여러분과 저, 우리 모두가 쏟은 노력의 결과가 어떻든지, 우리 사이에 존재하는 관계, 그 유대감이 모든 시험과 시련을 이겨낼 것이라 믿어 의심치 않습니다.

저는 오늘 여러분에게 티베트의 비극적인 상황에 대한 그 어떤 자세한 설명도 하고 싶지 않습니다. 다만 제가 분명히 하고 싶은 건 우리나라가 불교를 받아들인 이래, 우리는 평화와 선의라는 교리와 맺어졌다는 점입니다. 우리는 수 세기 동안 모든 이웃 나라와 우호적인 관계 속에서 살아왔습니다. 우리에게는 확장이나 정복 같은 사악한 욕망이 없었던 셈이지요. 우리는 평화롭게 살아왔고 평화롭게 살아가기를 간절히 바라고 있어요. 인도와 티베트의 사이의 오래되고 명예로운 관계는 항상 우호적이었습니다. 종교와 문화에 대한 사상들과 개념들이 이 관계를 맺어주었고 공고히 했습니다.

우리는 또 인도의 영국 정부와 우호적인 관계에서 살아왔습니다. 우리는 러시아 정부와도 외교 관계를 맺었습니다. 일찍이 1901년 달라이 라마 대표단이 러시아 국가 수장의 접견을 받았습니다. 티베트인과 위대한 러시아인 사이에는 항상 문화적·종교적인 유대관계가 이어졌습니다. 그러니 우리는 외국 어느 나라를 향해서도 적개심이나 증오를 느껴본 적이 없습니다. 오늘날에도 우리는 중국 국민에 대한 어떤 악감정도 품고 있지 않아요.

최근 티베트 사태로 라싸 주재의 중국 당국에 대한 증오와 원한의 감정이 아주 깊어졌다는 건 분명합니다. 하지만, 우리는 평화를 사랑하는 민족이고, 그 어떤 민족이나 국가에 대한 악의나 분노도 품지 않았다는 점은 여전히 사실입니다. 우리는 평화 정책을 고수하고 있고, 오늘날에는 우리의 자유뿐만 아니라 우리나라의 평화를 위해서도 싸우고 있습니다. 이 때문에 저는 6월 20일자 성명을 통해 저와 우리 정부가 티베트 문제에 대한 정당하고 평화로운 해결책을 받아들일 준비가 충분히 되어 있음을 세계에 분명히 밝힌 것입니다. 그러나 저희의 호소는 아무런 반응을 얻지 못했고 티베트인은 계속해서 비인간적인 학대와 고문에 시달리고 있습니다. 이러한 상황으로 인해 저희는 인도 정부의 조언에도 불구하고 UN에 호소하기로 결정한 것입니다. 이 호소가 어떤 결과를 낳든, 저희는 진리와 인간성이라는 대의가 결국 승리할 것이라는 소중한 희망을 갖고 또 이 대의를 열렬히 믿고 있답니다.

4. 티베트의 법적 지위

- 뉴인도 세계문제평의회 연설, 뉴델리, 1959년 9월 7일 -

의장님, 신사 숙녀 여러분!

티베트의 비극적인 문제의 한두 가지 측면에 대해 짧게 이야기할 기회를 주셔서 정말 감사합니다. 의장님, 이 문제에 대한 적극적인 관심과 세계의 양심을 일깨우기 위한 진지한 노력에 개인적으로도 감사드립니다. 저는 정계에 몸담은 사람도, 정치인도 아니지요. 국제법을 공부하는 학생도 아니에요. 저는 스스로 평화와 자유라는 다르마와 결합되어, 신의 섭리가 제게 맡겨주신 국민의 복지라는 대의를 위해 헌신하는 승려일 뿐입니다. 제가 오늘날 티베트인이 직면한 심각한 비극에 대해 몇 가지 견해를 제시하려고 하는 것은 바로 이런 정신에서입니다. 제 마음 가장 가까이 있는 대의를 위하고자 하는 순수한 마음이 저를 움직였는데, 그 사실을 새삼 강조할 필요는 없을 것입니다. 그리고 만약 제가 본 것을 말씀드릴 때 대단하고 저명하신 정계 인사들과 견해를 달리해야 한다면, 정말로 유감스럽고 겸손한 마음가짐에서 그렇게 하겠습니다.

신사 숙녀 여러분, 저희는 중국군이 영토 보전을 침해하던 당시 티베트가 개별적인 주권 국가였다고 굳게 믿고 있답니다. 이러한 주장을 뒷받침할 중요한 논거를 몇 가지 제시할 수도 있어요. 우선 13대 달라이 라마가 정권을 잡은 1894년과 중국군이 베이징 정부의 명령을 받고 티베트로 진군해 들어온 1950년 사이에, 중국이 티베트에 대해 어떤 권력이나 권위도 행사하지 않았다는 점을 기억해야 합니다. 이 사실은 중국 인민 정부가 1951년 협정 전문에서 분명히 시인하고 있습니다. 이 협정은 베이징 정부가 입안하고, 티베트인에 대해 추가적으로 군사행동을 가하겠다는 위협 하에서 티베트에게 밀어붙인 것이었습니다. 그 전문前文에는 티베트와 티베트인이 수십 년간 중국의 권한 밖에 있었다는 사실을 분명히 인정하고 있답니다. 베이징 정부는 1950년 11월 16일 인도 정부에 보낸 메모에서 암묵적으로 이 입장을 지지했고요. 그들은 이렇게 말했습니다. '중국 정부가 실제로 주권을 행사해서 티베트인을 해방시키고 외세와 영향력을 몰아내어, 티베트인이 침략에서 벗어나 지역 자치와 종교적 자유를 실현하려고 했을 때, 인도 정부는 영향력을 행사해서, 중국 정부가 티베트에 대해 주권을 행사하는 것을 방해하려고 시도했다.'[3]

---

3 판디트 네루는 1950년 12월 7일 인도 의회에서 발표한 성명에서 다음과 같이 말한 바 있다. '어떤 나라도 즉각적인 범위 밖의 지역에 대한 주권이나 종주권에 대해 말하는 것은 옳지 않다. 즉, 티베트와 중국은 동일하지 않으므로, 궁극적으로 승리해야 하는 것은 어떠한 법적 또는 헌법적 주장이 아니라, 티베트 국민의 소망이다. 나는 바로 이 점이 중요한 부분이라고 생각한다. 티베트인이 자신들의 권리를 주장할 만큼 강한지 아닌지는 별개의 문제인 것이다. 우리 혹은 다른 나라가 이 일이 이런 식으로 되도록 할 만큼 강한지, 그런 문제도 아니다. 그러나 나는 중국 정부에게 아무 어려움이 없이 말할 수 있고, 이렇게 말하는 것이 옳고 합당하다. 중국 정부가 티베트에 대한 지배권이나 주권을 갖고 있든지, 그 어떤 원칙─자신들이 주장하든 내가 주장하는 원칙이든 상관없이─에서 비추어 봐도, 티베트에 대한 최후의 목소리는 티베트 국민의 목소리여야 하지, 다른 누구의 목소리여서는 안 된다.'

이 성명은 티베트 침공 전까지는 중국 정부가 주장하는 소위 주권이란 것을 행사하지 않았다는 걸 보여주지요. 그러나 중국 당국은 그런 주권의 근거를 밝히진 않았는데, 그런 터무니없는 주장을 도출할 근거가 하나도 없기 때문입니다. 중국이 제기한 주장의 성격이 어떻든 간에, 이 기간 동안 티베트 정부가 중국 정부에게 그 어떤 통제도 받지 않았다는 건 아주 분명하답니다. 이러한 실질적인 독립은 1912년 제13대 달라이 라마가 티베트의 완전 독립을 선언하고 중국의 종주권 주장을 비난하는 선언문을 발표하면서 법적으로 유효하고 효력을 발휘하게 되었습니다. 우리는 국제법상으로 이 선언이 1908년 불가리아가 터키 정부에게 귀속되었던 종주권을 종식시킨 선언과 동일한 효력을 갖는다는 결론에 이르렀답니다. 이 선언은 비록 일방적이기는 해도, 이전에 1878년 베를린 조약에서 터키의 종주권을 인정했던 열강들의 협의에 의해 받아들여졌지요. 그러니 우리의 입장 또한 분명하고 명확합니다. 중국에 관한 한, 이 기간 동안 티베트는 완전히 독립적이었고 중국 정부에 의해 어떠한 통제도 받지 않았습니다.

둘째로, 제가 받은 최선의 조언에 따르면, 국가의 주권적 지위의 필수적인 요소 중 하나는 다른 국제적 주체들과 조약을 체결할 수 있는 권리라고 합니다. 만약 이것이 주권 국가의 기준이 된다면, 확실히 티베트 정부는 대외 주권을 완전히 가지고 있었어요. 이 기간 동안 최대 5개나 되는 국제협정을 체결했습니다. 첫 번째 조약은 1856년 티베트와 네팔 사이에 체결된 조약인데, 네팔 정부는 외세가 티베트를 침공했을 때 티베트 정부를 지원하기로 했습니다. 중국과 관련해서 이 조약은 '양국은 항상 중국 황제의 뜻을 존중한다'고 명시했습니다. 다시 말해, 고위급 체결 당사자들은 제1대 달라이 라마가 생긴 이후 항상 그랬듯이, 중국의 종주권을 명목상으로 인정한 셈이지요. 두 번째 조약은 외몽골과 티베트의 조약이었으며, 두 체약국의 독립과 주권을 인정하였습니다.

그 후 1904년 영국 정부와 티베트 정부는 라싸 협약을[4] 체결했습니다. 이 협약은 '영국 정부와 티베트 정부 사이에 존재해 온 우정과 선의의 관계'를 명시적으로 언급하고 있어요. 이는 당시 티베트의 주권적 지위를 확실히 인정한 것이었습니다. 또 이 협약에 따라 티베트 정부는 영국 정부의 사전 동의가 없으면 어떤 외국 세력도 티베트 문제에 개입할 수 없다는 점, 그리고 외세를 대표하는 어떤 이도 티베트에 입국할 수 없다고 상정했다는 점에 주목해야 합니다. 이 조항은 중국뿐만 아니라 다른 외국에도 적용되었습니다. 따라서 설령 중국의 종주권이 13대 달라이 라마의 집권 이후에도 존속했더라도 이 협약이 체결된 이후에는 효력을 상실한 셈입니다. 또 1906년 베이징 협약에 따라 중국 정부가 이 협약에 나타난 조항들을 수락했다는 점을 짚고 넘어가야 합니다.

다음으로 중요한 국제 협약은 1914년의 심라 협정이었습니다. 협정 제1조는 영국 정부가 중국의 종주권을 인정하는 한편, 중국 정부는 티베트의 권위를 인정한다고 규정했습니다. 그래서 중국의 종주권이 중국으로 하여금 티베트의 내정에 간섭하게 하거나 티베트를 중국의 하나의 성省으로 전환하는 것을 승인하지 않는다는 점을 분명히 했답

---

4 중국어로는 납살조약拉薩條約으로 불린다. (역주)

니다. 중국 정부는 티베트에 군대를 파병하지도, 민간 관리 또는 군 장교들을 배치하거나, 티베트에 중국 식민지를 건설하지도 말라는 금지 조항도 있었습니다. 심라 협정은 또한 라싸 협약 및 베이징 협약에 따라 중국 정부의 권한을 제한하는 사항들을 유지했습니다. 그런데 중국 대표가 심라 협정을 발안했어도, 중국 정부가 이를 비준하지 않았습니다. 그러니 중국의 종주권 주장은 물론 주권 주장도 이 협정을 기반으로 할 수 없다는 게 분명하죠. 중국 정부가 심라 협정을 비준하지 않아 중국의 종주권을 인정하는 조항은 무효이고 효력이 없었던 것입니다. 따라서 티베트 정부가 중국의 종주권을 인정하는 국제 협약은 없습니다. 이 같은 입장은 1943년 영국 외무장관이 중국 총리에게 보낸 비망록에서 의심의 여지 없이 분명히 드러났습니다. 영국 정부는 중국이 티베트의 자치권을 인정하는 경우에만 티베트에 대한 중국의 종주권을 인정할 준비가 되어 있다고 했던 것이죠. 중국 정부가 티베트의 자치권을 인정해 준 적이 없기 때문에 중국의 종주권을 제대로 인정해 주는 유효한 국제협정은 존재하지 않아요. 그러나 심라 협정과 관련하여 가장 중요한 점은 바로 티베트 정부의 대표가 영국 정부와 중국 정부로부터 전권대사로 인정받았고 다른 두 정부 대표들과 동등한 지위를 얻었다는 점입니다. 심라 협정의 전문前文이 분명히 뒷받침하고 있어요. 티베트의 국제적 위상에 대해 이보다 명확하고 틀림없는 증거는 없습니다. 여기에 무역규제와 관련된 영·티베트 협정(Anglo-Tibetan Agreement)이 이어졌습니다. 여기서도 역시 티베트 정부의 대표가 영국 국왕 폐하의 대리인 겸 전권대사와 동일한 위상과 지위를 점하게 되었습니다. 이처럼 분명하고 결정적인 증거 앞에서, 1950년 중국 침공 이전 티베트가 국제적 지위를 가지지도 향유하지도 못했다고 주장하는 건 이해하기 어렵지요.

신사 숙녀 여러분, 이 문제와 관련하여 정말 중요한 질문을 드릴 텐데 주목해 주셨으면 합니다. 인도 정부는 티베트와 인도 사이의 경계선이 맥마흔 라인에 따라 최종적으로 정해졌다고 주장하지만, 사실 이 경계선은 심라 협정에 의해 정해졌고 이 협정은 티베트와 영국 정부 간에 유효하고 구속력이 있답니다. 심라 협정 체결 당시 티베트가 국제적 지위를 누리지 못했다면, 티베트는 그런 협정을 체결할 권한이 없었을 거예요. 그래서 여러분이 티베트의 주권적 지위를 부인하게 되면 심라 협정의 유효성을 부정하게 되고, 결국에는 분명히 맥마흔 라인의 유효성을 부정하게 돼요. 반면, 맥마흔 라인이 유효하고 구속력이 있다면 심라 협정도 유효하고 구속력이 있어야 합니다. 따라서 티베트가 심라 협정을 체결했을 당시 주권과 국제적 지위를 가지고 있었다는 논리로 귀결되는 거지요. 1914년에 티베트가 주권적 지위를 가지고 있었고, 그 이후에 어떠한 방식으로도 그 지위를 손상시키는 일은 일어나지 않았습니다.

신사 숙녀 여러분, 티베트의 주권적 지위는 티베트가 유효하고 정당하게 체결한 국제적 성격의 협약들에 의해서 얻은 것입니다. 강력한 중국 정부가 근거 없는 주장을 펼쳤다는 이유만으로 이 의심할 여지 없는 증언을 폐기할 수 있을까요? 저는 세계 문명국가들의 양심이 보편적으로 용인되는 법과 정의라는 원칙의 위반을 용납하지 않을 것이라고 믿습니다. 이와 관련하여 또 한 가지 중요한 점을 알려드리고자 합니다. 주권(sovereignty)과 종주권(suzerainty)이라는 두 개념에 대해 사람들의 마음에 상당한 혼란이 있습니다. 저는 그것들 사이에 근본적인 차이가 있다는 말을 듣습니다. 주권이란 완전하고 절대적인 지배권을 의미합니다. 반면에 종주권이 반드시 종속국 (Vassal State)의 국제적 성격을 상실한다는 뜻은 아닙니다. 예를 들어, 불가리아는 터키의 종주권 아래에서 모든 외적 주권을 누렸습니다. 불가리아는 1899년 종주국과 동등한 자격으로 헤이그 회의(Hague Conference)에 참석했고,[5] 헤이그 회의에서 나온 언약에 대해 터키와는 다른 결정을 내렸습니다. 이와 유사하게 모로코와 튀니지는 여전히 터키의 종주권 아래에 있으면서도 프랑스 공화국과 조약을 체결했습니다. 세르비아의 입장도 마찬가지였습니다.

우리의 주장은 중국의 종주권이 13대 달라이 라마가 독립선언을 했을 때 법적으로 끝났다는 것입니다. 논의를 위해 중국의 종주권이 이 선언에도 불구하고 살아남았다고 가정해 볼까요? 그렇다고 해도 영·티베트 협정이 중국의 종주권의 모든 법적 효력과 결과를 완전히 박탈했다는 것은 의심의 여지가 없습니다. 그리고 우리가 이미 지적한 바와 같이, 1906년 베이징 협약에 따라 중국이 영·티베트 협정을 수락했습니다. 더욱이 중국의 종주권을 인정하는 심라 협정 1조가

---

5 만국평화회의萬國平和會議 또는 헤이그 회담(Hague Conventions)으로도 부른다. 네덜란드 헤이그에서 1899년, 1907년에 두 차례 열린 국제 평화회담이다. 2차 회담에서 고종이 밀파한 특사 이상설, 이준, 이위종을 중심으로 한 헤이그 특사 사건이 일어났다. 러시아, 네덜란드, 미국 등은 한국 정부의 자주적인 외교권을 인정하지 않았다. 이준은 7월 순국하게 된다. 통감 이토 히로부미는 고종에게 특사 파견의 책임을 물어 강제 퇴위시키고 순종을 즉위시켰다.〔온라인 한국민족 문화대백과사전(헤이그특사사건) 2021. 09. 20 참조〕(역주)

중국 정부의 비준을 얻지 못해 발효되지 않았습니다. 따라서 중국군이 티베트 영토를 침범한 것이 중국이 주권을 행사한 것이라고 주장할 근거가 없는 것이지요.

13대 달라이 라마가 정권을 잡은 1894년과 중국군이 베이징 정부의 명령을 받고 티베트로 진군해 들어온 1950년 사이에는, 티베트에 대해 중국이 그 어떤 권력이나 권위를 행사하지 않았다는 점을 명심해야 합니다. 이 사실은 중국 인민 정부가 1951년 협정 전문에서 분명히 시인하고 있는데, 이 협정은 베이징 정부가 입안하고, 티베트에 추가 군사행동을 가하겠다는 위협 아래에서 티베트에 밀어붙인 것입니다. 전문에서 티베트와 티베트인이 수십 년 동안 중국의 권한 밖이었다는 것은 분명히 인정하고 있어요.

하지만 이게 전부는 아닙니다. 티베트의 주권적 지위에 대한 충분한 증거는 논란의 여지가 없는 그 밖의 여러 사실과 정황에서 찾을 수 있습니다. 예를 들어, 1942년에 중국 정부는 티베트를 거치는 통신을 개방하도록 압박했습니다. 당시 중국의 사기 진작과 영·중 관계 개선을 위해 가능한 모든 조치를 취하는 것이 급선무였기 때문에, 영국 정부는 중국 정부와 함께 티베트 정부에 압력을 가했습니다. 티베트 정부는 이 제안에 강력하게 저항했지만, 결국 영국 정부의 통지에 굴복했습니다. 그러나 티베트는 중국과 영국 두 나라가 개입된 전쟁에서 중립을 지키기 위해 오직 비전투적인 물자만이 인도로부터 티베트를 통과해서 중국으로 들어가는 것을 허용할 것임을 분명히 했습니다. 중국과 영국은 이 입장을 받아들였습니다. 따라서 티베트가 중립을 지킬 수 있었다면, 그 당시 티베트가 국제적 지위를 소유하고 누렸다는 것에는 의심의 여지가 없지요. 게다가 전 기간 동안 티베트 정부는 다양한 외세와 외교 관계를 맺었습니다. 1901년 달라이 라마의 외교 사절단은 러시아 국가 원수의 영접을 받았습니다. 마찬가지로 티베트는 계속해서 영국과 조약 관계를 맺고 있었습니다. 티베트는 또한 외몽골과 이웃 국가 네팔, 부탄과도 외교 관계를 가졌습니다. 국제적 지위가 없는 국가가 다른 국가와 직접적인 관계를 맺을 수 있다는 것은 상상도 할 수 없는 일입니다. 이와 유사하게, 1948년에는 티베트 무역 대표단이 영국, 미국, 프랑스를 방문했고, 이 정부들은 티베트 정부가 발급한 여권을 정식으로 승인했습니다. 자국의 여권을 발급할 권리는 국제적 지위를 가진 국가에서만 주장할 수 있답니다. 이 사실은 그 자체로 국제 협약들이 티베트에 부여한 위상을 완전히 지지하고 있습니다. 이 때문에 티베트가 중국군에 의해 영토 보전을 침해받던 시점에 외부 주권을 완전히 소유하고 있었고 국제적 지위를 누리고 있었다고 우리는 굳게 믿고 있습니다. 따라서 1950년 중국의 티베트 침공이 법의 모든 원칙과 국제 예의를 무시하는 노골적인 침략 행위였다는 결론은 부정할 수 없습니다.

우리의 입장은 중국 인민 정부가 저지른 침략 행위가 아직 끝나지 않았다는 것입니다. 오히려 공격 지역은 상당히 확대되었고, 오늘날 티베트 전역이 사실상 중국군의 완전한 지배하에 있습니다. 끔찍한 결과가 뒤따랐습니다. 폭정과 탄압의 통치가 전국을 지배하고 있습니다. 무고한 남성과 여성, 어린이들이 집단으로 학살당해 왔고, 중국 당국은 티베트족의 완전 말살이라는 목표를 달성할 수 있도록 매일 학살을 자행하고 있습니다. 반인류적인 범죄가 매일 일어납니다.

반종교적인 범죄 역시 횡행하고 있습니다. 수천 개의 사원을 쑥대밭으로 만들고 성상과 성물을 무자비하게 파괴했습니다. 이러한 만행에도 불구하고 저와 우리 정부는 정의롭고 평화로운 해결책을 받아들일 준비가 되어 있으며, 지난 6월 20일 언론 성명에서 저는 평화와 정의를 위해 분명하고 단호하게 호소했습니다. 지금까지 저의 호소에 아무런 반응이 없습니다. 이런 상황에서 우리는 유엔 총회에 이미 계류 중인 티베트 문제에 대한 심의를 유엔에 요청하지 않을 수 없습니다. 유엔에 호소하기로 한 우리의 결정은 많은 비판을 받았습니다. 줄곧 그랬듯이 저희는 가능한 한 다른 합리적 구제책을 받아들일 준비가 항상 되어 있음을 정말로 분명히 하고 싶습니다. 하지만 지금으로선 다른 길이 없습니다. 제가 우리 민족의 생존을 위한 쓰라리고 암울한 투쟁을 돕기 위해 가능한 모든 조치를 취하지 않는다면 제 의무를 수행하지 못하는 셈입니다. 유엔을 향한 우리의 호소가 즉각적, 실질적 결과를 낳지 못할 수도 있다는 주장이 제기되었지만, 이런 주장이 세계에서 평화를 사랑하는 국가들에 의해 발전된 평화의 도구를 포기할 만한 명분이 되지도 못하고 그렇게 되어서도 안 됩니다. 이런 상황에서, 신사 숙녀 여러분, 저는 여러분 모두에게 간곡히 호소합니다. 여러분, 우리의 대의를 전폭적으로 지지해 주시길 부탁드립니다. 또한 모든 국가의 국민과 정부가 고문과 억압을 받는 티베트인을 구제하고 지원해 주셨으면 좋겠습니다.

5. 중국군 점령하의 티베트

- 유엔 사무총장에게 한 호소, 뉴델리, 1959년 9월 9일[6] -

1956년 11월 24일 금요일에 열린 유엔 총회 일반위원회 회의록을 참고해 주십시오. 이 회의에서 해당 국가들이 서로 평화적 합의에 도달할 수 있는 기회를 가질 수 있도록 '외세에 의한 티베트 침공'에 대한 엘살바도르 측의 항의를 상정하는 것은 연기해야 한다고 결의했습니다. 유감스럽게도 중국군의 침략 행위가 종결되지 않았다는 사실을 알려드리고자 합니다. 반대로 티베트 전역이 사실상 중국군의 점령하에 놓이면서 침략지역이 크게 확대됐습니다. 저와 우리 정부는 평화롭고 우호적인 해결을 위해 여러 차례 호소했지만, 지금까지 이러한 호소는 완전히 무시당했습니다. 이러한 상황에서 티베트인이 당하고 있는 비인간적인 대우와 반인류적 반종교적 범죄를 감안하여, 유엔의 즉각적인 개입을, 그리고 연기된 티베트 문제를 유엔 총회가 자체적으로 상정해주기를 바랍니다. 이와 관련하여 저와 우리 정부는 1950년 중국군이 티베트의 영토 보전을 침해했을 당시 티베트가 주권 국가였다는 점을 강조하고 싶습니다. 이와 관련하여 티베트 정부는 다음과 같이 촉구하는 바입니다.

첫째, 1912년 13대 달라이 라마의 독립선언 이후 중국 정부는 티베트 내에서나 티베트에 대해 어떤 권력이나 권위를 행사하지 않았

---

6 1959년 9월 9일 뉴델리 하이데라바드 하우스에서 공표.

습니다.

둘째, 이 기간 동안 티베트가 주권적 지위를 가졌다는 결정적인 증거는 티베트 정부가 이 기간 직전과 이 기간 내에 최소 5건의 국제협약을 체결했다는 사실에서 찾을 수 있습니다.

셋째, 티베트 정부는 1914년 영·티베트 협정에 대한 입장을 밝혔는데, 이 협정은 영국과 중국 대표에게 주었던 것과 같은 지위를 티베트 전권대사에게 부여했습니다. 이 협정이 티베트의 외적 주권에 대해 일정한 제약을 가한 것은 사실이지만, 이런 제약들이 티베트의 국제적 지위를 박탈하지는 않았습니다. 게다가 이러한 제약들은 인도 내의 권력 이양에 어떠한 영향도 미치지 않았습니다.

넷째, 티베트나 다른 강대국들이 중국의 종주권을 인정한다는 타당하고 유효한 국제 협약이 존재하지 않습니다.

다섯째, 티베트의 주권적 지위는 티베트가 제2차 세계대전 당시 중립을 유지하겠다고 주장했고, 티베트를 통해 인도에서 중국으로 오직 비군사적인 물자를 운송하는 것만을 허용했다는 사실에서도 드러납니다. 영국 정부와 중국 정부는 이 입장을 수용했습니다.

여섯째, 다른 강대국들은 티베트의 주권적 지위 또한 인정해 왔습니다. 1948년 티베트 정부의 무역 대표단이 인도, 프랑스, 이탈리아, 영국, 미국을 방문했을 때, 티베트 정부가 발급한 여권은 이들 국가의 정부에 의해 받아들여졌습니다.

사무총장 각하, 저와 우리 정부는 인도적 차원에서 유엔의 즉각적인 개입을 요청합니다. 중국군은 티베트의 영토 보전을 위반한 이후, 보편적으로 인정받는 국제 행위법을 위반하여 다음과 같은 범죄를 저질렀습니다.

첫째, 그들은 수천 명의 티베트인의 재산을 빼앗고 모든 생계 수단을 박탈하여 죽음과 절망으로 몰아넣었습니다.

둘째, 남성, 여성, 어린이들이 노역 조직에 강제로 끌려갔고 임금이나 소정의 보수도 없이 군사 건설에 종사하도록 했습니다.

셋째, 그들은 티베트족을 완전히 말살할 목적으로 티베트 남녀를 불임으로 만들기 위한 잔인하고 비인간적인 조치를 취했습니다.

넷째, 수천 명의 무고한 티베트인이 잔인하게 학살당했습니다.

다섯째, 티베트의 주요 시민들을 어떤 정당한 이유 없이 살해하는 사례가 많았습니다.

여섯째, 우리의 종교와 문화를 파괴하려는 모든 시도가 이루어졌습니다. 수천 개의 사원은 초토화되었고 성상과 성물들은 완전히 파괴되었습니다. 생명과 재산은 더 이상 안전하지 않고 국가의 수도인 라싸는 이제 죽은 도시가 되었습니다.

우리 국민이 겪고 있는 고통은 말로 표현할 수 없으며, 우리 국민에 대한 악의적이고 무자비한 살인은 당장 종식되어야 합니다. 이러한 상황에서 우리의 항소는 마땅히 고려되어야 합니다.

2부

. . .

자유와 민주주의를 향하여

6. 집단 책임으로서의 민주주의

- 제16차 티베트 국가업무 보고대회 티베트 대표자의회 연설,
다람살라, 1989년 5월 6일 -

오늘 회의에서 특별히 한 가지 요점에 대해 언급하고 싶습니다. 바로 오늘날 이 세상에서 인간사회의 발전을 보장하기 위해, 각 사회의 모든 사람들은 그 사회의 잠재력을 실현하기 위해 개인적인 책임을 이행해야 한다는 것입니다. 이것이 보장된다면 사회는 진보할 것입니다. 그런데 사회의 잠재력을 실현하려는 이러한 공동의 노력이 없다면 어떤 진보도 이룰 수 없습니다. 처음에는 선구적이고 창의적인 소수의 사람들이 안목을 보여줍니다. 그런 다음 모든 사람이 그에 따라 행동하고 공동의 책임감을 가지고 사회의 역량을 실현하기 위해 함께 노력한 후에야 문화, 종교, 경제 등의 분야에서 사회의 전면적인 발전을 이룰 수 있습니다. 그래서 자신이 속한 사회 공동의 잠재력을 실현하는 것은 매우 중요합니다. 그러나 공동의 잠재력을 실현하기 위해서는 공동의 책임을 져야 하고, 책임을 공동으로 지기 위해서는 사회 공통의 이익과 혜택의 실현이 걸려 있어야 합니다. 바로 이런 맥락에서 민주주의가 무엇인지 하는 문제가 생깁니다. 정치의 맥락에서 '민주주의'라는 용어를 사용한 것은 비교적 최근의 일입니다. 그러나 대다수 국민의 이익을 최대한 중시하는 기본적인 정신 태도는 그 대강의 모습이 부처님의 가르침, 특히 대승불교 학파의 교리에 잘 드러납니다. 바로 이 때문에 부처님의 가르침에 익숙한 사람은, 사회 진보와 관련된

모든 문제에 대해서 한 가지 사상을 골라야 한다면, 민주주의라는 것이 그의 귀와 마음에 매우 호소력 있고, 저절로 생각나리라는 점을 알게 될 것입니다.

예를 들어 티베트 문제의 경우, 우리는 진실의 문제를 두고 중국과 논쟁합니다. 하지만 중국인은 우리의 질문에 직접 대답할 수 없을 때마다 미사여구를 사용하여 대응하며, 문제를 피하려는 구실로 티베트의 오래된 사회를 극도로 후진적이고 극도로 야만적이라고 부르는 것에 의존합니다. 이런 관점에서 볼 때 민주주의를 수용하는 것이 우리에게 매우 중요합니다. 1961년에 우리는 민주주의의 핵심을 담은 헌법 초안을 만들었습니다. 그리고 그것은 결코 우리가 인도에 망명하고 나서야 비로소 우리의 마음에 떠오른 어떤 것 때문이 아니었습니다. 오히려 우리가 그 전에 티베트에 살았을 때 그 과거로 거슬러 올라갑니다. 저의 재무 담당자인 라딩 겐체 아왕 닥빠(Lhading Khenche Ngawang Dragpa)는 어느 날 이야기를 나누다가, 현대의 관행에 따라 장래에 티베트의 업무를 수행하기 위해 헌법 초안이 필요하다고 말했습니다. 그는 이러한 진보가 티베트인의 사고에 새로운 방향을 정립하기 위한 일련의 지침을 제공한다는 점에서 매우 유익할 것이라고 덧붙였습니다. 그리고 저는 그의 말이 분명히 사실이고 우리가 그것에 대해 진지하게 생각해 볼 필요가 있다고 대답했습니다. 우리가 라싸에 있을 당시에 티베트 정부의 노승 관리들도 저에게 그런 의견을 말하곤 했습니다. 그리고 우리는 그 당시에도 개혁 사무소를 설치하는 것을 포함해서 다른 측면에서도 이 문제에 대해 생각했습니다.

우리가 중국인과 대결하고 그들의 도전에 맞서 싸워야 할 시기에,

마치 입에 문 뼈다귀를 놓지 않는 개처럼 행동하며 티베트의 옛 사회를 수호하고 중국과 맞서지 않을 것이라고 주장하는 것만으로는 부족합니다. 오히려 우리는 실제 우리의 입장에서 정당성을 입증할 수 있어야 합니다. 사실 우리가 민주주의 헌법의 초안을 작성한 것도 이 때문입니다. 그러나 제안된 민주주의 헌법의 주요 특징을 요약하는 문서가 나왔을 때, 많은 망명 정착촌의 티베트인은 달라이 라마의 권력에 영향을 미치는 어떠한 제안도 마음속으로 참을 수 없거나 불편해했습니다. 따라서 이에 반응하여 수많은 이들이 소리를 높여 항의했습니다. 그럼에도 불구하고 다수 국민의 결정을 통해 최고 권력을 변화시킬 수 없다면, 우리의 민주주의는 민주 정부 체제의 진정한 본성과 성격을 상실하게 될 것입니다. 게다가 우리의 민주주의는 진짜가 아니게 될 것입니다. 그러므로 근본적인 민주주의에 그러한 조항이 남아 있어야 함을 분명히 했습니다.

그 후 민주 헌법 초안이 작성되어 실질적인 수준의 광범위한 논의를 거쳤으며, 그로부터 27, 8년이 지났습니다. 예를 들어, 1969년 3월 10일 봉기 기념일 성명에서, 저는 앞으로 달라이 라마의 지위가 어떻게 될 것인지는 티베트 대중이 원하는 바에 달렸다는 점을 분명히 했습니다. 그리고 저는 최종 결과가 티베트 대중이 원하는 대로 결정될 것이라고 썼습니다. 그리고 최근 프랑스에서 유럽의회 연설을 하면서, 저는 티베트에서 민주적으로 선출된 미래 정부에서는 달라이 라마가 어떠한 지도자의 역할도 맡지 않을 것이라는 점을 단호한 태도로 분명히 말했습니다. 마찬가지로, 이 주장을 실제 실천에 옮기는 방법으로, 저는 달라이 라마와 내각(Kashag) 사이에 새로운 지위를 도입해서, 더 높은 지위를 가지고 더 높은 수준의 책임을 지게 하자고 제안했습니다. 그러나 특별히 그 자리에 오를 자격이 있는 사람을 찾지 못했습니다. 그래서 저는 이 아이디어를 진행하는 것이 곤란해졌고 그 문제는 계속 남게 되었습니다. 그 후 최근, 저는 내각이 더 많은 책임을 질 수 있다면 좋을 것이라고, 사실상, 달라이 라마가 더 이상 존재하지 않는 것과 같이 내각이 완전한 권한을 행사할 수 있어야 할 것이라고 제안했습니다. 이 모든 것은 진정한 민주주의를 확립하는 가장 근본적인 대의를 지향하려는 노력의 일환이었습니다.

요즘의 발전 동향을 살펴보면 소련, 중국, 폴란드, 헝가리라는 국가 중에서 마지막 두 나라가 상대적으로, 그리고 조금 더 진보적인 국가로 떠오른 것은 분명합니다. 어쨌든, 산발적인 논의가 점점 더 많이 보고되고 있으며, 이는 이들 국가에서 다양한 정당을 설립해야 한다는 요구가 높아지고 있음을 시사하고 있습니다. 특히 공산주의 국가 중 헝가리가 가장 큰 변화를 겪었습니다. 어떤 경우에도 민주적 중앙집권주의中央集權主義 체제의 실천을 견지하는 나라라도 대중의 만족이 보장되지 않는다면 경제 발전을 이룰 수 없습니다. 그러나 이제 일반 국민의 만족을 보장하는 데 민주주의가 필수적 조건이 되었기 때문에, 작금의 상황은 민주주의를 경멸하며 민주적 중앙집권주의 체제를 실천하는 사람들조차도 '민주주의'라는 용어를 사용하고 이러한 통치체제에 대해 입바른 소리를 할 수밖에 없게 되었습니다. 일반 대중들 사이에서도 민주주의와 자유를 얻기 위해 상상할 수 있는 모든 종류의 노력이 이루어졌습니다. 그럼에도 불구하고 그들은 어떤 유익한 결과도 거두지 못했습니다. 그리고 그 실패의 근본 원인은 공산당이 정치권력의 독점을 포기할 수 없다는 사실입니다. 뿌리는 조금도 움직일 수 없는 상황에서 민주주의를 이루기 위한 어떤 노력도 선천적으로 결함 있는 나무줄기에 땜질 정도를 행하는 것과 같을 것입니다. 그리고 저는 그러한 상황에서 그러한 노력으로부터 어떤 질적으로 좋은 결과를 기대하는 것은 무의미하다고 봅니다.

남의 결점은 보는 것은 쉽습니다. 하지만 우리 자신에게도 비판적인 시선을 돌리는 것이 중요합니다. 그리고 나서 깊이 생각해 보면 우리 스스로 민주주의를 성취하기 위해 해마다 성실하게 노력을 기울였음에도 불구하고, 여태 우리가 만족할 정도로 성공적이고 유익한 결과를 얻을 수 없었다는 것을 깨닫게 됩니다. 우리는 실패의 핵심을 깨달아야 하며 달라이 라마가 여전히 신성한 지도자의 자리에 군림하고 있는 상황임에도 어떠한 큰 변화가 일어나지 않는다면, 실질적인 민주주의가 실현될 수 없다는 것을 알아야 합니다. 달라이 라마의 입장은 공산당의 입장과는 다릅니다. 저는 사실 험하게 반말도 하고, 저의 권력에 강하게 매달리고 있습니다. 다른 사람들이 저를 두려워하고 저에 대해 불안을 품고 있기 때문에, 그들 자신의 희망에 반하면서 저에게 순종해야 한다고 느끼고 있기 때문도 아닙니다. 오히려 종교서에 기록되어 있는 만국공경왕(King of Universal Respect)에게처럼, 대중이 자발적으로 그리고 진심으로 저에게 권위를 부여한 결과입니다. 그럼에도 불구하고, 달라이 라마 성하라는 지위를 변화시키는 것은 매우 중요합니다. 그는 이제까지 만물의 의미와 목적으로 묘사되어 왔고, 티베트 사회의 풍습과 특성에서 비롯된 지위라는 구심점으로 묘사되어 왔습니다. 그것을 바꾸지 않은 채 어떤 다른 방법으로 민주

118

주의를 도입하려고 노력하는 것은, 고목 위에 새 나무껍질을 씌우는 것과 같다고 생각합니다. 우리는 이전에 초안을 작성하여 달라이 라마의 권리를 제도화했지만, 제가 앞서 말씀드린 바와 같이, 연속적인 여러 공식 연설에서 잇따른 진전이 있었으며, 그 진전은 여러 연설 안에 명료한 용어로 재구성되었습니다. 이제 달라이 라마가 더 이상 지도력을 발휘할 필요가 없고, 대신 진정한 민주적 선거 과정을 통해 주요 지도자를 선출하는 새로운 제도가 마련되어야 할 때입니다. 예를 들어, 미국은 자국의 대통령을 선출하는 시스템을 가지고 있습니다. 반면 인도와 영국 같은 나라에서는 각 정당이 자국의 총리가 누가 되어야 하는지를 결정하기 위해 그들 내부의 선거를 치르는 또 다른 제도가 있습니다. 어떤 경우든, 이 문제의 본질은 앞으로는 더 이상 누군가가 달라이 라마 성하라고 해서 당연하게 최고의 현세적, 영적 지도자로 나서지 않는 시스템을 발전시키기 위해, 가능한 한 최선의 수단을 강구해야 한다는 것입니다. 저는 이제 이 내용을 명시적인 용어로 분명히 해야 할 것이 아닌가 하고 강하게 느낍니다.

7. 헌법의 필요성

- 내각, 티베트 대표자의회[1], 중앙 티베트 정부와 티베트 민중의 특별 모임에서의 연설, 1990년 5월 11일 -

1 티베트의 입법부에 해당. '티벳국민대표위원회'에서 '티벳국민의회'로 변경되었으며, 현재 '티벳망명의회'로도 불린다.(티벳하우스코리아, 2021년 9월 21일). (역주)

최근 우리는 다양한 티베트 단체와 개인들이 어떤 의견을 제시하든 상관없이 구해 왔습니다. 그리고 꽤 여러 가지 의견을 모을 수 있었어요. 그들 중 다수가 정말 이 운동에 큰 관심을 갖고 있는 것 같았어요. 저를 정말 행복하게 했답니다.

그리고 지금 이 모임에서도 세 가지 부분에 대해 이야기해야 할 것 같아요. 첫 번째는 민주주의의 길을 가겠다는 우리의 결의에 관한 것인데, 그 역사성에 대해서는 이미 여러 차례 자세히 말씀드린 바 있습니다. 우리는 지난 31년 동안 훌륭한 민주주의의 실천을 이루려고 온갖 노력을 기울여 왔고, 그 과정에서 귀중한 경험을 쌓아 왔습니다. 1960년대에 미래를 위한 민주주의 헌법 초안을 만든 이래 많은 세월이 흘렀어요. 전반적으로 보면 이 세상에는 많은 변화가 계속 일어나고 있습니다. 둘째로, 우리의 정당한 대의인 티베트 사태가 해결될 희망이 더 보이고 있어요.

그렇기 때문에 지금 같은 시기에 진정한 민주주의라는 목적과 이를 이루기 위한 노력의 일환으로, 우리가 이전에 입안했던 민주 헌법 초안을 필요한 만큼 어느 정도 수정하고 개정할 필요가 있다고 생각합니다. 물론, 우리처럼 몇 안 되는 개인이 그런 변화를 이루기는 어렵지요. 특히 전 세계 민주주의 전문가들의 의견을 들어봐야 할 거예요.

이 분야에서 우리 일을 그렇게 완수해야 하므로, 우리 내부적으로는 티베트인 개개인으로 구성한 위원회를 만들어야 합니다. 그런 방식으로, 그리고 위원들의 책임을 전제로 해서, 인도와 해외 전문가들의 제안을 경청하고, 모든 면에서 진정으로 민주적인 헌법 초안을 작성해야 한다고 생각해요. 그리고 그런 예비 헌법 초안을 1992년 정도까지 마무리할 수 있다면, 그 후에 우리 망명 중의 티베트인, 그리고 가능한 한 많이 티베트 본토에 있는 티베트인과 접촉해 모두에게 제안을 받아 최종적인 헌법 초안에 포함할 수 있을 겁니다. 그러면 티베트 안팎에 있는 국민의 염원을 반영하게 될 거예요.

헌법의 최종 채택 여부는 티베트 본토의 티베트인과 망명 티베트인이 재회하는 날 이뤄져야 합니다. 어떤 경우라도, 진정한 민주주의를 실현하기 위해, 그리고 우리가 이전에 작성한 민주주의 헌법 초안에 추가와 삭제를 포함한 어떠한 수정과 변경을 가하기 위해, 위원회를 설치해야 한다고 생각합니다. 지금까지 우리는 우리가 이미 작성한 헌법 초안에 대해 우리가 할 수 있는 모든 것을 실행하기 위해 노력해 왔습니다. 그럼에도 불구하고, 우선은, 우리의 망명 상황 때문에, 완전하고 명시적이며 지속가능한 실행이 불가능했습니다. 망명 중인 우리의 조직 상황은 현재로서는 안정화된 것과는 거리가 너무 멉니다. 그 때문에 우리는 법규에 부응하는 조직을 등록하는 것이 좋은 생각이 아닌가 하고 궁금하게 생각했고, 이전에도 그러한 목적을 위한 초안 문서까지 완성했습니다. 그런 분야에도 우리는 생각을 모았습니다. 이제 망명 정부의 통치체제가 완전히 민주화되도록 보장하려면, 헌법 이라 부를 수 있는 것이든 다른 어떤 것이든 전면적으로 시행할 수 있도록 새로운 문서의 초안을 작성해야 합니다. 어떤 경우라도 그러한 문서의 초안을 작성해야 합니다. 만약 이 작업이 내년인 1991년 티베트 민주주의의 날 전후로 완료될 수 있다면, 우리는 티베트 대표자의 회의 제도에 변화를 가함으로써 후속 조치를 취할 수 있습니다. 티베트 대표자의회의 새로운 의원들을 그 이듬해 티베트민족 봉기의 날을 전후로 해서 확정할 수도 있습니다. 새로 구성된 이 의회의 회의는 이 새로운 초안 문서를 검토하고, 이에 대해 토론한 후, 채택을 위해 최종 확정할 수 있습니다. 예를 들어, 많은 법률을 채택하는 것은 티베트 대표자의회의 새로운 구성원에게 달려 있습니다. 그리고 티베트 민주주의의 날을 전후로 하여 전체 과정을 마무리 짓는 것이 좋지 않은가 하는 생각이 듭니다. 이것이 제가 분명히 하고 싶은 한 가지입니다.

오늘날 티베트 대표자의회의 제도와 관련된 상황은, 한편으로는 예비의원 명단은 인민에 의해 선출되지만, 그중에서 인민대표를 선출하는 최종 결정은 제가 내려야 한다는 것입니다. 이제는 이것이 바뀌어야 하고, 국민 직접 투표로 다수결로 당선된 사람이면 누구든 티베트 대표자의회 의원으로 확정되어야 한다고 생각합니다. 앞으로 티베트 대표자의회의 구성원은 매우 중요할 것입니다. 예를 들어, 칼론의 임명 사안에 있어서도, 망명 의회가 의미 있는 요소가 될 것입니다. 저는 현 티베트 대표자의회 임기를 지금 종료함으로써, 새 의회의 선거와 선서 작업을 즉시 시작해야 한다고 생각합니다. 그렇게 되면 1년 이내에 내년 3월 10일을 전후로 해서 전 과정이 완료될 것입니다. 그리고 티베트 대표자의회를 어떻게 더 잘 구성해야 할지에 대해서는, 이번 회의에서 논의해야 할 것이라고 느끼고 또 그렇게 제안하는 바입니다. 앞서 제안한 바대로, 의원 수도 조금 늘릴 수 있다면 더 낫지 않을까 하는 생각이 드는 것이 사실입니다. 확장된 티베트 대표자의회의 모든 구성원들이 다람살라에 상주할 필요는 없습니다. 다람살라에는 소수의 상임 의원만 상주해야 하고, 과반수인 나머지 의원들은 이전과 같이 각자의 거주지에서 머물다가 회의가 소집되는 경우에만 티베트 대표자의회에 출석하면 됩니다. 그리고 이미 우리 앞에 나온 제안 중에도 있듯이, 여러분은 티베트 대표자의회에 상원과 하원 두 개의 의회를 두는 제도가 있어야 한다는 제안을 고려하고 논의해야 합니다. 또는 티베트 대표자의회에 동등한 수준의 두 집단이 존재하는 대안적 시스템이 있을 수도 있습니다. 예를 들어, 티베트 3개의 지역 출신의 실제 망명자 수 차이와 상관없이, 각 지역에서 각각 동일한 수의 대표를 뽑아 한 집단을 만들 수 있습니다. 그리고 나머지 한 집단은 실제로 망명 중인 500명이나 1,000명 정도의 티베트인을 대표하는 대리인들로 구성할 수 있습니다. 어떻게 생각하십니까? 우리가 생각해 봐야 할 부분이 아닐까요? 여러분은 이 모든 사항을 이 회의에서 협의하고 최종 결정을 내려야 합니다.

　티베트 대표자의회에는 지금까지 여성의원들이 있었지만, 우리는 특별히 여성의원 수를 고정할 기회는 없었습니다. 이제 티베트 대표자의회의 총력을 강화하려고 하는 만큼, 최소한의 여성의원을 선출하는 결정을 하는 측면에서 생각해 볼 필요가 있습니다. 정말 중요한 문제지요. 구제도에 의해 선출되어 티베트 대표자의회를 구성하는 대의원들은 의회의 이번 회기부터 자신들의 직위를 사임해야 합니다. 이러한 상황에 비춰 볼 때 우리는 새로운 티베트 대표자의회가 최종 확정될 때까지 의회의 이름으로 활동하는 임시기구가 있어야 할지를 결정해야 합니다. 이러한 임시기구가 필요하다고 결정하면, 이를 구성하는 최선의 방법에 대해 추가적인 논의가 이루어져야 합니다. 이 모든 것을 본 회의에서 논의해야 합니다.

저는 일찍이 티베트에 있을 때, 민사 분쟁을 해결하는 역할을 위임받은 국가 법원 시스템의 한 지부를 설치했습니다. 예를 들어, 민주주의 국가에는 정부의 행정권을 행사하는 부서가 있고 사법 기능을 독점적으로 행사하는 별도의 부서가 있어야 합니다. 우리는 현재 인도에 살고 있고, 우리의 관행이 일반적으로 현지국의 상황에 부합해야 하기 때문에 어떤 용어가 우리의 목적에 더 잘 맞을지 생각해 볼 필요가 있습니다. 예를 들어, 지금까지 우리는 망명 사회 내에서 교육부나 내무부 등이 불공정하다고 불평하는 주장이 있을 때마다, 내각 또는 내각과 티베트 대표자의회가 공동으로, 혹은 경우에 따라 특별히 구성된 위원회가 그러한 주장들을 검토하고 감독 역할을 행사해 왔습니다. 이러한 관행은 이제 종지부를 찍고, 대신 제도적 구제책이 있어야 합니다. 그러면 사회에서 낮은 지위에 있는 사람이 내각으로부터 부당한 대우를 받았다는 탄원서를 제출하고 싶을 때, 그런 구제책을 이용할 수 있습니다. 따라서 공정하고 법에 따라 사안을 판단하는 공정한 재판기관을 설치해야 합니다. 좌우지간 이러한 내용은 우리가 선보일 새로운 문건에서 분명히 밝혀질 것입니다.

다음으로 총리 임명의 필요성 여부에 대해 다양한 의견이 제시되고 있습니다. 대다수는 총리를 임명하면 좋을 것이라고 말합니다. 그럼에도 불구하고, 현재 우리 상황의 현실을 보면, 그런 결정에 뒤따르는 결과를 정확히 가늠하기가 조금 어렵습니다. 이것은 모든 일에서 결정을 내릴 때 우리가 직면하는 일종의 딜레마입니다. 그것은 훌륭하게 들릴 수도 있고, 어떤 사람이 조리 있게 프로젝트를 제안할 수도

있습니다. 그러나 실제로 그 결정의 성공 여부나 수행은 사람들에게
달려 있습니다. 해당 직책에 대한 요건에 맞는 사람을 찾으려 할
때 문제가 생깁니다. 그 자리에 누군가 한 사람을 임명해야 한다는
제안에 대해 달라이 라마와 내각 사이에 수년 동안 이미 여러 차례
긴밀하게 의견을 교환하고 정보를 나누고 있었습니다. 그런데 문제는
총리에 임명되기 위한 요건을 충족시키는 사람을 찾지 못하고 있다는
것입니다. 그렇기 때문에, 제가 보기에, 총리를 임명해야 한다는
제안은 당분간 보류할 필요가 있습니다. 그보다는 지금 이 초기에,
칼론(장관) 중에서 한 사람을 칼론 티빠(Kalon Tripa, 총리)로 임명합시
다. 상황을 안정시키고 조심스럽게 진행하기 위해서입니다. 또한,
칼론 티빠를 이름순으로 나열된 명부에 있는 순서대로 임명해서는
안 됩니다. 그보다는, 출석한 칼론들이 행하는 투표로 결정하거나,
조금 더 많은 이들을 포함한 유권자 집단이 결정해야 합니다. 어떤
식으로 결정되든, 칼론 티빠는 1년 임기로 그 직위를 유지하며, 그
이후에는 다시 투표가 이루어져야 하고, 이는 매년 이루어져야 합니
다. 한 사람이 그 직책과 업무에 적합하다면, 2년 동안 그 직위를
유지할 수 있습니다. 그렇지 않다면 1년 만에 칼론 티빠 직위를 사임할
수도 있어야 합니다. 지금 저는 이렇게 느낍니다. 그 후에 우리는
우리의 상황을 검토하고 그것에 따라 점진적으로 행동할 수 있습니다.
당분간은 이렇게 지내야 할 것 같습니다.

　달라이 라마의 경우, 그가 총리나 대통령과 동등한 지위를 대표하는
것과는 무관하게, 실질적으로는 어떤 선거를 기반으로 등장하지 않았
습니다. 그리고 선거 과정을 통해서 총리를 임명하는 것은 실현 가능성

이 없기 때문에, 저는 우선 내각 선거를 실시해야 한다고 생각합니다. 지금은 그렇게 하는 것이 적합해 보입니다. 그것을 진행함에 있어서 우리가 따를 수 있는 방법과 제도가 있을 수도 있고 없을 수도 있습니다. 그러나 어떤 경우에도 칼론들의 선거는 오늘날 우리가 살고 있는 실정에 맞게 이루어져야 합니다. 티베트 대표자의회의 현행 구성 체계는 바뀌어야 하며, 따라서 칼론은 새 의회를 기반으로 선출되어야 합니다. 현재의 직책을 수행하는 칼론들은 이미 모두 사직서를 제출하여 직책에서 물러났습니다. 그러므로 달라이 라마가 직접 임명한 칼론의 임기는 끝나야 하고, 대신 새로운 칼론을 임명해야 합니다. 새 칼론은 티베트 대표자의회가 구성되어 선거를 통해 확정해야 하지만, 이번에는 예외로 해서 이번 티베트 대표자의회에서 새 칼론을 선출하고 확정하도록 합시다. 그리고 새로운 칼론은 7명 정도로 정하는 게 적절할 것 같습니다. 다만 우리가 일반적으로 염두에 두어야 할 것은, 칼론을 임명할 때 전통적인 티베트 3지역 모두의 대표성을 보장하도록 주의를 기울이는 것입니다. 그것과 별개로 후보자들의 종교나 성직자 공동체의 일원인지 평신도인지의 여부, 혹은 성별에 기반한 잣대는 절대 없어야 합니다. 그리고 새로 선출된 칼론이 방금 사표를 제출한 옛 칼론 중에서 나왔는지, 새로운 인물인지는 하나도 중요하지 않습니다. 선거 후보자 명단 확정 방법에 대해서는 이 모임에 참석한 인원을 위원회별로 나눠, 각각 21명의 칼론 후보 명단을 작성하도록 합니다. 그다음 이런 식으로 제안한 후보들을 각 후보가 획득한 총 득표수 순으로 해서 전체 명단으로 정리해야 합니다. 21명 후보자의 최종 명단을 확정하고 의회 본회의에서 확정하여 투표해야 하고,

과반수 득표를 기반으로 7명의 칼론을 선출해야 합니다. 당선된 각
칼론이 가능하면 최소 70%의 표를 얻으면 좋을 것 같습니다. 선거에서
70%의 득표율을 얻지 못할 경우, 그 결과를 강화하기 위해 추가
투표를 실시할 수 있다고 생각합니다. 티베트 대표자의회 의원을
선출하면서 우리는 대체로 목록 위쪽에 있는 후보 중 일부는 많은
표를 얻는 반면, 다른 후보들은 표를 조금밖에 얻지 못한다는 걸
알게 되었습니다. 그럼에도 불구하고 그들은 국회가 갖는 최대의
힘을 구성하기 위해 선출되었다고 선언됩니다. 하지만 이번 칼론
선거의 경우는 그럴 필요가 없습니다. 재투표 후에도 최소 70%의
득표율을 얻지 못하면, 선거는 거기서 끝나야 합니다. 이 과정이
선거의 질을 조금 더 높여줄 것이라고 생각합니다. 그리고 칼론은
선거가 끝난 뒤에 임명되어야 하므로, 관료들의 임명 방식과 티베트
대표자의회 상임위원회 상황 등에 관해 필요하다면 어디서든 부수적
인 변화를 주기 위한 논의가 이루어져야 한다고 생각합니다.

요약하자면 저는 헌법 초안 작성을 위한 위원회를 구성할 것입니다.
제가 가진 어떤 의견이라도 글로 적을 생각입니다. 그리고 초안 작업이
상당히 마무리되면, 인도에 거주하는 티베트인을 위주로 회의를 소집
하여 검토하고 논의해야 합니다. 그때는 누구나 자신의 의견이 무엇이
든 제시하고 민주주의에 뿌리를 둔 헌법 헌장을 확정해야 합니다.
그렇게 된다면 우리는 인도에 남아 있는 기간 동안 편리하게 시행할
수 있는 헌법을, 망명 사회 안팎의 사람들에게도 쉽게 설명할 수
있는 헌법을 갖게 될 것입니다. 민주 헌법에 대한 최종 결정은 장차,
망명 중인 티베트인과 티베트 본토의 티베트인이 재회할 때 비로소

내릴 수 있습니다. 이와 함께 별도로 독립적인 재판위원회나 사법위원회를 설치해야 합니다. 티베트 대표자의회 의원 수를 늘려야 합니다.

티베트 대표자의회를 상·하원으로, 또는 상·하원을 동일 수준의 두 원으로 분할하는 것이 적절한지에 대한 논의가 이루어져야 합니다. 그리고 그 분할이 동일하게 반반으로 이루어져야 하는지 아니면 1/3 부분과 2/3 부분 등으로 이루어져야 하는 것 등에 대한 논의가 있어야 합니다. 따로 수상을 지명할 필요는 없고, 선거를 통해 칼론들 중에서 한 사람을 칼론 티빠로 지명해야 합니다. 유권자들은 실제로 출석한 칼론들이어야 하는데, 그 외에 추가적으로 유권자들이 필요한가 하는 점은 검토해 보아야 합니다. 미래에는 티베트 대표자의회의 선거를 통해 칼론들의 임명을 확정해야 합니다. 단 임시 칼론들은 이번에만 이 회의에서 임명됩니다. 그러므로 달라이 라마가 자신의 지혜로써 고민하고 결정한 것으로 알려진 것에 의해 이 문제가 최종 결정된다는 데 의심의 여지가 없습니다. 그럼에도 불구하고 투표 방식이 좋은 선거인단을 선출할 수 있도록 노력하는 데 사전에 각별한 주의를 기울여야 합니다.

앞서 거듭 말씀드린 바와 같이, 제가 민주화의 필요성에 대해 말씀드리는 것은, 제가 낙담했거나 책임을 지기 싫어해서가 아니라는 점을 다시 한번 말씀드리고 싶습니다. 우리의 정당한 대의가 실현될 때까지 저는 계속 책임을 다할 것입니다. 그러나 일단 우리의 정당한 대의가 실현되면, 그 이후에 올 미래의 티베트 정부에서는 제가 체제 밖에 있는 것이 더 낫다고 봅니다. 저에게 주어진 권리이기도 합니다. 우리가 망명 생활을 하는 한, 제 책임은 계속 다할 것이니 안심하세요.

우리가 티베트로 돌아간 후에도, 제가 어떤 정부 직책을 갖든 말든, 저는 죽는 날까지 계속 공인으로 남을 것입니다. 그렇기 때문에 저는 항상 제가 할 수 있는 모든 방법을 동원해서 도우려고 노력할 것입니다. 현재의 상황에서 우리가 해야 할 일은, 다른 사람이 아니라 달라이 라마만이 할 수 있는 모든 일을 하는 것입니다. 그러나 달라이 라마를 더 이상 언급할 필요가 없는 다른 모든 문제와 관련해서는, 우리는 이제 진정한 민주주의의 길로 접어들었다는 것을 스스로 상기해야 합니다. 티베트인이 자신들의 책임에 따라 행동할 수 있는 게 좋을 것입니다. 반드시 필요한 경우에는 항상 달라이 라마의 도움을 받고, 일반적으로는 민주적으로 구성된 기관들이 임무를 수행한다면, 우리는 질적으로 높은 수준의 성취를 이룰 것입니다. 이것이 제가 말씀드리고 싶었던 것 전부입니다. 모두가 편안해졌으면 좋겠습니다. 오늘 하루 잘 보내시길 바랍니다.

8. 헌법 초안 작성

- 티베트 대표자의회 연설, 다람살라, 1991년 5월 29일 -

우리는 작년에 의원 수를 늘렸을 뿐만 아니라 의원들의 당선이 확정되기 전에 제 승인을 받아야 하는 제도를 폐지하는 중요한 개혁을 행정조직에 도입했습니다. 의원 여러분, 여러분은 유례없는 관심과 열의를 보여준 유권자들의 선거를 통해 이 자리에 오셨습니다.

우리가 종종 말했듯이, 우리는 역사상 가장 힘들고 중요한 시기에 태어난 세대입니다. 비관적으로 보면, 전생에 아주 나쁜 업(까르마)을 쌓아서 이렇게 어려운 시기에 태어난 것 같습니다. 다른 면에서 보면 우리는 우리의 잠재력을 개발하고 사용할 수 있는 둘도 없는 기회를 받았습니다. 우리 인간은 힘든 시기에야 비로소 우리의 지능과 능력을 사용할 기회를 얻고, 발전시킬 수 있습니다. 어려움 없이 태어난 사람들은 이 기회를 얻지 못합니다.

불교에서 우리가 석가모니 부처님의 특징을 언급할 때, 우리는 지금의 겁을 사는 인간들이 더 부정적인 자질로 가득 차 있어서 이 세상에 깨달음을 가져오기가 더욱 어려워진 때에, 부처님께서 태어나 시기로 결정하셨다고 말합니다.

티베트에서 중국이 통치하는 지난 40년 동안 티베트인은 티베트 안팎에서 흔들리지 않는 용기와 잠재력을 보여주었습니다. 1960년대, 진정으로 우리 대의에 관심을 가졌던 많은 비非티베트인이 저에게 티베트의 대의는 죽은 것이며 우리에게 희망은 없다고 넌지시 말하곤 했습니다. 30년이 지난 지금, 우리는 티베트 대의의 부흥을 봅니다. 이것은 티베트인만의 희망 사항이 아닙니다. 우리의 대의에 관심 있는 외부인들도 알아차린 현상입니다. 그렇기 때문에 제가 종종 말하지만, 중국인은 티베트를 삼키긴 했지만 소화할 수 없었습니다. 그리고 이것은 우리의 용기와 결의의 결실입니다.

비록 티베트 밖에 있는 티베트인이 난민의 신세로 전락했지만, 우리는 우리의 권리를 행사할 자유가 있습니다. 티베트 본토의 우리 형제들은 자신의 나라에 있음에도 불구하고 생존권조차 없습니다.

130

그들은 '잘못된' 표정이나 언어 표현 같은 사소한 일에도 목숨을 잃을 수 있습니다. 그러므로 우리 망명자들은 생계를 위해 애쓰는 것과 별개로, 미래의 티베트를 숙고하고 계획할 책임이 있습니다. 물론 제가 자주 이야기하지만, 국민이야말로 궁극적인 주인이기 때문에 미래의 운명을 결정할 최종 결정권을 가집니다. 하지만, 우리 공동체 내부에서 얻고, 현대 세계에 노출되어 얻은 우리만의 풍부한 경험 때문에, 망명 중인 우리는 미래 티베트에 대한 책임을 이행할 수 있는 유일무이한 위치에 있습니다.

1959년 처음 망명길에 올랐을 때 우리는 미래의 티베트가 우리의 전통적 가치체계의 미덕을 유지하면서 시대와 함께 움직여야 한다고 결정했습니다. 우리는 비록 현대 세계의 속성을 빌리겠지만, 외부인 들에게도 인정받는 우리의 좋은 특성을 유지하기로 결정했습니다. 이를 염두에 두고 티베트 대표자의회 의원 선출과 같은 조치를 통해 우리 사회의 민주화를 위해 노력했습니다. 우리는 이렇게 도입된 민주개혁을 글로 문서화하고, 향후 명확한 가이드라인 그리고 추가적 고려 및 개선의 근거를 마련해야 한다고 판단했습니다. 1961년부터 이 작업을 시작하여 1963년 민주적 헌법 초안을 공포했습니다. 물론 이 헌법을 채택할 것인지, 수정 또는 거부할 것인지에 대한 궁극적인 결정은, 향후 우리가 티베트에서 재회할 때 티베트인의 손에 달려 있습니다.

우리는 수십 년의 망명 생활 동안 미래의 티베트를 위한 진정한 민주주의의 모델을 성취하기 위해 다양한 방법으로 노력해 왔습니다. 모든 티베트 망명자들이 '민주주의'라는 말에 익숙하다는 것은 이를 보여줍니다. 중국인은 우리의 민족투쟁을 옛 사회를 되살리기 위한 것이라고 불렀지만, 지금까지 우리가 취한 조치들은 우리 상황을 아는 모든 이들에게 중국인의 비난이 잘못되었음을 증명합니다. 우리의 민주화 노력은 티베트 안에도 큰 영향을 끼쳤습니다.

더 최근에는, 모든 권력이 한 사람에게 주어지면 민주주의가 효과적으로 작동하지 못한다는 점이 관찰되었습니다. 그러므로 1963년 헌법에는 선출된 의원들 3분의 2의 다수로 달라이 라마의 권력을 변화시킬 권한이 있는 조항이 있었습니다. 이것은 민주주의의 주요 속성 중 하나입니다. 그러나 시간이 흐르면서 더 진전된 민주화를 위해 이 헌법이 수정되어야 한다는 생각이 들었습니다. 달라이 라마에 대해 1969년 3월 10일 저의 공식 성명에서 분명하게 언급했듯이, 달라이 라마 제도의 유지 여부는 국민에게 달려 있습니다. 개인적으로 저는 많은 사람에게 달라이 라마 제도가 미래에 존속해야 하는가 하는 문제는 시대에 따라 변화하는 요구에 비추어 티베트인이 직접 결정해야 한다고 말해왔습니다.

우리는 그동안 민주적 규범을 최대한 지키려고 노력했지만, 대내외적으로 여러 요인이 작용해 우리 사회를 더욱 민주화할 필요가 있다고 느꼈습니다. 그래서 우리는 이 특별 회의를 작년에 열어서, 1963년에 공포된 헌법을 개정하기로 하고 이를 위한 위원회를 구성하겠다고 말했습니다. 그 일환으로 이전의 내각이 사임하고 티베트 대표자의회가 해산되었습니다.

우리는 총리직의 필요성에 대해 다양하게 제안하고 협의를 해왔습니다. 하지만 우리는 인도에 살고 있으므로 많은 외부 요인들을 고려해야 해서 당장 이 직책을 만드는 데 여러 문제가 있습니다. 그러므로 현재로서 우리는 지난 32년간 존재해 온 내각 기구에 만족해야 합니다. 그러나 내각 의원들은 티베트 대표자의회에 의해 선출될 것입니다.

이제, 이 위원회의 주요 임무는 미래의 티베트를 위한 헌법의 초안을 작성하는 것입니다. 의심할 여지 없이, 우리는 일종의 민주주의 헌법을 가지고 있고 지금까지 그것을 따르기 위해 노력했습니다. 그러나 그 헌법의 초안은 자유 국가를 위해 작성된 것이므로, 망명 중인 상황에서 우리는 그것을 충실히 이행할 수 없었습니다. 따라서 미래의 티베트를 위한 헌법과는 별개로, 망명 정부가 기능하도록 문서화된 지침을 가지고 있어야 한다고 생각했습니다. 이 문서는 우리 망명 상황의 현실을 고려한 것이므로 충실히 따를 수 있을 것입니다. 이에 이 위원회는 망명 공동체를 위한 헌장도 마련하기로 결정했습니다. 새 헌법에 대해 말하자면, 민주주의와 같이 우리 마음에 바로 떠오르는 조항들이 있습니다. 여러 가지 이유로, 저는 티베트가 자유로워지면 정부의 수장이나 그 어떤 역할도 맡지 않겠다고 결심했습니다. 티베트 정부의 미래 수장은 국민에 의해 대중적으로 선출된 사람이어야 합니다. 제가 거듭 말씀드렸지만 이러한 조치는 많은 장점을 가지며 우리의 제도를 진실되고 완전한 민주주의가 될 수 있도록 해줄 것입니다. 이는 달라이 라마의 권한과 책임에 관한 한, 새 헌법은 1963년의 헌법과는 큰 차이가 있을 것임을 의미합니다.

이제 새로운 헌법의 이념적 기초에 대해 말씀드리겠습니다. 외부인들이 티베트를 보았을 때, 평화롭고 깨끗한 환경의 땅을 보았습니다. 그들은 또한 이러한 환경에서 태어나 자란 사람들이 선천적으로 평화롭고, 온화하고, 사랑이 많고, 자상하고, 행복한 얼굴을 가진 참을성 있는 사람인 것도 보았습니다. 이것들은 선한 자질입니다. 우리가 티베트인이기 때문이 아니라 인간은 어디에서나 이러한 자질을 기르기 위해 노력하기 때문입니다. 그러므로 이러한 자질이 우리 티베트인에게 타고난 것이라면, 우리는 그것들을 정말 소중히 여겨야 합니다. 그러므로 미래의 티베트는 평화지대(Zone of Peace)가 되어야 합니다. 우리는 항상 '일체중생'이라고 말하곤 합니다. 그러나 우리는 이 발언을 행동으로 옮기기 위해 노력해야 하며, 이를 위해 우리가 티베트를 헌법상 평화지대로 만드는 것이 중요합니다. 이것은 우리 국민뿐만 아니라 이웃들에게도 도움이 될 것입니다. 티베트의 두 이웃인 중국과 인도는 강대국이고 지구상에서 가장 인구가 많은 두 나라이기 때문에 그들에게 이득이 된다면 전 세계에 긍정적인 영향을 미칠 것입니다. 이를 이루기 위한 수단으로서 우리는 비폭력을 공식 정책으로 채택해야 합니다. 우리 티베트인이 군사력으로 무엇을 성취할 수 있을 것이라고 기대해서는 안 됩니다. 국제무대에서도 이 문제와 관련하여 많은 변화가 일어나고 있으며, 특히 걸프전 이후 많은 사람들이 이 문제를 새로운 시각으로 바라볼 수밖에 없었습니다.

이제 우리가 완전한 민주주의가 되려고 할 때 현재의 선거제도는 약간 문제가 됩니다. 우리는 헌장 초안에서 '세속주의(secularism)'라는 단어를 사용해 왔습니다. 전문가들은 이 단어를 다르게 해석합니다. 하지만 우리의 헌장에는 티베트어로 레메(remey)라고 정의합니다. (이는 대략 국가가 종교 간에 차별을 두지 않을 것을 의미합니다.) 그러나 앞서 말했듯이 비폭력과 평화는 종교의 본질입니다. 제가 평소에 생각하는 것은 불교에서 말하는 재생과 내생 등의 개념이 모든 종교에서 받아들여지지 않을 수도 있다는 것입니다. 그러나 저는 모든 종교가 인간의 타고난 선함을 정말로 믿고 있으며, 이러한 자질을 발전시키고 강화하기 위해 서로 다른 종교가 존재한다고 생각합니다. 그러므로 우리 헌법이 이 원칙에 기초한다면, 그 헌법은 사실상 모든 종교의 본질을 담게 됩니다. 그 본질에 종교의 이름을 붙이든지 말든지 그건 상관없습니다. 하지만 우리가 종교라는 단어를 사용한다면, 이 헌법의 범위를 좁히게 될 것입니다. 반대로 '인간의 자연스럽고 선천적인 영적 자질'이라는 구절을 사용한다면, 그 말은 인류 전체를 포용할 수 있을 것입니다. 따라서 이러한 관점에서 보아도 그 구절은 영적 가치와 세속적 가치를 일치시킬 것입니다.

다른 민주주의와 달리, 우리의 민주주의는 그 뿌리에 비폭력과 평화를 두게 될 것인데, 이는 우리가 흔히 말하듯이 영적 가치와 현세적 가치의 결합에 기반을 둔 정부를 갖게 될 것임을 의미합니다. 우리가 어떤 헌법에서 '세속주의'라는 단어를 보게 되면, 그것은 정말 적절하고 좋게 들립니다. 우리도 심각하게 고려해야 할 사항입니다. 하지만 어떤 사람들은 세속주의를 종교의 부재를 의미하는 것으로 받아들입니다. 이 정의定義는 우리의 전통과 우리가 처해 있는 현실에 어긋납니다. 지금도 티베트에서는 많은 사람이 티베트의 자유를 위한 투쟁으로 목숨을 바치고 있는데, (이 투쟁은) 그들 마음속에서 불교 (Buddhist Dharma)와 관련되어 있습니다. 티베트 대의를 위해 일하고 있는 저도, 정치적 자유뿐만 아니라 불교와 관련된 자유를 위해 투쟁하고 있다는 확신을 가지고 있습니다. 그래서 석가모니 부처님의 승려로서 선한 업을 쌓고 있다는 생각이 듭니다. 우리가 세속주의라는 단어를 서로 다르게 이해할 수도 있지만, 나중에 자세히 논의할 시간을 가질 수 있을 것 같습니다.

이제 경제정책으로 가 봅시다. 일반적으로 우리가 대승불교 신자로서 중생을 이야기할 때, 이는 우리가 동물과 인간을 차별하지 않고 모든 중생에게 행복을 주고 그들의 고통을 덜어 주는 책임을 스스로 지겠다는 의미입니다.

이런 관점에서 보면 중국과 많은 공산주의 국가들이 사회주의를 자처하고 있지만, 생산자들이 이 제도를 통해 실제로 얼마나 많은 이익을 얻는지 분석해 보면, 머릿속에 불길한 물음들이 떠오릅니다. 그러나 세간이 일반적으로 이해하는 사회주의란, 만약 실제로 실현 가능하다면 다른 경제체제보다 불교와 가깝습니다. 그러나 오늘날 세상의 현실을 바라볼 때, 사람은 자신이 쏟은 노력의 결실이 자신에게 직접 오는 것을 보면 개인적인 동기가 더 커진다는 것을 깨닫게 됩니다. 하지만 그가 지역 사회 전체를 위해 무엇인가를 하라고 요청받았을 때, 그는 필요한 동기가 부족해 보입니다. 우리는 경제, 문화, 과학 또는 기술 등에서 개인의 인센티브가 더 많을 때마다 진보가 더 크다고 봅니다. 그러므로 제가 개인적으로 생각하는 미래 경제 시스템은, 우리가 양쪽 시스템의 좋은 점을 포함한 혼합경제 시스템이 되어야 합니다. 저는 법률 전문가도 아니고 경제학자도 아닙니다. 하지만 이것들은 우리가 차츰 논의할 수 있는 사항들입니다.

제가 지금까지 언급한 부분들은 우리가 미래의 티베트를 위해 초안을 작성하고 있는 헌법 이면에 있는 영감입니다. 우리의 망명 생활이 미래 헌법의 시행을 위한 교육적인 경험이 되어야 하기 때문에, 망명 과도기간 동안 작성된 문서도 이러한 원칙에 입각한 것입니다. 헌법 개정 위원회는 이를 위해 노력하고 있으며, 가능한 한 모든 티베트인의 제안을 받아왔고, 모든 사람들이 제안한 유용한 사항들을 반영하고 있습니다. 앞서 말씀드렸듯이, 제11차 티베트 대표자의회인 현 의회는 새로운 체제로 출범했습니다. 현 의회는 입법기관이기도 합니다. 그러므로 여러분들은 헌장에 대해 충분히 협의하고 토론해야 합니다. 여러 방면에서 들어온 제안도 고려할 수 있습니다. 이것들에 대해 논의해 볼 수 있습니다. 헌장을 마무리 짓기 전에 한번 검토해 주시면 좋을 것 같습니다. 하지만 여러분끼리만 결정하기에 너무 중요한 것 같은 조항이 있다면 국민투표를 요청할 수도 있습니다. 헌장에도 해당 조항이 있습니다. 이 문서는 우리 인간이 만든 것이므로 우리가 변경이나 수정할 수 있습니다. 사실 이 문서는 작년 회의에서 제가 내보낸 성명과 그 회의에서 진행되었던 후속 논의를 바탕으로 작성되었습니다. 다만 수정해야 할 사항이 있다는 생각이 들면 의회 의원으로서 전권을 행사할 수 있습니다. '헌장에 문제점들이 보였는데 이미 확정되어 아무 말도 하지 않겠다'는 말씀은 마시길 바랍니다.

요컨대, 지금까지의 우리의 노력은 발전하기 위한 것이었습니다. 하지만 우리의 위급한 입장에 비추어 볼 때, 우리는 훨씬 더 크고 효과적인 노력을 기울여야 합니다. 더 큰 성공을 거두기 위해서는 한 사람 한 사람이 책임을 분담하고 공동의 대의에 기여하도록 해야 합니다. 티베트인 한 사람 한 사람이 기여한다면 반드시 사회가 함께 발전하게 될 것입니다. 티베트 민족의 대의가 달라이 라마 혼자만의 책임이라고 생각해서는 안 됩니다. 이런 태도는 민족적 타성을 낳을 것입니다. 진정한 민주주의를 이루기 위해 기울인 지금까지의 노력은 우리의 발전적 노력을 더욱 효과적으로 만들기 위한 것일 뿐입니다.

둘째, 우리는 우리의 대의에 대한 진실을 규명하는 데 먼 길을 왔으며, 이제 이 일을 성취하는 데 얼마나 더 걸릴지 결정할 수 있는 시점에 있습니다. 만약 우리가 미래에 어떻게 나아갈지 명확하게 말할 수 있다면, 우리는 우리의 대의를 위해 더 큰 국제적 지원을 동원할 수 있을 것입니다. 의심할 여지 없이, 많은 이들이 우리의 대의를 지지하고 있으며, 그 지지는 시간과 함께 계속 증가하고 있습니다. 다만 향후 행보를 명확하게 문서화할 수 있다면, 그것은 우리의 대의를 계속 지원하기 위해 노력하는 지지자들에게 명확한 방향을 제시할 것입니다. 티베트뿐만 아니라 중국에서도 많은 사람들이 우리의 문제에 대한 새로운 관심과 걱정을 보여주고 있습니다. 이런 관점에서 보아도 명확한 방향을 제시하는 것이 우리의 대의에 활력을 불어넣어 줄 것입니다.

우리의 미래 방향에 대한 가이드라인은 단순히 아름다운 전시물이 아니라, 우리가 진지하게 구현하고자 하는 것이어야 합니다.

이제, 우리가 망명 중인 한, 저는 달라이 라마가 계속해서 책임을 다하는 것이 좋다고 생각합니다. 그러나 미래의 티베트 헌법은 달라이 라마에게 어떠한 역할도 부여해서는 안 됩니다. 망명 중에도 우리 사회는 최대한 민주적이어야 합니다.

중국과 티베트 관계에 관해서는, 이제 새로운 국면에 도달했습니다. 1970년부터 우리는 중국과 직접 접촉해 왔습니다. 이를 바탕으로 최근에 몇 가지 제안을 했습니다. 하지만 중국은 제 제안에 대해 답변을 거부하고 있습니다. 반면에, 많은 티베트인이 다소 불안해했습니다. 제 제안이 중국에 너무 많은 것을 양보했다는 의견이 있었습니다. 저는 티베트 문제에 대한 해결책을 찾고자 하는 희망으로 제안했습니다. 티베트에 대한 중국의 인구학적 침략과 티베트 본토에서 우리 국민이 계속 겪고 있는 무제한 탄압을 종식시켜야 할 시급한 목적으로 한 것입니다. 그러나 이 제안은 이를 이루지 못했습니다. 그러므로 올해 3월 10일 성명에서 말했듯이, 중국이 긍정적인 반응을 보이지 않는다면, 저는 스트라스부르 제안(Strasbourg Proposal)에서 했던 양보에 더 이상 개의치 않을 것입니다. 이는 향후 중·티베트 협상의 현안이 없음을, 상정할 내용이 없다는 뜻입니다. 그러므로 티베트인이나 티베트의 외국인 친구들은 티베트 문제는 오직 비폭력과 인간적인 접촉을 통해서만 해결되어야 한다는 점에 주목해야 합니다. 다른 길은 없습니다. 티베트 대표자의회를 중심으로, 우리는 이 문제에 대해서도 고민하고 논의할 시간을 갖겠습니다.

의원님들은 지역이나 종교 학교를 중심으로 실시된 선거를 통해 올라오셨지만, 티베트 전체의 이익을 고려하셔야 하며, 지역이나 종교 학교의 편협한 이익만 고려해서는 안 됩니다. 왜냐하면 일단 당선되면 전체 티베트인 의회의 일원이 되기 때문입니다. 종종 어떤 일이 일어나는가 하면, 민족의 대의를 위해 해야 할 일이 있을 때는 우리 쪽에서 어떤 사람이나 단체를 찾아 나서야 합니다. 반면에 좁은 지역적 이익이 걸려 있을 때는, 자신들을 위해 싸워주길 바라며 우리에게 접근하려 애쓴다는 점입니다. 그러므로 우리가 지향해야 할 바는 우리 사회 공동의 대의입니다. 사회 전체가 잘 살면 그 안에 있는 모든 개인이나 단체는 자연스럽게 그로 인해 이득을 얻게 됩니다. 자연스럽게 행복해질 것입니다. 하지만 사회 전체가 무너진다면 우리는 어디에서 우리의 권리를 위해 싸우고 그 권리를 요구할 수 있겠습니까? 우리가 우리의 권리를 위해 싸울 곳이 있는 건 바로 공동의 조직이 있기 때문입니다. 그러므로 여러분이 의회 의석에 앉아 있는 한, 여러분이 모든 티베트인의 대표라는 점을 절대 잊어서는 안 됩니다. 여러분이 이런 자세로 일할 수 있다면, 목적을 달성한 셈입니다. 바로 이 점이 중요한 것 같습니다.

9. 미래의 티베트 정책 지침

- 티베트 대표자의회 연설, 다람살라, 1992년 2월 26일 -

미래를 예측하기란 어렵지만, 행복해지고 싶고 고통을 피하려는 모든 인간은 미래를 위해 계획을 세워야 합니다. 중국 점령의 결과로 티베트 본토의 티베트인은 기본 인권을 박탈당했지요. 이 비극적인 상황이 오래 지속되도록 내버려 둘 수 없습니다.

티베트는 2,000년이 넘는 기록된 역사를 가지고 있고, 고고학적 발견에 따르면 4,000년 이상을 거슬러 올라가는 문명을 지닙니다. 인종, 문화, 언어, 의상, 관습 면에서 티베트는 독특한 국가랍니다.

역대 티베트 왕들과 달라이 라마들의 치하에서 우리는 우리의 영적 가치에 확고히 뿌리내린 정치 시스템을 가지고 있었어요. 그 결과 티베트엔 평화와 행복이 널리 퍼졌습니다.

그러나 금세기 중반에 이르러 중국 점령군은 동부 국경 지역인 캄과 암도를 거쳐 티베트로 진군해 들어왔습니다. 곧이어 중국인은 티베트에 대한 군사 탄압을 강화해 우리 정치 상황을 위기 국면으로 몰아넣었습니다. 이에 맞서 당시 겨우 열여섯이었지만 저는 티베트 국가 원수로서 모든 책임을 다하라는 국민의 요청에 응할 수밖에 없었습니다. 우리 민족의 평화와 행복을 쟁취하기 위해, 저는 수년 동안 강력하고 권위주의적인 중국 관리들과 우호적인 관계를 맺기 위해 노력했습니다. 또한, 저는 우리 사회 제도의 좋지 않은 측면들을 개혁하기 시작했습니다. 민주주의 도입을 목표로 약 50명의 위원으로 이루어진 위원회가 구성됐습니다. 이 위원회의 권고에 따라 일부 사회 복지 개혁이 시행되었지만, 당시 중국인이 티베트를 식민지로 전환했기 때문에 추가 개혁을 도입하려는 저의 노력은 실패했습니다.

중국군은 티베트를 완전히 장악하자마자 초기에 규율을 지키고 공손했던 모습을 벗어 던지고 더욱더 까다롭고 억압적으로 되었습니다. 처음에는 캄과 암도 지역에서, 마침내 1959년 3월에 결국 티베트 전역에서 티베트 저항을 진압하기 위해 잔혹한 무력이 사용되었습니다.

그 결과 저는 티베트를 위한 투쟁을 계속하기 위해 인도로 피신할 수밖에 없었습니다. 저의 망명 계획 중 하나는 인도에 수천 명씩 도착하고 있던 티베트 난민들에게 적절한 교육과 재활 시설을 제공하는 것이었습니다.

저는 또한 티베트 사회를 민주화하기 위한 초기 계획을 계속해 나갔습니다. 1960년 티베트 대표자의회(티베트 입법기구)를 통해 인도에 첫 번째 형태의 정부가 도입되었습니다. 그 이후로 우리는 열한 차례의 의회를 개최했습니다. 1961년에 저는 미래 티베트를 위해 현대 민주주의의 원칙에 입각한 헌법을 공포했습니다. 이 헌법은 대체로 티베트인의 압도적인 지지를 받았습니다. 그러나 티베트인은 필요한 상황에서 헌법에 의거하여 달라이 라마의 권력을 박탈할 수 있다는 조항을 강하게 반대했습니다. 따라서 이 조항은 개정되어야만 했습니다.

1963년에 훨씬 더 포괄적인 헌법 초안이 발표되었습니다. 티베트 대표자의회는 망명 티베트 정부의 민주화를 위해 각 직책에 승려들과 재가자 관리들을 배치하는 전통적인 양극 제도를 폐지하는 권한을 위임받았습니다. 또한 의회는 구체제 하에서 소수 집단에게 부여한 모든 세습적 작위와 특권을 무효화했습니다. 그 대신 민주적 방식으로 공직자를 임명하는 새로운 지침이 도입되었습니다.

1963년 헌법 초안은 국가에 가장 이득이 될 만한 특정 상황이라면 섭정의회(Council of Regents)가[2] 달라이 라마의 권력을 이어받을 수 있도록 했습니다. 앞서 말씀드렸듯이 국민의 희망과 당시 지배적이었던 상황을 존중해, 헌법은 정부의 최종 권한을 달라이 라마에게 부여했습니다. 저는 당연히 이 조항에 만족하지 못했고, 이 헌법이 진정한 민주주의를 지향하는 제 목표에는 크게 못 미친다고 느꼈습니다.

---

2 달라이 라마 성하 일본대표부사무소(일본) 웹 페이지를 참조. (역주)

그래서 저는 1969년 3월 10일 기념일 연설에서 티베트가 독립을 되찾는 날, 사람들은 그들이 원하는 정부 시스템이 무엇인지 스스로 결정해야 한다고 선언했습니다. 저는 달라이 라마를 최고 수장으로 하는 정부 시스템이 계속될지 확신할 수 없다고도 말했습니다.

1963년 헌법 초안이 공포된 지 30년이 넘었습니다. 그동안 세상은 급격하게 변했고 전 세계 사람들은 그 어느 때보다도 민주적인 권리를 중시하기 시작했습니다. 그들은 민주주의가 인간의 사상과 잠재력을 자유롭게 표현할 수 있는 기초라는 것을 깨달았습니다. 따라서 티베트는 독립하게 되었을 때 변화해야만 합니다.

티베트 문제는 국제적인 이슈임에도 불구하고 중국 지도부는 1987년과 1988년에 이루어진 저의 제안들에 긍정적인 반응을 보이지 않고 있습니다. 이것은 유감스런 일입니다. 왜냐하면 저는 티베트 문제에 대해 평화적 해결책을 찾기 위해 성실하고 시의적절한 노력의 일환으로 그 둘을 주도했기 때문입니다.

티베트 문제는 고유한 역사와 문화를 가진 민족의 생존 문제일 뿐만 아니라 세계의 운명과 아시아 평화, 특히 세계에서 가장 인구가 많은 두 나라, 인도와 중국의 관계에도 직접적인 관련이 있습니다. 유엔의 세계인권선언에 명시된 심각한 인권 문제와, 식민주의와 팽창주의 시대를 종식시키려는 세계 기구의 노력도 걸려 있습니다. 중국 국민조차 중국의 현 통치체제에 반대하고 변화를 요구하고 있습니다.

망명 중인 중국 반체제 인사들은 티베트와 중국이 완전히 분리된 두 개의 독립체라는 현실을 깨닫고 받아들이게 되었습니다. 그들도 티베트인이 독립과 자결권을 가지고 있다는 사실을 인식하게 되었는데, 티베트가 중국의 일부라는 베이징 지도부의 주장에서 어떠한 정당성도 찾을 수 없었기 때문입니다.

전 지구적으로 말하자면, 민주주의, 자유, 정의가 갖는 가치는 모든 곳에서, 특히 중앙집권적 민주주의라는 이름의 전체주의 체제가 진정한 자유 민주주의로 바뀌고 있는 동유럽 국가에서는 더욱 널리 인정되고 수용되고 있습니다. 그런 억압적인 체제 속에서 살아온 국민은 이제 자유와 독립을 얻고 있습니다.

마찬가지로 망명 티베트 정부와 티베트인, 그리고 특히 티베트 본토의 티베트인은 우리의 독립을 위해 열심히 노력하고 있습니다. 40년 넘게 티베트 본토의 우리 형제들은 기본권을 완전히 박탈당한 채 억압적이고 폭압적인 정권 아래에서 살아왔습니다. 당연히 그들 중 99%는 젊든 늙든 간부든 관료든 중국의 티베트 점령에 몹시 분개하고 있습니다.

엄청난 위험에도 불구하고 티베트의 많은 젊은이는 중국의 티베트 통치에 반대하는 시위를 하려고 개인적인 이익을 희생하기로 결정했습니다. 오늘날 세계적으로 티베트 문제에 대한 이해가 훨씬 더 높아지고 있으며, 이는 우리의 대의에 대한 국제적인 관심과 지지를 높였습니다. 이에 비추어 중국 지도부는 경직된 정책을 버리고 협상 테이블로 나와 티베트 문제에 대한 평화적 해결책을 찾을 수밖에 없을 것입니다. 머지않아 중국인은 티베트를 떠나야 한다는 사실을 알게 될 것입니다.

그런 기쁜 날, 티베트에 있는 티베트인과 망명자들이 자유 티베트에서 재회하는 날이 오면, 중앙집권적 민주주의로 불리는 현재의 전체주의 체제는 진정한 민주주의에 자리를 내줘야 할 것입니다. 그런 민주주의 아래에서 우창, 캄, 암도의 티베트 3개 지역에 사는 인민들이 모두 사상, 표현, 행동의 자유를 누릴 수 있을 것입니다. 제 소망은 티베트가 환경보호를 공식적인 정책으로 삼는 평화지대가 되는 것입니다. 저는 티베트 민주주의가 자비, 정의, 평등이라는 불교 원리들에서 영감을 얻기를 바랍니다. 미래의 티베트 정치 시스템은 의회라는 다당제를 비롯해서 입법부, 행정부, 사법부의 3개 기관을 가지고 있고, 각 기관은 다른 기관으로부터 독립적이며 모두 동등한 권력과 권한을 갖기를 바랍니다.

제가 항상 말했듯이, 티베트는 티베트인, 특히 티베트 본토에 있는 티베트인의 것입니다. 따라서 티베트 내에 있는 티베트인은 미래 티베트 민주 정부에 대한 주된 책임을 져야 합니다. 게다가 현재 중국 점령하에 있는 티베트 정부에서 재직 중인 티베트인 관리들은 국정을 수행한 경험이 더 많기 때문에, 더 큰 책임을 지게 될 것입니다. 그런 티베트 관리들은 불안과 회의감을 모두 멀리하는 것이 중요합니다. 대신 그들은 향후 티베트 행정의 질을 높이는 과업에 대한 결의를 강화하기 위해 노력하고, 티베트 독립의 대의에 다시금 헌신하도록 노력해야 합니다.

물론 일부 티베트인은 중국인의 부추김을 받아 해로운 언행을 했습니다. 그들은 무지해서, 혹은 두려운 마음에 이런 일을 했습니다. 그래서 저는 그들의 과거 행위에 대해 복수하려는 것은 아무런 소용도 없다고 봅니다. 가장 중요한 것은 행복한 미래를 위해 단합하여 노력하는 것입니다.

개인적으로, 저는 정부에서 달라이 라마의 전통적인 정치적 위치를 찾는 것은 물론이고 미래 티베트 정부에서 어떤 역할도 맡지 않겠다고 결심했습니다.

제가 이 결정을 내린 데에는 중요한 이유가 있습니다. 티베트 안팎에서 티베트인이 저에게 큰 희망과 존경심을 가지고 있다는 것은 의심의 여지가 없습니다. 저로서도 국민의 안녕을 위해 할 수 있는 일은 무엇이든지 할 각오가 돼 있습니다. 제가 이렇게 할 수 있는 위치에 있는 것은 여러 전생에 걸쳐서 쌓은 까르마와 기도 때문입니다. 하지만 앞으로는 정부에서 어떠한 공식적인 직책도 맡지 않을 것입니다. 저는 기존 정부나 정치적 메커니즘으로는 극복할 수 없는 특별히 중요하고 어려운 문제들에 대해 조언하거나 해결을 요청받을 공인이 될 가능성이 큽니다. 저는 정부 밖에서 한 개인으로서 국민에게 봉사하는 입장이 되는 것이 더 나을 것 같습니다.

게다가 티베트가 현대 국제사회에서 대등한 일원으로 살아남으려면, 티베트는 모든 시민의 집단적 잠재력을 반영해야 하지, 한 개인에게 의존해서는 안 됩니다. 이는 국민이 자신들의 정치적, 사회적 운명을 계획하는 데 적극적으로 관여해야 한다는 뜻입니다. 그러므로 제가 이 결정을 하게 된 것은 티베트인의 장·단기적 이익을 위한 것이지, 제 책무에 관한 관심을 잃어서가 아닙니다. 이 점에 대해서는 걱정하실 필요가 없습니다.

티베트가 독립을 되찾고 중국군이 티베트에서 철수하면, 헌법이 채택되기 전까지 과도기가 있을 것입니다. 이 기간 동안 티베트의 기존 행정부는 모든 공직자와 함께 보건, 경제, 교육, 문화, 교통 및 통신과 같은 국가업무를 처리하기 위해 유지될 것입니다. 그동안 지금 중국인 밑에서 일하고 있는 티베트인 관리들은 모든 책임을 질 준비가 되어 있어야 합니다.

임시 정부는 대통령이 이끌게 됩니다. 대통령은 제가 현재 가지고 있는 모든 정치적 권력을 맡게 될 것입니다. 그때쯤 현 망명 티베트 정부는 해체된 것으로 여길 것입니다. 망명 티베트 정부에서 맡았던 직책이 주는 특권을 갖는 자는 아무도 없겠지만, 저는 망명 정부의 관리들이 자신들의 자질과 경험, 능력을 고려해서 어떤 책임을 맡더라도 기꺼이 받아들였으면 좋겠습니다.

과도 정부의 주요 책임은 티베트 전역의 대표들로 제헌의회를 구성하는 것입니다. 제헌의회는 망명 중에 작성한 각종 초안을 토대로 티베트의 새 헌법을 준비할 텐데, 새 헌법은 임시 대통령의 동의가 있어야만 채택될 것입니다. 그런 다음 헌법에 따라 임시 대통령이 새 정부를 선출할 선거관리위원회를 임명합니다.

과도기의 임시 질서

티베트에서 중국군이 철수하고 민주 헌법에 따라 선출된 새로운 티베트 정부가 구성되기까지의 기간을 '과도기'라고 부릅시다.

1. 과도기에는 임시 대통령이 정부를 이끌어야 하므로, 그 또는 그녀를 임명하기 위해서는 다음 절차를 따라야 합니다.

①저는 촐카-숨(Cholka-Sum), 즉 티베트의 3대 지역의 지도자로 구성된 소규모 위원회를 구성할 것입니다. 이 위원회는 티베트 전역의 여러 부서의 관리들과 협의하여 한 구역보다 큰 행정

부서를 대표하는 의원들의 긴급회의를 소집할 예정입니다. 이번 회의에서 우리는 7명 이하의 후보자를 선출할 것이며, 저는 그중 1명을 대통령으로 임명할 것입니다.

②본 회의에서 후보자를 선출하지 못할 경우, 저는 임시 대통령을 직접 임명할 것입니다.

2. 임시 대통령은 직접 임명되든 선출된 후보자 중에서 임명되든, 제 앞에서 취임 선서를 할 것입니다.

3. 취임 선서를 하는 순간, 임시 대통령은 지금까지 제게 맡겨진 정부의 모든 권한과 책임을 갖게 될 것입니다.

4. 임시 대통령은 제헌의회를 구성할 것입니다. 제헌의회는 티베트 헌법 초안을 검토한 후 1년 이내에 새로운 티베트 헌법을 확정할 것입니다.

5. 임시 대통령은 선거관리위원회 위원장과 기타 위원을 임명할 것입니다. 새로 채택된 헌법에 따라 선관위는 대통령과 총리를 비롯해서, 티베트 입법기관들의 위원들과 위원장들을 선출합니다.

6. 헌법 채택일로부터 입법위원 선출, 대통령 선출, 정부 구성에 이르기까지 전 과정이 2년을 넘어서는 안 됩니다.

7. 티베트 제헌의회는 도시, 마을, 지방, 지역 등에서 선출된 250명 이상의 대표로 구성됩니다.

8. 제헌의회의 첫 번째 업무는 본회의 의사진행을 규정할 규칙을 제정하는 것이 될 것입니다.

9. 제헌의회는 새 의회가 출범하는 즉시 폐지된 것으로 간주됩니다.

10. 이와 마찬가지로 임시 대통령과 그가 임명한 선거관리위원회는

새 의회가 출범하는 즉시 지위를 내려놓을 것입니다. 이때부터 헌법에 따라 대의적 형태의 정부가 업무를 시작합니다.

현 순간 현재 민주주의의 여러 대안 모델에 대한 포괄적인 헌법 초안을 마련하고 있습니다. 그러나 티베트 전 지역 대표들로 구성된 제헌의회는 어떤 형태의 헌법을 채택해야 할지를 최종결정할 것입니다. 제가 여기서 한 일은 미래 티베트 민주주의 체제 속에서 무엇을 기대할 것인지를 미리 구상해보는 것입니다.

헌법의 주요 특징

1. 주요 특징: 티베트 헌법은 최고 법률이 될 것이며, 티베트 모든 정치권력의 원천이 될 것입니다.

2. 정치체제의 본질: 티베트 정치체제는 영적 가치에 기초해야 하며 티베트와 주변 국가 및 세계 전체의 이권을 수호해야 합니다. 아힘사 원리에 입각해 티베트를 평화지대로 만들겠다는 취지에서 자유, 사회복지, 민주주의, 협력, 환경보호라는 이상을 지지해야 합니다.

3. 정부의 기본 원리: 티베트 정부는 유엔 세계인권선언을 준수하고 고수하며, 자국민의 도덕적, 물질적 복지를 증진시킬 것입니다.

4. 폭력과 군사력 사용의 포기: 티베트는 비폭력, 자비, 자연환경 보호의 원리에 근거한 평화지대가 될 것입니다. 티베트는 국제사회에서 비동맹으로 남을 것이며 어떠한 이유로든 전쟁에 의존하지 않을 것입니다.

5. 기본권: 모든 티베트 시민들은 법 앞에 평등할 것입니다. 그들은 성별, 인종, 언어, 종교, 사회적 출신 등으로 인한 차별 없이 평등한 권리를 누릴 자격이 있습니다.

6. 기타 기본권: 모든 티베트 시민은 생명·자유·재산에 대한 권리, 언론·표현의 자유에 대한 권리, 단체를 결성할 권리, 정보 및 사상을 출판하고 보급할 권리 그리고 정부 또는 정부 산하의 다른 기관에 유급으로 고용될 권리가 있습니다.

7. 투표권과 공직에 재직할 권리: 티베트의 모든 시민은 남녀를 불문하고 법에 따라 공직을 유지할 권리와 투표권을 가집니다.

8. 토지 소유: 국민의 이익과 거주를 위하여 티베트 영토 내의 토지는 토지의 성질에 따라 적절하게 분배되어야 합니다. 토지 분배는 거주, 농업, 건물, 공장, 사업 및 기타 사적인 직업적 목적을 위한 것입니다. 개인 소유가 아닌 토지는 국가 소유로 남습니다.

9. 경제체제: 자본주의와 사회주의의 양극단을 피해 티베트는 자신들의 필요에 맞게 특별한 경제 체제를 구축할 것입니다. 티베트의 조세제도는 소득 기준에 근거할 것입니다.

10. 교육 및 문화: 교육이 선한 인간을 발달시키고 사회 발전을 보장하는 데 중요한 역할을 하는 만큼 건전한 교육정책을 수립하는 데 각별한 관심을 기울일 것입니다. 학교, 대학, 과학기술원, 전문 교육 기관 등에 모든 지원을 할 것입니다.

11. 공중보건: 국민에게 적절한 의료시설과 건강관리시설을 제공하기 위하여 공중보건 관리 시스템을 구축할 것입니다.

12. 입법권: 티베트 정부의 입법권은 양원, 즉 지역의회(House of

Regions)와 민의원(House of People)에 부여됩니다.[3] 이들이 통과시킨 법안은 대통령의 동의를 받아 법률이 됩니다. 민의원은 최고위 입법기관이 될 것입니다. 그것은 모든 선거구에서 시민이 직접 선출하는 대의원으로 구성되며, 인구분포에 따라 구분됩니다. 지역 의회는 지역 차원의 의회가 선출하는 의원들로 구성될 것입니다. 지역 의회 내 일정 의원(그 수는 헌법에 명시함)은 대통령이 지명합니다.

13. 행정권:

①내각제 정부가 채택될 경우, 전국 수준의 민의원과 지역 의회 의원이 선출하는 대통령과 부통령이 있어야 합니다.

②내각제 하에서 정부의 행정권은 총리와 총리가 구성하는 각료의회(Council of Ministers)에 있습니다. 총리는 민의원에 출석한 의원 과반수를 구성하는 정당 또는 기타 단체 출신이어야 합니다. 이것이 실패하면, 민의원 전원이 총리를 선출하게 됩니다.

14. 사법권: 헌법의 해석과 수호를 위하여, 그리고 국가 또는 개인이 관련된 사건에 대한 공정한 판결을 보장하기 위하여, 입법기관과 행정기관 두 기관으로부터 독립된 사법기관이 있어야 합니다. 대법원이 있어야 하며, 대법원은 최고위, 상고 법원입니다.

15. 지역: 티베트 의회는 지역 경제, 지리적, 인구학적 특성, 교통 및 통신 특성을 고려한 후 티베트 지역의 경계를 결정해야 합니다. 각 지역마다 개별 지역 국민이 선출한 의원들로 구성된 의회가 있어야 합니다. 이 의회는 지방 입법기관이 될 것입니다. 또한, 각 지역에는

---

3 미국의 상원, 하원 양원제도와 유사해 보인다. (역주)

대통령이 임명하는 주지사와 최고위 지역 장관이 이끄는 내각이 있으며, 최고위 지역 장관은 지역 의회에서 선출됩니다. 이 지역의 모든 사법권은 지방 고등법원에 귀속됩니다. 지역적 필요에 따라 지역 의회는 그 지역에 영향을 미치는 법률과 규정을 통과시킬 수 있습니다. 일부 매우 중요한 사안을 제외하고 지역 의회는 각자의 관할 지역을 다스리는 결정을 내릴 권한을 갖게 될 것입니다.

이것은 의회제도의 한 모델의 예시입니다. 의회 민주주의나 비의회 민주주의에는 다른 여러 모델이 있습니다. 이들 모델 하나하나를 토대로 한 헌법 초안을 법률 전문가들과 협의해 마련 중인데, 미래의 제헌국회는 티베트에 가장 적합하다고 판단되는 모델을 선택할 수 있을 것입니다. 이 결정은 제가 내리는 것은 아닙니다.

16. 헌법 수정: 자유 티베트의 민주 헌법은 헌법에 명시된 조항에 따라 검토되고 개정될 수 있습니다.

결론

세계의 지붕으로 알려진 티베트는 인도와 중국 간 아시아의 중심지에 있습니다. 티베트인은 천성적으로 정직하고 온화하고 친절하지요. 미래의 티베트는 평화를 사랑하는 나라가 되고, 아힘사의 원리를 고수하게 될 것입니다. 깨끗하고 건강하며 아름다운 환경을 보존하는 데 전념하는 민주적 정부 시스템을 갖출 것입니다. 티베트는 완전히 비무장화된 국가가 될 것입니다.

오늘날 기술의 진보는 세계에 물질적 번영을 가져왔지만, 인류에 대한 존중을 잃어버리게 되기도 했습니다. 인간은 자신의 자유를 많이 잃어서 기계의 노예가 될 정도지요. 소수의 특권층만이 풍요의 섬에 살고 있지만, 대다수 사람들은 삶에 가장 기본적인 필수품조차 없이 살아가야 합니다. 이런 경제적 격차를 방지하기 위해서는 미래의 자유 티베트를 위해 보다 바람직한 경제 방침을 계획해야 합니다. 우리는 자유경제를 지향하겠지만, 우리의 경제정책은 국가와 대중의 이익에 이바지하는 것을 목표로 할 것입니다. 우리는 모든 시민이 삶에 기본적인 필수품을 얻을 수 있도록 노력할 것입니다.

우리의 국제 정책에서 티베트는 어떤 특정 국가의 정책이나 이념을 지지하지 않을 것입니다. 티베트는 진정한 의미에서 중립을 지킬 것입니다. 티베트는 평등한 입장과 상호이익을 바탕으로 이웃과 조화로운 관계를 유지할 것입니다. 적대감을 버리고 모든 국가와 우호적인 관계를 증진할 것입니다.

진실하고 올바른 생각을 하는 모든 티베트인이 제가 앞서 말한 목표를 달성하기 위해 긍지와 기쁨을 가지고 노력하기를 바랍니다.

모두의 행복을 위해 기도합니다.

10. 중도 어프로치

- 티베트 대표자의회 연설, 다람살라, 1994년 7월 28일 -

저는 오늘 사소한 문제들에 대해 의논하고 싶어서 잠시 의회를 방문하였습니다. 사실 이것은 이미 모두에게 잘 알려진 문제들입니다. 지난

35년 동안 우리는 우리의 역사적 권리인 자유를 회복하기 위해 노력해 왔습니다. 이 작업의 한 부분은 진정한 민주주의의 경험을 쌓고 그것을 점진적으로 실행하는 것이었습니다. 이를 위해 의회의 역할이 가장 중요하기 때문에 저는 오늘 이 자리에 참석한 몇몇 신임 의원들과 제 생각을 공유하고자 잠시 이곳에 왔습니다. 세월이 흐르면서, 분명 많은 성과가 있었습니다. 세계 여러 곳을 방문했는데 티베트 상황을 잘 아는 사람들은 우리의 조직이 구성된 방식으로 인하여 우리가 통일된 대의를 갖고 있다는 점에서, 티베트 난민을 지구상의 다른 난민집단과는 다르다고 생각한다는 사실을 알게 되었습니다.

중국 정부도 티베트 상황과 우리의 단결력을 무시하지 못하는 것이 분명합니다. 그 단결력은, 망명 중에 우리 조직을 구성한 방식 덕분에 우리가 티베트의 전반적인 대의에 기여할 수 있다는 사실을 보여주고, 그 힘이 우리에게 얼마나 도움이 되는지 분명히 보여줍니다. 자랑스러워할 만한 일이지요.

둘째, 티베트의 대의는 불교 가르침에 근거한 평화주의와 관련이 있습니다. 이러한 상황에서 티베트 난민들은 이 지구상에 정신적 평화와 행복의 발전에 어느 정도 기여하고 있습니다. 이러한 이유로 티베트인과 우리의 종교와 문화에 동조하는 사람들의 수가 증가하고 있습니다. 티베트의 종교와 문화에 관심을 갖게 된 사람들은 점차 티베트의 자유를 위한 투쟁에 관심을 갖게 됩니다. 이 때문에 티베트 상황을 세계의 대중들에게 설명하는 사람들이 늘어나고 있고, 티베트에 대해 동정심을 느끼고 걱정하는 사람들도 증가하고 있습니다.

대중들이 티베트의 대의에 동조하고 강하게 지지할 때, 대다수 사람들의 견해도 우리에게 동정적이 될 것입니다. 대부분은 분명히 우리의 대의가 의롭다는 사실을 이해하게 되었습니다. 이로 인해, 많은 나라들의 의회가 티베트 관련 결의안을 통과시켰고, 이 문제를 논의해 주었습니다. 이것은 그 나라의 정부에도 영향을 미칩니다. 망명 중인 우리 조직 체제가 이룬 성과가 틀림없지요. 우리 모두의 단합된 노력이 이를 가능케 했습니다. 그래서 저는 오늘 여기에 모이신 여러분과 티베트 의회 의원들, 그리고 티베트의 전체적인 대의를 위해 자신의 능력에 따라 성실하게 봉사해 온 행정부 소속 칼론들에게도 감사를 드립니다.

미래에 대해 말해보자면, 제가 사람들에게 설명했듯이, 티베트의 상황은 절망적으로 보이기도 합니다. 하지만 전반적인 세계 상황의 관점에 비추어 볼 때 티베트의 대의를 위한 희망은 크며, 앞으로 최선을 다하는 것이 매우 중요합니다. 그러므로 저는 여러분 모두가 티베트의 대의를 드높이기 위해 책임지고 함께 노력해 주셨으면 좋겠습니다.

행정 업무와 의회 업무에 관한 한, 지금까지 진행된 업무와 축적된 경험을 바탕으로 우리 활동의 효율성 제고에, 그리고 필요한 변화의 실질적 구현에 더 많은 관심을 기울일 필요가 있다고 생각합니다. 비록 우리의 행정 단위에서 작업은 기본적으로 성실하게 이루어지지만, 제가 늘 말했듯이, 티베트인의 성격은 어떤 긴급한 상황에서 즉각적인 조치가 필요하지 않으면, 그들은 다소 무책임한 태도로 쉽게 미루게 될 것입니다. 그러므로 우리 운명에만 만족해서 만사가 아주 잘되고 있다고 생각해서는 안 됩니다. 우리의 노력을 강화하려면 아직 해야 할 일이 많이 남아 있습니다. 신중한 계획을 바탕으로 개선해 나가는 것이 매우 중요합니다.

이번 실무회의는 각 지역에서 의원을 선출하고, 그 선출 방식을 정하기 위한 것입니다. 지금까지 쌓은 경험과 여러 가지 장단점을 종합해 볼 때, 어떤 부분을 추가, 변경, 변화시켜야 하는지 등에 대해 좀 더 논의해 볼 필요가 있지 않을까요? 마찬가지로, 실제 경험에 근거하여 칼론의 지명 방식에 약간의 변화가 있을 것입니다. 지금까지 따라온 몇 가지 추진 방법이 있었습니다. 이번 총회에서든 나중에든 가장 효율적으로 민주적인 의사결정을 하는 방법이 무엇인지 꼭 고려할 필요가 있을 것입니다. 저는 이러한 사안에 대해 협의하고 필요한 변경 사항에 주의를 기울이는 것이 좋다고 생각합니다. 이것이 제가 일반적인 사안에 대해 가장 먼저 이야기하고 싶었던 내용입니다.

그리고 두 번째로 티베트 문제를 해결하는 방법에 대해 말해보겠습니다. 사실, 모든 사람들이 이것에 대해 잘 알고 있습니다. 하지만 저는 이 한 가지 사안을 티베트 대표자의원 모두에게 말씀드려야겠다고 생각했습니다. 앞서 제가 3월 10일(티베트민족봉기 기념일) 연설에서 말씀드린 바와 같이, 지난 15년 동안 우리는 다양한 방식에 의존해 왔으며, 따라서 우리는 우리가 한 일을 후회하지 않습니다. 우린 할 수 있는 일을 한 것이지요. 우리 행동의 주된 목표는 티베트 상황의 긴급성과 연관이 있습니다. 이제 티베트 땅이 중국 땅으로 바뀔 수 있는 중대한 가능성을 막기 위해 대책을 강구하는 것이 더욱 시급해졌습니다. 따라서 이 문제를 해결하는 것이 일차적인 목적이 되었고, 중도 어프로치(Middle-Way Approach)를 통해 티베트 문제를 해결하기 위한 노력이 이루어졌습니다. 그런데 단 한 번도 티베트 문제를 해결하기 위한 더 나은 어프로치가 무엇인지에 대해 중국 정부와 자세히 논의한 적이 없습니다. 저는 이를 패배나 실패로 봅니다.

중국인의 티베트 이주라는 근본적인 문제를 막는 데는 조금도 성공하지 못했습니다. 중국인은 계속해서 티베트에 도착하고 있고, 그들의 통제는 더욱 엄격해지며, 환경은 악화되고 있습니다. 그뿐만 아니라, 가장 나쁜 것은 바로 지난 티베트 새해 전에 티베트에서 새로 온 몇몇 이들이 '티베트 상황이 악화되고 있으며, 그런 상황에서 달라이 라마가 이끄는 정부의 지위가 훨씬 약해지고 있다'고 말해 주었다는 점입니다. 아직 성사되지 못한 중국 정부와 직접 협상을 하는 것이 중요하다는 생각에, 어떤 사람들은 희망을 잃은 것 같습니다. 이런 생각을 하시는 분들이 있다고 들었어요. 이 말을 들었을 때, 저는 이것이 매우 심각하다고 생각했습니다. 망명 티베트인의 중요한 책임은, 티베트에 있는 티베트인의 비할 데 없이 강한 용기가 줄어들지 않도록 가능한 모든 일을 하는 것입니다. 정말로, 티베트에 있는 티베트인의 용기나 의지력이 무너진다면 정말로 좋지 않을 것입니다.

이러한 문제들에 바탕을 두고 지난 14년 동안 중도 어프로치를 낳은 여러 견해가 있습니다. 저는 그것들을 환영합니다. 아이디어가 많을수록 우리의 생각은 더 분석적이 될 것입니다. 아이디어가 있을 때는 이유가 있기 마련입니다. 제가 따라온 정책이나 방식에도 이유가 있습니다. 실제 경험에 근거한 타당한 이유가 있을 때 자칭 '중국 전문가들', 그리고 중국과 무역 관계를 맺고 있는 국가들이 우리를 지지하기가 쉬워집니다. 그러므로 그것은 우리가 전 세계의 지지를 받는 데 큰 도움이 됩니다. 이러한 상황에서 저는 제 입장에 근거가 충분하다고 보고 있고, 그것을 믿고 있습니다. 해마다 전 세계적으로 우리 지지자들의 수가 증가하고 있습니다. 하지만, 티베트의 파괴와 황폐화의 위험이 전혀 줄지 않았고, 특히 일부 티베트인의 마음속에 있는 중국의 영향력 때문에, 저 스스로도 이 사안에 대해 어느 정도 의구심을 갖기 시작했습니다.

비상 상황을 해결한다는 일차적인 목표를 달성하지 못하더라도, 근본적으로 장기적인 해법을 위한 투쟁을 계속해야 할 필요가 있습니다. 현재의 위기에 즉각적으로 도움이 되지 않더라도, 우리 스스로가 장기적인 이익에 전념하지 않고 시간만 허비한다면, 이는 손실이나 다름없습니다. 제가 지금까지 적용한 중도 어프로치는 그동안 많은 지지를 받았습니다. 성공적이었습니다. 반면에 저는 새로운 난관에 부딪혔고 제 목표를 달성하지 못했습니다. 그래서 저는 최종 결정을 국민이 스스로 내려야 한다고 꾸준히 말해 왔습니다. 그들은 협의를 거쳐 다수의 의견에 따라 결정을 내려야 합니다. 정책은 그 결정에 따라 시행되어야 하지요. 그래야 결과가 어떠해도, 좋든 나쁘든, 행복이든 불행이든 후회는 없을 것입니다. 개인적으로 볼 때 우리 모두는 민주주의 원칙에 따라 생각해야 합니다. 제가 보기에 협의하여 결정된 문제에 대해 후회는 없을 것 같습니다. 망명 생활을 하는 우리에게 의견을 묻고 비교하는 것은 어렵지 않겠지만, 티베트 본토에서는 의견을 수렴할 수 없을 것입니다. 다만 대부분의 주요 지역에서는 어느 정도 의견 수렴이 가능할 것으로 보입니다. 시간이 좀 걸리겠지요. 이 같은 방식에 따라 결정을 내린다면 후회할 필요가 없습니다.

지난 3월 10일 기념 연설에서 저는 다음과 같이 말했습니다. "우리는 의미 있는 협상을 이끌어 내기 위해 국제적인 지원과 도움에 희망을 걸었어야 했으며, 저는 지금도 이 입장을 고수하고 있습니다. 만약 이것이 실패한다면, 저는 더 이상 양심의 가책 없이 중도 어프로치를 추구할 수 없을 겁니다. 그 이후엔, 과거에도 여러 번 말했지만 제게 자유 투쟁의 미래 향방에 대해 국민과 상의할 책임이 있다고 강하게 느낍니다." 마지막으로 제가 3월 10일 연설에서 그런 이야기를 한 이유는 국민과의 상의를 거쳐, 제 정책과 입장을 정립하고자 했기 때문입니다.

지금은 당장 특정 시간을 확정할 수 없습니다. 일정한 기간 내에 국민의 의견을 모아야 합니다. 의견을 모으는 방식에 대해서는 다양한 방식을 국민에게 명확하게 설명해야 합니다. 모든 사람은 각각의 접근방식의 장단점과 각 방식에 따른 문제점을 이해해야 합니다. 그것들을 논의하고 비교할 수 있어야 하고, 공개 토론을 할 수 있는 충분한 시간이 필요한데, 몇 달, 반년, 1년이 필요할 수도 있습니다. 그런 다음, 그 문제를 제대로 이해하거나 타인의 관점을 따르거나 상황을 철저히 파악함으로써 국민투표를 통해 우리가 의존할 방식을 결정해야 합니다. 저는 국민투표에 따라 결정해야 된다고 생각합니다. 지금은 구체적인 시간조차 정할 수 없지만, 그렇게 행동 방침이 대략 정해졌을 때, 그것에 대해 생각하고, 어떤 다른 방법이 있을지 회기 중에만이 아니라 항상 생각해야 합니다.

어쨌든 티베트 상황은 매우 급박해졌습니다. 이 논의의 결과로 다른 사람들과 아이디어를 공유해서, 우리가 지금까지 의존해 온 것과는 다른 새로운 방식을 이끌어 낼 수 있다면 반가운 일입니다. 어떤 티베트인, 특히 티베트 대표자의회나 티베트의 친구 중 누구라도 현재의 긴급한 상황 해결에 적용할 수 있는 방식을 제안할 수 있다면, 저는 이를 환영할 것입니다. 정말로, 실제 상황은 매우 심각해지고 있습니다.

그러던 중 작년에 다람살라에서 사소한 사건이 발생했습니다. 먼 곳에서 오신 분들은 무슨 일이 있었는지 모르실 수도 있겠네요. 어쨌든 그 일은 결과적으로 잘 되었습니다. 현지인들은 티베트 난민이 여기에 체재함으로써 얻어지는 이익의 크기에 대해 새로운 주의를 기울였습니다. 그것은 또한 티베트인이 현지인들의 친절을 기억하고, 특히 사람이 어디를 가든 조국이 아니라면 어려움을 겪게 된다는 것을 깨닫게 해주었습니다. 어쨌든 나쁜 사건이 그렇게 잘 끝나서 정말 좋았습니다.

사소한 문제가 하나 더 있습니다. 그 사이 '사수육강(四水六崗, Chushi Gangdruk)'이라는 조직 이름으로[4] 대만의 티베트·몽골 사무위원회

---

4 티베트어로는 추시강둑(ཆུ་བཞི་སྒང་དྲུག)이며 티베트 동부 캄 지방의 별칭이다. 추시는 4개의 강, 강둑은 6개의 산맥이라는 뜻. 중국의 티베트 지배를 타도하려 한 항중통일 게릴라 조직의 명칭이기도 하다. 이 지역 출신의 티베트인이 1958년 6월 16일에 결성해서 1950년대 말부터 1970년대 초까지 게릴라전을 전개했다. 또한 이 조직은 14대 달라이 라마를 라싸에서 탈출시켰다. 당시 지도자는 쿵가 삼뗀(Kunga Samten)이었고 지금은 고인이 되었다. 미국이 1970년대 초 중화인민공화국을 인정할 준비를 할 때, 추시강둑을 재정적으로 지원했던 CIA 티베트 프로그램은 1974년에 끝났다. Wikipedia 2022. 06. 27. (역주)

일부 대표들과 서명한 문건이 문제가 됐습니다. 대만과 좋은 관계를 발전시키는 것이 제 소원이었습니다. 그 이유는 티베트 문제를 푸는 기본적 방법은 중국과 티베트의 협상을 바탕으로 길을 찾는 것이기 때문입니다. 다른 사람과의 협의를 바탕으로 어떤 해결책이라도 내놓자면, 이런 방법밖에 없습니다.

중국과의 상호 협의로 우리 문제를 풀기 위해서는 중국인에게 티베트인의 실정을 이해시키는 것이 중요합니다. 중국인이 우리의 상황을 이해하도록 할 수 있는 가장 주요한 방법은 자유 국가, 특히 대만에 살고 있는 중국인에게 그것을 설명하는 것입니다. 그들이 이해한 내용은 점차 중국에 스며들어 티베트 상황에 대한 인식을 심어줄 것입니다. 중국인 사이에서 티베트인의 실상에 대한 인식을 심어주는 가장 효과적인 방법은 중국인 스스로를 통하는 것입니다. 따라서 중국인과 좋은 관계를 형성하는 것이 중요합니다. 그래서 저는 자유 국가에 사는 중국인과 우호적인 관계를 발전시키는 것이 중요하다고 생각합니다.

이 정책에 따라, 그리고 요즘 대만에서 언론의 자유와 민주주의로의 변화가 일어나고 있기 때문에, 대만 정부와 많은 대만 국민 모두 티베트인과 관계를 발전시키는 데 큰 관심을 가지고 있습니다. 저는 수년 동안 대만과 우리 사이에 우호적인 관계가 발전하기를 바랐습니다. 다만 저는 저희의 권리를 기반으로 좋은 관계를 발전시킬 수 있기를 바랐습니다. 최근 대만에 가서 좋은 관계를 발전시키거나, 또는 한동안 없던 관계를 회복하기 위한 새로운 운동을 시작한 사람들도 있습니다. 이것으로는 턱없이 부족했습니다. 요컨대, 지난 수년간 우리는 대만에서 티베트·몽골 사무위원회와의 접촉으로 인해 많은 어려움을 겪어 왔습니다. 그동안 이런 문제가 발생하다 보니 이런 방향으로 충분히 노력을 기울였는데도 현재 대만과 좋은 관계를 형성하지 못하고 있습니다. 좋은 관계를 맺을 수 없었던 때, 그리고 티베트 사회에서 중요한 그룹의 이름으로 무언가를 만들 때, 외국과의 접촉을 발전시키고 문서에 조인하는 것은 적절하지 않습니다.

특히 티베트 정부가 대만과 좋은 관계를 발전시키기 위해 노력하는 바로 이 시기에 예전부터 존재했던 어려움도 있습니다. 티베트 정부가 유지해 온 확고한 정책들을 티베트인이 조용히 묵살한다면, 그것은 그리 효과적이지 않을 것입니다. 모든 국민이 정부가 고수하는 입장에 따라 행동한다면, 그 정책은 더 큰 결실을 낳을 것입니다. 최악의 경우는 정부의 정책을 준수하는 사람들이 대만에 가지 않거나, 그곳에 가서 머무는 사람들은 돈과 물질적인 것을 갈망하거나, 또 정부의 정책을 의식하면서도 그것을 무시하거나 티베트의 진정한 대의를 이해하지 못하는 경우입니다. 어쨌든, 그들은 다소 모호한 감사를 표하고 있습니다. 티베트 정부의 태도를 먼저 파악한 후 이에 대해 설명하고 논평할 수 있는 누군가가 대만에 갈 수 있다면, 뭔가 훌륭한 결과를 낼 수 있을 것입니다.

대만과의 관계가 한동안 다소 긴장된 상태인데, 이런 상황이 티베트의 어느 주요 단체 이름 때문에 생긴다면, 현 상황을 특히 어렵게 만들고 큰 장애가 됩니다. 게다가 지난 몇 년 동안 사수육강의 이름으로 이루어진 몇몇 활동들이 항상 우리의 관점을 따르지는 않았습니다. 일전에 그 조직에서 온 세 명이 저를 만났을 때, 저는 이것을 그들에게 명확하게 설명했습니다. 제 개인적인 관점에 따르면, 상황이 이렇습니다. 제가 항상 했던 이야기지요. 우리는 서로를 잘 알고 있고 오랫동안 친숙한 사이입니다. 가까운 친구지요. 그러나 이런 실수를 범했을 때는 때때로 일어나는 잘못된 행동 방향은 피하는 것이 중요합니다. 이는 우리의 핵심 대의와 관련이 있습니다.

기본적으로, 세 지역 중 도퇴(Dotoe)는 중요한 지역입니다. 과거에 그 지역에는 종교적·세속적 업무를 위해 임무에 헌신하며 어려움을 겪은 사람들이 무수히 많았습니다. 불교 교리는 티베트 종교와 문화에서 특별한 위상을 차지하고 있습니다. 간단히 말해, 불교 가르침과 실천을 지키고 보호하며 전파하는 사캬, 겔룩, 까규, 닝마, 본교(Bonpo) 전통에서 온 사람들에 대해 말하자면, 그 도퇴 지역에서 온 많은 사람들이 오랫동안 종교의 대의를 위해 봉사해 왔습니다. 지금도 사캬, 겔룩, 닝마, 본교 전통에 속하는 대부분의 망명 센터에 있는 전직 승려 중 대다수는 도퇴 지역 출신입니다. 이는 정말 중요한 부분이지요.

장기적 효과와는 별개로, 이처럼 특별한 이름 하에서 활동할 때면, 내부자들조차도 취해지는 조치들이 적정한가에 대해 의문을 품게 될 것입니다. 도퇴 사람들이 실망하고 믿음을 잃는다면 매우 위험해질 것입니다. 과거에는 사소한 일로 크나큰 편견을 낳는 일이 있었습니다. 사람들의 마음에 편견과 의심이 생기면 어떤 활동을 하든, 그 활동은 다소 모호한 성격을 띠게 되고 의미 없는 내분이 일어날 것입니다. 이 세 지역이 성실과 단결의 책무를 확실히 다하는 것이 우리 대의의 근간이 되었습니다. 이에 반하는 활동을 하게 되면, 사소한 원인으로 인해 내부에서부터 서서히 책무감을 무너뜨릴 수 있는데, 이는 정말 무서운 일입니다.

제가 이끄는 티베트 망명 정부는 지난 35년 동안 항상 '티베트 전체를 위한 자유의 영광이라는 오랜 목표'를 주된 대의이자 근본적인 정책으로 여겨 왔습니다. 하지만 일부 개인들은 이런 상황에 의구심을 품고 있는 것 같습니다. 하지만 제가 그것을 맹세할 필요는 없습니다. 진심으로 우리 모두의 운명은 3개 지역의 운명에 달려 있습니다. 지난 35년 동안 이 원칙과 정책에 어떤 변화도 가져올 필요가 없었다고 생각합니다. 변화를 제안하는 대화도 전혀 없었습니다. 꿈에도 생각지 않았습니다. 하지만 우리 중에 이 문제를 걱정하는 티베트인이 있습니다. 그 이유는 정말 안타깝습니다. 바로 어떤 활동들을 적절하게 하지 않았기 때문입니다. 따라서 이 문제와 상관없이 앞으로는 이런 어려움이 생겨서는 안 되고, 3개 지역에 대한 우리의 책무가 줄어서는 안 됩니다. 무의미한 편견과 의심에서 비롯된 무의미한 대화를 하지 말고, 순수한 책무감을 유지하는 것이 매우 중요합니다. 그러므로 과거의 아픈 경험을 바탕으로 이 문제가 해결되어 이런 병이 재발하지 않기를 바랍니다. 이는 티베트 대표자의회의 두 의장, 내각과 그리고 때로는 실무위원회와도 관련이 있습니다.

요약하자면, 이 문제를 결정하기 위해 내각과 티베트 대표자의회는 이 문제에 대한 도퇴 주민들의 의견을 모았습니다. 거의 99%가 같은 응답을 했습니다. 저는 그것이 너무나 기쁩니다.

그것은 또한 실제로 그래야만 하는 것입니다. 그동안 우리가 기울였던 진정성 있는 노력이 국민 대다수의 신뢰를 얻을 수 있어야 하는데,

어느 정도 성공한 것 같습니다. 저는 이것이 너무나 기쁩니다. 대다수 국민의 의견과 우리의 근본적 정책을 바탕으로 해서, 당면한 문제는 시간이 지나면 내각과 티베트 대표자의회가 정하는 대로 진행될 것입니다. 그것은 정직한 공식 결정이 될 것이고, 일부 개인들은 그에 동의하지 않을 가능성도 상당합니다. 하지만 분명히 대다수가 그것을 지지할 것입니다. 우리가 바로 진행할 수 있다면 정말 좋을 것입니다. 티베트 영토와 세 지역, 관세음보살이 활동한 현장의 존속, 그리고 600만 티베트인의 존속을 위한 이 중요한 시기에, 근거 없는 내부 편견으로 인해 무의미한 의심이 생기는 것은 매우 안타까운 일입니다. 앞으로 이런 일이 일어나지 않는 것이 정말 중요합니다.

우리가 수립한 티베트 정부의 즉각적이고 장기적인 정책은 설령 잠재력이 충분하지 않더라도, 3개 지역에 사는 티베트인의 지지와 실행이 있어야 합니다. 티베트 정부를 언급할 때 그것이 비난과 멸시의 대상이 되어 신뢰할 수 없는 대상이 되어서는 안 됩니다. 중국인이 우리와 관계를 맺게 되었을 때, 만약 달라이 라마의 가족이 그곳에 간다면, 그들은 즉시 달라이 라마와 좋은 관계를 발전시킬 것입니다. 티베트 정부의 대표나 티베트 정부의 관리가 그곳에 간다면 그런 위험을 감수하기가 어렵습니다. 만약 중국인이 망명 정부를 중요하게 여기는 사람에게, 티베트인 중 어떤 사람들이 티베트 정부를 폄하하는 발언을 했다고 전해온다면, 이는 정말 안타까운 일입니다. 그러므로 이곳의 여러 단체와 협회들 중 특히 도퇴의 조직을 감안하면, 물론 앞으로 따를 활동 방향에 대해 다양한 의견을 가져도 괜찮을 것입니다. 기꺼이 환영하는 바입니다. 하지만 근본적인 목표에 대해서는 의심과 편견이 없어야 합니다. 그런 것들을 없애는 게 정말이지 중요합니다. 이제 다시는 이런 난관이 생기지 않도록 주의해야 합니다.

여기에 다음 사항을 추가하고 싶습니다. 이런 상황이 발생했을 때, 그에 대한 우리의 첫 번째 반응은, 우리 티베트 공동의 대의와 근본적인 정책에 대한 진지한 관심에서 비롯된 것이지, 개인적인 악감정 때문이 아닙니다. 예를 들어, 이 자리에 있는 내각과 티베트 대표자의회 의장은 자신의 개인적인 호불호와는 아무런 관련이 없습니다. 하지만 이 문제와 관련하여 약간의 소요가 있을 때, 때로는 개인적인 감정이 슬금슬금 스며들었을 가능성이 있습니다. 그랬다면 그것은 득보다 실이 많은 셈입니다. 따라서 대중들은 이 문제에 대해 침착해져야 합니다. 최근에 몇몇 사람들은 자기들끼리 언쟁과 싸움도 했습니다. 그런 일이 일어나야 했다니 정말 슬픕니다. 득 될 것이 하나도 없는 일이지요. 득보다 실이 많을 것입니다. 그러므로 방금 우리의 근본 대의를 설명했듯이, 큰 지역 중에 하나의 이름을 달고 있는 조직이 그 이름에 걸맞게 공동의 대의에 봉사하고, 그 활동을 성공적으로 수행할 수 있어야 합니다. 그 조직은 논란을 피해야 합니다, 근본적인 대의를 지지해야 합니다. 내각과 의회가 결정을 내리고 이를 수립하면, 모두가 함께 지지해야 합니다. 어쨌든 앞으로 이런 어려움이 반복되지 않도록 하는 것이 매우 중요합니다. 이와 함께 개인적인 악감정에 근거한 행동은 좋지 않습니다. 일은 사감 없이 공동의 대의를 위해 매우 정직하고 성의를 다해서 해야 합니다. 개인적인 호불호가 자신의 일에 영향을 미치도록 내버려 둔다면, 그것은 기만이라 할 수 있을 것입니다. 전혀 좋지 않지요. 그와 함께 대중은 평화를 유지해야 합니다. 그렇지 않으면, 설령 어떤 사람이 유익한 의도로 움직인다고 해도, 만약 그 의도가 '감정적'인 것으로 판명된다면, 그것은 혼란을 초래할 것이고, 득보다는 실이 많을 것입니다. 우리가 바보처럼 굴면 아무 의미도 없을 것입니다. 우리는 여기서 근본적인 대의에 관한 결정에 대해 말하고 있지, 어리석은 것에 대해 이야기하고 있는 게 아니지요. 그러니 우리 모두는 공개적으로, 무엇이 중요한가 하는 관점에서 생각해야겠습니다.

　요약하자면 망명 정부의 조직은 모든 티베트인을 대표합니다. 그것이 결정을 실행으로 옮기는 것은 매우 중요합니다. 이것이 한 가지 중요한 점입니다. 달리 무슨 할 말이 있겠습니까? 회담은 대만 쪽으로 기울었고 그것은 이미 설명했듯이 중요한 주제입니다. 대만과의 관계가 매우 중요해졌습니다. 우리는 이 문제를 지난 1년 동안 논의해 왔습니다. 대만과 좋은 관계로 지내지 못한다면 우리의 손해입니다. 하지만 좋은 관계로 발전하기 위해서는 성실하게 행동해야 하며, 우리의 행동은 깨끗하고 훌륭해야 합니다. 이것이 제 희망이자 의견입니다. 물론, 이 주제에 대한 논의는 앞으로도 있을 것입니다. 모두에게 행운을 빕니다.

　감사합니다.

11. 티베트 자유, 불교, 문화

- 티베트 대표자의회 연설, 다람살라, 1995년 2월 1일 -

오늘은 이번 회기의 회의 첫날입니다. 여러분 모두에게 안부를 전하며 경의를 표합니다. 저는 이러한 모임에서 각 참여자가 혁신적인 새로운 아이디어를 제시하고, 유리한 일은 그 장점을, 불리한 일은 그 단점을 다룸으로써, 그리고 동시에 수많은 가치 있는 경험을 통해 여러분의 일이 성공하기를 희망합니다. 그럼으로써 장래에 우리의 지속적인 발전에 분명히 도움을 줄 것입니다.

이번 모임에서 특별히 여러분께 할 말은 별로 없습니다. 중국과의 접촉과 관련하여, 최근 전혀 변화가 없는 가운데, 새로운 진전이 없습니다. 마찬가지로 대만 국민당 정부와의 관계에도 새로운 진전이 없었습니다. 그래서 이번에는 새롭게 여러분께 드릴 말씀이 없습니다. 그리고 제가 이미 전에 이 문제에 대해 말씀드렸던 것을 반복하는 것도 의미가 없습니다.

전반적인 측면에서, 티베트의 근본적인 문제에 관한 상황은, 한편으로는 외부 세계에서 티베트 문제에 관심을 기울이고 있는 사람들의 수가 계속해서 상당히 늘고 있다는 것입니다. 특히 중국 내에서 티베트인이 수행하는 투쟁이 본질적으로 정당하며, 자신의 권리로서 얻을 자격이 있는 무언가를 위한 투쟁임을 인식하는 사람들의 수가 지속적으로 증가하고 있습니다. 그리고 저는 중국 밖에 사는 중국인만 이야기하는 것이 아닙니다. 중국 내에서도 비슷한 견해를 가진 사람들이 있습니다. 제가 보기에 이것은 우리에게 매우 중요한 국면입니다. 우리 힘의 토대는 외부로부터 그러한 지지가 높아지고 있다는 점에 기반해 있으며, 가장 중요하게는 티베트에 사는 티베트인의 용기와 결의에 있습니다. 그리고 전통적인 티베트 지역 모든 곳에 사는 사람들 사이에서 모든 종류의 문제에 대한 인식 수준이 계속 높아지고 있다는 것은 너무나 명백한 사실이며, 이러한 발전은 중국인이 좀 더 효과적으로 대처하기에 어려운 상황을 초래하고 있습니다.

그런 면에서 보면, 어떤 의미에서는, 우리 상황이 개선될 희망이 계속해서 상당히 올라가고 있습니다. 그러나 다른 한편으로는 중국 정부가 분별없이 자포자기의 정신착란에 빠져 티베트인에게 강경한 폭력 진압이라는 단호한 정책을 시행하고 있는 것도 사실입니다. 이 두 가지 상황으로 인해, 우리는 오늘 역사상 매우 중요한 시점에 도달했습니다. 그러므로 우리는 일상 활동에서 한순간이라도 헛되이 하지 않도록 최선의 노력을 기울여야 하며, 막연한 무력감에 젖지 않도록 해야 합니다. 예를 들어, 이번 티베트 대표자의회에서도, 지금까지 우리가 모든 수단과 방법을 이용해서 우리의 근본적인 대의를 다루어 온 것처럼, 계속해서 가능한 새로운 방법을 모색해야 합니다. 그리고 이러한 노력은 그저 겉으로만 보이기 위해 공허한 말로 하는 것이 아니라, 주어진 상황에서 반드시 실천할 수 있는 제안을 제시하고, 참신한 아이디어를 내는 식으로 이뤄져야 한다는 것이 매우 중요합니다.

이와 마찬가지로 내각을 포함한 상하부의 모든 행정 관청들이 직무를 수행하면서 최대한의 노력을 기울여 왔습니다. 지난 36년 동안 우리는 분명 곤경에 빠지기도 하고, 과오도 있었지만, 전반적으로는 발전을 거듭해 왔습니다. 티베트 문제가 정당하게 해결될 시기가 점점 다가오고 있는 지금, 우리 각자가 더더욱 높은 수준의 결의와 노력을 배가해서 일하는 것이 매우 중요합니다. 때때로 소심함이나, 불필요하게 행동을 거리끼는 마음, 그리고 무지에서 나오는 부족함이 있었습니다. 따라서 실제 상황에서 작업을 수행하는 동안 약간의 실패도 있었습니다. 이와 관련하여 각별한 주의와 조심을 기울이시길 바랍니다. 이것이 바로 제가 언급하고 싶은 요점입니다.

　다음으로, 저는 다른 문제에 대해 말하고 싶습니다. 이것은 토론 중 그리고 티베트 대표자의회 회의에서 학술 연설을 하며 했던 행동과 관련이 있습니다. 제가 외국인을 만나면 곧잘 하는 얘기 중 한 가지는 이것입니다. "이것은 난민으로 망명 생활을 하면서 제가 얻은 새로운 경험과 혜택이라 할 수 있습니다. 제가 티베트에서 살 때는 미리 정해진 방식과 관습을 지닌 일종의 확립된 행동규범이 있었는데, 때때로 매우 진지한 태도를 보여야 하고, 엄숙하게 예의를 갖추고 행동해야 했습니다. 여러모로 이제는 더 이상 그렇지 않습니다. 오히려 난민으로 망명 생활을 하면서 문제 상황에서 현실에 맞게 행동해야 합니다. 엄숙한 행동규범에 의지하고 장엄한 형식을 갖추느라고 현실과 동떨어져 있는 경우는 없습니다. 그 결과, 제 생각과 행동의 많은 측면들이 이제 실제 상황의 현실에 더욱 잘 동조하고 있다고 느낍니다." 따라서 티베트 대표자의회든, 모든 수준의 중앙 티베트 정부 기관이든, 어떤 종류의 회의에 참석하든 간에, 일반적으로 말하자면, 우리 모두가 난민이라는 사실과, 무엇보다도 우리 티베트의 근본적인 대의가 거의 절체절명의 중요한 지점에 있다는 사실을 잊어서는 안 됩니다. 그러니 조심스럽게 예의 바른 행동과 사교적인 인사말이나 하고 모든 것이 잘 되어 간다는 식의 인상을 주면서, 하루를 보내고 시간을 낭비하면 결코 우리에게 도움이 되지 않을 것입니다. 오히려 우리가 처한 상황의 현실을 바탕으로 우리가 당면한 문제들을 숙고하고, 그것들을 해결하기 위한 최선의 방법을 찾기 위한 노력을 기울여야 합니다.

현안들을 바로잡기 위한 실질적인 수단을 채택하고 건설적인 제안을 하려고 노력할 때, 제안하는 데 주저함이 없어야 하며 타성에 머물러 있는 경향이 없어야 합니다. 특히 자신을 절대적으로 기탄없이 솔직하게 표현하는 것이 무엇보다 중요합니다. 물론 어느 사회에서나 계속 발생하는 일이고 티베트인의 경우에만 해당되는 것은 아니지만, 때때로 더 큰 문제에는 전혀 주의를 기울이지 않고 대신 파벌 간 사소한 문제에 대해 압박하는 전술에 빠지는 것은 옳은 일과는 정반대 되는 것입니다. 어떤 일이 있더라도 오늘 우리가 우리 역사에서 매우 중대한 순간에 도달했다는 사실을 절대 잊어서는 안 됩니다. 그러므로 모든 사람이 결단력을 가지고, 단 한 순간도, 1분도 낭비해서는 안 되며, 절대 현실에 안주하지 않도록 하는 것이 매우 중요합니다. 이것도 제가 여러분에게 말씀드리고 싶었던 것입니다.

두 번째로 제가 여러분께 이야기하고자 하는 내용은, 최근에 망명 학교 아이들의 성격과 행동이 도덕적으로 타락하는 경향이 좀 더 뚜렷해지고 있다는 이야기를 들었다는 점입니다. 정착촌에서는 주민들의 도덕성이 약간 높아지는 반면, 다람살라와 같이 생활환경이 더 활기찬 곳에 사는 사람들의 경우 도덕적 태도가 다소 떨어진다는 의견을 말하는 사람들이 있었습니다. 따라서 우리 망명 사회의 도덕적 태도는 약간의 변화를 겪고 있는 것 같습니다. 유감스럽게도 어느 정도는 어쩔 수 없습니다. 사람은 자신의 거주지에서 매일같이 주변에 있고 교류하는 사람들의 습관을 습득하는 경향이 있습니다.

마찬가지로, 중앙 티베트 정부의 관리들과 티베트 대표자의회 의원들 또한 그들의 주변 환경에 의해 서서히 영향을 받고 있는지 궁금합니다. 예를 들어, 사교 모임에서 서양 노래를 부르고 서양 음악에 맞춰 춤을 추는 것, 서양의 방식을 좋아하는 것은 일반적으로 크게 걱정할 문제는 아니지만, 저는 그것들의 영향으로 우리 사회가 선량한 행동과 좋은 습관이라고 규정하는 긍정적인 도덕성이 점차 변해 버린다면 그것은 매우 위험한 추세라고 봅니다.

티베트의 자유를 위한 투쟁에 제가 개인적으로 관심을 갖고 있는 것에 대해 이야기해 보자면, 저는 그저 평범한 승려, 석가모니 부처님의 추종자이기 때문에 그렇게 할 가치가 있다고 생각합니다. 티베트의 자유는 불교와 밀접한 관련이 있습니다. 그리고 티베트 문화도 마찬가지로 불교와 연결되어 있습니다. 자비심에 기반을 둔 티베트 문화와 생활방식은 인류에 실질적으로 유익한 영향을 끼칩니다. 우리 불교인들뿐만 아니라 종교를 믿지 않는 무신론자들에게도 도움이 됩니다. 그리고 인간만 득을 보는 것이 아닌, 일반적으로 살아 있는 다른 생명체들도 마찬가지입니다. 그러한 문화를 보호하는 것은 본질적으로 불교를 지탱하는 일과 관련이 있습니다. 그렇기 때문에 이 임무를 성공적으로 수행하는 것 또한 보살의 경지에 도달하기 위한 하나의

방법입니다. 그리고 저는 이것이 뜻깊은 삶을 살 수 있도록 도와준다고
느낍니다.

30대 때 명상 수련을 하고 싶었습니다. 케둡 노르쌍 갸초(Khedub
Norsang Gyatso), 젯순 밀라레빠(Jetsun Milarepa) 같은 사람들의 전기를
볼 때마다 이런 충동이 계속 밀려왔습니다. 비록 이런 엄청난 도전을
예상할 때마다 제 몸의 털이 곤두서긴 했지만, 저는 과연 제가 성공
할 수 있을지 궁금해 하곤 했습니다. 한 번은 제가 로쑴 촉쑴(Losum
Chogsum) 수련(3년 3개월 동안의 종교 수련)을 하고 싶다고 말한 적도
있고, 하고 싶었습니다. 그러나 다른 관점에서 생각해보니, 만인의
일반적 선을 성취하기 위해 나서는 것은 부처님의 가르침에 부합하는
행위에 근거한 것이고, 타인에게 도움이 되는 것이라는 생각이 들었습
니다. 그러므로 우리가 성취하려고 세운 동기의 부담을 짊어져야
하는 도전을 감당할 수 있다면, 우리는 모든 면에서 자신의 종교적
신앙을 실제로 실천하고 있는 것입니다. 저는 그런 느낌으로 지속해
왔습니다. 제가 티베트의 공익을 위해 애쓰는 이 변치 않는 의식은
정치적 자유만을 위한 것이 아닙니다. 그것은 이 이슈를 초월하여
전 인류와 모든 생명체의 행복과 안녕의 근본적인 원천을 아우릅니다.
그러나 실질적으로 문제는 중국 점령 하의 티베트 문화에 대한 상황이
얼마나 비극적인가 하는 것입니다. 자유 같은 것이 없으면 부처님의
가르침을 기초로 하는 우리 고유의 문화, 인류 전반에 도움이 될
만한 가치를 가진 우리의 문화가 살아날 길은 없습니다. 티베트 속담에
이르기를, 맹인도 불교의 삼계三界를 볼 수 있다는 말이 있듯이,
이 사실은 너무 분명해서 그 어떤 설명도 필요 없습니다. 그러므로

이 현실을 명심하고, 우리가 나아가야 할 길은 단순히 거창한 말이나 결의를 통과시키고 거기에 만족하는 것이 아니라, 이러한 목적을 달성하겠다는 결의에 따라서 신구의身口意의 일상적인 행동을 모든 개인 차원에서 익히도록 노력하는 것입니다.

우리 학교 아이들의 행동 그리고 더 넓은 사회에서 대중의 행동에 대해, 우리는 가장 유능하고 능력 있는 척하면서 다른 사람들을 흉내 내는 오만한 경향에 관심과 주의를 기울여야 합니다. 예를 들어 좋은 사람들이 많지만 교활한 자, 불량배, 사기꾼, 강도 등 온갖 나쁜 사람들도 찾아볼 수 있는 인도의 상황을 예로 들어봅시다. 다른 수많은 사업 분야에서 우리는 이 세상에서 이루어진 발전의 예를 통해 배울 수 있고, 그런 사례로부터 좋은 점을 활용할 수 있습니다. 이런 것들이 우리가 따라야 하는 것들입니다. 자비심의 토대에 뿌리박고 있는 이타적이고 고귀한 행동은, 이 세상에서 어떤 특정한 견본을 보고 배울 수 있는 게 아닙니다. 오히려 이런 행동은 태곳적 우리 조상이 살던 시대로부터 내려와 우리 속에 내재된 어떤 것이라고 받아들이고, 자신에게 최선의 이익을 주는 것으로 유지해야 합니다.

우리는 많은 다양한 사업 분야에서 우리가 정말로 뒤쳐져 있다고 인정하는 데 주저하지 말아야 합니다. 우리의 모든 것이 위대하다고 주장하는 것은, 주제넘게 교만한 죄를 스스로 짓는 것입니다. 잘못되었지요. 그러나 우리의 방식과는 이질적인 모든 것을 기쁘게 받아들이고, 그것들에 포섭당해 그러한 방식들을 채택해 버리고, 그로 인해 사회에 나쁜 것들을 우리 스스로 받아들이는 것은 결코 좋은 일이 될 수 없습니다. 살아 있는 우리 모든 티베트인은 모두 예외 없이 이 사실에 특히 깊은 관심을 가지고 선악을 구별할 수 있어야 합니다. 비록 이 문제가 표면적으로는 오늘 티베트 대표자의회 모임과 직접 관련이 없어 보이지만, 다른 관점에서 보면, 근본적으로 가장 중요한 문제이기도 합니다. 자비심과 이타주의라는 개인적 자질이 몸에 배어 있다면 우리가 무슨 활동을 하든 거기에는 본성과 생명이 담겨 있을 것입니다. 그러나 이러한 관심과 이타적인 도덕성이 없다면 아무리 숙련되고 박식하며 유능해도, 신이 악마 수준으로 타락하는 것과 비슷한 위험이 있을 것입니다. 특히 인간사회에서 단점과 실수가 발생한다는 사실, 그리고 사람들이 특히 금전적 이득과 그 외 물질적 이득의 유혹에 속아 넘어가는 경우가 존재한다는 사실은, 자신의 일에 대한 태도에 목적의식이 없는 데서 오는 잘못된 결과입니다. 우리가 의미 있는 삶을 영위하기 위한 주요 조건은, 각자가 도덕적으로 올바르고 친절한 마음이어야 한다는 것입니다. 이 행성에 살고 있는 수천수만 가지 생명 중에서, 저는 인류가 최악의 종족이라는 것을 알아차렸습니다. 다른 종족 중에서 호랑이와 표범 등과 같은 동물들도 다른 동물의 피와 살을 먹고 살아갑니다. 하지만 그런 경우라도, 그들은 오직 자신들의 허기를 채우기 위해서만 분투합니다. 그것 말고는, 다른 생명체를 대규모로 파괴하거나 고문하지 않습니다. 하지만 인간이라고 불리는 생명체를 보세요. 음식, 옷, 개인의 평판에 대한 욕구를 충족시키는 것에 만족하지 않고, 우리는 인간의 총명함을 남용하며 모든 곳에서 만사를 견디기 어렵게 만들어 버립니다. 저는 이 세상에 우리 인간보다 더 다양하게 더 많은 것에 적극적인 관심을 가지고, 그 탓에 이보다 더 많은 문제를 일으키는 생명체는 없다는 사실을 깨달았습니다. 그러므로 그러한 상황을 해결할 수 있는 치료책으로 무사無私의 이타적인 사고방식이 존재하며 그런 사고방식이 자비심을 바탕으로 만들어진다면, 그러한 사고방식에 물든 사람의 역량은 남을 돕는 데 완전히 헌신할 것이고, 그 수혜자는 자신을 포함한 모든 사람이 될 것입니다. 진실을 분명히 말하자면, 이 세상 전체의 안녕, 혹은 그 외 모든 것의 근본적인 원인은, 정말 기본적인 수준, 즉 한 사람이 다른 사람에게 이익이 되기 위해 행동하는지에 달려 있습니다.

　무엇보다도 우리 티베트민족이 먼 조상 시대부터 이렇게 훌륭한 특성과 고유의 귀한 성품을 지니고 있다는 사실을 인지하고 계속 유지해 나가는 것이 중요합니다. 그것들을 유지하려면, 거창하게 웅장한 연설을 하거나 유창한 글로 적는 것만으로는 부족할 것입니다. 오히려 아침에 일어나는 순간부터 밤에 잠들 때까지 신구의身口意에서 그런 특성을 드러내며 살아가야 합니다. 이런 일이 발생하면 평범한 노동자로서, 국회의원으로서, 혹은 그 어떤 다른 역할을 하더라도 우리가 하는 모든 일은 본질적으로 자신과 다른 사람 모두에게 이익이 될 것이고, 도움이 되는 속성을 가지게 될 것입니다. 그러니 여러분 모두 이 점을 충분히 염두에 두고 유의해주시길 바랍니다. 다른 사람에게 도움이 되고 사심 없이 행동하는 태도가 없다면 그 외에 아무리 유능하고, 재주가 많고, 능숙해도 쓸모 있는 결과를 얻기가 정말 어렵습니다. 이타적인 도덕적 의식은 매우 본질적인 부분과 연관이 있는데, 우리가 자신의 행동을 이타적으로 할 뿐만 아니라 다른 사람들도 그렇게 행동하도록 설득하는 게 좋을 것입니다. 능글맞고 감미로운 말투, 교활하고 속임수에 능한 관행이 점차 중앙 티베트 정부 관리들의 행동에 스며든다면, 그들 사이에서 신뢰의 끈은 유지되지 않을 것입니다. 그런 상황이라면 티베트 대표자의회 의원들 간의 신뢰 관계도 잘 유지되지 않을 것입니다. 결국, 우리가 알듯이, 겉으로 드러나는 행동이 자신들의 의도와는 다른 동물(기만적이고 현혹적인 방식을 통해 명백해집니다만)에게 동물도 신뢰를 보이지 않는다면, 특히나 인간이라 불리는 우리가 앞에서는 이런 일을 하고 뒤에서는 전혀 다른 일을 하는 사람들을 조금이라도 신뢰하겠습니까? 그래서 우리 모두가 모든 일에 최대한 성실하게 임하는 것이 매우 중요합니다. 바로 그런 실질적이고 정당한 이유 때문에, 우리는 망명 정부가 그렇게 인정받아야 한다고 호소하는 바입니다.

그런데 티베트 대표자의회 의원의 직함이든 중앙 티베트 정부 관리의 직함을 가졌든, 망명 티베트 정부의 업무를 수행하는 사람들이 스스로 신뢰를 잃게 된다면, 우리 망명 정부의 가치 자체가 떨어질 것입니다. 제 경우에도 달라이 라마 성하라는 역사적으로 위대한 칭호를 가지고 있지만, 제가 이중적인 행동을 하고 속이고 기만하며 행동했다면 누가 저를 신뢰하면서 보겠습니까? 제가 지극 정성을 다해 행동해야 한다고 생각하는 이유는, 그렇게 하면 사람들이 저를 신임하며 우러러볼 것이라는 의도가 있어서가 아닙니다. 오히려 그것은 잠자는 사이 꿈에서조차도 부처님의 가르침을 충실히 따를 것이라는 생각, 그리고 아무리 절박한 처지에 있더라도 결코 은혜를 베푼 이를 부끄럽게 하지 않는 사람이 되려는 끊임없는 생각 때문입니다.

마찬가지로 기본적인 망명 정부의 물리적 구조와 틀을 유지하도록 위임받은 사람들, 즉 티베트 대표자의회 의원들 그리고 망명 정부 행정부 부처의 관료들은 최대한 성실하게 그리고 국민의 신뢰를 얻을 수 있는 방식으로 처신해야 합니다. 일반적으로 큰 그림을 보면, 지난 36년 가까운 기간 동안 우리는 수많은 어려움에 대해 불평을 늘어놓으면서도 뚜렷한 발전을 이루었습니다. 앞으로 우리가 나아가는 능력은 오늘날 중국 정부가 우리를 대하는 태도에 반영되어 있습니다. 그럼에도 불구하고, 수많은 사소한 영역에서 갖가지 달갑지 않은 단점들이 우리의 길을 계속 방해하고 있습니다. 이런 문제에 대해서는 모두가 조심하고 주의해야 합니다. 아시겠지요?

모두 평안하십시오.(따시 델렉 Tashi Delek)

12. 티베트의 자유

- 중앙 티베트 정부의 기본 목표: 티베트 대표자의회 연설,
다람살라, 1996년 2월 2일 -

이번 의회 마지막 회기입니다. 이 기간에 모두 최선을 다했습니다. 우리는 어려운 일도 있었지만, 그것은 어디서나 자연스러운 일입니다. 그러나 주요 이슈에 대해서 저는 정말 좋은 회의였다고 말할 수밖에 없습니다. 그러므로 여러분 모두에게 감사하고 싶습니다. 린뽀체는 열심히 일했고 그 덕분에 모든 것이 잘 진행되었습니다.

특히 의장님께 감사드립니다.

저는 이렇게 말하고 싶습니다. 우리는 이 의사당에 모여 이를 의회라고 부르고, 여러분은 국민투표로 선출된 의원들입니다. 여러분은 망명 티베트인에 의해 선출되었습니다. 우리는 행정을 담당할 내각이 있습니다. 그것은 망명 중앙 티베트 정부로 불리게 되었습니다. 우리는 우리 자신의 나라가 없습니다. 지금 피난민으로 망명 생활을 하고 있지요. 이런 상황에서 끈기 있게 의회와 내각, 망명 정부를 수립하는 목적은 단순히 10만 명이 넘는 망명 티베트인을 위한 것은 아닙니다.

중앙 티베트 정부를 설립함으로써 이 정부가 확실히 여러 정착촌, 학교, 종교기관, 그 밖의 여러 망명 업무 담당 기관들에 도움을 주지만, 우리는 이들 기관에 봉사해야 할 책임이 있습니다. 그러나 우리의 주된 목표는 잃어버린 조국의 자유를 회복하는 것이며, 그전에 우리가 당면한 책무는 급박한 티베트 본토의 악화된 상황을 해결하는 것입니다. 그러므로 본 의사당에 모인 여러분 모두는 주로 티베트의 자유와 전반적인 티베트 문제, 그리고 600만 티베트인의 복지에 대해 생각해야 합니다. 내각은 항상 600만 티베트인의 복지를 위주로 생각해야 합니다. 때때로 우리는 24시간 중 대부분을 소수의 망명 티베트인의 문제에 대해 생각하며 보냅니다. 우리가 대부분의 시간을 그런 문제에 쓴다면, 그것은 낭비이고 매우 슬픈 일입니다. 우리의 몇 안 되는 망명자들 사이에서 가끔 어리석은 문제가 일어납니다. 내부의 사소한 문제 때문에, 사람들은 티베트 전반의 대의를 명분으로 삼아 더 많은 문제를 일으키고, 심하면 편 가르기도 합니다. 이것은 슬픈 일이고 좋다고 보기 어려워요. 그러므로 본 의사당의 모든 사람들과 강첸

키숑(Gangchen Kyishong·다람살라 티베트 사무국)의 모든 사람들이 근본적인 의무를 이행하기 위한 우리의 기본적인 책무를 인정하는 것이 중요합니다. 우리는 이 방향으로 생각하고 모든 노력을 기울여야 합니다.

때때로 저는 소위 망명 정부 곧 티베트 정부를 인도 정부와 비슷하다고 인식하는 사람들이 있다고 느낍니다. 이것은 틀렸습니다. 극도로 어려운 상황에서 망명 생활을 하고 있음에도 불구하고, 우리가 우리의 존재를 유지할 수 있었던 것은 주로 티베트인의 헌신과 지지, 그리고 내적인 힘 덕분입니다. 그렇지 않으면 우리는 정부의 권리도 권한도 없습니다.

민주주의를 말할 때, 자유 민주주의 국가를 가진 사람들의 사례를 따라야 한다고 생각하는 사람들도 있습니다. 이것도 굉장히 어렵습니다. 예를 들어, 자기 나라가 있는 사람들은 전시 중에 전쟁 평의회를 설치할 수 있는 권한을 가지고 있습니다. 마찬가지로 그들은 국가비상사태 시 적절한 방식으로 대응하기 위한 절차를 마련했습니다. 우리 경우를 전쟁 중인 다른 나라의 경우와 비교해서는 안 됩니다. 우리는 피난민이 된 이후로 한 줌의 땅도 없습니다. 둘째, 남의 나라에서 살아가는 우리는 티베트의 자유 회복 문제가 우리 자신의 사리사욕에 기반을 둔 것이라고 생각해서는 안 됩니다. 더군다나 우리는 잠시 정치적 이념이 맞지 않아 난민이 된 것이 아니지요. 우리의 투쟁은 티베트민족 전체의 대의를 위한 것입니다. 티베트족은 멸망할 수도 살아남을 수도 있습니다.

보통, 수천만 명의 사람들의 이익이 600만 명보다 더 중요하며,

그런 맥락에서 보면 600만 명의 티베트인은 소수입니다. 그러나 600만 명의 티베트인은 불교문화와 연관이 있고, 오늘날 세계에는 편견 없는 수많은 사람들이 티베트 문화를 높이 평가하고 존경하며 관심을 갖고 있습니다. 이 문화는 티베트인뿐만 아니라 아시아인에게도 도움이 됩니다. 넓은 맥락에서 티베트 문화는 전 세계에 혜택을 줄 방법과 힘을 갖고 있습니다. 티베트 자유 투쟁은 그런 문화에 뿌리를 두고 있기 때문에, 우리의 활동은 우리의 종교에 부합할 뿐만 아니라 정당하고 중요합니다. 그러므로 자유를 위한 우리의 투쟁은 중대한 과업입니다.

개인적인 승리와 상대의 패배라는 이기적 목표 없이, 이 과업을 순수한 동기로 수행한다면 큰 공덕을 쌓을 수 있습니다. 따라서 앞으로 여기에 있는 우리 모두가 우리 종족과 문화의 생존이라는 대의를 위해 헌신할 수 있다면, 그 대의는 폭넓게 도움이 될 만한 큰 힘과 잠재력을 가지고 있습니다. 그래서 절멸의 위기에 처한 우리 민족과 문화를 지키기 위해 노력하는 것은 우리가 반드시 완수해야 할 의무입니다. 때때로, 저는 우리가 더 큰 사안의 중요성을 깨닫지 못한 채 사소한 일에 많은 시간을 할애하는 것 같아 걱정됩니다. 모든 일상 활동에서 우리가 큰 그림을 볼 수 있다면, 사소한 일들이 우리를 좀 괴롭히기는 해도 생명을 위협하는 것으로 보이진 않을 것 같습니다. 그러므로 더 큰 이해관계를 생각하지 않고 사소한 문제를 논하는 것은 무의미합니다. 어쨌든 저는 티베트의 진정한 대의에 대한 많은 지지가 있다고 생각합니다.

또 다른 점은 전 세계적으로 볼 때, 우리가 난민이 된 이후 우리의 정당한 투쟁인 티베트 문제가 한쪽에서 보면 케케묵었다는 것입니다. 게다가 경제적으로도 우리의 문제는 세계와 직접적인 관련이 별로 없습니다. 반면에 중국은 자원, 세력 등이 막강한 나라이기 때문에 세계 대국들도 조심스럽고 주의 깊게 대합니다. 우리는 그런 나라에 도전하고 있습니다. 이런 상황에서 진심으로 걱정하며 우리의 정당한 대의를 지지하는 사람들이 늘고 있습니다. 우리에게 행운이지요. 물론 절반의 공적은 티베트 본토에서 확고한 입장을 지켜온 우리 티베트인에게 돌아가야 합니다. 두 번째로, 중국인 스스로의 부끄러운 행동 때문인데, 큰 명성을 원하면서도 실제로는 자신의 수고를 낭비하고 있을 뿐입니다.

어쨌든, 저는 티베트의 진정한 대의에 대한 큰 지지가 있다고 생각합니다. 예를 들어 정치적 관점에서 보면 사람들이 망명 티베트 정부를 인정하기는 어렵습니다. 그러나 독립 언론인들과 유럽의회 결의안 등 의회 결의안에서는, 망명 티베트 정부를 분명히 인정하고 있습니다. 이것들은 티베트 대의를 위한 큰 진전이 있음을 보여주고 있습니다.

동시에 중국인 사이에서도 티베트 문제에 대한 관심이 높아지고 있습니다. 많은 중국인은 티베트인을 진심으로 지지해야 한다고 말합니다. 이는 정말이지 소중한 것입니다. 우리는 중국인과의 직접적인 관계를 통해서만 티베트와 중국의 문제를 궁극적으로 해결할 수 있습니다. 그렇지 않고 다른 강대국의 도움으로 중국인을 티베트에서 축출할 수 없습니다. 우리는 상호이익을 위해서 중국인과의 대화를 통해 문제를 확실하게 해결할 수 있습니다. 이를 우리의 목표로 삼아 중국인의 지지를 얻기 위해 노력하는 것이 극히 중요합니다. 지금까지 우리는 그들과 어느 정도 관계를 유지해 왔습니다. 하지만 우리가 이 관계를 계속 유지하고 구축하는 것은 매우 중요합니다.

마찬가지로, 티베트 관리, 의원, 청년, 여성 대표들이 전 세계를 돌아다니며 국제사회와 만나고 있습니다. 예를 들어, 지난해 일부 티베트 여성들은 제4차 유엔 세계여성대회에[5] 참석하기 위해 베이징으로 갔고 뜻깊게 우리를 대표하였습니다. 그런 활동들이 전방위로 이루어지고 있습니다. 지금까지 이러한 활동들이 긍정적인 결과로 이어졌습니다. 그래도 여전히 전심전력을 다하는 것이 매우 중요합니다.

최근 중국인은 티베트 문제뿐만 아니라 대만 국민, 홍콩의 민주주의 체제를 위해 일하는 사람들, 그리고 영국인과 미국인에 대해서도 강경책을 채택하고 있습니다. 이런 정책하에서 그들은 티베트인도 가혹하게 대했습니다. 그중에 최근 10대 빤첸 라마의 환생 문제에 대한 경직된 입장도 있습니다. 하지만 저는 이 문제에 대해서는 별로 신경 쓰지 않습니다.

점점 더 많은 중국 지식인들이 티베트 문제를 진심으로 지지하고

---

5 1995년 9월 중국 북경에서 열린 제4차 세계여성대회는 전 세계 189개국의 정부 대표, 유엔 관련 기구, 민간단체 대표 등 약 5만여 명의 여성들이 참가한 대회로 국내외 세계 여성 정책에 미친 파급효과가 상당하였다. 유엔창설 50주년이자 유엔이 정한 세계여성의 해 20주년이기도 한 해에 개최된 대회로 참가국 간 수많은 이견을 극복하고 여성의 지위 향상 및 동등한 참여를 촉구하는 행동강령과 북경선언을 채택하고 마무리되었다. 성평등아카이브, 웹사이트, 2021. 08. 19자 참조. (역주)

있을 때, 현 중국 정치 지도자들이 채택한 경직된 정책들은 잠시일
뿐이며, 저는 영원히 지속되리라고 생각하지 않습니다. 두 번째로,
그들의 가혹한 정책들은 덩샤오핑의 위중한 건강 상태로 인한 위기에
서 나오는 긴장감과 의심 때문입니다. 이런 상황에서 그들은 경직된
정책을 펼쳤으며, 저는 이것이 영원히 지속될 수는 없다고 생각합니
다. 최근 중국의 경직성과 빤첸 린뽀체 문제로 인해 달리 생각하거나
위축될 필요가 없습니다.

저의 5항목평화플랜(Five-Point Peace Plan)이나 스트라스부르 제안
에는 변화가 없습니다. 중국인의 긍정적인 움직임이 있다면 우리
쪽에서도 중도를 따라 장기적이고 상호 유익한 해법을 위해 노력할
것입니다. 만약 중국 측에서 어떤 조짐이 보이면, 우리 측은 즉시
그들과 협의할 준비를 할 것입니다. 이 부분에 대해서는 어떤 변화도
없습니다.

그러나 우리의 투쟁은 티베트민족 전체의 투쟁이기 때문에 세대를
이어서 투쟁해야 할 문제가 됩니다. 그래서 1960년대 후반이나 1970년
대에는 전에 비해 불안정하다는 생각에 인도 정부에 망명 정부를
등록하는 방안을 고려해 그런 취지의 문서를 작성했습니다. 그때부터
이미 우리는 우리의 안정을 생각해 왔습니다. 그래서 지금처럼 중립적
이고 정치적으로 문제가 없는 외부에서 망명 정부를 인정하는 시기에
는, 망명 정부의 중요성이 더욱 커지고 있습니다. 중국인뿐만 아니라
우리를 지지하는 사람들의 눈에 망명 정부가 안정적으로 보이고,
그 정부가 자유 투쟁, 또 그 이상을 책임질 수 있다고 보면, 달라이
라마 개인의 생존 여부는 중요하지 않습니다.

요즘 일부 중국인은 달라이 라마가 60세가 넘었고 그가 나이가 들면 티베트인에게 아무것도 남지 않을 것이라고 말합니다. 중국인의 이런 말은 어리석습니다. 티베트인은 여러 세대에 걸쳐 열심히 일할 수 있는 능력이 있습니다. 요즘 티베트의 긴박한 상황은 바로 중국인이 과하게 티베트로 이주하고 있다는 점입니다. 하지만 우리 쪽에서는 하나의 종족으로서의 티베트인의 권리를 위해 고군분투하고 있기 때문에, 우리는 공공기관으로서의 책임을 계속해야 하고 망명 정부 기관의 성격을 분명히 해야 합니다. 사실 달라이 라마는 역사적으로나 까르마적 관점에서든, 혹은 기도의 힘에서든 티베트인과 연결되어 있습니다. 저는 지금까지 이미 그래왔고, 앞으로도 죽을 때까지 티베트 불교 기관, 정치체제, 모든 티베트인을 위해 봉사하기로 굳게 결심했습니다. 여기에는 변함없습니다. 달라이 라마와 티베트인 사이에는 밀접한 관계가 있는데, 그것은 이로운 측면만 아니라 걱정스러운 측면도 가지고 있습니다. 그러나 망명 정부 조직의 안정성을 입증하는 것이 중요합니다.

요전 날 뉴욕에서, '죽음의 단식 투쟁'을 벌이고 있는 사람들 또한 망명 티베트 정부를 인정해주길 요구하지 않았습니까? 그러므로 우리는 우리 목숨까지 바쳐 가며 사람들에게 우리를 지지해주길 촉구하고 있습니다. 다른 사람들에게 지원을 요청하기 전에 먼저 우리 티베트인이 자신들의 망명 정부를 존중하고 마땅히 인정하는 것이 중요합니다. 우리는 모두 정부의 존엄과 권한을 유지하기 위해 노력하고 책임을 져야 합니다. 때때로 정부와 의회는 작은 책임들을 짊어지는 것으로 서로를 비난해 왔습니다. 이것은 가치도 없고 의미도 없습니다. 공공기관을 안정적이고 안전한 곳으로 만드는 것은 티베트인 한 사람 한 사람의 책임입니다. 이는 티베트 공동의 대의를 위한 것입니다. 자신의 책임을 다른 사람에게 떠넘기는 것은 적절치 않습니다. 그러면 대중이 모든 손실을 감수해야 할 것입니다. 한 사람은 이득을 보고 다른 이는 손해를 보는 그런 상황이 아닌 것입니다. 전염병이 퍼질 때 우리가 그렇게 하듯이, 모두가 함께 책임을 지는 것이 중요합니다.

서로를 비난하는 것은 쓸데없고 경솔한 것입니다. 요약하자면, 가장 중요한 것은 망명 티베트 정부 조직을 확고하고 안정적으로 만드는 것이지요. 달라이 라마가 말할 때만 움직이고, 아무 말도 하지 않을 때면, 변화를 위한 움직임도 주도권도 없는 것은 좋지 않습니다. 저는 이것을 '명령 대기 주의('the await order' ism)'라고 부릅니다. 자기 주도적으로 하지 않고 제 명령만 기다리는 것은 좋지 않아요.

최근 몇 가지 개선된 점이 있었습니다. 여러 부서의 칼론들과 비서들이 책임을 지고 매우 잘하고 있습니다. 그럼에도 모두가 함께 티베트 정부를 전적으로 책임지는 것이 매우 중요합니다. 예를 들어, 제 입장에서는 직함을 갖고 있기에, 중국과 티베트 관계처럼 주요 문제들은 저와 직접적으로 연관이 있습니다. 마찬가지로, 전 세계 티베트인을 대표하기 위해, 제 이름을 사용하는 것이 다소 도움이 될 수 있습니다. 예를 들어 의회 의장이 어디로 가면 저와 같은 대접을 받지 못할 것입니다. 칼론 티빠(총리)가 가도 같은 반응을 얻지 못할 것입니다. 그런 문제들은 제가 다뤄야 합니다. 그 외에는 행정 업무를 포함한 모든 내정은 저 없이 해결해야 합니다. 만약 여러분이 모든 내부 현안에 대한 전적인 책임을 질 수 있다면, 그것은 망명 티베트 정부의 진정한 모습을 보여주는 셈입니다. 달라이 라마가 없어도 일이 확실히 진행될 수 있다는 사실을 중국인도 볼 수 있을 것입니다. 또한 외부로부터 우리 행정부에 대한 인정을 재확인하는 것도 매우 유익할 것입니다.

개인적으로 60세가 넘은 만큼 노화의 피로를 겪는 것은 당연합니다. 그러므로 지극히 중요한 사안들과 관련해서는 저는 달라이 라마로서 그 문제들을 다루어야 하고 그렇게 할 생각입니다. 그런 문제가 아니라면, 여러분이 더 많은 책임을 질수록, 저는 더 편안해질 것입니다. 둘째, 민주주의의 규범에 따라 대중 스스로가 탄력성을 보이고 기관들이 모든 책임을 떠맡을 수 있다면, 더 많은 이점이 있을 것입니다. 어두운 측면에서 말하자면, 종교, 그리고 신앙과 헌신의 결합이 있습니다. 이 관계에 대해 할 이야기가 있습니다. 13대 달라이 라마의 통치 기간 동안, 그는 수천 명의 승려들에게 관정을 내리지만 그들에게 종교적인 가르침을 거의 주지 않았습니다. 대몬람 축제(Great Monlam Festival) 때, 그는 자타카 설화(본생담)만 가르쳤습니다. 그 외에는 다른 가르침을 준 적이 없습니다. 13대 달라이 라마는 이렇게 말하곤 했습니다. '저는 정치적 책임이 있어서 자주 개입해야 할 필요가 있습니다.(사람들이 이를 좋아할 수도 있고 좋아하지 않을 수도 있습니다.) 만약 한 라마와 제자들 사이의 관계가 너무 강해진다면 좋지 않을 것입니다. 그러므로 저는 종교적인 가르침을 너무 많이 주지 않습니다.' 그가 몽골에 머물 때, 사제들에게 많은 가르침을 주었고 몽골

서민들에게 많은 종교적인 설교를 해 주었습니다. 이와 비슷하게, 혁명 이전에는 라싸를 방문한 몽골인들에게 설교를 하곤 했습니다. 그러나 그는 티베트인에게는 설법하지 않았는데, 반대하는 목소리를 들었기 때문입니다. 라마의 가르침을 받고서 그와의 헌신의 유대를 깨는 것은 좋지 않겠지요.

지금까지 저는 종교적인 문제에 더 많은 시간을 할애해 왔습니다. 저는 개인적으로 종교적인 일을 하면 마음이 더 편합니다. 저는 세계 정치문제에 대해 경험도 없고 잘 알지 못합니다. 특히 교활한 사람들을 상대해야 할 상황이 생기면 쉽게 속습니다. 그런 상황은 앞으로도 생길 수 있는데, 제가 모를 수도 있고 감당하지 못할 수도 있습니다. 그렇기 때문에 지금까지 저는 종교적인 면을 위해 봉사하고 공헌해 왔습니다. 마지막 숨을 거둘 때까지 이렇게 하고 싶습니다. 티베트가 자유를 되찾으면, 저는 정치적 책임을 내려놓을 것입니다. 그때, 제가 신체적으로 버틸 수 있다면, 티베트의 세 지역에 모두 가볼 수 있도록 최선을 다할 생각입니다. 우리가 티베트로 돌아갈 때 헬리콥터를 탄다면, 저는 모든 곳에 가서 티베트인을 만나고 지역 사회의 노인들을 만나 모두를 행복하게 해주고 싶습니다. 티베트인뿐만 아니라 중국, 인도에 있는 사람들, 그리고 여태 저와 관계를 유지해 온 세계 모든 나라들의 사람들도 행복하게 해주고 싶습니다. 저는 마지막 숨을 거둘 때까지 그들을 돕고 싶습니다. 저를 행복하게 하는 그런 기대 때문에 낙담하지도, 지치지도 않습니다. 그 외에는 정치적인 문제에 대해서는 잘 모릅니다.

이미 저는 티베트가 미래에 자유를 되찾을 때 정치를 포기하겠다고 선언했습니다. 저는 망명 중에 정치적 책임을 질 수밖에 없습니다. 앞서 언급했듯이 주요 사안에 대해서는 제가 책임을 질 수밖에 없습니다.

그러나 의회와 관련된 사소한 문제들은 의회 의원들이, 행정부와 관련된 문제들은 내각이 해결해야 합니다. 각 부서는 각자 책임을 다해야 합니다. 지금까지 여러분은 많은 책임을 짊어져 왔습니다. 앞으로 어떤 문제가 발생하더라도 달라이 라마가 문제를 해결할 것이라고 생각하지 마세요. 어떤 문제가 발생한다면, 그것은 결국 여러분 스스로 해결해야 합니다. 달라이 라마에게 맡길 수 있다고 생각하지 마세요. 명심하셨으면 합니다. 애당초 문제가 발생하지 않도록 모두가 함께 책임을 져야 합니다. 이 말이 불쾌할지는 모르지만, 달라이 라마가 죽는다고 해도 달라져서는 안 됩니다. 달라이 라마가 이미 죽었다고 생각하고, 그에 따라 여러분의 책임을 전적으로 이행해야 합니다. 만약 달라이 라마가 그런 문제를 해결하려고 거기 있다고 생각하면, 해이해지고 좋지 않을 겁니다.

앞으로는 여러분과 함께하지 못할 때가 올 테지요. 그때 문제를 해결할 사람이 없다면 소용없습니다. 제가 살아있을 때, 여러분이 모든 책임을 짊어질 수 있다면 좋겠습니다. 여러분이 미래 전략들을 논의하고 최종 결정하고 있으니 공개적으로 협의하십시오. 저는 여러분에게 이것저것 하라고 자세히 말할 수 없습니다. 저도 잘 모르니까요. 주요 사안에 대해서는 이미 말씀드린 바와 같이 진행하도록 하겠습니다. 이 말을 꼭 명심하십시오.

요컨대 티베트 전체의 대의가 강해진다면, 지금까지 해 왔던 것처럼 우리의 권리를 위해 계속 투쟁하고 존엄성을 유지할 수 있습니다. 주요 구조가 무너지면 우리의 권리와 민주적 자유를 위해 싸울 방법이 아무것도 남지 않게 될 것입니다. 모든 것이 함께 무너질 것입니다. 이것은 우리 스스로의 대의를 위한 것이지, 어느 한 두 개인을 위한 것이 아닙니다. 티베트가 자유를 되찾고 번영한다면 우리 모두에게 이익이 될 것입니다. 망명 중인 기관이 안정적이면 우리 모두에게 이득입니다. 만약 공무가 제대로 관리되지 않고 무질서하며, 사방에서 티베트인과 다람살라 정부를 비난할 정도로 우리가 당혹스러운 행동을 한다면, 이는 소수의 개인이 아닌 우리 모두의 손실이 될 것입니다.

그렇기 때문에 모두가 최선을 다해 온 만큼 앞으로도 계속 노력해주시길 바랍니다. 어쨌든 듣건 안 듣건, 여러분에게 달렸습니다. 제 책임은 여러분에게 이런 이야기를 하는 것입니다. 감사합니다.

평안하십시오.(따시 델렉)

13. 중앙 티베트 정부의 성과

- 티베트 대표자의회 연설, 다람살라, 1996년 6월 1일 -

오늘, 현 의회 의원님들께, 그리고 의장님과 부의장님 취임 선서를 계기로 여러분 모두에게 '평안(따시 델렉)'을 기원합니다.

기본적으로 우리는 망명자로 살고 있지만, 지난 37년 동안 우리의 업적들은 결코 작지 않았습니다. 그중에서 민주주의로의 실질적인 변화는 우리의 가장 큰 성과 중 하나입니다. 말로만 하는 것이 아니라, 국민이 정당하게 선출한 우리 의원들이 실권을 갖고 있습니다. 둘째, 최근 들어서는 대중들 사이에서도 의원 선출에 대한 책무를 자각하게 되었을 뿐 아니라, 그 중요성을 생각해 볼 때 인식과 책임감이 높아진 것은 좋은 징조라고 생각합니다. 우리 의회의 수준도 회기마다 향상되고 있습니다. 경험을 통해 익숙해지고, 그에 따라 회의 절차도 표준화되고 있습니다.

지난 의회의 회기 동안, 모든 사람들이 열심히 일했습니다. 특히 삼동 린뽀체가 최대한의 노력을 했습니다. 이번 회기에서도 여러분 중 꽤 여럿이 재선되었고 새로운 분들도 많이 오셨습니다. 특히 여기에는 여성들이 많이 계신데 정말 좋은 일입니다. 자랑스러워할 일이라고 생각합니다. 두 번째로, 많은 젊은이들도 오셨는데, 이 또한 자랑스러운 일입니다. 우리의 과업은 민족의 대의를 위한 투쟁입니다. 그러니 기성세대는 사라지고 젊은 세대가 차례대로 책임을 지는 것은 아주 자연스럽습니다. 그래서 적절한 라인업과 체계적인 단계가 점차 일반화되는 것은 자랑스러워할 만합니다. 정말 좋은 일이에요. 따라서 이번 회기 동안 여러분 모두는 이전보다 더 체계적이고 더 나은 결과를 얻을 수 있는 좋은 조건을 갖추고 있습니다. 기회가 왔습니다. 그래서 저는 여러분 모두에게 행운을 빌고 기도합니다. 동시에, 저는 여러분이 꼭 최선을 다했으면 좋겠습니다.

우린 정치적 망명자입니다. 따라서 망명 문제를 극복하고 우리의 권리를 확보하는 것 외에도 성취해야 할 의무가 있는데, 그것은 바로 티베트 공동의 대의라는 대단히 중요한 일입니다. 티베트에 남아 있는 대부분의 티베트인은 희망을 품고 우리를 바라보고 있습니다. 그래서 우리는 큰 의무에 묶여 있습니다. 이 의무를 다하는 것은 엄청난 일입니다. 왜냐하면 티베트의 자유를 위해 투쟁해야 하는 우리의 적수는 세계에서 매우 강력한 국가, 엄중한 경호를 받고 있는 나라이기 때문입니다. 조심해야겠죠. 그 나라를 상대로 투쟁해야 하는 상황에서 우리의 능력이 의심스럽더라도, 우리의 투쟁은 합리적이고 정당한 것입니다. 우리가 이 임무를 수행하려고 노력하는 것은, 우리가 이기고 상대를 패배시키고 싶어서가 아닙니다. 과업이 정당하고 합리적이라면, 누가 더 세고 덜 센가의 문제가 아닙니다. 만약 불합리하고 부당한 문제라면 힘으로만 결정할 수 있겠지요. 논리와 정당화를 거칠 여지가 없기 때문입니다. 그러나 우리의 투쟁은 합리적이고 정의롭습니다. 우리는 정상에 올라 남을 지배하려는 원초적인 탐욕이 아니라, 티베트인만이 아닌 중국인의 안녕과 행복을 위해서도 노력하고 있습니다. 그래서 우리 편에는 진실이 있고, 진실에는 어느 정도 힘이 있다는 주장은 단순히 믿음에서만 나온 것이 아닙니다.

중국이 티베트를 점령한 지 이제 45년 내지 46년이 지났습니다. 우리가 망명자가 된 지 약 38년이 되었습니다. 우리 쪽에서는 티베트 문제가 40여 년 전에 일어났던 문제이고 1959년의 비상사태 이후 38년 가까이 지나면서 상당히 오래된 문제가 되었습니다. 세상에 여러 가지 새로운 일들이 일어나면 옛일들은 자연스럽게 잊힙니다. 둘째, 강대국들은 경제적 사항을 고려하여 석유가 생산되는 일부 국가에 관여할 수밖에 없습니다. 혹은 권력투쟁이 있는 곳이라면 그런 투쟁에 관여하기가 쉬워집니다. 돕고 싶은 사람은 쉽게 도울 수 있습니다. 우리의 경우는 그렇지도 않고 많은 난관에 마주쳤음에도 불구하고, 티베트는 매년 더 많은 관심을 받고 있습니다. 뿐만 아니라 중국 쪽에서 보면 비록 중립적인 사람일지라도 조국에 대해 민족적 편향과 애정을 가지는 것은 당연합니다. 그럼에도 불구하고 오늘날 중국인들 사이에서는 티베트에 관심을 갖는 사람들이 증가하고 있으며 그들은 티베트인을 지지하고 있습니다. 그들은 티베트인이 정당하다고 믿고 있으며, 지금까지 중국 정부의 티베트 정책은 실수투성이였으며, 이제는 많은 사람들이 그 정책이 완벽하지 못했다는 것을 인식하고 있습니다. 우리 쪽에 진실이 있고 그 진실의 힘이 점차 뚜렷해지고 있다는 확실한 징후가 있습니다.

　티베트의 상황과 중국 정부의 정책을 살펴보면, 간단히 알 수 있는 사실은 요즘 중국이 매우 억압적이고 강경하다는 것입니다. 비슷하게 외국에서 우리가 이곳저곳을 여행할 때 중국 대사관은 방해를 하려고 정말 열심히 노력합니다. 왜 그러는 것일까요? 강력한 중국 정부에 맞서서, 우리 티베트인이 약간이라도 불편하게 만들 수 있을 때마다, 그들은 우리에게 맞서기 위해 모든 권력을 이용합니다. 사실 그것이 큰 효과를 내는 것도 아닙니다. 가장 중요한 것은 티베트 본토의 티베트인이 중국인에게 충직하다면 중국 정부가 외부에 있는 몇 안 되는 티베트인에게 가혹하게 대할 이유가 없다는 점입니다. 그러나 티베트 본토에는 너무나 많은 억압과 고문이 이루어지고 있어서 중국인은 전 세계적인 망신을 두려워하고 그 악취가 새어나가지 않도록 항상 그 한심한 상황을 숨기려고 합니다. 우리가 어느 정도는 압력을 행사할 수 있기 때문에 그들은 하고 싶지 않은 행동을 할 수밖에 없습니다. 그러므로 우리의 정당한 노력은 확실한 영향력을 가지고 있으며 그 영향은 점점 더 명확해지고 있습니다. '부처님이 나타나셨을 때 신자는 이미 늙어버렸다'는 우리 속담이 있습니다. 티베트인은 별로 없고 중국인은 너무 많습니다. 이런 상황에서 티베트가 정당한 지위를 되찾기도 전에 위대한 '해방'이 더 빨리 도래할 위험이 있습니다. 그렇지 않으면 우리는 안심하고 희망과 신뢰를 가지고 일할 수 있습니다. 그러므로 진리가 마땅히 가야 할 가장 높은 자리에 오를 수 있도록 모두가 전과 같이 노력해야 합니다. 여기서 우리는 진리와 이성을 위해 투쟁하고 있는 것이지, 자신의 승리와 상대방의 패배를 위해 투쟁하고 있는 것이 아닙니다. 이것이 일상 업무와 토론을 할 때 우리의 기본 이념이자 특성이 되어야 합니다. 우리는 그러한 이념과 특성을 지켜야 합니다.

그런 이념과 특성을 버리는 것은 좋지 않습니다. 티베트인으로서, 맡은 일이 있든 없든, 누구든지, 우리는 진리를 위해 노력하고 있습니다. 그러므로 저는 티베트인 개개인이 진심으로 자신의 생활방식을 우리가 추구하는 원칙에 맞춰야 한다는 것을 매우 중요하게 생각합니다. 우리는 비폭력의 길을 따르고 있습니다. 우리의 투쟁은 자비심에 의해 촉발되었습니다. 미래의 티베트를 위해, 최소한의 포괄적인 자치를 가지고, 그리고 그것으로부터, 점차로, 의심 없이 좋은 분위기 속에서, 우리는 티베트를 평화지대로 만들기를 희망하고 있습니다. 그것이 우리의 목표입니다.

194

비폭력은 그저 무기를 포기한다는 뜻이 아닙니다. 겉으로만 무기가 없는 걸로는 부족하고, 속으로 생각에서도 자비심이 있어야 합니다. 증오와 교만, 악의가 있는 사람이면 외적으로 무기가 없더라도 돌멩이라도 던지게 됩니다. 그러므로 비폭력의 진정한 의미는 정신적으로 내면에 폭력이 없어야 한다는 뜻입니다. 비폭력의 정체성은 바로 자비로운 생각입니다. 그러므로 우리 티베트인 여러분, 그러한 주요 목표를 달성하기 위해 확신을 가지고 노력할 때, 일상 속 우리 마음에 자비가 있어야 하고 그에 따라 삶을 영위해야 한다는 것이 중요합니다. 이러한 자비심이 있다면 타인에 대한 존경이 생길 것입니다. 타인에 대한 존경이 있다면 질투 없이 까르마의 법칙에 순종할 것이고, 자동적으로 우리는 매우 정직해질 것입니다. 그러므로 우리 모두는 일상생활에서 고귀한 성품으로 행동해야 합니다. 그리고 이것이 삶의 한 방식으로 우리의 행동에 내재해야 하는 것이 아주 중요합니다. 우리가 이것에 주목하지 않는다면, 사람들의 마음이 오늘날 빠른 세계의 부정적인 면에 천천히 끌려 들어갈 수 있습니다. 물론 그 세계에는 좋은 성질도 있고, 우리는 거기에서 좋은 점을 찾아낼 수 있습니다. 과거에는 세계에서 고립되어 우리는 많은 면에서 뒤처져 있었습니다. 우리는 그러한 부족한 점을 보완해야 합니다. 하지만 동시에 우리는 빠른 세계의 속된 질투를 피할 수 있도록 긍정적인 점들을 선택하면서, 처음부터 잘못된 판단을 하지 않아야 합니다. 이게 중요한 것 같습니다.

우리 의회 의원들은 기대를 받으며 선출되었습니다. 왜냐하면 현재 티베트 사회에서 그들은 더 많은 것을 알고 있고, 영향력을 가지고 있으며, 더 똑똑하기 때문입니다. 의원들은 마치 우유 속의 크림처럼 망명 인구 중에서 더 뛰어난 사람들이기 때문에, 제가 방금 강조했던 고귀한 티베트인 성품이 그들 안에 있어야 합니다. 우리 사회의 모델이 되어야 하기 때문입니다. 예를 들어 저 자신의 경우 타인에 대한 자비심이 필요하다고 말할 때, 제가 그것을 타인에게만 말하는 것도 아니고 스스로에겐 그런 마음이 필요치 않다고 생각하는 것도 아닙니다. 저는 새벽 3시 30분쯤에 일어납니다. 그때부터, 저는 자비심을 제 생명 자체로 간주하여, 그것을 소중하고 거룩하게 여기면서 실천하려고 애씁니다.

마찬가지로 여러분의 일상에서도 여러분이 고결하고 고귀하기 위해서는 열심히 노력해야 합니다. 우리 민족은 여러분에게 희망과 믿음을 걸고 여러분을 선출했습니다. 그러한 사람들은 정치적 리더십을 제공할 뿐만 아니라 현대적 가치와 전통적 가치 모두를 포괄하는 조건을 만들어내서, '자신은 지복의 경지에 도달하고 다른 이들은 그것을 존경하는' 우리 미래의 진정한 목표를 달성할 수 있어야 합니다. 현대와 전통이 이중적으로 존재하지 않고는 지복의 경지에 도달하거나, 자신과 타인에 대한 존경심을 가지기 어렵습니다. 그러므로 우리 티베트 대표자의회가 그러한 리더십을 발휘하도록 선출되었을 때, 언어적 묘사만으로는 부족합니다. 도리어 우리는 자신의 신구의身口意로 이루어진 인격의 힘으로, 그 리더십을 사람들에게 심어줄 수 있어야 하고, 스스로가 그들의 본보기가 되어야 합니다. 사람들의 마음을 끄는 것에 대해 이야기할 때, 말만으로는 충분하지 않을 것입니다. 바보가 아니라면, 생각하는 사람의 마음을 말로만 얻을 수 없습니다. 그 말을 곰곰이 검토해 볼 것이기 때문입니다. 누구나 달콤한 말을 사용할 수 있습니다. 저승의 대죄인들조차 그런 말을 할 줄 압니다. 하지만 실제로 자신의 신구의로 이뤄진 일상의 인격이 고귀함과 하나가 되어, 한두 주, 몇 달, 몇 년 동안뿐만 아니라 마지막 숨을 거둘 때까지 그 인격이 유지된다면, '불은 연기를 보고 알고 시냇물은 소리로 알 수 있다'고 말해왔듯이, 비록 그가 말은 유창하지 못해도, 존경받고 타인의 귀감이 될 것입니다. 왜냐하면 그 사람은 훌륭하고 존경받을 가치가 있기 때문입니다. 그렇게 된다면, 우리는 자유 투쟁의 목적을 달성하게 됩니다. 조금 전에 말씀드렸듯이 자유 투쟁의 목표는 우리나라에 남겨진 민족과 재회하는 것만이 아닙니다. 우리의 목표는 현대적이고 전통적인 수단을 통해 덕망 있는 고귀한 사람들이 많이 있는 사회를 이루는 것입니다. 그것이 우리의 목표이고, 그것이 우리가 바라는 바입니다.

그러므로 우리가 말하고자 하는 바는, 중국인 아래에서는 그런 조건을 달성할 수 없다는 것입니다. 우리가 중국인을 싫어하는 것은 아닙니다. 중국인 밑에서 생활하며 진정한 행복과 번영을 이룰 수 있다면 문제될 것이 없습니다. 하지만 그것은 불가능합니다. 중국인이 우리에게 이렇게 건전한 조건을 만들어주기 위해서는 먼저 그 덕목들이 그들 안에 있어야 합니다. 우리의 경전에도 나와 있듯이, '백단향은 달콤한 향기가 그 안에 먼저 있어서, 그 향기를 이웃에 퍼지게 합니다.' 고귀한 향기는 먼저 내 속에 있어야 다른 사람들에게 퍼질 수 있습니다. 중국인에게 그런 능력이 없다면 우리에게 내어줄 수도 없겠지요.

우리가 가지고 있는 특별하고 고귀한 인격, 그 인격을 중국인이 우리에게 줄 수 없습니다. 우리가 자치를 원한다고 말할 때 거기에는 타당한 이유가 있습니다. 저는 티베트 역사만을 말하는 것이 아닙니다. 역사는 역사지요. 미래가 중요합니다. 우리는 중국인에게도 이익을 주고 티베트인에게도 행복을 가져다줄 수 있도록, 그리고 그뿐만 아니라 세계에 고상한 본보기가 되기 위해 이러한 조건들을 발전시켜 왔습니다. 우리에게는 그럴 능력이 있습니다. 우리가 요구하는 것은 이러한 것들을 할 수 있는 기회입니다. 그러므로 다른 사람의 경우를 말하거나 제가 다른 사람이라고 했을 때, 저는 모든 사람을 의미하는 것이 아니라, 자신의 승리와 상대방의 패배만으로 만족하는 사람들을 지칭하는 것입니다. 우리는 그렇지 않습니다. 조금 전에 말씀드렸듯이, 우리에겐 고결함을 갖추고 인간사회 안에 있는 부정적인 면을 없애야 할 책임이 있기 때문에, 타인에게 모범을 보이기 전에 먼저 자기 안에 있어야 합니다. 자기 안에 없으면 남에게 본보기가 될 수 없습니다. 그러므로 의회에 있는 여러분 또한 이러한 자질들이 여러분 속에 먼저 나타나도록 해야 합니다. 위대한 제 쫑카빠 린뽀체(Je Tsongkhapa Rinpoche)는 그의 『수행의 단계』에서 스승의 길을 따르는 방법에 대해 설교한 후, 이렇게 설합니다. '구루를 갖고자 하는 사람은 이 모든 자질을 알아야 하며, 그 모든 자질이 있는 자를 찾아야 한다. 학생을 원하는 스승들도 학생이 이러한 자질을 갖도록 해야 한다.' 마찬가지로 마치 피그미족과 같이 사회의 아주 작은 존재들 중에서 거인이 될 희망을 갖고 선출되어서, 가르치고 이끌 생각이 있다면, 고상한 인격이 자기 안에 있어야만 리더십을 발휘할 수 있습니다. 그렇지 않으면 국민의 기대를 받고 선출된 사람이 사소한 질투와 편파, 집단주의에 빠짐으로서, 꼭대기에서부터 자신을 타락시키고 국민으로부터 모범이 될 만한 사람을 없애버리면, 슬프고 수치스러운 일이 될 것입니다. 그러므로 이것을 명심하는 것이 중요합니다.

티베트 내에서는 교육이든 인격이든 중국이 통제하고 있으므로, 그들에게 책임이 있습니다. 망명지에서는 우리가 비록 수는 적어도, 교육에 대해서건, 가르침이나 수업에 대해서건, 불교 부흥을 위한 다양한 종교기관이나 사무직원 안에서 많은 젊은이들이 나서고 있습니다. 이에 대해 중국인이 직접 거론하지는 않지만, 사실 자신들이 뒤처져 있는 것을 보고 다람살라와 경쟁해야 하며 그 경쟁에서 뒤처져서는 안 된다고 말합니다. 그래서 망명 티베트인이 세계적으로 수는 적지만, 그것이 아동 교육에 관한 것이든, 사원에서의 불교 가르침과 실천에 관한 것이든, 이것들이 우리의 토대가 되었습니다.

마찬가지로 우리의 민주주의 시스템을 중국의 지배하에 있는 티베트와 비교해 보면 전혀 뒤떨어지지 않았습니다. 우리는 세상에서 이런 것들을 자랑스럽게 느낄 수 있습니다. 현재 중국의 행동은 절박함에서 나온 정책입니다. 이것이 미래의 문제 해결에 도움이 되지 않을 것이 분명합니다. 대만, 홍콩, 티베트 어디서든 현재의 중국 정책은 사람을 일시적으로만 억압하는 것이며, 중국은 누구도 두려워하지 않는 강대국임을 세계에 보여주기 위한 것입니다. 그들 스스로도 이것이 문제를 해결하지도, 해결하는 데 도움이 되지 않는다는 것도 알고 있습니다. 따라서 현재 상황이 지속될 뿐만 아니라 더 악화될 위험도 있습니다. 조만간, 점차 중국인 역시 실용주의 노선을 생각하게 될 것입니다. 국제적인 차원에서도 이런 취지의 요구가 중국인에게 내부적으로 전달되고 있습니다. 따라서 조만간 우리는 반드시 대화의 기회를 갖게 될 것입니다. 그날이 온다면 우리는 무엇이 좋고 나쁜지를 세계무대에서 증명할 수 있을 것입니다. 우리가 정말 질적으로 잘할 수 있다면 그날은 이중적인 태도가 아니라 솔직하게 그들과 대화할 수 있을 것입니다. 중국인은 수상쩍은 술책 하에 살고 있습니다. 아무리 그들이 무기, 권력, 영향력을 가졌더라도 그들은 자기주장을 펴기가 어렵고, 우리가 그들과 마주 보고 이야기할 때 우리의 힘은 반드시 나올 것입니다. 그러므로 우리는 이것을 중요하게 생각해야 합니다. 왜냐하면 이것이 바로 힘이며, 우리가 상대방에 대항할 수 있는 무기이기 때문입니다. 우리가 고상한 인격에 대해 말할 때, 그것이 단순히 교의에 불과하다고 생각해서는 안 됩니다. 달라이 라마가 말하고 있지요. 고상한 것도 좋지만 당장은 중국인에게 도전할 필요가 있다고 생각한다면 틀린 것입니다. 총검으로 중국인에게 도전 하는 것이 우리의 의도라면 지금 우리가 하고 있는 일은 옳은 길이 아닙니다. 하지만 우리가 논리적인 사고를 통해 도전하고 싶다면, 제가 방금 이야기한 것, 그것들이 우리 안에 있어야 합니다. 이것이 중요한 것입니다.

제가 할 말이 별로 없다고 했는데 이미 많은 말을 했습니다. 이제 그만 이야기해야겠어요. 여러분, 제가 지금까지 말씀드린 것을 잘 기억해 주시고, 최선을 다하도록 노력해 주십시오. 감사합니다.

평안하시길 바랍니다.(따시 델렉)

14. 자치를 위한 투쟁

- 티베트 대표자의회 연설, 다람살라, 1996년 6월 4일 -

오늘 이 자리에 모인 의장님과 의원님들, 방금 선서를 마친 각료 여러분, 각 부처 장관님들, 그리고 또 여기 모이신 제12차 티베트 대표자의회 의원 여러분, 행정부의 현·전 장관 여러분! '따시 델렉'(안녕하세요)이라는 인사와 함께 행운을 빕니다.

한 가지 관점에서 보면, 우리 처지는 난민이라는 이름으로 외국으로 떠돌던 사람으로서, 조국과 떨어져 있는 사람들입니다. 특히 우리나라의 상황은 매우 어렵습니다. 지구상에서 가장 오래된 역사적 문명 중 하나가 완전히 파멸될 위험이 있으며, 그 고유하고 심오한 종교와 문화는 우리 티베트인에게 이익이 될 뿐만 아니라 이웃 국가들에게도 이익이 될 잠재력이 있습니다. 전체적으로 볼 때, 우리 민족과 문화는 인류 전체를 이롭게 할 수 있는 잠재력을 가지고 있습니다. 중국 정부가 최근 티베트 본토에서 무자비한 행동을 많이 하고 있는 가운데, 우리가 '따시 델렉'이라는 말과 함께 상서로운 인사를 주고받는 것은 다소 부적절해 보입니다.

그러나 다른 관점에서 보면, 이런 어려운 상황에서도 티베트인의 용기는 줄어들지 않았습니다. 그것은 힘의 문제가 아니라 진리의 문제입니다. 우리는 진리가 마침내 승리할 것이라고 믿습니다. 더구나 우리는 노력을 계속하고 있으며, 지금 투쟁을 이어갈 용기와 능력이 해마다 늘어나는 단계에 이르렀습니다. 우리의 활동은 더 발전해야 합니다. 그와 함께, 현재 발생한 많은 내·외적 상황도 있습니다.

외부 상황에 대해 이야기하자면, 세계적으로 티베트 문제에 관심이 있는 사람들이 많습니다. 티베트의 대의는 진리를 기반으로 하고, 티베트는 주권국이었는데 침략으로 정복당했습니다. 티베트인이 비폭력의 길에 의지해 자유를 위해 정말 고군분투하고 있다는 사실은 이 세상에서 모범적인 모델로 여겨지고 있습니다. 따라서 우리의 역경에 관심을 가지고 우리를 지지하는 사람들의 수가 증가하고 있습니다.

티베트인의 내부 상황에 대해 말씀드리자면, 충분히 성숙한 청년들이 많고 어느 정도 현대 교육을 받은 청년들도 있습니다. 국내외 여건을 관찰하는 기회가 많아지면서 더 많은 경험을 쌓게 되었습니다. 티베트인이 일을 성취할 수 있는 잠재력이 향상되었다는 것은 확실합니다. 따라서 외·내부 여건을 보면 우리에게 많은 희망이 존재합니다. 우리의 결의와 용기를 보여주기 위해 이곳 자유 국가에 망명 의회와 망명 정부를 설치했습니다. 또한 그것들이 해가 갈수록 효율적이 되어 가기 때문에, 사실 '따시 델렉'이라는 상서로운 인사말을 나누는 것이 맞는 것 같습니다.

따라서 우리는 어느 정도 그 사안의 중대성을 평가할 만한 위치에 있습니다. 1959년과 1960년 이전에 여러 차례 지적했듯이, 티베트의 대의에 희망을 가질 정도는 아니었습니다. 심지어 많은 친구들은 그것이 티베트의 끝이라고 말했습니다. 요즘은 큰 변화가 일어나고 있습니다. 이러한 변화로 인해 희망이 많아졌다고 할 수 있을 정도로 상황이 개선되었습니다. 그러므로 일전에 두 의장이 선서했을 때 그들이 했던 말에 여러분 모두 절대적으로 주의를 기울여 주시기 바랍니다. 많은 새 의원들은 젊습니다. 또한 여성들도 많습니다. 우리가 우리의 대의를 위해 진지하게 투쟁하고 있고, 우리의 행위는 사랑과 자비에 바탕을 두고 있는 가운데, 저는 새로운 세대가 구세대를 하나둘씩 대체하고 있다는 사실이 흐뭇합니다. 저에게 희망과 만족감을 안겨주곤 합니다.

말씀드린 바와 같이, 긍정적인 관점에서 우리는 우리의 대의에 대한 해결책에 가까워지고 있습니다. 약 2~3년 안에 변화가 있을 것이라는 제 희망은 여전합니다. 티베트 사태의 심각성에 대해서는, 속담에서 말하듯이 '버터 램프는 꺼지기 직전에 불꽃이 가장 밝다'고 하겠습니다. 그곳의 상황은 점점 더 악화되고 있습니다만, 저는 우리의 희망을 실현할 가능성을 전혀 의심하지 않습니다.

둘째, 부정적인 면을 보면, 비록 우리의 투쟁은 시간이 오래 걸리지만, 달라이 라마를 위한 것은 아닙니다. 그것은 또한 달라이 라마와 관련된 옛 정부에 대한 질문도 아닙니다. 그것은 티베트 전체의 총체적인 대의를 위한 것입니다. 한 세대, 혹은 소수의 개인들의 이익을 위한 것이라면, 그 세대를 지지하는 사람들과 그것에 관심을 가지는 사람들이 사라지고 변화가 일어날 위험이 분명히 있을 것입니다. 그러나 한 세대가 지나더라도 우리의 투쟁은 신세대가 이어가야 합니다.

내각 문 앞에는 지난 37년간 이어진 칼론(각료)들의 사진이 걸려 있고, 이 의사당 입구에는 의원들의 사진이 걸려 있습니다. 이것들을 보면 한 세대가 다음 세대에 자리를 내주고 있음을 알 수 있습니다.

하지만 우리의 투쟁과 관련된 활동들은 약해지는 것이 아니라 점점 더 강력해지고 있습니다. 정말 잘됐습니다.

우선 지난 30년 동안 우리의 청년을 키우면서, 우리는 그들의 교육에 각별한 주의와 관심을 기울였습니다. 우리는 거의 압도적인 과제에 직면한 어려움에도 불구하고 이 방향으로 최선을 다해 노력했습니다. 그 결과 우리의 업적이 가시화되고 있습니다. 이에 신세대 대표들이 그 도전을 받아들였고, 우리의 진정한 대의를 위해 엄청난 노력을 기울일 조짐이 뚜렷합니다. 저는 그것이 매우 좋습니다. 이렇게 해주셔서 감사합니다. 오늘은 이 점에 대해 더 이상 할 말이 없습니다.

우리가 임시 망명자가 되어 다른 나라에 머물고 있지만, 지금까지 쌓은 경험을 바탕으로 우리의 기초 민주주의 시스템을 더욱 발전시키는 것이 필수적입니다. 티베트 본토의 티베트인과 망명 티베트인이 미래에 재결합할 수 있다 하더라도 우리의 실질적인 주요 목표는 자유 민주주의 시스템에 따라 나아가는 것이 될 것입니다. 이것은 또한 불교의 가르침에 따른 것입니다. 전 세계가 어떤 일에 다 함께 동의하거나, 어떤 특정 사안과 관련하여 아무런 논의도 하지 않기란 어렵습니다. 어쨌든 민주주의 체제가 가장 좋은 것 같습니다. 중요한 것은, 우리가 국익을 말할 때, 국익은 그 국민에게 주는 이익을 의미한다는 것입니다. 사실 그것은 공동의 대의에 봉사하는 사람들이, 국민을 위해 행동하고 그들에게 관심을 가질 때만 정말 유익한 것으로 판명될 것입니다. 우리는 분명 민주주의의 길을 계속 나아가고 있습니다. 따라서 우리는 의회와 각기 여러 부서들을 가진 행정부를 두고 있습니다.

티베트의 전반적인 대의명분에 대해 말해보자면, 특히나 우리가 난민이 되었다는 사실, 그리고 우리 상황이 심각해졌다는 사실이 바로 곧 티베트의 근본적인 대의입니다. 비록 의회나 각 행정부처가 지닌 여러 가지 책임에 대해 이견이 있더라도 이러한 티베트의 대의와 우리가 성취할 목표는 동일하지요. 저는 우리 모두가 하나 되어 기본적 목적을 달성하기 위해 진심으로 함께 노력하는 것이 중요하다고 생각합니다. 우리 모두는 다른 부서에 배치되어 있는 동안에도 기본적으로 공동의 명분을 마음속에 가지고 있습니다. 전반적인 것과 구체적인 것을 비교할 때, 때로는 구체적인 것이 더 중요하게 보일 수도 있습니다. 요컨대, 우리가 '행정부 때문에 우리 일이 실패했다'고 하면, 전반적인 것에 주목하게 되는 것이고, 그렇게 함으로써 소중한 시간을 허비하게 됩니다. 하지만 시간은 기다리지 않습니다. 이런 활동에 시간을 허비한다면 큰 손실이 될 것입니다. 그러므로 우리가 노력하면서 서로 협력하는 것이 매우 중요합니다.

모든 이들은 여러 방면에서 각자 명시된 책임을 맡고 있는데, 특히 결함이 있을 때 이를 제거하도록 되어 있습니다. 우리 티베트인의 성격은 불쾌하고 거친 말을 피하는 것을 중요하게 여기는 면이 있습니다. 그런 풍습도 좋긴 하지만, 어떤 문제를 모든 각도에서 철저히 협의할 때, 분명히 말하지 않아 마음이 불편한데도 피상적이고 가식적인 태도를 보인다면 그것도 좋지 않습니다. 좋은 행동을 유지하기 위해 우리의 의견을 표명하지 않는다면 좋을 것이 하나도 없습니다. 그러므로 공동의 대의를 위해, 우리는 어떠한 잘못된 것도 주저 없이 제거해야 합니다. 본질적으로, 사람은 공동의 선에 대한 생각으로 동기를 부여받고, 대의에 도움이 되고자 하는 의도가 있어야 합니다. 잘못을 바로잡기 위해 비판할 필요가 생기더라도 그 비판은 진심 어린 의도를 가지고 행해져야 하고, 대의를 해칠 악감정이나 나쁜 의도가 없어야 합니다. 망설이고 꾸물거리면 시간을 낭비하게 됩니다. 보통 우리는 우리 사이의 대부분의 문제를 명확히 할 수 있었습니다. 계속 그렇게 하는 것이 중요합니다.

좋은 성질을 향상시키고 잘못된 성질을 없애는 것은 전체의 이익을 위한 것이지, 여러 부서를 정리하거나 다른 사람을 비난하기 위한 것이 아닙니다. 그런 일이 일어나면 정말 불행합니다. 모든 사람이 서로 협력하면서 진짜 중요한 문제들을 숙고하는 것이 중요합니다.

의회 의원들 중 일부는 이곳에 영구히 머물고 있지만, 여러분 대부분은 자신의 지역에 거주하면서도 의회가 개회하는 동안에는 여기에서 책임과 걱정을 공유하고 있습니다. 뿐만 아니라, 여러분이 소속 지역에 머물러 있을 때도, 여러분은 계속해서 밤낮으로 의회 회기 중에 갖고 있었던 그러한 관심을 가지고 일해야 합니다. 그러면 여러분은 지역 주민들이 갖고 있는 의견이면 그것이 무엇이든, 의회 기간 동안이든, 관련 관리들이나 내각에게든 솔직하게 전달할 수 있을 것입니다. 예를 들어, 관리들이 뇌물을 받은 것 같거나, 일부가 자신의 책임을 다하지 않은 것 같은 그런 사안들 말입니다.

여러분은 어떠한 편견도 없이 그들이 과거에 저질렀을지도 모르는 실수에 대해, 당사자들과 직접 그리고 정직하게 논의해야 합니다. 여러분은 그 지역의 대표로서, 향후 개선작업을 할 때, 그 일을 정착촌의 복지 담당자에게 맡기는 것이 아니라, 실질적인 사안과 잘못을

206

비롯해 여러분이 의회 회기 중에 가졌던 어떤 제안 사항이라도 거리낌 없이 표현하고, 관련 담당자들과 직접 상의해야 합니다. 요컨대, 국회 회기 중이든, 각자 현지에 머무는 동안이든, 여러분이 책임감을 가지고 업무에 임한다면, 혹시 대중이 티베트 정부의 기본적인 생각과 행동을 잘 이해하지 못했을 때나, 혹은 어떤 이들이 사회에 불안을 야기하고 근거 없이 과장된 소문을 퍼뜨릴 때, '상황이 이러하다' 혹은 '그런 상황이 아니다'라고 설명할 수 있어야 합니다. 저는 주로 의회 의원들에 대해 이야기하고 있지만, 내각과 행정부에도 똑같이 적용됩니다.

　오늘날 세계에는 우리에게 관심을 가지고 동정적인 관심을 보이는 사람들이 많습니다. 특히 유럽에서는 티베트 문제에 대한 여론이 거세지고 있습니다. 우리도 그들과 강한 유대감을 가지고 있습니다. 유럽은 물론 미국에서도 많은 사람들이 티베트 대의에 관심을 갖고 그것을 지지하고 있습니다. 그들을 우리의 잠재력이라고 평가하는 건 매우 좋은 일입니다. 티베트 상황에 관심을 갖고 이해하려는 사람들이 '어떤 도움이 필요한가?' 하고 물어볼 때, '우리는 이것이 필요하다' 거나 '이것을 고려해 주었으면 한다'고 말할 필요가 거의 없어 보이기도 합니다. 저는 우리가 그런 기회를 제대로 활용하지 못하고 있다고 생각합니다. 실질적인 처지에 대해 그들에게 충분한 정보를 제공하지 않은 것 같습니다. 그러므로 그들이 많은 관심을 가지고 '우리는 당신을 돕고 싶습니다. 무엇이 필요한가요?'라고 묻는 경우, 우리는 그저 감사에 그치는 것이 아닌 보다 건설적인 답변을 할 수 있어야 한다고 생각합니다. 때로는 어렵지만 그렇더라도 이 부분에 각별하게 신경 쓸 필요가 있습니다. 저는 우리가 좀 더 창의력이 향상되어야 한다고 생각합니다.

우리가 매년 경험을 쌓아가면서 우리 의회의 민주적 업무 방식이 개선되고 있습니다. 그래도 우리의 기본적인 행동과 관점은 변함이 없습니다. 우리는 세상을 이롭게 할 수 있는 잠재력과 자신감을 가지고 있습니다. 제가 저 스스로의 의견을 더 높게 평가하고 있을 수도 있고, 우리가 우리 자신의 종교와 문화를 과대평가하고 있을 수도 있습니다. 어쨌든 공명정대한 많은 이들이 불교적 관점과 선행을 인류와 환경에 확실히 도움이 될 것으로 보고 있습니다. 해당 지역에서의 행정부 관리의 정책들과 의회는, 이런 기본적인 관점과 선행을 품고 있습니다. 우리의 사고방식은 조상으로부터 물려받은 유산, 대대로 내려오는 유산에 영향을 받습니다. 그것은 외부에서 빌리지 않은 우리만의 고유성을 가집니다.

요약하자면 의회와 정부에 관한 한, 가끔 어려움이 있을 때 극복하는 것만으로 충분하다고 생각하는 것은 부적절합니다. 그와 더불어, 우리는 더 넓은 관점에서 창의적으로 생각하고 그에 따라 우리의 아이디어를 실행하기 위한 계획을 준비해야 합니다. 이 일이 성사되면 좋을 것 같아요. 이게 제가 오늘 하고 싶었던 말입니다. 달리 할 말이 없습니다.

앞서 논의한 바와 같이, 우리의 대의는 충분히 근거가 있고 본질적으로는 진실합니다. 대의의 본질을 인식한 우리는 진리의 힘으로 투쟁을 계속하고 있습니다. 그러니 오직 진리를 바탕으로 계속 투쟁해나가는 것이 중요합니다. 개개인은 대의의 진실성에 대한 완전한 믿음을 가져야 합니다.

모두에게 안부를 전합니다.

15. 회원들의 책임

- 티베트 대표자의회 연설, 다람살라, 1997년 3월 19일 -

오늘은 여러분들에게 새롭게 드릴 말씀은 없습니다. 한 분을 제외하고 모든 의원님이 참석하게 되어 매우 기쁩니다. 망명지에서 세운 기관 중에서, 우리는 의회를 가장 중요하게 생각합니다. 달라이 라마 이하 모든 사람들이 의회를 존경하고 명예롭게 여기는데도 의원들이 힘이 없어 보이면, 구성원들 스스로가 그들의 책임에 진지하지 않고 의회의 중요성을 과소평가한다는 인상을 줄 수도 있습니다. 그래서 오늘 여러분이 많이 모여주어, 저는 매우 기쁩니다. 다른 이들이 보여준 존경심에 비추어 볼 때, 여러분 모두가 자신의 책임을 진지하게 받아들이고 있다는 것입니다. 정말 감사합니다!

이번 회의의 목적은 지금까지 우리가 해온 일들을 평가하고 찬반을 협의하는 동시에 앞으로 우리가 할 수 있는 일에 대해 진지하게 생각하고, 제안 사항을 도출하기 위해 최선을 다하는 것입니다. 이것이 중요합니다. 때때로 의원들은 달라이 라마가 이미 지도자 역할을 맡고 있어서 그가 일을 할 것이라고 생각할 수 있습니다. 그에게 의지하고 그가 책임을 짊어질 것이라고 생각한다면, 그들은 해이해질 지도 모릅니다. 제 입장에서는 새로운 아이디어와 지침이 나올 것이라는 생각으로, 의회를 믿고 희망을 걸 수 있는 것입니다. 만일 둘 사이에 메울 수 없는 간극이 생기면 우리 쪽에서도 실패할 가능성이 있고 자칫 해이해질 수도 있습니다. 그러므로 저는 모든 사람들이 최선을 다하길 바랍니다.

모두가 알다시피, 우리는 이렇게 위태로운 시기를 맞이하게 되었습니다. 한편으로 티베트 본토의 상황은 점점 악화되고 있습니다. 어떤 곳에서는 상황이 문화대혁명 시대와 거의 비슷하다는 말도 있습니다. 하지만 다른 한편으로는, 제 생각엔, 중국 정부의 행동은 절박함에서 나온 정책 같습니다. 그 정책은 이 세상에 큰 기여를 할 수 있는 위대한 나라, 오랜 역사를 가지고 있고 사람들이 신뢰할 수 있는 나라에 어울리지 않습니다. 그런 정책은 하루하루 오직 그 순간만을 생각하며 시간을 허비하는 겁쟁이나 비전 없는 사람의 정책인 것 같습니다. 따라서 현재의 정책이 지속될 수 없다는 것은 거의 분명합니다. 중국인이 티베트에서 행동하는 방식은 바로 억압인데, 티베트에서만이 아니라 동東 투르키스탄이나 신장, 홍콩과 대만에 대한 중국인의 태도 역시 마찬가지입니다. 현실적으로 이것은 기존의 문제를 해결할 수 없을 뿐만 아니라 사람들의 마음속에 더욱더 이견을 불러일으킬 것이고, 비록 1, 2년 동안 일시적인 평화와 평온을 가져올지라도 궁극적으로는 대를 이어 문제를 악화시키는 요인이 될 것입니다. 조만간 반드시 변화가 일어날 것이라고 굳게 믿습니다. 그러니 우리 쪽에서는 중도에 대한 우리의 입장을 바꿀 필요가 없습니다. 저는 이렇게 느낍니다.

전반적인 여건은 슬프지만, 다른 각도에서 보면 큰 희망이 있습니다. 그러므로 이런 미묘한 순간에 여러분 모두가 진지하게 생각해 보시길 권합니다.

저는 개인적으로 불교 철학에서 파생된 고귀한 인간 행위라는 티베트 문화유산이 매우 중요하다고 항상 말해 왔습니다. 오늘도 그 이야기를 반복하고 싶습니다. 누구나 일상 업무를 처리할 수 있는 방법과 수단을 찾을 수 있습니다. 현재 티베트 문제의 근본적인 목표는 너무나 중요해서, 이를 실현하는 방법과 수단을 찾으려는 노력이 정치적 자유에만 국한될 수는 없습니다. 우리의 목표는 단순히 우리가 좋아하는 일을 하는 데 있어서 남에게 의존하지 않는 것이 아닙니다. 우리의 목표는 수천 년 동안 우리 속에 뿌리내린 티베트의 고귀한 전통을 보존하는 것인데, 오늘날 전 세계의 공명정대한 많은 사람이 그것을 칭찬할 만하다고 여깁니다. 이 고귀한 전통은 우리에게만 유용한 것이 아니라 전 세계에 분명히 이득을 줄 수 있습니다. 이 세계의 물질적 선진국에서 사람들은 정신적 평화를 갈망하고 있고, 우리는 우리의 고귀한 전통이라는 형태로 평화를 제공할 수 있는 수단을 가지고 있습니다. 그리고 우리가 이것을 잘 보존할 수 있다면 티베트인 600만 명과 티베트 환경뿐만 아니라, 히말라야 산맥의 수백만의 생명과 모든 인류와 동물에게도 이익이 될 것입니다. 그러나 지금처럼 우리가 타인에게 의존하고, 우리가 의존하고 있는 사람들이 티베트 종교와 문화를 조롱과 경멸로 깔보고 쓸모없다고 여긴다면, 그 유익한 티베트 전통과 철학을 보존하고 홍보하는 것은 불가능합니다. 이러한 상황에서 최소한의 필요 조건은 바로 적절한 자치이며, 우리는 그것을 이루기 위해 노력해야 합니다.

어제는 오래전부터 알고 지내던 어느 미국인과 대화를 나눴습니다. 그는 티베트인과 10년 동안 관계를 유지해 왔으며, 이 10년 동안 티베트의 자연이 황폐화된 것 같다고 말했습니다. 사람들은 돈에 욕심이 많은 것 같고 돈을 벌려고 거짓말을 하거나 강압과 속임수 등을 써서 상황이 더 나빠진 것 같습니다. 티베트인 사이에서도 몇몇은 저에게 비슷한 말을 했습니다. 이것은 중요하고 심각한 문제입니다. 어제 저는 티베트 여성협회뿐만 아니라 티베트에서 막 온 사람들과도 이야기를 나눴습니다. 저는 그들에게 우리 자신에게 실질적 이득이 되고 우리가 세상에서 자랑스럽게 여길 수 있는 이 모든 것을 잃으면 지금까지의 우리 노력은 수포로 돌아갈 것이라고 말했습니다. 개별 가정에서뿐만 아니라 인류 사회에도 유익하고 매우 가치 있는 이 고귀한 전통이 사라지면, 티베트 안팎의 티베트인이 재회할 수 있는 시대가 온다 해도 기쁘지 않을 것입니다. 귀환한 이후에 가식, 기만, 시기, 거짓 쇼를 통해 서로를 괴롭히고 의심하는 사람들로 구성된 사회라면 자유를 얻든 못 얻든 아무런 차이가 없습니다. 우리는 타국의 견제와 통제에서 자유롭겠지만, 사람들의 마음이 비루한 질투로 움직이는 사회가 된다면 행복할 일은 없을 것입니다. 그래서 본 의회에서 결의안을 통과시키고 결정을 내릴 수는 없지만, 각 의원들 마음속에 소중하고 중요한 이 철학을 가지고, 회기 안팎으로 그리고 티베트 사회에서 24시간, 몇 달, 몇 년 동안 생각하고 말할 수 있다면, 우리가 어떻게 해서든 이런 태도를 모든 면에서 도입하고 내세울 수 있으면 합니다. 우리 기성세대가 세상을 떠나면서 젊은 세대의 마음에 이것을 불어넣고 그 속에서 뿌리를 내리게 하는 것이 중요합니다. 왜 우리는 티베트 망명 정착촌을 따로 만들었을까요? 우리는 왜 티베트 학교를 따로 설립했을까요? 세상에 정치적 자유만을 위해 노력하는 몇몇 작은 나라들이 있지만, 저는 처음부터 우리의 투쟁은 다르다고 생각했습니다. 우리는 때때로 정치적 자유에 도취한 나머지 우리 사회가 어떻게 진보할지, 자유를 되찾은 후에 어떻게 될지 생각하지 못하게 됩니다. 결의안만으로는 전혀 도움이 되지 않습니다. 우리 모두 자비로운 보살이 되자는 결의안을 통과시킨다 해도 이루어질 수 없습니다. 이를 위해서는 남녀노소 모두가 노력해 국민의 마음속에 이를 심을 수 있어야 합니다. 그런 생각이 사람들 안에 고귀한 인격을 불어넣어야 합니다. 그렇지 않고 이 사안에 대한 결의안을 통과시키는 것만으로는 도움이 되지 않습니다. 글로 쓰게 되면, 이런 것들은 확실히 적절하고 웅장하게 보입니다. 하지만 현실에서 상황이 점점 더 나빠지고, 인격의 고결함이 퇴보한다면, 저는 우리가 임무에 실패한 것이라고 생각합니다.

제가 뭘 할 수 있겠습니까? 그것에 대해 사람들과 이야기하는 것 외에는 다른 방법이 없습니다. 행정부와 의회 쪽에 계신 여러분들이 지역 사회의 모든 수단을 동원하여 우리의 문화적 전통과 고상한 인격을 보존할 수 있도록 적절한 지시를 내려야 한다고 생각합니다.

이제 이것으로 충분합니다. 제가 맨날 이런 얘기를 하는 게 지겨우실 테지요. 하지만 저는 이것을 매우 중요하게 생각합니다. 만약 우리가 이것을 우리 안에 가지고 있다면, 티베트인은 분명히 존경받을 것입니다. 우리는 장차 세계에서 티베트를 자랑스럽게 여길 수 있고, 다른 이들도 우리를 존경할 것입니다. 그렇지 않으면 우리는 경제 강국이 될 수 없습니다. 우리는 배가 나갈 항로도 없지요. 어쩌면 천연자원을 추출해 부자가 될 수 있을지도 모릅니다. 하지만 이것들은 별로 중요하지 않습니다. 그러므로 전통적인 고결함을 항상 염두에 두어야 합니다. 제 생각엔 이건 아주 중요한 것 같습니다. 우리는 한편으로는 행운을 축적해야 한다고 말합니다. 고귀한 자거나, 선한 마음을 가졌을 때 행운을 축적할 수 있으며, 이타적인 마음을 지닐 때 고결한 삶으로 향하게 됩니다. 한 사람이 노력하면 개인의 행운이 늘어나고, 한 가정이 노력하면 가정의 행운이 번창할 것입니다. 그것들을 모두 합하면 우리 사회의 행운이 늘어날 것입니다. 이것은 내면의 복을 위해 푸자(종교 의례 또는 공양)를 행하는 것과 같습니다. 반대로 신구의 身口意가 너무너무 불결하면 내리막길을 걷게 되고, 설령 푸자를 올리거나 마니 만트라를 외어도 무슨 소용이 있겠습니까? 아주 어렵습니다.

또 다른 요점은 최근 회의에서 특별히 설명했던 저의 대만 방문에 관한 것입니다. 내각이 여러분에게 그것에 대해 설명해 드릴 수 있을 테고, 의장님은 최근 일어난 일에 대해 알고 있습니다. (부의장을 가리키며) 부의장님도 거기 있었지요? 여러분이 사안에 대해 아는 것이 중요합니다. 그렇지 않으면, 지금까지 대만과 중국인을 두 개의 레드 블랙 차이나라고 부르면서 한 범주에 넣었지만, 최근 큰 변화가 일어나고 있습니다. 이런 변화의 필요성과 이유, 그리고 장·단기적인 목적에 대해 알아야 합니다. 우리 사회에서도 일부 국민은 정부의 지시를 성실하게 따르고 흔들림 없이 지켜 왔습니다. 우리는 대만을 방문하고 돈을 받은 사람들에 대해 이야기해 왔습니다. 만약 그들이 사실을 제대로 알지 못한다면 달라이 라마도 같은 부류에 속할 수 있다고 생각할 수도 있습니다. 책임이 있는 어떤 이들은 다른 식으로 해석할 것입니다. 그들은 달라이 라마도 대만을 방문한다고 말하면서 자신들의 잘못을 정당화할지도 모릅니다. 하지만 그것은 사실이 아닙니다. 제가 대만에 어떻게 갔겠습니까? 만약 사람들이 이것에 대해 모른다면, 어떤 사람들은 사회에서 이상하고 무의미한 일을 하려고 할지도 모릅니다. 따라서 의회에서 논의할 필요가 있다고 생각하든, 문서를 작성할 필요가 있다고 생각하든, 그러고 보니 내각에 해명서 양식이 있던 것 같은데, 어쨌든 이 문제를 우리 사회가 제대로 이해하고 있어야 합니다. 지금까지 우리 지역 사회에서 정부의 모든 지시를 고수하며 변함없이 지켜온 이들이 깨끗한 기록을 남겼습니다. 지금까지 정부의 모든 명령을 무시하고 잘못된 일에 탐닉해 온 사람들에 대해서는 여전히 악행에 대한 기록이 남아 있고 그 기록이 깨끗해지지 않고 있습니다. 제가 방문한 목적이 무엇이었을까요? 그것은 이 사람들의 잘못된 행동을 즉각 멈추기 위해서였습니다. 이러한 활동들은 대만 정부에 득이 될 것이 없습니다. 그것은 대만 국민에게 치욕을 안겨 주었고 아무런 쓸모가 없습니다. 티베트 사회에 대한 좋은 인상은 대만 정부와 대만 국민에게 도움이 될 것입니다. 그렇지 않고 대만 국민이 레드 블랙 차이나와 동등하게 취급받는다면 무슨 소용이 있겠습니까? 그래서 우리가 제대로 설명할 수 없는 상황에서 그들은 그것이 실수라고 생각했고, 단번에 고치거나 어떻게 할 수 없었습니다. 그래서 우리는 지금 새로운 방법을 찾기 위해 노력하고 있습니다. 비록 백 퍼센트 결과는 장담할 수 없지만, 이 길을 따름으로써 우리는 후회하지 않을 것입니다. 중요한 것은 우리가 서로의 공익을 향상시키려고 노력하고 있다는 점입니다. 이것도 알아두셔야 할 것 같습니다.

전에도 말했지만, 오늘 제가 의회에 온 것은 여러분에게 새롭게 할 이야기가 있어서가 아닙니다. 헌장에 따르면 저는 1년에 한 번 의회에 와야 하지요. 그래서 '저 여기 왔어요.' 하려고 온 거예요. 더 이상 할 얘기는 없네요. 모두 열심히 해 주셨으면 좋겠습니다.

감사합니다.

16. 민주주의와 부패[6]

- 메시지, 뉴델리, 2001 -

자유를 갈망하는 것은 인간의 본성이다. 따라서 민주주의와 개인의 자유에 기반을 둔 그러한 조직체계가 인간의 필요에 가장 적합하다. 그럼에도 불구하고 민주주의의 자유를 허용하는 바로 그 조건들은 오용될 여지가 있으며 개인적인 악행이 일어날 여지를 더 키운다.

---

6 수바쉬 C. 카샵이 편집한 책 『부패 척결과 가치 복원』(*Eradication of Corruption and Restoration of Values*) 서문으로 출판된 메시지. 뉴델리: Sterling Publishers, 2001.

부정직하고 기만적인 행동을 할 가능성이 더 커진다. 그러므로 우리 민주주의의 구조를 보존할 수 있는 방법과 수단을 찾는 동시에, 뇌물이나 부패와 같은 해로운 행동을 줄일 수 있는 전략을 세우는 것이 매우 중요하다.

언론의 자유와 대중매체의 독립은 민주주의의 필수적인 구성요소이다. 이러한 자유는 이중적이거나 부정직한 정치인과 관료 및 지역사회의 봉사에 고용된 사람들을 폭로하는 데 사용해야 한다. 이러한 기준은 막후의 활동과 공적인 발언이 일치하지 않는 분야에서 일하는 모든 이에게 적용되어야 한다. 우리는 사회 속에 있는 이런 단점을 성실하고 정직하게 그리고 편견 없이 직접 그리고 분명하게 폭로할 수 있는 용기를 가져야 한다. 이것은 굉장히 중요하다. 이러한 방식으로 우리는 공공의 이익을 손상하는 부패와 착취 행위에 맞설 수 있다.

우리의 모든 행동의 질은 동기에 달려 있다. 여러분이 정치에서 좋은 동기가 있어서 더 나은 인간사회를 추구한다면, 선량하고 정직한 정치인이 될 것이다. 정치 자체는 나쁘지 않다. 우리는 정치가 더럽다고 말하지만 이것은 잘못이다. 정치는 문제들을, 인간사회의 문제들을 해결하기 위해 필요한 도구이다. 그 자체로는 나쁘지 않다. 그러나 선한 동기가 없는 사람들, 이기적이고 단기적인 목적만 있는 사람들이 정치를 한다면, 종교가 그러하듯이, 정치도 물론 나빠진다.

인도는 자기희생과 비폭력으로 대표되는 길고 풍부한 윤리적 전통을 가지고 있다. 그러나 이러한 자질에 대해 감탄하며 이야기하는 것만으로는 충분하지 않다. 우리는 그것들을 일상생활에 반영해야 한다. 우리는 그것을 자기 가족과 공동체 내의 인간관계에 적용해야 한다. 부정부패와 직권남용을 극복하고 사회에 더 큰 평화와 정의, 정직을 기대하고 있다면, 이러한 가치들을 스스로 따르는 것에서부터 시작해야 한다.

17. 의회에 보내는 축원

- 티베트 대표자의회 메시지, 다람살라, 2002년 3월 18일 -

제13차 티베트 대표자의회의 세 번째 회의에 참석하시는 모든 의원님들에게 인사와 기도를 드리며 여러분의 성공을 기원합니다. 또한 최근 재선되어 직책을 맡게 된 의회 의장과 부의장이 모든 책임을 성공적으로 이행할 수 있기를 기원합니다.

이번 회의의 주요 의제는 중앙 티베트 정부의 연간 예산안을 확정하고 채택하는 것입니다. 그렇기 때문에 저는 여러분 모두가 함께, 티베트 대표자의회의 의제가 의회의 기본 목표에 따라 수행될 수 있도록, 여러분의 안목을 사용하여 티베트인과 중앙 티베트 정부의 장기적인 열망을 충족시키면서도, 현 상황에 대한 우리의 요구사항도 충족시킬 수 있는 예산안을 확정하고 적절히 제어하기를 바랍니다.

중국과 티베트 분쟁과 관련하여, 중도 어프로치에 기초하여 평화적으로 협상할 수 있는 해결책을 찾던 저의 종전의 입장, 서로 도움이 되자는 입장에는 변화가 없습니다. 제가 최근 3월 10일 민족봉기 기념일 성명에서 자세히 설명했듯이, 저는 이것이 중·티베트 분쟁을 해결하기 위한 가장 적절한 접근방식이라고 생각하며, 우리가 평화적인 협상에 차츰 성공하기를 희망합니다.

이와 동시에 저는 티베트 대표자의회의 각 의원들에게 개인적인 능력과 기술을 발휘하고, 모든 것이 괜찮은 것처럼 보이도록 모호하고 기만적인 주장을 피하면서 토론과 논쟁에 기여할 것을 촉구하는 바입니다. 따라서 그들은 다음 여러 사항에 대해 진지하게 생각해 볼 계획 및 지침을 제시해야 합니다. 바로 망명 티베트인의 사회적 안녕과 관련된 근본적인 문제, 외면의 물질적 조건과 내면의 윤리적 발달을 향상시킬 필요성을 위해 설계한 프로그램, 신체적 장애인을 위한 특별교육의 필요성과 배려, 특히 사회 취약계층의 복지 필요성, 서로 다른 종교적 믿음, 학파, 지역에 속한 모든 티베트인 사이에 형제 같은 유대감과 일체감을 보장하기 위한 노력, 그리고 개인 행위에 드러나는 의로움이라는 티베트인 본유적인 특성과 그들의 진실한 본성의 덕성을 조금도 희석시키지 않고 보존하려는 노력 등의 사항들에 대해 계획과 지침을 제시해야 합니다.

망명 생활을 하면서 민주적 제도의 가장 좋은 점을 모두 포용하는 훌륭한 정치 질서를 확립할 수 있었던 것에 대해, 우리가 자부심과 만족을 느끼는 것은 당연합니다. 이 제도는 현재 세계 상황과 티베트인의 요구사항 모두에 적합하도록 고안되었습니다. 이와 동시에 우리가 발전시켜 온 제도는 자비와 비폭력의 정신에 기반을 둔 우리의 전통적 가치들을 훼손하지 않고 보존할 수 있게 합니다. 이 모든 것은 간덴 포당(Gaden Phodrang)[7] 정부가 계속 유지되는 동안 일어났는데, 거의 360년 전 티베트 건국 이래 티베트인의 합법적인 정부라 할 수 있습니다. 또한, 우리는 계속해서 희망을 가지고, 미래 티베트에 민주 체제를 기반으로 한 자주적인 자치를 실현하기 위해 필요한 노력을 기울여야 합니다.

18. 제도화와 민주화

- 티베트 대표자의회에 보내는 메시지, 2003년 9월 3일, 다람살라 -

제13차 티베트 대표자의회에 참석하신 의원님들에게 인사드립니다. 이 의회에서 저는 다음과 같은 사안을 제안하는 바입니다.

1. 저는 티베트 대표자의회에 세 명의 의원을 직접 임명하는 관행을 더 이상 계속할 필요가 없다고 생각하며, 따라서 이 세 명의 의석을 철회하는 것이 적절하다고 생각합니다.

2. 선거관리위원장, 부副 선거관리위원장, 티베트 공직자위원회

---

7 간덴 포당(티베트어: དགའ་ལྡན་ཕོ་བྲང, 중국어: 甘丹頗章)은 1642년 코슈트 칸국에서 귀시 칸의 양해 하에 달라이 라마 5세가 설치한 정부였다. 귀시 칸은 티베트 서남부의 르카쩌시에 머물렀는데, 이때부터 달라이 라마 5세에게 티베트 국내 내정이 이임되면서 동남부의 라싸가 티베트의 수도 기능을 하기 시작했다. 1720년 청나라가 티베트를 침략해 코슈트 칸국이 망하고 티베트는 1912년까지 청나라의 번부가 되었다. 하지만 그와 별개로 간덴 포당은 청나라 시기에도 티베트 지역의 자치정부로서 존속했고, 청나라 멸망 이후 군벌 시대에는 티베트 왕국의 독립을 추진하기도 했다. 중화인민공화국이 티베트를 합병한 뒤 1959년 완전히 철폐되었다. 위키백과, 2021. 07. 10. 위키백과에 나오는 이 설명은 14대 달라이 라마의 티베트 역사관과는 일치하지 않는 면이 있다. (역주)

위원장, 티베트 공직자위원회 위원, 티베트 감사위원회 감사원장 등도 더 이상 제가 직접 임명할 필요가 없습니다. 대신, 그들은 티베트 해외사무국에서 사절 역할을 하는 대표들과 마찬가지로, 명단을 제시하고 제 서명과 날인을 첨부하여 승인을 받아야 합니다.

3. 티베트 선거관리위원회와 티베트 공직자위원회의 업무량에 기반하여 그들의 직위를 하나로 합쳐야 할지 결정하는 논의와 검토를 해야 합니다.

4. 중앙 티베트 정부 관리들은 현재 그들의 적합성과 시험 결과에 따라 직책에 임명되어 있습니다. 그리고 정년퇴직, 조기퇴직, 정년연기, 해고 등의 문제에 대해서도 티베트 공직위원회 총회의 논의를 통해, 각각의 사례에 대해 가장 잘 알고 있는 내각의 권고사항을 토대로 결정할 수 있습니다. 이러한 사항에 대한 결정은 저의 서명과 날인을 받을 필요 없이 진행되어야 합니다.

5. 티베트 최고사법위원회의 사법위원 임명 문제에 대해 일종의 고위 위원회를 설치하여 적절한 자격을 갖춘 고위급 후보자 목록을 작성하는 새로운 시스템을 도입해야 합니다. 과반수 결정에 따라 결정된 제안서를 제출합니다.

6. 티베트 최고사법위원회 최고위원(대법원장)의 임기 및 연령 제한 문제에 대해 모든 가능한 대안의 장단점을 검토하고 논의해야 합니다.

7. 티베트 대표자의회가 부여받은 자체 권한에 따라 채택한 결의안에 대해 저로부터 승인을 받을 필요가 없습니다. 그러한 결의안은 티베트 대표자의회 해당 의장이 승인하고 서명하는 것이 분명 적절할 것입니다.

위의 제안들을 이번 티베트 대표자의회에서 논의하고 이에 따라 관련 규칙 및 규정에 변경 사항이 포함될 수 있다면 가장 좋을 것입니다. 그렇지 않으면 차기 티베트 대표자의회에서 변경을 위한 제안들이 실행되도록 보장해야 합니다.

티베트 대표자의회의 모든 일이 완전하고 성공적으로 수행되기를 기도합니다.

19. 진정한 민주적 정치체제 도입

- 티베트 대표자의회 메시지, 다람살라, 2006년 6월 1일 -

새로 선출된 티베트 대표자의회 의원들과 의장님, 부의장님에게 안부를 전합니다. 이 의회는 의원으로서 다년간 활동한 경험이 있는 노련한 의원들과 현대 교육을 받은 풋풋한 젊은 의원들로 구성되어 있습니다. 저의 희망이자 믿음은, 이러한 전통과 혁신의 결합이 눈의 나라 국민의 근본적인 대의를 도울 수 있는 명실상부한 주도권을 행사하는 것입니다.

망명 티베트 정치체제 민주화의 배후에 있는 주된 목적은 유능한 시민, 즉 자신의 힘과 책임을 다함으로써 자신의 염원을 실현할 수 있는 시민을 만드는 것입니다. 티베트 대의가 실현될 때까지 그 투쟁에 태만하지 않기 위해서입니다. 민주주의에 대한 우리의 경험은 티베트 대의가 실현된 후에도 티베트에 큰 선물이 될 것입니다. 헌장에 기초한 진정한 민주주의 통치체제의 도입으로 의회는 티베트 본토 안팎의 티베트인을 모두 대표하는 망명 티베트 정치체제의 최고 기구가 되었습니다. 그러므로 의원 한 사람 한 사람이 자신의 필수 의무를 항상 염두에 두어야 합니다. 그들은 국민의 목소리를 국회에 전달할 수 있을 뿐만 아니라 의회가 결정한 정책에 대해 국민을 교육할 수 있는, 유능한 공공 대표가 되어 유권자의 기대에 부응해야 합니다.

거의 반세기 동안 망명 민주주의의 진화는 풍부한 경험과 결과를 낳았으며, 특히 망명자라는 신분을 감안할 때 더욱 그러합니다. 하지만 당파적 시각이나 업무와 무관한 개인적인 문제로 때로는 집단적 대의가 고통 받는 경우도 있습니다. 그러므로 저는 의회 의원들에게 이에 유의하기를, 그리고 티베트 사태에 비추어, 집단적 대의를 가장 중시하고 티베트인의 진실성을 반드시 증진시킬 것을 촉구합니다. 또한 의원들은 티베트의 문제를 중도 정책에 따라 해결하기 위해 진행 중인 중국과 티베트 대화 프로세스를 계속 촉진하기를 바랍니다.

20. 티베트 본토의 혼란

- 모든 티베트인을 향한 호소, 다람살라, 2008년 4월 6일 -

티베트에 계시는 모든 티베트인에게 따뜻한 인사를 전하면서 제 생각을 조금이나마 나누고자 합니다.

우리는 금년 3월 10일부터 티베트의 거의 전 지역에서, 심지어 중국 본토의 몇몇 도시에서도 학생들의 항의와 시위를 목격했습니다. 이것들은 오랫동안 참았던 티베트인의 육체적, 정신적 비통함의 폭발이고, 티베트인의 인권 탄압과 종교의 자유 결여, 그리고 티베트인이 중국 공산당을 '생불生佛'로 본다는 등 매사에 진실을 왜곡하려는 데 대한 깊은 원한의 표출입니다. 이런 진실 왜곡은 극좌파의 발언이며 중화사상(Han chauvinism)의 기미가 역력합니다. 저는 티베트인의 염원에서 나온 평화적인 시위가 티베트에 소요를 일으켰고, 이 시위를 진압하기 위해 무기를 사용하여 많은 사상자, 구금, 부상자가 발생한 일이 매우 슬프고 걱정됩니다. 그러한 억압과 고통은 매우 불행하고 비극적이어서, 자비심이 있는 사람이라면 누구나 눈물을 흘리게 합니다. 그런데 저는 이 비극적인 사건 앞에서 무력감을 느낍니다.

이번 사태로 목숨을 잃은 모든 티베트인과 중국인을 위해 기도합니다.

최근 티베트 전역에서의 시위는 소수의 '반동주의자'를 제외한 대다수의 티베트인이 풍요롭고 만족스러운 삶을 누리고 있다는 중화인민공화국의 선전을 반박하고 산산조각을 냈습니다. 이번 시위들은 우창, 캄, 암도라는 3개 티베트 지역의 티베트인이 같은 염원과 희망을 품고 있다는 것을 아주 분명히 보여주었습니다. 또한 이러한 시위는 티베트 문제를 더 이상 방치할 수 없다는 점을 세계에 전해 주었습니다. 이러한 시위는 '사실 속에서 진실을 찾아냄'으로써 문제를 해결할 방법을 찾아야 할 필요성을 강조합니다. 티베트인의 더 큰 이익을 위해 모든 것을 걸고 자신들의 깊은 고뇌와 희망을 보여준 티베트인의 용기와 결단력은 세계 공동체가 티베트인의 정신을 인정하고 지지했듯이, 매우 칭찬할 만합니다.

저는 현 위기에서 티베트인의 정체성을 잃지 않고 옳은 것에 대한 투지와 의식을 보여준 많은 티베트인 정부 공무원들과 공산당 간부들의 행동에 깊은 감사를 표합니다. 앞으로 저는 티베트인 당 간부들과 공무원들에게 개인적인 이익을 추구하는 대신, 당내 상관들에게 티베트인의 진짜 정서를 보고함으로써 항상 티베트의 더 큰 이익을 보호하기 위해 일하라고, 그리고 편견 없이 티베트인을 지도하는 노력을 하라고 호소하고 싶습니다.

대통령들, 총리, 외무장관, 노벨상 수상자들, 의회 의원들, 그리고 관심을 가지고 세계 각지에서 온 시민들은 중국 지도부가 현재 진행 중인 티베트인에 대한 가혹한 탄압을 중단하라는 분명하고 강력한 메시지를 보내고 있습니다. 그들은 모두 중국 정부가 상호 유익한 해결책에 도달할 수 있는 길을 따르도록 권유해 왔습니다. 우리는 그들의 노력이 좋은 결과를 이끌어 낼 수 있는 기회를 만들어야 합니다. 저는 여러분이 매번 도발 당하고 있다는 사실은 알지만, 우리의 비폭력적인 행위를 고수하는 것이 중요합니다.

중국 당국은, 저와 중앙 티베트 정부가 최근 티베트 사태를 선동하고 은밀히 조직했다는 거짓 주장을 펴고 있습니다. 이 주장들은 전혀 사실이 아닙니다. 저는 독립적이고 평판 있는 국제기구에 이 사안에 대해 철저한 조사를 실시할 것을 거듭 호소했습니다. 저는 이 독립기구가 진실을 밝혀낼 것이라고 확신합니다. 중화인민공화국이 그들의 주장을 뒷받침할 근거와 증거를 가지고 있다면, 전 세계에 공개할 필요가 있습니다. 단지 협의를 제기하는 것만으로는 부족합니다.

티베트의 미래를 위해 저는 중화인민공화국의 틀 안에서 해결책을 찾기로 결정했습니다. 1974년 이후, 저는 상호이익이 되는 중도 어프로치를 성실하게 고수해 왔습니다. 이는 온 세상이 다 알고 있습니다. 중도 어프로치는 모든 티베트인은 유사한 행정부의 지배를 받아야 한다는 뜻인데, 이 정부는 명실상부한 민족 지역 자치와, 그 속의 모든 규정들, 자치 및 완전한 의사결정을 향유합니다. 다만 외교와 국방에 관한 사항은 제외합니다. 하지만 저는 처음부터 티베트의 미래에 대한 최종 결정권은 티베트 본토의 티베트인에게 있다고 말해 왔습니다.

올해의 올림픽 개최는 12억 중국인이 큰 자부심을 느낄 만한 사안입니다. 저는 처음부터 베이징 올림픽 개최를 지지해 왔습니다. 제 입장엔 변함이 없습니다. 저는 티베트인이 올림픽에 어떤 방해도 해서는 안 된다고 생각합니다. 자신들의 자유와 권리를 위해 투쟁하는 것은 모든 티베트인의 정당한 권리입니다. 반면에 우리가 중국인의 마음속에 증오를 불러일으킬 만한 행동을 한다면 헛되고 아무에게도 도움이 되지 않을 것입니다. 반대로 조화사회를 만들기 위해서는 우리 마음속에 신뢰와 존중을 함양해야 합니다. 이런 사회는 힘과 협박을 바탕으로 만들어질 수 없기 때문입니다.

우리의 투쟁은 중화인민공화국의 지도층에 있는 소수의 사람들에 대한 것이지 중국 국민에 대한 것이 아닙니다. 그러므로 우리는 절대 오해를 일으키거나 중국 국민에게 상처를 주는 행동을 해서는 안 됩니다. 이런 어려운 상황 속에서도 중국 본토나 세계 곳곳에서 중국 지식인, 작가, 변호사들이 성명을 발표하고 기사를 작성하고 압도적인 지지 서약을 하는 등 우리에게 공감하고 연대감을 보여주었습니다. 저는 최근 3월 28일, 전 세계 중국인에게 호소문을 발표했는데, 많이 들어주시고 읽어주셨으면 좋겠습니다.

티베트의 현재 상황이 계속된다면 중국 정부가 더 강한 무력을 행사하고 티베트인에 대한 탄압을 강화할 것이라는 우려가 큽니다. 티베트인에 대한 제 도덕적 의무와 책임에서, 저는 중화인민공화국의 해당 지도부에 티베트 전 지역에서 발생한 탄압을 즉각 중단하고 무장 경찰과 군대를 철수할 것을 거듭 요청했습니다. 성과가 있다면 저는 티베트인에게도 현재의 모든 시위를 중단하라고 조언할 것입니다.

저는 티베트 밖에서 자유롭게 사는 우리 티베트인이 티베트 내의 상황에 대해 자신의 감정을 표출할 때 각별히 유의했으면 합니다. 우리는 폭력으로 해석될 만한 어떤 행동도 해서는 안 됩니다. 아무리 도발적인 상황에서도 가장 소중하고 마음속 깊이 간직하고 있는 가치가 훼손되어서는 안 됩니다. 저는 우리가 비폭력적인 길을 통해 성공할 것이라고 굳게 믿습니다. 우리는 우리의 대의에 대한 전대미문의 애정과 지지가 어디에서 비롯되었는지 이해할 만큼 현명해야 할 것입니다.

현재 티베트는 사실상 폐쇄된 상태이고 국제 언론도 허용되지 않기 때문에 제 메시지가 티베트 본토의 티베트인에게 전달될지 의문입니다. 하지만 언론과 입소문을 통해서 여러분 대다수에게 전해지길 바랍니다.

마지막으로, 상황이 아무리 심각하더라도 다시 한번 티베트인에게
비폭력을 실천하고 이 길에서 흔들리지 말 것을 호소하고 싶습니다.

21. 중국과 티베트의 관계

- 다람살라 특별 회의에서의 연설, 다람살라, 2008년 10월 25일 -

최근 티베트는 위기를 목격했습니다. 전통적인 티베트 세 지역 전체에
걸쳐 티베트인은 용감하게도 중국 정부에 대한 불만 그리고 오랜
시간 끓어왔던 분노를 용기 있고 명료하게 드러냈습니다. 이런 폭발은
비구와 비구니 승려 사회에 한정되지 않았습니다. 나이를 불문하여
불교 신도, 비신도를 포함했고, 여기에는 당원들, 학생, 중국 대륙에서
공부하는 티베트 학생들도 있었습니다. 실질적으로 그 당시 중국
정부가 이 사실을 완전히 무시할 방법은 없었고, 현장에서 벌어지는
일에 적합한 대책을 마련해야 했습니다. 하지만 그러지 않았습니다.
중국 정부는 티베트인의 염원을 완전히 무시하며 '분리주의자', '정치
적 반역자' 등 다양한 이름을 부르며 티베트 시위대를 탄압했습니다.
 티베트 본토에서 우리 형제자매들이 대규모로 크나큰 희생을 치르
고 있는 이 중대한 순간에, 자유세계에 살고 있는 우리가 마치 우리나라
에서 무슨 일이 일어나고 있는지 모르는 것처럼, 침묵을 지키거나
아무 행동을 하지 않는 것은 우리에게 좋지 않을 것입니다. 우리는
지금까지 양측 당사자 모두에게 이익이 되는 시도를 근간으로 하는

입장을 취해 왔습니다. 이에 그 입장은 인도를 포함해서 전 세계에 걸쳐 많은 나라들의 호평을 받았습니다. 특히 중국 지식인들 중에서, 이런 방식에 대한 지지가 늘어나고 있습니다. 이런 것들은 우리에게 진정 승리를 의미합니다. 티베트 본토에서 긍정적인 변화를 가져오는 것은, 우리의 근본적인 의무이면서 동시에 우리의 궁극적인 목표이기도 합니다.

하지만 슬픈 사실은 우리가 이런 목표를 아직 달성하지 못했다는 것입니다. 따라서 1988년 제가 스트라스부르의 유럽의회에서 첫 성명을 발표했을 때, 티베트 문제와 관련된 최종 결정은 티베트인이 내려야 할 것이라고 단호하게 말했습니다. 1993년, 중국 정부와 우리 사이의 직접적인 연락이 끊겼습니다. 우리는 최선의 전진 방법에 대해 티베트 일반인과 다시 한번 협의했습니다. 하지만 과거와 같은 입장을 계속 유지하기로 결정했습니다. 티베트의 공동 대의는 티베트인 전체의 복지에 관한 것입니다. 전혀 제 개인적인 이슈가 아닌 것입니다. 이에 티베트인은 집단적으로 티베트의 공동선에 대해 숙고해야 하고, 그에 따라 결정해야 합니다. 다른 각도에서 보면, 우리는 처음부터 민주주의의 진정한 길을 밟아가기로 다짐했습니다.

우리 측에서는, 입으로 민주주의를 설교하고 권위주의를 행하는 것은 아닙니다. 그래서 이 중대한 시점에 일반 티베트인이 가지고 있는 제안, 의견이 무엇이든, 철저하게 토론을 거쳐야 합니다. 이것은 각 당파의 이념과 정책을 미화하기 위해서거나, 단순히 서로 다른 정치적 관점을 표명하기 위해서가 아니라, 우리의 근본적인 대의를 실현하기 위한 최적의 길을 고려해서 행해져야 합니다.

　모든 티베트인은 평신도든 승단의 일원이든 모두 민족 정체성을 유지하기 위해 노력해야 합니다. 일반적으로 말하면, 티베트민족의 정체성 유지는 지구상의 타국과 타민족이 정체성을 유지하는 것과는 상당히 다릅니다. 만일 티베트민족의 정체성이 잘 유지된다면, 자애와 자비라는 불교 교리에 기반을 둔 그 가치체계는 태생적으로 전 세계에 도움이 될 자질을 가지고 있습니다. 따라서 진리를 위한 우리의 투쟁은 600만 티베트인의 이익뿐만 아니라, 전 세계에 어느 정도 이익을 제공하는 우리의 능력과도 긴밀하게 관련이 있습니다.

　따라서 진리를 위한 우리의 투쟁의 배후에는 이유가 있습니다. 만일 미래에 진리를 위한 티베트인의 투쟁이 우호적으로 적절히 해결된다면, 그것은 중국에 사는 사람을 포함해서 수백만 명의 사람들이, 정신적·신체적 행복을 확보하면서 보다 더 건강하고 더 의미 있는 삶을 영위할 수 있는 새로운 가능성을 찾는 데 분명히 도움이 될 것입니다.

　반면 만일 중국이 자비를 토대로 하고 있는 티베트의 문화와 종교를 완전히 없애 버린 결과, 티베트가 오직 물질적인 이익만을 추구하는 사회가 되기라도 한다면, 이는 중국인에게 이득이 아니라 장차 그들에게 손실이 될 것입니다. 따라서 이와 같은 우리의 투쟁은, 실제로는 관련된 모든 사람에게 유익한 것입니다. 이를 깨닫고, 우리는 우리에게 주어진 여러 수단과 방법을 심사숙고하고 논의해야 합니다. 저는 여러분 모두가 그렇게 하셨으면 합니다. 이것은 티베트인 모두의 공동선과 관련된 이슈이기 때문입니다. 중국 정부는 제가 최근에 티베트의 소요를 부추겼다고 비난했습니다. 저는 중국 정부에 직접 진정陳情하면서 그와 동시에, 베이징이 이 문제에 대해 자세히 설명해야 한다고 공개적으로 호소했습니다. 이런 진정과 공개 호소에서, 저는 그들이 다람살라에 조사팀을 파견해서, 우리 부서와 사무실에 있는 파일을 확인해도 된다고 말했습니다. 그리고 저는 또한 그들이 티베트에서 새로 온 사람들을 대상으로 한 제 연설이나 성명이 녹음된 테이프를 다 살펴볼 수도 있다고 말했습니다. 여태 어떤 조사팀도 오지 않았습니다. 하지만 중국은 여전히 저에게 비난을 퍼붓고 있습니다. 이런 전개를 고려한다면, 제가 이런 입장을 지속적으로 유지하는 것은 티베트 문제를 해결하는 데 도움이 되기보다는 오히려 장애가 되는 것처럼 보입니다. 따라서 티베트 공동선이란 이슈는 티베트인이 결정하는 것이 더 좋을 것 같습니다. 제가 이런 일을 간섭할 필요는 없습니다.

9월 11일, 저는 이런 책임을 더 이상 질 수 없다는 결론에 도달했습니다. 이런 책임을 계속 맡는다고 해서 유용한 목적을 달성하기 힘들다고 봅니다. 그렇지만, 만일 중국 지도부가 진솔하게 대화에 나선다면, 제가 다시 이 책임을 떠맡을 수도 있습니다. 그때는 저도 성실하게 임할 것입니다. 진실하지 못한 사람들과 일하기는 어렵습니다. 그래서 저는 미디어 대표들에게 다음과 같이 솔직하게 말하고 싶습니다. 저는 중국인에 대해 믿음과 신뢰를 가지고 있지만, 중국 정부에 대한 신뢰는 줄어들고 있다고.

저는 선출된 티베트 지도자들이 이러한 여러 사항을 특별 회의에서 협의하기를 요청한 바 있습니다. 저는 이런 사안이 그런 포괄적인 회의를 소집한다고 해서 단번에 결정될 것이라고 생각하지 않습니다.

그러나 핵심은 민족 전체가 책임지고, 이 사안에 대해 깊은 관심을 가져야 하며, 우리의 소중한 목표를 실현하기 위한 수단과 방법 및 실행 가능한 행위도 강구해야 한다는 것입니다.

다른 말로 하면, 모든 티베트인은 우리 앞에 놓여 있는 사안을 논의하면서 공동의 책임감을 갖고 함께 일을 해야 합니다. 동시에 티베트인의 장·단기 이익을 충분히 고려해야 합니다. 어쨌든 최종적인 혹은 실질적인 결정은 티베트인이 내려야 합니다.

22. 현대 민주주의 내의 티베트인 디아스포라

- 티베트인에게 보내는 특별 메시지, 다람살라, 2008년 11월 14일 -

티베트 본토 안팎에 거주하는 모든 티베트인에게 인사를 보냅니다. 여러분에게 발표하고 싶은 몇 가지 중요한 이슈가 있습니다.

제가 아주 어릴 때부터, 저는 우리의 통치체제를 민주주의 제도로 변화시키는 것이 티베트의 장·단기 이익에 극히 중요하다는 점을 깨달았습니다. 따라서 티베트의 영적, 정치적 지도자로서 책임을 맡은 후, 저는 티베트에 민주적 구조를 수립하기 위해 열심히 노력했습니다. 안타깝게도, 우리는 중화인민공화국의 거친 억압 아래에서 그것을 이룰 수가 없었습니다. 하지만 망명 직후에 우리의 통치체제에 사법 개혁을 도입했고 새롭게 선출된 의회를 구성했습니다. 망명 중이긴 하지만 티베트 사회의 민주화 과정은 순조롭게 진행되었습니다. 오늘날 망명 티베트 사회는 진정한 의미의 현대 민주주의로 완전히 변모했습니다. 자체의 헌장을 가진 정부와 국민투표로 선출한 지도부가 있습니다. 티베트인 스스로가 준비되어 있고, 티베트를 책임질 수 있는 이 순간이 우리는 자랑스럽습니다.

제가 민주주의 체제의 수립을 끈질기게 독려한 이유는 전적으로 티베트의 견고하고 지속 가능한 통치체제를 확보할 필요가 있기 때문입니다. 이것은 제가 꺼려하거나 책임을 회피하고 싶어서가 아닙니다. 우리의 투쟁을 계속하기 위해서는 역사와 과거의 경험을 검토하는 것은 물론 세계의 현황을 통해 배우는 것이 너무나도 중요합니다. 모든 티베트인은 중앙 티베트 정부 기구를 지지하고 강화해야 합니다. 이 기구를 통해 우리는 티베트 이슈가 해결될 때까지 망명 티베트 문화유산을 보존할 수 있을 것입니다.

망명 온 이래, 우리는 티베트 미래에 대한 중대한 정치적 결정에 대해 우리 민족을 초청하여 그들 자신의 견해를 표명하게 함으로써 민주주의 제도의 핵심적인 기능을 행사해 왔습니다. 1970년대 초기에 상호호혜적인 지금의 중도 어프로치를 공식화하였는데, 이는 의회 의장처럼 티베트인을 대표하는 지도자들과의 많은 숙고와 논의의 결과였습니다. 더욱이 저는 스트라스부르 제안에서 최종 결정은 티베트인이 할 것이라고 분명히 표명했습니다.

1993년 중화인민공화국과의 연락이 단절된 후, 우리는 망명 티베트인을 대상으로 여론 조사를 실시했고, 제안된 국민투표에 대해 가능한 범위 내에서 티베트로부터 여러 의견을 모았습니다. 티베트인은 이를 통해 자신들의 완전한 만족을 위한 자유 투쟁의 향후 진로를 결정해야 했습니다. 이번 여론 조사 결과와 티베트에서 온 제안들을 토대로 우리의 망명 의회는 하나의 결의안을 통과시켰습니다. 이 결의안은 제가 국민투표에 구속받지 않고 어떤 사안에 대해 재 자신의 재량을 계속 사용할 수 있게끔 하는 힘을 주었습니다. 따라서 지금까지 우리는 중도 어프로치를 따라왔고, 중화인민공화국과의 접촉이 2002년 재개된 이래 여덟 차례의 회담이 있었습니다. 이 중도 접근방식은 국제사회의 광범위한 평가와 중국 지식인들로부터 지지를 받아 왔지만, 티베트에는 긍정적인 징후나 변화가 없었습니다. 실제 티베트와 티베트인에 대해 중화인민공화국의 정책은 변하지 않았습니다.

2007년 중화인민공화국 관리들과의 제6차 회담 이후, 가까운 미래에 더 이상의 회담을 가질 계획은 없었습니다. 하지만 금년 3월 사건 이후 티베트 본토의 상황이 긴급해졌기 때문에, 우리는 5월 초 비공식 논의를 가졌고, 7월에는 7, 8차 회담이 뒤따랐으며, 11월 초에는 온갖 수단을 다 강구했지만, 의미 있는 진전은 없었습니다.

금년 3월, 촐카-숨(우창, 캄, 암도의 3대 지역)으로 알려진 티베트 전역에서 온 티베트인들은 중화인민공화국의 정책에 대해 오랫동안 느껴 온 불만을 평화적이고 합법적인 방식으로 목숨을 걸고 용기 있게 표현했습니다. 여기에는 남녀노소, 출가자와 평신도, 신자와 비신자를 가리지 않았고 학생도 참가했습니다. 그때 저는 중화인민공화국 정부가 현장의 실상을 기반으로 해서 해결책을 강구할 것이라는 희망을 가졌습니다. 하지만 그 반대로 중국 정부는 티베트인의 감정과 염원을 깡그리 무시하고 받아들이지 않았습니다. 대신 '분리주의자'와 '반동분자'라는 구실을 내세우며 그들을 탄압하고 비난했습니다. 그런 힘겨운 시기에 저는 깊은 우려와 강한 책임감에서, 국제사회와 중국에 가능한 한 모든 영향력을 행사했습니다. 후진타오 대통령에게 개인적인 서신도 보냈습니다. 하지만 제 노력은 아무런 변화도 만들지 못했습니다.

당시는 모든 사람이 베이징 올림픽 이슈에 빠져 있어서, 대중과 상의하기에는 적절치 않아 보였습니다. 이제는 시기적절한 것 같아, 저는 9월 11일에 망명 티베트인 헌장 59조에 따라서 선출대표부에 특별 회의 소집을 요청했습니다. 저는 회의 참석자들이 각자가 소속된 공동체의 의견들을 수집해서, 그것들을 특별 회의에 내놓을 수 있을 것이라고 희망했습니다.

금년에 티베트 전역의 사람들이 보여준 고무적인 용기, 현재의 세계 상황 그리고 중화인민공화국의 비타협적인 현재의 입장을 고려해 보면, 티베트 시민으로 참여하는 모든 사람들은 평등, 협력, 공동 책임의 정신에서, 티베트의 대의를 고취하기 위한 최선의 미래 행동 노선을 논의해야 할 것입니다. 이번 특별 회의는 당파적인 논쟁을 제쳐두고 개방적인 분위기에서 이루어져야 합니다. 이 회의는 티베트인의 염원과 의견에 주목해야 할 것입니다. 저는 모든 관련자들이 최선을 다해 협력하여 이바지하기를 간절히 바랍니다.

이번 특별 회의는 자유롭고 솔직한 토론을 통해서 티베트인의 진정한 의견과 견해를 이해하기 위한 포럼을 제공한다는 명시적 목적을 갖고서 소집되었습니다. 이번 특별 회의는 사전에 정해진 그 어떤 특정 결과에 도달하려는 의도도 없다는 사실을 분명히 했으면 합니다.

2부 자유와 민주주의를 향하여 235

23. 민주주의라는 중요한 제도

- 망명 티베트 의회에 준 메시지, 다람살라, 2009년 3월 18일 -

제14차 망명 티베트 7차 회의에 참석하신 신임 의장과 모든 의원들에게 최고의 안부와 '따시 델렉'(안녕하세요)을 전합니다.

저는 티베트 본토의 현황과 그에 대한 우리의 입장에 대해 여러 번 말해 왔습니다. 뿐만 아니라 3월 10일 민족봉기 기념일 기간 동안 발표한 저의 최근 성명에서 그것들에 대해 자세히 설명하기도 했습니다. 여러분 모두 이를 알고 있다고 믿고, 전에 했던 이야기를 여기서 다시 반복하지는 않겠습니다.

최근 몇 주 동안 티베트 본토의 위급한 상황에 맞추어, 그리고 티베트민족 평화 봉기 기념일과 우리의 망명 생활 50주년에 맞추어, 유럽과 미국 의회를 비롯한 많은 국가의 의회들은, 티베트 문제에 큰 관심을 기울이면서 중대한 결의를 통과시켜 우리 티베트인과의 유대를 분명히 보여주었습니다. 이런 행위는 티베트 안팎에 있는 티베트인을 위한 내적 힘의 원천이 되었고 또 티베트 대의를 크게 도와주었습니다.

망명 티베트 의회는 망명 티베트 민주주의의 가장 중요한 기구입니다. 따라서 그것은 국가 간 연합의회와 정의를 소중히 여기는 개별 국가 의회와의 접촉을 공고히 하기 위해 최선을 다해야 합니다. 과거와 현재의 티베트 상황에 대해, 그리고 티베트인의 미래 염원에 대한 이해도를 높이기 위해서는, 티베트 의회가 이들 국가의 효과적인 지원을 얻기 위해 정보를 확산시키고 관련된 프로그램을 시작하기 위해 과거 어느 때보다 더 열심히 노력하는 것이 중요합니다.

더욱이 티베트 민주주의라는 실험의 수준을 높이기 위해, 그리고 입법 활동을 효과적으로 수행하기 위해, 의회 의원들은 공개적으로 민주주의 원리와 법치를 존중해야 하고, 그에 덧붙여 폭넓은 토론에 열리고 넓은 마음으로 참여해야 하는데, 그 목적은 불교의 '사의四依'[8] 개념에 나오는, 해야 할 것과 하지 말아야 할 것을 적절히 따름으로써 사회 전체를 향상시키는 것입니다.

티베트 의회의 현 회기가 순조롭게 움직이기를 기도합니다. 모든 중생의 안녕이 반드시 보장되기를.

24. 현실 상황에 따라 행동하기

- 티베트 대표자의회에 주는 메시지, 다람살라, 2010년 3월 8일 -

제14차 티베트 대표자의회 제9차 회의에 참석하신 의원님들에게 인사드립니다. 이번 의회의 업무가 수준 높은 행동과 성공으로 마무리 되길 기도합니다. 제가 오랫동안 품어 왔던 바람에 따라, 우리는

---

8 네 가지 의지처의 의미다. 사람에 의존하지 말고 법에 의존할 것〔依法不依人〕, 말에 의존하지 말고 의미에 의존할 것〔依義不依語〕, 바르지 못한 경전에 의존하지 말고 바른 뜻의 경전에 의존할 것〔依了義經不依不了義經〕, 지식이 아닌 지혜에 의존할 것〔依智不依識〕을 의미한다. (역주)

망명 직후부터 티베트 정치 시스템을 민주적인 것으로 변화시키기
위해 지속적이고 결연한 노력을 기울여 왔습니다. 이런 노력의 결과로
오늘 우리는 티베트인이 선출한 티베트 대표자의회가 법 제정 그리고
재무에 대한 감독관리를 행사하는 등 모든 입법 기능을 수행하는
것을 보게 되었습니다. 이런 발전에 대한 우리의 기쁨과 자부심이
점점 커지고 있습니다.

제가 이미 말했듯이, 이해관계의 균형을 유지하고 사의(四依-불교
공부와 수행을 추구함에 있어서)를 따르는 데에 적임자를 찾는 일에
있어서 실수가 없으려면 개인적인 원한과 파벌 당파성은 완전히 피해
야 합니다. 동시에 의회 의원들은 자신들의 의무를 수행해야 합니다.
이런 면에서 다음 사항을 꼭 강조해야 할 것으로 보입니다. 의회의
업무 수행 수준과 질을 계속해서 향상하기 위한 쉴 새 없는 열의와
노력이 있어야 한다는 점입니다. 티베트 정부의 행정부와 사법부는
티베트 대표자의회에 대해 책임을 져야 합니다. 그리고 이 의회는
그 자체가 일반 대중에 대한 책임의 보고寶庫임을 증명해야 합니다.

티베트 정부의 행정지도부가 티베트인이 직접 선출한 칼론 티빠(총
리)에게 귀속된 이후, 제가 통치체제의 일반적 업무와 관련해서 더
이상 맡아야 할 일이 없어서, 반쯤은 은퇴한 상태가 되었습니다.
하지만 티베트 관련 근본 이슈들과 중국 정부와의 대화 문제와 관련해
서, 티베트인이 저에게 희망과 신뢰를 두는 한, 그리고 제 능력과
일정이 허락하는 한, 저는 지속적으로 관여해 왔습니다. 제가 제안했
던 5항목평화플랜은 장기적인 비전이므로, 회담과 직접적으로 관련
이 있지는 않습니다. 스트라스부르 제안과 관련해서, 중국 정부는

그것을 고려하지도 않을 것이고 거기서 제안한 회담도 열지 않을 것이라는 점을 명시적으로 그리고 최종적으로 분명히 했습니다. 따라서 그 제안은 그 후로 자연스럽게 효력을 잃어버렸습니다. 2002년 회담이 재개된 이래, 우리는 논의에서 티베트인 전체의 미래 상황에 대한 의제만을 고수해 왔습니다. 결과적으로 우리는 중국 정부의 입장에 관련해서 감사하다는 입장을 채택했습니다.[9] 따라서 우리는 타협 없는 요구사항을 고수하는 대신, 현장의 실상에 따라 움직이기로 했습니다. 3월 10일 민족봉기 기념일에 연이어 나온 성명들에 근거해서, 가능한 한 자유롭고 열린 입장을 채택하기 위해 어떻게 최선을 다해 왔는지를 분명히 했습니다. 이런 정책에 따라, 우리는 8차 회담에서 중화인민공화국의 헌법 및 소수 민족 지역 자치법의 규정에 따른 티베트의 진정한 자치에 관한 각서를 중국 측에 제시했습니다. 이 각서는 물론 전체 티베트인에게 이익을 주기 위한 것입니다. 중국 측은 이 각서의 여러 조항을 왜곡 해석했습니다. 그에 대해 우리는 금년에 열린 제9차 회담에서 설명문을 제공했습니다. 모든 관련 기록은 일반 대중들에게 공개되었습니다.

제가 위에서 진술한 내용은, 그 이후에 여러 차례 티베트 대표자의회에서 만장일치로 결의된 사항입니다. 제가 최대한 성실한 마음을 가지고 노력한 것도 규정에 따른 것이었습니다. 하지만 이러한 기록들에 대해 온갖 의혹이 일어나는 것 같았습니다. 예를 들면 각서와 설명문에 대해 티베트 대표자의회의 승인이 없었다거나, 이런 문건이

---

9 여기에서 왜 감사하다는 입장을 취했는지는 분명하지 않다. (역주)

의회에 제시되지 않았다, 혹은 이러한 문건이 저의 바람을 담아내지 못했다는 등의 의혹입니다. 이와 같은 근본적인 관심 사안들에 대해 분명히 투명성이 부족해서, 그런 부분들이 지속적인 혼란의 원천이 되고 말았습니다. 따라서 티베트 대표자의회의 회기가 열리는 동안, 반드시 이 이슈를 철저하게 논의해야 합니다. 이와 관련해서, 카샥(내각), 저의 두 사절, 그리고 관련 있는 다른 사람들(그런 사람들이 있다면)의 말도 들어서, 모든 의혹을 해소해야 하고, 관련 사안을 분명히 밝혀야 합니다.

어떤 문제에 대한 향후의 모든 수행 과정에서 티베트 대표자의회가 제시할 제안과 새로운 계획이 있는 경우, 단계별로 의제를 공개한다는 점을 명심하시기 바랍니다.

25. 티베트 정치 시스템의 현대화

- 망명 티베트의회에 주는 메시지, 다람살라, 2011년 3월 14일 -

고대 티베트는 3대 지역(촐카-숨)으로 이뤄져 있으면서, 니야뜨리 쩬뽀(Nyatri Tsenpo, BC 127)에서 시작해서 티 랄빠첸(Tri Ralpachen, AD 838)으로 끝난 42명의 티베트 왕통에 의해 지배받아 왔다는 것이 상식입니다. 그들의 통치는 거의 천 년 동안 계속되었습니다. 그 당시 티베트는 내륙 아시아에서 군사력과 정치적 영향력에서 몽골과 중국에 견줄 수 있을 정도로 강력한 국가로 알려져 있었습니다. 티베트 문헌이 발달하면서, 티베트 종교와 문화의 풍부함과 폭을 보면, 티베트 문명을 앞선 것은 인도 문명뿐이었습니다.

9세기 중앙당국이 분열된 후, 티베트는 여러 통치자에 의해 다스려졌고, 그들의 권위는 각자의 봉토 안에 제한되었습니다. 티베트의 통합은 시간이 흐름에 따라 약해졌습니다. 13세기 초, 중국과 티베트는 칭기즈칸의 지배에 들어갔습니다. 비록 도곤 최걀 팍빠(Drogon Choegyal Phagpa)가 1260년대 티베트 주권을 회복하고, 그의 통치가 세 개 지역으로 확장되었지만, 380년 이상에 걸친 팍모 두빼(Phagmo Drupas), 린뿡빠(Rinpungpas), 창빠(Tsangpas) 치하에서 통치자들의 잦은 교체로 결국 통일된 티베트를 유지하는 데 실패했습니다. 중앙당국의 부재와 빈번한 내부 갈등으로 인해 티베트 정치력은 쇠퇴했습니다.

1642년 제5대 달라이 라마가 간덴 포당 정부를 수립한 이래, 달라이 라마들이 승계하면서 영적이며 현세적인 지도자가 되었습니다. 5대 달라이 라마의 치세 동안, 13개 소왕국 전체, 즉 티베트 행정구들은 모두 정치적 안정을 누렸고, 불교는 티베트에서 번성했으며, 티베트인은 평화와 자유를 누렸습니다.

19세기 말과 20세기 초, 티베트는 적합한 통치체제도 없었고, 효율적인 국제관계를 전개할 기회도 놓쳤습니다. 13대 달라이 라마는 1895년 현세적인 권력을 갖게 되었으나, 1904년에는 영국군의 침략으로 몽골과 중국으로, 1910년에는 중국 청나라의 침략으로 인도로 도주해야 했습니다. 상황이 좋아져 13대 달라이 라마는 티베트로 돌아올 수 있어서, 1913년 티베트 주권을 다시 주장했습니다. 그가

망명지에서 배운 것의 결과로서, 13대 달라이 라마는 현대 교육을
소개하고, 티베트 정부를 강화하기 위해 개혁을 했습니다. 이런 조처
들이 긍정적인 결과를 낳았지만, 자신의 종합적인 비전을 성취하지는
못했습니다. 이는 그가 죽기 1년 전인 1932년 그의 마지막 정치 성명을
보면 분명합니다. 정치적 지도부는 부진했고, 섭정과 그 행정부의
결점이 있었지만, 지난 4세기 동안 간덴 포당 정부는 대체로 안정적으
로 통치해 왔습니다.

　저는 어릴 때부터 티베트 정치 구조를 시급하게 현대화해야 한다는
필요성을 자각하고 있었습니다. 16살 때 저는 정치적 지도자로 나설
수밖에 없었습니다. 당시 저는 티베트 자체의 정치 시스템조차 제대로
이해하지 못했는데, 국제 문제는 말할 것도 없었습니다.

　하지만 저는 시대의 변화에 따라 적절한 개혁을 도입하고자 하는
강한 소망이 있었고, 몇몇 근본적 변화를 이룰 수 있었습니다. 안타깝
게도 제 통제 밖의 상황 때문에 이런 개혁을 더 이상 진행할 수가
없었습니다. 1959년 4월 우리가 인도에 도착하자마자 교육, 문화의
보존, 사회의 부흥과 복지를 담당하는 부서들을 설립하고 여러 칼론
(각료)을 두었습니다. 마찬가지로 1960년 우리는 민주화의 중요성을
자각해서, 티베트 대표자 1차 위원회를 선출하고, 1963년 미래 티베트
를 위한 헌법 초안을 공포했습니다.

　그 어떤 통치체제도 국민의 지지와 참여 없이 오직 한 사람에게만
의존한다면, 그 안정성과 발전을 보장할 수 없습니다. 1인 통치는
시대착오적이며 바람직하지도 않습니다. 우리는 600만 티베트인의
장기적인 이익을 위해 그리고 우리의 민주적 제도를 강화하기 위해

큰 노력을 기울여 왔습니다. 이는 다른 사람을 모방하기 위한 것이 아니라, 민주주의가 통치체제 중 민의를 가장 잘 대표하는 제도이기 때문입니다. 1990년 망명 티베트인을 위한 헌장 초안을 작성할 위원회가 구성되었습니다. 1년 뒤 티베트 대표자의회(Assembly of Tibetan People's Deputies, ATPD), 즉 망명 티베트인의 최고 입법기관은 더 큰 힘을 갖게 되었습니다. 1991년 제11차 ATPD는 망명 티베트인을 위한 헌장을 공식적으로 채택하고, 모든 입법권을 갖게 되었습니다. 망명 생활의 한계를 고려할 때, 이런 것들은 우리가 자랑스러워할 만한 업적들입니다.

2001년 티베트인은 칼론 티빠(총리), 즉 정치 지도자를 역사상 최초로 직접 선출했습니다. 그 이후 저는 반쯤 은퇴기에 들어갔습니다. 더 이상 일상적인 행정에 관여하지 않았습니다. 하지만 저는 사람들의 전반적인 복지에 더 많은 시간을 할애할 수 있었습니다.

민주적인 시스템의 핵심은 대중의 선을 위해 선출된 지도자들이 정치적 책임을 지는 것입니다. 우리의 민주적 과정을 완수하기 위해, 그런 선출 지도부에게 저의 공식적인 권한을 이양해야 할 때가 왔습니다. 민주주의 제도에 대한 우리의 경험 부족과 정치적 미성숙 때문에 전에는 어려웠던 일입니다.

달라이 라마들의 승계라인이 거의 400년 동안 정치적인 지도자였으므로, 티베트인은 일반적으로, 특히 티베트 본토의 티베트인은 달라이 라마가 이끌지 않는 정치 시스템을 상상하거나 수용하기 어려워할 수 있습니다. 따라서 지난 50년 이상 저는 국민의 정치적인 인식을 높이고, 우리의 민주주의 과정에의 그들의 참여를 독려하기 위해 다방면으로 노력해 왔습니다.

가령 1969년 3월 10일 성명에서 저는 이렇게 말했습니다. '티베트가 티베트인에 의해 통치되는 때가 온다면, 그들의 정부 형태를 결정하는 것은 티베트인 자신들일 것입니다. 달라이 라마들의 승계에 의한 통치체제가 거기에 있을 수도 있고, 없을 수도 있습니다. 특히 미래지향적인 청년 세대의 의견은 중요한 요소입니다.'

1988년 3월 10일에도 저는 비슷한 이야기를 했습니다. '제가 여러 차례 말했듯이, 달라이 라마 제도의 존속조차 인민들이 결정해야 합니다.' 1980년 이래 저는 내각과 티베트 대표자의회 그리고 대중들에게 거듭 조언한 바 있지만, 티베트인은 행정과 인민의 복지에 대해, 마치 달라이 라마가 없는 것처럼 전적으로 책임을 다해야 합니다.

저는 13대 티베트 대표자의회 의장과 당시 대법원장에게 제가 정치적·행정적 지위와 관련된 여러 직무에서 벗어나야 할 것이라고 알려 주었습니다. 그 직무에는 입법기구가 통과시킨 법안들에 대한 의례적인 서명과 같은 책무도 포함되어 있습니다. 하지만 제 제안은 고려조차 되지 않았습니다. 2010년 8월 31일, 티베트 대표자의회가 소집한 1차 티베트 총회 동안, 저는 이를 다시 한번 상세하게 설명했습니다. 이 중차대한 사안에 대한 결정을 더 이상 연기해서는 안 됩니다. 헌장과 기타 관련 규정에 대한 필수적인 수정은 이 회기 동안 이루어져야 하는데, 그렇게 되면 저는 공식적인 권한에서 완전히 벗어날 수 있습니다.

저는 여기서 티베트 안팎의 많은 우리 티베트인이, 이런 중요한 시기에 제가 계속해서 정치적 리더십을 계속 발휘해 달라고 간곡히 요청했다는 점을 인정하는 바입니다. 제가 정치적 권한을 이양하려는 의도는 책임을 회피하고 싶어서도 아니고, 낙담해서도 아닙니다. 반대로 저는 티베트인의 장기적인 이익을 위해 권한을 양도하고 싶은 것입니다. 우리가 망명 티베트 정부의 연속성과, 티베트 문제가 성공적으로 해결될 때까지 우리의 투쟁을 보증하는 것이 정말 중요합니다.

우리가 만일 수십 년 더 망명 생활을 해야 한다면, 제가 더 이상 정치적 리더십을 제공할 수 없을 때가 반드시 올 것입니다. 따라서 제가 능력 있고 건강할 때 우리는 건전한 통치체제를 반드시 확립해야 합니다. 망명 티베트 정부가 달라이 라마에 의존하는 것이 아니라 자립해야만 하기 때문입니다. 바로 지금부터 우리가 이런 제도를 수립할 수 있다면, 저는 요청을 받을 때마다 문제 해결을 도울 수 있습니다. 그런데 만일 그런 체제 수립이 연기되고, 제 리더십이 갑자기 없어지는 날이 온다면, 결과적으로 그 불확실성이 엄청난 난관을 안겨줄 것입니다. 따라서 그런 만일의 사태가 오지 않도록 최선의 노력을 다하는 것이 모든 티베트인의 의무입니다.

600만 티베트인 중의 한 사람으로, 저는 달라이 라마들이 티베트인과 특별한 역사적이면서도 까르마적인 관계가 있다는 사실을 명심하면서, 티베트인이 저를 신뢰하고 믿는 한, 계속해서 티베트 대의를 위해 봉사할 것입니다.

헌장 31조에 비록 섭정회의를 위한 규정이 명시되어 있지만, 그 조항은 과거 전통에 근거한 잠정적인 조처로서만 작성되었습니다. 거기에는 달라이 라마 부재 시 정치적 지도 체제를 설치하는 조항이 빠져 있습니다. 따라서 이번 헌장 수정은 정치적 지도 체제가 특정

기간 동안 국민에 의해 선출되는 민주주의 시스템의 틀에 맞아야 합니다. 따라서 이 회기 중 결정을 내리고 시행할 수 있도록 헌장의 관련 조항들 및 기타 규정을 수정하기 위해 별도의 위원회를 임명하는 것과 더불어 모든 필요한 조치를 취해야 합니다.

결과적으로 미래 티베트 헌법 초안(1963)과 미래 티베트 정치체제를 위한 지침들(1992)과 같은 저의 정치적 선포들은 효력을 잃을 것입니다. 이에 따라 달라이 라마가 수장을 맡는 간덴 포당이라는 현 기관의 이름도 바꾸어야 합니다.

의회의 성공적인 진행을 위해 기도합니다.

26. 민주제 수립[10]

- 은퇴에 대한 언급, 다람살라, 2011년 3월 19일 -

망명한 이래, 저는 지난 30년 이상 민주적인 통치체제 수립을 위해 성실하게 노력했습니다. 망명 티베트인은 '우리의 민주주의는 달라이 라마 성하가 주신 선물'이라고 말합니다. 10년 전, 달라이 라마가 후보자를 지명하는 잘못된 방식 대신, 민주적인 선거를 통해 총리(칼론 티빠)를 선출하는 제도가 도입되었습니다. 총리를 직접 선출한 이래,

---

10 위 내용은 달라이 라마가 2011년 3월 19일 북인도 다람살라의 대표 사원인 조캉(Tsulagkhang)에서 티베트 불자들에게 설한 법문이며, 제목은 편집자 카샵이 붙인 것으로 보인다. (역주)

영적이고 현세적 권위로서의 달라이 라마에 의한 간덴 포당(Gaden Phodrang) 제도는[11] 끝났습니다. 그 이후 저는 자신을 반쯤 은퇴한 상태라고 말해 왔습니다.

그날 이후 십 년이 흘렀습니다. 우리가 의미 있는 민주제를 따를 날이 올 것입니다. 왕과 종교적인 인물에 의한 통치는 시대에 뒤처진 것입니다. 우리는 민주주의라는 자유세계의 흐름을 따라야 합니다. 예를 들면, 인도에는 거대한 인구, 다양한 언어와 종교와 문화가 있지만, 그 나라는 전반적으로 아주 안정적입니다. 이는 민주주의, 법치, 표현 및 언론의 자유가 있기 때문입니다. 반대로 권위주의적인 통치하의 중국은 항상 문제를 안고 있습니다. 중국 정부는 국방보다 내부의 안정을 유지하기 위해 더 많은 예산을 할당한다고 최근 중국 정부 문서가 언급한 바 있습니다. 이는 그들이 외부보다 내부에 더 많은 적을 가지고 있다는 걸 보여주는데, 부끄러운 일입니다.

중화인민공화국 정부는 인민의 복지를 위해 일한다고는 합니다. 그렇지만 국민의 염원을 충족하는 일은 반드시 민주적 선거를 통해서 와야 합니다. 만일 지도자들이 선거를 통해 선택된다면, 그들에게 진정한 자부심이 생길 것입니다. 하지만 선거가 아니라 총대로 권력을 가진다면 이는 부도덕하고 시대에 뒤처진 일이기도 합니다. 그래서 1인 지배체제는 좋은 것이 아닙니다. 따라서 달라이 라마가 최고

---

11 간덴 포당은 제5대 달라이 라마에 의해 1642년에 수립된 정부이다. 라싸는 이 시기 초기에 티베트의 수도가 되었다. 제5대 달라이 라마 이래 달라이 라마들이 영적·현세적으로 이중적 권한을 갖게 된 것은 몽골 부족장 구시 칸(Gushri Khan)의 영향이라고 14대 달라이 라마는 아래에서 말하고 있다. (역주)

권력을 계속 갖고 있는 것은 좋은 일이 아닙니다. 영적·현세적 권위자로서의 달라이 라마는 첫 네 명의 달라이 라마 시기부터 시작된 것은 아닙니다. 그것은 5대 달라이 라마 시기에 지금과는 다른 상황과 몽골 부족장 구시 칸(Gushri Khan)의 영향 아래에서 생겨났습니다. 그 이후 이 제도는 많은 도움이 되었습니다. 그러나 우리는 이제 21세기에 살고 있으므로, 변화의 시간이 임박해 옵니다. 하지만 그 변화가 다른 사람이 주는 압박에서 온다면, 그건 선대 달라이 라마들에게 불명예가 될 것입니다. 5대 달라이 라마 아왕 롭쌍 갸초(Ngawang Lobsang Gyatso) 이래 달라이 라마들은 영적·현세적 통치 모두를 맡아왔습니다. 이 제도의 14번째 계승자인 제가 솔선해서, 행복해하며 자부심을 품고 달라이 라마의 이중적 권한을 끝낸다면 그것이야말로 아주 합당한 일이 될 것입니다. 저를 제외하면 이런 결정을 내릴 사람은 없습니다. 그래서 저는 최종 결정을 내렸습니다. 티베트인이 민주적으로 선출한 지도자는 티베트에 대한 정치적 책무를 완전히 짊어져야 합니다. 만일 헌장이 말하는 정치적 권한이 저에게 주어진다면, 이중적 통치체제의 잔재가 일부 남게 될 것입니다. 이는 변해야 하고, 지금이 바로 그것을 위한 적기인 것으로 보입니다.

　티베트 대의를 위해 제가 이룬 많은 업적에 대해 좀 말해보려고 합니다. 티베트 안팎에 살아가는 티베트인은 저를 믿고 신뢰하고 있고, 세상에 있는 많은 사람들은 달라이 라마를 인정하고, 신뢰하고 사랑하고 있습니다. 그래서 5대 달라이 라마 재세 기간 동안 수립된 2중 통치체제를 끝내고, 처음 네 명의 달라이 라마처럼 영적인 영역에서 전권 위임과 인정을 받기에는 지금이 적기입니다. 특히 제3대

248

달라이 라마는 황모黃帽를 쓴 초교파적인 스승이라는 존칭도 얻었습니다. 저도 그들처럼 여생 동안 영적인 책무를 계속 맡을 것입니다.

저는 개인적으로 도덕적 가치의 고취와 세계의 종교적 화합을 위해 일해 왔습니다. 이것은 상당히 유익하다는 것이 증명되고 있습니다. 게다가 저는 세계 여러 학교와 대학으로부터 수많은 초청을 받습니다. 그들은 불교 자체에 대해 법문하라고 초청하는 것은 아니고, 내면의 행복과 불교과학(Buddhist science)을 증진하는 방법을 가르쳐 달라고 합니다. 많은 사람이 이제 불교과학에 관심이 있고, 관련 이야기를 듣고 싶어 합니다. 현직 달라이 라마인 제가 그런 위치에 있으니, 영적이고 현세적 권위자 달라이 라마의 400년 통치가 품위 있게 끝난다면, 매우 자랑스러운 일일 겁니다. 오직 저만이 제5대 달라이 라마가 시작한 것을 끝내기로 결정할 수 있고, 저의 결정은 변하지 않을 것입니다.

최근 저는 티베트 본토에 있는 티베트인에게 전화를 받았는데, 그들은 제가 은퇴한다고 하니, 너무나 걱정이 되고 버림받은 느낌이라고 말했습니다. 하지만 전혀 걱정할 필요 없습니다. 은퇴한 다음에도 저는 첫 네 명의 달라이 라마들처럼 영적인 사안에서는 티베트를 계속해서 이끌어 갈 것입니다. 간덴 포당 기관을 세우고 전권을 위임받아 티베트를 영적으로 이끌었던 제2대 달라이 라마 겐둔 갸초처럼 저 역시 여생 동안 그런 영적인 지도력을 유지할 것입니다. 제가 앞으로도 국민을 부끄럽게 하지 않고 선한 노력을 한다면 영적으로 계속 이끌어 가겠지요.

영적인 일을 이끌어 가도록 전권을 위임받은 달라이 라마가 정치적 권한을 포기하면, 그것은 우리의 망명 정부를 유지하고 더 진보적이고 견고하게 만드는 데 도움이 될 것입니다. 마찬가지로 티베트의 대의를 지지하는 국제사회는 티베트 정치체제의 완전한 민주화를 위한 달라이 라마의 진심을 칭찬할 것입니다. 그것은 세계 속의 우리의 위신을 드높일 것입니다. 반면, 그것은 달라이 라마의 개인적 권리 외에 티베트 문제란 존재하지 않는다는, 중국 정부의 허위와 거짓말을 완전히 폭로할 것입니다. 티베트 본토의 티베트인도 낙담해서는 안 됩니다. 왜냐하면 저는 티베트 국민의 장기적 이익을 고려하면서, 이렇게 큰 결정을 내렸기 때문입니다. 망명 티베트 정부는 더욱 안정화되고 진보할 것입니다. 티베트 지역에서의 중국 공산당의 권위주의적 지배와는 반대로, 우리의 작은 망명 사회는 완전하고 현대적인 민주주의 제도를 수립할 수 있었습니다.

결국 이번 결정은 우리 망명 정부를 더 강하고 효율적으로 만들 것입니다. 우리 망명 사회를 중국 권위주의적인 정권과 비교해 보면, 우리는 실로 현대화된 사회가 되었습니다. 이것은 우리의 찬란한 업적입니다. 티베트 본토의 티베트인은 이런 성취를 자랑스럽게 여겨야 합니다. 여러분들은 제가 좌절하지도, 티베트의 대의를 포기하지도 않았다는 점을 이해하고 알고 계셔야 합니다.

저는 눈의 나라 태생입니다. 눈의 나라 출신의 600만 티베트인 모두는 티베트 대의에 대해 공동의 책임을 집니다.[12] 저에 대해 말한다면, 저 또한 티베트 암도 지역 출신의 티베트인입니다. 그래서 죽을

---

12 이하 번역을 동일문을 번역 게재한 법보신문의 "은퇴에 대한 달라이 라마의 관점-하"(2015. 10. 20)를 참조했다. (역주)

때까지 저는 티베트 대의에 대해 책임을 맡고 있습니다.

제가 아직 건강해서 여러분 모두와 함께할 수 있는 동안, 여러분도 티베트 문제에 대해 전적으로 책임을 다해야 합니다. 저의 도움이 필요한 일이 생기면, 물론 저는 여전히 있을 것입니다. 저는 포기하지도, 낙담하지도 않았습니다. 지금까지 우리가 지켜온 티베트 민주제가 이젠 전적으로 책임을 질 수 있게 되었고, 수많은 요건과 이유를 생각해본 결과, 저는 민주제가 모든 책임을 다하길 바랍니다. 여기에 모인 여러분, 그리고 티베트 본토의 티베트인 모두 결코 낙담해서는 안 됩니다. 걱정할 이유가 하나도 없습니다.

바로 어제 중국인 학자를 만났는데, 그는 저에게 티베트의 선거 과정을 연구하고 있고 5년 전에도 이곳에 왔다고 말했습니다. 그는 또 티베트인이 이번에는 매우 적극적으로 참여하고 있고 민주적 권리를 충분히 활용하고 있다고 말해 주었습니다. 그 중국인은 티베트의 민주제가 이룩한 진보를 칭찬했습니다. 이러한 발전은 우리 정치의식의 성장과 민주주의 과정에서 우리가 보인 진전을 반영합니다. 그래서 권력을 양도한다는 저의 결정 또한 민주화 과정을 진전시키는 한 요소가 됩니다.

티베트에서 오신 분들, 귀국하셔서 믿고 털어놓을 사람이 있다면 이러한 사실을 널리 널리 알려 주세요. 이것은 라디오를 통해서도 방송이 될 것입니다. 저는 수년 동안 치밀하게 고민하고 나서 티베트의 궁극적인 이익을 위해 은퇴하겠다는 결정을 내렸습니다. 여러분이 낙담할 이유가 하나도 없습니다.

다른 한편 간덴 포당은 폐쇄되지 않습니다. 간덴 포당은 달라이 라마의 기관이었고 제가 살아 있는 동안에 저 역시 이런 작은 기관이 필요하다고 생각합니다. 그래서 간덴 포당은 여전히 존속할 것입니다. 달라지는 점은 간덴 포당이 정치적 책임을 넘긴다는 점입니다.

미래의 달라이 라마 환생에 대해, 지금은 서두를 필요가 전혀 없습니다. 그러나 20년 또는 30년 후 제가 죽을 때가 가까워지면 그때는 많은 부분 티베트민족의 염원, 그리고 또한 히말라야 지역의 민족, 달라이 라마와 관계된 다른 불교도들의 염원에 따라, 그들이 바란다면 제15대, 16대, 17대 그리고, 그 후대의 달라이 라마들이 올 것입니다. 그러니 간덴 포당은 고스란히 그대로 유지된다고 봅니다. 정치적 변화는 올 수밖에 없지만 그로 인해 오히려 안정성은 강화될 수 있습니다. 간덴 포당이 제2대, 3대, 그리고 4대 달라이 라마들의 시대처럼 영적 수장의 역할과 책임으로 되돌아가는 것은 매우 의미가 있으며 이치에 맞습니다.

제가 이끄는 이런 변화와 결정은 티베트인에게는 결국 큰 도움이 될 것입니다. 티베트 의회에 보낸 저의 서한에서 간덴 포당 슝(Gaden Phodrang Shung)이라는 명칭을 바꿔야 한다고 제안했습니다. 이제 우리는 민주적 조직체이므로, 간덴 포당이 존속해도 어떤 정치적 책임도 지지 않을 것입니다.

티베트어 'shung(슝)'을 영어로 반드시 '정부(Government)'라고 번역할 필요는 없습니다. 우리는 우리의 망명 정부를 표현할 때 영어 단어 '정부'를 그대로 사용하지는 않습니다. 뉴델리에서 열린 기자회견에서의 일을 들자면, 린뽀체도 그곳에 참석했는데, 한 기자가 삼동(Samdhong) 린뽀체를 티베트 망명 정부의 총리라고 칭했습니다. 저는 바로 우리는 '티베트 총리' 또는 티베트 '망명 정부' 같은 명칭을 사용하지 않는다고 명확히 밝혔습니다. 우리는 우리의 관리조직을 '중앙 티베트 정부'라고 부릅니다. 물론 망명 티베트인이 존재하니까 그들을 보살필 조직이 필요합니다. 이것은 정부의 직접적인 책무입니다. 일반적으로 말해 망명 중인 소수의 우리 티베트인은 티베트 본토에 있는 동포의 염원을 명확히 표현할 책임, 티베트 본토의 실상을 세계에 알릴 책임을 지고 있습니다. 우리는 결코 우리 정부를 '티베트 망명 정부'라고 부르지 않습니다. 그 행정부를 간덴 포당 승이라고 부르는 것은 또 다른 문제입니다. 그래서 엄밀한 명칭은 '중앙 티베트 정부'이고 그 지도자들은 모두 민주적으로 선출되었습니다.

사실상 이것은 티베트 본토의 티베트 자치 지역들의 지도자들에게는 생각할 거리를 줍니다. 비록 망명 신세로 낯선 외국에서 피난민으로 살아가면서도, 우리는 진정한 선출 과정을 거쳤습니다. 만약 그 지도자들이 정말 유능하고 자신이 있다면, 티베트 본토의 티베트인이 자신들의 지도자를 민주적으로 선출하도록 하면 됩니다. 중국 내 타 지역의 사정이 어찌 되었든 망명지의 제도를 티베트 본토 내에서 모방할 수 있다면 정말 좋을 것입니다.

그래서 제가 이룬 수많은 정치적 변화는 확고한 논리에 근거했으며 우리 모두에게 지금 당장, 그리고 또한 궁극적으로도 이익이 됩니다. 사실상 이런 변화들은 우리의 정부를 더욱 안정시키고 훌륭하게 발전시킬 것입니다. 그러니 낙담할 이유가 전혀 없습니다. 이것이 바로 제가 여러분에게 설명하고 싶었던 내용입니다.

27. 민주적으로 선출된 최초의 지도자

- 칼론 티빠 롭상 상계의 선서식, 다람살라, 2011년 8월 12일 -

오늘 여기에 대중, 새로운 칼론 티빠(총리) 롭상 상계, 퇴임하는 칼론 티빠, 그리고 정당한 티베트 대의를 진심으로 지지해 온 세계 여러 나라의 친구 여러분, 새로운 정치 지도자를 향한 우리의 지지와 연대를 보여주기 위해 모였습니다. 저는 오늘이 2천 년이 넘는 긴 티베트 역사에서 아주 특별한 날이라고 부르고 싶습니다. 티베트는 위대한 법왕(Dhamra kings)들의 시대에, 다른 이웃 나라들과 비교하면 그들과 모든 분야에서 동등한 위상을 가지고 있었습니다. 이는 당시 리더십이 역동적이었고, 당시 상황에 잘 맞았음을 보여주는 것입니다.

20세기의 극적인 사건들과 변화를 목격한 우리는 이제 21세기에 들어섰습니다. 이는 새로운 시간이고 새로운 시대입니다. 반세기 이상, 저는 우리 사회에 완전하게 잘 작동하는 민주제를 수립하는 게 아주 중요하다고 보았습니다. 그 결과 우리가 비록 망명 중이지만, 시콩(Sikyong, 섭정)은[13] 우리 정부에서 민주적으로 선출된 정치 지도자들 중 최고위직입니다. 내각 성명에서 언급했듯이, 시콩이라는 단어는 '정치 지도자'라는 뜻입니다. 이 단어는 이전부터 우리의 정치 용어 중 하나였습니다.

오늘은 민주 선거에 직접 참여했던 모든 티베트인에게 자랑스러운

---

13 티베트하우스 저펜은 '시콩'을 '섭정'으로 옮기고 있다. 즉 티베트 의회가 칼론 티빠의 칭호를 시콩(섭정)으로 개정한 것이다. (역주)

날입니다. 티베트에 사는 우리의 형제자매들은 민주 선거 참여는 고사하고, 자신들의 견해와 의견을 자유롭게 표현할 수도 없습니다만, 변해 가는 시대에 발맞춰 우리가 취하는 민주적 조처들을 듣는다면, 그들도 자랑스러워할 것입니다.

티베트가 임박한 외부의 위협에 직면했을 때, 저는 고작 16살 개구쟁이 소년이었고, 종교적인 공부에는 게을렀습니다. 하지만 18세의 나이로 정치 지도자가 되었던 제13대 달라이 라마처럼, 티베트가 몹시 어려운 시기를 겪고 있었기 때문에, 저도 16세에 정치적 책임을 져야 했습니다. 당시 섭정(시롱)은 딱다 린뽀체(Tagdra Rinpoche)였는데, 그로부터 지도자 자리를 물려받았습니다. 그 이후 몹시 어려운 60년이 흘러갔습니다. 하지만 티베트의 영적, 현세적 지도자로서 저는 티베트 이슈를 세계에 생생하게 유지할 수 있었습니다. 이것을 저의 작은 업적으로 봅니다.

제가 지금과는 다른 상황에서 티베트의 딱다 린뽀체 섭정으로부터 정치적 책임을 물려받은 지 60년이 지나, 저는 정치적 책임을 롭상 상게에게 완전히 이양합니다. 그는 새롭게 일반투표를 통해 선출된 칼론 티빠입니다. 이는 전 세계가 민주주의를 향해 나아가는 추세와 일치합니다.

천 년이 넘도록, 티베트인은 일상에서 불교를 실천해 왔고, 부처님의 완전한 가르침을 유지하고, 공부하고, 향상시킬 수 있었습니다. 오늘날 부처님 가르침의 완전한 경전은 티베트어로만 볼 수 있습니다. 그런 심원한 영적 전통의 수행자라면, 그 사람은 현실적이어야 하고, 시간의 변화에 따라 움직여야 합니다. 구시대의 낡은 관행을 위한 여지는 없습니다.

부처님은 사람들의 지적 수준과 필요에 맞춰서 영적인 수행을 가르쳤습니다. 게다가 수많은 변화가 세계에 일어나고 있습니다. 저는 세상이 왕, 종교 수장, 통치자들이 아닌, 70억에 달하는 사람들의 것이라고 종종 말하곤 합니다. 이런 말은 개별 국가에도 적용됩니다. 즉 통치자가 아니라 시민들이 권력을 가져야 합니다. 마찬가지로 티베트인이 티베트의 주인이지, 종교 수장이나 그들의 후계자가 아닙니다. 따라서 저는 종교적 지도자들이 정치적 지위를 갖는 것은 잘못되었다고 항상 말해 왔습니다. 저 자신이 정치적 권한을 가진 종교 지도자인데, 이는 제 말에 모순되는 점이어서 저를 불편하게 합니다.

이제 제가 설교한 내용을 실천하고 나니 자랑스럽고, 다른 사람에게도 이 원칙을 실천하라고 말할 것입니다. 그 원칙이란 나라는 국민에게 속하는 것이니 강제로 권력을 쥐고 있는 시대는 끝났다는 것입니다. 마찬가지로 저는 종교와 정치 분리의 중요성에 대해 강하게 계속 말할 것입니다.

저는 개인적으로 오늘 저의 가장 소중한 염원이 성취되었다고 느낍니다. 선거에 적극 참여하고 흥미를 보였던 망명 티베트인이야말로 이런 발전의 핵심입니다. 여러분들의 적극적인 참여를 통해, 우리는 높은 수준의 현대 교육을 받은 지도자를 선출할 수 있었습니다. 그래서 저는 열심히 일한 일반 대중에게 감사를 표하고 싶습니다. 롭상 상게는 최초로 민주적으로 선출된 시콩(섭정), 즉 완전한 정치적 권한과 책임을 맡은 티베트 정치 지도자가 되었습니다. 그는 정부를 성실과 책임을 다해 이끌 것입니다. 만일 입법부 구성원, 행정부

직원, NGO 멤버, 일반 대중이 전향적인 비판을 갖고 있다면, 비판하는 것이 옳습니다. 그 외에는 개인이나 집단의 이익보다 우리의 공동 대의를 더 중시하는 것이 극히 중요합니다. 최근 미국을 방문했을 때 저는 자신의 정당과 관련된 이슈는 부차적이어야 하고, 나라의 경제 안정이 최우선 관심사가 되어야 한다고 말했습니다. 마찬가지로 티베트가 생사를 건 투쟁을 할 때, 개인적인 명성이나 재산을 우리의 공동 대의보다 더 중요하게 여겨서는 안 됩니다.

다시 한번 티베트인의 노고에 대해 감사드립니다. 앞으로도 티베트인이 단합하여 공동의 염원을 실현했으면 합니다.

감사합니다.

28. 차기 달라이 라마

- 환생 문제에 대한 성명, 다람살라, 2011년 9월 14일 -

서문

티베트 안팎의 우리 티베트인 여러분, 티베트 불교 전통을 따르는 모든 분, 티베트와 티베트인과 관련이 있는 모든 분이여! 우리의 고대 왕들, 각료들, 그리고 탁월한 학승들의 선견지명 덕분에, 부처님의 완전한 가르침, 즉 삼승三乘의 경전적 체험적인 가르침, 4부 딴뜨라, 그리고 그와 관련된 주제와 규율 모두를 포괄하는 부처님의 완전한 가르침은 눈의 땅에 널리 번성했습니다. 티베트는 세계 불교와 불교 관련 문화적 전통의 원천이 되어 왔습니다. 특히 티베트는 아시아에 살아가는 수많은 사람들의 행복에 크게 기여했습니다. 여기에는 중국, 티베트, 몽골에 사는 사람들도 포함합니다.

티베트 불교 전통을 유지하는 과정에서, 우리는 탁월한 학승의 환생을 공인하는 독특한 티베트 전통을 발전시켰습니다. 이 전통은 다르마와 중생에게, 특히 승가 사회에 막대한 도움을 주었습니다.

전지全知의 겐둔 갸초(Gedun Gyatso)가 15세기의 겐둔 둡빠(Gedun Drub)의 환생으로 인정받고 확정된 이래, 간덴 포당 라당(Gaden Phodrang Labrang, 달라이 라마 제도)이 수립되고, 환생들을 잇달아 인정하였습니다. 세 번째로 승계를 한 소남 갸초(Sonam Gyatso)에게 달라이 라마 칭호가 주어졌습니다. 제5대 달라이 라마 아왕 롭쌍 갸초(Ngawang Lobsang Gyatso)는 1642년 간덴 포당 정부를 수립하고, 티베트의 영적, 정치적 수장이 되었습니다. 겐둔 둡빠 이래 600년 이상, 분명한 일련의 환생들이 달라이 라마의 계통으로 인정받았습니다.

달라이 라마들은 1642년 이래 369년 동안 티베트의 정치적, 영적 지도자로서 기능해 왔습니다. 저는 이제 이것을 자발적으로 종결지으려고 하는데, 우리가 세상 어디서나 번성하는 일종의 민주주의 정부 체제를 추구할 수 있다는 점이 자랑스럽고 만족스럽습니다. 사실상, 1969년 그 옛날에도, 저는 관련자들이 달라이 라마의 환생을 미래에 지속할지 결정해야 한다고 분명히 했습니다. 하지만 분명한 지침이 없는 상태에서, 관심 있는 대중들이 달라이 라마가 계속되기를 강력히 바라는 경우, 기득권 정치 세력이 환생 제도를 악용해서 정치적 의제를 달성할 수 있는 위험이 분명히 존재합니다. 따라서 제가 신체적, 정신적으로 건강할 때, 다음 달라이 라마를 공인하는 명백한 지침을 제시하는 것이 중요해 보입니다. 그래야 의심이나 속임수의 여지가 없게 됩니다. 이런 지침들을 충분히 이해하도록, 뚤꾸(Tulku, 화신) 인정 제도와 그 배후에 있는 기초 개념들을 반드시 이해해야 합니다. 따라서 저는 그것들을 아래 간략하게 설명하겠습니다.

전생과 내생

환생(reincarnation)이나 뚤꾸들의 실재를 수용하려면, 전생과 내생의 존재를 받아들여야 합니다. 중생들은 그들의 전생에서 금생으로 온 것이고, 죽은 다음에도 다시 태어납니다. 이런 지속적인 재생(再生, rebirth)은 고대 인도의 모든 영적 전통과 철학의 여러 학파들에 의해 수용되었습니다. 단 순세파(Charvakas, 차르바카)는 예외인데, 이 파는 일종의 유물론 운동이었습니다. 일부 현대 사상가들은 우리가 전생과 내생을 볼 수 없다고 해서 부인합니다. 다른 사람들은 이를 근거로 해서 명백한 결론을 내리지는 않습니다.

많은 종교 전통들이 재생을 수용한다고 해도, 재생이 무엇인지, 어떻게 재생하는지, 그리고 두 생 사이에 있는 전환기를 어떻게 통과하는지에 대해 서로 견해가 다릅니다. 어떤 종교적 전통은 미래 생의 가능성은 받아들이면서도, 전생이라는 개념은 부정합니다.

일반적으로 불교도들은 탄생에 시작은 없다고 믿고, 또 우리가 우리의 까르마와 파괴적인 감정들을 극복해서 존재의 순환에서 해탈하면, 이런 조건들에 휘둘리지 않고 재생하지 않는다고 믿습니다. 따라서 불교도들은 까르마와 파괴적인 감정들의 결과로서의 재생에는 끝이 있다고 믿습니다. 하지만 대다수의 불교 사상은 마음의 흐름이 끝난다는 점은 인정하지 않습니다. 과거의 재생과 미래의 재생을 부정하는 것은 근거, 경로, 결과라는 불교 개념과 모순됩니다. 이런 개념은 훈련받은 마음이거나 훈련받지 못한 마음을 기반으로 설명해야 합니다. 우리가 이런 논의를 수용한다면, 논리적으로 우리는 세상과 그 거주자들이 원인과 조건 없이 생긴다는 점을 수용해야 합니다. 따라서 당신이 불교도라면 전생과 내생을 받아들여야 합니다.

자신들의 전생을 기억하는 자들에게, 재생은 명백한 경험입니다. 하지만 대다수의 보통 사람들은 죽음, 중간 상태와[14] 재생의 과정을 통과하면서 자신들의 전생을 망각합니다. 전생과 내생이 그들에게 약간 희미하므로, 우리는 전생과 내생을 그들에게 증명하기 위해, 증거에 근거한 논리를 사용할 필요가 있습니다.

전생과 내생의 존재를 증명하기 위해 부처님의 말씀과 그 이후의 주석서에는 다양한 논리적 주장이 많습니다. 간단히 말하면, 네 가지 요점으로 귀결됩니다. 사물에는 그와 유사한 유형의 사물이 선행한다는 논리, 사물에 실체적인 원인이 선행한다는 논리, 마음은 과거의 사물에 익숙해진다는 논리, 그리고 과거에 존재하는 사물을 경험했다는 논리, 이 넷입니다.

궁극적으로 이 모든 주장은 마음의 본질, 마음의 명료함과 인식은

---

14 이른바 바르도(Bardo, 中有)를 말한다. (역주)

그 마음의 실체적인 원인으로서 명료함과 인식을 가져야 한다는 생각에 기초합니다. 마음은 어떤 다른 사물, 즉 무생물과 같은 것을 실체적인 원인으로 가질 수 없습니다. 이는 자명합니다. 논리적으로 분석해 보면, 그 명료함과 인식의 새로운 흐름은 원인 없이 생길 수도 없고, 아무 관련 없는 원인에서 생길 수도 없다는 점을 우리는 추론할 수 있습니다. 우리는 마음이 실험실에서 만들어질 수 없다는 점을 관찰할 수 있고, 어떤 것도 마음의 미묘한 명료함 그리고 미묘한 인식의 지속성을 없앨 수도 없다는 점도 추론합니다.

제가 아는 한, 현대의 심리학자, 물리학자, 신경과학자 중에서 그 누구도 물질에서 마음이 생긴다는 것, 마음이 원인 없이 생긴다는 것을 관찰하거나 예견할 수는 없었습니다.

바로 직전의 전생 또는 많은 전생을 기억할 수 있는 사람들, 그 전생의 장소나 친척까지 알아보는 사람들이 있습니다. 이것은 그저 과거에 일어났던 일이 아닙니다. 오늘날에도 동서양에서 자기 전생의 사건과 경험들을 기억해내는 사람들이 많습니다. 이를 부인하는 것은 이러한 증거에 역행하는 것이므로 정직하고 공정하게 연구를 수행하지 않는 것과 같습니다. 환생을 공인하는 티베트 체계는 자신들의 전생에 대한 사람들의 기억에 근거한, 정식 조사 방식입니다.

재생이 일어나는 방식

죽음 이후 재생을 얻는 방식에는 두 가지가 있습니다. 까르마와 파괴적인 감정의 지배 아래에서의 재생과, 자비와 기도의 힘에 의한 재생입니다. 첫 번째 재생에 대해서는, 무명에 의해서 긍·부정적 까르마가 만들어지고, 그 흔적이 의식에 남습니다. 이런 흔적들이 탐욕과 집착 때문에 재활성화되어서, 우리를 내생으로 내몹니다. 그러면 우리는 비자발적으로 더 높거나 낮은 곳에 재생합니다. 이것은 평범한 존재들이 수레바퀴 돌아가듯이 끊임없이 존재 속을 순환하는 방식입니다. 그런 상황에서도 평범한 존재들은 일상적인 삶에서 긍정적인 소망을 갖고 부지런히 유덕한 행위를 할 수 있습니다. 그들이 덕德에 익숙하게 되면, 죽을 때 그 덕이 재활성화될 수 있고, 그 덕은 그들이 더 높은 곳에 태어날 수 있도록 합니다. 반면에 깨달음의 길을 얻은 우월한 보살들은 까르마와 파괴적인 감정의 힘을 통해 재생하지는 않습니다. 오히려 중생에 대한 자비심 덕분에 그리고 타인에게 도움을 주겠다는 기도에 근거해서 재생합니다. 그들은 미래의 부모들뿐만 아니라 재생의 장소와 시간까지 선택할 수 있습니다. 그런 재생, 즉 오직 타인만을 위한 재생은 자비와 기도의 힘을 통한 재생입니다.

뚤꾸(Tulku)의 의미[15]

뚤꾸(부처님의 化身, 應身, Buddha's Emanation Body)라는 호칭을 공인된 환생들에게 적용하는 티베트의 관습은, 귀의자들이 그 말을 존칭으로 사용했을 때였던 것 같습니다. 하지만 그 이후 그것은 일반적인 표현이 되었습니다. 뚤꾸는 보통 부처님의 특별한 모습, 즉 경승(經乘, the Sutra Vehicle)에 묘사된 셋, 또는 네 개의 모습 중 하나의 모습을 지칭하는 말입니다. 부처님의 이런 모습들에 대한 설명에 따르면,

---

15 티베트어 발음 표기는 sprul-dku이다. (역주)

파괴적인 감정과 까르마에 전적으로 사로잡힌 사람도, 법신(法身, Dharmakaya)을 성취할 잠재력은 가지고 있습니다. 이 법신은 지혜신 (智慧身, Wisdom Truth Body)과 자성신(自性身, Nature Truth Body)을 가집니다. 지혜신은 부처님 한 분의 깨달은 마음을 가리키는데, 그 마음은 마치 만물을 한 찰나에, 있는 그대로 직접, 자세히 봅니다. 그 마음은 장기간에 걸친 공덕과 지혜의 축적을 통해, 모든 파괴적인 감정들과 그 자국들이 완전히 지워졌습니다. 후자, 즉 자성신은 모든 것을 아는 깨달은 마음의 공성을 가리키는 것입니다. 이 두 신身은 부처님 자신들을 위한 모습입니다. 그 모습들은 다른 사람들에게 직접 보이지 않고 오직 부처님 자신들에게만 보이므로, 중생들을 돕기 위해 부처님들은 반드시 중생이 볼 수 있는 몸(身)으로 현현해야 합니다. 따라서 부처님 한 분의 궁극적인 신체적 모습이 완전한 보신 (報身, Sambhogakaya)인데, 탁월한 보살은 이 몸을 볼 수 있습니다. 이 몸은 또 다섯 가지 특성을 가지고 있는데 색구경(色究竟, akanishta, 阿迦膩吒·아가니타)천에 머무는 것도 그중 하나입니다. 보신으로부터 부처님들의 무수한 화신들, 곧 부처님들의 똘꾸(Nirmanakaya)들이 현현합니다. 이런 화신은 신이나 인간의 몸으로 나타나서 평범한 존재들에게도 나타납니다. 부처님의 이 두 가지 신체적 모습이 색신이 고, 이것들은 다른 중생을 위한 것입니다.

화신은 세 가지입니다. (1) 첫 번째는 석가모니 부처님 같은 지고의 화신 곧 역사적 부처님이신데, 이 분은 태어날 장소를 선택하는 등 보통 부처님의 열두 가지 행위를 보였습니다. (2) 다음이 예능적 화신인데, 이는 장인이나 예능인 등으로 나타나 타인을 섬깁니다.

(3) 다음은 육화하는 화신인데, 이것에 따르면, 부처님들은 인간, 신, 강, 다리, 약초, 나무 등으로 나타나 중생을 돕습니다. 이 세 가지 화신 중, 티베트에서 뚤꾸로 인정받고 알려지는 영적 스승들의 환생은 세 번째 범주에 속합니다. 뚤꾸 중에는 부처님들이 육화한 화신이라고 진실로 인정받는 화신이 있을 수도 있는데, 물론 그들 모두에 해당하는 것은 아닙니다. 티베트의 뚤꾸 중에는 탁월한 보살들, 선업을 쌓고 준비의 길에 있는 보살들, 그리고 앞으로 분명히 보살도로 나아가야 할 스승들도 있습니다. 따라서 뚤꾸의 칭호는 환생한 라마들에게 주어지는데, 여기에는 두 가지 근거가 있습니다. 그들이 깨달은 자들과 닮았거나, 또는 깨달은 존재들이 가지는 어떠한 자질과 관련성이 있는 것입니다.

잠양 크옌체 왕뽀(Jamyang Khyentse Wangpo)는 말했습니다. "환생은 전임자가 입적한 이후에 누군가가 생을 받을 때 생긴다. 화신은 원천(전임자)의 입적 없이도 현현할 수 있다."

환생의 인정

누군가의 전생을 확인해서 누가 누구인지를 인정하는 행위는 석가모니 부처님의 재세 시에도 일어났습니다. 율장의 아함 부분, 본생담, 현우경, 백업경 등에 수많은 설명이 나옵니다. 이 설명에서 여래는 업의 작동을 보여줌으로써, 전생에 지은 어떤 업의 과보가 현생에 어떤 경험으로 이어지는지를 보여주는 무수한 이야기를 들려주고 있습니다. 부처님 이후에 살았던 인도 스승들의 생애 이야기에서는, 대부분 이전의 출생지를 밝히고 있습니다. 그런 이야기는 많이 있었지만 환생을 인정하고 순번을 매기는 제도는 인도에서는 일어나지 않았습니다.

티베트에서 환생을 인정하는 체계

불교가 도착하기 전 티베트 토착의 본(Bon) 전통은 전생과 내생을 주장했습니다. 티베트에 불교가 유입된 이래, 거의 모든 티베트인은 전생과 내생을 믿어 왔습니다. 다르마를 지켜온 많은 영적 스승들의 환생을 조사하는 것 그리고 그들에게 진심으로 기도하는 풍습은 티베트 모든 곳에서 번성했습니다. 많은 정전들, 마니 까붐(Mani Kabum)과 '5겹의 까탕 가르침'과 같은 티베트 토착 서적, 그리고 '까담 제자들의 서書' 그리고 '보석만寶石鬘: 질문들에 대한 대답'(11세기 티베트에서 영예롭고 비길 바 없는 인도 스승 디빵카라 아티샤가 설함)과 같은 서적들은, 자비의 보살인 성자 관세음의 환생에 대해 이야기합니다. 하지만 스승의 환생을 공식적으로 인정하는 현재의 전통은, 13세기 초 까르마빠 빡시(Karmapa Pagshi)를 까르마빠 뒤쑴 켄빠(Karmapa Dusum Khyenpa)의 환생으로 인정하는 데서 시작되었습니다. 까르마빠 뒤쑴 켄빠의 제자들이 스승의 예언을 따른 것이었습니다. 그 이후 900여 년에 걸쳐서 17인의 까르마빠의 육화가 있었습니다. 마찬가지로 15세기 꾼가 상모(Kunga Sangmo)를 켄도 최끼 된모(Khandro Choekyi Dronme)의 환생으로 인정한 이래, 쌈딩 돌제 팍모(Samding Dorje Phagmo)는 열 번 이상 환생했습니다. 티베트에서 뚤꾸로 인정받은 인물 중에는 출가자들, 그리고 남녀 재가자 딴뜨라 수행자들이 있습니다. 환생을 인정하는 이런 체계가 점차 다른 티베트 불교 전통들,

티베트 본토의 본(Bon)으로 확산했습니다. 오늘날 모든 티베트 불교 전통들, 즉 샤캬, 닝마, 조낭과 보동에서 공인된 뚤꾸들이 있습니다. 이들 전통은 모두 다르마를 섬깁니다. 물론 이들 뚤꾸 중 일부는 불명예라는 것도 분명합니다.

전지全知의 게뒨 둡빠(Gedun Drub)는 제 총카빠(Je Tsongkhapa)의 직계 제자로서, 짱 지역에 따씨 훈뽀(Tashi Lhunpo) 사원을 창설했고 제자들을 돌보았습니다. 그는 1474년 84세의 나이로 입적했습니다. 처음에는 그의 환생을 확인하려는 아무런 노력도 없었지만, 사람들은 1476년 짱 지역의 따낙에 태어난 상계 쵸펠(Sangye Chophel)이란 이름의 어린이를 인정할 수밖에 없었습니다. 자신의 전생에 대한 놀랍고도 완벽한 기억을 그가 말했기 때문입니다. 그 이후, 간덴 포당 라당, 나중에는 간덴 포당 정부에 의해서 달라이 라마들의 연이은 환생들을 찾고 인정하는 전통이 세워졌습니다.

환생을 공인하는 방식들

뚤꾸를 공인하는 제도가 시작되고, 여러 절차가 생기고 늘어나기 시작했습니다. 이것 중 가장 중요한 부분은 다음과 같습니다. 전임자가 남긴 예언적인 편지와 앞으로 일어날 수 있는 일에 대한 지침이나 징후, 자신의 전생에 대해 믿을 만한 이야기, 전임자의 소유물을 식별하고 그와 가까운 사람들을 알아보는 것 등입니다. 이것들과 별도로, 추가적인 방법으로 믿을 만한 영적 스승들에게 그들의 점괘를 묻거나 무아지경에 빠진 영매靈媒를 통해 나타나는 세속적인 신탁을 구하고, 라싸 남쪽의 성스러운 호수 라모 라초(Lhamoi Latso)와 같은

266

수호신들의 호수에서 나타나는 환영을 관찰하기도 합니다.[16]

뚤꾸로 인정할 만한 예비 후보자가 두 사람 이상이어서 결정하기가 어려울 때는, 진리의 힘을 빌며 성상 앞에서 반죽 공법(zen tak)을 사용한 점괘로 최종 결정을 내립니다.

전임자가 입적하기 전의 화신(마 데이 뚤꾸 Ma-dhey Tulku)

보통 환생은 먼저 한 사람이 죽고 난 다음 어떤 사람이 인간으로서 재생해야 합니다. 일반 중생은 죽기 전 화신(마 데이 뚤꾸 ma-dhey tulku)을 드러내지 못합니다. 하지만 동시에 수백, 수천 개의 육체에 깃들 수 있는 탁월한 보살들은 죽기 전에도 화신을 드러낼 수 있습니다. 뚤꾸를 인정하는 티베트 제도에서는, 전임자와 동일한 심心의 흐름에 속하는 화신들도 있습니다. 어떤 화신들은 까르마와 기도의 힘을 통해 다른 이들과 연결되기도 하고, 축복과 임명의 결과로서 오는 화신들도 있습니다.

환생이 출현하는 주요 목표는 다르마와 중생들을 섬기는 데 있어서 전임자가 완수하지 못한 일을 지속하는 것입니다. 일반적인 존재인 어떤 라마의 경우, 동일한 심 상속에 속하는 환생을 갖는 대신, 그

---

16 라모 라초는 남부 티베트의 신성한 호수 이름이다. 환생을 진짜로 믿고 있느냐는 질문에 대해서는 제14대 달라이 라마는 자서전에서 다소 조심스러운 데가 있다. 그는 자신보다 앞서간 열세 명의 달라이 라마와 챈레식(보살), 그리고 붓다가 "나와 영적으로 연결되어 있다는 믿음은 어렵지 않게 받아들일 수 있다"고 말한다. 『달라이 라마 자서전: 유배된 자유를 넘어서』, 텐진 갸초 지음, 심재룡 옮김(정신세계사, 2012, 2판 4쇄), p.39 참조.

라마와 연결되는 다른 사람이 순수한 까르마와 기도를 통해 그/녀의 화신이 될 수 있습니다. 혹은 그 라마가 자기 제자나 자신의 화신으로 인정받는 어떤 청년을 후계자로 지명할 수도 있습니다. 평범한 존재의 경우 이러한 선택들이 가능하므로, 죽기 전에 같은 심 상속이 아닌 화신도 실현할 수 있습니다. 어떤 경우에는 어느 수준 높은 라마가 동시에 여러 환생, 즉 몸, 말, 마음의 육화 등을 가질 수도 있습니다. 최근에는 도드줌 지그드랄 예쉐 돌제(Dudjom Jigdral Yeshe Dorje)와 쵸계 트리첸 아왕 켄랍(Chogye Trichen Ngawang Khyenrab)처럼 죽기 전에 잘 알려진 화신들이 있었습니다.

황금 항아리 사용

타락의 시대(말세)가 더 나빠지고, 정치적인 동기에 의한 환생을 포함해서 고위직 라마들의 환생들이 더 많이 인정되자, 점점 더 많은 수의 환생들이 부적절하고 미심쩍은 방법을 통해 인정되었습니다. 그 결과 다르마에 커다란 피해가 생겼습니다.

티베트와 구르카(Gurkhas, 1791~93)가 갈등하는 동안, 티베트 정부는 만주족 군사의 지원을 요청해야 했습니다. 결과적으로 구르카 군대는 티베트에서 축출되었습니다. 하지만 그 후 만주족 관리들은 티베트 정부의 행정을 효율적으로 만든다는 구실로 29개 조항을 제안했습니다. 그 제안은 달라이 라마들, 빤첸(Panchen) 라마 그리고 후툭투스(Hutuktus·고위직 라마에게 주어지는 몽골의 칭호)의 환생을 인정할지 결정하기 위해, 황금 항아리에서 제비뽑기를 하자는 내용을 포함하고 있습니다. 따라서 이 절차는 달라이 라마, 빤첸 라마, 다른 고위직 라마들의 환생을 알아봐야 할 때에도 사용되었습니다. 8대 달라이 라마 잠뻴 갸초(Jampel Gyatso)는 따라야 할 의례를 기록했습니다. 그런 제도를 도입한 이후에도, 이 절차는 9대, 10대 그리고 제14대인 제 경우에는 생략했습니다.

10대 달라이 라마의 경우에도, 진정한 환생은 이미 발견되었으므로 이런 절차를 따르지 않았습니다. 하지만 만주족의 기분을 맞춰주려고 이런 절차를 따랐다고 발표만 했습니다.

황금 항아리 제도는 실제로 11대, 12대 달라이 라마 때만 사용했습니다. 하지만 12대 달라이 라마는 그런 절차가 진행되기 전 이미 인정되었습니다. 따라서 이 방법을 사용해서 달라이 라마가 인정된 적은 한 번밖에 없었습니다. 마찬가지로 빤첸 라마의 환생 중에서도, 8대와 9대를 제외하고 이런 방법이 사용된 사례는 없었습니다. 이 제도는 만주족이 강요한 것입니다. 티베트인은 거기에는 영적인 성질이 없어서 그것을 전혀 믿지 않았습니다. 하지만 우리가 그것을 정직하게 사용하면 반죽 공법을 이용한 점술 방식과 비슷하다고 볼 수 있을 것 같습니다.

1880년 제13대 달라이 라마를 12대의 환생으로 인정하는 동안, 티베트와 만주족 사이에 사제司祭-후원자 관계의 흔적이 여전히 존재했습니다. 8대 빤첸 라마, 네충과 삼예의 예언, 그리고 라모 라초 호수에 나타난 환영을 관찰함으로써 제13대 달라이 라마는 틀림없는 환생이라 인정받았으므로, 황금 항아리 절차는 따르지 않았습니다. 이것은 13대 달라이 라마가 물·원숭이 해(1933)의 마지막 성명을 보면 분명히 이해할 수 있습니다. 그는 그 안에서 이렇게 말했습니다.

'여러분 모두가 아시다시피, 저는 황금 항아리 제비뽑기라는 관례에 의해서 선택된 것이 아닙니다. 저의 선택은 이미 예언되었고 점쳐졌습니다. 이와 같은 점과 예언에 따라서 저는 달라이 라마의 환생으로 인정받았고, 그 지위에 올랐습니다.'

제가 1939년 달라이 라마의 14번째 환생으로 인정받았을 때, 티베트와 중국 사이에 사제-후원자 관계는 이미 끝나 있었습니다. 따라서 황금 항아리를 이용해서 환생을 확인해야 할 필요는 전혀 없었습니다. 당시 티베트 섭정과 티베트 의회는 달라이 라마의 환생을 인정하는 절차를 따랐는데, 고위직 라마들의 예언, 신탁과 라모 라초 호수에서 본 환영을 감안했습니다. 여기에 중국인은 어떤 방식으로도 관여하지 않았습니다. 하지만 이에 관심이 있었던 국민당의 관리 중 일부는 나중에 교활하게 신문을 통해 거짓말을 퍼뜨리며, 그들이 황금 항아리 사용을 금지하는 데 동의했으며 우충신(Wu Chung-tsin)이 저의 즉위식을 주관했다는 등의 주장을 했습니다. 이 거짓말은 전국인민의회의 상무위원회 부의장인 가보 아왕 직메(Ngabo Ngawang Jigme)가 티베트 자치구의 제5차 인민의회 2차 회의(1989년 7월 31일)에서 폭로했는데, 이 사람은 중화인민공화국이 가장 진보적이라고 간주한 인물이었습니다. 이는 그가 자신의 연설 말미에 사건들을 상세히 설명하고 증거 문건을 제시했을 때 분명히 드러났습니다. 그는 이렇게 요구했습니다. '공산당이 국민당의 거짓말을 따라가서 무슨 소용이 있겠습니까?'

기만적인 술책과 거짓 희망들

최근에는 부유한 라마가 소유한 영지의 무책임한 관리자들이 환생을 인정하는 부정한 방식들에 탐닉하는 경우들이 있었습니다. 이런 행위는 결국 다르마, 사원 공동체와 우리 사회를 훼손했습니다. 더욱이 만주 시대부터 중국의 정치권력은 티베트와 몽골의 사안들에 관여하면서 불교와 불교 스승, 뚤꾸들을 정치적 목적을 달성하기 위한 도구로 이용하며 여러 가지 기만적인 수단을 반복해서 사용했습니다. 오늘날 중화인민공화국의 권위주의적 통치자들은 그들 스스로 공산주의자로서 종교를 부정하면서도, 종교적 사안에 관여하고 있고, 소위 재교육 캠페인을 벌이고 있으며, 환생의 통제와 인정에 관련된 소위 명령 5호를 선포했습니다. 이 명령은 2007년 9월 1일에 시행되었습니다. 이는 말도 안 되며 부끄러운 일입니다. 티베트 고유의 문화 전통을 없애기 위해, 환생을 인정하는 여러 부정한 방법을 강요하는 것은 회복하기 어려운 피해를 주는 것입니다.

더욱이 중국 지도자들은 저의 죽음을 기다리고 있으며, 그들이 선택한 15대 달라이 라마를 인정할 것이라고 그들은 말하고 있습니다. 최근의 그들의 규칙, 규제, 그리고 후속 선언들을 보면, 그들은 티베트인, 티베트 불교 전통의 추종자들, 세계 공동체를 속일 간교한 책략을 가지고 있음이 분명합니다. 따라서 다르마와 중생을 보호하고 그런 해로운 계략을 막아야 할 책임이 있는 사람으로서 저는 다음과 같이 선언합니다.

달라이 라마의 다음 환생

앞에서 제가 말했듯이, 환생은 다음 두 가지를 통해 일어나는 현상입니다. 하나는 관련 당사자의 자발적인 선택을 통해서, 또 다른 하나는 적어도 그 사람 자신의 까르마의 힘이나 공덕과 기도의 힘을 통해서 일어납니다. 따라서 언제 그리고 어떻게 재생할지, 그리고 그 환생이 어떻게 인정되어야 하는지에 대해 환생하는 그 사람만이 합당한 권능을 누립니다. 다른 그 누구도 당사자를 강제할 수 없고, 조종할 수도 없는 것이 사실입니다. 중국 공산주의자들이 환생 제도에, 특히 달라이 라마와 빤첸 라마의 환생에 관여하는 것은 정말 부적절합니다. 왜냐하면 그들은 환생한 뚤꾸 개념은 물론 전생과 내생이라는 관념조차 명시적으로 부정하고 있기 때문입니다. 그런 후안무치의 간섭은 그들 자신의 정치 이념에 모순되고, 그들의 이중 잣대를 드러냅니다. 이런 상황이 미래에도 지속된다면, 티베트인과 티베트 불교 전통을 따르는 사람들이 환생을 인정하거나 받아들이기가 불가능해집니다.

90세가 되면, 저는 티베트 불교 전통의 고위직 라마, 티베트 대중, 티베트 불교 전통을 따르는 다른 관계자들과 의논하여, 달라이 라마 제도를 지속할지 말지에 대해 재평가할 것입니다. 그것을 근거로 우리는 결정을 내릴 것입니다. 만일 달라이 라마의 환생이 지속되어야 하고, 15대 달라이 라마가 인정되어야 한다면, 그 책임은 달라이 라마 간덴 포당 신탁(Dalai Lama's Gaden Phodrang Trust)의 담당자에게 있습니다. 그들은 티베트 불교 전통 내의 여러 수장, 그리고 달라이 라마 계통과 떼려야 뗄 수 없는 관계로 맹세에 묶여서 믿을 수 있는 다르마 수호자들에게 자문을 구해야 합니다. 그들은 이 같은 관련자에게 충고나 지시를 구하고, 옛 전통에 따라서 조사와 인정의 절차를 실행해야 합니다. 이에 대해 저는 명백한 서면 지침을 남길 것입니다. 그런 합법적 방법을 통해 인정된 환생이 아니라면, 누구에 의해서든 정치적인 목적을 위해 선택된 후보자는 인정하거나 수용할 수 없습니다. 거기에는 중화인민공화국의 사람들도 포함됩니다. 이를 명심하십시오.

3부

. . .

티베트 문제에 대한 설명

29. 마하트마 간디에의 헌정獻呈

- 노벨 평화상 수락 연설, 오슬로, 아울라 대학, 1989년 12월 10일 -

폐하, 노벨 위원회 위원님, 그리고 형제·자매 여러분! 저는 오늘 여기 와서 노벨 평화상을 수상하게 되어 대단히 기쁩니다. 여러분들께서 저같이 평범한 티베트 불교 승려에게 이렇게 귀한 상을 주셔서 영광스럽고, 부끄럽고, 깊이 감동하였습니다. 저는 전혀 특별한 사람이 아닙니다. 하지만 저는 이 상이 이타주의, 사랑, 자비, 비폭력의 진정한 가치를 인정하는 것이라고 믿습니다. 저는 이런 가치들을 부처님과 인도와 티베트 성자들의 가르침에 따라 실천하려고 노력하고 있습니다.

저는 곳곳에서 억압받는 모든 사람, 자유와 세계평화를 위해 힘써 노력하는 모든 사람을 대신해서 깊은 감사의 마음으로 이 상을 받습니다. 저는 이 상을 변화를 위한 비폭력 행동의 현대 전통을 세운 마하트마 간디에 바치는 헌정으로서 받습니다. 그의 삶이 저를 가르쳤고 저에게 영감을 주었지요. 그리고 물론 저는 계속 고통받는 600만 티베트인, 티베트 본토에 있는 저의 용감한 남녀 동포를 위해 이 상을 받습니다. 그들은 민족적, 문화적 정체성을 말살하려는 계산되고 조직적인 책략에 맞서고 있습니다. 이 상은 진리, 용기, 결의를 무기로 삼아서 티베트가 해방될 것이라는 우리의 확신을 재확인해 줍니다.

세상의 어디에서 왔건 우리는 근본적으로 같은 인간입니다. 우리는 모두 행복을 추구하고 고통을 피하려고 합니다. 우리는 근본적으로 모두 같은 욕구와 걱정을 갖고 있습니다. 우리 인간 모두는 개인으로서 그리고 하나의 민족으로서 우리 자신의 운명을 결정할 자유와 권리를 원합니다. 그것이 인간의 본성입니다. 동유럽에서 아프리카에 이르는 세계 곳곳에서 일어나고 있는 커다란 변화들이 바로 이런 사실을 분명히 보여주고 있습니다.

중국에서는 금년 6월 민주화를 위한 민중운동이 잔혹한 폭력으로 진압됐습니다. 그러나 저는 시위가 헛된 것이었다고 믿지 않습니다. 왜냐하면 자유의 정신이 중국 인민들 사이에서 다시 불타올랐고, 중국은 세계 여러 지역을 휩쓸고 있는 이 자유 정신의 영향을 피할 수 없기 때문입니다. 용감한 학생들과 그들의 지지자들은 중국 지도부와 세계에, 위대한 국가가 가진 인간의 얼굴을 보여주었습니다.

지난주 많은 티베트인이 다시 한번 대규모 보여주기식 재판에서 최고 19년의 징역형을 선고받았는데, 오늘의 행사 전에 주민들을 겁주기 위한 것일 겁니다. 그들의 유일한 범죄는 사랑하는 조국의 독립을 회복하고자 하는 널리 퍼진 열망을 표출한 것뿐이었습니다.

지난 40년의 점령 기간 동안 티베트인이 당한 고통은 문서로 잘 남아 있습니다. 우리의 투쟁은 장기간의 투쟁이었죠. 우리는 우리의 대의가 정당하다는 것을 알고 있습니다. 왜냐하면 폭력은 더 많은 폭력과 고통을 낳을 것이고, 우리의 투쟁은 반드시 비폭력적인 것이어야 하고, 증오가 없어야 하기 때문입니다. 우리는 우리 민족의 고난을 종식하려고 하지, 다른 민족에게 고통을 주려고 하지는 않습니다.

이를 염두에 두고 저는 여러 차례 티베트와 중국 간의 협상을 제안했습니다. 1987년 저는 티베트의 평화와 인권 회복을 위한 5항목 평화플랜(Five-Point Plan)에서 구체적인 제안을 했습니다. 여기에는 티베트고원 전체를 인간과 자연이 평화롭고 조화롭게 살 수 있는 평화와 비폭력의 성역인 비폭력 지대(Zone of Ahimsa)로 전환하는 것이 포함되어 있습니다.

작년에 저는 스트라스부르의 유럽의회에서 그 플랜에 대해 자세히 설명했습니다. 그때 제가 표명한 아이디어가 현실적이고 합리적이라고 저는 생각하지만, 일부 사람들은 그것들이 너무 유화적이라고 비판하기도 했습니다. 불행히도 중국 지도자들은 중요한 양보를 포함하고 있는 우리의 제안에 긍정적인 반응을 보이지 않았습니다. 이것이 계속된다면 우리는 우리의 입장을 재고할 수밖에 없을 것입니다.

티베트와 중국의 모든 관계는 평등, 존중, 신뢰 및 상호이익의 원칙에 기초해야 합니다. 그 관계는 또한 티베트와 중국의 현명한 통치자들이 이미 서기 823년에 맺은 조약에서 정한 원칙에 따라야 할 것인데, 그 원칙은 라싸에 있는 티베트의 가장 신성한 사원인 조캉 앞에 오늘날에도 여전히 서 있는 기둥에 새겨져 있습니다. "티베트인은 위대한 티베트 영토에서 행복하게 살고 중국인은 위대한 중국 영토에서 행복하게 살 것이다."

불교 승려로서, 저의 관심은 인류의 전 가족에게, 그리고 고통당하는 모든 생명에게 확장됩니다. 모든 고통은 무명 때문에 촉발된다고 저는 믿고 있습니다. 사람들은 자신들의 행복이나 만족을 이기적으로 추구하는 데서 타인에게 고통을 줍니다. 하지만 진정한 행복은 형제애와 자매애에서 옵니다. 우리는 상대방에 대해 그리고 우리가 공유하고 있는 지구에 대해 보편적인 책임감을 길러야 합니다. 저는 우리가 우리의 적으로 간주하는 사람들을 위한 사랑과 자비심을 불러일으키는 데 저의 불교가 도움이 된다는 것을 발견했습니다. 하지만, 저는 모든 사람이 종교가 있든 없든 선한 마음과 보편적인 책임감을 기를 수 있다고 확신합니다.

과학이 우리 삶에 미치는 영향이 날로 커지고 있지만, 종교와 영성은 인간성을 상기시켜 줌으로써 더 큰 역할을 하게 되었습니다. 과학과 종교 사이에는 모순이 없습니다. 둘은 서로에 대한 귀중한 통찰력을 제공합니다. 과학 그리고 부처님의 가르침은 모두 만물의 근본적인 일치를 말합니다. 이러한 이해는 우리가 환경에 대한 세계의 긴급한 관심에 대해 긍정적이고 단호한 조치를 취하는 데 아주 중요합니다. 저는 모든 종교가 인간의 선함을 길러주고, 모든 인간에게 행복을 가져다준다는 동일한 목표를 추구한다고 믿습니다. 수단은 달라 보여도 목적은 같습니다.

금세기 마지막 10년으로 접어들면서 저는 인류를 지탱해 온 고대의 가치들이 오늘날 우리가 더 친절하고 행복한 21세기를 준비하도록 스스로의 가치를 재확인하고 있다고 낙관합니다.

저는 우리 모두를 위해, 압제자와 친구 모두를 위해, 우리 함께 인간적인 이해와 사랑을 통해 더 나은 세계를 건설하는 데 성공해서, 모든 생명의 고통을 줄일 수 있도록 기도합니다.

감사합니다.

30. 진리와 비폭력의 힘

- 노벨 강연, 1989년 12월 11일 -

형제자매 여러분!

오늘 여러분과 함께 있어서 영광스럽고 기쁘게 생각합니다. 저는 세계 각지에서 온 옛 친구들을 만날 수 있어서 그리고 새로운 친구들을 만들 수 있어서 아주 행복합니다. 새로운 친구들은 앞으로도 다시 만나기를 바랍니다. 세계 곳곳에서 사람을 만날 때, 저는 항상 우리가 기본적으로 비슷하다는 생각이 듭니다. 우리는 모두 인간입니다. 아마 다른 옷을 입고, 피부색도 다르고, 다른 말을 사용하고 있을 수 있습니다. 하지만 그것은 겉으로 보기에 그렇습니다. 그러나 근본적으로, 우리는 같은 인간입니다. 그 사실로 우리는 서로 묶여 있고, 서로를 이해할 수 있고, 우정과 친밀감을 키울 수 있습니다.

저는 오늘 무슨 이야기를 할까 생각하다가 인간 가족의 일원으로서 오늘 우리 모두가 직면하고 있는 공동의 문제에 대한 제 생각을 나누기로 했습니다. 우리는 모두 이 작은 행성을 공유하고 있으므로, 서로 간에 그리고 자연과 더불어 조화롭고 평화롭게 살아가기를 배워야 합니다. 이건 그저 꿈이 아니라 꼭 필요한 일입니다. 우리는 아주 다양한 방식으로 서로 의존해 있으므로, 더 이상 고립된 사회 안에 살아가면서 사회 밖에서 일어나는 일을 무시할 수는 없습니다. 우리가 즐기는 행운을 공유해야 합니다. 저는 그저 한 명의 인간으로서,

단순한 승려로서 여러분에게 말씀드립니다. 제가 말씀드리는 것이 유용하다고 생각하시면, 한번 실천해 보시길 바랍니다.

저는 오늘 티베트인들의 역경과 염원에 대한 제 심정을 여러분과 나누고 싶습니다. 이 노벨상은 지난 40년간의 외국 점령기 동안 용기와 불굴의 결의를 보여주었기 때문에 티베트인들이 받아 마땅한 상입니다. 저는 포로가 된 저의 남녀 동포들을 위한 자유 대변자로서 그들을 위해 말하는 것을 제 의무로 여깁니다. 우리 민족의 엄청난 고난 그리고 우리 국토, 가정, 문화를 파괴한 책임이 있는 자들에 대해 분노나 증오의 감정을 갖고 말씀드리는 것은 아닙니다. 그들 역시 행복을 찾기 위해 몸부림치는 인간이므로 우리의 자비심을 받을 만합니다. 저는 오늘날의 제 조국이 처한 슬픈 처지와 제 국민의 염원에 대해 여러분에게 알려드립니다. 왜냐하면 자유를 위한 우리의 투쟁에서 진리만이 우리가 가진 유일한 무기이기 때문입니다.

행복을 추구하고 고통을 피하려고 한다는 점에서 우리가 기본적으로 같은 인간이라는 깨달음, 이런 깨달음은 형제애와 자매애 그리고 타인에 대한 사랑과 자비심이라는 따뜻한 감정을 키우는 데 아주 유용합니다. 이런 깨달음은 또 끊임없이 작아지는 우리 세계에서 살아남자면 꼭 필요한 것입니다. 왜냐하면 만일 우리가 우리 자신에게 이득이 된다고 믿는 것만 이기적으로 추구하고, 타인들의 욕구를 돌보지 않는다면, 우리는 타인을 해치게 될 뿐만 아니라 우리 자신도 해치게 되기 때문입니다. 이런 사실은 20세기를 지나는 동안 아주 분명해졌습니다. 오늘날 핵전쟁을 벌인다는 것이 자살과 같은 행태라는 점을 우리는 알고 있습니다. 또 단기적인 이익을 좀 얻기 위해 공기나 해양을 오염시켜서 우리가 우리 생존의 토대 자체를 허물고 있다는 것도 알고 있습니다. 우리는 서로 상호의존적이므로, 제가 말하는 보편적 책임감을 기르는 길밖에 다른 선택지가 없습니다.

오늘날 우리는 진정한 글로벌 가족입니다. 세계의 어느 한 지역에서 일어난 일은 우리 모두에게 영향을 줍니다. 이런 사실은 부정적인 일에만 아니라, 긍정적인 발전에도 마찬가지로 타당합니다. 놀라운 현대 통신 기술 덕분에 우리는 다른 곳에서 일어나는 일을 알 뿐만 아니라, 아주 먼 곳에서 일어나는 사건에 직접 영향을 받습니다. 동아프리카의 아동이 굶고 있다면 우리는 슬픔을 느낍니다. 마찬가지로 베를린 장벽으로 수십 년간 떨어져 있던 가족들이 재결합한다면 우리는 기쁜 감정을 느낍니다. 원자력 사고가 멀리 떨어진 다른 나라에서 일어나도 우리의 곡물과 가축은 오염되고, 우리의 건강과 생계는 위협받습니다. 다른 대륙에서 교전 중인 쌍방 간에 평화가 도래하면 우리 자신의 안전도 높아집니다.

전쟁과 평화, 자연 파괴와 보호, 인권 및 민주적 자유의 침해 또는 증진, 가난과 물질적 복리, 도덕적·영적 가치들의 결핍과 그 가치들의 존재와 향상, 인간 이해력의 붕괴와 증진, 이것들은 서로 떼어서 분석하고 다룰 수 있는 독립적인 현상이 아닙니다. 이것들은 실제로 모든 차원에서 서로 깊이 상호 연결되어 있는데, 그런 이해를 갖고서 접근할 필요가 있습니다.

전쟁의 부재라는 의미의 평화, 이런 것은 허기나 추위로 죽어가는 사람에게는 거의 가치가 없습니다. 그것은 양심수에게 가해지는 고문의 고통도 없애주지 못합니다. 그런 평화는 이웃 나라의 무분별한 벌목으로 일어난 홍수로 사랑하는 사람을 잃은 사람들을 위로하지 못합니다. 인권이 존중받는 곳, 먹을 것이 있는 곳, 개인이나 나라가 자유로운 곳에서만 평화는 지속됩니다. 나 자신과의 참된 평화, 우리를 둘러싼 세계와의 참된 평화는 정신적 평화의 증진을 통해서만 성취됩니다. 위에서 언급한 다른 현상들도 마찬가지로 서로 연결되어 있습니다. 예를 들면, 전쟁이 나면, 특히 핵전쟁이 나면, 우리는 깨끗한 환경, 부, 민주주의가 거의 의미가 없다는 걸 알게 됩니다. 물질적 발전도 인간의 행복을 보장하는 데 충분하지 않다는 것도 알게 됩니다.

물질적 진보는 물론 인간의 발전에 중요합니다. 티베트에서 우리는 기술적·경제적 발전에 너무 적게 주의를 기울여 왔습니다. 오늘날 우리는 이것이 잘못이었음을 깨닫고 있습니다. 동시에 영적 발전 없는 물질적 발전 역시 심각한 문제를 일으킵니다. 어떤 다른 나라에서는, 외면적인 것에 너무 많이 주목하고 있고, 내면적 발전에는 거의 중요성을 두지 않습니다. 저는 두 가지 모두 중요하고 나란히 발전되어서 양자 사이에 균형을 이뤄야 한다고 믿고 있습니다. 외국 방문객은 티베트인이 행복하고 유쾌한 민족이라고 항상 묘사합니다. 이것은 우리 민족성의 일부인데, 이런 품성은 인간이든 동물이든 모든 생명에 대한 사랑과 친절함 때문에 얻어지는 정신적 평화의 중요성을 강조해 온 문화적 종교적 가치들에 의해서 형성되었습니다. 핵심은 바로 내적 평화입니다. 당신이 만일 내적 평화를 가진다면 외적 문제들은 당신의 깊은 평화와 평온에 영향을 주지 않습니다. 그런 마음 상태에서는 내적 행복도 유지하면서 침착함과 이성으로 상황에 대처할 수 있습니다. 그것은 매우 중요합니다. 이런 내적 평화가 없다면, 당신의 인생이 물질적으로 아무리 편해도, 상황 때문에 여전히 걱정하고 심란해지고 불행해질 수 있습니다.

따라서 이런 현상과 다른 현상 간의 상호관계를 이해하고, 나아가서 이런 다양한 측면을 고려하여 균형 잡힌 방식으로 문제에 접근하고 해결하려 하는 것이 매우 중요합니다. 물론 쉽지는 않습니다. 하지만 한 가지 문제를 해결했더니 똑같이 심각한 새 문제를 일으키면 별 도움이 안 되지요. 그래서 우리는 다른 수가 없습니다. 지리적인 의미에서 본 보편적 책임감만이 아니라, 지구가 당면하고 있는 다른 문제들과 관련해서도 보편적 책임감을 기르는 수밖에 다른 대안이 없습니다.

이러한 책임은 각국 지도자들에게만 또는 특정한 일을 하기 위해 임명되거나 선출된 사람들에게만 있는 것이 아니라, 우리 개개인 모두에게 주어진 것입니다. 예를 들면, 평화는 우리 각자에게서 시작합니다. 우리가 내면적 평화를 갖게 되면, 우리 주변의 사람들과 평화롭게 지낼 수 있습니다. 우리 사회가 평화의 상태에 있다면, 그 평화를 이웃 사회와 공유할 수 있습니다. 이런 식입니다. 우리가 다른 사람들에게 사랑과 친절을 베푼다면, 그들이 사랑이나 돌봄을 받는다고 느낄 뿐 아니라, 그런 행위는 우리의 내면적 행복이나 평화를 키우도록 합니다. 그리고 우리는 의식적으로 사랑과 친절의 감정을 키울 수 있는 여러 방법이 있습니다. 우리 중 일부는 종교적 실천을 통하는 것이 가장 효과적이고, 또 다른 사람에게는 비종교적 실천을 통해서 가능할 것입니다. 중요한 것은 우리 각자가 타인에 대한 책임과

284

우리가 사는 자연환경에 대한 책임을 진지하게 지기 위해 성실한 노력을 기울이는 것입니다.

저는 우리 주변에서 발전하는 상황을 보고 크게 고무되었습니다. 수많은 나라, 특히 북유럽의 젊은 사람들이 경제 발전이라는 미명하에 진행되었던 위험한 환경 파괴를 중지하라고 거듭 요구한 이후, 세계의 정치 지도자들은 이 문제를 해결하기 위해 의미 있는 조처를 취하기 시작합니다. 세계환경개발위원회가 유엔 사무총장에게 제출한 브룬트란트 보고서(Brundtland Report)는 이 이슈의 시급성에 대해 여러 정부를 교육하기 위한 중요한 첫걸음이었습니다.

전쟁으로 폐허가 된 지역에 평화를 가져오려는 진지한 노력, 그리고 어떤 민족의 자결권을 보장해 주려는 진지한 노력 덕분에, 소련 군대가 아프가니스탄에서 철수했고, 독립한 나미비아가 수립되었습니다. 대중의 끈질긴 비폭력적 노력을 통해서, 곳곳에서 극적인 변화가 생겼습니다. 필리핀의 마닐라에서 동독의 베를린에 이르기까지 많은 나라가 진정한 민주주의에 보다 가까워졌습니다. 냉전 시대가 끝나는 것으로 보여서, 어디서든 사람들은 새로운 희망을 품고 살아갑니다. 슬프게도, 자신의 나라에 유사한 변화를 가져오려던 중국인의 용기 있는 노력은 지난 6월 잔인하게 짓밟혔습니다.[1] 그러나 그들의 노력 역시 희망의 원천입니다. 군사력은 자유를 위한 욕구와 자유를 성취하려는 중국 인민의 결의를 끄지 못했습니다. 특별히 제가 존경하는

---

1 중국의 천안문 사건을 말한다. 주로 베이징 시내 대학생들이 민주화, 반관료, 반부패 등을 요구하면서 1989년 4월 중순에 시작된 이 평화적 시위는, 6월 초 중국인민해방군의 병사와 전차에 의해 진압되었다. (역주)

것은, '권력은 총구에서 나온다'라는 가르침을 받은 이 청년들이, 비폭력을 무기로 선택했다는 사실입니다.

이런 긍정적인 변화가 보여주는 것은 이성, 용기, 결의, 그리고 자유를 위한 불굴의 욕구는 궁극적으로 승리한다는 사실입니다. 한편에는 전쟁, 폭력과 억압이 있고 다른 한편에는 평화, 이성, 자유가 있어서 서로 싸운다고 해봅시다. 그럼 후자가 우세할 것입니다. 우리 티베트인은 이런 깨달음으로 미래 언젠가 다시 한번 자유롭게 될 것이라는 희망을 품습니다.

저 먼 티베트에서 온 평범한 불교 승려인 저에게 여기 노르웨이에서 노벨상을 주셔서 우리 티베트인을 희망으로 채워 주었습니다. 상을 주신 것은, 우리가 폭력을 이용해서 우리의 어려움에 관심을 끌지 않았어도, 우리가 잊히지 않았다는 뜻입니다. 그것은 또 우리가 소중하게 여기는 가치들, 특히 모든 생명에 대한 우리의 존경과 진리의 힘에 대한 우리의 믿음이 오늘 인정받았고, 격려받았다는 뜻입니다. 이것은 또 저의 멘토 마하트마 간디에 대한 헌정이기도 한데, 그의 사례는 우리 모두에게 영감을 줍니다. 올해에 준 이 상은 보편적 책임감이 확산한다는 징표입니다. 저는 이 지역에 있는 이렇게 많은 분이 티베트인의 고통을 진심으로 걱정해 주시는 모습에 깊이 감동하였습니다. 이것은 우리 티베트인만이 아니라, 모든 억압받는 민족들에게 희망의 원천입니다.

여러분이 아시다시피, 티베트는 지난 40년 동안 외국의 점령 아래에 놓여 있었습니다. 오늘날 25만 이상의 중국군이 티베트에 주둔하고 있습니다. 어떤 자료에 따르면, 점령군은 이 두 배가 된다고도 합니다.

이 기간에 티베트인은 그들의 기본권 대부분을 박탈당했습니다. 몇 가지만 말씀드리면, 생존권과 이동·언론·종교의 권리를 빼앗겼습니다. 600만 티베트 인구 중 6분의 1 이상이 중국의 침략과 점령 때문에 직접적으로 목숨을 잃었습니다. 문화혁명이 시작되기 전에도 많은 티베트 사원, 사찰과 역사적 건물들이 파괴되었습니다. 남아 있던 거의 모든 것이 문화혁명기에 파괴되었습니다. 저는 이 점에 대해 길게 말하고 싶지 않지만, 기록은 잘 되어 있습니다. 하지만 우리가 알아야 할 요점은, 1979년 이후 일부 사원들을 재건할 자유가 주어지고, 일부 자유화의 징표가 있었지만, 티베트인의 기본권은 여전히 조직적으로 침해되고 있다는 점입니다. 최근 몇 달 동안, 이런 나쁜 상황은 더 악화되었습니다.

인도 정부와 국민이 아낌없이 우리 망명 사회에 피난처를 제공하고 지원해 주었습니다. 그리고 세계 여러 곳의 조직들과 개개인도 도와주었습니다. 이런 망명 사회가 없었다면, 오늘날 우리나라는 티베트 민족이 산산조각 난 잔해에 불과할 것입니다. 우리의 문화, 종교, 민족의 아이덴티티는 사실상 제거되었을 것입니다. 현재 우리는 우리 민족에 봉사하고 우리 문명의 씨앗을 보존하기 위해 망명지에 학교와 사원을 세웠고, 민주주의 제도를 수립했습니다. 이런 경험을 갖고서, 우리는 미래의 자유 티베트에 완전한 민주주의를 시행할 작정입니다. 이런 식으로 우리는 망명 사회를 현대식으로 발전시키면서, 우리 자신의 아이덴티티와 문화를 귀중하게 여기며 보존하고, 티베트 본토의 수백만 티베트인 남녀들에게 희망을 주려고 합니다.

바로 이 순간 가장 시급한 문제는 중국인 정착민들이 티베트로 대규모로 유입해 오는 점입니다. 점령 초기 수십 년 동안에는 상당수의 중국인이 티베트의 동부 지역, 즉 티베트의 암도 주(칭하이)와 캄 주로 이주했습니다.(캄 지역 대부분은 주변의 중국 성들에 합병되었습니다.) 1983년 이래, 전례 없이 많은 수의 중국인이 중국 정부의 권유로 티베트 전역으로 이주했습니다. 여기에는 중부와 서부 티베트가 포함되어 있습니다.(이 지역은 중화인민공화국이 소위 티베트 자치구라고 부르는 곳입니다.) 티베트인은 아주 빠른 속도로 자신의 나라에서 미미한 소수집단으로 전락하고 있습니다. 이런 국면은 티베트민족의 존속 자체, 문화, 영적인 유산을 위협하고 있는데, 여전히 저지할 수 있고 되돌릴 수 있습니다. 하지만 바로 이 순간에 행동해야 하지, 아니면 너무 늦습니다.

1987년 9월 시위와 폭력적인 진압으로 시작해서 금년 3월 수도 라싸에 계엄령 선포로 절정에 도달한 이 새로운 사이클은, 주로 엄청난 중국인 유입에 대한 반작용이었습니다. 우리 망명 정부에 도달한 정보에 따르면, 불만을 표출했다는 이유로 구금된 티베트인이 가혹한 처벌과 비인간적인 대우를 받았음에도 불구하고, 시위행진과 그 외 평화적인 시위가 라싸와 티베트의 곳곳에서 계속되고 있다고 합니다. 3월의 시위 중 보안군에 의해 살해당한 티베트인, 그리고 그 이후 구금 상태에서 죽은 티베트인의 수는 정확히 알려지지 않고 있지만, 200명 이상이 되는 것으로 추정됩니다. 수천 명이 구금되거나 체포되고 투옥되었으며, 고문은 흔한 일입니다.

제가 티베트에서의 평화와 인권 회복을 위해, 보통 '5항목평화플랜'이라 불리는 내용을 제안한 것은, 악화되는 상황을 감안해서 더 이상의 유혈사태를 막기 위한 것이었습니다. 저는 작년 스트라스부르의 연설에서 그 계획에 대해 자세히 설명했습니다. 저는 이 계획이 중화인민공화국과의 협상을 위해 합리적이며 현실적인 틀을 제공한다고 믿습니다. 하지만 지금껏 중국 지도자들은 건설적인 반응을 꺼리고 있습니다. 금년 6월 중국 민주운동을 잔인하게 탄압한 일은, 티베트 문제에 대한 어떠한 해결책도 적절한 국제적 확약이 뒷받침되어야만 의미가 있을 것이라는 제 생각을 강화시켰습니다.

5항목평화플랜은 핵심 이슈와 관련 이슈를 다루고 있는데, 이 강연 첫 부분에서 언급했습니다. 그것은 다음 사항을 요구합니다.

1. 동부 지역 캄과 암도를 포함해서 티베트 전역을 아힘사(비폭력) 지대로 전환
2. 중국인 이주 정책 포기
3. 티베트인의 기본권과 민주적 자유 존중
4. 티베트의 자연환경 회복과 보호
5. 티베트의 미래 위상과 티베트인과 중국인 관계에 대해 진지한 협상 개시. 스트라스부르 연설에서 저는 티베트가 완전하게 자치하는 민주적 정체가 되어야 한다고 제안했습니다.

이 자리를 빌려서 5항목평화플랜의 핵심 요소인 아힘사 지대 또는 평화의 성역이라는 개념을 설명하고자 합니다. 저는 그것이 티베트를 위해서만이 아니라, 아시아의 평화와 안정을 위해서도 중요하다고 확신합니다.

제 꿈은 티베트고원 전체가 인간과 자연이 평화와 조화로운 균형 안에서 살아가는 자유로운 피난처가 되는 것입니다. 그 장소는 전 세계에서 온 사람들이 내적 평화의 진정한 의미를 찾을 수 있는 곳이 될 것입니다. 세계 다른 곳에서 받는 긴장과 압박에서는 멀리 떨어진 곳 말입니다. 티베트는 실로 평화의 증진과 발전을 위한 창조적인 중심지가 될 수 있습니다.

제가 제안한 아힘사 지대의 핵심 요소는 다음과 같습니다.

1. 티베트고원 전체를 비무장화한다.

2. 티베트고원에서 핵무기 및 그 밖의 무기 제조, 실험, 비축을 금지한다.

3. 티베트고원을 세계 최대의 자연공원 또는 생물권으로 변모시킨다. 야생 동·식물을 보호하기 위해 엄격한 법률을 시행한다. 천연자원의 이용은 관련 생태계를 훼손하지 않도록 신중하게 규제한다. 그리고 인구 밀집 지역에서 지속가능한 개발정책을 채택한다.

4. 원자력의 제조와 사용 그리고 그 밖의 유해 폐기물을 생산하는 다른 기술들도 금지한다.

5. 국가자원과 정책은 평화와 환경보호를 적극적으로 추진하는 방향으로 가야 한다. 평화증진과 생명보호에 헌신하는 단체들은 티베트를 좋은 은신처로 삼을 수 있을 것이다.

6. 인권 증진과 보호를 위한 국제적 및 지역적 조직의 설립을 티베트 내에서 장려한다.

티베트의 길이와 폭(유럽 공동체의 크기), 그리고 고유의 역사와 매우 영적인 유산은 아시아 전략적 심장부에 평화의 성역이라는 역할을 수행하기에 이상적입니다. 이는 평화로운 불교 국가인 티베트, 아시아 대륙의 강대국이자 종종 라이벌이 되는 강대국들을 분리하는 완충 지역으로서의 티베트의 역사적 역할에도 부합합니다.

고르바초프 소련 대통령은, 아시아에 현존하는 긴장감을 줄이기 위해, 소비에트·중국 국경의 비무장화와 국경을 '평화와 선린 프론티어'로 전환하자는 제안을 했습니다.

네팔 정부는 히말라야 국가이면서 티베트와 국경을 맞대고 있는 네팔이 평화지대여야 한다고 이전에 제안한 바 있습니다. 그 제안에 네팔의 비무장화는 포함하지 않았습니다.

아시아의 안정과 평화를 위해 대륙 최대의 강대국들, 잠재적 적대 세력을 분리하는 평화지대를 꼭 만들어야 합니다. 고르바초프 대통령의 제안은 몽골로부터 소비에트 군대의 완전 철수도 포함하고 있는데, 이 제안은 소련과 중국 사이의 긴장과 대결 가능성을 완화하는 데 도움이 될 것입니다. 진정한 평화지대는 세계 최대 인구 보유국 중국과 인도를 분리하기 위해서도 분명히 만들어져야 합니다.

아힘사 지대를 설정하기 위해서는 티베트에 있는 병력과 군사시설이 철수되어야 합니다. 이는 인도와 네팔이 티베트와 국경이 맞닿아 있는 히말라야 지역으로부터 군대와 군사시설을 철수할 수 있도록 할 것입니다. 이것은 국제적인 협정을 통해 이루어져야 합니다. 인도와 네팔에 의한 이런 행위는 아시아의 모든 국가, 특히 중국과 인도에 가장 큰 이득이 될 것입니다. 이런 국가들의 안보를 강화하는 한편,

외딴 지역에 많은 병력을 계속 집중시키는 경제적 부담을 줄일 것이기 때문입니다.

티베트가 비무장화를 위한 최초의 전략 지역이 되는 것은 아닙니다. 시나이반도 일부, 이스라엘과 이집트를 분리하는 이집트 지역도 한동안 비무장화되었습니다. 물론 코스타리카는 전면적으로 비무장화한 국가의 가장 좋은 예시라고 할 수 있습니다. 또 티베트가 자연보호나 생물권을 위한 최초의 지역도 아닙니다. 수많은 공원이 전 세계에 만들어졌습니다. 몇몇 전략적인 지역들이 자연적인 '평화 공원'이 되었습니다. 하나는 코스타리카와 파나마 국경에 있는 라 아미스타드 공원(La Amistad Park)이고, 다른 하나는 코스타리카와 니카라과 국경에 있는 시 아 파즈(Si A Paz) 프로젝트입니다.

금년 초 코스타리카를 방문했을 때, 저는 한 국가가 군대 없이 어떻게 성공적으로 발전할 수 있는지, 평화와 자연환경보호에 헌신하는 안정적인 민주주의가 될 수 있는지를 보았습니다. 이는 미래의 티베트에 대한 저의 비전이 그저 꿈이 아니라 현실적인 계획이라는 저의 믿음을 더 굳혀 주었습니다.

여러분 모두에게, 그리고 오늘 여기에 오시지 못한 제 친구들에게 개인적인 감사 인사를 하는 것으로 본 강연을 마칩니다. 여러분들이 티베트인의 곤경에 대해 표명해 준 관심과 지지는 우리 모두를 크게 감동시켰고, 자유와 정의를 위해 투쟁할 용기를 계속 주고 있습니다. 이 투쟁은 무장을 통해서가 아니라, 진리와 결의라는 강력한 무기로 하는 것입니다. 제가 여러분에게 감사드리며 우리나라의 역사에서 중요한 시기에 티베트를 잊지 말아 달라고 부탁드릴 때, 저는 모든 티베트인을 대표해서 말씀드린다고 알고 있습니다. 저희도 지금보다 평화롭고 보다 인간적이고 보다 아름다운 세계를 위해 기여할 수 있기를 바랍니다. 미래의 자유 티베트는 전 세계의 궁핍한 사람들을 도우려고 할 것이고, 자연을 보호하고 평화를 증진시킬 것입니다. 저는 영적 자질과 현실적이고 실용적인 태도를 결합하는 티베트인의 능력이 아무리 소박하더라도 특별한 공헌을 할 수 있다고 믿습니다. 이것이 저의 희망이고 기도입니다.

마지막으로, 저에게 위대한 영감과 결심을 주는 짧은 기도문을 여러분과 나누겠습니다.

'허공계가 존재하는 한
그리고 중생계가 존재하는 한
나 역시 그곳에 머물 겁니다.
세계의 고통을 물리칠 때까지.'

감사합니다.

31. 피점령국 티베트

- 제2차 티베트 지지단체 국제회의 기조연설, 본, 1996년 6월 14일 -

여기에 모이신, 프리드리히 나우만 재단(Friedrich-Naumann-Stiftung)

임원 여러분, 독일 및 여러 다른 나라의 국회의원 여러분, 티베트 친구와 지지자 여러분, 오늘 이 큰 모임에서 여러분 모두를 다시 뵙게 되어서 대단히 행복합니다. 여러분의 프리드리히 나우만 재단에, 다른 관련 조직 그리고 개개인에게 깊은 감사의 말씀을 드립니다.

우리는 지금 몹시 어려운 시기를 겪고 있습니다. 우리의 과업은 정말 어렵고 장애물이 많습니다. 그러나 이런 사실이 우리 티베트인을 낙담시키지는 않습니다. 우리의 목표는 정당하고 진리에 근거해 있기 때문입니다. 우리는 중국인에 반대하는 것이 아닙니다. 심지어 중국 지도자들에 반대하는 것도 아닙니다. 그들 역시 우리의 형제자매입니다. 그들에게 만일 선택의 자유가 있다면, 그들 스스로 그런 파괴적인 행위에 빠지지 않을 것입니다. 왜냐하면 이런 행위나 행동은 그들에게 악명을 줄 것이기 때문입니다. 저는 그들에 대해 자비심이 있습니다.

저의 당장의 목표는 의미 있는 협상입니다. 저는 우리가 협상을 통해 중도 어프로치를 기반으로 상호 수용 가능한 해결책을 찾을 수 있다고 확신합니다. 따라서 적절한 해결책은 꼭 필요하고, 이것은 티베트인과 중국인 모두에게 승리를 가져다줄 것입니다. 티베트인에게는 이 해결책이 현재의 잔혹한 행위와 문화적 학살을 줄일 것이고, 중국 정부에게는 더 좋은 이미지를 만들고, 홍콩에 거주하고 있는 600만 중국인 그리고 타이완에 사는 2천만 이상의 중국인의 마음에 신뢰감을 가져올 것입니다. 따라서 티베트 문제에 대해 적절하거나 의미 있는 해결책이 필요합니다.

여기에 모인 지지자 여러분들은 티베트 편(pro-Tibet)이 아니라 정의의 편(pro-justice)이라고 저는 생각합니다. 따라서 우리 티베트인이 나쁜 동기를 가지고 있거나 사악한 행위에 빠진다면, 여러분들은 그 지지를 거두어들일 수 있지요. 하지만 우리가 자비로운 동기와 올바른 목표를 가지고 진심으로 헌신적이라면, 여러분들의 지지는 아주 귀중합니다. 우리의 목표는 합리적이고 만인에게 이익이 되므로, 낙담하실 이유는 없습니다.

　우리가 처음으로 망명 온 1959년 직후, 우리의 투쟁이 몇 세대는 걸릴 것이라 예상했다는 이야기를 드리고 싶습니다. 그래서 티베트인은 새로운 세대의 양육에 특별한 관심과 강조점을 두고 대비해 왔습니다. 하지만 당시 어떤 티베트인은 티베트 난민들을 히말라야 산간의 국경 지역에 일시적으로 정주시켰다가, 기회가 생기면 곧 티베트로 돌아갈 준비를 하자는 생각을 냈습니다. 그러나 망명 정부의 책임자인 우리는 망명 중인 모든 티베트인이 동질적인 사회에서 생활할 수 있도록 시설을 갖춘, 보다 영구적인 정주에 우선순위를 두기로 했고, 젊은이들에게 우리 고유의 전통 교육뿐만 아니라 현대 교육을 하기로 했습니다. 그래서 투쟁이 여러 세대 동안 지속된다고 해도, 새로운 세대들은 오래된 세대들을 대체하면서 책임을 짊어질 수 있을 것입니다.

　오늘날, 1950년 초 중국인의 점령에 저항해서 싸운 티베트 첫 세대는 이제 사라졌습니다. 하지만 티베트 문제는 여전히 중국 정부에게 아주 예민합니다. 왜 그럴까요? 과거의 티베트를 본 적이 없던 티베트의 젊은 세대가 투쟁을 수행할 책임을 졌기 때문입니다. 티베트 외부의 정부와 의회에서, 더 많은 젊은이가 그 책무를 계속하고 있습니다. 일부 중국인은 '전체 티베트 투쟁은 달라이 라마 한 사람에 의존하고 있고, 달라이 라마는 점점 늙어가니까, 만일 그가 죽는다면 티베트 투쟁 전체가 붕괴할 것'으로 생각합니다. 완전히 틀렸지요. 우리의 지지자 여러분도 이런 사실을 아셔야 합니다. 우리 티베트인이 젊은 세대를 양성하는 걸 도와주시는 재단들과 개개인에게 깊이 감사드립니다. 또 티베트 본토의 이 분야에 도움을 주는 단체들에 박수를 보냅니다.

저는 앞선 연사들의 말씀에 깊은 감동을 받았습니다. 왜냐하면 모든 분이 강한 인간적 감정을 가지고, 책무와 헌신의 정신으로 말씀하셨기 때문입니다. 한 국가나 개인이 풍요 속에서 좋은 삶을 살아온다면, 자연스럽게 좋은 친구를 많이 얻게 됩니다. 친구 중에는 진실한 친구도 있고 그렇지 못한 친구도 있습니다. 하지만 한 국가나 개인이 어려운 시기를 거치면, 진정한 친구를 찾기란 정말 어렵습니다. 저희 티베트인은 운이 좋습니다. 우리의 거친 시기와 어려운 상황에도 불구하고, 우리에게는 많은 친구, 믿을 수 있고 헌신적이고, 충직하고, 꿋꿋한 친구들이 많습니다. 저는 이 사실을 진심으로 높이 평가하고 소중하게 여깁니다. 우리는 여러분들의 지지를 절대로 잊지 않을 것입니다. 우리가 여러분들에게 돌려드릴 것은 아무것도 없습니다. 그저 빈손뿐이지요. 하지만 저는 여러분에게 저희가 선한 마음을 가지고 있다고 장담할 수 있어요. 저는 한 개인으로서 죽을 때까지 여러분의 배려와 동정심을 잊지 않을 것입니다. 환생을 믿는 불교도로서 저는 앞으로 올 수많은 생에 걸쳐서 여러분의 지지와 도움을 잊지 않을 것입니다.

젊은 빤첸 라마의 어려움을 비롯해서, 늘어난 탄압과 가혹한 상황으로 얼룩진 최근 티베트 본토의 상황에도 불구하고, 저는 제 뜻을 바꾸지 않았습니다. 티베트 안팎의 남녀노소가 모두 인내심을 잃어 가고 있지만, 저는 여전히 비폭력에 근거한 중도 어프로치에 전념하고 있답니다. 그들의 감정을 이해해요. 하지만 저는 비폭력이 유일한 길이고, 옳은 길이라고 강하게 느낍니다. 제가 죽을 때까지 비폭력에 대한 저의 약속은 변치 않을 것입니다. 거기에는 여러 이유가 있습니다.

우리 투쟁에서 고무적인 측면이 하나 있는데, 다음과 같습니다. 바로 비폭력의 길에 대한 우리의 헌신 때문에, 중국 안팎과 티베트 본토에 사는 많은 중국인 형제자매들이 우리의 투쟁을 조금 이해하게 되어 연대하고 공감을 표한다는 점이에요. 저는 결국 다른 나라 사람이 아닌, 중국인이나 티베트 국민이 적절한 해결책을 찾아야 한다는 것을 알게 되었습니다. 따라서 중국인 형제자매들의 지원은 소중합니다. 하지만 그러는 동안, 국제사회의 지원도 참으로 귀중합니다. 다시 한번 저희는 여러분의 지원이 꼭 필요하다는 점을 말씀드리고 싶고, 여태 여러분이 해 주신 일에 감사드립니다. 제발 우리의 목표가 이뤄질 때까지 계속 지원해 주시기를 여러분 모두에게 호소드립니다.

최근 중국 정부는 제 제안을 거부하기 위해 몇 가지 사항을 발표했습니다. 첫째, 그들은 제가 아직도 티베트의 완전한 독립, 곧 중국으로부터의 완전 분리를 추구하고 있다고 비난합니다.

이 점에 대해 여러분 대다수는 제 입장을 잘 알고 있습니다. 하지만 여기서 한 가지 사항은 분명히 해두고 싶습니다. 제가 티베트 문제를 논할 때마다, 저는 티베트가 지리적, 언어적, 문화적, 인종적, 역사적으로 분리된 나라였다고 말합니다. 이런 요소들 때문에 티베트는 점령당한 나라가 됩니다. 이것이 사실이지요. 저는 이 사실을 없앨 수는 없습니다. 그렇다고 해서 제가 독립을 추구하는 것은 아닙니다. 저는 과거는 과거이고 많은 일들이 변한다고 항상 말해 왔습니다.

유럽 국가들을 볼까요? 각 회원국은 자국의 주권에 대해 정말 신경을 많이 쓰지요. 하지만 경제적 필요성과 다른 요인들 때문에, 그들은 망설이면서도 실질적인 차원에서는 협력합니다. 아시아에서도 비슷한 상황이 전개되고 있습니다. 티베트의 경우가 특히 그래요. 티베트는 육지로 둘러싸인 나라이고 물질적으로 뒤떨어져 있습니다. 우리는 영적으론 아주 발달했지만, 물질적인 발전이 필요합니다. 따라서 커다란 형제 이웃 나라와 함께하는 것이 더 실용적이고 이로울 것입니다. 이렇게 확신하며 저는 중국인과 함께 일하고 살아갈 준비가 되어 있습니다. 저는 진정한 자치(self-rule)를 추구합니다. 그러는 동안 저희를 지지해 주는 분들이 적절할 때, 기회가 있을 때마다 티베트의 역사적 위상을 분명히 하는 것은 중요합니다.

어떤 티베트학 학자들과 전문가들은 국제법에 따른 티베트의 역사적·정치적 권리가 외부 세계에 널리 알려져야 한다고 제안했습니다. 좋은 제안이라고 생각해요. 저는 우리가 과거는 잊고, 상호 수용 가능한 좋은 미래를 만들 기대를 해야 한다고 분명히 말했습니다. 하지만 중국 정부는 계속해서 달라이 라마가 '티베트는 언제나 중국의 일부였다'고 단언해야 한다고 주장합니다. 어떻게 그럴 수 있겠습니까? 일개 불교 승려로서 그런 엄청난 거짓말을 할 수는 없을 것 같습니다. 따라서 만일 중국 정부가 모든 티베트인이 티베트가 항상 중국의 일부였다는 점을 받아들여야 한다고 계속 주장한다면, 우리와 우리 지지자들은 티베트의 정치적·역사적 위상을 명확히 하기 위해 더 많은 노력을 기울여야 할 것입니다.

두 번째로, 중국 정부는 제가 티베트 문제를 국제화하려고 노력해 왔다고 저를 비난하고 있습니다. 이 점에 있어서, 과거를 돌이켜보면, 그 진위가 분명해질 것입니다. 예를 들면, 1951년 17개조협정이 강압에 못 이겨 이뤄졌지만, 우리는 그 이슈를 호혜적으로 해결하려 노력했습니다. 1954년 저는 중국으로 갔습니다. 그때 저는 중국 지도자 특히 마오 주석과 좋은 관계를 발전시키기 위해 노력했습니다. 1956년 제가 부처님 탄신 기념식에 참석하려고 인도를 방문했을 때, 여러 고문이 제게 티베트로 돌아가지 말고 인도에 망명을 신청하라고 재촉했습니다. 하지만 저는 화해의 정신으로 중국 측 상대와 직접적인 회담을 통해 해결책을 찾으려고 돌아갔습니다.

1959년 상황은 더 악화되어서 탈출하는 것 이외에 다른 수가 없었습니다. 우리는 그때에도 중국인과의 직접 대화를 통해 해결책을 찾으려는 희망을 결코 포기하지 않았습니다. 그러나 그런 기회는 오지 않았어요. 그리고 1973년경, 우리는 티베트 망명 정부 내 소규모 인원으로, 장차 중국 정부와 직접 대화할 기회가 왔을 때 우리가 할 제안을 결정하기 위해 진지하게 논의했습니다. 그때 우리는 '중도 어프로치'를 선택하기로 했습니다. 따라서 1979년 말 제 형님 걀로 퇸둡(Gyalo Thondup)은 덩샤오핑과 회담을 했는데, 덩샤오핑은 독립의 문제를 제외하고 뭐든지 논의할 수 있다고 말했습니다. 1979년에서 1986년 사이에 저의 제안에 포함된 모든 주요 사항들을 중국 지도자들과 논의하고 공유했습니다. 하지만 중국 측에서는 아무런 반응이 없었습니다. 처음에 중국 정부는 해결할 문제가 존재한다는 사실조차 인정하지 않았습니다. 중국 측에서 반응이 없어서, 저는 티베트를 위한 저의 5항목평화플랜을 공개적으로 선언할 수밖에 없었습니다. 이것은 중국 측에서 반응이 없었기 때문에 생긴 일이었습니다. 결국 국제사회의 지지를 구하는 길 이외에 다른 대안이 없었습니다.

세 번째로, 저는 제 제안에서 티베트의 여러 지역, 중국 성에 편입된 지역까지 포함된 지역에 거주하는 모든 티베트인은 하나의 실체임을 분명히 말했습니다. 중국 지도자들 중 일부는, 이것이 너무 야심차다고 느끼고, 심지어 몇몇 우리 친구들조차도 이건 '대大티베트'의 개념이라고 느낍니다. 이것은 사실이 아닙니다. 사실이 그렇지 않습니다. 저의 주요 관심은 티베트 문화의 보존입니다. 중국 성에 합병된 티베트 지역에 거주하는 모든 사람은 같은 티베트 문화를 공유하고 있고, 그들 모두는 같은 문제, 즉 그들의 문화 절멸의 위협에 직면해 있습니다. 그러니 제가 어떻게 그들의 걱정과 고통을 무시할 수 있겠습니까? 저는 그들을 위해서도 말을 해야 합니다. 따라서 저는 늘 600만 티베트인을 언급합니다. 만일 저의 주된 목표 또는 목적이 완전한 독립을 추구하는 것이라면, 1950년 이전에 티베트 정부가 통치했던 지역들을 위한 독립을 주장하는 입장을 취할 수도 있었을 것입니다. 그러나 저의 주요 관심사는 티베트 문화의 보호입니다. 왜냐하면, 여기 몇몇 연사분이 말씀하셨듯이, 티베트 문화는 평화로운 인간사회, 자연과 환경과 더불어 평화를 이루는 자비로운 사회를 창조할 수 있는 잠재력을 가지고 있기 때문입니다.

티베트 문화는 고대 문화이면서 20세기와도 관련된 문화이고, 다음 세기에도 구체적인 어떤 것을 기여할 수 있는 잠재력을 지녔습니다. 히말라야산맥의 북쪽 지대에 사는 모든 사람, 중앙아시아 사람들, 러시아 연방에 사는 많은 사람들은 티베트 불교문화를 공유하고 있습니다. 그 이외에도 티베트 불교문화는 수백만 중국 청년을 도울 수 있습니다. 오늘날 수백만의 젊은 중국인은 깊은 인간적 감정들을 상실했습니다. 그 결과로 추문이나 부정부패 같은 문제가 생깁니다. 티베트 불교문화는 이런 불건전한 행동과 태도를 고칠 수 있도록 하는 무언가를 기여할 수 있습니다. 그러니 보존할 가치가 있지요. 결과적으로 저는 중국의 성에 편입된 지역에 살아가는 티베트인을 제외할 수가 없습니다. 따라서 저는 티베트 전역이 하나의 정치적·행정적 단위가 되어야 한다는 점을 늘 말해 왔습니다.

네 번째, 우리의 최종 목표는 티베트를 평화지대로 만드는 것임을 강조하고 싶습니다. 중국 지도자 중 일부는 이 제안을 완전 분리에로의 힌트로 받아들이기도 합니다. 이것은 전혀 사실이 아닙니다. 얼마 전 고르바초프가 소비에트 연방 대통령이었을 때, 그는 중국과 소비에트 연방 사이의 국경 지역 전체를 비무장화할 것을 제안했습니다. 이 개념은 긴장과 갈등을 완화하기에 필수적인 것으로, 아주 살아 있는 아이디어입니다. 어떤 경우든 지구상에서 인구가 가장 많은 두 지역인 인도와 중국 간에 상호 신뢰를 기반으로 한 진정한 우정을 키우기 위해, 티베트고원과 히말라야 지대의 비무장화는 이 지역에 평화를 가져오는 데 꼭 필요합니다. 티베트가 일단 비무장의 평화지대가 되면, 인도와 중국의 선린 관계에 크게 기여할 것입니다. 그 이외에도 티베트의 비무장화는 환경보호를 위해서도 아주 중요합니다.

우리가 티베트 망명 정부라고 말할 때, 중국 정부는 때때로 이를
몹시 부정적으로 또 도발적으로 받아들입니다. 그러나 지난 300년
동안, 달라이 라마가 —좋은 일인지 나쁜 일인지는 모르겠지만— 티베트
정부의 수장이 되었습니다. 1959년 제가 소수의 각료들과 함께 도주했
을 때, 300년의 역사를 가진 티베트 정부 역시 망명한 것입니다.
망명 중인 티베트 정부는 새롭게 만들어진 것이 아닙니다. 달라이
라마가 어디에 거주하든, 티베트 국민은 그곳을 티베트 정부가 있는
곳으로 간주합니다.

큰 변화가 하나 있습니다. 망명 직후부터 우리는 티베트 사회의
민주화 과정을 시작했습니다. 저는 저 자신의 권력을 일부러 줄였습니
다. 우리가 난민 공동체로서 망명하며 살아가는 동안 민주주의를
보장하기 위해 망명 티베트인 헌장을 채택했을 때, 저는 새로운 경험을
했습니다. 이 새로운 헌장을 채택하기 전에는, 결정을 내려야 할
때마다 제 성격상 다른 사람과 의논하곤 했습니다. 때로는 제 청소부하
고도요. 하지만 최종 결정은 제가 했습니다. 이제 이 신 헌장을 채택한
후, 저는 이 헌장 내의 조항이 무엇인지, 이에 대해 의장이 어떻게
생각하는지 늘 생각해야 합니다. 새로운 경험이지요. 저는 이것이
민주주의의 표시이고, 다원주의의 표시라고 생각합니다. 그리고 인도
에 있는 우리 작은 공동체 안에서도 온갖 종류의 비판이 있는데,
우리는 이런 폭넓은 견해를 환영합니다. 저는 이것이 힘의 표시라고
항상 생각합니다. 지난 30년 동안 많은 변화가 있었는데 모두 민주화를
위한 것이었습니다.

한편, 금세기는 전쟁의 세기, 갈등의 세기, 유혈의 세기였습니다. 따라서 다음 세기는 대화의 세기여야 합니다. 갈등과 의견의 차이는 인간의 지성 때문에, 그리고 서로 이해관계가 달라서 일어납니다. 만일 우리가 정신적 갈등을 더 이상 원치 않는다면, 인류 전체가 절멸해야 할 것입니다. 그렇게 되면 더 이상 문제는 없게 될 것이고, 다른 종과 포유동물들은 인간으로부터 완전히 해방될 것이라고도 저는 생각합니다. 그러나 그것은 불가능한 일이지요. 좋든 싫든 우리는 존재해야 합니다.

이를 이해하면서, 우리는 분쟁과 유혈을 줄여야 합니다. 이러려면 비폭력을 따라야 하고 대화를 하는 것이 중요합니다. 무력을 사용하는 대신, 다른 사람들의 견해, 생각, 의견을 경청해야 합니다. 다행스럽게도 남아프리카와 중동에서 새롭게 전개되는 상황을 보면 알 수 있듯이, 대화와 비폭력의 정신이 빛나고 있습니다. 그래서 우리도 인간의 문제를 해결하기 위한 새로운 접근방식을 실험하고 있습니다. 따라서 여러분들의 지원은 600만 티베트인을 위한 것이면서 동시에 새로운 방식과 새로운 패턴의 투쟁 방식을 위한 것입니다. 우리가 이 일에 실패하면, 그것은 재앙입니다. 반대로 비폭력과 자비심을 통한 우리의 투쟁이 성공한다면, 우리는 문제와 갈등을 해결하는 데 새로운 길을 창조하게 될 것이고, 결국 인류 공동체 전체의 이익을 위하게 됩니다.

이런 말과 함께, 저는 다시 한번 모든 분에게, 그리고 여러분의 프리드리히 나우만 재단에 감사드립니다. 여러분의 재단, FNS는 거대한 압박에도 불구하고 꿋꿋하게 원리원칙을 지켜 왔습니다. 정부를 비롯해 더 많은 조직이 이런 실천을 한다면, 불필요한 많은 문제가 해결될 수 있을 것입니다. 그러나 우리가 점점 더 무력의 사용에 의존하게 되면, 인간의 갈등은 증가할 것이라고 저는 생각합니다.

그래서 저는 여러분들에게 깊은 감사의 말씀을 드립니다. 불교 승려인 저를 위해서, 그리고 600만 티베트인, 모든 옛 티베트 왕들, 그리고 과거 13인의 달라이 라마들과 다른 위대한 티베트인을 대표하여 감사의 말씀을 드립니다.

감사합니다.

32. 대중국 포용 정책

- 제3차 티베트 관련 세계 의원 대회에서의 연설,
워싱턴 DC, 1997년 4월 23~24일 -

저명한 의원님들이 모인 자리에서 연설하게 되어서 매우 기쁩니다. 여러분들 중에 어떤 분들은 티베트에 영향을 주는 문제를 협의하기 위해, 그리고 우리나라의 상황에 대한 평화적인 해결책을 촉진하는 최선의 방안을 협의하기 위해 아주 멀리서 오셨다는 것을 압니다. 티베트인은 전 세계 의회들이 보여주는 지지에 언제나 고무되곤 합니다. 그리고 저는 티베트인을 대표해서, 오늘 여기에 함께해 주신 여러분 한 분 한 분에게 감사를 드리고 싶습니다.

의회 유치 위원회 공동 위원장이신 벤자민 길먼(Benjamin Gilman) 의원님께 특별히 감사의 말씀을 드립니다. 그분은 수년 동안 티베트인을 위해 헌신하셨고, 이곳 워싱턴 DC에서 이번 대회를 주최하시는 등, 티베트를 위한 국제 캠페인에도 헌신적이셨습니다. 저는 또 이번 대회의 공동주최자인 티베트 의회, 곧 티베트 대표자의회에도 감사의 말씀을 드립니다.

이 대회를 미 의회의 대강당에서 개최하게 되어 영광입니다. 그래서 저는 티베트 문제에 대한 그 지도력에 대해서 전 티베트인을 대표해 미국 의회에 감사를 표합니다. 티베트를 피점령국으로 선언한 1991년의 역사적인 결의안부터 티베트 난민에 대한 인도주의적 지원에 대한 연례 결의안, 티베트어 미국의 소리 프로그램 및 자유 아시아방송(Radia Free Asia) 설립까지, 미국 의회는 티베트에 대한 정책을 바꾸라고 중국 정부에 압력을 가하기 위한 국제적인 노력에 앞장서 왔습니다.

중국 정부가 우리나라를 처음 점령한 지 이제 48년이 되었습니다. 이 기간에 티베트인은 엄청난 고난을 견뎌냈고, 그들은 언론의 자유, 결사의 자유, 종교의 자유와 같이 자유세계에서 우리가 당연하게 여기는 많은 기본적인 자유를 계속해서 거부당하고 있습니다.

저는 우리 국민의 안녕이 매우 걱정됩니다. 최근 몇 년간, 티베트의 현지 중국 당국은 티베트 독자의 문화 및 종교적 전통을 존중한다는 모든 가식마저 버리고, 각종 억압적인 규제와 관행을 통해 현재 티베트에 남아 있는 모든 티베트적인 것을 파괴하려는 조직적인 노력을 기울이고 있습니다. 이는 현재 티베트인보다 더 많은 중국 정착민들이 계속해서 유입되고 있는 것과 맞물려, 우리 민족이 삶의 모든 영역에서 점점 더 소외당하도록 하고 있습니다.

티베트 본토의 상황은 저를 정말 슬프게 하며, 저의 가장 시급한 목표는 항상 티베트인의 고통을 끝내는 것이었습니다. 저의 최우선 과제는 티베트인의 문화적 정체성을 보호하고 지키는 것입니다. 따라서 저는 티베트인과 중국인이 상호 합의할 수 있는 협의된 해결책을 찾기 위해 실용적인 접근방식을 택하려고 노력했습니다. 동시에, 저는 긍정적인 국면이 오지 않는 것에 대한 티베트인의 좌절감을 이해하지만, 비폭력의 길을 추구할 것을 조언했습니다. 저는 중국 지도부가 티베트 사태의 평화적 해결의 중요성을 인정해 주기를 바랍니다. 어떤 결과가 나오든 티베트인과 중국인은 나란히 살아가야 하기 때문입니다. 그것이 바로 제가 수년간 티베트 상황을 평화적으로 해결하기 위해 내건 많은 제안이 화해와 타협의 정신으로 이루어진 이유입니다.

건설적인 협상을 하기 위해서는 미래에 집중하고 역사는 역사로 그쳐야 한다고 생각합니다. 물론, 제가 계속 말했듯이, 티베트는 1949년 이전에는 중국의 일부가 아니었습니다. 공화국의 설립자인 쑨얏센(孫逸仙, 쑨원)과 마오쩌둥과 같은 중국 지도자들조차 티베트인이 문화적으로, 인종적으로, 언어적으로, 지리적으로, 그리고 정치적으로 별개의 국가라는 것을 인정했습니다. 따라서 마오는 티베트에 대한 중국의 '외채外債'에 대해 이야기했습니다.

과거는 제쳐두고 미래에 대해 전제조건 없이 협상을 시작하기로 합의합시다. 우리 민족의 미래가 걸려 있습니다. 1979년 덩샤오핑은 '독립을 제외하면 모든 것을 논의하고 해결할 수 있다'고 했습니다.

저는 이 말에 긍정적으로 반응했습니다. 저는 티베트의 독립을 주장하지 않는다는 점을 분명히 했고, 저의 제안은 티베트인의 진정한 자치를 위한 것입니다. 실제로 제가 이곳 미국 의회에서 5항목평화플랜을 발표한 것이 10년 전입니다. 그 계획에서 저는 티베트 사태의 가능한 해결책에 대한 제 생각을 밝혔고, 중국의 합법적인 요구를 고려하겠다는 의지를 표명했습니다. 이 계획은 티베트가 아힘사, 곧 비폭력 지대로 변모하고 중국 정착민들이 티베트로 이주하는 것을 중국 정부가 포기할 것, 티베트인의 기본적 인권을 존중할 것, 티베트 환경을 복원하고 보호할 것, 그리고 티베트 문제에 대해 진지한 협상을 시작할 것을 요구했습니다.

중국 지도부는 이 제안에 대해 긍정적으로 반응하지 않았고, 대신 이 제안이 충분히 구체적이지 못하다는 점을 지적했습니다. 따라서 저는 1988년 스트라스부르에 있는 유럽의회에서 협상 해결책을 위한 구체적인 틀을 마련했습니다. 최근 몇 년 동안, 저는 협상에 관한 관심을 거듭 강조하고 독립 문제를 제기하지 않겠다는 의향을 매번 밝히면서 추가적인 제안을 해 왔습니다.

저는 덩샤오핑 씨가 그의 생전에 티베트의 상황에 대한 해결책을 찾을 수 있기를 진심으로 바랐습니다. 여러 면에서 그는 중국인에게 새로운 번영을 가져다준 위대한 지도자였습니다. 그러나 그는 티베트 문제에 대한 실질적인 협상에 들어가겠다는 그 자신의 약속을 이행할 수 없는 것처럼 보였습니다.

그러므로 저는 이번 기회를 빌려 중국의 새 지도부에게 티베트의 혼란을 끝낼 수 있도록 제가 솔직한 협상을 시작할 준비가 되어 있다고 말하고 싶습니다. 이것은 티베트인에게만 중요한 문제가 아니라 중국에도 장기적으로 좋은 일입니다. 티베트는 아시아에서 전략적인 위치를 차지하고 있고 역사적으로 중앙아시아와 남아시아의 평화를 유지하는 데 역할을 해 왔기 때문에 이 지역의 평화와 안정은 티베트 상황에 대한 해결책에 달려 있습니다. 저는 티베트의 상황을 평화적으로 해결함으로써 얻을 수 있는 이점을 이해할 수 있는 긍정적이고 성실한 지도부가 베이징에 나타나기를 희망합니다.

중국 역사상 중대한 이 시기에, 국제사회는 중국의 민주화 세력을 지지함으로써 중국이 잠재력을 최대한 발휘하도록 격려해야 합니다. 그러려면 세계 지도자들은 멀리 내다보는 지혜를 가져야 하고, 중국이 국제사회에서 완전히 존경받고 동등한 일원이 될 수 있도록 중국의 약점을 지적할 수 있어야 합니다. 경제 발전과 민주주의의 발전은 복잡하게 연결되어 있으므로 함께 다루어져야 합니다.

저는 중국을 고립시키는 것은 비생산적일 것이라고 진심으로 믿습니다. 따라서 중국에 대한 포용 정책을 항상 요구해 왔습니다. 그와 동시에 국제사회는 전 세계의 자유로운 남녀가 소중히 여기는 인권과 민주주의 원칙에 헌신하는 데 적극적이어야 합니다. 우리가 이곳 워싱턴에서, 전 세계에 대한 미국의 도덕적, 경제적 리더십을 고려하면, 미국은 중국이 올바른 방향으로 발전하도록 격려하는 데 중요한 역할을 하고 있다고 덧붙이고 싶습니다.

국제사회가 심각하게 주목해야 할 현재 진행 중인 중요한 사건은 홍콩이 곧 중국 통치로 복귀한다는 것입니다. 중국이 홍콩과 유지하기로 합의한 '일국양제一國兩制' 체제와 티베트 점령이 시작된 직후 중국 지도부가 티베트에 부과한 통치체제는 서로 너무나 비슷합니다. 세부 사항조차도 끔찍하게 유사성을 지니고 있습니다. 제가 수장으로 남아 있음에도 불구하고 티베트에서 점차적으로 실질적인 티베트 정부가 된 준비위원회가 설립된 것까지 포함해서요.

저는 국제사회가 티베트 역사에서 고통스러운 기간 동안 억지로 견뎌야 했던 우리의 쓰라린 경험으로부터 배우기를 바랍니다. 저는 또한 중국이 홍콩 사람들의 바람을 들어주었으면 좋겠습니다. 티베트 에서는 그러지 못했지만 말입니다. 중국 정부가 홍콩이 중국 통치로 복귀하는 과정에서 그들에게 새로운 관점을 제공할 수 있는 귀중한 경험을 얻게 될 것은 확실합니다.

중국 지도부는 티베트나 홍콩에 대한 미국과 국제적인 지지가 '반중국'이 아니라는 것을 알아야 합니다. 오히려, 그것은 티베트인의 고통에 대한 우려의 표출과 우리의 정당한 대의에 대한 감사를 나타냅니다. 오늘 전 세계의 의원들이 모인 것은 이러한 지지의 한 예입니다. 분명히 오늘 여기 계신 분들은 중국에 대해 어떠한 악감정도 가지고 있지 않습니다. 티베트와 중국에 대한 여러분의 진정한 관심 때문에 이곳에 오신 것이지요.

최근 몇 년 동안, 티베트인의 곤경에 동정을 표하는 중국인의 수가 증가하고 있습니다. 일부는 아직도 중국에 살고 있습니다. 저는 이것 이 중국의 선전보다 티베트 문제에 더 많은 것이 걸려 있다는 것을 그들이 점차 인식하고 있기 때문이라고 믿습니다. 저는 인간관계의 힘을 굳게 믿고 있으며 중국 형제자매들과 가능한 한 많이 교류할 수 있는 기회를 가졌습니다. 이런 모임들은 우리가 서로의 우려와 관심사를 이해할 수 있도록 해 주었고, 저는 이 모임들이 티베트 해결의 열쇠라고 믿습니다.

최근 대만을 방문했을 때, 저는 중어권 사람들의 티베트 문화에 대한 이해와 관심이 높아지고 있음을 볼 수 있었습니다. 저는 장기적으로 이것이 티베트인과 중국인 사이에 상호 이해와 존중을 확립하는 데 도움이 될 것이라고 믿습니다. 제가 방문하는 동안 저는 대만 사람들이 그들과 관련된 문제들을 논의할 때 보여준 열린 태도와 솔직함에 매우 감명받았습니다. 대만에서의 민주주의 발전은, 정치적 의사결정 과정에서 국민이 계속해서 배척당하고 있는 중국에 분명 모범이 될 가능성이 있습니다.

끝으로 오늘 이 자리에 모이신 전 세계 대표들의 커다란 노고에 티베트인을 대표하여 감사드립니다. 티베트에서는 중국의 계속되는 탄압에 직면해서 티베트인의 문화적·종교적 정체성은 서서히 사라지고 있습니다. 우리는 여러분들의 지원 없이는 티베트 문화를 살리는 노력에 성공할 수 없습니다.

33. 티베트 문화와 불교가 세계에 공헌한 것

- 제3차 티베트 지원단체 국제회의 기조연설,
베를린, 2000년 5월 11~14일 -

오늘 티베트의 정당한 대의를 고취하는 티베트 지원단체들의 모임에 참석하게 되어 매우 기쁩니다. 이 회의를 주최해 준 프리드리히 나우만 재단에 감사드립니다. 오늘 여러분과 함께 있어서 정말 행복합니다. 여러 나라의 대표들을 보면 정말 격려가 됩니다. 특히 앞에 나오신 연사님들이 공감과 관심을 가지고 이야기해 주셔서 정말 감사합니다. 저는 매우 고무되었고, 쿤초크 텐다르(Kunchok Tendar)가 말씀하셨을 때 정말 감동했습니다.

아시다시피 저는 항상 우리가 다른 대륙, 다른 나라, 다른 종교, 다른 전통, 그리고 다른 인종에도 불구하고 모두 같은 인간이라고 느끼고 있습니다. 부차적이고 중요하지 않은 것들이죠. 우리는 모두 인간적인 우정과 인간적인 관심, 서로를 돌본다는 의식을 가지고 있습니다. 그것들은 인간의 좋은 자질이면서, 제 생각엔, 가장 중요한 자질입니다. 결국 그것이 인간 본성을 구성하는 것입니다. 우리는 인간으로서 서로를 알든 모르든 결국 서로에게 자비심을 느끼게 될 것입니다. 우리가 서로를 인간 형제자매로 인식하는 것만으로도 이런 반응, 이런 종류의 자비심이 생겨납니다. 특히 인간의 경우, 그것이 우리의 본질이라고 생각합니다. 아시다시피, 티베트 문제를 지지한다고 해서, 여러분은 어떤 종류의 이익도 얻지 못할 것입니다. 반대로, 여러분은 오히려 곤경에 빠질 수도 있습니다. 첫째, 티베트 문제에 대해 지지하고 우려를 표명하는 것은 실제로 사람됨의 일부이며, 동정심과 서로에 대한 인간적인 배려를 가진다는 것입니다. 저는 항상 티베트 문제가 정당한 문제라고 말하는데, 시간이 지남에 따라 여러분은 그런 성격이 점점 더 명확해지는 것을 보게 될 것입니다. 저는 그것이 점점 더 많은 사람이 진심 어린 우려를 보이는 이유라고 생각합니다. 그리고 그것은 단지 우려나 동정심일 뿐만 아니라, 이제는 어떻게 실질적인 차원에서 도움을 줄 것인가에 대한 강한 의식도 있습니다. 저는 이런 감정이 지금 우리 지지자들뿐만 아니라 여러 나라의 꽤 많은 정부 관리들 사이에서 깊어지고 있다고 생각합니다. 이 정부들도 한때 일종의 딜레마에 직면한 적이 있었기 때문에, 저는 정부들이 무엇인가 해야겠다는 강한 감정이 있다는 것을 알아차렸습니다.

물론, 티베트 문제는 매우 복잡합니다. 그리고 어쨌든, 모든 이들이 중국이 매우 강하다는 걸 알지요. 그러니 그게 우리가 직시해야 할 현실 아닐까요?

그런 감정을 가지고 이곳에 와주신 모든 지지자 여러분 감사합니다. 게다가, 저는 우리의 옛 친구들에게도 매우 감사한 마음을 가지고 있습니다. 헌신하고 있고, 헌신하셨던 여러분, 여러분의 헌신에는 변함이 없습니다. 일단 친구가 되면, 우리의 우정은 죽을 때까지 유지되어야 합니다. 이건 중요한 일입니다. 당신의 헌신, 진심 어린 배려, 흔들리지 않는 결의, 너무나 고맙습니다. 제가 감사의 뜻을 표하고는 있지만, 우리의 임무는 아직 성취되지 않았습니다. 아직도 극복해야 할 어려움들이 있습니다. 우리의 길은 확실히 쉽지 않고 심지어 여러 해가 걸릴 수도 있습니다. 따라서 우리 지지자들은 물론 티베트인과 우리 자신들도 확고해야 하며, 우리는 본성과 가슴에서 결심하고 있어야 합니다. 물론, 여기 다른 손님들도 있고 일부는 티베트 상황에 대해 잘 아시고, 일부는 잘 모르실 수도 있지만, 여러분이 앞에 나온 연사들의 말을 들었기 때문에 여러분은 대략적인 상황을 알고 있을 것 같습니다.

　저는 공개적으로 말할 때마다 보통 세 가지를 언급합니다. 하나는, 인간의 가치를 향상시키는 것입니다. 인간으로서, 인류의 일부로서, 저는 책임감을 느끼고 있습니다. 바로 그 때문에 저는 항상 인간 가치의 향상에 조금이나마 기여하려고 노력합니다. 여러분은 이것을 세속 윤리라고 부를 수도 있습니다. 저는 우리의 많은 문제가 이러한 인간 가치에 태만한 것과 관련이 있다고 믿습니다.

　두 번째는, 승려로서 저는 항상 다양한 종교적 전통에 대한 이해를 고취하려고 노력합니다. 최소한 종교라는 이름으로 인한 갈등은 줄어들 수 있고 종교라는 명분을 이용하는 말썽꾸러기들도 고립시킬 수 있습니다. 더 큰 공동체들은, 철학은 서로 다르더라도, 분명한 믿음이나 자각이나 종교를 가지고 있다면, 이 세상을 더 나은 세상으로 만들 수 있는 동일한 잠재력을 가지고 있습니다. 이것은 분명히 어떤 종류의 골칫거리를 줄일 수 있습니다. 더 깊은 이해를 바탕으로, 다양한 종교적 전통들은 기본적인 인간의 가치를 강화시킬 수 있으며, 반드시 비신자들을 신자로 개종시키는 것이 아니라 -그냥 비신자로 남을 수 있게 하세요- 선한 인간, 따뜻한 사람이 되도록 노력할 수 있습니다.

　이제 티베트 문제라는 세 번째로 넘어가겠습니다. 제가 보기에 저는 보통 티베트 문제를 다른 각도에서, 다양한 측면에서 바라봅니다. 티베트 문제에 대해 보다 전체적인 그림을 아는 것이 중요합니다. 첫째, 앞서 말씀드렸듯이 인간의 기본적 가치를 고취하기 위한 노력이 필요합니다. 그런 점에서 티베트 문화와 티베트 불교는 분명히 기여할 가능성이 있습니다. 또한, 환경 문제와 관련해서도 티베트 문화유산과 불교가 기여할 가능성이 있습니다. 따라서 티베트 문화유산과 티베트 불교 전통을 보존하는 것은 600만 명의 티베트인뿐만 아니라 더 큰 규모의 인류 공동체를 위해서, 그리고 특히 우리의 중국 형제자매들을 포함한, 바로 그 지역에 있는 사람들을 위해서도 매우 중요하다고 생각합니다. 전통적으로 수십만 명 혹은 수백만 명의 중국인이 티베트 불교를 따르고 있다고 생각하기 때문에 중국 형제자매들은 티베트 불교문화를 보존해야 할 막중한 책임이 있습니다. 일부 중국 황제들은 이것을 가치 있게 여겼지만, 현재 이러한 종류의 전통이 쇠퇴할 위험이 있습니다. 그러므로 그것을 보존하기 위해 특별한 노력을 하는 것은 매우 중요합니다. 티베트 문화유산과 불교의 영성은 큰 잠재력과 가치를 가지고 있다고 생각합니다. 티베트의 문화유산은 고대의 것일 뿐만 아니라 오늘날에도 관련성이 큽니다.

약 1, 2년 전 중국의 한 작은 신문에서 암석에 새겨진 고대 티베트 문자를 언급했는데, 고대 티베트의 쓰는 방식과 비슷하지만, 같은 문자, 같은 언어였습니다. 일부 중국 고고학자들과 그들이 암석을 조사한 내용에 따르면, 이 문자는 3,000년 된 것이라고 합니다. 저는 좀 놀랐습니다. 보통 티베트 문자는 인도 데바나가리에서 따온 것으로 알려져 있고, 그것이 우리가 보통 배우는 것이기 때문입니다. 불교가 티베트에 들어온 후, 아시다시피, 관계가 발전했다는 것, 그것이 고전적인 관점, 종전의 관점입니다. 이제 이 발견은 티베트인이 불교가 티베트에 들어오기 전부터 이미 매우 유사한 문자를 썼다는 것을 보여줍니다. 그렇다면 불교가 티베트에 들어오기 전에는 어떤 종교가 있었을까요? 이것은 정말 새로운 분야이므로, 우리는 더 많은 연구를 수행해야 합니다. 인도 친구들 몇 명에게 데바나가리 문자가 얼마나 오래되었는지 물었지만, 그들은 이 분야의 전문가가 아닙니다. 그래서 그들은 명확한 답을 가지고 있지 않습니다. 더 많이 조사하는 것이 제 개인적인 관심사입니다. 이것은 티베트 문명이 문자 언어를 가진 매우 오래된 문명이란 점을 보여주는데, 문자 언어는 매우 문명화되었다는 뜻 아닌가요? 그나저나 티베트 의료체계는 고대의 제도이기도 하지만, 21세기에 들어서도 아주 아주 유용하고, 특히 그 예방책들이 그렇습니다.

그러므로 티베트 문화 전체를 본다면 그 가치가 매우 높아서 정말로 보존할 가치가 있습니다. 문화는 인류의 것이므로 귀중한 문화유산이 확실히 위협을 받을 때 인류는 행동해야 할 책임이 있습니다. 전통적으로, 아시아에는 꽤 많은 불교 국가가 있고 각각의 나라는 고유의 전통을 가지고 있습니다. 저는 보통 티베트 불교를 불교의 완전한 형태라고 생각합니다. 우리의 전통은 지적으로, 즉 지적 측면과 아울러 실제 경험적인 측면에서도 생생하게 살아 있습니다. 불교는 확실히 세계의 중요한 종교 중 하나입니다. 요즘 사람들은 보통 부처님이 평화의 상징, 비폭력의 상징, 자비심의 상징이라는 인상을 받습니다. 세계의 모든 주요 종교 전통은 우리에게 사랑, 자비, 용서의 중요성을 가르쳐 줍니다. 그것들은 비폭력의 토대이자 평화의 토대입니다. 하지만 보시다시피 부처님은 특별한 의미가 있습니다. 티베트 불교는 가장 다채로운 불교 중 하나입니다. 오늘날, 큰 위협에 직면해 있지요. 여러분은 그것이 보존할 가치가 있는 것이라는 점에 동의하실 것입니다.

이제 티베트 환경을 살펴보자면, 물론 제가 아직 티베트에 있을 때는 환경 문제에 대해 알지 못했습니다. 하지만 이 분야의 전문가들을 만난 후, 저는 이것이 정말 중요한 문제라는 것을 깨달았습니다. 티베트의 위치 때문에, 원래 아시아 대륙의 주요 강들은 티베트에서 흘러나옵니다. 2, 3천 년[2] 안에, 눈으로 덮인 산 전체가 녹을지도 모르는데, 그러면 이 상황이 변해 버리고 이는 우리가 통제할 수 없는 것입니다. 하지만 그때까지 인간의 행동 때문에 우리의 환경은 불필요하게 훼손되고 있습니다. 우리는 이것을 매우 신중히 고려해야 합니다. 바로 이 순간, 티베트 환경 파괴는 이미 삼림 벌채와 같은 우리의 천연자원을 착취하는 형태로 일어나고 있습니다. 일부 정보에 따르면, 중국의 산림은 정부의 새로운 지시에 따라 보호되고 있으며, 중국에서는 이러한 지침이 적절하게 시행되고 있다고 합니다. 티베트 본토에서는 상황이 다르다고 들었고 삼림 벌채가 여전히 계속되고 있습니다. 이것은 매우 심각한 문제입니다. 게다가 티베트고원의 환경은 높은 고도와 건조함으로 인해 매우 민감합니다. 일단 심하게 손상되면 회복하는 데 오랜 시간이 걸립니다. 이러한 이유로 환경 문제는 특별한 주의와 각별한 관심이 필요합니다.

고려해야 할 또 다른 측면은 티베트의 지리적 위치입니다. 여러분이 보시다시피, 티베트는 중국과 인도 사이에 있습니다. 그래서 과거 독립 티베트에는 대규모 군사시설이 없었습니다. 제 기억으로는 1955

---

2 20, 30년의 오식으로 보이지만 확인할 길은 없다. (역주)

년 혹은 그즈음에 라싸의 새로운 무역 사절단의 한 의전 행사에서, 중국 외교부의 한 관리가 인도 외무부의 관리에게 '인도와 중국은 서로 한 번도 다툰 적이 없다'고 했습니다. 그 당시에 저는 공포라는 것을 느끼지 못했습니다. 그 이후로 우리는 티베트에서 대규모 중국 군사작전을 목격해 왔으며, 일부 소식통에 따르면, 이 군사작전에는 핵무기도 포함되어 있다고 합니다. 그래서 인도와 중국의 관계는 더 미묘해지고, 더 어려워지고, 더 의심스러워졌습니다. 인도와 중국은 가장 인구가 많은 나라입니다. 그러므로 상호 신뢰와 상호 존중을 바탕으로 한 진정한 우정은 매우 중요합니다. 앞서 말씀드린 바와 같이 제 제안은, 결국 티베트가 비무장의 평화지대가 되어야 한다는 것입니다. 중국인의 눈에는 이것은 전형적인 '분리주의자들의 움직임'입니다. 그러나 실제로 저의 의도, 저의 목표는 티베트 전체가 관련 정부들과의 진정한 합의에 기초해 비무장화되는 것입니다. 이것은 정말로 그 지역의 평화에 크게 기여할 수 있습니다.

티베트 문제의 양상은 이렇습니다. 아시다시피, 티베트 문제는 단지 정치나 인권에 관한 것이 아닙니다. 물론, 이 지구에는 자유를 위한 많은 투사와 투쟁이 있습니다. 하지만 티베트의 자유 투쟁은 단순히 그중의 하나가 아닙니다. 더 크고 중요한 결과가 걸려 있습니다. 달라이 라마로서 또는 모든 인류의 복지를 실천하는 승려로서, 제가 지구상에서 인간성을 잊거나 무시하는 것은 당연히 불가능합니다. 그러므로 티베트 문제는 정치적인 문제일 뿐만 아니라 인류에게 더 큰 결과를 갖는 문제입니다. 티베트를 위한 투쟁의 한 측면은 부처님의 법의 존속을 위한 투쟁입니다. 저는 이것이 제 영적 수행의 일부라 느꼈고, 그래서 이 투쟁에 참여하게 되었습니다.

우리 대표단과 지지자들에게 한 가지 언급하고 싶은 것이 있습니다. 이 회의는 새로운 아이디어, 새로운 계획, 새로운 제안을 만들어내고 공식화하는 회의가 되어야 합니다. 이 자리는 단지 성취한 것을 발표하고 만족감을 표현하기 위한 자리가 아닙니다. 1956년부터 저는 다음과 같이 말해 왔습니다. '티베트와 티베트의 발전에 대한 책임을 지고 있는 우리는 약점, 실수한 부분들, 그리고 단점을 논의해야 합니다.' 위대한 업적과 성공을 말하는 것은 소용이 없습니다. 성공과 긍정적인 부분은 다른 사람들이 말하도록 합시다. 책임감이 있는 자들은 약점과 단점에 대해 논의해야 합니다. 인도에서는 제가 그렇게 말하고 있는데, 여기서도 저는 약점에 집중하고 싶습니다. 성공은 중요하지 않습니다. 그건 이미 그곳에 있는 것이지요. 우리는 중국인을 따라 해서는 안 됩니다. 그들은 항상 긍정적인 면은 보여주고, 부정적인 면은 항상 숨깁니다. 그것은 실수입니다. 나약함의 표시이죠. 결국, 저는 그것이 틀렸다고 생각합니다. 지도부가 정보를 통제하는 것이죠. 이건 자기 사람들을 속이고 잘못 인도한다는 뜻입니다. 이는 분명히 나약함의 표시입니다. 만약 공산당이 자신의 이념에 대해, 자신의 체제에 대해 완전히 자신이 있다면, 자본주의가 무엇인지, 서구 민주주의가 무엇인지 대중에게 알려서 국민이 그 사안을 검토하도록 하십시오. 인도에서 수 세기 동안 불교 철학은 모두 이랬습니다: "모든 것을 다 알려라. 사람들로 하여금, 특히 지적인 사람들로 하여금 불교 사상이 무엇인지, 고대 인도 사상이 무엇인지 연구하게 하라." 자신이 있으면 아무것도 숨길 필요가 없습니다. 아시다시피, 모든 전체주의 시스템은 정보를 통제하는데, 이것이 바로 나약함의 표시입니다.

따라서 이번 회의의 패턴은 약한 부분에 집중해야 하고, 약한 부분을 확인하고, 원인을 파악하고, 이를 해결하기 위한 방법을 찾아야 합니다. 저는 우리가 중대한 시기를 통과하고 있기에 그것이 유용하다고 생각합니다. 우리는 축하나 즐거움을 위해 모인 것이 아닙니다. 유일무이한 문화유산을 가진 한 나라가 죽어가고 있습니다. 이것이 바로 현재 상황입니다. 그리고 전체 자연환경 또한 죽어가고 있습니다. 이것은 즐거운 행사가 아닙니다. 그러므로 반드시 진지한 토론이 필요합니다.

이 문제를 어떻게 해결하면 좋을까요? 정말 중요하고 어렵습니다. 꽤 많은 사람, 친구들, 그리고 지지자들은 저의 중도 어프로치에 전적으로 동의합니다. 하지만 안팎으로 제 접근방식에 대해 다른 견해, 매우 비판적인 견해도 있습니다. 그렇지만, 저는 여전히 중도 어프로치가 해결책을 찾는 최선의 길이라고 생각합니다.

분명히 중국 정부는 항상 우리를 반중국적이라고 비난합니다. 하지만 절대 그렇지 않아요! 우리는 중국문화를 존중합니다. 우리는 이미 중국 친구들과 다양한 토론과 교류를 했습니다. 그래서 이제 더 많은 중국인이 우리가 그들을 깊이 존경하고 있다는 것을 분명히 인식하게 되었습니다.

우리가 어떤 동기나 타당한 이유에서든 중국과의 완전한 분리를 목표로 한다면, 상대방이 다음과 같이 주장할 수 있는 것이 정치투쟁의 본질입니다. '그들이 스스로 신체의 한 부분을 떼어내려고 노력하고 있다'라고. 하지만 이것은 사실이 아닙니다. 경제 발전과 그 밖의 여러 가지 이유로 오늘날 세계는 점점 작아지고 있습니다. 그러한 상황에서 완전한 독립의 개념은 그리 의미가 없습니다. 제가 대만에 있을 때도 독립을 위해 노력하는 민주진보당(DDP)과 회동할 때 공개적으로 언급했지만, 저는 티베트 문제에 관한 한 독립을 요구하지 않습니다. 제 생각으로는 적어도 경제 분야와 국방 분야에서는 대만과 중국이 특수하고 매우 긴밀한 관계를 유지해야 한다고 생각합니다. 완전 독립, 이것은 낡은 개념입니다.

티베트는 물질적으로 낙후되어 있습니다. 물론 영적으로는 우리는 꽤 풍요롭지만, 물질적으로는 낙후되어 있습니다. 하지만 영성은 우리의 배를 채울 수 없습니다. 그것은 우리의 뇌를 채우고 마음을 따뜻하게 할 수는 있어도 위는 여전히 다른 것을 필요로 합니다. 따라서 물질적인 발전이 매우 중요합니다. 그리고 여기서 분명히 하고 싶은 것은, 그 어느 티베트인도 우리의 예전 체제나 예전 생활 방식으로 돌아가고 싶어 하지 않는다는 것입니다. 티베트인은 단 한 명도요. 따라서 우리가 정말 예전 생활 방식을 복원하고 싶다면, 현대 기술도 필요 없고 현대 도로도 필요하지 않을 것입니다. 하지만 아무도 그렇게 생각하지 않습니다. 티베트는 육지로 둘러싸인 나라입니다. 그러므로 우리가 다른 강대국과 상호이익을 위해 자발적으로 만난다면 아무 문제가 없습니다. 1955년, 대표자의회(People's Deputies)의 일원인 류사오친은 제게 다음과 같이 말했습니다. "오, 티베트인은 넓은 땅, 큰 땅을 가지고 있고, 우리 중국인은 많은 인구를 가지고 있습니다. 그래서 티베트 땅이 중국으로 이동할 수 없어서 더 많은 중국인이 티베트로 옵니다." 만약 그런 일이 자발적으로 그리고 상호이익을 위해 일어나는 것이라면, 좋습니다, 아무런 문제가 없지요.

티베트에 온 사람들이 티베트 환경을 존중하고 티베트 문화를 존중하며 인류의 진정한 형제애와 자매애를 유지하는 한 문제 없습니다. 하지만 이렇지 않지요.

그것이 제가 근본적으로 그 상황을 바라보는 방식입니다. 따라서 우리가 상호 합의된 해결책을 가지도록 노력해야 한다고 느낍니다. 그것이 완전히 실패하더라도, 우리는 여전히 새로운 아이디어, 새로운 제안에 대한 모든 권리를 가지고 있습니다. 1973년 초에 우리는 아주 소규모로 토론했습니다. 조만간 우리는 중국 정부와 이야기해야 합니다. 그러므로 완전 독립의 문제는 매우 어렵습니다. 그 결과, 중도 어프로치에 대한 아이디어가 최종 결정되었습니다. 1979년, 실제 접촉이 이루어졌을 때, 우리는 이미 결정을 한 상태였습니다. 우리의 첫 대표단은 중국을 방문했습니다. 그 전에 우리는 진지한 논의를 했습니다. 그러자 우리 국민 중 일부는 우리에게, 제게 제안했습니다. 차라리 독립을 요구하고 협상 과정에서 점점 더 낮추어 가라고. 하지만 저는 이건 옳지 않다고 느꼈습니다. 부정직한 일이지요. 저는 스스로가 원하는 것을 분명하게 말하는 것이 더 낫다고 생각합니다. 만약 이것이 받아들여지지 않는다면 우리의 기본권으로 돌아가야 하고, 그것은 항상 우리의 권리입니다. 그래서 그게 제 생각, 저의 어프로치, 중도의 방식입니다. 중국 정부가 신중하고 정직하고 현명하게 생각한다면 진정한 안정과 단결을 이룰 수 있는 최고의 방법은 바로 제 방식이라고 생각합니다. 현재의 중국 정책은 실제로 역효과를 내고 있습니다. 때때로 저는 제가 중국 정부의 목표를 달성하는 데 간접적으로 도움을 주고 있다고 느낍니다. 그래서 어찌 되었든 그것이 저의 중도 접근방식입니다. 중국 정부와의 의미 있는 대화는 실패했습니다. 그렇다고 미래에도 완전히 실패할 것이라고 할 수는 없습니다. 세상은 항상 움직이고, 항상 변합니다. 티베트 본토에서 시행되는 너무나 추악한 정책, 탄압과 많은 부정적인 것들에도 불구하고, 제 입장은 변하지 않았습니다. 저는 엄격한 비폭력을 바탕으로 한 중도 어프로치에 전적으로 전념하고 있습니다.

따라서 중국에서 긍정적인 반응이나 신호가 오면 저는 언제 어디서나 대화를 나눌 준비가 되어 있습니다. 그러나 여기에서 저는 티베트 문제가 달라이 라마의 문제도 아니고, 어느 노인 세대의 문제가 아니라, 600만 티베트인의 문제라는 것도 분명히 하고 싶습니다. 중국인은 가끔 그렇게 묘사하는데, 그렇지 않습니다. 1980년대 초에 중국 정부는 저의 귀국에 대해 5개항 제안을 했습니다. 저는 모든 특권과 지위 등을 얻게 될 것이라고요. 하지만 제가 중국 정부에게 말했습니다. 그것이 문제가 아니라고요. 문제는 600만 명의 권리, 그들의 복지, 바로 그것이 문제라고 했습니다. 제 미래만이 아니지요. 승려로서 저는 어떻게든 앞으로 살아갈 수 있습니다. 문제없어요. 66세의 승려로서 저는 정치적 지위 같은 걸 얻고 싶지도 않습니다. 1992년에 저는 우리가 돌아가는 날이 오는 대로, 제 모든 합법적인 권한을 현지 티베트 정부에 넘길 것임을 분명히 했습니다. 그 지방 정부는 결국 민주적으로 선출되어야 합니다. 그렇게 분명히 말했습니다.

그러고 나면 저는 그저 평범한 시민, 평범한 승려일 뿐입니다. 티베트 속담에 어디든 좋은 곳이면 조국으로 여길 수 있다는 말이 있습니다. 그래서 그건 아주 간단합니다. 이론적으로 말하자면, 우리가 수계를 받아서 승려가 되었을 때, 더는 자기 가족과 관련이 없고, 자신의 나라와도 관련이 없습니다. 아무것도 없어요. 우리는 다른 세계에 도달한 것입니다. 어쩌면 메시아의 세계일지요. 저도 모르겠습니다. 이론적으로 승려는 사회와 완전히 단절된 것을 의미합니다. 그게 불교 전통 아닙니까? 태국에는 그 전통이 생생히 살아 있습니다. 저는 그곳에서 수도승들의 사회봉사 참여에 대해 논의한 바가 있습니다. 그래서 저 자신의 미래에 대해서는 아무런 문제가 없습니다. 제 미래에 대해 중국 정부에 아무것도 요청할 것이 없습니다.

중요한 것은 600만 티베트인의 권리와 그들의 복지입니다. 따라서 중국 정부가 이러한 현실적인 문제들을 다룰 준비가 되는 순간, 제 쪽은 항상 열려 있습니다. 그것이 제 입장입니다. 그리고 마지막으로, 저는 우리 지지자들에게 호소하고 싶습니다. 여러분의 지지가 정말 도움이 되고, 여전히 여러분의 도움이 필요합니다. 최종적인 해결책은 중국인과 티베트인 사이에서 찾아야 합니다. 하지만 그동안 외부 세계, 세계 공동체는 중국과 티베트인 사이에 중요한 상호 이해를 실현하는 데 엄청난 도움을 줄 수 있습니다. 이상이 제가 여러분께 전하고 싶은 주요 포인트였습니다.

감사합니다.

34. 인류는 하나다

- 유럽의회 연설, 스트라스부르, 2001년 10월 14일 -

의장님, 존경하는 의원님들, 신사 숙녀 여러분!

　유럽의회에서 연설하게 되어 큰 영광입니다. 저는 유럽연합이 여러 나라와 국민 간의 협력적이고 평화로운 공존을 위한 고무적인 본보기이며, 저처럼 세계 여러 나라들 사이에서 더 나은 이해와 긴밀한 협력, 그리고 더 큰 존경이 필요하다고 강하게 믿는 사람들에게 깊은 영감을 주는 본보기라고 생각합니다. 이렇게 친절하게 초대해 주셔서 감사합니다. 저는 이것이 티베트인의 비극적인 운명에 대한 진정한 동정심과 우려가 담긴 격려의 표시라고 생각합니다. 저는 오늘 티베트의 전통적인 방식으로 교육받고 훈련받은 그저 한 사람의 승려로서 여러분께 말씀드립니다. 저는 정치학의 전문가가 아닙니다. 하지만, 제가 평생 불교 연구와 수행, 티베트인의 비폭력적 자유 투쟁에 대한 책임과 참여를 통해 여러분과 공유하고 싶은 경험과 생각을 갖게 되었습니다.

　인류 공동체가 역사상 중대한 고비에 도달했다는 것은 명백합니다. 오늘날의 세계는 인류의 하나됨을 받아들여야 합니다. 과거 공동체들은 서로가 근본적으로 분리된 것으로 생각할 수 있었습니다. 하지만 오늘날, 우리가 최근 미국에서 일어난 비극적인 사건에서 알 수 있듯이, 한 지역에서 일어나는 모든 일은 결국 다른 많은 지역에 영향을 미칩니다. 세계는 점점 상호의존적이 되어 가고 있습니다. 이 새로운 상호의존성의 맥락 안에서, 자기 이익은 분명히 다른 사람들의 이익을 고려하는 데 있습니다. 보편적 책임감을 기르고 고취하지 않으면 우리의 미래 자체가 위험에 처하게 됩니다.

저는 우리가 더 큰 보편적인 책임감을 의식적으로 키워야 한다고 강하게 믿습니다. 우리는 자기 자신, 가족, 국가를 위해서만이 아니라 온 인류의 이익을 위해서 일하는 법을 배워야 합니다. 보편적 책임감은 우리의 개인적 행복을 위한 최고의 토대이면서, 동시에 세계평화, 천연자원의 공평한 사용, 그리고 미래 세대에 대한 배려를 통해 자연환경을 제대로 관리하기 위한 최고의 토대입니다.

세계의 많은 문제와 갈등은 우리가 우리 모두를 하나의 인간 가족으로 묶는 기본적인 인간성을 잃었기 때문에 발생합니다. 우리는 인종, 종교, 문화, 언어, 이념 등의 다양성에도 불구하고, 사람들은 평화와 행복에 대한 기본적인 욕구가 동등하다는 사실을 잊는 경향이 있습니다. 우리는 모두 행복을 원하고 고통을 원하지 않습니다. 우리는 우리가 할 수 있는 한 최선을 다해 이러한 욕망을 충족시키기 위해 노력합니다. 하지만 이론적으로는 다양성을 칭송하면서도, 불행히도 실제로 다양성을 존중하지 못하는 경우가 많습니다. 사실, 다양성을 수용하지 못하는 우리의 무능은 사람들 사이에서 갈등의 주요 원인이 됩니다.

인류 역사의 특히 슬픈 사실은 종교라는 이름으로 갈등이 발생했다는 것입니다. 심지어 오늘날에도 종교 오용의 결과 그리고 종교적 편협함과 증오를 조장한 결과로 사람들은 죽임을 당하고, 그들의 공동체는 파괴되고, 사회는 불안정해집니다. 제 개인적인 경험에 따르면, 종교 간의 화합을 방해하는 장애물을 극복하고 이해를 끌어내는 가장 좋은 방법은 다른 신앙과 전통의 구성원들과 대화하는 것입니다. 저는 이것이 다양한 방법으로 일어나는 것을 봅니다.

예를 들어, 제 경우 1960년대 후반 트라피스트 수도사 고 토마스 머튼과의 만남이 깊은 영감을 주었습니다. 그 만남은 제가 기독교의 가르침에 깊은 존경심을 갖도록 도와주었습니다. 또한 1986년 이탈리아 아시시에서의 모임처럼 다양한 종교 지도자들 간의 만남과 공동 강단에서 기도하는 모임은 매우 강력하다고 생각합니다. 작년에 열린 유엔 새천년 세계 종교 및 영적 지도자들의 평화 정상회담 또한 훌륭한 진전이었습니다. 그러나 이러한 계획이 정기적으로 더 많이 필요합니다. 저는 다른 종교 전통에 대한 존경을 표하기 위해 세계 3대 종교의 성지인 예루살렘으로 순례를 떠났습니다. 저는 인도와 해외에서 힌두교, 이슬람교, 기독교, 자이나교, 시크교 사원을 방문했습니다.

지난 30년 동안 저는 다양한 전통의 많은 종교 지도자들을 만났고 화합과 종교 간 이해에 대해 논의했습니다. 이런 교류가 일어날 때, 하나의 전통을 따르는 사람들은, 자기 자신들과 마찬가지로, 다른 신앙의 가르침도 신자들에 대한 윤리적 지도뿐만 아니라 영적 영감의 원천이라는 것을 알게 될 것입니다. 또한 교리와 관련된 내용이나 그밖에 내용 간 차이와 상관없이, 세계 모든 주요 종교들은 한 개인을 선한 사람으로 변화시키는 데 도움을 준다는 것이 분명해질 것입니다. 모든 종교는 사랑, 자비, 인내, 관용, 용서, 겸손, 자기 훈련 등을 강조합니다. 그러므로 우리는 종교 분야에서도 다원성의 개념을 받아들여야 합니다.

새롭게 부상하고 있는 우리 지구 공동체의 맥락에서 보면, 전쟁을 포함한 모든 유형의 폭력은 분쟁을 해결하기에는 전적으로 부적절한 수단입니다. 폭력과 전쟁은 항상 인류 역사의 일부였고, 고대에는 승자와 패자가 있었습니다. 하지만 만약 또 다른 지구적 분쟁이 오늘날 발생한다면 승자는 전혀 없을 것입니다. 그러므로 우리는 장기적으로 핵무기와 군대가 없는 세상을 요구할 용기와 비전을 가져야 합니다. 특히 미국에서 일어난 끔찍한 공격에 비추어, 국제사회는 끔찍하고 충격적인 경험을 바탕으로 대화와 비폭력의 문화가 차이를 해결하는 데 사용되는 글로벌 책임감을 키우기 위해 진지하게 노력해야 합니다.

대화는 개인이든 국가든 차이와 이해의 충돌을 해결할 수 있는 합리적이고 이성적인 유일한 방법입니다. 인류의 미래를 위한 대화와 비폭력 문화를 조성하는 것은 국제사회의 중요한 과제입니다. 정부가 비폭력의 원칙을 승인만 하고, 이를 지지하거나 고취할 적절한 행동이 따르지 않는다면 이는 충분치 않습니다. 비폭력이 이기려면, 비폭력 운동이 효과적이고 성공적으로 이루어져야 합니다. 어떤 사람들은 20세기가 전쟁과 유혈의 세기라고 생각합니다. 저는 우리 앞에 놓인 도전이 새로운 세기를 대화와 비폭력의 세기로 만들어 줄 것이라고 믿습니다.

더욱이 갈등에 대처할 때 우리는 적절한 판단력과 용기가 부족한 경우가 너무 잦습니다. 우리는 갈등 상황의 초기 단계에서 그 상황에 제대로 주의를 기울이지 못합니다. 일단 모든 상황이 나빠져 분쟁에 연루된 사람들의 감정이나 사회의 감정들이 고조되면, 위험한 상황이 폭발하는 것을 막는 것은 불가능하지는 않더라도, 극히 어렵습니다. 우리는 이 비극적인 상황이 반복되는 것을 봅니다. 그러므로 우리는 갈등의 초기 징후를 감지하는 법을 배워야 하며, 그 문제가 비등점에 도달하기 전에 대처할 용기를 가져야 합니다.

저는 대부분의 인간 갈등이 인류가 하나라는 마음과 화해의 정신으로 이루어진 진정한 대화를 통해 해결될 수 있다고 확신합니다. 그러므로 저는 비폭력과 대화를 통해 티베트 문제의 해결을 지속적으로 모색해 왔습니다. 티베트 침공이 시작될 때부터, 저는 중국 당국과 협력하여 상호 수용 가능하고 평화로운 공존을 이루려고 노력했습니다. 이른바 '티베트 평화해방을 위한 17개조협정'이 강요되었을 때에도, 저는 중국 당국과 협력하려고 노력했습니다. 결국, 이 협정에 의해 중국 정부는 티베트의 특수성과 자치성을 인정했고, 우리의 바람과 반대로 티베트에 그들의 체제를 강요하지 않기로 서약했습니다. 하지만 이 협정을 어기면서 중국 당국은 티베트인에게 그들의 경직되고 낯선 이념을 강요했고 티베트인의 독특한 문화, 종교, 생활 방식을 거의 존중하지 않았습니다. 절망 속에서 티베트 사람들은 중국인에게 봉기했습니다. 결국 1959년 저는 티베트 사람들을 계속해서 도울 수 있도록 티베트에서 탈출해야 했습니다.

제가 탈출한 이후 지난 40년이 넘는 기간 동안 티베트는 중화인민공화국 정부의 완전한 통제하에 있었습니다. 티베트의 사람들에게 가해진 엄청난 파괴와 인간의 고통은 오늘날 잘 알려져 있으니, 저는 슬프고 고통스러운 사건들을 곱씹고 싶지 않습니다. 고 빤첸 라마가 중국 정부에 제출한 7만어 탄원서는 티베트에 대한 중국의 강경한 정책과 행동에 대한 역사적인 문서입니다. 티베트는 오늘날에도 여전히 피점령국이고, 무력에 의해 억압받고 고통에 시달리는 나라입니다. 약간의 발전과 경제 진보에도 불구하고, 티베트는 생존이라는 근본적인 문제에 직면하고 있습니다. 심각한 인권 침해는 티베트 전역에 만연해 있으며, 이는 인종적·문화적 차별 정책 때문인 경우가 많습니다. 그러나 그것들은 단지 더 심각한 문제의 증상과 결과일 뿐입니다. 중국 당국은 티베트의 독특한 문화와 종교를 분리 독립이라는 위협을 낳는 원천으로 보고 있습니다. 그러므로 의도적인 정책의 결과로, 독특한 문화와 정체성을 가진 전체 민족이 멸종 위기에 직면해 있습니다.

저는 비폭력의 길로 티베트 자유 투쟁을 이끌어 왔으며, 화해와 타협의 정신으로 진행하는 중국과의 협상을 통해 티베트 문제에 대해 상호 합의할 수 있는 해결책을 지속적으로 모색해 왔습니다. 이런 정신으로 저는 1988년 이곳 스트라스부르 의회에서 협상을 위한 공식적인 제안을 했는데, 우리는 이것이 티베트 문제를 해결하기 위한 기초가 되기를 바랐습니다. 저는 관련 당사자 모두에게 만족스럽게 이득이 될 때만 진정한 연합이 자발적으로 생겨날 수 있다는 점을 강조하기 위해 협상 체계에 대한 제 생각을 발표하는 장소로 의식적으로 유럽의회를 선택했습니다. 유럽연합은 이것의 명확하고 고무적인 사례입니다. 반면, 신뢰와 이익이 부족하고 무력이 통치의 주요 수단으로 사용될 때, 한 국가나 한 사회도 두 개 이상의 독립체로 분열될 수 있습니다.

나중에 '중도 어프로치' 또는 '스트라스부르 제안'으로 알려진 저의 제안은, 티베트가 중화인민공화국의 큰 틀에서 진정한 자치를 누리는 것을 그리고 있습니다. 그러나 그것은 50년 전 17개조협정으로 우리에게 부과된 서류상의 자치가 아니라 진정한 자치, 진정으로 자치적인 티베트를 말합니다. 진정한 자치는 티베트인이 자신들의 내정, 즉 자녀 교육, 종교 문제, 문화적인 사안들, 섬세하고 소중한 자연환경 관리, 지역 경제 등의 문제들에 전적으로 책임을 지는 것을 말합니다. 베이징은 외교와 국방 문제에 대한 책임을 계속 질 것입니다. 이 해결책은 베이징의 두 가지 최우선 과제인 중국의 국제적 이미지를 크게 높이고, 중국의 안정과 단결에 기여하게 될 것입니다. 동시에 티베트인은 기본권과 자유를 보장받아서 자신들의 문명을 보존하고 티베트고원의 섬세한 자연환경을 보호할 수 있을 것입니다.

 그 이후로 중국 정부와 우리의 관계는 많은 우여곡절을 겪었습니다. 안타깝게도 티베트의 문제를 진지하게 다루려는 중국 지도부의 정치적 의지가 부족한 탓에 유감스럽게도 아무런 진전을 이루지 못하고 있음을 알려드립니다. 지난 수년간 중국 지도부를 대화에 참여시키기 위한 저의 계획과 제안에는 여태 아무런 대답이 없습니다. 작년 9월, 저는 뉴델리 주재 중국 대사관을 통해 대표단을 베이징으로 보내고자 하는 소망을 전달했습니다. 이 대표단은 티베트 문제에 대한 제 생각을 요약한 상세한 메모를 전달하고, 이 메모에서 제기된 사항들을 설명하고 논의하려는 것이었습니다. 저는 대면 회담을 통해 우리가 오해를 풀고 불신을 극복할 수도 있겠다는 뜻을 전달했습니다. 일단 이것이 성취되면 티베트 문제의 상호 수용 가능한 해결책을 큰 어려움 없이 찾을 수 있을 것이라는 강한 믿음을 저는 표현했습니다. 하지만 중국 정부는 오늘까지 저의 대표단을 거부하고 있습니다. 티베트 망명 대표단 6명을 수용했던 1980년대에 비해, 중국 정부의 태도가 상당히 경직된 것은 분명합니다. 중국 정부가 저와 중국 정부 사이의 소통에 대해 뭐라고 설명하든, 중국 정부가 제가 지정한 대표들과 대화하기를 거부하고 있음을 저는 여기에서 분명히 말씀드려야 하겠습니다.

중국 지도부가 저의 중도 어프로치에 대해 긍정적으로 반응하지 않는 것은 중국 정부가 그 어떤 평화적 공존에도 관심이 없는 것 아닌가 하는 티베트인의 의심을 재확인시켜 줍니다. 많은 티베트인은 중국이 티베트의 완전한 강제 동화와 중국으로의 흡수에 열중하고 있다고 믿고 있습니다. 그들은 티베트의 독립을 요구하고 저의 중도 어프로치를 비판합니다. 티베트 내에서의 국민투표를 지지하는 사람들도 있습니다. 그들은 만약 중국 당국이 묘사하는 티베트 본토의 여건이 사실이라면, 그리고 티베트 사람들이 진정으로 행복하다면, 티베트에서 국민투표를 하는 데 어려움이 없어야 한다고 주장합니다. 저 또한 궁극적으로 티베트 국민이 티베트의 미래를 결정할 수 있어야 한다고 항상 주장해 왔습니다. 인도의 초대 총리인 판디트 자와할랄 네루는 일찍이 1950년 12월 7일 인도 의회에서 '티베트에 관한 최종적인 목소리는 티베트인의 목소리여야 하며 다른 사람들의 목소리여서는 안 된다'고 말한 적이 있습니다.

저는 자유를 위한 투쟁에서 폭력을 수단으로 삼는 것을 단호히 거부하지만, 우리가 이용할 수 있는 모든 정치적 선택지를 탐색할 권리는 우리에게 분명히 있습니다. 저는 자유와 민주주의를 굳게 믿는 자로서, 티베트 망명자들이 민주적 절차를 따르도록 격려해 왔습니다. 오늘날 티베트 난민들은 입법부와 사법부, 행정부라는 민주주의의 삼대 축을 모두 확립한 몇 안 되는 망명 사회 중 하나일 것입니다. 올해 우리는 티베트 내각의 의장을 일반투표로 선출함으로써 민주화의 또 다른 큰 진전을 이루었습니다. 선출된 내각 의장과 의회는 국민의 합법적인 대표로서 티베트 업무를 운영하는 책임을 지게 됩니다. 하지만 저는 티베트 문제를 중국 지도부와 계속 협의하고 해결책이 나올 때까지 티베트인의 자유로운 대변자 역할을 맡는 것이 600만 티베트인에 대한 저의 도덕적 의무라고 생각합니다.

수년간 저의 제안에 대해 중국 정부가 긍정적인 반응을 보이지 않으니, 저는 국제사회의 구성원들에게 호소하는 것 외에는 다른 대안이 없습니다. 이제는 국제사회의 증대되고 일치되고 일관된 노력만이 중국이 티베트에 대한 정책을 바꾸도록 설득할 수 있을 것임이 분명합니다. 중국 측의 즉각적인 반응은 대부분 부정적일 수 있지만, 그런데도 저는 국제적 우려와 지지의 표현이 티베트 문제의 평화적 해결에 도움이 되는 환경을 조성하기 위해서는 꼭 필요하다고 강하게 믿습니다. 저는 대화의 과정에 전념하고 있습니다. 대화, 그리고 티베트의 현실을 정직하고 명료하게 바라보려는 의지는, 상호이익이 되는 해결책으로 우리를 이끌 수 있을 것임을, 그리고 이 해결책은 중화인민공화국의 안정과 단결에 기여하고, 티베트인이 자유, 평화, 존엄 속에서 살 권리를 확보해 줄 것임을 저는 굳게 믿고 있습니다.

의장님, 유럽의회의 존경하는 의원님들, 유럽의회의 형제자매 여러분, 저는 저 자신이 억류된 동포들의 자유로운 대변자라고 생각합니다. 그들을 대변하는 것이 저의 의무입니다. 저는 우리 국민의 엄청난 고통과 우리 영토와 집, 사찰, 사원, 문화를 파괴한 책임이 있는 사람들에 대한 분노나 증오의 감정을 가지고 말하지 않습니다. 그들 역시 행복을 찾기 위해 애쓰는 인간이며, 우리의 자비를 받을 자격이 있습니다. 저는 오늘 조국의 슬픈 상황과 우리 국민의 염원에 대해 알려드리고자 합니다. 자유를 위한 투쟁에서 진리는 우리가 가진 유일한 무기이기 때문입니다. 오늘날, 우리 국민, 우리 고유의 풍부한 문화유산, 그리고 우리의 민족 정체성은 절멸의 위기에 직면해 있습니다. 우리가 하나의 민족으로서 그리고 하나의 문화로서 살아남기 위해 여러분의 지지가 필요합니다.

티베트의 내부 상황을 보면 탄압이 가중되고, 환경 파괴가 계속되고, 티베트의 문화와 정체성이 지속적으로 훼손되고 있는 상황에서 거의 희망이 없어 보입니다. 하지만 저는 중국이 아무리 크고 강력하더라도 중국은 여전히 세계의 일부라고 믿습니다. 오늘날 세계적인 추세는 개방성, 자유, 민주주의 및 인권 존중을 확대하는 추세입니다. 머지않아 중국은 세계의 추세를 따라야 할 것이고 결국 중국이 진리, 정의, 자유에서 벗어날 방법은 없습니다. 티베트 문제는 중국에서 일어나고 있는 일과 밀접한 관련이 있으므로, 저는 희망의 이유와 근거가 있다고 생각합니다.

유럽의회가 일관되고 원칙적으로 중국과 관계를 맺는 것은, 중국에서 이미 일어나고 있는 이러한 변화의 과정을 가속화할 것입니다. 비폭력적인 티베트 자유 투쟁에 대한 지속적인 관심과 지지에 대해 유럽의회에 감사를 표합니다. 여러분의 동정심과 지지는 티베트 안팎의 티베트인에게 항상 영감을 주고 격려가 되는 깊은 원천이었습니다. 티베트 문제에 대한 유럽의회의 수많은 결의안은, 티베트인의 곤경을 부각시키고, 티베트 문제에 대한 유럽과 전 세계의 일반 대중과 정부들의 인식을 높이는 데 크게 도움이 되었습니다. 저는 특히 티베트를 위한 EU특별대표 임명을 요구하는 유럽의회의 결의에 고무되었습니다. 유럽연합이 이 결의안의 시행을 통해 티베트 문제를 보다 일관되고 효과적이며 창의적인 방법을 사용하여 평화적으로 해결하도록 도울 뿐만 아니라 티베트인의 합법적 요구에 대한 지원을 제공할 수 있을 것이라고 저는 확신합니다. 이런 요구에는 명확한 정체성을 보존하기 위한 수단과 방법도 포함되어 있습니다. 또한 이 결의는 유럽연합이 티베트 문제의 해결을 장려하고 촉진하는 데 진지하다는 강력한 신호를 중국 정부에 보낼 것입니다. 저는 티베트에 대한 여러분의 계속되는 우려와 지지 표명이 장기적으로 긍정적인 영향을 미칠 것임을, 티베트 문제에 대한 건설적인 대화를 위한 우호적인 정치적 환경을 조성하는 데 도움이 될 것임을 의심치 않습니다. 우리나라 역사상 중요한 시기에 변함없는 성원을 부탁드립니다. 제 생각을 여러분과 공유할 수 있는 기회를 주셔서 고맙습니다.

감사합니다.

35. 중국인과의 접촉

- 제4차 국제 티베트 지원단체 회의 연설, 프라하, 2003년 9월 1일 -

무엇보다도, 언론에서 널리 보도한 바와 같이, 저는 제 두 특사가 중국 당국과 다시 연락을 취하게 되었다는 소식을 전해드리게 되어서 기쁩니다. 이것은 작년 9월과 올해 5~6월에 있었던 회의로 정점을 찍었습니다. 저는 우리가 이러한 접촉을 유지하는 것뿐만 아니라 궁극적으로 티베트 문제에 대한 실질적인 협상에 참여하기 위해 이러한 접촉을 기반으로 관계를 구축하는 것이 매우 중요하다고 믿습니다.

저는 이 사전 접촉에 용기를 얻었습니다. 저는 다양한 티베트 지원단체들의 지속적인 캠페인이 그들을 이끌어 내는 데 중요한 기여 요소라고 생각하고 있습니다. 그래서 티베트 문제에 대한 인식을 고취하기 위해 그러한 노력을 유지하는 것이 중요합니다. 저는 우리의 고유한 문화유산과 정체성을 허용하는 범위 내에서 티베트인을 위한 진정한 자치의 맥락에서, 티베트에 대한 중국의 이익을 인정하는 저의 중도 어프로치만이 앞으로 나아갈 수 있는 유일한 방법이라고 계속해서 믿고 있습니다.

제가 특히 고무적이라고 생각하는 한 가지 발전은 우리의 중도 입장을 지지하는 중국인 형제자매들의 수가 증가하고 있다는 것입니다. 이것은 많은 중국인이 티베트인이 벌이는 비폭력 투쟁의 초점이 반중국이 아니라 정의를 위한 것임을 알아가고 있다는 사실을 분명히 보여줍니다.

제4차 티베트 지원단체 회의가 과거의 노력을 바탕으로 해서 중국인, 티베트인, 그리고 세계의 친구들에게, 600만 티베트인을 위한 진정한 자치—안정되고 번영하는 중화인민공화국 내에서의 자치—를 달성하는 방법과 수단을 모색할 수 있는 포럼을 제공하기를 저는 바랍니다.

항상 그렇듯이, 저는 티베트인을 대표하여 전 세계 티베트 지원단체들의 활동에 깊은 감사를 표하고 싶습니다. 여러분의 지지 그리고 티베트의 대의를 수호하기 위해 여러분이 감내한 희생은, 전 세계의 억압받는 사람들에게 큰 격려가 되어주는 근원이 될 것입니다. 저는 티베트 문제에 대한 정당한 해결책이 우리 손안에 있다고 여전히 낙관합니다. 그런데도 지금은 우리의 의지를 늦추거나 누그러뜨릴 때가 아닙니다. 그와 반대로 우리는 새로운 결의와 용기를 가지고 밀고 나가야 합니다.

감사합니다.

36. 무지의 문제

- 티베트 관련 제4차 세계 의원총회 연설, 에든버러, 2005년 11월 18일~19일 -

티베트를 위한 웨스트민스터 초당적 의회 그룹 헨리 코헨 회장님, 존경하는 스코틀랜드 의회 티베트 관련 초당적 의회 그룹 크리스

발란스 의장님, 전 세계에서 온 대표단, 티베트 대표단 여러분. 여러분 모두에게 깊은 감사의 마음을 전하고 싶습니다. 티베트 관련 제4차 세계 의원총회를 조직해준 주최 측에 감사드립니다. 저는 에든버러 선언에 대해서도 여러분 모두에게 감사를 드립니다.

자, 저는 서툰 영어로 말할 거예요.(웃음) 여기에 계신 대부분의 친구들은 제 말투에 격식이 하나도 없다는 걸 알고 있습니다. 그래서 만약 제 격식 없는 방식이 국회 절차에 잘 맞지 않는다면 사과드립니다. 혼나야 할지도 모르겠네요.(웃음)

우선, 지난 이틀 동안 이곳에서 일어난 일, 그리고 관련 티베트 지도자들과의 논의에 대한 보고서를 제가 갖고 있다는 것을 말씀드리고 싶습니다. 왜일까요? 4년이 넘도록 저는 정치에서 반 은퇴한 상태입니다. 그래서 저는 무슨 일이 일어나고 있는지 상세한 부분은 신경 쓰지 않아요. 세부 사항은 현재 우리의 선출된 정치 지도부와 의장들 그리고 국회의원이 수행하고 있지요. 그래서 저는 고문이나 선임 고문과 비슷한 입장입니다.(웃음) 대체로 그들은 저에게 동의하지만 그렇지 않을 때도 있습니다. 따라서 이것은 우리가 의도적으로 민주주의 원칙으로서 사상과 언론의 자유를 장려하고 있음을 분명히 보여주는 것입니다. 그래서 저는 여러 문제에 대한 여러분 논의의 세부 사항을 모릅니다. 하지만 제 기본적인 생각을 여러분과 나누고 싶어요. 여러분 중 많은 이들이 저의 평소 관심사나 사고방식을 알고 있지만, 어떤 분들은 모를 수도 있어요. 그래서 제 견해 중 일부를 설명할 것입니다. 이미 제 사고방식을 알고 계신 분들에게 제 설명은 반복이 될 수 있으니, 제 이야기에 신경 쓰지 마시고 쉬시면 돼요.

이제 티베트 문제를 생태학적 관점에서 봅시다. 티베트의 위치 때문에, 티베트 생태에 대해 특별히 관심을 기울이는 게 정말 중요합니다. 왜냐하면 대부분의 아시아 전역으로 흐르는 주요 강들은 티베트에서 흘러나오기 때문입니다. 그래서 수백만 또는 수십억 명의 사람들의 생명이 티베트에서 오는 이러한 큰 강들에 의존하고 있습니다. 바로 그 때문에 우리는 특별히 주의를 기울여야 합니다. 이것은 단지 600만 티베트인의 이익을 위한 것이 아니라 아시아 전체의 수백만 명의 사람들을 위한 것입니다. 인도 남부에서 온 제 인도 친구들은 티베트에서 흘러오는 강에 별로 의존하지 않겠지요. 하지만 제 생각에 북부 인도의 전체와 거기에 사는 사람들의 삶은 티베트에서 흘러오는 강에 달려 있어요.

그리고 중국 전역은 티베트에서 흘러오는 세 개의 중요한 강에 의존하고 있습니다. 그래서 티베트의 생태를 보존하는 것은 매우 중요합니다. 우리의 중국 형제자매 중 일부, 심지어는 과거 중국 정부조차도, 생태계에는 별로 관심이 없었기 때문에, 이것을 상기시켜 주는 것이 중요합니다. 요즘, 중국 정부는 생태계에 대해 진지하게 우려하고 있습니다. 그것은 매우 좋은 발전이지요. 자 이제 제가 들은 내용을 강조하고 싶습니다. 중국 정부는 후야오방의 재평가 같은 것에 착수했습니다. 이것은 진보와 긍정적인 전개를 암시하는 또 다른 신호입니다. 그래서 저는 중국 정부의 결정에 감사를 표하고 싶습니다.

때때로, 저는 그 시스템을 보면 현장 사람들의 보고서가 현지의 실상을 나타내지 않을 수도 있다고 느낍니다. 그들은 자신만의 인위적인 사실을 만들고 상관에게 보고합니다. 그러므로 저는 우리의 친구들에게 당면 과제들을 전달하는 것이 유용하다고 생각합니다.

　기본적으로, 우리는 독립을 추구하지 않으며 모든 사람이 그것을 알고 있습니다. 우리가 추구하는 것은 중화인민공화국 헌법의 틀 안에서 하는 진정하고 명실상부한 자치입니다. 저는 항상 제 방식이 중국 국민 전체의 이익을 위해서, 진정한 안정, 진정한 단결, 번영을 성취하기 위한 것이라고 사람들에게 말합니다. 현재 안정과 단결의 외관은 다소 인위적입니다. 강압과 총의 영향력 아래 있는 것이죠. 모두가 좋은 말을 하지만 마음속 깊은 곳엔 억울함이 있습니다. 이것은 진정한 안정이 아닙니다. 안정과 단결 없이는 진정한 번영을 이룰 수 없습니다.

　티베트, 특히 라싸 주변에서 많은 공사가 진행되고 있는 것 같습니다. 이 모든 자금은 중앙 정부에서 나오지만 경제적인 이유 때문은 아닙니다. 우리는 독립을 추구하는 것이 아닙니다. 저는 건설 정책과 티베트의 발전을 믿습니다. 비록 우리가 어떤 특별한 지위나 특권을 요청하지는 않지만, 저는 우리가 중국 정부를 도울 수 있다고 생각합니다. 그 옛날 1992년에도, 저는 우리에게 어느 정도 자유가 주어져서 귀환하는 날이 온다면, 모든 결정권을 지방 정부에 넘겨주겠다고 공개적으로 밝혔습니다. 그렇게 되면 저는 완전히 은퇴하게 될 거예요.(웃음) 그리고 그 지방 정부는 바라건대, 그리고 종내에는 선출된 민주 정부가 되어야 합니다. 이것이 가능하든 아니든 우리는 결국 중국 관리들과 논의해야 합니다. 그게 우리의 바람이죠. 따라서 우리는 이러한 것들을 두고 우리 자신의 지위에 대한 어떠한 관심이나 이해관계도 없습니다.

그러나 우리는 티베트를 후진국으로부터 우리 고유의 아주 오래되고 풍부한 문화적 유산과 내면적 가치를 지닌, 진실로 현대화된 인류 공동체로 물질적으로 변화시키고, 우리의 환경을 아름답고 깨끗하게 유지하도록 도울 수 있습니다. 그래서 이러한 변화는 모두를 위한 것이며, 티베트 문화를 보존하기 위한 것입니다. 우리는 분리나 독립을 추구하지 않으므로, 사실 우리는 중화인민공화국의 시민권을 받아들이고 있습니다. 이 경우 티베트 문화도 중화인민공화국의 문화의 일부입니다. 그러므로 티베트의 풍부한 문화유산과 영성이 적절히 보존된다면 중화인민공화국 문화와 영성을 풍요롭게 하는 데 엄청난 이익입니다. 이미 상당수의 중국인이 관심을 보일 뿐만 아니라 불교를 전반적으로 믿거나 따르고 싶어 합니다. 특히 티베트 불교에 대해 그렇습니다.

아마도 중국 정부와 일부 중국 관리들은 이번 회담을 티베트 문제를 이용하여 중국을 공격하려는 서방 반중 세력들의 또 다른 모임으로 생각할 것입니다. 저는 다른 나라에서 온 회원들에게 묻고 싶습니다. '당신은 반중이십니까?' 우리는 적대적인 생각이나 적대적인 일을 하려고 이곳에 모인 것이 절대 아닙니다. 절대 아니에요. 동시에 일부 중국 관리들과 친구들은 우리 지지자들, 주로 서방 지지자들과 우리의 관계에 대해 약간 불만이 있을 수 있습니다. 최근에 저는 몇몇 중국인을 만났습니다. 저는 그들에게 말했습니다. '우리 손은 두 개입니다. 보통 오른손〔쭉 뻗은 채로〕을 더 중요하게 여기지요. 그래서 이 오른손은 중국 정부에게 뻗었습니다. 제발 우리에게 명실상부한 자치를 주세요. 그것은 양쪽 모두에게 이익이 됩니다.' 하지만 지금까지 아무것도 오지 않았습니다. 그리고 우리는 인간이니 당연히 우리를 열심히 돕고 정말로 지원하고 싶어 하는 많은 친구가 있습니다. 그러니 논리적으로 사람으로서, 우리는 바로 여기에서 〔오른손을 가리키면서〕 어떤 의미 있는 해결책을 찾기를 간절히 기다리고 있지만 아무 일도 일어나지 않습니다. 한편 다른 사람들과 다른 지지자들은 공감을 보입니다. 그래서 우리는 그들에게 왼손을 뻗습니다. 오른손을 뻗어서 정말 의미 있는 결과를 얻을 수 있을 때, 왼손도 오른손에 합류할 것입니다. 하지만 오른손이 텅 비어 있을 때는 지지해 주는 친구들에게 왼손을 내밀어야 합니다. 상당히 일리가 있지요. 저는 심지어 중국 정부도 때로는 미국 편을 들기도 하고 때로는 러시아 편을 들기도 한다고 생각합니다. 꽤 논리적인 일이에요.

만약 중국 기자 분들이 있다면, 부디, 우리가 반중反中이 아니라는 사실을 먼저 보도해 주셔야 해요. 둘째로, 반중 서양인들이 있더라도, 우리는 그들에게 조종당하지 않으며, 조종당할 수도 없습니다. 우리는 꽤 독립적인 사람들입니다. 무엇이 옳고 그른지 알아요. 셋째, 여기서는 〔쭉 뻗은 오른손에는〕 아무 일도 일어나지 않기 때문에, 지지자들에게 도움을 구하고 있는 겁니다. 그래서 우리는 지지자들과 친구들과 이야기해야 합니다. 만약 중국 정부가 정말로 우리가 서방 지지자들과 접촉하지 않기를 바란다면, 우리가 원하는 것을 주십시오. 우리가 만족스러운 결과를 얻었을 때, 우리는 서양 친구들에게 '안녕히 가세요, 우리는 지금 여러분의 도움이 필요하지 않아요'라고 말할 것입니다. 꼭 그렇게 말할 거예요. 이것이 사실이고, 진실입니다.

저는 언제나 진실을 말합니다. 다른 사람들이 어떻게 느끼든 간에 저는 제가 해야 할 말, 즉 진실을 말합니다. 그래서 이것이 제가 여러분에게, 중국 정부에게 분명히 하고 싶은 내용입니다.

그리고 독립이든 자치든, 우리의 목표에 관한 한, 우리는 지난 수십 년간 온전히 헌신해 왔습니다. 중도 어프로치에도 불구하고 우리는 전적으로 헌신적입니다. 저의 이러한 방침을, 우리는 1973~74년경에 우리 마음속에 정했습니다. 그 당시 중국은 문화대혁명의 진통 속에 있었습니다. 다람살라에서는 몇 년이 지나 우리의 시급한 문제가 다소나마 해결되었을 때, 우리는 조만간 중국 정부와 대화해야 한다는 진지한 논의를 했습니다. 그게 유일한 방법이지요. 티베트 문제를 해결할 수 있는 유일한 방법은 티베트인과 중국인 사이의 대화를 통해서입니다. 다른 누구와도 아닙니다. 그래서 우리는 중국 정부와 논의해야 합니다. 중국 헌법은 자치를 규정하고 있지만, 전체주의 체제에서는 이러한 조항들이 제대로 시행되지 않는 경우가 많습니다. 이제는 상황이 바뀌었습니다. 중국 지도부가 바뀌고 있습니다. 그들은 상대적으로 좀 변하고 있습니다. 30년 전의 중국에 비해 오늘날의 중국은 많은 변화를 겪었습니다.

저는 이제 70세가 넘었습니다. 저는 경험도 좀 있고 중국의 발전도 보았습니다. 마오쩌둥의 시대는 한 시대였습니다. 저는 마오의 시대가 이데올로기에 중요성을 부여했다고 느낍니다. 좋습니다. 그 당시 중국 해방군에는 많은 과학자와 기술자들이 있었습니다. 그들은 자비심과 동기動機라는 단어를 전혀 사용하지 않았지만, 실제로 일종의 자비심을 가지고 있었습니다. 그들은 대중의 권리와 이익을 생각했고 기꺼이 목숨을 바쳤습니다. 이데올로기와 신념 때문에 공산주의, 계급 없는 사회, 경찰 없는 사회, 사회주의를 통한 대단히 평화로운 사회에 대한 분명한 비전이 있었습니다. 정말 아름답지요. 맞아요, 어떤 목표와 수단이 있었어요. 여러분이 아시다시피, 그런 믿음으로 사람들이 일했습니다.

그리고 덩샤오핑의 시대가 왔습니다. 그는 사실에서 진실을 구하는 것을 선호했습니다. 훌륭하고 과학적인 사고방식이었습니다. 아주 좋아요. 사실 이데올로기만으론 부족하지요. 일상생활이 나아져야 합니다. 그래서 그는 경제 자유화를 도입했습니다. 덩의 시대 이후, 약간의 단점에도 불구하고, 중국인은 그의 정책에서 엄청난 혜택을 받았습니다. 중국인은 훨씬 더 부유해졌습니다. 빈부격차가 커졌습니다. 사회주의 국가에서는 상상할 수 없는 일이지만, 그런 일이 일어났습니다. 그러한 단점에도 불구하고 중국인의 전반적인 질은 향상되었습니다. 전 그게 좋다고 생각해요. 장쩌민 시대에는 중산층이라는 새로운 현실뿐만 아니라 더 부유한 사람이라는 새로운 현실이 사회의 중요한 부분이 되고 있습니다. 공산당은 (과거에) 노동자 계층만을 대표했습니다. 새로운 현실에 따라 공산당은 모든 인민, 모든 분야를 대표합니다. 보시다시피, 새로운 사고방식은 매우 실용적입니다.

기본적으로, 저는 심지어 5,000년 전에도 중국인이 매우 실용적이고 열심히 일했다는 것을 보여준다고 생각합니다. 저는 보통 인도 친구들을 놀릴 때 중국인과 비교하며 인도인들이 더 게으르다고 말합니다. 하지만 저는 두뇌의 면에서는, 전통적으로, 수천 년 동안 인도인들이 대단했다고 생각했습니다.(박수) 더운 기후(웃음)와 풍부한 채

소, 풍부한 과일 덕분에 우리는 조금 덜 열심히 일합니다.(웃음) 중국
사람들은 정말 열심히 일합니다. 저는 북부 유럽인들도 추운 기후와
적은 채소 때문에 삶이 힘들고 따라서 그들은 더 열심히 일한다고
생각합니다. 결국 제국주의자들과 식민주의자들이 생겨났습니다.
여러분들은 생존하기 위해 점점 더 많은 원료, 지구의 반대편에서
오는 원료가 필요하시죠? 하지만 저는 서양인들이 좀 더 성숙한
것 같아서 정말 존경하고 있습니다. 과거의 실수에도 불구하고 유럽인
들은 인권과 민주주의에 대해 생각합니다. 저는 이러한 보편적인
가치들이 유럽 국가에서 나온다고 생각합니다. 저는 또한 유럽연합이
란 개념을 동경합니다. 과거에 작은 국가들은 주권과 자주권에 매우
관심이 많았습니다. 요즘은 신경 쓰지 않아요. 중요한 것은 국익이나
명예보다는 공동의 이익입니다. 저는 영국인들이 여전히 그들의 파운
드에 집착하고 있다고 생각합니다.(웃음) 나머지 유럽 국가들은 공동
의 이익에 더 관심이 있습니다. 이것들은 대범함의 표시입니다. 그래
서 저는 유럽인들을 정말 존경합니다. 저는 유럽 사람들이 많은 경험을
통해 더 성숙해지고 있다고 생각합니다.

　한때 아시아에서 비노바 바베지(Vinoba Bhaveji)가 인도, 파키스탄,
아프가니스탄, 버마, 스리랑카 연합국가라는 아이디어를 가지고 있었
습니다. 저는 이것이 선견지명이라고 생각합니다. 당연하게도 만약
그 생각이 실현되었다면, 방글라데시에서 인도-파키스탄 분쟁은 결
코 일어나지 않았을 것입니다. 저는 인도아대륙이 훨씬 더 평화로울
것이고 모든 자원이 경제 발전과 국민의 교육에 쓰일 것이라고 생각합
니다. 어쨌든, 제가 자꾸 딴 이야기를 너무 하는데, 규율이 좀 필요하네

요.(웃음)

그리고 4세대 중국 지도부가 후야오방을 재평가하면서 언젠가는 그의 넓은 비전과 현실적인 접근법이 부활할 것이라고 생각합니다. 아시다시피 그는 1980년대 초에 라싸에 왔습니다. 그는 과거의 실수를 인정하고 공개적으로 사과했습니다. 그는 또한 중국 한족의 거의 80%가 티베트에서 줄어들 것이라 했습니다. 저는 이것이 매우 현실적인 접근법이었다고 생각하고, 제가 중국에 있었던 1954~55년을 떠올리게 합니다. 마오쩌둥과 몇 번의 회담이 있었습니다. 한 번은 마오 주석이 중국 해방군과 다른 중국 민간인들을 티베트에 보낸 목적이 우리를 돕기 위한 것이라고 말한 적이 있습니다.

그는 또한 저에게 말했습니다. '티베트는 과거에는 한때 위대한 국가였지만 오늘날에는 낙후되었습니다. 그래서 우리는 당신을 도우러 갑니다. 20년 뒤 여러분은 더 나은 처지에 있게 될 것이고, 그러면 이번에는 여러분이 우리를 도울 차례가 될 것이고, 우리는 그곳의 중국인 수를 줄일 것입니다.' 마오 주석이 저에게 한 말입니다.

이제 티베트 국기를 볼까요. 현재 일부 중국 관리들은 티베트 국기를 보면 (티베트 국기를 가리키면서) 화를 내는 것 같아요. 그들은 국기가 분열주의자를 의미한다고 느낍니다. 제가 중국에 있을 때 마오 주석이 우리에게 국기가 있는지 물어본 적이 있습니다. 약간 주저하며 저는 '네'라고 대답했습니다. 그러자 마오 주석은 우리가 티베트 국기를 홍기와 함께 두어야 한다고 말하며 저를 격려해 주셨습니다. 정말 폭넓은 사고방식이지요.

그리고 또한 17개조협정이 체결되었을 때, 인민해방군은 이미 참도에 도착했고 간단히 라싸로 군대를 파병할 수 있었습니다. 하지만 중국 정부는 합의를 통한 평화로운 해방을 선호했습니다. 1956년 저우언라이는 인도 수상 자와할랄 네루에게 중국의 중앙 정부는 티베트를 여느 중국 지역으로 생각하지 않는다고 말했습니다. 중국 중앙 정부는 티베트를 매우 특별한 사례로 여깁니다. 그래서 저는 이것들이 현실적인 접근법이라고 생각합니다. 젊고 똑똑한 지도자인 후진타오 주석도 티베트에서 시간을 보냈습니다. 그가 있는 새로운 지도부는 좀 더 현실적인 방식을 택할 것입니다. 이것이 저의 바람입니다. 우리의 방식은 한쪽 손은 중국 정부를 향해 내미는 것입니다. 그러는 동안에도 우리 지지자들로부터 축복을 구합니다. 그럼 앞으로 어떻게 될지 봅시다.

거의 모든 인간이 만들어낸 문제들이 무지에서 생긴다는 이 철학적 생각을 얘기하겠습니다. 무지 때문에, 그리고 지식이 부족하고 상황에 대한 뚜렷한 지식이 부족한 탓에, 여러분들의 상황 대처는 비현실적이게 됩니다. 비현실적인 방식은 더 많은 문제를 가져옵니다. 지금까지 중국 정부의 소위 소수 민족, 특히 티베트에 관한 정책은 지식이 부족하므로 비현실적입니다. 그러므로 사실에서 진실을 찾는 것은 매우 중요합니다. 첫째로, 그 사실은 진실이어야 합니다. 많은 경우, 잘못된 사실이 만들어집니다. 예를 들어, 어떤 중국 지도자들은 라싸에 와서, 몇몇 티베트 지역을 방문합니다. 지방 관리들은 그 지도자들이 방문하기로 되어 있는 마을이나 지역 전체를 재정비합니다. 잘못된 사실이 만들어지게 되지요.

후야오방이 티베트를 방문했을 때, 그는 방문 전에 자신이 신뢰할

346

수 있는 이, 삼십 명을 티베트로 보냈습니다. 그런 다음 그는 그들로부터 모든 보고를 받았습니다. 그러나 그가 라싸에 도착했을 때, 현지 관리들은 허위 보고를 했고 그는 그들을 꾸짖었습니다. 따라서 우리의 어프로치는 분리가 아닌 현실적인 해결책을 찾는 데 도움이 됩니다. 그래서 이런 점들을 여러분과 나누고 싶었습니다.

감사합니다.

37. 우정과 상호신뢰

- 인도 국회의사당 별관 연설,[3] 뉴델리, 2005년 12월 6일 -

존경의 표시로 서서 말하고 싶습니다. 물론 제 영어 실력은 형편없습니다. 제가 생각하기에 영어 공부를 1947년에 시작했으니 인도의 독립만큼 오래되었지만, 별로 늘지 않았습니다.

가장 인구가 많은 민주주의 국가인 인도의 존경하는 의원님들, 몇몇 의원님들과는 다시 한번 만나게 되어 정말 큰 영광입니다. 여러분이 주신 꽃다발과 축하 편지에 정말 감사드립니다.

저는 난민, 다른 말로는 인도 정부의 손님으로 이 나라에 왔습니다.

3 초당적 인도 의회 티베트 포럼(The All Party Indian Parliamentary Forum for Tibet, APIPFT)은 국제평화와 화합을 고취하기 위한 달라이 라마의 사심 없는 공헌을 기리기 위해 2005년 12월 6일 저녁 국회의사당 별관에서 축하 행사를 열었다. 130명이 넘는 인도 국회의원들 그리고 다른 고위 인사들이 그 행사에 참석했다.

3부 티베트 문제에 대한 설명 **347**

저는 46년 이상 인도 정부의 손님이었습니다. 저는 제 인생의 대부분과 가장 좋은 부분을 이 나라에서 보냈습니다. 저는 여러분의 자유를 만끽하고 있습니다. 저뿐만 아니라 약 10만 명의 티베트인도 이곳저곳에서 어려움에도 불구하고 여러분의 자유를 만끽하고 있습니다. 기본적으로 인도의 법치와 자유 덕분이겠으나, 저는 이 나라의 티베트 난민사회가 어떻게 보면 꽤 성공적인 난민 공동체일 뿐만 아니라 가장 행복한 사회 중 하나라고 생각합니다.

티베트인들, 심지어 티베트의 매우 외딴 유목 지역에 사는 사람들까지도 인도를 알고 있습니다. 그들은 인도가 어디에 있는지는 몰라도, 불교 때문에 인도 '갸가르'라는[4] 단어를 들었습니다. 7세기 이후, 우리 티베트인은 인도의 가장 중요한 메시지 중 하나인 불교의 진정한 추종자가 되었습니다.

그 이후로 티베트인의 삶의 방식은 완전히 바뀌었습니다. 그 결과, 저는 티베트 사회가 비교적 더 자비로운 사회라고 느낍니다. 물론, 티베트 사회에는 다른 인간사회와 마찬가지로 잔인한 사람들, 거짓말쟁이들, 심지어 살인자들도 있지만, 전반적으로 티베트 사회는 더 자비로운 사회입니다.

그러므로 우리(티베트인과 인도인)의 관계는 매우 독특하고, 매우 가깝습니다. 저는 항상 우리의 관계를 구루와 첼라(제자)의 관계라고 묘사합니다. 그래서 인도 정치인을 포함한 인도인이 우리의 구루입니다. 우리 티베트인은 인도의 학생 곧 첼라입니다. 저는 개인적으로

---

4 인도는 티베트어로 '갸가르'이다. (역주)

인도에서 46년간 살았지만, 힌디어는 아직도 아주 토라-토라, 조금-
조금밖에 못해요.(웃음) 때때로 외국 방문 중에 인도인들을 만나면
매우 부끄럽습니다. 인도인들은 제게 힌디어로 바로 말을 걸곤 합니
다. 그런데 저는 힌디어로 대답할 수가 없어요.(웃음)

그래서 여기 저의 작은 지성(관자놀이를 가리키며)과 여기 있는 저의
따뜻한 마음(심장을 가리키며)은 티베트인의 유전자 때문이 아니라
인도의 수 세기 된 영성, 즉 불교 덕분입니다. 불교의 독특한 개념
중 하나는 연기(Pratitya Samudpad)입니다. 그 개념은 사물을 보다
전체적인 시각으로 생각하거나 보는 데 매우 유용합니다. 연기라는
개념은 사건이 긍정적이든 부정적이든, 개인이든, 사회든, 세계든,
전 우주를 보는 데 매우 도움이 됩니다. 그 개념은 인간 지능이 제대로
성장하는 데 도움이 많이 되었습니다.

그리고 카루나(자비)와 아힘사(비폭력)의 메시지가 있습니다. 저는
아힘사는 카루나의 표현이라고 믿습니다. 이 메시지는 제 마음을
채웁니다. 그 결과, 많은 어려움에도 불구하고, 제 마음은 전반적으로
안정되고 흔들림이 없습니다. 이 모든 것은 우리가 수 세기 동안
쌓아 온 인도와의 관계 덕분입니다. 그래서 저는 현세대뿐만 아니라
수천 년에 걸친 티베트 세대를 대표하여 감사를 표하고 싶습니다.
저는 인도 친구들에게, 우리가 구루(스승)와 첼라(제자)라는 매우
특별한 관계에 있으니, 스승이 곤경에 처했을 때 제자가 크게 걱정하고
가능한 한 어떤 방식으로든 도움을 주고 봉사해야 한다고 말합니다.
마찬가지로, 제자가 문제에 직면했을 때, 스승 역시 제자를 돌볼
책임이 있어요.(웃음) 저는 항상 수백만 명의 인도인들이 티베트에

대해 정서적으로 어떤 특별한 감정을 가지고 있다고 느낍니다. 그들이 불교도든, 힌두교도든, 자이나교도든, 시크교도든 다른 종교의 신도든 간에 친밀감이 있는 것 같아요.

수백만 힌두교도들에게 카일라스 산과 티베트에서 흘러나오는 마나사로바르 호수와 갠지스 강은 신성한 존재입니다. 그래서 감정적으로 매우 가까운 느낌이 있습니다. 제가 전에 언급했듯이 티베트인은 인도를 '갸가르 퍅빠 율' 또는 아르야 부미, 거룩한 존재들의 땅이라고 부릅니다. 그것은 매우 친밀한 관계입니다. 그러므로 저는 정말 큰 영광을, 큰 영광뿐만 아니라 큰 기쁨도 느낍니다. 이런 기회를 주셔서 감사합니다.

저는 제자로서 제가 무엇을 하고 있는지 우리 스승에게 보고해야 할 책임이 있습니다.(웃음) 이제 전 세 가지 책무가 있는데, 하나는 모든 생명을 위해 일하는 것입니다. 물론, 우리는 다른 행성의 생명과 직접 접촉하진 않습니다. 그래서 우리는 그들을 위해 기도할 뿐이죠. 하지만 이 행성에 사는 중생을 위해, 모든 인류는 전 세계에 봉사할 특별한 역할을 가지고 있다고 저는 생각합니다. 저는 60억이 넘는 인간 중 하나입니다. 그래서 이 행성의 모든 생명을 더 평화롭고 행복한 세상으로 인도하기 위해서는, 우선 우리 인간이 좀 더 따뜻한 마음을 가져야 한다고 생각합니다. 그래야 지구상의 다른 수백만 다른 생명들이 덜 혼란스럽고 더 행복하며 더 정상적인 삶을 살 수 있을 것입니다.

우리 인간이 욕심이 너무 많으면 다른 생명의 권리와 감정을 등한시합니다. 저는 인류가 이 행성의 다른 생명을 많이 착취한다고 생각합니다. 그래서 인류를 변화시켜서 더 진실하고 따뜻한 마음을 갖게 하기 위해 가장 중요한 것은 기본적 인간 가치들이라고 생각합니다. 이런 가치들은 우리가 태어나면서 배우는 것이지 꼭 종교에서 배우는 것은 아닙니다. 태어나자마자 우리는 분명히 젖을 찾아서 엄마나 엄마 같이 행동하는 다른 사람에게 접근합니다. 그것은 종교적인 믿음이나 교육을 통해서가 아니라 본성에서 옵니다. 생존을 위해 우리는 다른 누군가의 보살핌이 필요합니다.

그래서 우리가 애정이나 친밀감이라고 부르는 부분의 감정은, 엄마와 아이 간 유대감을 형성합니다.

현대 의학자들에 따르면, 출생 후 몇 주는 인간의 두뇌 발달에 매우 중요한 시기라고 합니다. 이 기간에, 아이에게 단순한 신체 접촉은 뇌가 적절히 발달하기 위해 매우 중요한 요소입니다. 그리고 우리는 자비심, 애정, 보살핌, 배려의 분위기 속에서 자란 아이들이 신체적으로뿐만 아니라 정신적으로도 훨씬 더 건강해진다는 것을 분명히 압니다. 그것을 인간 가치 중에서 가장 중요한 부분으로 여깁니다. 그리고 요즘 현대 과학자들의 실험을 통해 긍정적인 감정들이 우리 건강에 매우 중요하다는 것이 점점 더 분명해지고 있습니다. 증오와 분노와 같은 부정적인 감정은 우리의 건강에 매우 해롭습니다. 그래서 종교적인 관점에서뿐만 아니라 건강이라는 관점에서도 우리 내면의 가치에 더 관심을 두는 것은 중요합니다. 그런 배경에서 저는 어디를 가든지 자각을 통해 인간의 가치를 알리려고 항상 노력합니다. 이것이 저의 첫 번째 중요한 책무입니다.

저의 두 번째 책무는 불교도로서 불교 신자가 되는 수준입니다.

제 경험에 따르면, 종교적인 믿음을 성실히 수행하고 실행한다면, 우리의 부정적인 감정을 더 긍정적인 감정으로 변화시킬 수 있는 큰 잠재력이 생깁니다. 어쨌든, 우리는 21세기에 살고 있습니다. 과학기술과 물질적 진보에도 불구하고, 우리는 많은 문제와 비극에 직면해 있습니다. 예를 들어, 9·11 사건도 일어났습니다. 그때 저는 인간의 지성, 정교한 인간의 마음과 기술이 증오와 고통받는 감정에 유도당하면 정말 재앙이 된다는 것을 느꼈습니다. 그래서 현대 기술이 잘못 사용되면 더 많은 문제를 야기합니다.

그래서 다양한 종교적 전통들은 이 점에서 중요한 역할을 할 수 있습니다. 다른 철학과 다른 접근방식에도 불구하고, 모든 주요 종교적 전통들의 접근법은 기본적으로 유신론적이거나 비신론적(non-the-istic)입니다. 유신론적인 관점에서는 중심적인 권위가 존재합니다. 그것이 절대자인 신이고, 우리는 신에 의해 창조됩니다. 비신론적 종교는 그런 존재에 대해 이야기하지 않습니다. 비신론적 종교 중 하나가 불교입니다.

불교에 따르면 사물들은 하나의 중심적인 존재가 창조하는 것이 아니라 그것들 자신만의 원인과 조건들에 의해 만들어집니다. 그래서 불교 개념은 인과법, 원인과 결과의 법칙이며 다윈의 진화론 같은 것입니다. 그러므로 부처님의 초전법륜인 4성제가 원인과 결과에 대해 이야기하는 것을 볼 수 있습니다. 그래서 큰 차이점, 근본적인 차이가 있습니다. 그래서 어떤 사람들, 어떤 종교들은 불교를 종교로 여기지 않습니다. 불교를 마음의 과학이라고 하는 사람도 있지만 무신론의 일종으로 보는 사람도 있습니다. 그래서 어떤 사람들은

352

저를 불신자라고 생각합니다.(웃음)

철학 분야에서의 큰 차이는 중요하지 않습니다. 중요한 것은 진정한 메시지와 진정한 실천입니다. 그것들은 모두 같은 교리를 가지고 있습니다. 사랑, 자비, 용서, 관용, 자기 훈련, 만족이 그런 교리입니다. 이 모든 가치와 이 모든 주제는 모든 종교적 전통에서 실행하고 있습니다. 이런 식으로 우리는 다양한 철학이나 다양한 접근방식의 목적을 확인할 수 있습니다. 목표와 메시지는 같지만 방식이 다르다는 걸 알 수 있습니다. 분명히 사람들은 서로 다른 다양한 정신적 성향을 가지고 있습니다. 그러므로 어떤 사람들에게는 유신론적인 종교가 더 효과적이고 어떤 사람들에게는 비신론적인 종교가 더 효과적입니다. 우리 자신의 선택인 거죠.

중요한 것은 우리가 일단 종교를 받아들인다면, 진지하고 성실하게 임해야 한다는 것입니다. 저는 중국인뿐만 아니라 티베트 불교도들과 저의 인도 친구들에게, 그 뜻도 모르면서 산스크리트 슬로카(게송, 偈頌)를 그냥 암송하거나, 향을 피우고 꽃을 바치고, 별로 생각도 없이 수행에 대한 열의도 없이 절을 하거나 라마 라마라고 암송하는 것으론 부족하다고 항상 말합니다. 이것으로는 충분치 않아요. 우리는 진지해야 합니다. 우리가 종교를 받아들이든 안 받아들이든, 그것은 개인에게 달려 있습니다. 만약 여러분이 불신자가 되고 싶다면 그건 전혀 상관없지만, 일단 종교를 받아들이고 나서는 진지해져야 하고, 우리가 믿는 바대로 실행해야 합니다. 일단 우리가 내면의 영적 경험을 하게 되면, 다른 전통들의 가치도 더 쉽게 알 수 있습니다.

중요한 것은 다른 종교 전통과의 화합입니다. 이것은 꼭 필요하다. 철학이 다르면, 저마다의 목적이 있는데, 중요한 것은 동일한 메시지, 모두 인류에 봉사하자는 메시지를 갖고 있다는 것입니다. 공통의 토대, 공통의 목적, 그리고 공통의 방법이 있습니다. 그러므로 전통들 사이에 조화라는 견고한 토대가 있습니다. 그래서 저는 항상 종교간 화합을 위해 노력합니다. 이 두 가지 책무는 평생을 가는 자발적인 책무입니다.

저의 세 번째 책무는 티베트를 위한 것입니다. 이것은 반드시 자발적인 책무라고 할 수는 없습니다. 저는 티베트인이고, 제가 달라이 라마의 이름을 가지고 있기 때문에, 티베트 안팎, 특히 티베트 안에 있는 사람들은 저에 대해 많은 신뢰와 희망을 품고 있습니다. 그러므로 저는 제가 할 수 있는 한 그들을 위해 일해야 하는 책임이 큽니다. 이것이 반드시 자발적인 것은 아니기 때문에, 지난 4년간 우리는 선출된 정치 지도부를 가지게 되었습니다. 그때부터 저의 위치는 반 은퇴였습니다. 저는 이제 일흔입니다. 저는 우리가 귀환하는 날이 일정한 수준의 자유와 함께 온다면, 저는 저의 모든 합법적인 권한을 현지 티베트 정부에 넘겨줄 것임을 1992년에 분명히 했습니다. 그것은 저의 진짜, 마지막, 그리고 완전한 은퇴가 될 것입니다. 그래서 그게 더 빨리 온다면 저의 은퇴가 더 빨리 올 겁니다. 그래서 그날이 기다려집니다.(웃음)

사실, 저는 오늘 인도 의회 의원 친구들을 만나는 자리에, 선출된 저희 정치 지도부에게 저와 함께하자고 요청했습니다. 왜냐하면 만약 자세한 설명이 필요하다면, 여러분이 설명해주셔야 하기 때문입니다. 저의 지위는 이미 반 은퇴와 비슷한 것입니다. 그래서 저는 직접적인 책임이 없습니다. 정치 문제에 관한 한 직접적인 책임은 선출된 정치 지도부에 있습니다. 왜냐하면 우리는 민주적인 제도를 진정으로 원하기 때문입니다. 우리는 1959년 4월에 이 나라에 왔고 1960년에 이미 민주화를 위해 노력하기 시작했습니다. 그리고 1963년에 미래 티베트를 위해 헌법 초안을 채택했습니다. 그 헌법 초안은 민주주의 원칙에 부합합니다. 그리고 1969년경 저는 달라이 라마 제도의 존속 여부는 티베트 사람들에게 달려 있다는 것을 분명히 했습니다. 그 후 1992년에, 제가 전에 언급했듯이, 우리가 귀환하는 날이 오면, 저는 제 권한을 현지 정부에 넘겨줄 것입니다. 그 현지 정부는 결국 선출된 민주 정부가 될 것입니다. 그래서 우리는 완전히 민주주의에 헌신적입니다. 지난 4년 동안, 우리는 이미 선거를 통해 최고의 정치적 지도부를 만들어냈습니다. 선출된 정치 지도부가 이미 여기에 있습니다.

그래서 제 책임은 일종의 고문, 아마도 그의 수석 고문 같은 것입니다.(칼론 티빠, 삼동 린뽀체 교수를 가리킨다.) 다행히도, 그는 몇 가지 예외를 제외하고는 항상 제 제안을 들어줍니다. 이것은 매우 좋은 일입니다. 저는 그게 정말 좋아요. 때때로 그는 저와 의견이 다른데, 정말 좋은 일입니다. 앞서 말씀드렸듯이, 우리는 인도의 자유가 너무나 좋습니다. 그러므로 우리 티베트인은 이제 우리의 정책에 대해 다른 견해를 표하게 되고, 심지어 우리 정책에 대해 매우 비판적인 이들도 종종 있습니다. 예를 들어, 청년 단체와 같은 티베트인은 우리의 중도 어프로치를 공개적으로 비판합니다. 환영하는 바예요. 우리가 언론의 자유와 사상의 자유가 실제로 있는 민주적이고 열린사회를 진정으로 원한다면, 비판을 기꺼이 받아들여야 합니다.

티베트 문제에 관해 이야기해 보자면, 과거는 과거입니다. 세계 여러 곳에는 계획적이든 아니든 좋든 싫든 새로운 현실이 나타납니다. 약 15년이나 20년 전 독일에서 열린 한 컨퍼런스에서 북미 원주민 단체의 대표가 긴 연설을 한 적이 있습니다. 그가 말한 주된 내용은 모든 백인을 미대륙에서 추방했으면 한다는 것이었습니다.(웃음) 어떤 면에서 보면 유럽계 미국인들은 외부인이지 토착민이 아닙니다. 그래서 어떤 면에서는 북미 원주민들은 그들 자신의 이유가 있기는 합니다. 하지만 그들은 새로운 현실에 대해 생각해야 합니다.

우리는 새로운 현실을 보고 있습니다. 인도 정부는 티베트를 중화인민공화국의 자치구로 봅니다. 저는 이 개념이 심라 협정 이후에 확립되었다고 생각합니다. 그러므로 우리가 이루려고 하는 것은 중화인민공화국에서 독립하거나 분리하는 것이 아니라 중화인민공화국의 헌법적 틀 안에 머무르는 것입니다. 중국 헌법은 자치구를 규정합니다. 자치구의 특별한 정치적 지위는 진정한 것이어야 합니다. 그것은 현장에서 실행되어야 하며 서류상으로만 머물러서는 안 됩니다. 그것이 우리가 성취하려고 노력하는 것입니다.

불행하게도 서류상의 내용과 현실 간에는 항상 큰 격차, 큰 차이가 있습니다. 그러므로 우리는 중국 정부에 우리가 현장에서 실제로 많은 문제에 직면하고 있다는 것을 설명하려고 노력하고 있습니다. 무슨 문제냐고요? 첫째, 앞서 말씀드렸듯이 티베트 불교의 영성과 티베트 고유의 문화유산은 고대 문화유산일 뿐만 아니라 오늘날의 세계와도 매우 관련이 깊습니다. 그래서 그것을 보존하는 것은 정말 가치가 있습니다. 여기서 저는 평소에 의도적이든 아니든, 일종의 문화적인 대량 학살이 티베트에서 일어나고 있다는 것을 말합니다.

둘째, 티베트 자연환경입니다. 이것은 티베트인뿐만 아니라 인도 북부 전체의 이익에도 도움이 된다고 생각합니다. 남부 인도에 대해서는 잘 모르지만, 북부 인도 전체에 사는 사람들은 티베트에서 흘러오는 강에 의존하고 있고, 중국의 3대 강도 모두 티베트에서 흘러나옵니다. 일부 과학자들에 따르면 티베트의 높은 고도 때문에 고원의 자연 균형은 중국뿐만 아니라 인도의 몬순에도 심각한 영향을 미칠 것이라고 합니다.

그리고 전 세계적인 지구 온난화 이슈도 분명히 있습니다. 제가 살아 있는 동안, 우리는 많은 설산이 10년 단위로 줄어들었다는 것을 알았습니다. 이러한 자연의 큰 변화는 회복하거나 통제하기가 매우 어렵습니다. 하지만 우리는 자연환경에 더 신경을 쓸 수 있습니다. 보시다시피, 좀 더 주의를 기울이면 대규모 삼림 벌채와 채굴을 변경하거나 줄일 수 있습니다.

그렇다면 최종적으로 제 꿈은 티베트가 정치적으로 비무장 평화지대가 되어야 한다는 것입니다. 왜냐하면 중국 본토와 인도 사이에 놓여 있는 티베트고원이 평화지대가 되어, 양측에 병사가 줄어들면 경제적, 환경적, 정치적으로 엄청난 이익이 될 것이기 때문입니다. 이를 바탕으로 여러분은 진정한 우정과 상호 신뢰를 쌓을 수 있습니다. 그리고 다시 한번 여러분은 진정으로 '힌디치니 바이바이(Hindi Chini Bhai Bhai)'[5]라고 말할 수 있을 거예요. 그렇지 않으면 외교적인 의미에

---

5 '인도인과 중국인은 형제'라는 뜻. (역주)

서 적당히 미소 지을 순 있어도 마음속 깊은 곳에는 의심과 어려움이 있을 것입니다. 따라서 상호 신뢰를 바탕으로 진정한 우정을 발전시키기 위해서는 티베트가 중요한 역할을 할 수 있다고 생각합니다. 따라서 인도와 중국의 우정, 진정한 우정은 매우 중요합니다. 왜냐하면 이 두 나라는 가장 인구가 많은 나라이기 때문입니다.

우리 정부는 독립이나 분리를 추구하지 않습니다. 중국 정부의 최우선 과제는 안정과 단결을 통한 번영이기 때문에, 우리는 새로운 현실에 따라서 티베트 및 중국 전체에 상호 이익이 되는 명실상부한 자치를 달성하려고 노력하고 있습니다. 우리는 거기에도 전적으로 동의합니다. 따라서 이제는 단결과 안정의 기반 위에 있는 번영은 총이 아니라 마음에서 나와야 합니다. 중국인, 특히 현지 당국은 총기로 안정을 얻으려 하고 있습니다. 이건 잘못된 방법인 것 같습니다. 단기적으로는 효과가 있는 것처럼 보일지 몰라도, 40년에서 50년이 지나고 보니 장기적으로는 이것은 올바른 방법이 아닙니다. 중국인은 티베트인을 진정한 형제자매처럼 대해야 합니다. 티베트인의 문화와 섬세한 자연환경을 포함해서 티베트인을 존중하십시오. 그들을 믿고, 그들에게 자치를 베풀어 주십시오. 그러면 중국 정부에 대한 티베트인의 충성심은 자동으로 찾아올 것입니다. 이것이 진정한 단결입니다. 그러면 진정한 안정을 얻을 것이고, 그렇게 함으로써 진정한 번영은 찾아올 것입니다. 그리고 우리 문화에 관한 한 티베트는 중화인민공화국의 자치구이기 때문에 우리 문화도 중화인민공화국의 문화입니다. 특히 불교는 수백만 중국인에게 낯설지 않습니다. 그러므로 티베트의 영성을 보존하고 발전시키는 것은 중국문화나 영성을 전반

적으로 풍부하게 하는 데 큰 도움이 됩니다. 이것으로 제 보고를
마칩니다.

감사합니다.

38. 티베트 본토

- 제5차 티베트 지원그룹 국제회의에 보낸 메시지, 브뤼셀, 2007년 5월 6일 -

저는 이번 회의에 참석해서 개인적으로 감사의 뜻을 표하고 우리 모두
가 우려하는 티베트 문제에 대한 제 생각을 나눌 수 있기를 바랐습니다.
하지만 벨기에 정부는 이번 황태자가 인솔하는 벨기에 무역대표부
방문과 관련해 중화인민공화국이 주는 압박에 따른 고충을 털어놓았
습니다. 동시에 그들은 자신들이 민주주의 국가이고, 만약 제가 오기
로 하면 저를 환영할 것임을 분명히 했습니다. 그들은 저에게 티베트에
대한 벨기에의 지속적이고 폭넓은 관심이 있다고 알려 주었습니다.
상황을 고려해 이번에는 브뤼셀을 방문하지 않기로 했습니다.

저는 벨기에 정부의 상황을 이해합니다. 저는 벨기에 국민과 그
정부가 과거에 티베트인에게까지 베풀어 준 강력한 지지를 알고 있습
니다. 저는 벨기에 정부에 어떠한 불편도 끼치고 싶지 않습니다.
저는 제 결정이 많은 사람들을 실망시킬 것이라는 점을 알고 있습니다.
양해를 구합니다.

제가 비록 이번에는 참여할 수 없겠지만 티베트 중앙 정부의 선출된

수장인 삼동 린뽀체 교수님이 우리의 의견을 여러분과 나누기 위해 그곳에 길 것입니다. 그 문제는 저 자신이나 달라이 라마 제도에 관한 것이 아니라는 것을 우리가 깨닫는 것이 중요합니다. 그것은 600만 티베트인의 문제입니다.

아시다시피, 망명 직후 저는 완전한 민주주의 원칙을 기반으로 해서 티베트인을 위한 통치체제를 구축하는 데 최우선 순위를 두었습니다. 저는 오늘날 망명 중인 우리가 제대로 완벽하게 작동하는 민주주의 제도를 갖게 되어 매우 자랑스럽습니다. 삼동 린뽀체 교수는 자유를 누리고 있는 티베트인이 민주적으로 선출한 지도자입니다. 그는 저의 전폭적인 신뢰와 믿음도 얻고 있습니다. 어떻게 보면 저는 이미 행정적, 정치적 결정권의 상당 부분을 민주적으로 선출된 지도부에 위임했고, 스스로를 반 은퇴자라고 생각합니다. 하지만 티베트인, 특히 티베트 본토에 있는 티베트인들이 저에게 준 엄청난 사랑과 신뢰 때문에, 티베트 문제에 대한 상호 만족스러운 해결책이 나오기 전까지는 티베트인의 자유 대변자 역할을 하는 것이 저의 도덕적 책임입니다.

지난 여러 해 동안, 저는 중국 지도부와 대화를 통해 티베트 문제를 해결하기 위해 최선을 다해 왔습니다. 중국 관계자들과 저의 특사단 사이의 마지막 만남은 2006년 2월에 있었습니다. 당시의 논의는 우리가 티베트인의 합법적인 요구를 설명하고, 중국 당국은 단결과 안정에 대한 우려를 설명할 기회가 되었습니다. 티베트인이 고유의 정체성을 유지하기 위한 정당한 권리를 완전히 실현할 수 있으려면, 모든 티베트 지역을 단일 행정 단위 아래에서 통치할 수 있는 기회가 꼭 주어져야 합니다. 즉 티베트인에게 진정한 지역 자치가 주어져야 합니다.

티베트인의 이러한 염원은 중화인민공화국의 헌법과 지역 민족 자치법에 부합합니다. 고 빤첸 라마는 통일된 티베트 국가를 위한 자치구의 수립에 대한 욕구는 옳은 것이며 법적인 규칙에 따른 것이라고 말했습니다. 그는 또한 이 요구가 티베트인의 견해와 일치한다고 말했습니다.

한편, 우리의 또 다른 관심사는 티베트인의 인권을 짓밟는 것과 티베트의 섬세한 자연환경이 악화되는 것입니다. 티베트고원으로의 중국인 대규모 이주는 티베트인의 사회적·경제적 소외로 이어지고 있습니다. 그것은 또한 우리의 영성을 포함한 우리 고유의 고대 티베트 문화의 보존을 심각하게 위협하고 있습니다.

2002년 이후 중국 정부와의 접촉이 재개되었음에도, 티베트 본토에서는 아무런 진전이 없었습니다. 사실, 억압은 늘었을 뿐이고, 자연스럽게 티베트 안팎의 많은 티베트인 사이에서 좌절감이 커지고, 우리의 중도 어프로치에 대한 비난이 더 커졌습니다. 이번 컨퍼런스가 참가자들에게 숨김없이 솔직한 토론을 통해 건설적인 제안으로 이어질 수 있는 기회가 되기를 바랍니다.

저는 이런 얘기를 다른 곳에서 했고, 여기서도 하고 싶었습니다. 티베트 운동은 티베트인이 투쟁에 함께 포함시킨 보편적인 원칙들 때문에 전 세계적인 지지를 얻었습니다. 이러한 원칙은 비폭력, 민주주의, 대화, 타협, 상대방의 진정한 관심사 존중, 그리고 우리의 공동 환경에 대한 것입니다.

결론적으로, 저는 프리드리히 나우만 재단이 티베트 지원단체 운동을 강화하는 데 한결같은 지지를 보내준 것에 대해 감사를 표하고자 합니다. 또한 이 자리에 모인 여러분 모두와 이 자리에 없는 여러분 모두에게 티베트인의 정당한 대의를 지지해 준 것에 대해 감사를 표합니다. 여러분의 지지는 티베트 안팎의 티베트인에게 영감과 힘의 원천입니다.

39. 희망의 대담성

- 미 의회 금메달 수여식 연설, 워싱턴 DC, 2007년 10월 17일 -

부시 대통령 각하, 펠로시 의장님, 버드 상원의원님, 동료 수상자 엘리 비젤 씨, 존경하는 국회의원 여러분, 형제자매 여러분!

미 의회 금메달을 받게 되어 큰 영광입니다. 이 상은 티베트인에게 엄청난 기쁨과 격려가 되는데, 저는 그들에게 특별한 책임감을 느끼고 있습니다. 그들의 복지는 저의 지속적인 동기이고, 저는 항상 저 자신을 그들의 자유 대변자라고 생각합니다. 저는 이 상이 평화·이해· 화합을 고취하는 일에 헌신하는 많은 분에게도 강력한 메시지를 보낸 다고 믿습니다.

개인적으로, 저에게 이 큰 영광이 주어졌다는 것에 깊은 감동을 받았습니다. 저는 티베트의 외딴 암도 지방에서 온, 소박한 집안에서 태어난 불교 승려입니다. 어렸을 때 저는 어머니의 애정 어린 보살핌을 받으며 자랐습니다. 그분은 진정으로 자비로운 여성이었습니다. 그리 고 제가 네 살 때 라싸에 도착한 후, 제 주변의 모든 사람들, 제 선생님들, 심지어 가정부들도 친절하고 정직하며 보살핀다는 것이 어떤 의미인지를 가르쳐 주었습니다. 저는 그런 환경에서 자랐습니다. 나중에 불교 사상에 대한 정식 교육으로 저는 상호의존성 그리고 무한한 자비심에 대한 인간 잠재력과 같은 개념들을 접하게 되었습니다. 이것들이 저에게 보편적 책임감, 비폭력, 그리고 종교 간 이해, 이런 것들의 중요성을 깊이 인식시켜 주었습니다. 오늘날, 이러한 가치들에 대한 확신은 저에게 인간의 기본적인 가치들을 증진시키는 데 강력한 동기를 부여합니다. 티베트인의 권리와 더 큰 자유를 위한 저의 투쟁에서도, 이러한 가치들은 비폭력의 길을 추구하겠다는 저의 헌신을 계속 이끌어 줍니다.

저는 1991년 미국을 방문했을 때 이 홀에 서는 영광을 누렸습니다. 그때 저를 환영해 주셨던 많은 얼굴들을 오늘 또 볼 수 있어서 대단히 기쁩니다. 많은 분이 은퇴하셨고, 슬프게도 몇 분은 더 이상 우리와 함께 있지 않습니다. 하지만 저는 이번 기회를 빌려서 그분들의 친절과 공헌에 감사드리고 싶습니다. 우리의 미국 친구들은 가장 위급한 시기에, 극심한 압박을 받고 있는 때에 우리 편에 서 왔습니다.

대통령 각하, 각하의 강력한 지지 그리고 부시 여사와 각하께서 제게 개인적으로 베풀어 주신 따뜻한 우정에 감사드립니다. 저는 각하께서 티베트에 베풀어 주신 동정과 지지에 깊은 감사를 표하며, 종교의 자유와 민주주의라는 대의에 대한 확고한 태도를 보여주셔서 감사드립니다. 펠로시 의장님, 의장님은 저와 티베트인의 정의를 위해 변함없는 지지를 아끼지 않으셨을 뿐만 아니라, 민주주의와 자유, 그리고 세계 다른 지역의 인권을 증진하는 데 힘써 주셨습니다.

3부 티베트 문제에 대한 설명 363

이에 저는 특별히 감사를 드리고 싶습니다.

티베트에 대한 미국의 일관된 지지는 중국도 잘 보았을 것입니다. 이것이 미·중 관계에 다소 긴장을 유발해서 유감스럽게 생각합니다. 오늘 저는 티베트와 중국의 미래가 불신을 넘어서, 상호 존중과 신뢰, 공동 이익의 인식에 바탕을 둔 관계로 발전되기를 바라는 진심 어린 소망을 여러분과 나누고 싶습니다.

오늘날 우리는 빠른 속도로 발전하는 중국을 지켜봅니다. 경제적 자유화는 부, 현대화, 강대국으로 이어졌습니다. 저는 다채로운 문화의 오랜 역사를 가진, 가장 인구가 많은 인도와 중국 두 나라가 거둔 오늘날의 경제적 성공은 충분히 그럴 만한 자격이 있다고 믿습니다. 새로 얻은 지위와 함께, 이 두 나라 모두 세계무대에서 중요한 선도자 역할을 맡을 준비가 되어 있습니다. 이러한 역할을 완수하기 위해서는 중국이 투명성, 법치주의, 그리고 정보의 자유를 갖는 것이 매우 중요하다고 생각합니다. 세계의 많은 사람들이 '조화사회'와 '화평굴기和平崛起'에[6] 대한 중국의 구상이 어떻게 전개될지 지켜보고 있습니다. 오늘날 중국은 여러 민족을 가진 국가로서, 어떻게 하면 여러 민족 사이의 조화와 단결을 보장할 수 있느냐가 중요한 요소일 것입니다. 이를 위해, 민족들이 가진 고유의 정체성을 유지할 수 있는 민족 간의 평등과 각 민족의 권리는 매우 중요합니다.

---

6 화평굴기和平崛起는 '평화롭게 우뚝 선다'라는 뜻으로, 후진타오(胡錦濤) 집권 초기 중국의 대외전략으로 천명되었다. 핵심 내용은 경제 세계화에 적극 참여, 자주 독립적인 발전 방법 채택, 영원히 패권을 추구하지 않을 것 등이다. 여시재, https://www.yeosijae.org/research/113, 2021년 8월 30일 (역주)

　제 조국인 티베트에 관해서는 오늘날 티베트 안팎의 많은 사람들이 급격한 변화의 결과를 심히 우려하고 있습니다. 매년 티베트 본토의 중국인 인구는 놀라운 속도로 증가하고 있습니다. 그리고 라싸의 인구를 예로 들어 생각해보면, 티베트인이 자신의 조국에서 미미한 소수 민족으로 전락할 실질적인 위험이 있습니다. 이러한 급격한 인구 증가는 티베트의 취약한 자연환경에도 심각한 위협이 되고 있습니다. 티베트는 아시아의 많은 큰 강들의 원천이기 때문에, 티베트의 생태계에 실질적인 폐해가 일어나면 수억 명의 삶에 영향을 미칠 것입니다. 게다가 티베트는 인도와 중국 사이에 있으므로, 티베트 문제의 평화적 해결은 이 두 이웃 국가 사이의 지속적인 평화와 우호 관계에 중요한 의미를 지닙니다.

　티베트의 미래에 대해 말해보자면, 이번 기회를 빌려서 제가 독립을 추구하지 않는다고 다시 한번 분명히 강조하겠습니다. 저는 중화인민공화국 내에서, 티베트인을 위한 명실상부한 자치를 추구하고 있습니다. 만약 중국 지도부의 진정한 관심사가 중화인민공화국의 단결과 안정이라면, 저는 그들의 우려를 충분히 고려했습니다. 제가 이 입장을 택한 이유는, 특히 경제 발전에 있어 분명한 이점을 고려할 때 티베트인에게 가장 큰 이익이 될 것으로 생각하기 때문입니다. 게다가 저는 자치에 관한 어떤 합의도 티베트의 독립을 위한 디딤돌로 삼을 생각이 없습니다.

　저는 이러한 생각을 중국의 지도자들에게 대대로 전달해 왔습니다. 특히, 2002년 중국 정부와 직접 접촉이 재개된 이후, 저는 제 특사단을 통해 이런 생각에 대해 자세히 설명했습니다. 이 모든 것에도 불구하고, 중국은 계속해서 저의 '숨겨진 의제'가 티베트의 오래된 사회·정치 시스템의 분리와 복원이라고 주장하고 있습니다. 그런 생각은 근거가 없고, 사실도 아닙니다.

저는 젊은 시절 통치체제의 모든 책임을 떠맡아야 했을 때, 티베트의 근본적인 변화에 착수했습니다. 안타깝게도 이러한 것들은 정치적 격변으로 중단되었습니다. 그럼에도 불구하고 우리는 난민 신분으로 인도에 도착한 이후, 정치 시스템을 민주화하고, 민주 헌장을 채택해서 망명 정부의 지침으로 정했습니다. 심지어 우리의 정치 지도부도 5년 임기제로 국민에 의해 직접 선출됩니다. 게다가, 우리는 망명 생활에서 우리 문화와 영성의 중요한 면을 대부분 보존하고 실천할 수 있었습니다. 이것은 많은 부분 인도와 인도 국민의 친절함 덕분입니다.

중국 정부에 대한 또 다른 주요 우려는 티베트에서의 정통성 부족입니다. 제가 과거를 다시 쓸 수는 없지만, 상호 합의된 해결책은 정통성을 가져올 수 있으며, 저는 이 문제에 대한 합의를 끌어내기 위해 티베트인 사이에서 제 지위와 영향력을 사용할 준비가 분명히 되어 있습니다. 그래서 저에게 그 어떤 숨은 의도도 없음을 재차 말씀드리고 싶습니다. 미래 티베트에서 어떤 정치적 직위도 수락하지 않기로 한 저의 결정은 최종적입니다.

중국 당국은 제가 중국에 대해 적의를 품고 있으며 중국의 복지를 적극적으로 훼손하려 한다고 주장합니다. 이것은 전혀 사실이 아닙니다. 저는 세계 지도자들이 중국과 교류하기를 항상 권장해 왔습니다. 저는 중국의 WTO가입과 하계 올림픽 베이징 개최를 지지해 왔습니다. 그러기로 한 이유는, 중국이 더 개방적이고 관대하며 책임감 있는 나라가 되기를 바라서였습니다.

현재 진행 중인 우리 대화의 주요 장애물은 티베트 본토에서 현 상황에 대해 상반된 시각을 가지고 있다는 점입니다. 그래서 우리 특사단은 중국 특사단과의 여섯 번째 만남에서 '사실에서 진실을 찾는다'는 정신으로 현장의 현실을 살펴볼 수 있도록 연구 단체를 보낼 기회가 있어야 한다고 제안했습니다. 이것은 양측이 각자의 주장을 뛰어넘는 데 도움이 될 수 있습니다.

중국 헌법에서 보장하고 중국 국무원 '티베트 지역 민족 자치에 관한 백서'에 상술된 바와 같이, 티베트의 명실상부한 자치를 성공적으로 이행하기 위해, 중국 지도부와 대화해야 할 때가 왔습니다. 이번 기회에 중국 지도부에 티베트의 심각한 문제들, 그리고 티베트 본토에 있는 티베트인의 진정한 불만과 깊은 원한을 인식하고, 이러한 문제들을 화해의 정신을 가지고 현실적으로 다룰 용기와 지혜를 가질 것을 다시 한번 호소해 보겠습니다. 미국 친구 여러분, 저는 여러분께서 중국 지도부에 저의 진정성을 납득시키고, 우리의 대화를 진전시키는 데에 도움이 되는 모든 노력을 기울여 주시기를 호소합니다.

여러분들이 평화, 이해, 비폭력을 고취하기 위한 저의 노력을 인정해 주셨기 때문에, 그와 관련해서 몇 가지 생각을 나누고 싶습니다. 저는 지금이 바로, 미국이 여러 민족과 문화 사이에 평화와 이해, 화합을 고취하기 위한 노력을 더욱 지지해야 할 바로 그 순간이라고 생각합니다. 민주주의와 자유의 옹호자로서, 여러분은 세계의 기본적 인권을 수호하기 위한 이러한 성공적인 노력을 계속해서 지켜 가야 합니다. 우리가 미국의 리더십을 필요로 하는 또 다른 분야는 자연환경입니다. 우리 모두가 알다시피, 오늘날 우리의 지구는 확실히 따뜻해지고 있고 많은 과학자들은 우리 자신의 행동에 대부분 책임이 있다고 말합니다. 그러므로 우리 모두는, 가능한 한 모든 방법을 동원해 변화를 가져오기 위하여 재능과 자원을 사용해서, 미래 세대들에게 적어도 살기에 안전한 행성을 물려주어야 합니다.

세계의 많은 문제들은 결국 경제적, 정치적, 사회적 불평등과 부정에 뿌리를 두고 있습니다. 이것은 결국 우리 모두의 안녕에 대한 문제입니다. 세계 한 지역에서 가난의 고통이든, 다른 지역에서 자유와 기본 인권을 부정하는 것이든, 우리는 결코 이러한 사건들을 완전히 분리된 것으로 봐서는 안 됩니다. 결국 그것들의 파장은 모든 곳에서 느껴질 것입니다. 엄청난 경제적 불균형을 포함한 이러한 문제들을 해결할 수 있는 효과적이고 국제적인 조치를 이끌어 낼 수 있도록 지도적 역할을 해 주실 것을 여러분에게 호소하는 바입니다. 저는 이제 인류가 하나라는 관점에서, 그리고 오늘날 우리 세계가 깊이 연결되어 있음을 깊이 이해하면서, 이 모든 세계적인 문제를 해결할 때가 되었다고 믿습니다.

결론적으로 600만 티베트인을 대표하여, 저는 이번 기회에 미국 국민과 정부가 우리에게 베풀어 준 지원에 진심으로 감사를 표하고 싶습니다. 여러분의 지속적인 지원이 매우 중요합니다. 오늘 저에게 주신 큰 영광에 다시 한번 감사드립니다.

감사합니다.

40. 공포와 눈물

- 뉴스위크 멜린다 류와의 인터뷰, 2008년 3월 19일 -

뉴스위크: 중국 관리들이 아직도 당신의 사후에 티베트 문제가 사라질 것을 바란다고 생각하십니까?

달라이 라마: 잘 모르겠습니다. 저는 달라이 라마가 세상을 떠난 후 티베트의 투쟁이 사라지고 티베트에 희망이 없을 것이라는 견해에 전적으로 반대합니다. 티베트 본토 안팎에서 기성세대는 사라지겠지만 신세대들은 여전히 같은 정신을 지니고 있습니다. 가끔은 더 강하기도 합니다. 제가 죽은 후에 젊은 세대가 나서게 될 것입니다.

NW: 만약 원자바오나 후진타오 중국 국가주석이 이 방에서 당신 앞에 앉아 있다면 뭐라고 하시겠습니까?

DL: 저는 항상 덩샤오핑의 말을 인용하길 좋아합니다. 그는 '사실에서 진실을 찾으라'고 말했지요. 그것은 매우 중요합니다. 저는 그들에게 티베트인의 마음에서 실제로 무슨 일이 일어나고 있는지 그리고 현장에서 무슨 일이 일어나고 있는지 알아보라고 촉구할 것입니다. 저는 원자바오 총리가 이곳에 오기라도 한다면 그에게 이 사실을 말하고 싶습니다. 물론, 저는 두 사람 다 존경합니다. 특히 원자바오를 존경합니다. 그는 매우 온화해 보입니다. 저는 또한 그에게 '달라이 라마가 티베트의 소요를 부추겼다는 당신의 최근 비난을 입증해 주세요'라고 부탁할 것입니다.

NW: 중국 지도부와 소통할 수 있는 비공식 채널이 있습니까?

DL: 진지한 루트는 없습니다. 통상적인 채널은 그대로 있습니다.

NW: 휴대폰, 디지털 사진, 이메일 등과 같은 신기술 때문에 당국이 소요 상황을 통제하는 데 더 어려워합니까?

DL: 예, 그렇습니다.

NW: 그러면 중국인이 그런 것을 못하게 하나요?

DL: 이제 당국은 이러한 서비스를 폐쇄하면서 통제하려고 합니다. 하지만 모든 것을 통제하기는 매우 어렵지요.

NW: 현재 일어나고 있는 일과 1980년대 후반 라싸에서의 혼란과는 어떤 차이가 있습니까?

DL: 그 당시는 주로 라싸 지역에서만 그랬습니다. 이제는 다른 곳에서도 이미지들을 볼 수 있습니다. 그러나 중요한 점은 티베트인 불만의 범위입니다. 오늘날 중국 지역에 사는 티베트 승려들도 티베트 국기를 들고 다닙니다. 저는 라싸에서 멀리 떨어진 지역에서 티베트인의 불만이 확산하는 것에 상당히 놀랐습니다. 이제 티베트인 전체가 강한 감정을 품고 있습니다. 중국 당국이 진심으로 티베트인을 형제자매로 대하고, 그들을 신뢰한다면, 이런 일은 일어나지 않을 것입니다.

NW: 베이징과 란저우와 같은 소수의 중국 명문 대학에 다닌 특권층 티베트인도 철야 농성과 평화적인 시위를 조직했습니다. 왜 그렇습

니까?

DL: 네, 네, 그들까지 불만족스러운 지경이라면, 유목민들은 어떻게 느낄지 상상할 수 있을 거예요. 저는 가끔 경제적으로 튼튼하고 좋은 집을 가진 부유한 티베트인을 만납니다. 그런 사람을 만났을 때 처음에 그는 저에게 아무런 걱정이 없다고 했습니다. 그러고 나서 그는 정신적으로 고통스럽다고 고백했고, 울기 시작했습니다. 티베트인으로서 그들은 중국인에 의한 일종의 미묘한 차별을 느낍니다.

NW: 당신이 돌아가신 후에 더 큰 폭력이 일어날 가능성에 대해 걱정하시나요?

DL: 네, 걱정이 됩니다. 제가 살아 있는 한, 저는 티베트인과 중국인 사이의 우정에 전적으로 헌신할 것입니다. 그렇지 않으면 소용이 없지요. 더욱 중요한 것은 티베트의 불교문화 유산이 도덕적 공백 속에서 길을 잃은 수백만 중국 젊은이들에게 결국에는 더 깊은 가치를 가져다줄 수 있다는 점입니다. 어쨌든 중국은 전통적으로 불교 국가니까요.

NW: 중국 지도부가 당신의 진정성을 입증하기 위해 당신이 무엇을 더 하기를 원한다고 생각하십니까? 원자바오 총리는 대화하기 전에 티베트의 독립을 포기하고 폭력을 포기해야 한다는 두 가지 조건을 받아들이기를 바라고 있습니다.

DL: 작년에 워싱턴에서 몇몇 중국 학자들과 회의를 했는데, 그중 일부는 중국 본토에서 왔습니다. 그들은 저에게 '티베트가 앞으로 중국과 분리되지 않을 것이라는 보장이 있나요?'라고 물었습니다. 저는 그들에게 제 진술서도 도움이 안 되고 제 서명도 도움이 안 될 것이라 했어요. 진정한 보장은 티베트 사람들이 만족해야 한다는 것입니다. 결국 그들은 중국에 남아 있다면 더 큰 혜택을 받을 것이라고 느껴야 합니다. 일단 그러한 감정이 생기면, 그것이 바로 티베트가 영원히 중화인민공화국의 일부로 남을 것이라는 진정한 보장이 될 것입니다.

중국 정부는 제가 수 세기 동안 티베트가 중국의 일부였다고 말하길 원합니다. 제가 그렇게 말하더라도 많은 사람들은 웃을 것입니다. 그리고 저의 진술은 과거의 역사를 바꾸지 못할 것입니다. 역사는 역사입니다.

그래서 제 접근법은, 과거에 대해 말하지 않는 것입니다. 티베트가 중국의 일부였든 아니든 과거는 지나갔습니다. 우리는 미래를 보고 있습니다. 저는 새로운 현실이 나타났다고 정말로 믿습니다. 시대가 달라졌습니다. 오늘날 서로 다른 인종 집단과 다른 나라들이 상식에 의해 함께 모입니다. 유럽연합을 보세요… 정말 대단합니다. 작은 나라들이 서로 싸워서 무슨 소용이 있겠습니까? 오늘날 티베트인이 중국에 합류하는 것이 훨씬 낫습니다. 그것은 저의 확고한 신념입니다.

NW: 당신은 두 명의 정부 관리가 당신에게 사적으로 지지하는 메시지를 보냈다고 했습니다. 티베트나 중국 본토에서 개인적으로 당신에게 동정심을 표한 관리들이 많이 있나요?

DL: 네.

NW: 몇 명입니까?

DL: 잘 모르겠지만, 수천 명의 평범한 중국인이 이곳에 왔습니다. 그리고 몇몇 고위 관료들은 메시지를 보냈습니다. 중국 지도부의 태도에 변화가 있을 것이라는 생각이 강하게 듭니다. 이제 중요한 것은 중국 국민이 현실을 알아야 한다는 것입니다. 그들은 티베트에 대해 더 많은 정보를 접해야 합니다.

NW: 그것이 어려울까요? 중국 내에서 인터넷 검열이 심합니다. 그 결과, 사람들은 매우 양극화되고, 종종 매우 국수주의적 견해를 만드는 경향이 있습니다.

DL: 네, 네. 1959년까지만 해도 한족에 대한 티베트인의 태도는 애정이 넘치고, 매우 가까웠으며, 정상적이었습니다. 라싸에 있는 중국 상인들을 언급할 때는 애정 어린 존경심이 있었습니다. 하지만, 물론, 공산주의라는 이름이 티베트에서 두려운 이유는 몽골과 소련에 있는 일부 불교 공동체에서 일어난 일 때문입니다. 그러고 나서 중국 공산주의자들이 정착했습니다. 더 많은 군인이 왔고 그들의 태도는 더욱 공격적이고, 더 가혹해졌습니다. 그 당시에도 우리는 '나쁜 공산주의자들'에 대해 불평했지만 '나쁜 중국인'이라고 말한 적은 없었습니다. 절대로요.

지난 20년 동안 저는 티베트에서 온 많은 티베트인, 곧 학생들, 정부 관리들, 그리고 사업가들을 만났습니다. 그들은 큰 불만을 토로합니다. 이제 그들 중 일부는 중국인을 경멸적인 태도로 언급합니다. 심지어 감옥에서도 중국인과 티베트인 수감자들 사이에는 분열이 있습니다. 이것은 매우 나쁘다고 생각합니다. 변해야 하는 것이죠. 가혹한 조치를 통해서가 아닙니다. 그것은 단지 태도를 굳힐 뿐입니다. 신뢰를 키워서 이루어지는 것이죠. 저는 진정한 자치가 그 신뢰를 회복할 수 있다고 생각합니다. 저는 이 목표에 전적으로 헌신하고 있습니다. 그것은 단순한 정치가 아닙니다. 저의 목표는 진정한 우정으로 행복한 사회를 만드는 것입니다. 티베트인과 중국인 사이의 우정은 매우 중요합니다.

NW: 최근 사상자를 보여주는 일부 이미지는 생생하고 충격적이었습니다. 본 적 있으세요? 어떠셨나요? 당신이 울었다는 말을 들었습니다.

DL: 네, 한 번 울었어요. 티베트 불교문화에 속해 있는 한 가지 장점은, 지적 수준에서는 혼란과 불안, 걱정이 많지만, 더 깊고 감정적인 수준에서는 차분할 수 있다는 것입니다. 매일 밤 불교 수행을 하며 저는 주고받습니다.[7] 저는 중국인의 의심을 받아들입니다. 신뢰와 자비심을 돌려줍니다. 저는 그들의 부정적인 감정을 받아들이고 긍정적인 감정을 줍니다. 매일 그렇게 합니다. 이 수행은 감정을 안정적이고 차분하게 유지하는 데 정말 도움이 됩니다. 그래서 지난 며칠 동안, 많은 걱정과 불안에도 불구하고, 수면에는 지장이 없었습니다.

---

7 똥렌 명상을 말한다. (역주)

41. 포위 상태

- 국제 티베트 지원단체 특별회의에 보내는 메시지,
구르가온,[8] 2008년 11월 25일 -

세계 각지에서 온 티베트 지원단체들의 특별회의가 인도에서 열려서
매우 기쁩니다. 티베트인의 고통이 종식될 수 있도록 티베트 운동이
어떻게 진전되어야 하는지에 대해 협의하러 아주 먼 곳에서 오신
모든 참가자에게 감사드립니다.

티베트 문제는 도덕적이고 정의로운 문제이며, 제가 항상 주장하듯
이, 우리는 여러분 모두를 친 티베트로 간주하지 않습니다. 오히려,
여러분 모두는 친-정의(pro-justice)파이십니다. 티베트 문제는 단순
히 티베트인의 권리문제일 뿐만 아니라 국제적인 측면도 있습니다.
티베트의 문화유산은 불교 원리인 아힘사(비폭력)와 카루나(자비)에
기초하고 있습니다. 따라서 이는 600만 티베트인뿐만 아니라 평화롭
고 조화로운 세계에 기여할 수 있는 잠재력을 가진 이 문화를 공유하는
1,300만 명 이상의 사람들과 관련이 있습니다. 둘째로, 티베트 문제는
티베트의 취약한 자연환경과도 관련이 있는데, 과학자들은 이 문제가
수십억 명의 사람들이 살아가는 광범위한 지역에 영향을 미친다고
결론을 내렸습니다. 셋째, 티베트 문제는 인도와 중국이라는 큰 두
나라 사이의 관계 정상화와 관계 진전에 영향을 미칩니다. 티베트
문제의 의미 있는 해결책은, 세계 인구의 3분의 1이 넘는 이 두 나라

---

8 인도 북부 하르야나 주에 위치한 도시. (역주)

사이에 평화를 가져오는 데 도움을 줄 것입니다.

민주적으로 선출된 우리 정치 지도부는 최근 열린 티베트인 특별총회의 결과에 대해 알려줄 것입니다. 저는 선출직 지도부가 티베트인의 사고의 다양성을 충분히 보고 받을 수 있도록 그러한 회의를 소집할 것을 제안했었습니다. 다양성이란 특히 악화되고 있는 티베트의 상황과 현재의 국제 시나리오와 관련해서, 그리고 티베트인의 대의에 진전을 가져올 여러 가지 방법과 관련해서 생긴 우리 민족의 사고의 다양성을 말합니다. 저는 여러분 모두가 티베트인 특별총회의 권고를 바탕으로 티베트 운동의 향후 행보에 대해 솔직하고 숨김없이 협의하시기를 바랍니다. 여러분들이 티베트인의 근본적인 염원을 실현하기 위한 최선의 방안을 우리 선출 지도부에 제안해 주셨으면 합니다.

이 회의는 티베트인과 티베트 사회가 매우 힘든 시기를 지나고 있을 때 열리고 있습니다. 티베트인은 올해 3월부터는 용감하게 중화인민공화국 정부의 정책에 대한 불만을 표출하고, 오랫동안 끊어온 원한을 분출했습니다. 모든 국민의 이익을 최우선으로 생각하는 정부라면, 이 문제의 중대성을 깨닫고 티베트 사태를 해결하는 조치를 마련했을 것입니다. 하지만 중국 정부는 이러한 조처를 하기보다는 정의와 평등을 요구하는 티베트인의 요구를 완전히 무시하고 티베트인 전체를 탄압했습니다. 티베트의 상황은 많은 마을과 도시에 경찰과 군대가 대거 주둔하면서 계속 암울합니다. 티베트의 몇몇 지역에서는 사실상의 계엄령이 시행되고 있고 티베트인은 포위 상태에서 살고 있습니다. 따라서 오늘날 티베트 본토의 티베트인의 삶은 매우 심각해졌고, 그들은 우리 지지자들이 제공할 수 있는 모든 도움이 필요합니다.

여러분 모두 아시다시피 저는 중국 지도부와 티베트 문제에 대해 상호 만족스러운 해결책을 찾기 위해 성실히 노력해 왔습니다. 우리 특사단은 티베트인의 염원을 고려하고 중화인민공화국의 단결과 안정에 대한 관심을 감안한 중도 어프로치에 대한 저의 약속을 중국 지도부에 분명히 전달했습니다. 저는 2002년 이후 우리가 중국 지도부와 다시 접촉한 것이 그러한 해결책으로 이어지기를 바랐습니다. 우리 특사단은 이달 초 마지막 8차 회담에서 중국 지도부를 만나 티베트인의 기본적 요구에 대한 명확한 개요, 바로 중국 헌법 및 법령에 명시되어 있는 권리에 대한 개요를 제시했습니다. 유감스럽게도 제 특사단은 합리적인 회담이 성사될 가능성이 완전히 차단되는 것을 보고 돌아왔습니다. 중국 정부는 오직 저의 개인적인 안녕에 대해서만 말하고 싶어 합니다.

티베트 문제는 티베트인의 복지에 관한 것이지 제 개인에 관한 것이 전혀 아닙니다. 이같이 티베트인은 티베트의 공익에 대해 집단으로 생각해보고 그에 따라 결정해야 합니다. 그러나 티베트인의 목소리만으로는 경직된 입장과 정책을 바꾸도록 중국 지도부를 설득하기에 충분하지 않다는 것이 분명해지고 있습니다. 저는 티베트인의 고통을 덜어주기 위해 국제사회의 지속적인 노력을 청하고 싶습니다. 이러한 노력의 일환으로 전 세계에서 저희를 지원하는 단체들이 중요한 역할을 하고 있습니다.

저는 어려운 시기에 티베트인을 변함없이 지지해 준 티베트 지원단체의 모든 회원에게 깊은 감사를 표하면서 마무리하고 싶습니다.

여러분은 저희에게 중요한 지원의 원천이었으며, 앞으로 수개월 동안 계속해서 노력할 뿐만 아니라, 그 노력을 더욱 강화할 것이라는 데 의심의 여지가 없습니다.

42. 티베트 정체성의 동화

- 유럽의회 본회의 연설, 스트라스부르, 2008년 12월 4일 -

의장님, 대통령 각하, 존경하는 국회의원 여러분, 신사·숙녀 여러분!

오늘 여러분 앞에서 연설하게 되어 영광이며 초대해 주셔서 감사합니다. 제가 어디를 가든지 저의 주된 관심사 또는 책무는 따뜻한 마음과 같은 인간의 가치를 고취하는 것입니다. 저는 이것이 개인 수준, 가족 수준, 그리고 사회 수준에서 행복한 삶을 위한 핵심 요소라고 생각합니다. 현대에 와서 이런 내면의 가치에 대한 관심이 부족한 것 같습니다. 그러므로 그것들을 고취하는 것은 저의 가장 중요한 책무입니다. 저의 두 번째 관심사 또는 책무는 종교 간 화합의 고취입니다. 우리는 정치와 민주주의에서 다원주의의 필요성을 인정하지만, 종종 신앙과 종교의 다원성에 대해 다소 주저하는 것 같습니다. 모든 주요 종교 전통의 개념과 철학이 서로 달라도, 그 전통에는 사랑, 자비, 관용, 만족, 그리고 자기 훈련과 같은 메시지가 담겨 있습니다. 또한 종교 전통들은 인간이 더 행복한 삶을 살 수 있도록 도울 수 있는 잠재력을 가지고 있다는 점에서 유사합니다. 이것들이 저의 두 가지 주요 관심사와 책무입니다.

물론 티베트 문제는 저에게도 특히 중요한 사안이며 저는 티베트인에 대한 특별한 책임이 있습니다. 이들은 티베트 역사상 가장 어려운 지금도 저에게 희망을 걸고 신뢰를 주고 있습니다. 티베트인의 복지는 저의 지속적인 동기이며 저는 저 자신이 망명 티베트인의 자유 대변자라고 생각합니다.

제가 지난번 유럽의회에 연설할 수 있는 영광을 가졌던 2001년 10월 24일, 저는 이렇게 말했습니다. '일부 성장과 경제 발전에도 불구하고, 티베트는 여전히 생존의 근본적인 문제에 직면해 있습니다. 심각한 인권 침해는 티베트 전역에 만연해 있으며 인종 차별과 문화적 차별 정책 때문인 경우가 많습니다. 하지만 그것들은 단지 더 심각한 문제의 증상과 결과일 뿐입니다. 중국 당국은 티베트 고유의 문화와 종교를 분리 위협의 원천으로 보고 있습니다. 따라서 의도적인 정책의 결과로 고유한 문화와 정체성을 가진 민족 전체가 멸종 위기에 직면해 있습니다.'

올해 3월부터 각계각층의 티베트인은 티베트고원 전역에서, 티베트 본토에 있는 중국 당국의 억압적이고 차별적인 정책에 반대하는 시위를 벌였습니다. 자신들의 생명에 닥친 위험에 대한 완전한 인식과 함께, 촐카-숨(우창, 캄, 암도의 3대 지역)이라고 알려진 티베트 전역의 티베트인, 남녀노소, 출가자와 평신도, 그리고 학생을 포함한 신자와 비신자들이 모여서 중국 정부의 정책에 대한 고통, 불만과 진정한 고충을 자발적으로 용감하게 표출했습니다. 저는 티베트인과 중국인을 막론하고 목숨을 잃은 것에 깊은 슬픔을 느꼈고 즉각 중국 당국에 자제를 호소했습니다. 중국 당국은 제가 최근 티베트에서 일어난 사건들을 뒤에서 조직했다고 비난했습니다. 그래서 저는 독립적이고 훌륭한 국제기구가 인도의 다람살라로 중국인을 초청하는 것을 포함 하여 이 문제를 철저히 조사해 줄 것을 거듭 호소해 왔습니다. 만약 중국 정부가 이러한 심각한 주장을 뒷받침할 증거가 있다면, 그들은 그것을 세계에 공개해야 합니다.

슬프게도, 중국 당국은 폭력을 피하고 자제해 달라는, 많은 세계 지도자들, 비정부기구 및 세계 저명인사들의 호소에도 불구하고 티베 트의 상황에 대처하기 위해 잔인한 방법에 의존해 왔습니다. 이 과정에 서 많은 티베트인이 목숨을 잃었고 수천 명이 다치고 억류당했습니다. 생사를 알 수 없는 사람들도 많이 있습니다. 제가 여러분 앞에 서 있는 동안에도, 티베트의 많은 지역에는 무장 경찰과 군대가 대거 주둔하고 있습니다. 많은 지역에서 티베트인은 여전히 실질적인 계엄 령 하에서 고통받고 있습니다. 불안하고 위협적인 분위기도 있습니 다. 티베트 본토의 티베트인은 다음에는 자신이 체포될 것이라는 지속적인 두려움 속에서 살고 있습니다. 외국 참관인, 언론인, 심지어 관광객들도 티베트의 많은 지역에 들어갈 수 없기 때문에, 저는 티베트 인의 운명이 매우 걱정됩니다. 현재, 중국 당국은 티베트에 대한 완전한 자유 재량권을 가지고 있습니다. 마치 티베트인이 사형 선고를 받은 것 같습니다. 티베트인의 정신을 말살하는 것을 목표로 한 선고 말입니다.

유럽의회의 많은 훌륭한 의원님들은 대화와 협상을 통해 티베트 문제에 대해 서로 수용할 수 있는 해결책을 찾으려는 저의 일관된 노력을 잘 알고 있습니다. 이러한 정신으로, 1988년 스트라스부르의 유럽의회에서 저는 티베트의 분리 및 독립을 요구하지 않는 협상을 공식적으로 제안했습니다. 그 이후로 중국 정부와의 관계는 많은 우여곡절을 겪었습니다. 거의 10년의 단절 끝에 2002년에 중국 지도부와 직접 접촉을 재개하게 되었습니다. 저의 특사단과 중국 지도부의 대표들 사이에 광범위한 논의가 있었습니다. 이 논의에서 우리는 티베트인의 염원을 분명히 내놓았습니다. 제 중도 어프로치의 본질은 중화인민공화국 헌법 범위 내에서 티베트인의 진정한 자치를 확보하는 것입니다.

금년 7월 1일과 2일 베이징에서 열린 7차 회담에서 중국 측은 진정한 자치 형태에 대한 견해를 제시해 달라고 우리를 초청했습니다. 따라서 2008년 10월 31일 우리는 중국 지도부에 티베트인을 위한 진정한 자치 관련 각서를 제시했습니다. 이 각서는 진정한 자치에 대한 우리의 입장, 그리고 자치와 자치정부를 위한 티베트 국민의 기본 요구를 충족하는 방법을 담고 있습니다. 우리는 티베트의 실질적인 문제들을 해결하기 위한 진지한 노력을 할 목적으로 이러한 제안을 했습니다. 선의만 있다면, 우리는 각서에 제기된 안건들이 이행될 수 있다고 확신했습니다.

유감스럽게도, 중국 측은 우리의 제안을 '반半 독립'과 '위장 독립'의 시도라고 낙인찍으며 우리의 각서 전체를 거부했습니다. 게다가 중국 측은 우리 각서가 '중화인민공화국의 다른 지역에서 티베트 지역으로 이주하고자 하는 사람들의 거주, 정착 및 취업 또는 경제 활동을 규제하며' 자치 지역의 권리를 인정할 것을 요구하기 때문에 우리가 '인종 청소'를 한다며 비난하고 있습니다.

우리는 각서에서 우리의 의도가 비 티베트인을 축출하는 것이 아님을 분명히 밝혔습니다. 우리의 걱정은 한족을 위주로 한 다른 민족의 유도된 집단 이동인데, 이는 결국 토착 티베트인을 소외시키고, 티베트의 섬세한 자연환경을 위협합니다. 집단 이주에 따른 주요 인구통계학적 변화는, 티베트민족이 중화인민공화국에의 통합이 아니라 동화로 나갈 것이고, 이는 점차로 티베트인 고유의 문화와 정체성을 소멸시킬 것입니다.

중화인민공화국 내의 만주족, 내몽골, 동 투르키스탄족의 경우가 바로 우세한 한족이 소수 민족에게 집단으로 이주하여 파괴적인 결과를 낳은 사례들입니다. 오늘날, 만주족의 언어, 문자, 문화는 멸절되었습니다. 오늘날 내몽골에는 전체 인구 2,400만 명 중에 오직 20%만이 토착 내몽골인입니다.

몇몇 강성 중국 관리의 주장과는 반대로, 여러분에게 나눠드린 우리의 각서 사본을 보면 우리가 중화인민공화국의 주권과 영토 보전에 대한 중국 정부의 우려에 대해 진지하게 고심했다는 점이 뚜렷이 나타납니다. 각서는 자명합니다. 여러분의 의견과 제안을 환영합니다.

저는 이 자리를 빌려 유럽연합과 유럽의회가 여러분의 권한을 사용해서, 티베트인과 중국인의 공동선을 위한 진지한 협상을 통해 티베트 문제를 해결하도록 중국 지도부를 설득하는 데 아낌없이 노력해주시길 호소하는 바입니다.

우리는 투쟁의 수단으로 폭력을 사용하는 것을 단호히 반대합니다.

하지만 우리에게 가능한 다른 모든 정치적 선택지를 모색할 권한은 있습니다. 민주주의 정신에서, 저는 티베트인의 지위, 티베트 문제의 위상, 그리고 우리 활동의 방향을 협의하기 위해 망명 티베트 특별회의를 요청했습니다. 그 회의는 2008년 11월 17일에서 22일까지 인도 다람살라에서 있었습니다. 중국 지도부는 우리가 내놓은 어떤 계획에도 긍정적으로 반응하지 않았는데, 이러한 실패는 중국 정부가 상호 수용 가능한 어떠한 해결책에도 전혀 관심이 없을 것이라는 많은 티베트인의 의심을 재확인시키고 말았습니다. 많은 티베트인은 중국 지도부가 티베트를 중국에 강제적으로 완전히 동화시키고 흡수하는 데 열중하고 있다고 계속 믿고 있습니다. 그래서 그들은 티베트의 완전 독립을 요구합니다. 다른 사람들은 자결권과 티베트 본토의 국민투표를 옹호합니다.

이런 견해차에도 불구하고, 특별회의 대표단들은 현재의 상황과 티베트, 중국 및 전 세계에서 일어나는 변화에 따라서, 최선의 접근법을 선택할 수 있는 권한을 저에게 부여하기로 만장일치로 결의했습니다. 저는 전 세계에서 온 600여 명의 지도자들과 대표단들이 제출한 제안을 연구할 것입니다. 여기에는 티베트 본토 전역에서 우리가 모을 수 있는 의견도 검토할 것입니다.

저는 민주주의를 굳게 믿는 사람입니다. 결과적으로, 저는 망명 티베트인이 민주 과정을 따르도록 일관되게 격려해 왔습니다. 오늘날의 티베트 난민사회는 민주주의의 세 기둥, 즉 입법부, 사법부, 행정부를 다 갖춘 소수의 사회 중의 하나일 것입니다. 2001년 우리는 티베트 망명 정부 카샥(내각)의 의장을 일반투표로 선출함으로써, 민주화 과정에 또 한번 큰 걸음을 내디뎠습니다.

저는 궁극적으로 티베트의 미래는 티베트인이 결정할 수 있어야 한다고 항상 주장해 왔습니다. 인도의 초대 수상인 판디트 네루는 1950년 12월 7일 인도 의회에서 이렇게 말했습니다. '티베트에 관한 결정적인 목소리는 티베트인의 목소리여야 하며 다른 사람들의 목소리는 아니다.'

티베트 문제는 600만 티베트인의 운명을 훨씬 뛰어넘는 차원과 의미를 지닙니다. 티베트는 인도와 중국 사이에 위치합니다. 티베트는 수 세기 동안 지구에서 가장 인구가 많은 두 나라를 분리하는 평화로운 완충 지대 역할을 해 왔습니다. 하지만 1962년 소위 '평화로운 티베트 해방' 불과 수년 뒤에, 세계는 아시아의 두 거인 간 최초의 전쟁을 목격했습니다. 이것은 아시아에서 가장 강력한 두 국가 사이의 지속적이며 진정한 신뢰와 우정을 보장하는 데 티베트 문제의 정의롭고 평화로운 해결이 얼마나 중요한지를 분명히 보여줍니다. 티베트 문제는 티베트의 섬세한 자연환경과도 관련이 있는데, 이 환경은 수십억 명이 살고 있는 아시아의 많은 지역에 영향력이 있다고 과학자들은 결론을 내렸습니다. 티베트고원은 아시아의 큰 강의 원천입니다. 티베트 빙하는 남·북극을 제외하고는 지구상 최대의 얼음덩어리입니다. 오늘날 어떤 환경론자들은 티베트를 제3극이라고 부릅니다. 그리고 만일 현재의 온난화가 지속된다면 인더스 강은 다음 15년에서 20년 사이에 말라붙을 수도 있습니다. 게다가 티베트 문화유산은 자비와 비폭력이라는 불교 원리에 근거하고 있습니다. 그래서 그 문화유산은 600만 티베트인에만 관계가 있는 것이 아니라, 히말라야 인근의 1,300만 이상의 사람에게도 관계가 있습니다. 여기에는 히말라야 산맥, 몽골, 러시아 내의 칼미키야 공화국과 러시아의 부르야트 공화국 내의 사람들, 그리고 이 문화를 공유하고 있는 중국 형제자매도 점점 더 많이 포함되어 갑니다. 그래서 티베트 문화유산은 평화롭고 조화로운 세계에 기여할 잠재력을 가지고 있습니다.

저의 좌우명은 항상 최선을 희망하고 최악에 대비한다는 것이었습니다. 이것을 염두에 두고, 저는 망명 티베트인에게, 티베트의 젊은 세대들을 교육하는 일에 있어서, 우리의 풍부한 문화유산을 보존할 목적을 가지고 망명 중인 우리의 문화적·종교적 기관을 강화하는 일에 있어서, 그리고 티베트 난민사회 사이에 민주적 제도와 시민사회를 확장 강화하는 일에 있어서 더욱 엄중히 노력하라고 조언해 왔습니다. 망명 공동체의 주요 목표 중 하나는 자유로운 곳에서 우리의 문화유산을 보존하고 티베트에 갇힌 우리 민족의 자유 목소리가 되어 주는 것입니다. 우리가 직면한 과업과 도전은 벅찬 일입니다. 난민 공동체로서 당연히 우리는 자원이 제한되어 있습니다. 우리 티베트인은 우리의 망명이 오랫동안 지속될지도 모른다는 현실을 마주해야 합니다. 그래서 저는 우리의 교육적·문화적 노력에 도움을 주는 유럽연합에 감사드립니다.

저는 유럽의회가 원리적으로 지속적으로 중국을 포용하는 것이 중국 내부에서 이미 일어나고 있는 그 변화의 과정에 영향을 줄 것이라고 확신합니다. 세계적 추세는 더 큰 개방성, 자유, 민주주의, 인권 존중으로 나아가는 것입니다. 중국도 조만간 이런 추세를 따라가야만 할 것입니다. 이런 맥락에서, 저는 유럽의회가 중국 인권 운동가인 후지아(胡佳)에게 명예로운 사하로프 상을 수여한 일을 칭찬하고 싶습니다. 중국이 빠르게 나아가고 있는 이 시기에, 그건 중요한 신호입니다. 이렇게 새로운 위상을 가지고, 중국은 세계무대에서 중요한 주역을 담당할 태세가 되어 있습니다. 이런 역할을 완수하기 위해서는 중국이 개방, 투명성, 법치, 그리고 정보와 사상의 자유를 갖는 것이 필수적입니다. 국제사회 구성원들이 중국에 대해 갖는 태도와 정책은, 자국 내 사건들과 발전에도 영향을 주지만 중국에서 일어나는 변화의 방향에도 영향을 줄 것입니다.

티베트에 대한 중국 정부의 지속적인 매우 경직된 태도에도 불구하고, 다행스럽게도 중국인 사이에, 특히 박식하고 교육받은 중국계들 사이에는 티베트인의 곤경에 대한 이해와 동정심이 늘어가고 있습니다. 비록 티베트에 관련해서 중국 지도부에 대한 저의 믿음은 점점 줄어들지만, 중국인에 대한 저의 믿음은 변함없이 꿋꿋합니다. 그래서 저는 중국인에게 손을 내미는 일치단결된 노력을 기울이라고 티베트인에게 충고해 왔습니다. 중국 지식인들은 금년 3월 중국 정부가 티베트인 시위를 가혹하게 탄압하자 이를 공개적으로 비판했고, 티베트 문제를 다룸에 있어서 자제와 대화를 요구했습니다. 중국인 변호사들은 재판에서 체포된 시위자들을 변호하겠다고 공개적으로 제안했습니다. 오늘날 티베트인의 어려운 상황과 합법적인 염원에 대한 이해, 동정심, 지지와 연대가 우리 중국인 형제자매들 사이에 증대하고 있습니다. 이것은 아주 고무적인 일입니다. 저는 이 기회를 빌려 용감한 중국인 형제자매들의 연대에 감사드립니다.

저는 정당하고 비폭력적인 티베트 투쟁에 대해 지속적인 관심과 지지를 보내준 유럽의회에도 감사를 드립니다. 여러분들의 동정심, 지지, 연대는 티베트 안팎의 티베트인에게 항상 영감과 격려의 위대한 원천이 되어왔습니다. 저는 유럽의회 티베트 인터 그룹 의원들에게 특별한 감사를 표합니다. 그들은 티베트인의 비극을 정치 활동의 초점으로 삼았을 뿐만 아니라 마음속의 대의로 삼았습니다. 티베트 문제에 대한 유럽의회의 많은 결의안은 여기 유럽과 전 세계에 있는 대중과 정부 간에 티베트인의 곤경을 부각하는 데, 그리고 티베트 문제에 대한 인식을 고양하는 데 크게 기여했습니다.

티베트에 대한 유럽의회의 일관된 지지는 중국도 잘 보았을 것입니다. 이로 인해 유럽연합과 중국 관계에 다소간 긴장을 야기한 점에 대해 유감스럽게 생각합니다. 하지만 저는 티베트와 중국의 미래가 불신을 넘어 상호 존중과 신뢰, 공동 이익의 인정을 기반으로 한 관계로 나아갈 것이라는 저의 진심 어린 희망과 믿음을 여러분과 나누고 싶습니다. 이런 관계 개선은 현대 티베트 본토의 아주 암담한 상황과는 무관하게, 그리고 저의 특사들과 중국 지도부 간 대화가 교착상태라는 것과도 무관하게 이뤄질 것입니다. 저는 여러분이 티베트에 대한 관심과 지지를 지속해서 표현해 주시는 일은 장기적으로 긍정적인 영향을 미치고, 티베트 문제 해결을 위해 필수적인 정치적 환경을 만드는 데에 도움이 될 것이라고 확신합니다. 여러분들의 지속적인 지지는 따라서 아주 중요합니다.

여러분과 제 생각을 공유할 수 있는 영광에 감사드립니다.

43. 인도에 대한 감사

- 망명 50주년 연설, 뉴델리, 2009년 3월 31일 -

형제자매 여러분!

티베트는 히말라야 산맥 넘어 존자들의 땅인 인도의 북쪽에 있는 설국의 땅입니다. 석가모니 부처님은 티베트를 축복해 주셨고 거기에 부처님의 법이 퍼질 것을 예언하셨습니다. 카일라스 산과 마나사로바르 호수가 거기에 있는데, 인도의 주요 종교 전통들은 이 둘을 모두 신성시하고 있습니다. 티베트는 인도로 흘러들어 마침내 대양에 도달하는 4대강의 수원입니다. 지리적으로 보면, 티베트는 인도의 고원과 같아서, 위대한 인도의 스승들은 그것을 33천(Trayastrimshadeva)이라고 불렀습니다. 티베트족이 최초로 출현하게 된 시기에 대해 고고학적 발견은 최소한 1만 년 전이라고 말합니다. 본교(Bon) 경전도 마찬가지입니다. 벵골 학자 프라즈냐 바르마(Prajna Varma)에 따르면, 티베트인은 마하바라타 전쟁 이후 신하들과 함께 티베트로 탈출한 인도 남부 왕국의 왕 루파티의 후손입니다. 티베트의 왕에 대해서는, 기원전 150년경 마가다의 왕자가 그의 왕국에서 추방된 후 티베트로 탈출한 것으로 여겨집니다. 티베트인은 그를 냐띠 쩬뽀(Nya-tri Tsenpo)로 부르면서 자신들의 왕으로 삼았습니다. 이렇게 티베트 왕족의 혈통이 시작되었습니다. 우리가 지리, 조상, 왕조, 그 무엇을 고려해도, 인도와 티베트는 밀접한 관계를 유지해 왔습니다.

388

7, 8세기에 티베트 학생들은 공부하기 위해 인도로 보내졌습니다. 교육을 다 마치자, 톤미 삼보따(Thonmi Sambhota)와 같은 티베트 청년이 나가리 문자에 근거해서 티베트 문자를 창안했는데, 나가리 문자는 그 이전의 티베트 문자인 샹슝 마르익(Shangshung Maryig)을 발전시킨 것입니다. 이들은 또 산스크리트에 근거해서 티베트어 문법도 만들었습니다. 이런 일은 티베트 문명의 발전에 기여했을 뿐만 아니라, 불교를 티베트에 퍼뜨리기도 했습니다. 8세기에 벵골 왕자 출신으로서 출가한, 날란다 대학 출신의 뛰어난 학자 산따락쉬타(Shantarakshita, 寂護)가 티베트에 와서 승단을 설립했습니다. 서인도 출신의 구루 파드마삼바바(Padmasambhava)는 딴뜨라 불교를 확산시킨 사람입니다. 산따락쉬타의 제자 까말라쉴라(Kamalashila)도 불교를 받들기 위해 티베트를 방문했습니다.

티베트에 불교를 세운 이러한 스승들의 호의로 인해, 부처님의 수많은 가르침, 즉 삼장(三藏, Tripitaka)을 이루는 삼승三乘과 사부四部 딴뜨라 가르침이[9] 티베트어로 번역되었습니다. 이것들 외에도 나가르주나 존자(Arya Nagarjuna)와 아상가 존자와 같은 17인의 날란다 스승 등 인도의 위대한 주석가들이 지은 수많은 저술이 티베트어로 번역되었습니다. 이런 번역은 인도의 탁실라, 날란다, 비끄라마실라, 오단타푸리에 있는 명문 대학에서 육성된 완전무결한 불교 전통을 티베트에 확립하는 데 도움이 되었습니다. 티베트 학자들은 끊임없이 인도

---

9 사부(事部, kriya tantra), 행부(行部, charya tantra), 유가부(yoga tantra), 무상유가부 (anuttarayogatantra)를 지칭하는 것으로 보인다. 『달라이 라마의 불교강의』, 달라이 라마, 툽텐 최된 공저, 주민황 옮김, 불광출판사, p.434 참조. (역주)

자료들을 참조하며, 자신들의 관념과 이념들로 그 자료들을 훼손시키지 않았습니다. 그래서 오늘날 완전하고 순수한 인도 불교 전통, 인도에서는 쇠퇴해 버린 그 순수 불교 전통을 보존할 수 있었던 사람들은 티베트인입니다.

무엇보다도 번역가 톤미 삼보따(7세기경)와 같은 티베트 학자들은 많은 경전을 번역했습니다. 여기에는 『관세음보살 21개 딴뜨라』,[10] 『보성다라니경寶星陀羅尼經』, 『십만송반야경』이 포함되어 있습니다. 부톤 린첸 두빠(Buton Linchen Drub, 1290~1364)의 『불교사』에 따르면, 8세기의 3인조 번역가 까와 펠섹(Kawa Peltseg), 초도 루이 걀첸(Chogro Lui Gyaltsen), 샹 예쉐데(Shang Yeshe De)부터 14세기 번역가 레그파이 로도(Legpa'i Lodro)에 이르기까지, 192명의 티베트 번역가들이 있었고, 이들의 작업을 93명의 위대한 인도 거장들이 감독하고 승인했습니다. 모두 합쳐서 약 700명의 번역가가 있었습니다.

아차르야 산따락쉬타와 수렌드라보디(Surrendrabodhi) 시대, 즉 8세기 후반에서 9세기 초, 17세기 아차르야 벨바다(Belbhadra)와 그의 제자들까지, 300권 이상의 책이 산스크리트어 등의 언어에서 티베트어로 번역되었고, 그중 10권만이 중국어에서 번역되었습니다. 산스크리트어와 같은 인도 언어로 쓰여진 많은 책들이 티베트어로 번역되었고, 이것은 현재 부처님의 말씀을 번역한 깡규르(Kangyur, 불설부)와 이후 인도 거장들의 주석을 번역한 땡규르(Tengyur, 논소부)로 구성되어 있습니다. 인도 언어들의 번역과 관련해서는 티베트어로 된 번역이

---

10 위키피디아 중국어판에는 觀音經續二十一種로 나오는 것 같다. (역주)

가장 많고 가장 정확한 번역으로 여겨집니다. 이것은 티베트어의 문어 창작이 산스크리트 패턴을 따랐기 때문이라고 생각합니다.

높은 고도에서 여행하는 어려움에도 불구하고, 부처님의 법을 가르치기 위해 티베트를 방문한 많은 인도 거장들 중 가장 유명한 인물로는 판디트 샤캬슈리(Shakyashree), 판디트 스미리티자나나(Smritijana-na), 디빵카라 아띠샤(Dipankara Atisha)가 있습니다. 당시 불교를 공부하기 위해 인도를 방문한 수천 명의 티베트인 이야기도 있습니다. 많은 사람들이 공부를 마친 후 티베트로 돌아왔지만 일부는 인도에 남아 있었습니다. 번역가 짜미 상게 닥(Tsami Sangye Drak)처럼 학식으로 유명한 티베트 학자들의 사례가 있었는데, 그는 나중에 보드가야 사원의 장이 되었습니다. 또한 그들의 사원이 터키의 침략에 희생되었을 때 티베트로 탈출한 인도 스승들의 사례도 있었습니다.

이러한 이야기는 종교와 문화 분야에서 티베트인과 인도인을 연결시켜 온 의심할 여지 없이 강력한 유대관계를 반영합니다. 고 모라르지 데사이(Morarji Desai)[11] 씨는 제게 보낸 편지에서 '인도와 티베트는 같은 보리수의 두 가지와 같다'고 말했습니다. 저는 전적으로 동의합니다, 그래서 저는 진심으로 인도인들을 우리의 구루, 곧 스승이라고 묘사하는 반면, 우리 티베트인은 첼라, 곧 제자들이라고 합니다.

인도의 불교가 쇠퇴한 후 정신적, 문화적 유대와 티베트와의 사회적 교류가 감소했습니다. 하지만 티베트인은 인도에 있는 신성한 불교

---

11 모라르지 데사이(Morarji Ranchhodji Desai, 1896~1995)는 인도의 정치가이다. 마하트마 간디의 불복종 운동에 참가하였다. 1952년 봄베이 주 총리, 1956년 인도 상공장관을 역임하였다. (역주)

유적지로 계속해서 순례를 갔고 인도의 순례자들은 1959년까지 여권과 비자 없이 카일라스 산과 마나사로바르 호수를 자유롭게 방문했습니다. 양국의 무역은 서쪽의 라다크에서 오늘날 동쪽에 있는 아루나찰 프라데시까지 국경을 따라 계속되었습니다. 티베트는 국경을 접한 왕국들과 중대사에 대해 합의하곤 했습니다. 종교적인 목적으로 국경 지역의 성지에 기부금을 보내는 전통도 있었습니다. 20세기에, 마하 판디트 라훌 산크리트야얀(Mahapandit Rahul Sankrityayan, 1893~1963)은 티베트를 세 번 방문해서 귀한 산스크리트어 경전을 여러 권 되찾았고, 이것은 인도에서 불교에 대한 관심을 되살리는 데 크게 기여했습니다.

정치적으로 1904년 티베트는 영국령 인도와 협정을 맺었습니다. 1910년, 13대 달라이 라마는 인도로 망명했습니다. 1913/14년에, 영국령 인도와 티베트 사이에 심라 협정이 체결되었습니다. 이에 따르면 양측이 10년마다 협정을 검토하기로 합의했습니다. 티베트와 인도 사이에 무역로를 따라 안전을 보장하기 위한 협정이 이루어졌습니다. 우체국과 전신선이 설치되었고 인도 선교부가 라싸에 설립되었습니다. 인도가 독립하기 몇 달 전인 1947년 3월, 티베트 정부의 대표들은 아시아 관계회의에 초대되었습니다.

1956년 빤첸 린뽀체와 저는 다른 티베트 라마들과 함께 부처님 탄생 2,500주년 기념행사에 초대받아 독립 인도를 방문했습니다. 모든 티베트 순례자들은 인도의 성스러운 불교 유적지를 순례할 때 친절하게도 반값만 내면 되었습니다. 저 자신도 이곳의 많은 불교 및 비불교 성지를 순례할 기회를 가졌을 뿐만 아니라 인도의 많은 산업 발전도 보았는데, 그것은 저에게 새로운 영감을 주었습니다. 또한 많은 저명한 인도 지도자들을 만나서 조언을 구할 기회도 있었습니다. 특히 당시에 판디트 네루 총리의 애정 어린 지도가 티베트인에게 큰 도움이 되었습니다.

그 해에, 저는 인도로 망명가는 대신에 티베트로 돌아가기로 했습니다. 돌이켜 보면, 저는 이것이 시대적, 영적 관점에서 모두 올바른 결정이었음을 알게 되어 기쁩니다. 마지막 게쎼(Geshe, 박사) 시험을 치르는 등 영적인 의무를 다했을 뿐만 아니라 중국 관리들을 상대하기 위해 백방으로 노력했습니다.

현지 티베트 정부와 저는 17개조협정을 바탕으로 해서 티베트인과 중국인이 평화롭게 살도록 노력했지만 허사였습니다. 별다른 대안이 없던 티베트인은, 결국 1959년 3월 10일 중국의 잔혹 행위에 반대하기 위해 평화적인 항쟁을 벌이게 되었고 상황은 훨씬 더 심각해졌습니다. 저는 사태를 진정시키고 중국의 거친 대응을 피하기 위해 최선을 다했지만 실패했습니다. 결과적으로 저는 일부 칼론(각료)을 포함한 소규모 티베트 정부 관리를 대동하고 3월 17일 티베트 남부로 도망쳤습니다. 저는 거기에서 다시 한번 중국 당국과 접촉을 시도하였습니다. 그러나 3월 19일 밤 중국군은 무력을 총동원했고, 24시간 동안 2만 명 이상의 무고한 티베트인이 죽거나 다치고, 투옥되어 라싸의 상황은 악화되었습니다. 이로 인해 우리는 어쩔 수 없이 인도로 탈출하게 되었습니다. 마침내 3월 31일, 많은 역경을 거쳐 우리는 안전하게 인도와 자유의 빛에 도달했습니다. 그날은 제 인생에서 가장 중요한 날 중 하나로서, 티베트 민족사의 전환점이 되었습니다.

티베트인에 대한 중국군의 가혹하고 가차 없는 탄압과 티베트 전역에 퍼진 혼란 때문에, 같은 해 약 10만 명의 티베트인이 NEFA(오늘날의 아루나찰 프라데시)와[12] 부탄을 통해 인도로 피신했습니다. 인도 정부는 아주 관대하게 즉시 아삼의 미사마리와 벵골의 북사 두아르에 티베트인을 위한 난민 캠프를 설치했습니다. 인도 정부는 아낌없이 식량, 의류, 담요, 의료 시설 등의 형태로 원조를 해주어 티베트인에게 큰 위안이 되었습니다. 때가 되자 남녀 승려들은 그들의 영적 연구를 재개할 기회를 제공받았고, 아이들은 교육을 받았고, 노인들은 집을 제공받았으며, 다른 사람들에겐 적절한 직업을 찾아주었습니다. 간단히 말해서, 티베트인의 물질적 요구가 해결되었기 때문에, 우리는 우리의 종교, 문화, 그리고 티베트의 정체성을 보존하는 데 헌신할 수 있었습니다.

티베트인이 여기저기 흩어지지 않고 공동체에서 함께 살 수 있도록 티베트 농업 정착촌을 건설한 것, 그리고 티베트 고유의 언어, 문화, 종교에 대한 교육 외에 현대 교육이 이루어질 수 있도록 티베트 아이들을 위해 별도의 학교를 건설한 것은 특히 판디트 네루의 통찰과 개인적 관심 때문이었습니다. 지난 50년 동안 10만 명 이상의 티베트 난민들이 현지 인도인과 비슷한 사회적 혜택을 누려 왔고, 이제 우리는 3세대에 접어들었습니다. 우리는 인도 중앙 정부와 주정부들이 해결해야 할 자신들의 문제들이 있는데도 티베트인을 전심으로 그리고 일관되게 지지하고 지원해 주신 일에 대해 깊은 감사를 표합니다. 인도 국민

---

12 인도 북동부에 위치한 주로, 주도는 이타나가르이다. (역주)

전체가 티베트인에게 보여준 우정과 동정은, 여기가 우리의 진정한 둘째 고향이라고 느끼게 해 주었습니다. 티베트인이 어디에 있든 고향처럼 자신들의 기술과 능력을 발휘할 수 있었습니다. 전반적으로 인도는 우리에게 가장 큰 도덕적, 물질적 지원을 했습니다. 지난 50년을 돌아보면, 우리는 인도로 피난 왔을 때 올바른 선택을 했다고 확신합니다.

출신 계급과 관계없이, 종교적 또는 정치적 성향과 관계없이, 다양한 인도인들은 '인도-티베트 우호협회', '바라트-티베트 사요그 만치(Bharat-Tibet Sahyog Manch, BTSM)'와 '티베트의 친구'와 같은 티베트 지지 단체들을 결성했습니다. 수많은 인도인 개개인이 티베트인에게 크게 공감해 주었고 티베트의 대의와 망명 중인 티베트인의 복지를 위해 적극적으로 일했습니다. 이것은 제자를 걱정하는 구루라는 독특한 인도 전통이 반영된 것입니다. 우리의 정체성 그 자체와 우리가 인도에서 물려받은 문명이 심각한 절멸의 위기에 처해 있는 이 중요한 시기에, 인도가 우리에게 주는 도덕적, 물질적 관대함은 '어려울 때 친구가 진정한 친구다'라는 영어 격언을 잘 나타냅니다.

인도어와 티베트어의 차이, 습관과 사회 습속의 차이를 고려하면, 티베트인의 존재는 처음에 불편과 불안을 일으킬 수도 있었습니다. 그러나 대체로 우리 사이에는 진심 어린 화합과 이해가 존재합니다. 이것은 큰 힘과 만족감의 원천입니다. 또한 관용과 아힘사(비폭력)라는 인도의 귀중한 전통을 반영한 것입니다. 티베트 난민 수는 인도의 다른 난민사회에 비해 적지만, 우리는 인도 정부와 국민 모두에게 가장 인정받고 원조를 많이 받았습니다.

티베트인은 인도 정부가 제공한 소규모 토지에서 농사를 짓는
것 이외에도, 겨울 동안 인도 전역의 마을과 도시에서 모직 옷을
파는 작은 사업을 하고 있습니다. 이 사업은 생계를 유지할 수 있는
기회일 뿐만 아니라, 이 나라 국민과 교류하고 상호 이해를 향상시킬
수 있는 기회이기도 합니다. 비록 티베트 난민들이 개인적으로는
대개 자급자족하게 되었지만, 우리는 인도 정부가 티베트 학교와
다른 티베트 문화 기관들을 헌신적으로 지원해 준 것에 대해 여전히
신세를 지고 있습니다.

개인적으로, 제가 망명 생활에서 누리는 자유는 인도 덕분입니다.
저는 석가모니 부처님의 가르침을 실천할 수 있는데, 그 바탕 위에서
인류 발전에 어느 정도 기여하려고 노력하고 있습니다. 제가 인도에서
누리는 자유는 제 자서전 『유배지에서의 자유(Freedom in Exile)』라는
제목에 그대로 반영되어 있습니다.[13] 인도를 제 영적 고향으로 여길
수 있어 정말 영광스럽고, 제가 어디를 가든 전령사처럼 아힘사(비폭
력)와 카루나(자비)와 같은 인도의 주요 원칙들을 드높이려고 노력해
왔습니다.

인간으로서 저의 주된 책무는 행복한 삶을 살기 위해 꼭 필요한
따뜻한 마음(warm-heartedness)과 같은 인간의 가치를 고취하는 것입
니다. 종교인으로서, 제 두 번째 책무는 종교 간 화합을 고취하는
것입니다. 저의 세 번째 책무는 제가 티베트인이며 '달라이 라마'라는
이름을 가졌으므로, 티베트 문제에 대한 것입니다. 하지만 더 중요한

---

13 『달라이 라마 자서전: 유배된 자유를 넘어서』, 심재룡 역(정신세계사, 초판 1991)으
로 출판됨. (역주)

것은 티베트 안팎의 사람들이 저를 신뢰하고 있기 때문입니다. 티베트인의 복지는 제 매일의 관심사이며, 저는 저 자신을, 수십 년 간의 중국 공산 통치로 억압받고 자유를 누리지 못하는 티베트인을 대변할 자유가 있는 사람으로 생각할 뿐입니다.

저는 지난 50년 동안 수많은 사회복지사 및 지식인뿐만 아니라 수많은 지도자로부터 공식적이고 개인적인 문제에 대해 아낌없이 애정 어리고, 개인적인 격려를 받아왔습니다. 그분들은 제게 신뢰와 우정을 보여주셨고 제가 항상 소중히 간직할 귀중한 조언을 주셨습니다. 지금 모두의 이름을 다 말할 수는 없지만, 몇 분만 언급하면, C. 라자고팔라차리(라자지), 라젠드라 프라사드 박사, 판디트 자와할랄 네루, 아차르야 비노바 바베, 자야프라카쉬 나라얀, 아차르야 크리팔라니입니다.

인도는 2,000년 이상 티베트를 지원해 왔고, 특히 지난 50년 동안의 지원은 헤아릴 수 없습니다. 우리가 인도에 진 빚을 말로는 다 갚을 수가 없습니다. 하지만 이 나라에서 망명 생활을 시작한 지 50년이 되는 이번 기회에 제가 얼마나 큰 빚을 지고 있는지 보여드리면서 오늘 여기에 우리와 함께해 주신 인도 친구 여러분들을 통해 인도 국민과 인도 정부에 깊은 감사를 드립니다.

불교는 약 1,500년 전에 인도에서 티베트로 전파되었습니다. 비록 그것이 태어난 나라에서는 쇠퇴했지만, 우리는 불교를 보존할 수 있었고 다른 사람들이 부처님의 가르침으로부터 혜택을 받도록 도울 수도 있었습니다. 우리는 인도의 친절에 보답하는 방향으로 나아갔다고 생각합니다.

우리는 인도의 풍부한 불교 유산을 회복하는 데 기여할 수 있다면 매우 기쁠 것입니다. 이 꿈을 이루기 위해 판디트 네루는 티베트학 시킴연구소, 라다크의 레(Leh)에 불교학 중앙연구소, 그리고 바라나시에 티베트학 중앙대학을 설립했습니다. 이런 곳에서 한때 인도의 언어들로 존재했지만 그 이후로 사라진 중요한 텍스트를 티베트어에서 산스크리트어와 같은 인도의 언어로 복원 번역하기 위한 계획이 세워졌습니다. 이 중요한 프로젝트는 성공적이면서도 만족스러웠습니다. 우리가 지금까지 보존해 온 풍부한 문화를 인도에 복원하려는 티베트인 의지의 표시로, 우리는 인도에, 깡규르 전집(부처님 가르침의 티베트어 번역)과 땡규르(이후 인도 스승들의 주석을 티베트어로 번역)의 전집을 제공할 계획이라고 말씀드리고 싶습니다. 그리고 티베트어에서 산스크리트어로 복원된 63권의 서적과 힌디어와 다른 언어로 번역된 150개가 넘는 서적도 제공하겠습니다.

티베트 안팎의 모든 티베트인을 대표하여 여러분과 인도 국민, 정부에게 거듭 '감사합니다'라고 말하며 깊은 고마움을 표하고 싶습니다. 동시에, 우리의 이웃 국가인 부탄과 네팔은 같은 종교와 문화를 공유하고 있으며, 오랫동안 우리와 긴밀한 관계를 유지해 왔음을 되새기고 싶습니다. 이 두 나라 모두 티베트 난민들에게 피난처를 제공했습니다. 이 두 나라의 국민과 정부에게도 감사드립니다. 정말로, 현재 티베트인이 사는 다른 모든 나라들에게도 감사를 표하고 싶습니다.

모든 생명의 행복을 위해 기도합니다.

44. 티베트인과 티베트 국가

- CNN 인터뷰, 2009년 5월 10일[14] -

CNN: 함께해 주셔서 감사합니다. 성하께서는 티베트가 세계에 어떤 방식으로 기여할 수 있으리라 생각하시는지요? 때때로 티베트 문화가 덜 폭력적이고 갈등이 좀 적은 세상의 모범이 될 수 있을지에 대해 말해 왔습니다. 당신은 내면의 탐색을 통해 전 세계의 폭력과 고통의 수준을 줄일 방법이 있다고 정말로 믿나요?

달라이 라마: 스스로 폭력을 원한다고 말할 사람은 없을 것이라고 생각합니다. 이 사람들이 정말로 그렇게 말할 거라 생각지는 않아요. 그리고 이 사람들, 빈 라덴과 같은 사람들이 그가 어렸을 때 일상생활이 더 폭력적이길 바랐다고 말할 것 같지 않습니다. 그렇게 생각하지 않아요.

폭력은 절망, 증오, 분노, 좌절에서 일어났습니다. 그러므로 폭력은 하늘에서 뚝 떨어지지 않아요. 총에서만 오는 것도 아닙니다. 궁극적으로 그것은 동기와 감정과 함께 옵니다. 그래서 감정과 씨름하지 않으면, 우리는 우리의 감정에 집착한 나머지 폭력을 멈출 수 없을 것입니다.

---

14 파리드 자카리아(Fareed Zakaria)는 달라이 라마 성하를 세계 공공광장(Global Public Square)에서 인터뷰했다. 이 인터뷰는 2009년 5월 10일 CNN을 통해 방송되었다.

CNN: 당신은 어떻게 그것에 대처합니까?

DL: 이 자리에서는 안 됩니다. 다른 인간도 인류의 일부이며, 그들에 대한 관심이 있어야 합니다. 그래서 현실에서 우리는 모두 하나일 뿐입니다. 그러니 '우리'나 '그들'과 같은 개념은 더 이상 소용이 없다고 생각합니다. 우리는 모든 인간을 '우리'의 일부로 생각해야 하며, 갈등이 일어나는 곳에서는 다른 이해관계가 생깁니다.

첫째, 우리는 그들도 인류의 일원이라고 인정해야 합니다. 그들 또한 고통을 극복할 수 있는 모든 권리를 가지고 있습니다. 그래서 그들의 권리를 존중해야 합니다. 그리고 그것과 함께, 대화입니다. 처음부터 우리가 빈 라덴과 함께 앉아서 불만을 들어준다면, 상황이 다를 수 있다고 생각합니다.

사실, 9·11 테러가 일어난 다음 날, 저는 부시 대통령이 좋은 사람이라는 것을 알기 때문에 그에게 편지를 썼어요. 정책과 관계없이, 사람으로서는 아주 좋은 사람입니다.

그래서 저는 편지를 쓰고 애도와 슬픔을 표현했습니다. 이 문제가 비폭력적으로 처리되었으면 좋겠다고도 했습니다.

CNN: 지난 11월, 당신은 당신의 리더십 모델이 실패했다고 생각하고, 티베트인의 지도자로서 당신이 실패했다고 느꼈다고 말했습니다. 당신은 중국이 티베트를 지옥에 빠뜨렸다고 말한 적이 있습니다. 왜 실패했다고 생각하세요? 무엇 때문에 실패했다고 말합니까?

DL: 음, 제가 영적 책무에 실패하지는, 바라건대 모든 책무에 실패하지는 않았다고 말해야 할 것 같습니다. 하지만 중국 정부와의

대화에서는 중국인에게 한 가지 측면, 즉 우리가 분리를 추구하지 않는다는 사실을 분명히 해야겠습니다. 우리는 중국 국민과 함께하기를 원하고, 거기에 전념하고 있습니다. 그게 우리의 유일한 관심사입니다. 경제와 개발에 관한 한, 더 강한 국가 아래 있는 것이 우리에게 이익이 됩니다. 또한 우리는 우리의 고유한 언어를 비롯한 고유의 문화유산을 가지고 있으며, 모든 티베트인이 이것들을 사랑합니다. 그리고 좀 더 넓은 관점에서 보면, 티베트의 문화유산은 자비로운 문화유산, 평화로운 문화유산이라고 생각합니다. 폭력과 경쟁, 증오가 심한 이 지구에서는 유용할 것입니다.

그들은 다른 문화유산을 말합니다. 그리고 저는 물론 우리나라의 유산은 주로 인도에서 유래한다고 생각합니다. 그래서 그것이 진심으로 제가 느끼는 바이고, 저뿐만 아니라 많은 우리 친구들도 티베트의 평화로운 문화유산을 높이 평가합니다. 그러므로 우리는 그것을 보존해야 합니다.

결국 중국 정부에게, 아니 중국인에게, 티베트 문화유산이 그들에게 도움이 될 수 있다고 생각하는데, 삶의 의미를 가져다줄 것입니다. 이제, 제 어프로치의 한 가지 측면은 티베트 본토의 중국 정부와 상호 긴밀하게 이해하면서 더 나은 상황을 이끌어 내는 것이었습니다. 그런 면은 완전히 실패했습니다. 인정합니다. 실패를 인정하는 것은 저의 도덕적 책임입니다.

CNN: 당신은 오늘날 티베트 본토에서 일어나고 있는 일이 문화적인 집단 학살(cultural genocide)이라고 말합니까?

DL: 네, 일종의 문화적 집단 학살이죠. 의도적이든 아니든, 문제는 이러한 일부 중국 공산주의 강경파들의 눈에는 티베트 고유의 문화유산과 티베트 정신이 중국 본토로부터 분리될 위협의 원천이라는 것입니다.

CNN: 당신은 중국 정부와 간헐적으로 협상을 해 왔습니다. 그 협상들은 아직 진행 중인가요?

DL: 아니요.

CNN: 왜 협상이 끝났나요?

DL: 단지 중국 정부는 아무런 문제가 없다고, 사실 티베트인은 정말 정말 행복하다고 주장하고 있습니다. 만약 그게 정말이라면, 우리의 견해가 잘못된 것이죠. 저는 우리가 귀환해서 어느 정도의 자유를 가질 때가 오면, 그것이 자치를 뜻한다고 분명히 했습니다. 그때 달라이 라마의 모든 합법적인 권한이 지방 정부에 넘겨질 것입니다.

CNN: 민주적인 과정을 통해서요?

DL: 그 정부요? 잘 모르겠습니다. 중국 정부에 달려 있지요. 전체주의 정권과 부분적인 민주주의 실천, 저는 이것이 어렵다고 생각합니다. 하지만 희망컨대 중국 전체에서 가능해졌으면 좋겠습니다. 저는 항상 중국의 미래를 믿습니다. 10억 명이 넘는 그들의 미래, 그들의 안녕은 개방 사회, 법치, 투명성에 달려 있다고 생각합니다. 그것은

모든 사람에게 이익이 됩니다. 중국 사람들도 그것을 원합니다.

그래서 후진타오가 조화사회〔和諧社會·화해사회〕를 강조한 것은 정말 좋은 일입니다. 조화는 신뢰와 관련이 깊은데, 신뢰와 두려움은 함께 갈 수 없습니다. 그래서 우리 정보에 따르면 티베트인의 90% 이상이 매우 불행하며 실제로 그들은 사형 선고와 같은 상황을 겪고 있습니다.

일반적으로 티베트인은 꽤 자부심이 있는 사람들인 것 같아요. 중국인은, 오, 그들이 우리를 도울 수 있겠네, 하고 말하곤 합니다. 그리고 우리는 종종 남의 도움이 필요 없다고 느낍니다. 천 년 동안, 우리는 스스로 해냈습니다.

CNN: 원자바오와 나누었던 이야기에서, 그가 제게 한 말을 읽어드리겠습니다.

DL: 네.

CNN: 저는 그에게 물었습니다. '달라이 라마는 그가 티베트에서 중국의 통치를 받아들이고, 사회주의 체제를 받아들인다고 말했습니다. 그가 요구하는 것은 문화적 자치와 어느 정도의 정치적 자치입니다.'

원자바오는 '미국의 많은 사람이 달라이 라마가 원하는 소위 티베트 지역이 얼마나 넓은지 전혀 모르고 있다'고 말했습니다. '티베트 지역은 티베트, 쓰촨, 윈난, 칭하이, 광저우에 걸쳐 있습니다. 5개 성省과 티베트 대구역大區域에 속하는 지역은 모두 중국 영토의 4분의 1에 해당'한답니다. 당신도 티베트를 그렇게 정의합니까?

DL: 저는 티베트를 티베트어를 사용하는 사람들, 티베트 문화와 불교문화를 실천하는 이들이라고 정의합니다. 그래서 티베트 문화의 명실상부한 보존을 위해, 제가 태어난 지역을 포함한 모든 티베트인이 함께 노력해야 합니다.

CNN: 그것이 5개의 지역으로 구성되어 있나요?

DL: 예, 칭하이 일부, 광저우 일부, 윈난과 쓰촨의 일부, 티베트족이 있는 곳만 해당됩니다. 그곳에 있는 일부 티베트인과 일부 중국인도 혼란스러워합니다.

CNN: 당신은 티베트와 티베트인의 상황에 대해 거의 절망적인 어조로 말했습니다. 이 문제를 해결하는 데 진전이 있으리라 희망하십니까?

DL[15]: 자, 우리가 티베트 문제를 지역에 국한에서 본다면, 우리는 절망적입니다. 티베트 문제를 넓은 시각으로 본다면, 저는 많은 희망을 느낍니다. 중국이 변하고 있기 때문입니다. 그리고 점점 더 많은 중국 지식인들이 이제 우리의 투쟁을 지지하기 시작합니다. 그리고 특히 유럽과 북미의 자유세계에서도 많은 사람이 진심으로 우려를 표명하고 있으며, 대중매체는 그러한 대중을 반영하듯, 매우 큰 지지를 보내고 있습니다. 여러 나라에서, 특히 미국과 같은 나라에서,

---

15 원문에는 CNN으로 되어 있지만 오류로 보인다. (역주)

404

의회와 정부 차원에서 티베트를 위한 강력한 목소리가 나오고 있습니다. 그들은 진심으로 관심을 보이고 있습니다. 인도에서도 그러합니다.

그리고 한편으로는, 티베트 본토의 티베트 정신은 놀랍고, 매우 강합니다. 우리 스스로가 티베트인이 우리 땅에서 하찮은 소수자라고 인정하지 않는 한, 그렇게 되기는 매우 어렵습니다. 일부 강경파 중국인은 그렇게 되기를 원하는 것 같습니다. 거의 인종 청소와 같지요.

CNN: 티베트에 한족을 넘쳐나게 해서 티베트인이 소수 민족이 되도록 하려는 것입니까?

DL: 맞습니다. 마치 내몽골처럼요. 자치구, 마찬가지로 자치구라는 지위를 가지고 있는 곳이지요.

CNN: 그래서 그다지 희망적으로 들리진 않네요.

DL: 하지만 저는 세상이 그런 일이 일어나도록 내버려 두지 않을 것이라고 생각합니다. 또한 1950년대, 60년대, 70년대와는 달리 중국인은 현대적인 시설, 정보 등을 갖추고 있습니다. 저는 그것이 쉽게 일어날 수 있다고 생각하지 않습니다.

CNN: 사회주의 체제하에서 살아가기 어렵다고 생각하시는 것처럼 들립니다. 당신이 전체주의 국가라고 부르는 것에 대해 꽤 비판적입니다.

DL: 사회적 시스템이요.

CNN: 네. 당신은 그것을 전체주의 국가라고 불렀습니다. 당신은 그걸….

DL: 사회적 시스템이라고 불렀지요. 저 자신, 의심할 여지 없이 저는 사회주의자입니다. 게다가, 저는 종종 큰 모임에서 사람들에게 이야기하곤 했어요. 사회적 경제이론에 관한 한, 저는 마르크스주의자라고요. 전 여전히 마르크스주의자입니다.

CNN: 하지만 당신은 일당제 국가를 믿지 않으시잖아요?

DL: 전체주의 국가라면 믿지 않습니다. 한 정당, 완전한 민주주의 원칙을 가진 하나의 정당이라면 일당 체제도 괜찮다고 생각합니다. 그러나 한 정당은 항상 위선적으로 무언가를 말하고, 무언가를 하고, 이것들은 몇 달이 지났고, 1년이 넘었는데, 중국 언론으로부터 얻은 정보는 얼마나 됩니까? 많은 이들이 비웃지요.[16]

CNN: 당신 이후에, 독립과 폭력에 대한 요구가 더 커질까 봐 걱정하시나요? 다시 말해, 당신이 온건파 세력이었고 티베트 사회가 다른 방향으로 갈지도 모른다고 생각하십니까?

DL: 전 걱정하지 않습니다. 이건 티베트 문제, 티베트인의 문제입니다. 티베트 국가는 그들에게 달려 있습니다. 저는 그저 그들의 바람을 이루기 위해 도와주거나 그 바람을 들어줄 뿐입니다. 티베트 본토의 중국 정책이 지속된다면, 결국 저는 사람들에게 어떻게 해야 할지

---

16 중국에 언론 자유가 없음을 비판하는 듯하다. (역주)

물어봐야 합니다. 티베트인이 제 상사인 셈이지요.

CNN: 당신의 후임자는 어떻게 선출될 것인가요? 왜냐하면 중국 정부는, 당신도 아시다시피, 그들이 권리를 가지고 있다고 주장합니다. 몇몇 보도는 당신이 그 절차를 직접 시작하여 상황을 사전 예방할지도 모른다는 이야기를 했습니다.

DL: 저는 환생의 목적이 전생에 시작된 일을 계속 수행하기 위한 것임을 분명히 했습니다. 따라서 논리적으로 제가 밖에서 죽을 경우, 그리고 아직 완료되지 않은 일부 작업으로 인해 저의 환생이 논리적으로 자유세계에 나타나게 됩니다. 분명히 그렇게 될 거에요.

CNN: 당신은 다음 달라이 라마가 자유세계에 나타나야 한다고 생각하나요?

DL: 네, 그렇습니다. 왜 안 그렇겠어요? 보세요, 환생의 목적 자체가 전생의 일을 방해하기 위해서가 아니라 전생에 하던 일을 따라가기 위해서랍니다.

CNN: 선생님, 정말 감사합니다. 시간을 내 주셔서 감사드립니다.
DL: 감사합니다.

45. 티베트의 진짜 이슈

- 티베트 관련 제5차 세계 의회의원 총회 연설, 로마, 2009년 11월 18일 -

늘 그렇듯이 저의 강연은 항상 격식을 차리지 않아요. 다소 개인적인 이야기지요. 첫째, 저는 티베트인이며 현재 우리는 힘든 시기를 보내고 있습니다. 세계 각지에서 온 많은 사람들이 이곳에 모여 진심 어린 우려와 동정심을, 무언가를 하고자 하는 열망을 보여주고 있습니다. 그래서 우리는 매우 감동했습니다.

우리는 약하기 때문에 여러분이 티베트를 지원한다고 해도 그 대가로 아무것도 얻지 못할 것입니다, 오히려 더 큰 문제에 휘말릴 수도 있습니다. 하지만 그런데도 연대의 뜻을 표하기 위해 모였습니다. 여러분은 인간이고, 여러분의 다른 인간 형제자매들이 힘든 시기를 겪고 있기 때문입니다. 그래서 저는 티베트 문제를 해결하기 위한 이 진지한 토론에 참여하려고 여기에 모이신 모든 분께 정말 감사드립니다. 이번에 이탈리아 의회가 어렵고 불편해도 진지한 관심을 두시고 저희를 전폭적으로 지지해 주셔서 정말 감사드립니다. 감사합니다.

전에도 제 의견을 밝힌 적이 있어서, 우리의 오래된 지지자들은 이 내용을 잘 알고 계실 거라 생각합니다. 하지만, 새로운 사람들이 많아서 다시 제 의견을 말해도 나쁠 건 없다고 생각해요.

첫째, 우리에 대한 중국의 주요 비난 중 하나는 우리가 의도적으로 티베트 문제를 국제화하려 한다는 것입니다. 여기서 분명히 하고 싶은 것은, 우리가 두 손을 갖고 있다는 사실입니다. 우리는 중국 정부에 오른손을 내밀고 1979년 이래로 그들에게 긍정적인 반응을 얻으려고 최선을 다해 왔습니다. 덩샤오핑 중국 국가주석 시절, 중국 정부는 청신호를 보냈고, 우리는 즉각 그들의 부름에 응했습니다. 1974년경이라고 생각합니다만, 우리는 충분히 준비되었고 우리의 중도 어프로치를 마무리 지었습니다. 그 당시 중국인은 문화혁명에 완전히 빠져 있었지만, 우리는 조만간 중국 정부와 대화해야 한다고 다람살라에서 결심했습니다. 그러므로 적절한 방법은 독립을 추구하는 것이 아니라 중국 헌법 자체에 명시된 진정한 자치를 추구하는 것이었습니다.

1979년 중국 정부가 청신호를 보내던 그때 우린 대화할 준비가 되어 있었습니다. 하지만 이것은 그들의 정책에 어떤 변화도 가져오지 않았고 티베트 본토의 상황은 암울했습니다. 게다가, 그들은 달라이 라마에 관한 것 외에는 문제가 없다고 주장했습니다. 이렇게 우리는 항상 중국 정부에 우리의 오른손을 내밀었습니다. 우리에겐 또 다른 손이 있어서, 티베트인을 돕고 이 문제를 해결하려고 정말 무언가 하고 싶어 하는 자유세계의 많은 사람에게 손을 내밀고 있습니다. 우리의 왼손을 내밀어야 하는 것은 우리의 도덕적 책임입니다. 왜냐하면 무언가 하려는 엄청난 의지가 있기 때문입니다. 그러므로 가끔 오른손에서 구체적인 일이 생기면, 우리를 오랫동안 지지해 준 이탈리아 친구들을 비롯해 우리 친구들에게 바로 고맙다고 할 것입니다.

중국 정부의 비난에도 불구하고, 우리는 다양한 노력을 계속하고 있지만 우리의 정책에는 변화가 없습니다. 만약 그들이 우리와 대화하고 싶어 하면, 우리는 항상 준비되어 있습니다.

저는 우리가 티베트 문제를 국제화하는 데 때때로 중국 정부가 매우 도움이 된다고 생각합니다. 제가 몇몇 나라들을 방문할 때마다 중국 정부는 항상 그것을 비판하고 정치화하려고 합니다. 이는 언론의 관심을 끄는 데 엄청나게 도움이 되고, 이렇게 해서 더 많이 알려집니다.

티베트의 정치적 문제에 관한 한, 삼동 린뽀체 교수님이 더 자세히 말씀할 것입니다. 마찬가지로 로디 갸리(Lodi Gyari)와 겔쌍 걀첸(Kelsang Gyaltsen)도 드릴 말씀이 많고 구체적인 아이디어를 가지고 있기 때문에, 이에 대해 이야기할 것입니다. 저는 이미 반 은퇴 상태이며, 게다가 제 머릿속엔 이 분야에 대해 별로 준비된 내용이 없습니다.

하지만, 우리를 향한 중국의 비난 일부에 대해서는 답변하고 싶습니다. 그들은 우리가 옛 티베트 사회를 복원하려 한다며 항상 우리를 비난합니다. 지난 50년간, 1959년 인도에 도착한 이후 망명 1년 만에 우리는 우리 정치체제의 민주화 과정을 시작했습니다. 2001년 이래 우리는 정치 지도자를 선출해 왔으며, 삼동 린뽀체 교수는 최초의 선출직 정치 지도자입니다. 저는 종종 모임에서 정치 분야에서는 그가 제 상사이지만, 영적 분야에서는 제가 그의 상사라고 말합니다. 이렇게 우리는 민주화 과정을 위해 성실히 일해 왔습니다.

개방성, 투명성, 민주주의, 법치에 관한 한 우리는 중국보다 더 앞서 있고, 우리는 이것이 정말 자랑스럽습니다.

중국 정부는 항상 티베트 문제라는 건 없고, 유일한 문제는 달라이 라마 문제뿐이라고 주장해 왔습니다. 1980년대에 중국 정부는 5개항 제안을 해 왔는데, 주로 저에 관한 것이었습니다. 중국 당국은 저를 환영할 것이고 고위 관리들을 인도로 보내 저를 맞이할 것이라고 말했습니다. 제가 티베트로 돌아가면 1959년 이전에 가졌던 모든 정치적 직함을 얻게 될 것이라고도 말했습니다. 그런데 그 당시 우리는 이것은 달라이 라마의 문제가 아니라, 600만 티베트인의 권리와 문화에 관한 문제라고 응답했고, 이것이 진짜 쟁점입니다.

우리가 진짜 문제를 다루지 않는 한, 저의 복귀 문제는 관련이 없습니다. 1959년 3월 17일, 우리가 티베트를 떠난 것은 민족의 문제 때문이지 제 삶과 저 자신이 걱정되어서가 아닙니다. 여러분 모두가 아시다시피 티베트 본토 상황은 매우 나쁩니다. 제 생각에 여러분이 더 논의를 해보면 그 상황에 대해 훨씬 더 많이 알게 될 것입니다. 그러므로 그것은 제 개인적인 문제가 아닙니다. 저는 74살이 넘는 노인이고, 여생이 얼마나 남았는지 모릅니다. 10년, 20년, 기껏해야 30년이 남았는지 모르겠습니다.

저는 항상 스스로를 여느 불교 승려로 보고, 어떻게든 스스로를 돌볼 수 있다고 말하곤 합니다. 저는 저 자신에 대해 중국 정부에 요구할 것이 없습니다. 1969년 달라이 라마 제도에 대해서조차, 저는 달라이 라마 제도가 지속될 것인지 말지는 티베트인에게 달려 있음을 공식적으로 분명히 했습니다. 그들이 결정할 것입니다. 선출된 정치 지도부가 자리를 잡으면서, 달라이 라마가 티베트의 영적 수장이자 세속적 수장이라는 400년간의 티베트 전통은 막을 내렸습니다.

저는 개인적으로 친구가 많은데, 그들에게 이렇게 말하곤 합니다. 바로 중국 정부가 저를 분열주의자일 뿐만 아니라 (보이지 않는 뿔을 가진) 악마로 생각한다고 말이죠. 만약 이런 상황에서 중국 정부의 태도에도 불구하고 제가 티베트로 돌아간다면, 그들은 저를 체포할 가능성이 있습니다. 이것은 그들이 국민에게 설명하기가 매우 어려울 것입니다. 저와 심한 의견 충돌이 있고, 저에 대한 적의가 있는데, 갑자기 그들이 달라이 라마를 환영하는 건 불가능합니다. 어떻게 수백만 명의 중국인에게 이런 것들을 설명할 수 있겠습니까? 제가 친구들에게 이렇게 설명하면 그들은 제 생각을 이해합니다. 사람들이 저의 불교적 설명에 정말 관심이 있거나 듣고 싶어 하면 언제든지 설명하는 것이 승려로서의 도덕적 의무입니다.

티베트는 저의 조국이고, 티베트 문제는 600만 티베트인의 진짜 문제이고, 중국 정부가 인정하건 않건 문제가 있습니다. 따라서 중국 정부는 왜곡된 정보를 퍼뜨리고 심지어 일반인이라도 외국인의 티베트 방문에 엄청난 제한을 가할 수밖에 없습니다. 이것은 무언가가 숨겨져 있다는 것을 명백히 보여줍니다.

작년부터, 저는 국제사회와 중국 정부에게, 실상을, 특히 작년 위기의 이면을 철저하게 진상 규명해 주기를 호소하고 있습니다. 중국은 우리가 티베트 문제를 선동했다며 우리의 총리까지 비난하고 있습니다. 제 답변은, 관리들을 제발 다람살라로 보내서 티베트에서 온 티베트인과 제가 나눈 대화의 모든 파일과 기록을 확인하여 철저히 조사해 달라는 것입니다. 그들에게 모든 기록을 보여줄 수 있습니다. 숨길 것이 없어요. 이번 8월 모임에서 저는 여러분 중 일부가 티베트로 가서 시간을 보내고, 중국 정부에게는 여러분이 티베트 본토로 가는 주된 목적이 바로 그곳의 실상을 보기 위해서라는 걸 분명히 해 주셨으면 좋겠습니다. 여러분은 중국 공안과 스파이 없이 살펴봐야 하며,

어디든 자유롭게 접근할 수 있어야 합니다. 이건 아주 중요합니다. 저는 항상 중국 정부가 티베트를 묘사하듯이, 만약 모든 것이 좋고 대다수의 티베트인이 행복해 보인다면, 우리 정보가 잘못되었다고 말해달라고 말씀드리곤 합니다. 그렇다면 우리 정보에 기초한 우리의 모든 투쟁은 잘못된 것이고, 우리는 중국 정부에게 도덕적으로 사과해야 합니다. 반면에, 티베트 본토의 상황이 어렵고 나쁘다면, 중국 정부에게 현실을 받아들이고 이 문제를 해결하기 위해 현실적인 접근을 해야 한다고 말해 주십시오. 그러니 가능하면 이 의회 단체의 이름으로, 진상 조사 대표단으로서 티베트 본토를 방문해 주셨으면 합니다.

그들은 아직도 우리를 분열론자와 분리론자라고 부르지만, 전 세계는 우리가 중국 본토로부터 분리하고 싶어 하지 않는다는 걸 압니다. 이런 우리의 입장에 일부 지지자들과 일부 티베트인은 매우 비판적이고 저를 공개적으로 비판합니다. 우리는 민주적인 관례에 전적으로 헌신하고 있고, 언론과 표현의 자유를 가지고 있으므로 언제나 어떤 종류의 건전한 비판도 환영합니다.

2006년 2월 중국 당국자들과의 다섯 번째 만남에서, 그들은 달라이 라마가 티베트를 독립시키려는 것이 아니라는 걸 인정했습니다. 나중에 그들은 그것을 부인했습니다. 저의 특사가 다람살라로 돌아와서 우리에게 보고했을 때, 우리는 그것이 진보의 신호라고 느꼈는데, 우리의 목적은 쌍방 간에 신뢰를 쌓는 것이었기 때문이었습니다. 그때 우리는 정말로 긍정적인 결과를 얻었다고 느꼈습니다. 하지만 그 직후인 같은 해(2006) 4월이나 5월에 그들은 저를 분열주의자라고 강하게 비난했는데, 그들은 분명히 우리가 그렇지 않다는 걸 알고 있어요. 하지만 그들은 자신들의 정책 때문에 우리를 계속 비판하고 비난하는 것이 더 알맞습니다. 오해 때문이거나 지식이 부족해서가 아니지요.

우리는 작년부터 중국 지식인들과 작가들에게 기회만 있으면 다가가려고 노력해 왔습니다. 저는 중국 지식인과 작가를 300명쯤 만난 것 같아요. 그들 중 몇몇은 실제로 저에게 2008년 3월 10일 사태 이전에는 티베트 문제에 그다지 관심을 가진 적이 없었다고 말했습니다. 그들은 중국 정부가 말한 것을 그저 당연하게 받아들였습니다. 하지만, 이 사건 이후, 그들은 문제가 있다고 알아차리기 시작했습니다. 이제 그들은 더 많이 조사하고 중국 정부 정책에 대해 매우 비판적인 태도를 갖게 되었습니다.

한번은 천안문 광장 시위에 참여한 중국인을 만난 적이 있습니다. 그들과 함께 약 200명의 중국 학생들과 20명의 선생님이 있었습니다. 제가 그들에게 우리의 입장을 설명하자, 모든 참석자는, 만약 저의 입장이 그러하고 중국인이 그것에 대해 안다면, 모든 중국인이 저를 지지할 것이라고 만장일치로 말했습니다.

그러므로 문제는 중국 정부가 너무 많은 검열을 하고 있다는 것입니다. 우리는 중국 당국에 접근해서, 중국 당국의 의지를 의도적으로 수십억 명의 사람들에게 강요하고, 그들을 어둠 속에 몰아넣고 무지하게 만든 것은 부도덕한 행동이었다고 말할 수 있습니다. 요점은 13억의 중국인이 진실을 알 권리가 있다는 것입니다.

중화인민공화국은 경제적으로, 정치적으로, 지리적으로 가장 인구가 많고 중요한 국가 중 하나입니다. 그래서 중국은 생태계를 비롯한 보다 더 나은 세계를 위해 건설적인 기여를 할 수 있는 큰 잠재력을 가지고 있습니다. 그러므로 세계의 다른 나라들로부터 꼭 신뢰를 얻어야 합니다. 지금까지 지나친 검열, 폐쇄적인 사회, 왜곡된 정보 때문에, 그리고 모든 곳에 비밀 요원들을 두어서 더 많은 의혹과 괴로움을 가져왔습니다. 장기적으로 그것은 중화인민공화국에 매우 해롭습니다.

도덕적 책임감은 매우 중요하므로, 우리는 중국 학생, 교수, 공무원, 국회의원들을 교육하고 그들에게 알려야 합니다. 지금의 닫힌 사회는 부도덕할 뿐만 아니라 이 세상에서 건설적인 책임을 지는 데에도 매우 해롭습니다.

또 다른 질문은 티베트 문제, 그리고 우리가 투쟁을 어떻게 진행하느냐 입니다. 투쟁은 비폭력적인 방법에 전념하고 있습니다. 우리는 비폭력이 실용적인 방법이라고 항상 사람들에게 말합니다. 폭력을 통해 어떤 목표를 추구한다면, 비록 여러분의 동기가 옳다고 해도, 방법은 아주 틀린 것입니다. 그러므로 이것은 이라크 위기의 예시가 보여주었듯이 예상치 못한 부작용을 초래하거나 상황을 더 복잡하게 만듭니다. 제가 다른 사람들에게 비폭력의 길을 따르라고 이야기하므로, 우리의 투쟁에서도 비폭력을 따라야 합니다. 그렇지 않으면 저는 위선자가 됩니다.

다행히도 한두 사람을 제외하면, 외부뿐만 아니라 티베트 본토에서도 모든 티베트인들이 비폭력적인 방법을 전적으로 믿고 이를 지키고 있습니다.

여기서 이야기 하나를 해 드리겠습니다. 우리가 비폭력적 방법을 따르는 이유는 자포자기 상태라서가 아니라 비폭력적인 방법 이면에는 강력한 동기가 있기 때문입니다. 1959년 이후 망명하기 전까지 제가 오랫동안 알고 지내던 티베트 수도승 한 분이 거의 20년 동안 중국 강제노동수용소에 갇혀 있었습니다. 석방된 후 1980년대 초에 그는 인도에 올 기회를 얻었습니다. 우리가 만났을 때, 저는 그를 꽤 잘 안다고 말하면서 우리는 가벼운 대화를 나누었습니다. 그는 20년 동안 중국 강제노동수용소에 지내는 동안 몇 번 위험에 직면했다고 말했습니다. 그래서 저는 그에게 어떤 위험이 있었는지 물어보았습니다. 어쩌면 그의 생명에 관한 것이라 생각하면서요. 하지만 그는 그것이 중국인에 대한 자비심을 잃을 위험이었다고 했습니다. 그래서 모든 생명을 존중하는 그런 정신적 태도가 중요합니다. 물론 대다수 티베트인은 채식주의자가 아니며 고기 먹는 것을 좋아합니다. 그러나 사회 전반적으로 매우 자비롭습니다.

비폭력은 자비의 행위입니다. 자비 없는 비폭력은 그저 입에 발린 말일 뿐입니다. 그래서 많은 경우 티베트인은 사형 선고를 받으면서도 그들을 박해하는 사람들의 안녕을 위해 기도합니다.

때때로 저는 문화적인 충돌 같은 것이 있다고 느낍니다. 중국인은 일반적으로 교양 있고 근면하며 그들의 문화에서는 항상 연장자와 부모를 존경합니다. 하지만 그 문화유산은 파괴되었습니다. 이제 새롭게 형성된 문화유산은 무력 사용을 믿습니다. 마오 주석이 말했습니다. "권력은 총구에서 나온다"고. 그들은 정말로 총의 숭배자가 되고 있습니다. 이런 문화가 슬프고 안타깝습니다.

　그들은 티베트의 문명화된 자비로운 문화가 무엇인지 모릅니다. 그래서 이것을 나약함의 표시로 보고 힘으로 조종할 수 있다고 믿습니다. 사실 비폭력 문화는 장기적으로 볼 때 폭력적인 문화보다 훨씬 더 강합니다. 1959년 이후 50년이 지난 지금 티베트인의 정신은 더욱 강해지고 있습니다. 왜 그럴까요? 우리 티베트인이 오랜 전통의 다채로운 문화를 가지고 있고, 전반적으로 그 문화를 아주 자랑스러워 하기 때문입니다. 저 또한 지난 50년 동안 다양한 장소와 나라를 방문하고, 각양각색의 사람들을 만날 기회가 있었습니다. 우리가 거기에서 말할 때 배울 것이 많습니다. 그런 상황에서 저는 우리 티베트인이 불교에 바탕을 둔 우리 고유의 경전과 문화유산을 가지고 있다는 것이 자랑스럽습니다.

　때때로 일부 서양 학자들은 우리의 티베트 불교를 라마교라고 표현하는데, 저는 그것이 지식이 부족해서라고 생각합니다. 오늘날, 신세대의 학자들은 티베트 불교가 진정한 날란다 전통을 계승했다는 걸 깨달았습니다. 그 결과, 우리는 현대 과학이 인간의 뇌, 신경학, 감정과 뇌 사이의 관계, 뉴런, 그리고 파괴적인 감정을 다루는 방법을 이해하도록 돕고 있습니다. 저는 이것들이 티베트 불교문화의 풍부함과 위대함이라고 생각합니다.

　우리가 분리를 추구하지 않기 때문에, 만약 중국인이 이런 것에 대해 알게 될 기회가 있다면, 저는 문제가 사라질 것이라고 생각합니다. 저는 항상 중국 친구들에게 그들이 우리에게 맛있는 중국 음식을 주고, 우리는 그들에게 영적인 음식을 줄 수 있다고 말합니다.

　오늘날 중국에서 도덕적, 영적 분야는 완전히 텅 비어 있고, 그들은 돈과 힘만을 생각합니다. 그 결과, 모든 수준에서 엄청난 부정부패가 일어나고 있습니다. 만약 중국인이 진실을 알 수 있는 기회가 있다면, 우리는 그 문제를 즉시 해결할 수 있다고 저는 생각합니다.

자유로운 정보와 투명성은 매우 중요합니다. 티베트 문제뿐만 아니라, 중화인민공화국도 마찬가지입니다. 사실 우리는 그들이 나머지 세계로부터 더 많은 신뢰와 존경을 받도록 돕고 있습니다.

마지막으로, 저는 항상 사람들에게 20세기가 유혈의 세기가 되어버렸다고 이야기합니다. 몇몇 역사학자들에 따르면, 이번 세기에 2억 명이 넘는 사람들이 죽었다고 합니다. 아직도 많은 문제가 남아 있습니다. 어떤 문제들은 20세기의 유산입니다. 우리는 지난 세기로부터 배워야 합니다. 이제 우리는 이 21세기가 대화와 비폭력의 세기가 되도록 모든 노력을 다해야 합니다. 비폭력이 문제없는 세상을 의미하진 않습니다. 그런 문제들은 여전히 거기 있겠지만 대화를 통해 이러한 문제들을 해결할 수 있는 실질적이고 효과적인 수단과 방법을 찾아야 합니다.

그래서 티베트인의 투쟁은 철저하게 비폭력적입니다. 지난 수십 년간 화해와 엄청난 고난의 정신으로, 우리는 항상 더 가까이 다가가 진정한 친구가 되려고 노력해 왔습니다. 그래서 이 세상에서 우리가 기여한 바는 비폭력을 고취한 것이고, 티베트인의 투쟁이 성공해야 한다고 생각합니다. 비폭력에 전적으로 헌신하는 티베트인의 투쟁이 실패한다면, 비폭력은 비현실적이고 약하다고 전 세계에 보여주는 본보기가 될 것입니다. 그래서 그들은 폭력을 행사할지도 모릅니다.

감사합니다.

46. 투명성이 필요하다

- 제6차 티베트 지원단체 국제회의 연설,
수라즈쿤드(Surajkund),[17] 2010년 11월 5일 -

아드바니 선생님과 형제자매 여러분! 저는 이곳에 오게 되어 너무나 기쁩니다. 여러분 대부분이 아시다시피, 저는 항상 솔직하고 아무런 격식 없이 이야기합니다. 격식 없는 이유 중 하나는 저의 서투른 영어 때문입니다. 전 그저 제가 느낀 바를 말할 뿐이에요.

우리의 대의에 대해 깊은 공감과 지지를 표명해 주신 모든 연사님들께 감사를 드립니다. 정말 고맙습니다. 또한, 여러분들이 국가나 정부를 대표한다고 할 수는 없지만, 국민의 대표이신 여러 나라 대표들에게 감사를 표합니다. 티베트 문제 해결에 참여하고 조금이나마 기여하기 위해 이곳에 오신 많은 분께 감사드립니다.

첫째, 어떤 사람들은 티베트 문제에 대해 들으면, 티베트에서 벌어지고 있는 인권 침해 때문이라고만 생각한다는 점을 이야기하고 싶습니다. 이것은 티베트 문제의 일부이긴 하지만, 티베트 문제에는 다른 측면도 있습니다.

한 가지 측면은 자연환경에 관한 것입니다. 몇몇 중국 생태학자들을 포함해서 생태학자들과 전문가들은 티베트고원을 제3의 극이라고 부릅니다. 티베트를 제3의 극이라고 부르는 이유는 티베트고원이 지구 온난화에 미치는 영향이 북극과 남극만큼이나 크기 때문입니다.

---

17 인도 북부 하리야나 주 도시 파리다바드 내 지명. (역주)

티베트는 지구 온난화와 아주 깊은 관련이 있습니다.

수십억 명의 사람들에게 생명을 주는 아시아의 주요 강들은 원래 티베트 지역의 빙하에서 시작합니다. 파키스탄에서 중국 본토까지, 이곳 인도에서는 브라마푸트라와 다른 주요 강들도 티베트에서 흘러 나옵니다. 비록 이 강들의 발원지는 다른 나라이지만 이 강들의 사용자는 수십억 명의 아시아인입니다. 따라서 여러분은 티베트의 생태계에 대해 우려를 표명할 권리가 있습니다. 티베트 빙하는 아시아 주요 강의 궁극적인 원천이며, 티베트고원에 일어나는 어떠한 변화도 10억 명의 생존에 대한 문제입니다. 이것은 정치와는 아무런 관련이 없습니다.

다행히 저는 주룽지(朱鎔基)[18] 시대에 중국 정부가 마침내 산림 보존의 중요성을 깨달았다고 생각합니다. 그 전에 그들은 생태학에 대해 전혀 몰랐습니다. 주룽지의 재임 기간 동안 그들은 일부 지역의 삼림 벌채를 중단하라는 지시를 내렸지만 부정부패 때문에 벌채가 여전히 진행 중입니다.

예를 들어, 최근 골록(Golog)[19]의 홍수는 큰 피해를 일으켰습니다. 일부 중국인은 골록의 홍수가 자연재해가 아닌 인재라고 썼습니다. 그들은 이전에는 울창한 숲이 있었는데, 불과 몇 십 년 만에 골록

---

18 주룽지(1928~): 중화인민공화국 제9대 국무원 총리. 장쩌민 국가주석 체제에서, 1998년 3월부터 2003년 3월까지 5년에 걸쳐서 중화인민공화국 국무원 총리에 재임하였다. 그는 2003년 원자바오에게 총리직을 물려주었다. (역주)
19 골록(궈러果洛)은 중화인민공화국 칭하이성에 설치된 티베트족 자치주이다. (역주)

지역에서 이루어진 철저한 삼림 벌채가 이 인재를 일으켰다고 주장했습니다. 그러므로 티베트 생태계를 보존하는 것은 장기적으로 중국 본토에도 매우 중요합니다. 이것도 티베트 문제의 한 측면입니다.

티베트 문제의 또 다른 측면은 티베트 문화입니다. 불교가 티베트에 도달한 이후 티베트 문화는 많은 발전을 보았습니다. 제가 모라르지 데사이 씨에게 총리가 된 것을 축하하는 편지를 쓴 적이 있는데, 이에 대한 응답으로 그는 인도 문명과 티베트 문명은 같은 보리수의 두 가지라고 언급한 적이 있습니다. 정말 그렇습니다. 티베트의 한 위대한 학자이자 수행자는 인도의 빛이 티베트에 도달할 때까지 티베트는 눈과 광휘의 땅인데도 불구하고 여전히 어두웠다고 말했습니다. 아주 적절한 말입니다. 그래서 저는 인도를 스승이라 불렀고, 티베트 사람들은 첼라, 곧 제자입니다.

저는 저 자신을 고대 인도 사상인 아힘사의 전달자로 부릅니다. 아힘사는 행동이고 행동은 전적으로 동기에 달려 있습니다. 진정한 아힘사를 실행하기 위한 핵심은 자비로운 태도입니다. 자비심을 고취하기 위한 저의 노력은 실질적으로 아힘사라는 인도의 메시지를 고취합니다.

종교 화합에 대한 저의 또 다른 책무에 관해 이야기해 보자면, 인도는 모든 주요 종교 전통이 함께 사는 유일한 나라입니다. 인도에는 진정한 종교적 화합이 존재합니다. 말썽꾸러기들은 어디에나 있고, 여기저기 문제가 발생하지만, 그건 이해할 수 있습니다. 그런데 인도는 2,000년이 넘는 기간 동안 모든 주요 종교의 본고장이었습니다. 이것은 세계의 다른 나라에게 좋은 본보기입니다. 고대에는 사람들이 서로 단절되어 있었습니다. 그러나 오늘날 깊이 상호의존적인 현대 세계, 다문화적이고 다종교적인 사회에서는 때로는 문제가 일어납니다. 세계는 인도 전통에서 배워야 할 것이 있습니다.

2년 전쯤 저는 고대 인도 사상을 묘사하면서 제가 '인도의 아들'이라고 말했습니다. 얼마 후 중국인 형제자매들은 제가 왜 스스로를 '인도의 아들'이라고 부르느냐고 물었습니다. 저는 그들에게 이렇게 대답했습니다. '제 뇌 세포는 날란다의 생각으로 가득 차 있습니다. 이 몸은 인도의 달[20]과 쌀로 지난 50년간 생존했습니다. 그래서 저는 스스로를 인도의 아들이라 부릅니다'고 말했습니다. 그러자 그들은 이해했고 그 이후 더 이상 물어보지 않았습니다.

티베트 문화유산에 대해서는 그것이 인도의 화합 정신과 종교적 전통 간의 상호 존중 정신에 큰 영향을 받았다고 생각합니다. 그것을 보여주는 분명한 증거는 티베트에 번창하는 이슬람 공동체의 존재입니다. 제 생각에 3~4세기 전에 몇몇 무슬림 무역상들이 라다크에서 와서 티베트에 정착했습니다. 저는 5대 달라이 라마가 모스크 건설을 위해 그들에게 땅을 제공했다고 들었습니다.

제가 어렸을 때 몇몇 무슬림들이 길한 날에 포탈라에 왔었는데, 제가 방문 이유를 물으니 길한 날에 티베트 정부가 그들에게 선물을 주었다고 대답했습니다. 이것은 분명히 다른 전통을 존중하는 모습입니다.

그리고 인도, 주로 날란다로부터 불교가 오면서, 더 중요한 일은

---

20 콩 요리. (역주)

상호의존성의 주요 이론적 메시지, 양자 물리학의 메시지와 매우 유사한 메시지가 티베트에 왔습니다. 상대성 이론은 매우 유용하고 오늘날 세계에서 의미가 아주 큽니다. 이 이론과 함께 무한한 자비심을 발전시키라는 실천적 메시지가 나왔습니다.

티베트인은 일반적으로 채식주의자가 아니지만 그들의 삶의 방식은 아주 자비심이 강합니다. 그래서 저는 티베트 불교문화가 평화의 문화이자 자비의 문화라고 말할 수 있습니다. 따라서 생각이 깊은 한족 형제자매를 포함한 많은 방문객이 티베트 지역을 방문했을 때, 티베트인이 유쾌하고 평화롭고 겸손하다는 것을 알게 되었습니다. 반면 티베트인은, 자신들이 한족을 만지면 '저리 꺼져 저리 꺼져'라고 한다고 합니다. 이러한 차이점을 사람들은 알게 되었고, 이제 한족들도 그것을 깨닫기 시작했습니다.

2년 전, 저는 몇몇 중국학자들과 작가들을 만날 기회가 있었습니다. 중국 본토에서 온 사람들도 있었습니다. 그들은 중국 본토에서 인간 가치와 도덕 윤리에 대한 수천 년 된 중국의 전통이 의도적으로 파괴되고 있으며, 그 결과 오늘날 중국은 부패와 부정으로 가득 차 있다고 말했습니다. 그들은 사회 전체가 매우 불행하고 돈만 생각하고 있다고 말했습니다. 그들의 눈에 눈물이 맺혀 있었습니다.

권위주의적이고 전체주의적인 시스템, 그것은 머지않아 바뀔 것입니다, 그런 식으로 남아 있을 수 없습니다. 그러나 수천 년 된 중국의 도덕적 윤리를 회복하는 것은 매우 어렵습니다. 회복하는 데는 시간이 더 오래 걸립니다. 그래서 그들은 그들의 자비심과 도덕적 윤리를 되찾기 위해 티베트인에게 희망을 걸고 있습니다. 이들 지식인이 희망을 말하자, 저는 정말 큰 책임감을 느꼈습니다.

이제 서구에서도 신자든 비신자든, 개인이 종교에 진정한 관심을 갖든 말든 교육제도를 비롯해서 현대사회가 도덕 윤리를 충분히 가르치지 못하고 있다는 데 모두가 동의합니다. 일반적으로 도덕 윤리가 종교적 신념에 기반을 둔다는 믿음은 도리어 도덕 윤리의 범위를 좁힙니다.

인도 전통에서 '차르바카(順世派)'라고 불리는 사상은 신의 존재, 부처의 존재, 다음 생의 존재를 부정하고 그들 자신의 허무주의적 견해를 말합니다. 철학적으로, 많은 사람들이 그 관점에 대해 논쟁하고 심지어 그것을 비난하지만, 그러한 관점을 가진 사람들은 리시 혹은 성자라고 불립니다. 그것은 이 나라에서 수천 년 동안 세속주의의 원칙이 존재했음을 보여줍니다.

세속주의는 종교에 대해 부정적인 태도를 갖는다는 뜻이 아니라, 종교를 존중하되 비신자를 포함한 모든 종교를 존중한다는 뜻입니다. 저는 불교 신자로 항상 종교적인 문제에 대해 이야기합니다. 저는 다른 전통이나 비불교 국가에서 불교를 장려하지 않습니다. 오히려 저는 모든 종교의 본질, 특히 불교의 본질을 공유합니다. 저는 진정한 세속주의 정신으로 모든 종교가 가르치는 선한 인간적 가치들을 제시합니다. 저는 항상 이러한 세속적 가치를 고취하려고 노력했고 위스콘신 대학교, 스탠포드 대학교, 에모리 대학교에서 많은 사람들이 진정한 관심을 보이기 시작했습니다.

제가 아는 한, 이 세 대학은 마음 훈련, 특히 자비심 훈련이 신체, 지능, 행동에 미치는 영향에 대한 추가 연구를 수행하는 데 매우 적극적입니다. 이미 그들은 몇 가지 긍정적인 징후를 발견했습니다.

수년 전에 미국에 가서 이 대학들을 방문했습니다. 많은 과학자가 몇몇 불교적 견해와 기법에 진심으로 관심이 있었습니다. 불교는 크게 세 가지로 구분할 수 있다고 생각합니다. 불교과학, 불교철학, 제3의 불교입니다. 저는 과학자들에게 우리의 만남이 불교 전반에 대한 것이 아니라, 불교의 일부인 '불교과학(Buddhist science)'에 대한 것이라고 해서 분명히 구별했습니다. 불교는 불교도를 위한 것이고, 불교과학과 불교철학은 보편적인 것입니다.

약 30~40년 전, 한 중국 공산당 신문이 현대 과학 지식이 발전하면 맹신은 저절로 사라질 것이라고 언급한 것을 본 기억이 있습니다. 하지만 지금은 그 반대 현상이 일어나고 있는 것 같습니다. 세계적으로 유명한 일류 과학자들이 불교과학 그리고 그것을 통해서 불교 가르침에 진정한 관심을 보이고 있습니다. 그래서 티베트 문화의 보존은 단지 600만 명 티베트인의 이익을 위해서만이 아니라 더 큰 공동체를 위해서입니다. 우선 중앙아시아, 그다음에는 북부 히말라야 지역 전체, 몽골, 러시아 연방의 일부 지역에 있는 공동체, 그리고 무엇보다 중요한 중국 사회의 이익을 위해서입니다.

저는 보통 불교와 불교문화를 구별합니다. 앞서 언급했듯이 불교는 불교도들을 위한 것이지만 불교문화는 티베트 이슬람교도들처럼 주로 공동체와 관련이 있습니다. 그들의 종교는 이슬람교이지만 그들의 삶의 방식은 불교문화의 정신을 많이 따르고 있습니다. 그래서 행복한 사회와 평화로운 사회를 건설하기 위해 티베트 불교문화가 어느 정도 기여할 수 있습니다.

몇 가지 정보에 따르면, 현재 중국 본토에 있는 불교 신자들의 수가 2억이 넘습니다. 요즘은 거의 매주 중국 본토에서 중국인이 저를 보러 옵니다. 그들 중 몇몇은 매우 어렵게 오지만 그래도 옵니다. 그래서 티베트 불교문화의 보존이 특히 수백만 중국 젊은이들에게 더 큰 관심거리가 되고 있습니다.

저는 일방적인 생각만을 가진 편협한 중국 공산주의자들과 이런 생각을 나누고 싶습니다. 티베트를 생각할 때, 그들의 유일한 관심사는 티베트를 어떻게 통제하는가 하는 것입니다. 그들은 티베트 문화의 가치가 무엇인지 전혀 모릅니다. 그래서 티베트 고유의 문화적 정체성과 조금이라도 닮아 있는 것이 있다면, 그런 것이 분열을 촉발할지도 모른다는 두려움을 느낍니다. 제 생각에 이건 근시안적인 것 같습니다.

그리고 티베트 문제의 또 다른 측면은 인권 침해입니다. 인권 침해는 하나의 징후입니다. 우리는 그런 일이 왜 일어나는지 주요 원인을 살펴봐야 합니다.

제가 관찰한 바에 따르면, 그리고 개인적으로 접촉해 보았을 때, 저는 방대한 문헌에 나오는 티베트어가 가장 완전하고 풍부한 불교 전통을 간직하고 있다고 생각합니다. 불교 일반 특히 대승불교에 관심을 가진 서양 학자들은 티베트 역을 가장 신뢰할 수 있는 번역으로 여깁니다. 그래서 자연스럽게 티베트어를 비롯한 티베트 문화유산에 대한 부정적인 태도는 티베트인에게 매우 불편한 감정과 원한을 불러일으키고, 또 그들의 인권 침해를 낳습니다.

저는 편협한 중국 형제자매들이 상황을 좀 더 전체적으로, 정치적 차원뿐만 아니라 모든 방향과 관점에서 바라볼 것을 촉구합니다.

5년 전 티베트 출신 의료 분야 전문가인 티베트인을 만났습니다. 그는 직업상 월급도 아주 많이 받고, 거처도 좋았고, 자녀 교육도 잘 되고 있어서 걱정할 필요가 없다고 저에게 말했습니다. 하지만 티베트인으로서, 그는 정신적으로 어떤 벅찬 감정이 자신을 너무나 불행하게 한다고 말했습니다. 그는 울고 있었어요.

중국 지도자들은 주택과 좋은 시설만 제공하는 것만으로는 이런 문제를 해결하지 못한다는 사실을 알아야 합니다. 그들은 티베트 문화를 존중하고, 환경 보존을 비롯한 모든 보존 작업을 티베트인이 수행하도록 해야 합니다. 티베트 지역의 천연자원 채굴의 경우 현지 주민과 협의해 수익의 일부를 이들에게 돌려줘야 합니다. 그러면 상황이 바뀔 것 같습니다. 그렇지 않으면, 더 많은 병력, 더 많은 보안 요원, 그리고 더 정교한 무기를 보낸다고 해서 문제가 해결되지는 않을 것입니다.

더 많은 탄압과 구타는 티베트 정신을 점점 더 단단하게 만들 뿐입니다. 정말 그렇지요. 이제 60년이 지났고, 그들의 옛 방식은 이제 구식인 것 같습니다. 지난 60년 동안 그들의 방법은 실패했고 미래에도 실패할 것입니다. 이제 그들은 좀 더 합리적인 태도를 취해야 합니다.

티베트 문제의 또 다른 측면은 지리적으로 티베트가 중국과 인도 사이에 있다는 것입니다. 인도와 중국은 가장 인구가 많은 두 나라이며, 둘 다 핵무기를 보유하고 있기 때문에 상호 신뢰에 바탕을 둔 친하고 진실한 관계가 매우 중요합니다. 진정한 관계를 위해서는 몇 마디 좋은 말이 아니라 진정한 신뢰가 매우 중요합니다. 진정한 '힌디치니 바이바이(인도와 중국은 형제국)'가 꼭 필요하고 그것을 위해 신뢰는 매우 중요합니다. 마찬가지로, 중국의 다른 이웃 국가와의 관계 및 전 세계와의 관계에도 신뢰는 매우 중요합니다. 모든 것이 국가 기밀인 한, 사람들은 더 의심하게 될 것입니다.

저는 중국인 친구들과 또 다른 사람들과도, 13억 중국인이 현실을 알 권리가 있다는 저의 견해를 공유하려고 항상 노력합니다. 13억 중국인은 무엇이 옳고 그른지를 판단할 능력이 있습니다. 이런 상황에 서 자국민으로부터 현실을 검열하는 것은 비도덕적입니다. 그것은 자국민에게 더 많은 의심을 불러일으킵니다. 국민의 불신이 커지면 정부는 더욱더 강한 힘으로 대응하고, 이는 더 많은 공포를 가져오고, 공포는 신뢰를 파괴합니다. 신뢰가 사라지면 어떻게 진정한 우정이 생기겠습니까? 신뢰와 우정 없이 어떻게 후진타오가 강조해 온 조화사 회를 발전시킬 수 있겠습니까? 조화사회는 동물을 막대기로 부리고 가까이 오라고 때리는 것과는 다릅니다. 우리는 사람입니다. 10억 명이 넘는 중국인도 사람입니다. 그들은 힘이 아니라 신뢰와 우정으로 조화사회를 만듭니다.

저는 하룻밤 사이에 중국의 변화, 중국이 하룻밤 사이에 민주주의 체제로 바뀌는 것에 대해 약간 거리낌이 있었습니다. 제가 이런 의문이 좀 드는 것은, 주로 농촌에 사는 중국인이 교육을 받지 못하고 경제적으 로 매우 가난하고, 중국인이 전반적으로 진정한 민주주의를 경험해 본 적이 없기 때문입니다. 그러므로 하룻밤 사이의 큰 변화는 너무 많은 혼란을 가져올 수 있습니다. 저는 점진적인 변화가 가치 있다고 믿습니다.

제가 지난 몇 년간 은퇴를 생각하고 있다는 말, 그리고 공산당도 품위를 갖추어 점진적인 은퇴에 대해 생각해야 한다는 말을 제가 했다는 언급이 있었습니다. 저는 늙은 반공주의자가 아닙니다. 제가 대만을 방문했을 때 대만 국민당 지도자들에게 '우부시 팡공(我不是反共)', 즉 저는 반공주의자가 아니라고 말했습니다. 이에 대해 롄잔(連戰) 부위원장은 자신은 반공주의자라고 밝혔습니다. 이는 비밀이 아닙니다. 여전히 사회경제 이론에 관한 한, 저는 마르크스주의자입니다. 의심할 여지가 없습니다. 하지만 저는 레닌주의자는 아닙니다. 레닌과 스탈린은 너무 많은 잔인한 행위, 의심과 통제를 했습니다. 저는 그것에 전적으로 반대합니다.

초기 중국 공산당은 어느 정도 긍정적인 기여를 했습니다. 이제는 확실히 많은 사람들이 믿음을 잃었습니다. 그래서 마오 주석의 경우에도 초기에는 국민, 특히 노동자들이나 소외된 빈곤층들의 안녕을 위해 헌신했다고 생각합니다.

제가 1954~55년 중국에 있을 때 마오 주석을 여러 번 만났습니다. 그래서 저는 중국 친구들에게 제 손이 마오 주석의 손으로부터 축복받았다고 자주 말합니다. 모든 젊은 세대의 중국인은 저처럼 마오 주석과 만날 기회가 없었다고 생각합니다.

제 연설이 이미 많이 늘어졌는데요, 이번 모임은 큰 모임이고, 티베트 문제와 관련된 제 경험을 공유하는 것이 유용할 것 같다는 생각이 듭니다.

어느 날, 항상 저를 곁에 두는 마오 주석이 참석한 회의에서, 마오는 당원들에게 그들이 어떤 비판을 받았는지 물었습니다. 자리에 참석한 분들은 매우 영리해 보였습니다. 그들은 굳게 침묵을 지켰습니다. 그러자 마오 주석은 자신이 살던 고향에서 평범한 마을 사람들이 지역 당수에 대해 쓴 항의 편지 한 통을 꺼냈습니다. 그 회의에서 그는 그런 사례들이 있다며, 그런 일에 좀 더 관심을 가져야 한다고 말했습니다.

한 번은 그 모임에서 마오 주석이 저에게 고개를 돌려 말했습니다. '과거에 티베트인 여러분은 매우 강했지만, 지금은 매우 약해졌습니다. 그래서 당신들을 도우러 왔습니다. 20년 후 당신들은 더욱 강해질 것이고, 그때는 당신들이 우리를 도울 차례일 것입니다.'

또 한 번은 마오 주석이 티베트 국기가 있느냐고 물었습니다. 저는 그에게 '네, 있습니다'라고 말했습니다. 그때 마오 주석이 '붉은 중국 국기 옆에 당신들의 깃발을 두어야 합니다'라고 했습니다. 그래서 베를린에서 독일 티베트 지지 단체 회원들과 만난 적이 있는데, 그들은 평소처럼 티베트 국기를 들고 있었습니다. 저는 그들에게 말했습니다. '티베트 안에서 티베트 국기를 들고 있을 때 중국 정부로부터 어떠한 항의라도 받게 되면 그 중국 관리들에게 마오 주석으로부터 달라이 라마가 이 국기를 가지고 있어도 좋다고 전적으로 허락받았다고 말하라'고. 우리는 마오 주석의 충고를 따른 것인데도, 티베트 안에 이 깃발을 들고 있는 티베트인은 분리주의자로 간주됩니다. 저는 항상 중국 친구들에게 마오 주석이 자주, 공산당이 다른 사람들로부터 비판받아야 하고 자아비판에도 열려 있어야 한다고 주장했다고 말합니다. 그는 비판 없는 당은 물 없는 물고기와 같다며 공산주의는 살아남을 수 없다고 자주 말했습니다. 하지만 요즘은 그들이 마오 주석의 말을 실천하는 것이 아니라 우리가 실천하고 있습니다.

그 기간 동안 저는 북부, 남부, 동부 등 여러 도시와 지방을 방문했습니다. 모든 곳에서 우리는 지역 당국자들과 만났고 저는 그 당 지도자들에게 깊은 감명을 받았습니다. 그들은 정말 헌신적이었고 인민을 진심으로 걱정했습니다. 나중에 베이징에 있을 때 저는 공식 수행원 중 한 명에게 공산당에 가입하고 싶다고 말했습니다. 그가 말했습니다. '잠깐만요. 기다리는 게 좋을 것입니다.'

그는 결국 당이 엉망이 될 거라는 걸 알고 있었던 것 같아요.

1956년 즈음 전체적인 사상이 좌파로 변한 것 같습니다. 몇 달 전 BBC의 '진실의 힘'과 '총의 힘'에 관한 프로그램을 보고, 저는 공산주의자들이 초기에는 진실의 힘과 총의 힘을 모두 가지고 있었다는 것을 알게 되었습니다. 그러나 나중에는 진실의 힘은 사라지고 총의 힘만 남게 되었습니다. 그래서 그것이 그들을 망쳤습니다. 막강한 권력은 가지고 있지만 자기 훈련이나 도덕적 원칙이 없는 사람은 결국 스스로 망합니다. 그것이 바로 중국과 대부분의 전체주의 정권에서 일어난 일입니다.

우리는 중국 본토의 투명성을 높이고 검열과 왜곡된 선전을 막기 위해 모든 노력을 기울여야 합니다. 언론의 자유 그리고 마침내는 독립된 사법부가 생겨 중국이 투명성을 갖춘다면, 쉽게 티베트 문제를 해결할 수 있을 것입니다.

따라서 티베트 문제는 세 가지 측면을 가지고 있습니다. 인도와 중국, 그리고 세계 다른 나라와의 진실된 관계를 구축하는 역할을 비롯해서, 생태 그리고 문화적·인간적 권리 침해라는 세 가지 측면이 있습니다. 인구가 가장 많은 나라이자 고대 국가인 중국이 세계정세에 크게 기여하기 위해서는 세계의 신뢰가 매우 필요합니다. 신뢰가 없으면 중국이 세계정세에 건설적인 역할을 할 수 없습니다.

　일부 중국 관리들은 우리 티베트인이 반反중국적이라고 생각합니다. 그들의 정책에 관한 한 우리는 당연히 불평하고 반대하지만 결코 중국 국민에게 반대하지 않습니다. 이를 보여주는 한 가지 증거는 바로 이 6차 티베트 지원단체 회의입니다. 전보다 한족들이 더 많이 왔어요. 아무도 이 회의에 참석하라고 돈을 준 것 같지는 않네요. 여러분들은 모두 자신의 비용을 지불하고 여기에 왔습니다. 지난 몇 년 동안 교양 있고 지적인 많은 중국 한족들, 애국심이 있고 자신들의 문화와 민족과 나라를 사랑하는 한족들조차 우리를 도우러 왔습니다. 이것은 우리의 투쟁이 정의롭고 고귀하다는 것을 분명히 보여줍니다. 특히 우리의 방식은 중국과 분리하는 것이 아니라 진정한 자치권을 요구하는 것입니다.

　지난 몇 년 동안, 특히 지난 2년 동안, 저는 많은 중국학자, 선생, 교수, 작가, 그리고 학생들을 만났는데, 거의 수백 명은 될 것 같습니다. 여러분들이 알아채셨겠지만, 지난 2년 동안, 중국인들이 중국어로 천 개 이상의 글을 작성해서 결국 자신들의 이익을 유지하면서도 중도 어프로치를 지지하고, 중국 정부의 정책을 비판하고 있습니다. 이것들은 매우 건전한 징조입니다. 이것은 우리가 반중국인이 아니라는 것을 분명히 보여줍니다.

　중국 정부의 또 다른 비난은 우리 티베트인이 이 문제를 국제화하려고 한다는 것입니다. 우리는 두 손을 가지고 있습니다. 저는 우리 티베트인이 항상 오른손으로 베이징에 닿으려고 노력해 왔다고 여러 번 언급했습니다. 만약 우리가 내민 오른손에서 구체적인 결과가 나온다면 왼손은 쓸모가 없습니다. 하지만 이 오른손이 비어 있는 한 왼손을 내밀어야 합니다. 여러 이유로 진심으로 티베트를 걱정하는 사람들이 많습니다. 그래서 당연히 우리는 그들의 지지와 동정심을 활용해야 합니다. 오른손에서 구체적인 결과가 나오면 왼손에게 '잘 가', '고마웠어'라고 말할 것입니다. 따라서 티베트 문제를 누가 국제화 하고 있는지에 대해, 여러분이 결정해야 합니다.

불과 두 달 전, 저는 최근에 라싸를 방문한 중국인 형제 한 사람을 만났습니다. 그는 '라싸의 주요 사원 앞에는 평소처럼 많은 티베트인들 이 엎드려 절하고 있었고, 동시에 인민해방군 복장을 한 군인들이 군사훈련을 하며 함성을 지르고 있었다'고 저에게 말했습니다. 그는 티베트인들이 순행하는 동안 그 군사들은 반대 방향으로 돌아서 일부 러 티베트인들의 마음속에 분노를 일으켰다고 말했습니다. 그래서 이 중국인 형제는 진짜 분열주의자들은 중국 정부 자신이라고 말했습 니다. 저 또한 그것이 아주 사실이라고 생각합니다.

티베트는 물질적으로 후진적입니다. 그래서 진정한 자치와 우리의 모든 업무를 관리할 수 있는 완전한 권리가 주어진다면, 물질적 발전에 관한 한 중화인민공화국에 남아 있는 것이 우리를 위한 일입니다.

저는 어느 라디오 채널을 통해서 빤첸 라마와 가보가 자치 지역의 공용어는 티베트어여야 한다는 것을 1987년부터 결정했음을 알게 되었습니다. 그래서 이런 아이디어가 줄곧 있었습니다. 그러나 지금은 공용어로서의 티베트어 사용도 줄어들고, 학교에서 공부할 때도 티베트어를 사용하는 일이 줄어들고 있습니다. 그래서 여러분과 이런 얘기를 하고 싶었습니다.

감사합니다.

47. 인간다움

- NDTV, 보드가야 인터뷰,[21] 2012년 1월 11일 -

NDTV: 성하, 만나 뵙게 되어 영광입니다만 특히 깔라짜끄라 관정법회가 열리는 이곳 보드가야에서 만나 뵙게 되어 영광입니다. 당신이 정치적 지도자가 아닌 영적 지도자가 되기로 결심한 지 1년이 지났는데요, 당신은 이제 정치적 지도자가 아닌 영적 지도자로 왔기 때문에 이번 깔라짜끄라 관정법회는 다른 의미가 있을 것 같습니다. 그 결정을 한 이후로 올해는 어떻게 지나갔나요?

달라이 라마: 사실, 큰 차이는 없습니다. 여전히 똑같은 달라이 라마랍니다.

---

21 *The Buck Stops Here* 특집호는, 달라이 라마 성하가 보드가야의 깔라짜끄라 관정법회에서 NDTV의 바르카 두트(Barkha Dutt)에게 말한 것을 싣고 있다. 여기에서 달라이 라마는 자신이 그저 인간, 불교도, 티베트인일 뿐이라고 말했다. 이 인터뷰는 2012년 1월 11일에 진행되었다.

434

NDTV: 똑같은 달라이 라마요?

DL: 당신이 뭘 보든, 난 달라이 라마로서, 불교 신자로서 여기 왔습니다. 3월 이맘때처럼 정치적 책임감은 있습니다. 기념일, 이런 것들, 그리고 본질적으로 더 정치적인 종류의 일도 있습니다. 그 외는 똑같아요. 사실, 제가 하는 대부분의 활동은, 제가 정치적 책임을 지고 있던 과거에도, 제 시간과 제 에너지의 거의 60-70-80%는 영적인 토대 위에 있다고 생각합니다. 하지만 지금, 이 결정을 위해, 왜 제가 철학적 관점을, 정치 철학적 관점을 가져야 할까요? 당연하게 세상은 이제 70억 정도의 인류의 것입니다. 나라는 종교 지도자나 왕, 여왕, 대통령이 아니라 국민의 것입니다. 그럼, 사람들을 지배하거나 통치하는 최선의 방법은 국민에 의한… 최고의 시스템은 민주주의 시스템입니다. 그렇게 생각해요. 저는 어릴 적부터 오래된, 일종의 통치체제의 패턴을 보아왔습니다. 소수의 사람들 손에 너무 많은 권력이 있습니다. 그런 식이었죠. 그래서 그로 인한 여러 단점을 봤어요. 친한 친구들로부터, 포탈라와 뿔링가(Pulinga)에서 온 청소부들로부터도 소문을 자주 들었어요. 그들은 아주 순수하고 솔직합니다.

NDTV: 그들이 말해 주었다고요?

DL: 그리고 제가 몇몇 관리들에게 물으면 그들은 약간, 뭐랄까, 조심스럽습니다. 그들은 불평하는 것을 조금 어려워하거나 그렇기 때문이죠. 그런데 청소부들은, 보시다시피, 그런 주저함이 없습니다. 그들은 온갖 부정적인 정보나 뉴스 같은 내용을 전달하곤 합니다. 그래서 제가 정치적 책임을 지고 얼마 지나지 않아 개혁위원회를

설치했습니다. 이미 개혁이 시작되었지만 그다지 성공적이지는 못했습니다. 1959년 이후 티베트 밖에서 우리는 피난민이 되었지만 우리는 거기에 우리만의 조직을 가지고 있습니다. 그래서 이제 민주화를 위해 일하기 시작했습니다. 2001년, 우리는 이미 작은 정치적 지도부를 성취했습니다. 그때부터 저는 반 은퇴한 상태입니다.

NDTV: 반 은퇴요?

DL: 네. 그때, 지난 10년 동안이요.

NDTV: 하지만 세상은 당신을 그렇게 보지 않습니다. 당신네 사람들도 그렇게 보지 않죠. 세상이 당신을 그렇게 보지 않아요.

DL: 보시다시피 그들은 잘 모르지요. 하지만 사실, 저는 반 은퇴한 자리입니다. 모든 중요한 결정은 선출된 정치 지도부의 손에 달려 있지 제 손에 달려 있지 않습니다. 저는 선임 고문처럼 처신하고 있어요. 10년이 지난 지금, 저는 직접적인 종류의, 뭐랄까, 통제력을 가지고 있지 않습니다. 그것은 전적으로 선출된 사람에게 달려 있습니다. 10년, 아주 효율적인 방법입니다. 10년이 지난 지금, 우리는 작년 이맘때 선거를 시작했습니다. 사람들은, 아시다시피, 밖에 있는 티베트 난민들은 매우 열정적입니다. 그들은 이런 민주주의적인 관행에 대해 꽤 성숙해진 것 같습니다. 그리고 그때 세 명의 후보자가 나타났는데, 셋 모두 괜찮았어요. 모두 다 아는 사람들이에요. 그리고 이분, 가장 어리신 분은, 이 나라에서 태어났습니다.

NDTV: 롭상 상게….

DL: 네, 롭상 상게는 이 나라에서 태어나 인도에서 교육, 기초교육을 받았고, 처음에는 티베트 학교에 다녔고, 그 다음에는 델리 대학교에 입학했습니다. 그리고 하버드 대학에서 교육을 더 받았습니다. 젊고, 활기차고, 완전히 현대적이고, 교육받았죠. 아주 좋아요. 그래서 전 지금이 그것을, 제 정치적 권한을 넘겨줄 적절한 시기라고 생각했어요. 저는 아마 1950년에 이 정치적 책임을 지게 되었던 것 같아요.

NDTV: 당신이 15살이었을 때… 15살이셨지요.

DL: 네, 열다섯, 열여섯, 그 정도입니다.

NDTV: 그럼, 이제, 61, 62년 전?

DL: 네, 저는 우리 섭정으로부터 정치적 책임을 물려받았습니다. 물론 제 스승이고, 훌륭한 라마이셨습니다. 하지만 솔직히 말하자면, 그분은 현대 교육은 받지 못했습니다. 하지만 어떻게 운영하는지, 어떻게 통제하는지 아시는 분, 아주 훌륭한 영적인 사람입니다. 자연히, 지식도 경험도 많지 않았습니다. 하지만 제가 그에게서 이양받았습니다. 60년 지나 이제 제 나이는 76세입니다. 정확히 60년 동안 제가 책임을 다하기 시작했고, 제가 언급했듯이, 저는 완전히 평범한 티베트인에게, 철저하게 현대적인 교육을 받은 사람, 선출된 사람에게 넘겨주었습니다. 너무 행복해요. 제 모든 정치적 권한을 넘겨주게 되어 영광입니다. 그가 정치적 권한을 다시 이어가게 된 것이죠.

저는 이런 일을 자발적으로, 행복하게, 자랑스럽게 한 겁니다. 그리고 이 결정을 보시면 아시겠지만, 저는 정말로 그렇게 느낍니다만, 이런 결정이 우리 사회 내에서 민주주의 체제를 완전히 고취했음을 아실 겁니다. 5대 달라이 라마가[22] 정치권력을 잡은 이래의 과거를 위해서도 저는 어떤 식으로든 기여를 했다고 생각합니다. 그래서 제가 자진해서 이양한 것으로 거의 4세기의 전통을 끝냈습니다. 달라이 라마는 둘 다 가졌지만, 이제 제가 자발적으로 끝냈습니다. 그래서 저는 또 어떤 면에서 이것은 과거 달라이 라마의 정통적인 업적에 기여하고 있다고 느낍니다.

NDTV: 하지만, 민주주의가 아름답고 여러분은 자발적으로 해왔지만, 티베트에서는 힘든 한 해였습니다. 분신자살도 있었지요. 힘든 한 해죠. 세상은 여전히 당신을 달라이 라마로 보고 있습니다. 그들은 당신이 정치적 역할을 포기하길 바라지 않습니다. 당신네 티베트인의 기대에 어떻게 부응합니까?

DL: 저는 이미 지난 수십 년간 티베트 문제는 한 민족의 문제라고 말했습니다. 그들은 모두 완전한 책임을 져야 하고, 한 사람에게만 의존해서는 안 됩니다. 그래서 예전에 가끔, 저만의 경험도 했고, 과거에 가끔, 세계 곳곳을 여행할 때도 있었는데, 현재 인도나 다람살라에서 일어나고 있는 일을 느낄 때도 있습니다. 권한을 이양한 이후, 전 그들이 스스로를 돌보고, 자신들을 보살핀다고 느껴요. 그래서

---

22 원서의 15대 달라이 라마는 5대 달라이 라마의 오식으로 보여 5대 달라이 라마로 옮겼다. (역주)

뭐랄까, 저는 훨씬 더 행복하고, 더 편안해졌습니다. 그리고 비밀이 하나 있어요. 제가 공식적으로 이양했던 날, 그날 밤, 평소와 다르게 아주 깊이 잠들었습니다.

NDTV: 그날 밤에 푹 주무셨어요?

DL: 오, 아주, 아주 이상했어요. 좋은 꿈을 꾸고, 정말, 정말 깊이 잠들었습니다. 그 말은, 내심으로는, 제가 뭔가 압박감 같은 게 풀어졌다는 뜻인 것 같아요. 어쨌든 전 여전히 여기 있습니다. 여전히 달라이 라마이고, 티베트인입니다. 이 몸은 티베트의 몸이에요. 이 몸이 남아 있는 한, 저 또한 티베트의 모든 사람들처럼 도덕적 책임이 있습니다. 이것이 한 가지고요. 다음으로 저는 저를 티베트인 그리고 일반적으로 자유 국가에 있는 모든 티베트인의 자유로운 대변자로 보고 싶습니다. 모든 사람은 티베트 본토의 티베트인의 염원을 품고 있어야 합니다. 우린 주인이 아닙니다. 우리가 그들에게 요구한다고요? 아니, 그냥, 그들이 자유를 가지고 있고, 그들이 진정으로 원하는 것을 표현하고, 그들이 진정으로 느끼는 것을 표현한다면, 당신이 보시다시피, 우리가 이런 활동을 수행할 아무런 이유가 없다는 사실을 아실 겁니다. 하지만 그들은 자유도 없고, 통제도 엄격하고, 모든 것을 철저히 통제받고, 해마다 더 심해지고 더 나빠지고 더 심각해집니다. 그래서 이런 불행한 일이 생깁니다. 그래서 저를 비롯한 우리의 책임이고, 모든 티베트 난민사회 그리고 지지자들을 포함한 사람들의 책임입니다. 우리는 이제 이 사람들을 대신해서 행동하고 있습니다. 죽을 때까지, 제가 관여할 것입니다.

NDTV: 몇몇 사람들, 당신의 추종자들은 당신이 영국의 여왕처럼 의례적인 역할을 맡기를 원했습니다. 당신은 그걸 원하지 않으셨죠, 꼭두각시처럼 느껴진다고 하면서.

DL: 아, 네.

NDTV: 스스로의 의례적인 정치적 역할에 대해 생각해 보셨나요?

DL: 소용없습니다.

NDTV: 소용없는 일요?

DL: 제 기본적인 성격은, 격식 같은 것을 좋아하지 않아요. 저는 너무 격식을 차리면서 성장했습니다. 제가 포탈라에서 왕좌에 앉아 있었을 때, 왕좌가 있었고, 저는 동상처럼 앉아야만 했습니다. 너무 격식을 차리고, 그렇게 자랐기 때문에 인도에 오자마자 정말 해방감을 느끼게 되었습니다. 더 이상 격식도, 더 이상 그런 비슷한 것들도 없지요. 그래야 저는 인간으로서, 불교 승려로서 행동할 수 있습니다. 사람을 만날 때마다 장벽도 없고 아무것도 없습니다. 그래서 전 의례적인 인물은 싫습니다.

NDTV: 당신은 여왕처럼 누군가가 당신을 위해 연설문을 써주는 것을 원치 않는다고 했습니다.

DL: 네, 원치 않습니다.

NDTV: 존자님, 티베트 본토에서 일어나고 있는 일들을 보면, 매우

440

힘든 한 해였습니다. 왜냐하면 제가 말씀드렸듯이, 이러한 분신자살
이 있었기 때문입니다. 그리고 당신은 심지어 자살한 사람들, 승려들
에 대해 추념하며 기도하기도 하셨어요. 이번 깔라짜끄라 관정법회
때요. 당신은 사건들, 분신, 그리고 자살을 당신의 대의와 철학이
항상 지지해 온 비폭력의 기본 원칙과 어떻게 조화시키나요? 철학적으
론, 이 분신자살에 대해 어떻게 생각합니까?

DL: 기본적으로, 자살 또한 일종의 폭력입니다. 보시다시피, 다양
한 요인에 달려 있어요. 기본적으로 폭력과 비폭력은 궁극적으로
동기와 목적에 달려 있습니다. 그래서 이런 사람들을, 그들의 동기를
재단하기 어려워요. 만약 그들의 동기가 분노와 증오와 같은 것이라
면, 그건 부정적입니다. 만일 동기가 뭔가 좀 다른, 긍정적인 동기라
면, 더더욱 우리가 재단하기 어렵죠. 그래서 이건 어쨌든 너무 민감한
정치적 이슈입니다. 그래서 저는 은퇴자답게 행동해야겠어요.

NDTV: 아니, 하지만 당신의 민족이 존경하는 영적 지도자로서는
요? 분신자살하는 승려들의 모습을 떠올리면 고통스러울 겁니다.
하지만 그들에게 그러지 말라고 부탁하실 건가요, 아니면 왜 그들이
그 지경까지 몰렸는지 이해합니까?

DL: 티베트 본토의 사람들이 우리의 보스인 셈이에요. 제가 티베트
난민을, 그냥 난민이 아니라, 티베트인을….

NDTV: 티베트 본토에서요.

DL: 순례자로 오거나 그런 식으로요. 전 항상 그들이 우리의 보스라

고 말합니다. 그러니 결정은 그들의 손에 달렸지 제 손에 달린 것이
아닙니다. 제가 그들을 통제하려고 한다면, 제가 보스로서 설명한
것이라면 이는 위선입니다. 도덕적으로, 무슨 결정이든 그들의 책임
입니다. 어쨌든, 최근엔 이런 질문을 하는 사람들이 있습니다. 그럼
제가 말하죠. 이제 중국 정부가 책임이 있고, 아시다시피 우리는
난민이니 책임이 없습니다. 하지만 일부 중국 관리들은 우리를 가리키
며 비난합니다. 그러면 저는 즉시 응답합니다. 부디 여기 와서, 우리가
이 일을 시작했는지 철저히 조사하라고요. 2008년처럼, 원자바오
총리가 직접 저를 비난했습니다. 모든 충돌은 우리가 시작했다고
말입니다. 즉시, 제가 그랬어요. 제발, 관리들도 오시고, 국제 언론도
오라고요. 보세요, 모든 파일을, 제 모든 연설 기록을, 제발요. 그래서
이번에도 죽음은 안 됩니다. 하지만 진짜 책임은 그들에게 있습니다.
이제 시간이 되었습니다. 그들은 무엇이 진짜 원인인지 보아야 합니
다. 그들은 돈을 많이 주어라, 개발을 많이 해주어라, 하고 말하는데,
그런 일은 아직도 일어납니다. 또한 중국 정부는 군인, 보안 요원을
늘리라고, 그리고 길모퉁이마다 카메라, 심지어 교실에도 카메라
몇 대를 늘리라고 강요하고 있습니다. 왜 그렇죠? 60년 동안 다양한
방법을 사용했지만 실패했습니다. 이제 그들은 무엇이 잘못되었는지,
진짜 원인은 무엇인지를 생각해야 합니다. 그게 중요해요. 저는 이미
13억 중국인이 현실을 알 모든 권리가 있다고 말했습니다. 일단 현실을
알게 되면 13억 중국 국민은 무엇이 옳은지 그른지를 판단할 능력도
갖게 됩니다. 그래서 정부는 검열을 심하게 하고 정보를 차단합니다.
사실 이건 부도덕한 겁니다. 끔찍하게도 자기네 국민을 속이는 거죠.

이제 국민에게 현실이 어떤지 알려주세요. 그리고 정부는 또한 철저한 조사를 해야 합니다. 첫째, 제 생각에는 고위 당 비서인, 제 생각엔, 꿈둔(Kumdun)이, 아마 2년 전, 그녀가 한번 표명했던 것 같아요. 이제 정부, 중앙당은 소위 소수 민족이라 불리는, 다른 국적의 사람들, 일종의 이민족 그룹에 대한 정책을 검토해야 합니다. 사실, 그녀가 이야기했던, 어떤 기사 내용이 맞는 것 같아요. 오늘 여기 후융(Hu Yung), 타오 추이융(Tao Tsui Yung)이 여기 있다면, 제 생각엔 그들은 진짜 원인이 무엇인지 철저히 연구할 것 같습니다. 거기에 따라 행동하겠죠. 여기서 간단한 것은 사람들이 중국을 가장 인구가 많은 국가, 매우 중요한 국가로 생각한다는 것입니다. 이제 그들의 정책은 단순한 아이디어가 아니라 현실적인 정책이 되어야 하며 이념만으로는 안 됩니다. 억압일 뿐이다. 그건 완전히 틀렸어요. 장기적으로는, 아주 해롭습니다. 그들 자신의 이미지나 성공적인 미래를 위해서 해롭습니다. 그렇습니다.

NDTV: 당신은 이번에 티베트에서 온 순례자들과 만났습니다. 또한 중화인민공화국에서 온 사람들도 만났습니다. 사실 그들은 우리 뒤에 앉아 있습니다. 그들과 잠깐 얘기할 기회가 있었나요? 특히 중국인을 만나면 어떤 느낌을 받나요?

DL: 물론, 여기선 비정치적인 성격이죠.

NDTV: 그럼, 영적인 이야기?

DL: 그리고 저는 달라이 라마가 보드가야에서 어떤 정치적 활동을

하리라는 것을 사람들이 안다면, 이 많은 사람들이 오지 않을 수도 있다고 생각합니다.

NDTV: 왜 그런 말을 하세요? 사람들이 여전히 당신을 존경하고 또….

DL: 자, 여기서 달라이 라마는 일종의 중요한 영적 의식이나 활동을 합니다. 정말 많은 사람들이 옵니다. 그래서 제가 이번 기회에 정치적 이슈를 더 많이 다루고, 저 스스로가 이런 종류의 사건을 정치화한다면 그건 잘못된 일입니다. 티베트에서 온 수천 명의 티베트인을 만났을 때, 저는 그들을 환영합니다. 우리의 문화, 우리의 영성은 매우 풍부하고, 매우 유용하죠. 공부하는 것은 매우 중요합니다. 우리의 영성이 무엇인지에 대한 지식을 쌓기 위해서입니다. 중국인 형제자매들도 있습니다. 제가 그들에게도 같은 규칙을 말합니다. 그리고 히말라야 산맥에서 온 사람들을 만나면 그렇게 얘기했어요. 그런데 중국 본토에서 온 중국인 중 한두 명은 다를 수 있어요. 하지만 제 생각에는 천 명이 넘는 사람들, 수천 명이 넘는 사람들은, 아주 영적인 사람들이라고 생각합니다. 이 중국인의 대부분은 중국 본토에서 왔고, 지금은 중국 본토에서 오는 중국인이 매주 있습니다. 우리는 만날 때마다, 대개는 울게 돼요.

NDTV: 울어요?

DL: 울지요. 중국 본토에 있는 우리 중국 불교도들을 잊지 말아 달라는 그런 말도 합니다. 그래서 저 자신도 가끔은 너무 슬퍼요.

444

티베트 사람들도 있고, 그들은 저에게 부탁합니다. 존자님, 빨리 티베트로 오세요라고요. 그럼 대답하죠. 이건 제가 돌아가고 싶은 마음이 있는지 없는지의 문제가 아닙니다. 그건 아니지요. 중국 정부가 긍정적인 신호를 보내는 즉시, 저는 그곳에 갈 준비가 되어 있다고 말했습니다. 저는 그렇게 그곳에 갈 것입니다. 그래서 어떤 면에서는 아주 많은 감정을 느낍니다. 저 또한 매우, 매우 감동받곤 했습니다.

NDTV: 하지만 당신은 모든 것이 어떻게 정치화되는지 알죠. 비록 아무도 원하지 않을 지라도요. 예를 들어, 당신은 델리에서 열리는 불교도 회의에서 연설하실 예정이었죠. 기억하십니까? 그리고 연설을 하셨죠. 중국은 당신이 델리에서 열리는 그 회의에서 연설하는 것을 원하지 않았고, 인도와 중국 사이의 국경 협상은 인도가 그 조건을 받아들이지 않아 취소되었습니다. 좋든 싫든, 존자님께서는 티베트 문제로 중국과 인도 사이에서 정치의 중심에 계십니다. 그래서 그 일이 일어났을 때 어떻게 대처하셨습니까?

DL: 그건 제 작품이 아니라 중국의 작품이죠. 어떤 면에서는 좋아요. 중국 정부는 달라이 라마의 활동에 대해 더 크게 선전을 하는 데 매우 큰 도움이 됩니다. 하지만 이것들은, 지금은, 꽤 일상적인 것들이에요. 더 이상 신경 쓰지 않습니다, 아시겠지요. 저는 보통 이런 생각을 하지 않습니다. 저는 저 자신의 활동, 승려로서 진정한 동기를 갖고 부처님의 추종자로서 자신의 일을 하고 있습니다. 그게 다예요. 그리고 이 사람들이 절 악마로 여기고, 어떤 사람들은 절 활불로 여기고, 어떤 사람들은 절 과학자로 여기고, 어떤 사람들은

달라이 라마로 여깁니다. 상관없어요, 그들이 뭘 느끼든지요.

NDTV: 당신은 스스로를 무엇이라고 생각합니까?

DL: 그냥 사람일 뿐입니다. 첫째, 저는 그저 사람일 뿐입니다. 우린 정확히 정신적으로, 감정적으로, 육체적으로 똑같습니다. 우린 똑같아요. 70억의 인간들, 모두 똑같아요. 아주 간단한 이유죠. 우리는 같은 방식으로 태어났고, 같은 방식으로 살고, 같은 방식으로 죽고, 매일 더 행복한 삶을 원합니다. 모두가 똑같습니다. 모든 사람은 같은 권리를 가지고 있습니다. 그럼 이차적으로, 전 불교도입니다. 저는 불교 승려입니다. 다른 많은 사람들이 신자이듯이, 저도 어떤 깊은 가치를 받아들입니다. 셋째로, 저는 티베트인입니다. 이런 식입니다.

NDTV: 당신은 저에게 누구에게도 신인(神人, God-man)으로 여겨지고 싶지 않다고 말한 적이 있습니다. 당신은 스스로를 그렇게 생각하지 않으시죠.

DL: 예, 제가 아까 말했던 게 그겁니다. 그저 사람입니다.

NDTV: 장난꾸러기, 당신은 정말 장난꾸러기세요.

DL: 제 가장 친한 친구인 노벨상 수상자 투투 씨는 저를 장난꾸러기 달라이 라마라고 표현하곤 했습니다.

NDTV: 아프리카에서 온 간디의 손녀로부터 마하트마 간디상을

수상하셨습니다. 혹시 그것이 남아프리카에서 비자를 받지 못했던 안타까운 사건을 상쇄시킬 수 있었을까요? 그것이 당신을 아프게 했습니까? 여긴 넬슨 만델라의 나라인데 당신이 오지 못하게 막았으니까요.

DL: 좀 슬프긴 했지만, 괜찮아요, 문제없어요. 사실, 그들의 비자 거부로 인해 더 많은 선전이 되고 있는 것 같아요. 그러니 좋습니다. 하지만 그 당시 텔레비전 비디오를 통해 저는 오랫동안 존경했던 친구이자 영적인 형제 투투 주교와 아주 멋진 대화를 나눴습니다. 잘됐어요. 문제없답니다.

NDTV: 다람살라에서 일흔다섯 번째 생일에 만났을 때, 당신은 언젠가 고향으로 돌아갈 거라고 여전히 낙관한다고 말했어요. 당신은 또한 매우 실용적인 지도자입니다. 당신은 실용적인 사람이에요 당신은 정말 당신이 살아생전에….

DL: 아, 네.

NDTV: 상황이 이런데도 여전히 가능하다고 생각하세요?

DL: 오, 그럼요. 지난 만남 이후로 많은 변화가 있었습니다.

NDTV: 어떤 변화가 있습니까?

DL: 한 가지 변한 것은 티베트 본토의 매우 강한 티베트 정신입니다. 어린애들을 봐도 이젠 티베트 정신이 아주 아주 강합니다. 99% 이상이 티베트 공산당원이자 공산주의자이며, 군사 분야와 민간 분야에서도 어떤 종류의 계급을 가지고 있는 것 같습니다. 99%가 1위를 티베트인으로 보고 있습니다.

티베트인의 말이 맞습니다. 이런 거죠. 굉장히 강해요. 다른 한편으로는 중국의 영리한 작가들과 많은 중국 은퇴 관리들이 시간이 지날수록 문제의 본질에 대해 더 잘 인식하게 되었습니다. 아주 많은 사람들, 적어도, 수백 명 모두를 만났고, 그들은 연대감을 보였습니다. 우리의 중도[23] 어프로치를 지지하고 있고, 아시다시피, 티베트의 엄격한 비폭력 원칙을 지지합니다. 그리고 중국인이 쓴 중국어로 된 기사도 많이 봤습니다. 수천 명이 넘는 사람들이 우리의 입장을 전적으로 지지하고 그들의 정부 정책에 대해 매우 비판적입니다. 그리고 최근 원자바오 중국 총리는 총리로서 중국의 정치 개혁이 필요하다고 여러 차례 밝혔습니다. 그리고 어느 정도까지는 중국이 서구식 민주주의가 필요하다고 언급하기도 했습니다. 며칠 전에 중국인 몇 사람을 만났습니다. 저는 그들에게 쾌활하게 말했었습니다. 당신이 당신 총리의 의견에 동의하지 않는다면, 그 총리는 해임되어야 한다고 말이에요. 만약 당신이 그의 말에 동의한다면, 총리가 바라는 바를 이행해야 합니다라고 몇몇 중국인에게 말했지요.

NDTV: 하지만 당신은 희망을 잃지 않고 있네요.

DL: 네 그렇습니다. 그리고 보시다시피, 중국의 상황은 긍정적으로 변하고 있습니다. 이제 긍정적인 징후들이 점점 더 늘어나고 있어요.

---

23 원서에는 middle wave로 되어 있는데, middle way의 오식으로 보인다. (역주)

기존 시스템은 작동하지 않습니다. 작동하지 않았다는 말이에요. 그래서 뭐가 문제일까요? 조만간, 그들은 더 현실적인 종류의 정책을 찾아야 합니다. 현실을 받아들이고 직시해야 합니다. 이미 언급한 바와 같이, 사실에서 진실을 찾는 것은 매우 과학적인 일입니다. 그러니 사실은 사실이어야 하지 인위적인 사실은 안 됩니다.

NDTV: 중국인은 당신이 속임수로 정치적 역할을 포기하는 거라고 믿습니다. 속임수라는 겁니다. 그리고 당신은 농담인지 진담이셨는지 모르겠지만, 당신이 물러났듯이 중국 공산주의자 일부도 은퇴를 고려해 봐야 한다고 말씀하셨습니다. 그런 일이 정말 일어날 것 같습니까?

DL: 가끔 농담을 말하기도 하는 거죠. 중국 공산당이 집권한 이후 60년이 흘렀습니다. 그래서 이제 많이, 뭐랄까, 뭐랄까요, 뭐라고 말해야 할지 모르겠는데, 퇴보한 것 같습니다. 마르크스주의 이념이 많이 퇴보했습니다. 그러니 이제, 그들도 나처럼 우아한 은퇴를 생각해야 할 때가 왔습니다.

NDTV: 후계자가 누가 되느냐에 따라 많은 것이 달라집니다. 중국인도 차기 달라이 라마를 임명하거나 지명하거나 찾기를 원합니다. 그래서 당신은 그것에 대해 결정을 내렸나요? 아니면 그것이 당신 살아 있는 동안 일어날 일인가요?

DL: 서두르지 마세요.

NDTV: 서두르지 말라고요? 왜 서두르지 않는 거지요?

DL: 공식적으로, 저는 최근 몇 달간 공식적으로 한 가지 진술을 했습니다. 그리고 분명히 말했어요. 제 나이가 85세가 넘었을 때 그 무렵, 그렇게 의논해 보겠습니다. 최근에, 저는 모든 최고 영적 지도자, 티베트의 영적 지도자들과 논의했습니다. 우리가 몇 년을 지내면서, 가끔 만나면서, 논의했습니다. 이번에도 우리는 만났고 마침내, 그들은 모두 동의했습니다. 지금은 서두를 필요가 없다고요. 그러니 10년만 더 기다려요. 그럼 제가 다시 한번 그들과 상의해 보고 최종 결정을 내리고 나서 결정하도록 하겠습니다. 그런 식으로. 그러나 어쨌든, 그 옛날 제가 69세에 말씀드린 바와 같이, 달라이 라마의 제도가 계속되어야 할지는 티베트인에게 달려 있다고, 여전히 그렇게 믿고 있습니다.

NDTV: 여전히 그렇게 믿습니까?

DL: 아, 그럼요, 결국엔 티베트인이 결정해야 합니다. 그들은 어느 정도 결정을 내려야 해요. 그런 식으로요. 그러니 서두르지 마세요.

NDTV: 당신은 또한 다음 달라이 라마는 여성이 될 수도 있다고 말했죠.

DL: 예.

NDTV: 그런 일이 일어날 수 있다고 생각하세요?

DL: 전, 아시다시피, 이건 그냥 농담 같은 것이 아닙니다.

450

NDTV: 진지하신 거지요?

DL: 진지하게 하는 이야기에요. 왜냐면 당신도 아시다시피 아주, 아주 오랜 고대에 인류는 남녀가 평등하다는 걸 알았기 때문이죠. 모든 사람은 평등하고 지도자의 개념이 없었습니다. 그러다 결국엔 인구가 증가했고, 토지 경작, 이런 것들을 보게 되었죠. 그러다 결국 약간의 다툼이나 부당함이 생기게 되고, 그래서 여러분이 보는 리더십 이라는 개념이 등장하게 됩니다. 그때는 교육의 역할이 없었습니다. 그래서 다른 동물들처럼 리더가 되기 위해 체력이 필요했습니다. 그러다가 결국 교육이 발전했습니다. 그리고 나서 교육이 더 많은 평등을 가져옵니다, 남녀 사이에요. 하지만 여전히, 우리는 남성 우위라는 어떤 습관을 갖게 되었어요. 현대 교육, 일반 교육, 두뇌 발달에 대한 교육도 훌륭합니다. 고도로 발달했지만 따뜻한 마음씨 (warm-heartedness)에 대한 교육은 부족했습니다. 한 가지 방법은, 우리는 종교에 많이 의존하고 있습니다. 그것 또한 우리가 보편적으로 모든 것을 커버할 수는 없습니다. 보편적으로는. 그래서 교육만 해도 따뜻한 마음씨에 대한 교육을 포함해야 합니다. 신자든 비신자든 교육은 모두를 위한 것입니다. 마찬가지로 따뜻한 마음씨를 위한 교육은 모두를 위한 것이어야 하며 모두를 대상으로 해야 합니다. 따뜻한 마음씨를 교육하는 것은 인도의 전통, 세속 교육, 세속적인 방식으로 하는 교육입니다. 그러니 이제, 여기서, 그러니, 때가 왔습니다. 인간의 자비심과 애정을 드높이기 위해 모든 노력을 기울여야 합니다. 그런 면에서, 여성은 생물학적으로 타인의 고통에 더 민감하죠. 그러므로 인간의 자비심을 고취하기 위해 특별히 노력해야 할

시기입니다. 여기서는 여성이 그 분야에서 더 많은 책임을 져야 합니다. 그래서 이와 관련해서 일종의 영적 지도자가 있다면, 그것은 여성입니다. 티베트 전통에서, 이 나라에서 가장 높은 지위를 차지하고 있는 이들 중 하나는, 지난 6~700년 동안, 항상 여성이었다고 생각합니다. 네, 그렇습니다. 여성 달라이 라마가 더 유능하고, 인간적 가치를 고취하는 데 더 도움이 되지요. 여성이어야 합니다.

NDTV: 마지막으로 묻겠습니다만, 당신은 희망적이라고 말하면서도 다음 일에 대해서는 좀 걱정하고 있는 것이 아닙니까? 즉 중국이 세계를 상대로 일종의 경제적 영향력을 행사하고 있다고 말하는데, 중국인이 갖고 있는 순전한 경제적 힘이 티베트 대의를 위한 전 세계적 지지를 감소시키고 있다고 말하기 때문입니다. 예를 들어, 지난 몇 년 동안 워싱턴의 오바마 정부가 당신에게, 당신의 활동에 대응하는 방식에 대해 실망하셨습니까? 실망하셨죠?

DL: 아니, 아니, 아니, 아니, 아닙니다. 물론, 분명히, 경제는 매우 중요합니다. 따라서 모든 정부는, 어떻게 말해야 하나, 아니 모두가 중화인민공화국과 긴밀한 관계, 좋은 관계를 유지하려고 노력하고 있습니다. 좋아요, 문제없지요. 그러나 한편, 티베트 문제와 중국 자체의 인권 문제는 문제입니다. 이 모든 분야와 많은 합리적인 정부들이 노력을 기울입니다. 많은 경우, 보다시피, 그들은 중국인의 상대를, 때로는 공개적으로, 때로는 배후에서 만났습니다. 특히 미국은, 아시다시피, 몇몇 전직 대통령들 모두 정말, 정말 응원해 줍니다. 그리고 오바마 대통령도 멋지고, 아주 좋아요. 그래서 저는 꽤 만족합

니다. 그럼 당연히 진짜 관건은 그들이 얼마나 할 수 있느냐 하는 거겠죠? 그건 팔레스타인 문제와 같습니다. 많은 나라들이 진지하게 걱정하지요. 하지만 막상 직면하면 좀 어렵죠. 실질적인 변화 같은 것은 꽤 어렵습니다. 그렇지 않습니까? 자, 이제 양쪽을 다 보면, 양쪽이 강하고, 단단하고, 강경하면 어려워집니다. 그래서 그들은, 오늘날의 세계에서, 그 강경한 태도로는 문제를 해결하지 못할 것입니다. 말하자면 화해의 정신, 그리고 대화의 정신이어야 합니다. 반반이어야 합니다. 한쪽은 이기고 한쪽은 지는 건 불가능합니다.

NDTV: 달라이 라마에게 어떤 악덕이 있나요? 당신은 성자이신데, 자신에 대해 후회하거나 마음에 들지 않는 잘못이 있다고 생각하시나요? 마음에 안 드는 게 있나요? 당신이 고기를 먹어야 할지 말아야 할지 고민했다고 말해준 게 기억납니다. 그래서 후회하거나 인간적인 관점에서 본 자신의 결점은 없나요?

DL: 만약 제가 저 자신을 신이라고 생각한다면, 이 질문은 해당 사항 없습니다.

NDTV: 하지만 당신은 스스로를 신이라고 생각하지 않지요?

DL: 제가 인간이라고 말했잖습니까? 너무나 당연합니다. 그걸 당신은 알아야 하고, 이해하셔야 해요. 그래서 요즘은 다람살라에서 아주 두꺼운 옷을 가지고 다녀요. 그래서 제가 여기 도착하면, 너무 덥습니다.

NDTV: 너무 춥나요?

DL: 아니요.

NDTV: 너무 덥나요?

DL: 한때는 아주 덥고 다른 때는 상당히 춥습니다. 그래서 가끔은 측은한 생각도 듭니다. 좀 얇은 옷을 들고 다녀야겠어요. 이것도 작은 실수입니다. 하지만 문제없어요.

NDTV: 하지만 정말 심각하게 후회하시는 건 없나요? 마지막 질문 인데요. 당신은 트위터를 하시지만, 컴퓨터를 사용해 본 적은 없으시 지요.

DL: 모릅니다.

NDTV: 어떻게 하는지 모르십니까? 사용할 계획은 있으세요?

DL: 저는 여기에 관심이 있지만 제 생각에 이건 관심 부족 때문인 것 같습니다. 그래서 특별한 노력을 한 적이 없습니다. 그래도 상관없 습니다. 5대 달라이 라마는 자서전에서 자신이 문법 같은 것에 큰 주의를 기울이지 않았다고 말했습니다. 그는 달라이 라마니까 어쨌든 그곳에서 좋은 필자를 찾을 수 있을 것이라고 느꼈기 때문입니다. 그래서 그는 많은 관심을 기울이지 않았어요. 그도 저도 그런 일에는 관심이 없었습니다. 저는, 어쨌든, 그런 것들에 대해서는 그런 일을 할 수 있는 사람을 찾을 것입니다. 그것이 더 낫습니다. 제 뇌와 시간은 영적 영역과 세속 윤리에[24] 쓰는 편이 더 낫습니다. 그 분야에서

454

저는, 세상 속에서 제 시간을 보는 것 같습니다. 그리고 저만의 명상을 요. 아까도 말씀드렸듯이 매일 시작해요. 요즘은 낮에도 시간이 드는 일이 많아서 새벽 2시에 일어납니다.

NDTV: 새벽 2시요?

DL: 2시, 그리고 6시까지 삶의 대부분은 명상, 그리고 이런 것들을 마쳐야 한답니다. 그런 거예요. 그런 거죠. 그래서 그게 제 진짜 관심사에요. 다른 건 별로 관심이 없어요.

NDTV: 얘기 즐거웠습니다. 언제나처럼요. 감사합니다.

DL: 감사합니다.

48. 티베트: 제3극

- 티베트 관련 제6차 세계의원 총회 연설, 오타와, 2012년 4월 27일 -

의장님, 오랜 친구, 새로운 친구, 그리고 여기에 모이신 진리의 지지자 여러분!

오늘 저는 평소와 똑같은 얼굴로 여러분 앞에 있고, 저는 같은

---

24 원서의 circular ethics은 secular ethics의 오식으로 보인다. (역주)

사람입니다. 하지만 정치적, 세속적 역할에 관한 한, 저는 이제 책임이 없습니다. 저는 선출된 정치 지도부에 저의 정치적 권한을 자랑스럽고, 행복하고, 자발적으로 이양했습니다. 저는 은퇴했을 뿐만 아니라, 자동으로 티베트의 세속적, 영적 지도자가 되는, 4세기가 된 달라이 라마 제도도 이제 끝났습니다. 보통 우리가 '위대한 5대 달라이 라마'라고 부르는 5대 달라이 라마가 이 전통을 시작했는데, 이제 시대가 달라졌으므로 이 보잘것없는 14대 달라이 라마는 정말로 이 제도를 종식시켰습니다.

저는 이 세상이 인류의 것이라고 항상 믿습니다. 캐나다는 여러분의 정당이나 다른 정당에 속하는 것이 아니라 캐나다 국민의 것입니다. 작년에 제가 미국에 있을 때 미국인들에게 미국은 약 3억 명에 달하는 미국인의 것이지 공화당이나 민주당의 것이 아니라고 똑같은 말을 한 적이 있습니다. 그러므로 당연히 티베트는 달라이 라마의 것이 아니라 600만 티베트인의 것입니다. 그래서 국민을 통치하는 가장 좋은 방법은 국민 자신에 의한 통치이고, 민주주의 체제는 작은 단점이 있더라도 최선입니다.

저는 어린 시절부터 민주주의에 대한 동경이 있었습니다. 그래서 1959년 망명하면서부터 망명 정치체제의 민주화 작업을 시작했습니다. 우리는 2001년에 정치 지도부를 선출할 수 있었습니다. 그 이후로 제 지위는 반 은퇴 상태였습니다. 이제 10년이 지났습니다. 지난해 지도부를 선출하는 데 우리 공동체가 상당히 성숙한 자세로 정치에 참여한 것 같았습니다. 그래서 저는 그때가 정치 지도부를 넘겨주고 거기에서 물러날 적기라고 생각했습니다. 따시 왕디라(Tashi Wangdila)가 후보 중 하나였지만 불행하게도 그는 패배했습니다. 텐진 남걀 (Tenzin Namgyal), 그는 여기 없지만 그도 패배했습니다. 롭상 상게 박사가 선거에서 승리했습니다. 우리의 의장과 선출된 지도자 두 사람 모두 인도에서 태어나고, 자라고, 교육받았습니다. 롭상 상게는 마침내 하버드 대학을 졸업했습니다. 그래서 젊은 세대들이 통치를 완전히 책임질 수 있는 능력이 있다는 것이 저는 정말 기쁩니다.

홀륭합니다. 그것은 티베트인의 투쟁이어야 합니다. 티베트는 티베트인에 속한 고대 국가이기 때문에 이 투쟁은 반드시 그들 스스로가 수행해야 합니다. 어느 한 사람에게 의존해서는 안 됩니다. 비밀 하나를 알려드리자면, 공식적으로 정치적 책임을 이양한 그날 밤 매우 드물게도, 깊은 잠을 잤다는 것입니다. 저는 정말 행복합니다.

이제 저는 제 두 가지 책무에 시간과 에너지를 쏟을 수 있게 되었습니다, 첫 번째 책무는 개인, 가족, 사회가 행복하게 되고, 종내에는 70억 인류가 더 행복한 세상을 만들기 위해 인간 가치를 드높인다는 책무입니다.

두 번째 책무는 종교적 화합을 고취하는 것입니다. 이제 이 두 분야에 헌신할 시간이 많아졌습니다. 지금이 좋습니다. 정치에 대해 까다로운 질문이 생기면, 저는 지금 은퇴했고 제 책임이 아니라고 편안하게 말할 수 있습니다. 티베트의 정치 지도자가 답할 거라고요. 그래서 모든 정치적 담론과 티베트 관련 문제에 대해서는, 롭상 상게가 숙고할 것입니다. 저는 여러분들이 우호적인 논의를 했고 현실적인 제안을 했다는 것을 의심하지 않습니다.

저는 여러분과 두 가지 이야기를 하고 싶은데, 첫째는 티베트의 자연환경입니다. 이것은 티베트뿐만 아니라 중국, 베트남, 캄보디아, 태국, 버마, 방글라데시, 인도, 파키스탄에 살고 있는 10억 명이 넘는 인간에게도 이익이 된다고 생각합니다. 왜냐하면 그 나라들을 흐르는 큰 강들은 티베트고원에서 발원하기 때문입니다.

기후 전문가들에 따르면, 지구 온난화로 인해 티베트의 기온이 0.1에서 0.3도 정도 상승했다고 합니다. 일부 중국 생태학자들은 티베트고원이 지구 온난화에 미치는 영향이 남극과 북극이 미치는 영향과 비슷하기 때문에 티베트고원을 '제3극'이라고 불렀습니다.

현재 일부 중국 전문가들은 우려를 나타내고 있습니다. 저는 외부 세계도 티베트 자연환경의 심각성에 대해 우려를 표명해야 한다고 생각합니다. 다른 나라들과 달리, 티베트는 공산주의의 전체주의 체제 때문에 환경과 그 장기적인 결과에 크게 신경 쓰지 않습니다. 게다가 부정부패로 인해 정부가 부과하는 제약이 있습니다. 일부 중국 기업과 지방 관리들은 법을 어기고 삼림 벌채와 채굴에 몰두합니다. 정치계급과 지도층이 부패하지 않으면 이런 문제를 쉽게 해결할 수 있습니다. 이는 정말 중요하다고 생각합니다. 그러나 생태적 피해가 발생한다면 회복이 매우 어렵고 되돌릴 수 없을 때도 있습니다.

둘째, 티베트 문화유산입니다. 여러 불교 국가에서 온 불교인들을 만나면서 티베트 불교 전통이 날란다 전통에서 직접 유래했다는 것을 알게 되었습니다. 이 전통에서는 논리 연구를 강조합니다. 그래서 티베트 불교 전통은 불교 논리를 사용하는 데 있어서 독특한 것 같습니다. 대부분의 날란다 거장들은 글을 쓸 때 논리를 사용했습니다. 그러므로 논리에 대한 적절하고 엄격한 연구가 없다면, 이러한 날란다의 위대한 사상가들과 철학자들을 이해하기가 어렵습니다. 예를 들어, 불교 교학 훈련에서 티베트 전통은 논지와 추론에 따른 진술을 사용합니다. 중국어나 현대 힌두어와는 비교가 안 될 정도로 설명과 언어 양식이 잘 발달해 있습니다. 티베트어는 그런 면에서 매우 발달한 것 같아요. 대만에 있는 불교 단체에 있는 몇몇 친구들은 매우 중요한 서적들을 진지하게 공부합니다. 그들은 그러한 논리적인 접근방식을 사용하는 것이 추론에 매우 필수적이라는 것을 발견했고, 그래서 그들은 티베트어를 공부할 수밖에 없었습니다. 저는 어떤 사진에서 그들 중 몇백 명은 티베트 방식으로 토론하고 있고 그들 모두가 티베트어로 말하고 있는 것을 보았습니다. 그들은 그런 공부 방식이나 토론에서 중국어를 사용할 수 없습니다.

물론, 이번 만남은 오랜 친구들을 만날 수 있는 기회이기도 합니다. 여러분 대다수는 약간 변했지만, 많이 변하지는 않았어요. 그 변화가 좋은 것 같아요. 여러분은 더 경험이 풍부해졌고 현명해 보이고, 어떤 분들은 여기 머리가 더 반짝이고, 어떤 분들은 흰 머리카락이 더 많아졌습니다.

저는 티베트 불교 전통를 보전하는 게 600만 티베트인의 이익뿐만 아니라 전 세계의 이익을 위한 것임을 정말로 느낍니다.

지난 30여 년 동안 많은 과학자들이 감정, 마음, 그리고 어떻게 감정을 다루어야 하는지에 대해 겨우 그저 그런 관심만 보인 게 아니라, 더 많은 정보를 얻고 싶어 하는 열망을 보여주고 있습니다. 그들은 티베트 불교학자들에게 많은 관심을 보였고 그들과 협력해 왔습니다. 우리는 단지 불교만이 아니라 인간의 마음과 감정, 그리고 어떻게 긍정적인 감정을 증진시키고 일으킬 수 있는지에 대해 이야기하고 있습니다. 그래서 비신자나 비불교도에게도 그런 지식이 유용하고, 논리적인 접근이 학문적 훈련의 일부라고 저는 생각합니다.

지난 '마음과생명컨퍼런스(Mind and Life Conference)'에서 한 과학자는 티베트 토론 스타일을 받아들여서 다른 현대적 주제와 교육 분야에서 그것을 적용하고 싶다고 말했습니다. 저는 그에게 충분히 가능하다고 했고, 우리는 그렇게 해보고 있습니다. 따라서 이러한 전통의 보존은 불교계의 이익이면서 학계의 이익이기도 합니다.

가끔 저는 법을 공부하는 사람들이나 학생들에게 불교 논리를 좀 공부한다면 그들은 더 날카롭고 명료한 변호사가 될 것이라고 농담 삼아 말합니다. 그들은 약한 논거를 강화시킬 수 있어요. 그래서 어쨌든 중요한 것은 티베트 불교문화를 보존하는 게 중요하고 매우 가치 있다는 것입니다.

두 번째로 저는 불교와 불교문화를 구분합니다. 불교는 불교도를 위한 것이고 불교문화는 사회와 관련이 있습니다. 그리고 저는 티베트 불교문화를 평화, 비폭력, 자비심의 문화라고 말합니다. 그래서 그러한 문화는 폭력이 많은 곳에 살아가는 사람들에게 매우 유용합니다. 폭력은 하늘에서 오는 것이 아니라 의심과 불신으로 인해 결국 마음에서 오는 것입니다. 그런 방식으로 좌절과 분노가 오고, 폭력이 옵니다. 그러므로 폭력에 맞서기 위해서는 여러분은 폭력의 궁극적인 근원을 다루어야 합니다. 마음을 바꾸세요. 기도와 명상은 마음을 바꾸지 못하지만 논리적 사고를 통해서는 바꿀 수 있어요.

그러므로 교육을 통해 우리는 더 자비로운 가정과 사회를 만들 수 있습니다. 저는 티베트 불교문화를 보존하는 것이 매우 가치 있다고 생각합니다. 그래서 인권이나 다른 권리 외에도 티베트 문화와 불교 전통이나 지식(불교적 방식)을 보존하는 것에 대해 여러분이 관심을 표명하는 것이 정말 중요하다고 생각합니다.

티베트인의 투쟁과 관련해서 티베트 본토의 상황은 매우 심각합니다. 크게 원한을 표출하면 이는 탄압으로 이어집니다. 시위 횟수가 늘어나면 중국군, 고문, 체포가 늘어나기 때문에 사태가 매우 심각합니다.

자유세계에 사는 우리가 그들의 메시지를 전달해야 합니다. 우리는 티베트 본토의 티베트인의 대변자입니다. 그들은 그저 나날이 두려움과 고통을 안고 살아갑니다. 그것은 정말로 심각한 일이에요.

저는 티베트 정신이 정말 강하다고 생각합니다. 공산주의 통치하에서 태어나고 자란 젊은 세대들의 티베트 정신은 매우 강합니다. 탄압이 강해지자 티베트 정신은 더욱 강해졌습니다. 그것이 현재의 티베트의 상황입니다.

신장이나 내몽골에도 위기가 닥치고 있습니다. 중국 당국이 소수민족에 대한 비현실적인 기존 정책을 고수하고 있기 때문입니다. 그런 정책은 단결과 안정을 가져오지 않을 것입니다.

반면 중국 자체에서는 언론의 자유에 대한 목소리가 높아지고 있습니다. 심지어 중국 총리 자신도 여러 차례 정치 개혁이 필요하다고 말했고, 최근 중국에서 일어난 사건 이후 일부 자유주의적 사유를 하는 지도자들이 우세합니다. 이것은 긍정적인 국면이에요. 우리 지지자들이여, 절망하거나 낙담하지 마세요. 지난 몇 년간 여러분의 지칠 줄 모르는 노력이 정말 큰 영향을 미쳤습니다. 앞으로도 지속적인 응원 부탁드립니다.

여러분의 응원을 잊지 않겠습니다. 티베트는 매우 힘든 시기를 겪고 있습니다. 유일무이한 문화를 가진 이 고대 국가가 사멸할 위험에 처해 있습니다.

여러분은 형제자매로서 연대를 보여주셨고 정말 뭔가를 하고 싶어 하셨는데, 정말 감사드립니다. 티베트인을 대표해서 우리 세대뿐만 아니라 다음 세대들도 당신의 지지를 기억할 것이라고 생각합니다.

정말 감사합니다.

49. 민감한 정치적 이슈

- BBC 라디오 인터뷰,[25] 런던, 2012년 5월 18일 -

BBC: 당신의 첫 번째 고향은 물론 티베트고 당신은 망명한 이후로 인도에서 계속 살고 있습니다. 당신은 항상 당신이 살아 있는 동안 언젠가 티베트가 자유로워질 것이라는 희망을 기대한다고 말해 왔습니다. 아직도 그렇게 말씀하십니까?

DL: 물론이죠. 왜 안 그러겠어요? 첫째, 비록 우리가 피난민이

---

25 2012년 5월 14일 템플턴상을 받은 후 런던에서 BBC라디오 진행자 사라 몬태규(Sarah Montague)와의 대화에서.

되었을 때 많은 티베트인이 그것이 몇 년 동안만 있을 문제라고, 몇 년만 있으면 돌아갈 기회가 있을 거라고 느꼈습니다. 일이 쉽지 않아 수십 년이 걸릴 수도 있었습니다. 그래서 처음부터 우리의 슬로건 은 '최선을 바라되 최악의 경우를 대비하라'였습니다. 지금은 53년이 흘렀지만, 그동안 중국 본토, 특히 지난 10~15년 동안 많은 변화가 있었습니다. 그리고 그것은 여전히 변하고 있습니다. 결국 민주주의, 개방 사회, 개인의 자유 등 인간의 가치들은 우리의 기본권입니다. 그래서 결국 사람들의 이해와 인식, 그리고 경제적 조건도 나아질 것입니다. 저는 이러한 바람을 멈출 수 없다고 생각합니다. 상황은 변할 것입니다.

BBC: 지난 1년 동안 아랍의 봄에 무슨 일이 일어났는지 보고, 티베트의 34명의 비구, 비구니 스님들이 티베트에서의 실상을 알리기 위해 분신자살한 것을 보면, 많은 것들이 변하고 있는 것처럼 보이지 않습니다. 중국은 여전히 이것에 대해 비타협적인 것 같습니다. 저는 당신이 지금 왜 그렇게 희망적인지 궁금합니다.

DL: 그것은 매우 민감한 정치적 문제이고, 작년에 완전히 은퇴했기 때문에 저는 정치적인 문제에 대해서는 언급하지 않습니다. 그렇긴 해도, 중국 정부는 여전히 중국인에게 분신자살 사건들을 비밀로 하고 있습니다. 며칠 전, 중국 정부는 티베트에서의 분신자살 사건에 대해 우리를 희생양으로 삼는 영문판을 발간했습니다. 하지만 그들은 자국민에게는 민감해서 중국어로 이런 사건들에 대해 일체 언급하지 않았습니다. 만약 (중국) 사람들이 이것을 안다면 그들은 자연히

왜 그럴까, 하고 문제를 제기할 것입니다. 그렇다면 (중국 정부로서
는) 설명하기 쉽지 않을 것입니다.

BBC: 당신은 이제 76살입니다. 당신은 살아 있는 동안 티베트로
돌아갈 수 있다고 상상이나 할 수 있나요?

DL: 저는 실질적인 수준에서는 꽤 건강하다고 생각합니다. 그래서
앞으로 10년, 20년을 더 기대하고 있습니다. 그래서 그 기간 안에,
상황은 분명히 바뀔 것입니다.

BBC: 상황이 분명히 변할 것이라는 말씀이군요. 하지만 당신은
중국 정부와 아무런 소통이 없었습니다. 들리는 얘기로는 겉으로
봐선 아무것도 없다는데요.

DL: 정부 차원에서는, 작년 초부터, 아무런 연락도 없었습니다.
그러나 중국 국민과의 접촉은 주로 우리가 할 수 없는 공개적인 만남이
나 대화를 통해서가 아니라, 지식인, 작가, 은퇴한 관료들과 상당히
긴밀한 접촉을 하고 있습니다. 지난 몇 년 동안 저는 개인적으로
학생, 교수, 작가, 사업가 등 천 명이 넘는 중국인을 만났습니다.
그들 중 일부는 지도자들과 매우 긴밀한 관계를 맺고 있습니다. 실상을
이해하는 거의 모든 사람이 연대감을 보인다고 생각합니다. 그리고
중국 불교도 수 천 명 만난 것 같아요. 그들은 티베트 불교를 배우고
따르는 데 매우 열심입니다. 상황이 변하고 있습니다.

BBC: 하지만 당신은 중국 요원들이 당신을 암살하려는 음모가

있었다는 사실에 대해 스스로 이야기했습니다.

DL: 네, 우리는 몇 년 전에 어떤 중국 요원들이 몇몇 티베트 사람들을 모집한다는 정보를 받았습니다. 주로 여자분들이었죠. 머리나 스카프에 독을 가지고 다닌다는 그런 정보를 받았습니다. 이것이 사실인지 아닌지는 교차 확인이 불가능합니다.

BBC: 사람들은 당신을 만지고 싶어 하고 항상 당신이 자신들을 만져줬으면 하고 원합니다. 그런 행동이 그저 가정에 그치는 것이 아니라, 당신을 좀 더 겁나게 하나요?

DL: 99%의 사람들이 저를 사랑하는 것 같았어요. 그래서 제가 항상 그들의 친 형제자매처럼 느껴질 수도 있어요. 하지만 그 사이에 제 관리들은 조금 조심을 하곤 합니다.

BBC: 중국이 티베트에 하는 짓에 대해 화가 난 적이 있나요?

DL: 아뇨, 전혀요. 소용없습니다. 그런데 제 측근들이 여기저기서 실수하면, 왈칵 화가 나죠.

BBC: 하지만 당신은 중국 정부에게 절대 화를 내지 않습니다.

DL: 소용이 없어요. 분노가 생기면 저 자신이 고통스럽지요. 그것은 우리의 문제에 도움이 되지 않을 것입니다. 예를 들어, 2008년 위기와 3월 10일에, 저는 1959년 3월 10일에 겪은 것과 거의 같은 경험을 했습니다. 무력감, 두려움, 그리고 비통함입니다. 그런 다음 저는 이러한 결정을 내린 중국 관리들과 중국 지도자들을 시각화합니다.

우리가 주고받는 수행을 통해서,[26] 그들의 두려움, 분노, 의심을 받아들이고, 그들에게 제 자비심과 용서를 줍니다. 그런 수행이 마음의 평화를 유지하는 데 큰 도움이 됩니다. 만약 제가 그들에게 화를 낸다면, 그 분노는 그들에게 해를 끼치지 않고 저 자신을 해칠 것입니다.

50. 명실상부한 자치: 현실적인 해결책

- 더 힌두(The Hindu)지와의 인터뷰,[27] 2012년 7월 9일 -

더 힌두: 당신이 정치적 권한을 포기하기로 결정한 후, 당신이나 티베트인은 어떻게 적응해 왔습니까?

달라이 라마: 저는 매우 행복합니다. 사실, 제 비밀 하나는 제가 공식적으로 모든 정치적 책임을 이양하기로 발표한 날 밤, 저는 정말 유난히 깊게 잤다는 것입니다. 꿈도 꾸지 않았습니다. 아주 깊이 잠들었어요. 어쨌든 전 정말 늙어가는 것 같습니다. 우리의 투쟁은 한 나라의 권리를 위한 이슈이고 투쟁입니다. 그 책임은 티베트인 스스로 져야 하며, 한 사람에게만 의존해서는 안 됩니다.

선거 기간 동안, 저는 티베트 사회에서 그들이 진정한 관심과 책임감

---

26 똥렌 명상을 말한다. (역주)

27 더 힌두의 아난트 크리슈나(Ananth Krishna)는 2012년 7월 6일 달라이 라마의 77번째 생일에 달라이 라마를 인터뷰했다.

을 보이고 있음을 알게 되었습니다. 이것은 저 자신의 은퇴일 뿐만 아니라 4세기 전 시작한 티베트 전통의 은퇴이기도 합니다. 이제 그것은 끝났습니다. 자랑스럽고, 자발적으로, 행복하게.

더 힌두: 베이징과의 회담 특사 로디 갸리(Lodi Gyari)는 지난달 사임했습니다. 중국이 해결책을 모색하는 것에서 더 멀어지고 있다는 그의 우려에 공감하십니까?

DL: 지난 10년간, 우리는 아홉 번의 회의를 가졌습니다. 그들의 정책은 확고한 것이라 아무런 효과가 없었습니다. 그래서 두 사절도 좌절감을 느끼고 사퇴했습니다. 그렇다고 우리가 대화에 관심이 없다는 뜻은 아닙니다. 이제 새로 선출된 지도자[롭상 상게]가 나왔습니다. 그는 당선되자마자 중국 정부와 우리의 관계에 관한 한 계속해서 중도 어프로치를 취할 것을 분명히 했습니다. 우리 쪽에는 변화가 없습니다. [중국] 지도부가 좀 더 현실적으로 생각하고 있다면, 우리는 항상 준비가 되어 있습니다.

더 힌두: 2008년 티베트 폭동과 현재 분신자살과 같은 최근의 문제들에 이어, 중국 정부는 이런 사건들을 다람살라가 계획했다고 주장해 왔습니다. 당신은 진상규명이 필요하다고 하셨습니다.

DL: 그건 정말 중요해요. 2008년 위기 이후, 보통 온건하다고 하는 원자바오 중국 총리조차도 이러한 모든 위기를 다람살라에서 선동한 것이라고 비난했습니다. 그래서 저는 즉시 중국 관계자들을 보내 우리의 모든 기록을 확인해 달라고 대답했습니다. 하지만 응답이

없었습니다.

첫 번째 분신자살이 일어났을 때, 저는 다시 그런 말을 했습니다. 중국인은 여전히 모든 것을 우리 탓으로 돌립니다. 중국이 자신이 있다면 국제사회가 진실을 볼 수 있도록 해주어야 합니다. 그것은 매우 중요합니다. 그들이 허용하지 않는다면, 그건 바로 그들이 죄책감을 느끼고, 숨길 것이 있다는 것을 암시하는 셈입니다.

2008년 이후 현지 상황은 훨씬 악화되었습니다. … 한편 2008년 위기 이후 위기에 더 많은 관심을 갖고 진심으로 동정을 느낀다는 중국인을 많이 만났습니다. 그런 면에서는, 약간의 이득이 있습니다. 중국 선전은 '티베트인이 달라이 라마 치하에서 겪었던 봉건제도에서 해방되어 매우 행복해한다'고 항상 말합니다. 그런데 지금 그들의 선전은 흔들리고 있습니다.

더 힌두: 분신자살 이후, 더 많은 사람이 문제에 대해 인식할 수 있지만, 반면에, 일부 티베트 시인과 작가들은 청년 티베트인들이 자신들의 삶을 소중히 여기고 포기하지 않도록 격려를 받아야 한다는 우려를 표명했습니다. 그들과 같은 생각을 하고 계신가요?

DL: 이건 정말, 정말 민감한 정치적 사안이에요. 현실적으로 지금 제가 긍정적인 말을 하면 중국인은 즉시 저를 비난합니다. 제가 부정적인 말을 하면 그 티베트인 가족들이 너무나 슬퍼해요. 그들은 자신의 목숨을 희생했습니다. 쉬운 일이 아닙니다. 그래서 저는 이것이 잘못이라는 인상을 주고 싶지 않습니다. 그래서 가장 좋은 것은 중립을 지키는 것입니다. 처음부터 이런 일이 일어나자마자 제가 말했고

지금도 강조하는 것은, 이런 일이 술이나 집안싸움 때문에 일어나는 것이 아니라는 것입니다.

이제 중국 정부는 그 원인이 무엇인지 철저한 조사를 해야 하며, 문제가 없는 척해서는 안 됩니다. 후야오방 전 중국 국가주석이 1980년대 초 라싸에 왔을 때 그들이 저지른 일, 과거의 실수에 대해 공개적으로 사과했습니다. 그는 자신들이 좀 더 현실적인 정책을 따를 것이라고 약속했습니다. 이제 그런 용기, 그런 정신을 발휘할 때가 왔습니다.

더 힌두: 아직도 티베트 문제에 대한 해결책을 중국 헌법 내에서 찾을 수 있다고 믿고 계십니까? 즉 명실상부한 자치를 여전히 해결책으로 봅니까?

DL: 그게 유일한 방법이고, 유일한 현실적 방법입니다. 첫째, 티베트 본토의 많은 티베트인이 독립을 원하지만, 저 달라이 라마는 상황에 따라 가장 현실적인 방법인 중도 어프로치를 지지합니다. 저는 개인적으로 꽤 많은 티베트 지식인들을 만났는데, 어떤 이들은 나이가 많고, 어떤 이들은 젊은 사람들이었습니다. 그들은 모두 우리의 방식이 최선의 방식이라는 것을 충분히 깨달았다고 했습니다.

둘째, 티베트 문제에 대한 해결책을 찾기 위해서는 중국인의 지지가 매우 중요합니다. 해결책은 중국인과 티베트인 사이에서 찾아야 합니다. 우리는 중국인 형제자매들로부터 이해와 지지를 구해야 합니다. 또한, 지금 이 순간, 티베트인은 민주주의를 경험해 본 적이 없습니다. 난민사회에서도 캄빠, 암도, 우창(전통적인 티베트 3지역) 지방 사람들은 불필요한 경쟁을 벌이기도 합니다. 티베트는 거대한 지역이고 대다수의 티베트인은 교육을 받지 못했고 민주주의를 경험하지 못했습니다.

그리고 가장 중요한 것은 〔티베트가〕 물질적으로 뒤떨어져 있다는 것입니다. 티베트인도 티베트를 근대화하기를 원합니다. 티베트를 근대화하기 위해서는 중화인민공화국에 남아 있는 것이 우리에게 이익입니다. 단 다음과 같은 조건에서입니다. 바로 그들이 우리에게 명실상부한 자치를 주어서, 우리 문화의 보존과 관련된 모든 활동을 할 수 있어야 하고, 우리의 언어를 드높일 수 있도록 해야 하고, 완전한 환경보호를 수행할 수 있도록 해 주어야 합니다. 그리고 그것은 상호이익이 됩니다. 현실적으로 말한다면, 지금 이 순간, 분리된 티베트가 우리에게 정말 도움이 된다고는 생각하지 않습니다. 명실상부한 자치를 위한 우리의 방식은, 티베트 자치구뿐만 아니라 쓰촨성, 간쑤성, 칭하이성, 윈난성 내 티베트 인구가 존재하는 전 지역을 위한 것입니다. 중국 헌법은 티베트 지역, 티베트 자치구, 현 또는 군을 인정하고 있습니다. 그래서 우리는 중국 정부에 '헌법이 티베트 지역으로 인정하는 모든 지역이 명실상부한 동일한 자치권을 가져야 한다'고 요청하고 있습니다.

더 힌두: 일부 티베트인은 인도가 티베트에 대한 중국의 우려에 도가 지나치게 맞춰준다고 느끼고 있으며, 특히 후진타오가 올해 뉴델리를 방문한 후 많은 티베트인이 억류되어 시위를 할 수 없게 되었습니다. 그렇게 느끼십니까?

DL: 아니요. 아마도 20세기 후반과 21세기 초에 〔인도 정부는〕

470

너무 조심스러웠고 협력하는 태도를 보였다고 생각합니다. 예를 들어 〔2009년〕 타왕(Tawang)을[28] 방문했을 때 각료회의에서 제가 가야 할지 논의했고, 결국엔 갈 수 있었습니다. 이제 인도 정부는 과거보다 더 현실적인 입장을 갖게 되었습니다. 얼마간은 티베트를 응원하거나 관심을 가지는 사람 수가 대단치 않았습니다. 이제는 점점 더 많은 사람들이 지지를 표하고 있습니다. 제가 〔어떤 단체 모임에〕 이건 중국의 압력 때문이니 우리는 중국인에게 감사해야 한다고 했습니다. 저는 또한 현재 암도든 캄빠든 우리는 매우 잘 협력하고 있다고 티베트 인에게 말했습니다. 그것도 중국의 탄압 때문이니 중국 정부에 감사해 야 할 것입니다.

더 힌두: 환생 문제에 대해, 다음 15번째 달라이 라마가 선택되면, 중국은 당신의 선택을 받아들이지 않을 것이라고 말했습니다. 사실, 공산당은 환생에 대한 규정을 발표했습니다. 중국이 스스로 달라이 라마를 선택한다면 티베트 사회에 분열이 일어날까요?

DL: 작년에 티베트 종교 지도자들과 만난 후 우리는 의견 일치를 보았고, 저는 공식적으로 제 나이가 대략 90세가 되면 더 큰 회의를 소집하겠다는 것을 분명히 했습니다. 그럼 〔그 문제에 대해〕 제가 결정할 것입니다. … 중국 정부가 달라이 라마의 환생에 대한 책임을 지려면 먼저 중국 공산주의자들이 종교, 특히 불교를 받아들여야 하며, 윤회설을 받아들여야 합니다.

---

28 인도 서북쪽 아루나찰프라데시 주의 도시. 제5대 달라이 라마의 뜻에 따라 세워진 타왕 사원의 소재지이자, 분쟁 지역으로 유명하다. (역주)

달라이 라마가 100% 친중파가 된다면 티베트인은 달라이 라마를 존경하지 않을 것입니다. 빤첸 라마에게 일어난 일처럼요. 〔1995년에 중국은, 달라이 라마가 제11대 환생으로 선택했지만 자취를 감춘 겐둔 최키 니마(Gendun Choekyi Nyima) 대신 빤첸 라마를 선정했다.〕

빤첸 라마 자신도 이제 그것을 알고 있다고 생각합니다. 최근 이런 위기 속에서도 그는 침묵을 꾹 지키고 있습니다. 그는 상당히 현명합니다. 중국인 빤첸 라마가 중국 지도자들보다 더 현명해 보입니다.

51. 분신자살

- NBC 인터뷰, 2012년 10월 11일[29] -

NBC: 60명이 넘는 티베트인이 3년 동안 더 큰 종교적 자유에 대한 열망과 모국어를 말할 수 있길 원하는 소망을 표출하며 분신하지 않았습니까? 그들의 죽음은 중국인으로부터 아무런 변화도 가져오지 못했습니다. 그들은 헛되이 죽었습니까?

달라이 라마: 이런 식의 방법이 옳은지 그른지를 판단하기는 어렵습니다. 그들은 중국의 대티베트 정책에 대해 비폭력적인 방식으로 항의하고 있습니다.

---

29 달라이 라마 성하는 2012년 10월 미국 방문 중 NBC의 앤 커리와 인터뷰했다.

NBC: 이틀 전 스스로 분신한 한 젊은 티베트인은 온라인에 '우리가 과거를 돌아보면 패배, 분노, 고뇌와 눈물의 흔적밖에 안 보인다'라는 글을 남겼습니다. 당신네 티베트인들은 이런 감정을 표현하기 위해 어떻게 해야 하나요? 당신은 그들이 분신자살하기로 한 걸 지지하나요? 그들이 분신하지 않길 바라십니까?

DL: 저는 항상 저 자신이 티베트 사람들의 보스가 아니라 그들의 자유로운 대변자라고 생각합니다. 사실 제 보스는 티베트의 600만 티베트인입니다. 저는 자유로운 나라에 있고 꽤 편안합니다. 하지만 그들은 너무나 절박한 상황을 겪고 있어서 이런 결정을 합니다. 불교나 종교의 관점에서 볼 때, 부처님의 법을 위해, 그리고 국민의 안녕을 위해 진실한 동기로 목숨을 바친 사람들이 긍정적이라고 저는 확신합니다. 그러나 이러한 행위가 완전한 분노와 증오로 이루어진다면 그것은 잘못된 것입니다. 그래서 판단하기가 어렵습니다. 하지만 그것은 정말로 슬픕니다, 아주 슬픕니다.

NBC: 역사적으로 볼 때, 힘이 없는 자들은 힘 있는 자들에게 억압당합니다. 그리고 어떤 경우 힘 없는 자들이 투쟁합니다.

DL: 우리가 하는 투쟁은 진리의 힘과 총의 힘 사이의 투쟁입니다. 단기적으로 보면 총의 힘이 강하지만 장기적으로는 총의 힘보다 진리의 힘이 훨씬 강합니다. 그것이 저의 근본적인 신념입니다. 저는 핵무기를 포함한 미국의 군사력에 감탄하지 않습니다. 저는 미국의 도덕적 원칙, 민주주의, 자유를 정말 선망합니다. 이런 것들을 선망해요. 이것들이 미국 힘의 원천이지, 무기는 아닙니다.

NBC: 티베트 지역에서 그들은 이런 일이 얼마나 걸릴지를 물어볼 수 있습니다. 그들은 자포자기해서 스스로의 몸에 불을 지르지 않나요?

DL: 우리는 600만 명의 티베트인이고, 티베트인이 남아 있는 한 티베트 정신은 계속될 것입니다. 이제, 지난 60년의 사건을 판가름해 보면, 중국은 많이 달라졌습니다. 제 생각에 앞으로의 60년은 더 많은 변화를 보게 될 것 같습니다. 세계의 흐름은 민주주의, 개방, 자유로 향하고 있습니다. 중화인민공화국이 아무리 강대국이라 해도 퇴보할 순 없고 세계 흐름에 따라가야 합니다. 태어나면서부터 인간의 기본 욕망은 모든 인간이 자유로울 권리가 있다는 것이고, 어떤 힘으로도 이것을 막을 수 없다는 것입니다. 결국 중화인민공화국은 언론의 자유를 통해서, 보다 더 개방적인 사회, 보다 더 민주적인 기관을 갖게 될 것입니다. 13억 중국인은 현실을 알 모든 권리가 있습니다. 일단 그들이 현실을 알게 되면, 무엇이 옳고 그른지를 판단할 수 있는 능력도 갖게 됩니다. 그러므로 자국민에 대한 검열은 부도덕합니다.

NBC: 당신은 세계 지도자들과 대화할 수 있고, 영향력도 있습니다. 만약 당신이 당신의 국민을 위해 할 수 있는 한 가지가 있다면, 그것은 무엇입니까?

DL: 한마디로 자유입니다. 완전한 자유입니다. 무엇보다도 종교, 문화, 교육 분야에서의 명실상부한 자치를 동반한 자유입니다. 국방과 외교 문제는 중국 중앙 정부의 몫입니다.

NBC: 다음 달 중국에 변화가 있을 것입니다. 중국은 새로운 지도자 시진핑을 맞이할 것입니다. 희망적으로 보입니까?

DL: 말하기 어렵습니다. 어떤 추측도 하지 않으려고요. 6개월, 1년 혹은 2년 정도 기다리는 게 좋을 겁니다. 두고 보십시다.

52. 비폭력 투쟁

- 특별 국제 티베트 지원단체 회의 연설, 다람살라, 2012년 11월 16~18일 -

티베트는 어려운 시기를 지나고 있습니다. 이 시기에 여러분은 국제사회의 일원으로서 깊은 관심과 지지를 표하기 위해 이 자리에 오셨습니다. 우리의 지지자들은 티베트 지지자들이라기보다 정의와 비폭력 지지자들입니다.

티베트인의 투쟁은 비폭력 투쟁이었습니다. 세계적으로 어려움을 겪고 있는 공동체들이 많지만 안타깝게도 명분은 숭고해도 폭력적인 방법으로 문제를 해결하는 경우가 많습니다. 따라서 저희를 지지해주신 것은 저희에게 격려가 되고, 실질적인 차원에서 비폭력 투쟁은 성공해야 합니다. 그렇지 않으면 사람들은 비폭력이 무용지물이라고 할 수 있습니다.

때때로 사람들은 상호 유익한 해결책을 도출하기 위해 폭력을 사용합니다. 그것은 완전히 틀렸습니다. 폭력은 분노에서 옵니다. 자신감이 부족할 때는 총을 사용합니다. 그러므로 엄격하게 비폭력적인 방법이 세계적으로 성공해야 합니다. 많은 중국 민주화 운동가들도 우리 운동에 대해 연대감을 표현합니다.

티베트 문제는 크게 세 가지 측면으로 구분할 수 있습니다.

생태학적 측면

삼림 벌채와 천연자원 착취는 티베트의 환경에 큰 피해를 초래했습니다. 인도인 친구 한 사람은 티베트의 높은 고도와 건조한 기후 때문에 티베트의 생태계가 훼손되면 복구하는 데 오랜 시간이 걸릴 것이라고 말했습니다. 티베트는 지리적으로 세계의 지붕이기 때문에 당연히 눈이 많이 내리는 추운 곳입니다. 티베트는 아시아 주요 강들의 수원지이기도 하며, 이들 강에 의존하는 인구가 10억 명이 넘습니다.

티베트고원이 지구 온난화에 미치는 영향은 남극과 북극의 영향만큼이나 큽니다. 주룽지 중국 총리 시절 티베트의 미묘한 환경을 보호하라는 지시가 내려졌다고 들었습니다만, 부패로 인해 현지에서 완전히 이행되지 못했습니다.

티베트 문화

티베트 불교의 날란다 전통이[30] 티베트에 도달한 이후 티베트에서는 다양한 지식의 양상이 발전해 왔습니다. 날란다 고유의 전통은 기도와 의례만이 아니라 마음의 최대 변화를 강조합니다. 부처님께서 실험과 연구를 직접 말씀하셨습니다.

---

30 연대를 더 거슬러 올라가서 인도 불교의 날란다 전통이라고 부를 수 있을 것이다. (역주)

티베트 불교문화는 평화와 비폭력의 문화입니다. 티베트 문화는 평화와 사랑, 자비의 전통이기 때문에 꼭 보존해야 합니다. 하지만 그것은 완전히 파괴되고 있습니다. 티베트 문화를 통해, 우리는 내면의 평화와 고요한 마음을 통해 더 행복하고 평화로운 세상을 만드는 데 어느 정도 기여할 수 있습니다.

티베트 불교는 수준이 매우 높습니다. 그것은 단순한 기도와 의례가 아닙니다. 의미를 모른 채 의례를 행하는 것은 시간 낭비입니다.

인도는 가장 인구가 많은 민주주의 국가이고 중국은 가장 인구가 많은 전체주의 국가입니다. 인도와 중국의 관계는 진정한 평화와 상호신뢰와 협력을 기반으로 해야 합니다. 두 나라 모두 엄청난 이익을 얻을 것입니다. 국경 지역에 중국인이 대규모 군대를 배치하면 자동적으로 두려움과 의심을 자아내게 됩니다.

세계의 흐름은 개방과 민주주의, 자유와 법치주의로 나아가고 있습니다. 그래서 중국 정부가 아무리 강력해도 세계의 흐름을 벗어나지 못하고 그 흐름을 따라야 합니다. 중국의 새 지도부는 그러한 현실을 깨닫게 될 것입니다. 덩샤오핑이 말했듯이, 그는 사실에서 진실을 추구한다고 합니다. 그들은 현실에 근거한 정책을 채택해야 합니다. 비현실적인 정책은 문제를 해결하지 못할 것입니다.

티베트의 현재 상황

저는 티베트 문제가 가진 정치적 측면에 대해 할 말이 없습니다. 저는 은퇴했고 선출된 티베트 지도부가 티베트에 대해 말하는 것은 무엇이든 전적으로 옳습니다. 우리 섭정이 이미 언급했듯이, 상황은 꽤 심각합니다. 문제가 하나 있는데 그 문제는 티베트인에게도 중국인에게도 좋지 않습니다. 무력 사용은 결코 그 문제에 만족스러운 해결책을 가져오지 못할 것입니다. 중국 정부는 군사력이 매우 강하지만 무력으로 문제를 해결할 수는 없고 오히려 더 많은 문제와 원한을 불러올 것입니다.

티베트 문명은 매우 수준이 높습니다. 일부 중국인은 티베트인들이 매우 후진적이라고 말하지만, 그것은 사실이 아닙니다. 하버드대를 방문했을 때 그 지역을 함께 방문하던 한 중국 고고학자가 비밀리에 저를 만나고 싶다는 메시지를 보내왔고, 우리가 만났던 기억이 생생합니다. 그는 티베트 지역, 아마 참도 주변일 것이라고 말하며 사진 몇 장을 꺼내서 보여주었습니다. 그가 저에게 그 사진들을 보여준 다음, 그가 발견한 바에 따르면 티베트 문명은 자체적인 뿌리에서 시작된다고 말했습니다.

중국 정부 말로는 '티베트 문명은 중국에서 왔다'고 합니다. 그는 자신의 발견에 따르면 티베트 문명이 티베트에서 시작되었다고 말했고, 저는 그것이 사실이라고 생각합니다.

60년이 흘렀지만 티베트의 정신은 결코 사그라지지 않았습니다. 티베트 본토 청년 세대의 정신과 단결력은 우리 세대의 정신과 단결력보다 강합니다. 저는 중국 지도자들이 현실을 알아야 한다고 생각합니다. 우리의 접근방식은 상호 유익한 해결책을 가지고 있으므로 최선일 것입니다.

마오 주석이 그곳에 있을 때 그는 한족 형제자매와 다른 소수민족이 정말 서로 평등해야 한다고 강조했습니다. 당시 몽골인 울란

푸(Ulan Fu)는 중화인민공화국의 부주석이었습니다. 그래서 당시 마오는 편협한 민족주의자들과 한족 우월주의자들을 반대했습니다. 그런데 최근 수십 년 동안 한족 우월주의자들에 대한 거부감은 없어졌습니다.

저는 중화인민공화국이 수립된 당시의 본연의 정신을 지키는 것이 매우 중요하다고 생각합니다. 물질적, 교육적 발전은 분명히 필요하지만 기본 원칙은 지켜져야 합니다.

저는 항상 미국인 친구들에게 민주주의, 자유, 정의라는 선조들의 원칙을 지켜야 한다고 말합니다. 이것들은 매우 중요합니다. 경제성장을 위해 그런 원칙들을 잊는 것은 재앙이 될 것입니다. 중국은 권력을 유지하기 위해 건국의 아버지들의 원칙을 생각하지 않고 있습니다.

1954~55년 베이징에 있을 때, 저는 마르크스주의와 사회주의 원칙에 매우 끌렸습니다. 저는 담당 중국 관리들에게 중국 공산당에 꼭 가입하고 싶다고 요청했습니다. 그래도 사회주의 경제이론에 관한 한 저는 스스로를 마르크스주의자로 여기고 있으니 놀라지 마세요. 저뿐만이 아닙니다. 1960년대 스리랑카 승려나 인도 승려들도 자신들이 마르크스주의자라고 저에게 말했습니다. 그러니 불교도 마르크스주의자들이 존재하고 제가 그중 하나라는 점에 대해 놀라지 마세요.

오늘 여기 와서 다람살라를 즐기고 신선한 공기를 마시고 아무 일 없듯이 가서는 안 됩니다. 어디에서 오셨든지 간에 나서서 행동해주십시오.

현재 많은 나라에서 의회 티베트 지원단체들이 이미 그곳에 있고 저는 여러분이 그 사람들과 접촉해서 더 많은 목소리를 내야 한다고 생각합니다.

중국인 형제자매 여러분, 여러분은 매우 중요합니다. 마지막으로 이 문제는 한족과 티베트족 형제자매 간의 상호 이해와 존중을 통해 두 사회 간에 해결되어야 합니다.

이곳에는 많은 인도인 지지자들이 있습니다. 한번은 우리의 관계가 독특하다고 언급한 적이 있습니다. 스승(구루)과 제자(첼라)의 관계, 이 경우 당신은 우리의 스승이고 우리는 당신의 제자입니다. 그래서 인도 형제자매 여러분, 여러분의 응원도 매우 중요합니다. 그리고 특히 티베트 문제는 사실 인도의 국방과 국경과 관련된 중요한 문제이 기도 합니다. 여러분의 지지에 감사드립니다.

감사합니다.

53. 대화

- 르 땅(*Le Temps*)과의 인터뷰,[31] 다람살라, 2013년 3월 26일 -

르 땅: 2009년 이후 100명이 넘는 티베트인이 분신자살했으며, 오늘날까지 당신은 이러한 행위를 지지하지도 비난하지도 않았습니다. 티베트의 영적 지도자가 중국 점령에 대한 그런 봉기에 직면했을 때 어떻게 중립을 지킬 수 있습니까?

---

31 르 땅의 프레데릭 콜러(Frederic Koller)가 달라이 라마를 인터뷰했다.

달라이 라마: 이것은 민감한 정치적 파장을 동반한 매우 미묘한 사안입니다. 첫 번째 분신자살 때 저는 슬픔을 표명했습니다. 그 이후로 저는 그 사건들의 실질적인 원인과 결과를 숙고해 왔고, 그런 행동을 부추기지 않기로 했습니다. 제 입장은 변함이 없습니다. 이 사람들은 의도적으로 자살하기로 결정했습니다. 술에 취한 것도 아닙니다. 무슨 가족 문제가 있는 것도 아닙니다. 하지만 그들은 목숨을 바치기로 결심합니다. 티베트 상황은 정말 절박합니다. 이 사람들은 오랜 고통을 견디기보다는 목숨을 끊는 쪽을 택했습니다. 그래서 저는 조용히 있습니다.

르 땅: 자기희생은 적에게도 자비로워야 한다고 설교하는 부처님의 가르침과 모순되지 않습니까?

달라이 라마: 모든 것은 개인의 동기에 달려 있습니다. 일반적인 규칙은 없습니다. 예를 들어, 베트남 전쟁 중에 몇몇 승려들이 분신했습니다. 불교 원칙에 따르면, 이것이 다르마와 국민의 안녕을 위해 행해진 것이라면, 그것은 유덕한 일이라고 볼 수 있습니다. 하지만 지금 당장은 분노와 증오가 너무 심합니다. 상황이 안 좋습니다. 우리는 사안 별로 판단해야 합니다.

르 땅: 튀니지 사람 한 명의 분신자살은 아랍 세계 전체의 운명을 바꾸어 놓았습니다. 100명이 넘는 티베트인이 그렇게 했지만 소용이 없었습니다. 어떻게 생각하십니까?

달라이 라마: 이런 행동들이 변화를 이끌어 낼지 의심스러워요.

또 다른 최근 예를 들어보겠습니다. 시리아는 무고한 여성과 아이들을 포함해 7만 명 이상이 사망했습니다. 전 세계가 걱정하고 있습니다. 그러나 러시아와 중국 사이의 긴장 때문에 유엔의 손은 묶여 있습니다. 정치적이죠. 티베트도 마찬가지입니다. 중국은 지금 매우 강력합니다. 그것이 문제입니다.

르 땅: 당신은 중국 공산주의 지도자들을 잘 알고 있습니다. 마오쩌둥, 저우언라이, 시진핑 현 중국 공산당 서기장의 아버지 시중쉰(習仲勳)을 만났습니다.

달라이 라마: 저는 1954년 혹은 1955년에 그를 만났습니다. 그는 친절하고 능력 있는 남자였습니다. 그 당시 그는 자유주의자로 여겨졌습니다.

르 땅: 당신이 그에게 시계를 주었군요. …

달라이 라마: 네. 1979년, 그는 광둥성 주지사 시절, 제 진상조사단을 환영하고 달라이 라마가 준 선물이라고 말하면서 그들에게 시계를 보여주었습니다. … 〔웃음〕

르 땅: 그가 어떤 메시지를 주었습니까?

달라이 라마: 아니요. 하지만 죽기 전에 날 다시 보고 싶다고 했습니다.

르 땅: 그는 2002년에 죽었습니다. 현재 중국의 지도자가 된 그의

아들이 혹시…?

달라이 라마: 모르겠습니다. 1979년과 1980년대 초 덩샤오핑 시대의 시작은 진정으로 열린 정신의 시대였습니다. 1980년 당시 중국 공산당 총서기였던 후야오방은 라싸를 방문해 중국의 옛 과오에 대해 공개적으로 사과했습니다. 1986년경 중국에서 민주화 운동이 시작된 것이 그때였습니다. 그리고 후야오방은 해임되었습니다. 자오쯔양이 그를 대신했지만, 그는 힘이 없었습니다. 급진파인 리 펑이 그 자리를 이어받았습니다. 그 후 천안문 광장 학살이 있었고, 중국은 티베트와 신장과 관련해서도 훨씬 더 강경한 정치적 입장을 취했습니다.

르 땅: 점점 더 많은 중국인이 당신을 보러 오는데요. …

달라이 라마: 저는 매주 중국 사람들을 만납니다. 특히 오늘은 그들 중 15명이 중국에서 왔습니다. 저는 때때로 한 번에 수백 명의 중국인에게 연설을 합니다. 지난해에는 1,000명 이상의 중국인과의 만남이 있었습니다. 3년 전 중국 한 대학의 연구에 따르면, 중국에는 3억 명의 불교 신자들이 있었다고 합니다.

르 땅: 당신과의 접견을 요청하는 젊은 중국인에게 뭐라고 말합니까?

달라이 라마: 저는 항상 그들에게 이렇게 말합니다. 불교는 믿거나 기도하는 것뿐만 아니라 여러분의 마음을 훈련시키는 것이라고. 지식은 필수입니다. 그들에게 말합니다. 당신들이 필요한 책들은 모두 번역되었으니, 공부하세요! 기도하고, 복전을 바치는 것, 향을 피우는

것만으로는 충분하지 않아요. 지식이 필요하다고 말합니다.

르 땅: 작년 의회 비서실에서는 중국 스파이가 당신을 독살하려
했다는 사실을 폭로했어요.

달라이 라마: 우리는 중국 비밀경찰이 한 여성을 고용해서 그녀에게
머리카락이나 스카프에 독약을 넣으라고 지시했다는 첩보를 입수했
습니다. 이 독에 접촉했을 때 즉각적인 효과는 없습니다. 하지만
두 달 후에 죽습니다. 한편, 티베트의 깔린보(Kalinbo) 사원에서 정보
가 왔어요. 바로 한 유럽 여성이 제 가르침을 따르는 스님에게 접견을
청하고 모모[티베트 만두]를 선물한 것입니다. 그는 그녀가 전혀
모르는 사람이니 조금 의심이 생겨서 개 두 마리에게 모모를 주었습니
다. 정확히 두 달 후에 개들이 죽었어요. 티베트 자치구에서는 뱀을
없애려면 머리를 잘라야 한다는 말이 중국 관리들 사이에 돕니다.

르 땅: 거의 2년 전에, 당신은 모든 세속적 권력을 포기했습니다.
당신은 국가 원수로서의 시간을 어떻게 회고합니까?

달라이 라마: 1947~1948년 즈음, 제가 세속적 책임을 맡기도 전에,
저는 이미 티베트가 뒤떨어지고 있다는 느낌을 받았습니다. 주로
권력이 소수의 손에 집중되어 있었기 때문입니다. 1951년에 저는
공식적으로 티베트의 통치자가 되었고, 1952년에 개혁 부서를 설립했
습니다. 그 당시 이미 주변에 중국인이 있었고, 그들은 그걸 좋아하지
않았지요. 하지만 우리 티베트인은 우리 자신을 개혁하는 게 더 옳다
고 느꼈어요. 그래도 성공하지는 못했습니다. 1954년에 저는 중국에

갔고 베이징에서 두어 달을 보내고 1955년에 돌아왔는데, 그때 마오 주석과 여러 번 만났습니다. 그는 멋진 남자였습니다.

르 땅: 멋지다니, 어떻게요? 열린 마음이요?

달라이 라마: 항상 열린 마음을 가지고 있었죠!

르 땅: 두 사람이 민주화에 대해 이야기하셨나요?

달라이 라마: 민주화요, 아니, 그렇지 않습니다. 하지만 발전, 혁명, 그런 것들에 대해 말했습니다. … 저는 그에게 아들 같은 존재였어요. 그리고 그는 저에게 아버지 같은 존재가 되었습니다.

르 땅: 정말이요!?

달라이 라마: 정말입니다. 절 정말 믿었던 것 같습니다. 우리가 마지막으로 만났을 때, 그는 저에게 말했습니다. '오, 당신은 매우 과학적인 사고방식을 가지고 있군요. 하지만 종교는 독이 된다는 것을 알아야 합니다.' 절 믿지 않았다면 그런 말은 하지 않았을 겁니다. 전 종교 지도자 달라이 라마인데, 그런데 종교가 독이라고 말하다 니….〔웃음〕

하지만 저는 마오 주석이 불교에 대한 실질적인 지식이 없었다는 것은 이해했습니다. 진정한 불교 신자는 실천을 해야 합니다. 그걸 외면하면 사찰, 기도, 돈밖에 안 보일 테죠. 그건 착취입니다. 마오 주석은 착취에 단호히 반대했습니다. 그 당시 저는 그를 전적으로 신뢰했고, 그는 많은 약속을 했습니다. 저는 정말로 중국 공산당의 도움으로 제가 제안한 개혁이 시행되고 티베트가 번영할 수 있으리라 생각했습니다.

그러나 1956년 티베트 동부에서 무력 충돌이 일어났습니다. 1958년에 상황은 점점 악화되었습니다. 결국, 1959년 3월, 모든 희망이 사라졌을 때, 저는 티베트를 떠나기로 결심했습니다. 그 후 1960년에 티베트 전 지역에서 피난민들이 모여들었고, 우리는 함께 우리 정부의 민주화를 위해 일하기 시작했습니다.

2011년, 저는 완전히 은퇴할 때가 되었다고 결심했습니다. 그날 밤, 저는 유난히 잘 잤습니다. 꿈도 꾸지 않았습니다. 저는 이 모든 책임에서 해방되었습니다.

르 땅: 그게 잘한 일이었군요.

달라이 라마: 그전에는, 제가 멀리 긴 비행을 할 때마다, 저는 자문하곤 했습니다. 만약 저에게 무슨 일이 생기면, 제가 죽으면, 우리 조직은 어떻게 될까? 하고요. 이제 저는 평화롭습니다. 저한테 무슨 일이 생기면 모든 일을 처리하도록 사람들이 선출되었다는 걸 알고 있지요. 저는 여전히 여기저기서 적당히 기여할 수 있습니다. 하지만 지금은 70억 인류 공동체의 일원으로서 인간의 가치들을 드높이는 것이 저의 주된 관심사입니다. 다양한 종교, 신자와 비신자, 동양과 서양 세계, 아프리카인과 아시아인 사이에 차이는 없습니다. 우리는 정신적으로나 정서적으로나 육체적으로나 모두 같은 인간입니다. 여러분은 행복한 삶을 살고 싶어 합니다. 행복한 삶을요. 저의 시간과 에너지를 전적으로 행복과 종교적 화합을 이룩하는 데 바칩니다.

르 땅: 다람살라의 티베트인은 당신이 113살까지 살 것이라고 말합니다. 관음보살의 환생으로서 당신은 죽는 날을 예측할 수 있습니까?

달라이 라마: 제 꿈과 200년 전 티베트 승려들의 예언에 따르면 14대 달라이 라마는 113세까지 살 수 있습니다.

르 땅: 2048년이군요. …

[달라이 라마가 그의 보좌관들과 확인하며] 아~

4부

중국과 티베트 관계

54. 사실에서 진실 찾기

- 덩샤오핑에게 보낸 편지, 1981년 3월 23일 -

각하,

저는 모든 인류, 특히 프롤레타리아의 안녕을 추구하는 공산주의 이데올로기와, 민족 평등에 대한 레닌의 정책에 동의하고 이를 믿고 있습니다. 마찬가지로 민족에 대한 이데올로기와 정책에 대해 마오 주석과 나눈 논의도 만족스러웠습니다.

만약 그런 이데올로기와 정책을 시행했다면 많은 찬양과 행복을 불러일으켰을 것입니다. 그러나 지난 20년 동안의 발전에 대해 전반적으로 얘기해보면, 인간 행복의 근간인 경제적, 교육적 발전에 지체가 있었습니다. 더욱이 참을 수 없는 혼란으로 인해 당과 대중, 관료와 대중 사이에, 그리고 관료들 내부에서도, 대중들 내부에서도 각각 신뢰를 상실한 일이 있었습니다.

잘못된 가정과 허위 진술을 통해 서로를 속임으로써, 실제 목표를 달성하는 데 있어 큰 실수와 지체가 있었습니다. 이제 사방에서 불만의 기미가 자연스럽게 나타나고 있으며, 이는 목적을 달성하지 못했다는 분명한 표시입니다.

티베트 사태를 예로 들어봅시다. 기본적인 인간 행복과 자민족의 장·단기적 복지를 고취하는 데 필요한 지혜와 역량이 부족한 일부 티베트 관리들이 중국 관리들에게 아첨하는 데 빠져들며 이들과 협력하는 것은 유감스러운 일입니다. 이들 중국 관리들은 티베트인에 대해 아무것도 모르고 그저 일시적인 명성을 위해 일하며 인상적인 보도를 날조하는 데 몰두하는 사람들입니다. 실제로 티베트인은 헤아릴 수 없는 고통을 겪었을 뿐만 아니라 많은 사람들이 불필요하게 목숨을 잃었습니다. 게다가 문화대혁명 기간 동안 티베트의 고대 문화유산이 크게 파괴되었습니다. 이 모든 안타까운 사건들은 과거에 대한 간략한 인상에 불과합니다.

이제 과거의 실수를 감안하여 '사실에서 진실을 구하는' 새로운 정책과 현대화 정책이 나왔습니다. 티베트 문제에 대해서는 후야오방 동지가 라싸를 방문한 후 과거의 잘못을 솔직하게 인정함으로써 잘못을 바로잡기 위해 가능한 모든 노력을 기울이는 것을 기쁘게 생각하고 박수를 보냅니다.

아시다시피 해외에 있는 우리 티베트인은 지난 20년 동안 민족 정체성과 전통적 가치를 보존하려고 노력해 왔고, 그리고 이와 별도로 올바른 행동과 정의, 그리고 더 나은 티베트 사회를 위한 민주주의 원칙을 통해, 우리 청년들이 미래를 결정할 수 있도록 교육해 왔습니다.

한마디로 우리나라가 아닌 다른 나라에 살고 있다는 사실을 감안하면, 세계 난민사에서 우리가 이룬 성과를 자랑스럽게 여길 수 있습니다. 정치적 측면에서 우리는 티베트인의 정당한 권리를 위한 투쟁에서 항상 진실과 정의의 길을 추구해 왔습니다. 우리는 중국인에 대한 왜곡과 과장, 비판에 빠져본 적이 없습니다. 우리는 그들에게 악의를 품은 적도 없습니다. 무엇보다 우리는 국제정치 세력 블록의 어느 쪽도 편들지 않고 진실과 정의의 입장을 고수해 왔습니다.

1979년 초, 각하의 초대로 걀로 퇸둡(Gyalo Thondup)은 중국을 방문했습니다. 각하는 그를 통해 우리가 서로 계속 연락해야 한다는 메시지를 보내왔습니다. 각하는 티베트에 진상조사단을 보내라고 우리를 초대했습니다. 그 후, 세 명의 진상조사단은 티베트 사태의 긍정적인 면과 부정적인 면 모두를 알아낼 수 있었습니다. 티베트인의 정체성이 보존되고 진정으로 행복하다면 불평할 이유가 없습니다. 그러나 실제로는 90%가 넘는 티베트인이 정신적, 육체적으로 고통을 받고 있으며 깊은 슬픔 속에 살고 있습니다. 이러한 슬픈 상황은 자연재해가 아니라 인간의 행위에 의해 야기되었습니다. 그러므로 합리적인 방법으로 기존의 현실에 맞게 문제를 해결하기 위해 진정한 노력이 필요합니다.

이를 위해서는 티베트 안팎의 티베트인 사이뿐만 아니라 중국과 티베트 사이의 관계도 개선해야 합니다. 진실과 평등을 바탕으로 앞으로 티베트인과 중국인의 이해도를 높여 나가야 합니다. 긴박감을 가지고 티베트인의 진정한 행복을 이루기 위해 관용과 넓은 마음으로 우리 공동의 지혜를 활용해야 할 때가 왔습니다.

저로서는 국가 경계에 따른 구분 없이 모든 인류, 특히 빈자와 약자의 복지를 위해 최선을 다해 노력할 것을 다짐하고 있습니다. 티베트인이 저를 깊이 믿고 희망을 가지고 있는 만큼, 저는 티베트인의 현재와 미래의 안녕에 대한 소망과 열망을 여러분께 전하고 싶습니다.

앞서 언급한 사항에 대한 의견을 알려 주시기 바랍니다.

최고의 경의와 존경을 표합니다.

첨부

최근 중국이 걀로 퇸둡을 통해 접촉한 바에 따르면, 세 명의 진상조사단이 이미 티베트를 방문했습니다. 네 번째는 올해 4월에 떠날 예정입니다. 중국 정부는 이미 인도 출신 교사 50명을 티베트 본토의 다른 학교들로 2년간 파견하고 라싸에 연락사무소를 개설해 상호 접촉을 용이하게 하는 데 동의했지만, 최근 걀로 퇸둡은 홍콩 신화통신을 통해 베이징으로부터 다음과 같은 메시지를 받았습니다.

1. 제4차 진상조사단에 대해서는 현재까지 확인된 바가 없다. 이에 대한 답변은 홍콩이나 뉴델리 주재 중국대사관을 통해 전달될 예정이다.

2. 우리는 라싸에 연락사무소 개설과 교사 파견에 원칙적으로 합의했지만, 연락사무소 개소를 미루고 대신 홍콩을 통해 그리고 델리 주재 중국대사관을 통해 더 많은 접촉을 하는 것이 좋을 것 같다.

3. 좋은 시설을 모두 갖춘 인도에서 자라온 교사들은 현재로서는 시설이 부족한 티베트에서 살기가 힘들 것이다. 이것은 그들의 사기를 떨어뜨릴 수 있다. 그러므로 티베트에 교사들을 보내는 것을 연기할 것을 제안한다. 당분간 일부 교사들은 중국 내 민족 학교들로 배치되었다가 티베트로 차츰 파견될 수 있을 것이다. (이후 델리 주재 중국대사관을 통해 받은 메시지에는 올해 4차 대표단을 연기해야 한다는 내용이 담겼다.)

위 사항에 대한 우리의 대응은 다음과 같습니다.

1. 우리는 올해로 예정된 4차 진상조사단의 일정 기간 연기와 라싸 연락사무소 개소 연기에 동의한다.

2. 티베트에 교사를 파견하는 문제에 대해서, 교사들은 티베트 학교들의 어려운 조건을 이미 알고 있으므로, 이것이 그들의 사기를 떨어뜨리거나 임무를 수행하는 데 방해가 되지 않을 것이다. 무엇보다도 교사를 파견하는 주된 이유는 어려운 조건에서 생활하는 학생들의 교육 수준을 높이기 위해서다. 우리는 각하께서 이 문제를 재고해주길 바란다. 교사들은 오로지 교육 문제에만 관심을 가질 것이며 어떠한 정치 활동도 하지 않을 것이다. 그러므로 이 점에 대해서는 걱정할 필요가 없다.

55. 5항목평화플랜

- 미국 의회 인권대회 연설, 워싱턴 DC, 1987년 9월 21일 -

세계는 점점 상호의존적으로 되어가고 있어서 국가적, 지역적, 그리고 세계적으로 영속적인 평화를 달성하기 위해서는, 편협한 요구를 떠나 더 넓은 이익의 관점에서 생각해야만 합니다. 이 순간 중요한 것은 우리 전원이 강자든 약자든 각자 어울리는 방법으로 기여하는 것이 중요합니다. 저는 오늘 티베트인의 지도자로서, 그리고 사랑과 자비를 바탕으로 한 종교의 원칙들에 헌신하는 불교 승려로서 여러분께 말씀드립니다. 무엇보다도, 저는 여러분을 비롯해서 다른 모든 형제자매와 함께 이 지구를 공유할 수밖에 없는 한 인간으로 여기에 있습니다. 세계가 점점 작아질수록 우리는 이전보다 더 많이 서로를 필요로 합니다. 이것은 세계 모든 지역에서 사실이고 저의 출신 대륙인 아시아도 예외는 아닙니다.

다른 곳과 마찬가지로 현재 아시아에서도 긴장이 고조되어 있습니다. 중동과 동남아시아, 그리고 저의 조국인 티베트에서도 공공연한 갈등이 일어나고 있습니다. 이러한 문제의 대다수는 각 지역의 강대국들 사이에 존재하는 근본적인 긴장 관계를 나타내는 조짐입니다. 지역 갈등을 해결하기 위해서는 크고 작은 모든 관련 국가 및 민족들의 이익을 고려하는 접근법이 필요합니다. 가장 직접적으로 관련된 사람들의 염원을 고려한 종합적인 해결책이 마련되지 않는 한, 단편적이거나 단지 편법적인 조치들은 새로운 문제를 야기할 뿐입니다.

티베트인은 지역평화와 세계평화에 기여하기를 간절히 바라고 있으며, 저는 그들이 그렇게 지역평화에 기여할 수 있는 독특한 위치에 있다고 생각합니다. 티베트인은 전통적으로 평화를 사랑하고 비폭력적인 사람들입니다. 불교가 천 년 전에 티베트에 전래된 이후 티베트인은 일체의 생명에 대해 비폭력을 행사해 왔습니다. 이러한 태도는 우리나라의 대외 관계에까지 확대되었습니다. 티베트는 아시아의 중심부에서 강대국들, 즉 인도·중국·소련의 완충 지역으로서 중요한 전략적인 위치를 차지해 왔는데, 이런 점은 역사를 통틀어 티베트가 평화와 안정을 유지하는 데 필수적인 역할을 부여했습니다. 바로 이런 이유로 과거에 아시아의 제국들은 상대 국가가 티베트에 진입하지 않도록 많은 노력을 기울였던 것입니다. 지역의 안정에는 완충 기능을 담당한 독립국으로서의 티베트의 존재가 불가결했습니다.

1949년에 새로 성립한 중화인민공화국이 그 해부터 그다음 해에 걸쳐서 티베트를 침략했을 때, 그것은 새로운 분쟁의 근원이 되었습니다. 1959년 중국인에 맞서 티베트의 민중이 봉기하고 제가 인도로 망명하게 된 이후, 그것은 중국과 인도 사이의 긴장이 1962년 국경분쟁으로 발전하게 되었습니다. 현재도 히말라야 산맥을 달리는 국경선의 양쪽에 대규모의 병력이 집결하고 있으며, 다시 한번 긴장이 위험하게도 고조되고 있습니다.

문제의 본질은 인도-티베트 간의 국경설정이 아닙니다. 문제는 중국이 티베트를 불법으로 점령하고 있다는 것입니다. 중국이 티베트를 점령함으로써 인도아대륙에 직접 접할 수 있게 되었습니다. 중국 당국은 티베트가 항상 중국의 일부였다고 주장함으로써 이 문제의 본질을 흐리고 있습니다. 이건 진실이 아닙니다. 1949년부터 다음 해에 걸쳐 인민해방군이 티베트를 침략했을 당시 티베트는 완전한 독립국이었습니다.

1천 년 이상도 전에 티베트의 여러 왕이 국토의 통일을 달성한 이래 금세기의 중엽까지 티베트는 독립을 유지할 수 있었습니다. 때때로 티베트는 근린 제국들과 다른 민족들에 영향력을 가졌던 시기도 있고, 또 몽골의 칸, 네팔의 고르카, 만주의 제왕들, 인도의 영국인들의 영향을 받았던 시기도 있었습니다.

국가들이 외국의 영향이나 간섭을 받는 것은 드문 일이 아닙니다. 소위 위성국에 영향력을 행사하는 경우가 그 명백한 사례인데, 대다수의 대국은 힘이 약한 동맹국이나 주변 제국에 영향력을 행사합니다.

가장 권위 있는 여러 법률 연구가 보여주었듯이, 티베트의 경우, 티베트가 때때로 타국의 영향 아래 있었던 경우에도 결코 독립을 상실한 것은 아니었습니다. 그리고 베이징의 공산당 군대가 티베트에 침입했을 때 티베트는 모든 면에서 독립국이었다는 것에는 의심의 여지가 없습니다.

중국의 침략은 사실상 자유세계의 모든 국가들로부터 비난받았으며, 노골적인 국제법 위반이었습니다. 중국은 지금도 티베트를 군사 점령하고 있어서, 세계는 티베트인이 자유를 잃었지만 국제법상으론 티베트가 여전히 불법 점령하에 있는 독립국임을 기억해야 합니다.

티베트의 지위과 관련하여 여기서 정치적이고 법적 논의를 시작하는 것은 저의 목적이 아닙니다. 저는 우리 티베트인이 독자적인 문화와 언어, 종교, 역사를 가진 고유의 민족이라는 명명백백한 사실을 강조하고 싶을 따름입니다. 그러나 중국의 점령 상태에 있으면서도 티베트는 오늘날 여전히 아시아의 평화를 유지하고 고취하는 완충국가로서의 본래의 역할을 수행할 것입니다.

모든 티베트인과 마찬가지로 저도 우창, 캄, 암도의 3지역으로 이뤄진 티베트 전 지역이 다시 한번 안정과 평화, 화합의 장소로 전환되고, 티베트의 귀중한 역할을 회복하기를 진심으로 소망하고 있습니다. 최상의 불교 전통에 따라, 티베트는 세계평화와 인류의 안녕이라는 대의, 그리고 우리가 공유하는 자연환경이라는 대의를 증진하려는 모든 이들을 위해 봉사하고 그들을 환대할 것입니다.

지난 수십 년 동안의 점령 체제하에서 우리 민족에게 가해진 홀로코스트에도 불구하고, 저는 중국인과 직접적이고 솔직한 논의를 통해 해결책을 찾으려고 항상 노력해 왔습니다. 1982년 중국 지도부가 교체되고 베이징 정부와 직접 접촉을 하게 되자, 저는 우리나라와 민족의 미래에 관한 회담을 개시하기 위해 대표단을 베이징에 파견했습니다.

우리는 성실하고 적극적인 태도로 대화에 임했고, 중화인민공화국의 정당한 요구를 흔쾌히 고려하려고 했습니다. 저는 이러한 태도에 대한 보답으로 양측의 열망과 이익을 충족시키고 지켜줄 수 있는 해결책을 결국 찾을 수 있길 희망했습니다. 유감스럽게도, 중국은 우리의 노력에 방어적인 태도로 일관해 왔습니다. 마치 우리가 티베트의 매우 현실적인 어려움을 상세히 지적한 것이 중국을 비판하려고 그랬다는 듯이 말입니다.

더욱 실망스럽게도 중국 정부는 진실한 대화의 기회를 악용했습니다. 중국은 600만 티베트인이 직면하고 있는 현실적인 문제들에 대처하는 대신, 티베트 문제를 제 개인적인 지위에 대한 논의로 바꿔치려고 시도했습니다.

제가 주요 쟁점을 명확히 하고, 개방과 화해의 정신으로 영구적인 해결을 위한 첫걸음을 제안하려고 하는 것은 이런 배경이 있는 것이고, 이번 방문으로 만난 여러분과 많은 다른 분들로부터 받은 엄청난 지지와 격려가 있었기 때문입니다. 저는 오늘 이런 제안을 함으로써 미래에 중국인을 비롯한 모든 주변국과의 우정과 협력에 기여할 수 있기를 바랍니다.

이 평화안에는 다음과 같은 5개의 기본항목이 포함되어 있습니다.

1. 티베트 전 지역을 평화지대로 바꾼다.

2. 티베트민족의 존속을 위협하는 중국인 대량이주 정책을 폐지한다.

3. 티베트인의 기본적 인권과 민주적 자유를 존중한다.

4. 티베트의 자연환경을 복원하고 보호하며, 중국이 티베트를 핵무기 제조 및 핵폐기물 처리용으로 이용하는 것을 금지한다.

5. 미래의 티베트 지위 및 티베트인과 중국인 간의 관계에 대해 진지한 협상을 개시한다.

다음으로, 5항목에 대해 설명하겠습니다.

1. 저는 동부 지방의 캄과 암도를 비롯한 티베트 전체를 아힘사 지대(Zone of Ahimsa)로 변환할 것을 제안합니다. 아힘사는 힌디어로서 평화와 비폭력의 상태를 의미합니다.

이러한 평화지대의 창설은 평화롭고 중립적인 불교 국가로서, 대륙의 강대국들을 분리하는 완충국으로서의 티베트의 역사적 역할에 부합합니다. 이는 네팔을 평화지대로 선포하자는 네팔의 제안과 그 선포를 중국이 지지하고 있는 것과도 합치합니다. 네팔 정부가 제안하고 있는 평화지대에 티베트와 그 밖의 주변 지역을 포함한다면, 그 평화지대는 더 큰 영향력을 가질 것입니다.

티베트에 평화지대를 만들려면 티베트로부터 중국군과 군사시설을 철수해야 하는데, 이는 인도도 티베트와 접한 히말라야 지역에서 병력과 군사기지를 철수하게끔 할 것입니다. 국제 협약에 따라 이런 일이 실현되면, 중국의 정당한 안전보장에 대한 요구를 충족시키고, 티베트인, 인도인, 중국인을 비롯해서 지역의 다른 민족들 사이에 신뢰 관계를 형성하게 될 것입니다. 이는 모두에게, 특히 중국과 인도에게 최대의 이익이 될 것입니다. 그것이 중국과 인도 양국의 안보를 강화하는 동시에 분쟁 지역인 히말라야 국경 지역에 많은 병력을 계속 집중시켜야 하는 경제적 부담을 줄일 수 있기 때문입니다.

역사적으로 중국과 인도의 관계는 경색된 적이 없었습니다. 중국군이 티베트를 침공해서 처음으로 국경이 맞닿게 되자 비로소 두 강대국 사이에 긴장이 고조되어 결국 1962년 전쟁으로 이어졌습니다. 그 이후로 수많은 위험한 사건들이 계속 발생했습니다. 역사상 늘 그랬던 것처럼 광대하고 우호적인 완충 지대에 의해 분리된다면, 세계에서 가장 인구가 많은 양국의 우호적인 관계 회복이 훨씬 잘 촉진될 것입니다.

티베트인과 중국인의 관계를 개선하려면 첫 요구사항은 신뢰의 양성입니다. 과거 수십 년 동안 총인구의 6분의 1인 100만 명 이상의 티베트인이 대학살을 당하고, 최소한 그만큼의 티베트인이 종교적 신념과 자유에 대한 사랑 때문에 수용소에 투옥된 사실을 생각한다면, 오직 중국군의 철수만이 진정한 화해 과정의 출발점이 될 수 있을 것입니다. 티베트 본토에 있는 방대한 점령군의 존재는 모든 티베트인이 겪었던 억압과 고통을 매일 상기시켜 줍니다. 철군은 앞으로 우정과 신뢰를 바탕으로 중국과 의미 있는 관계가 수립될 수 있다는 필수적인 신호가 될 것입니다.

2. 베이징 정부는 중국인을 대량으로 이주시키는 것을 티베트 문제에 대한 '최종 해결책'이라 여깁니다. 결국 이는 티베트인을 자국내에서 권리를 뺏긴 하찮은 소수 민족으로 전락시키는데, 이런 이민정책은 반드시 멈춰야 합니다.

중국 민간인의 티베트 대규모 이주는 제4차 제네바 협약(1949년)을 위반하고 있고, 독자적인 민족으로서의 티베트인의 존재 자체를 위협하고 있습니다. 우리나라의 동부 지역에서는 현재 중국인이 티베트인보다 훨씬 많습니다. 예를 들어 제가 태어난 암도 지방에는, 중국 통계에 따르면 중국인은 250만 명인데 티베트인은 오직 75만 명밖에 살고 있지 않습니다. 티베트 중부와 서부에 위치하는 소위 티베트 자치구에서도 중국인이 티베트인보다 많다는 것을 중국 정부 소식통들은 확인하고 있습니다.

중국의 인구이동 정책은 새로운 것이 아닙니다. 이전에도 다른 지역에 체계적으로 적용한 적이 있습니다. 금세기 초, 만주족은 그들만의 문화와 전통을 가진 독자적인 민족이었습니다. 오늘날 7,500만 명의 중국인이 정착한 만주에는 2~300만 명의 만주족만이 남아있습니다. 현재 중국인이 신장이라고 부르는 동투르크스탄에서는 1949년 20만 명에서 700만 명으로 증가해서 전체 인구 1,300만 명의 절반 이상이 되었습니다. 내몽골의 중국 식민지화 결과로 중국인은 850만 명, 몽골인은 250만 명밖에 안 됩니다.

오늘날 티베트 전역에는 이미 750만 명의 중국 이주민이 보내져서 티베트인 인구 600만 명을 넘어섰습니다. 현재 중국인이 '티베트 자치구'로 부르는 티베트 중서부 지역에서, 티베트인이 190만 명이어서 이미 그 지역 인구의 소수파가 되었음을 중국 측의 자료들도 인정하고 있습니다. 이 숫자는 티베트에 주둔하고 있는 30만에서 50만 명으로 추정되는 중국군은 참작하지 않은 것이며, 그중 25만 명은 이른바 티베트 자치구에 주둔하고 있습니다.

티베트인이 하나의 민족으로 살아남기 위해서는 이주 정책을 중지하고 중국인 이주자들을 중국으로 귀환시키는 것이 절실합니다. 그렇지 않으면 티베트인은 곧 관광객의 구경거리이자 과거의 유물에 지나지 않을 것입니다.

3. 티베트에서 기본적 인권과 민주주의에 기초한 자유가 존중받아야 합니다. 티베트인이 문화적으로, 지적으로, 경제적으로, 영적으로 발전할 수 있도록 다시 한번 자유로워져야 하고, 기본적인 민주적 자유를 행사할 수 있어야 합니다.

티베트의 인권 침해는 세계적으로 보아도 가장 심각합니다. 중국 당국이 '격리와 동화'라고 부르는 남아프리카의 '아파르트헤이트'와 비슷한 차별주의가 횡행하고 있습니다. 티베트인은 자국에 살면서도 2류 시민이 되었습니다. 모든 기본적인 민주적 권리와 자유를 박탈당한 티베트인은, 공산당 관료와 군의 관료가 전권을 장악하고 있는 식민주의적인 행정 하에서 살아갑니다.

중국 정부는 티베트인이 일부 불교 사원을 재건하고 그 안에서 예불하는 것을 허가하고 있지만, 여전히 종교에 대한 진지한 연구와 가르침은 금하고 있습니다. 승려가 되는 것도 공산당의 승인을 받은 소수의 사람들에 한해서입니다.

망명 중인 티베트인이 1963년 제가 공포한 헌법에 따라 민주적 권리를 행사하는 동안, 티베트 본토에서는 수천 명의 동포가 종교적 또는 정치적 신념 때문에 형무소와 강제노동 수용소에서 고통받고 있습니다.

4. 티베트의 자연환경을 회복하기 위한 진지한 노력이 필요합니다. 티베트를 핵무기 제조와 핵폐기물 투기를 위해 이용해서는 안 됩니다.

티베트인은 모든 생명에 대해 큰 존경심을 가지고 있습니다. 이러한 타고난 티베트인 감성은, 인간이든 동물이든 감각과 의식을 가진 모든 존재를 해치면 안 된다는 불교 신앙에 의해 깊어졌습니다. 중국의 침략 이전까지만 해도 티베트는 독특한 자연환경 속에서 훼손되지 않은 야생보호구역이었습니다. 슬프게도 지난 수십 년 동안 티베트의 야생동물과 삼림은 중국인에 의해 거의 완전히 파괴되었습니다. 티베트의 섬세한 환경에 미치는 영향은 치명적이었습니다. 티베트에 조금이라도 남아 있는 자연을 지키고, 환경의 밸런스를 회복하기 위한 노력이 이루어져야 합니다.

중국은 핵무기를 제조하기 위해 티베트를 이용하고 있으며, 티베트에 핵폐기물을 투기하기 시작했다는 혐의도 있습니다. 중국은 자국의 핵폐기물뿐만 아니라 외국의 핵폐기물도 티베트에 폐기할 계획이 있고, 이런 나라들은 이미 베이징에 그들의 유독물질 처리 비용을 지불하기로 합의했습니다.

이것이 야기하는 위험은 명백합니다. 티베트의 독특하고 섬세한 환경에 대한 중국의 관심 부족으로 현 세대만이 아니라 미래 세대들도 위협받고 있습니다.

5. 티베트의 장래 지위와 티베트인과 중국인의 관계에 대하여 진지한 교섭을 개시할 필요가 있습니다.

이 문제에 대해 우리는 합리적이고 현실적인 방법으로, 솔직함과 화해의 정신으로, 그리고 티베트인과 중국인, 그리고 다른 모든 관련 민족들에게 장기적인 이익이 되는 해결책을 찾으려는 의도로 접근하고자 합니다. 티베트인과 중국인은 독자적인 국민으로서, 각자의 역사, 문화, 언어, 생활방식을 가지고 있습니다. 민족들 간의 차이를 인정하고 존중해야 합니다. 이러한 차이가 양국 국민의 상호이익에 부합하는 진정한 협력에 장애물이 될 필요는 없습니다. 당사자들이 열린 마음과 만족스럽고 정의로운 해결책을 찾으려는 진심 어린 열망으로 만나 미래를 논의한다면 돌파구가 마련될 것이라고 진심으로 믿습니다. 우리 모두는 합리적이고 현명해져서, 그리고 솔직함과 이해의 정신으로 만나기 위해 노력해야 합니다.

개인적인 이야기로 끝내겠습니다. 여러분과 여러분의 많은 동료들, 그리고 시민 여러분이 세계 곳곳에서 억압받는 모든 사람들의 곤경에 관심과 지지를 표명해 주셔서 감사드립니다. 여러분이 공개적으로 우리 티베트인에게 동정심을 표한 일 자체가 이미 티베트 본토 우리 동포의 삶에 긍정적인 영향을 끼쳤습니다. 티베트 역사에 있어서 지극히 중요한 이 시기에, 여러분의 지속적인 지원을 부탁드립니다.

감사합니다.

56. 스트라스부르 제안

- 유럽의회 의원들에게 연설, 스트라스부르, 1988년 6월 15일 -

오늘날 우리는 참으로 상호의존적인 세계에 살고 있습니다. 한 국가의 문제는 더 이상 그 국가 혼자의 힘만으로는 해결할 수 없습니다. 보편적인 책임감이 없다면 우리의 생존 자체가 위험합니다. 그러므로 저는 세계 여러 국가 사이에 더 나은 이해와 더 긴밀한 협력, 그리고 더 큰 존중이 필요하다고 항상 믿어 왔습니다. 유럽의회는 고무적인 예입니다. 전쟁의 혼란에서 벗어나 한때 적이었던 사람들이 한 세대만에 공존과 협력을 배웠습니다. 그러므로 저는 특히 유럽의회의 이 모임에서 연설하게 되어 특별히 기쁘고 영광입니다.

여러분도 아시다시피, 저의 조국 티베트는 매우 힘든 시기를 살아가고 있습니다. 티베트인, 특히 중국의 점령 아래에서 살아가는 사람들은 자유와 정의, 그리고 자결권이 있는 미래를 갈망하고 있습니다. 그런 때가 오면 그들은 고유의 정체성을 완전히 보존하고 인근 국가와 평화 속에서 살 수 있을 것입니다. 천 년이 넘는 세월 동안 우리 티베트인은 우리가 사는 고원에서 생명의 섬세한 밸런스를 유지하기 위해 영적, 환경적 가치를 고수해 왔습니다. 우리는 부처님의 비폭력과 자비심의 메시지에서 영감을 받고 우리의 히말라야 산의 보호를 받으며,[1] 모든 생명을 존중하고 국가 정책의 도구로서 전쟁을 포기하

---

1 『ダライ・ラマ 聲明 1961-2011』, ダライ・ラマ十四世 テンジン・ギャツォ 著, 고이케 미와(小池美和) 역(集廣舍 2017, 일본 후쿠오카), p.296을 참조해서 moun-

고자 했습니다.

2,000년이 넘게 거슬러 올라가는 조국 티베트의 역사는 독립의 역사였습니다. 기원전 127년 건국 이래 우리 티베트인은 외국 세력에게 주권을 이양했던 적이 없습니다. 모든 국가와 마찬가지로, 티베트는 몽골족, 만주족, 중국인, 영국인, 네팔의 고르카족 등 이웃 국가들이 우리에게 지배력을 행사하려고 했던 시기를 경험했습니다. 그런 시기들은 짧았고 티베트인은 결코 그걸 국가 주권을 상실한 시기로 생각한 적이 없습니다. 사실, 티베트 지배자들이 광대한 중국과 다른 근린 제국諸國을 정복한 적도 있었습니다. 그러나 이것이 우리 티베트인이 타국의 영토를 자신의 것으로 주장할 수 있다는 것을 의미하지는 않습니다.

1949년 중화인민공화국은 무력을 행사해서 티베트를 침공했습니다. 그 이후 티베트는 역사상 가장 어두운 시기를 견뎌 왔습니다. 점령으로 인해 100만 명 이상의 국민이 죽었습니다. 수천 개의 사원이 폐허가 되었습니다. 교육과 경제적인 기회만이 아니라, 티베트인으로서의 민족의식도 박탈당한 채 성장하는 세대가 나왔습니다. 현재 중국 지도부는 일정한 개혁을 시행하면서, 티베트고원으로의 대량이주를 중국인에게 장려하고 있습니다. 이 정책에 의해 600만 명의 티베트인은 이미 소수파가 되었습니다. 모든 티베트인을 대표해서, 저는 슬프게도 우리의 비극이 계속되고 있음을 보고드릴 수밖에 없습니다.

---

tains을 히말라야 산으로 옮겼다. (역주)

저는 우리 국민에게 고통을 제거하기 위해 폭력에 의존하지 말 것을 항상 촉구해 왔습니다. 그러나 저는 이 불의에 대해 충분히 항의할 도덕적 권리가 모든 국민에게 있다고 믿습니다. 안타깝게도 티베트 내부의 시위는 중국 경찰과 군대의 폭력에 의해 진압되었습니다. 저는 비폭력을 계속 권유할 것이지만, 중국이 잔혹한 방법을 버리지 않는 한 상황이 더 악화되더라도 티베트인을 책망할 수는 없습니다.

모든 티베트인은 우리나라의 독립이 완전히 회복되기를 바라고 기도합니다. 수천 명의 국민이 목숨을 바쳤고 이 투쟁으로 나라 전체가 고통을 받고 있습니다. 최근 수개월 동안에도 티베트인은 이 숭고한 목표를 이루기 위해 용감하게 목숨을 바쳤습니다. 반면 중국인은 티베트인의 염원을 전혀 인지하지 못하고 잔혹한 탄압 정책을 계속 추진하고 있습니다.

저는 어떻게 하면 우리나라가 처한 곤경을 벗어날 수 있을지 현실적인 해결책을 오랫동안 생각해 왔습니다. 저의 내각과 저는 많은 친구들과 관계자에게 의견을 구했습니다. 그 결과, 1987년 9월 21일 워싱턴 DC에서 열린 미국 의회 인권대회에서 저는 '티베트에 관한 5항목평화플랜'을 발표했습니다. 그 안에서 저는 티베트를 평화지대(Zone of Peace)로 전환하고, 인류와 자연이 조화롭게 공존할 수 있는 보호구역으로 만들 것을 요구했습니다. 또한 인권 존중, 민주주의의 이념, 환경보호를 존중하고, 중국인이 티베트로 이주하는 정책을 중단할 것을 요구했습니다.

평화안의 제5 항목은 티베트인과 중국인 사이의 진지한 교섭을 요구하는 것이었습니다. 따라서 우리는 티베트 문제를 해결하는 기본이 될 수 있는 몇 가지 생각을 솔선해서 공식화했습니다. 이 자리를 빌려서 저는 우리 생각의 요점을 이 자리에 계신 저명한 분들에게 알려드리고 싶습니다.

촐카-숨(우창, 캄, 암도)으로 알려진 티베트 전역은 중화인민공화국과 연계하여, 공공의 이익과, 티베트인 자신들과 자신들의 환경을 보호하기 위해 법에 따라 설립된 자치적인 민주 정치체가 되어야 합니다.

중화인민공화국 정부는 계속해서 티베트의 외교 정책에 대한 책임을 다할 수 있습니다. 그러나 티베트 정부는 상업, 교육, 문화, 종교, 관광, 과학, 스포츠 및 기타 비정치적 활동 분야에서 관계를 발전시키고 유지하는 일을 티베트 정부 자체의 외무국을 통해서 해야 합니다. 티베트는 이러한 활동에 관련된 국제기구에 가입해야 합니다. 티베트 정부는 헌법이나 기본법에 근거해서 수립되어야 합니다. 기본법은 정부가 민주제를 실현하고, 경제적 평등과 사회정의 및 환경보호의 책임을 지기 위한 것입니다. 이는 티베트 정부가 티베트와 티베트인과 관련된 모든 문제를 결정할 권한을 갖게 되는 것을 의미합니다.

개인의 자유가 어느 사회든 발전의 진정한 원천이자 잠재력이기 때문에, 티베트 정부는 세계인권선언을 철저히 준수함으로써 이러한 자유를 보장하고자 할 것입니다. 여기에는 언론, 집회, 종교에 대한 권리도 포함됩니다. 종교는 티베트의 민족적 정체성의 근간을 이루는 것이고, 영적 가치들은 티베트의 풍부한 문화의 핵심이기 때문에, 종교적 관습을 보호하고 발전시키는 것이 티베트 정부의 특별한 의무일 것입니다.

티베트 정부는 국민투표로 선출된 최고 지도자 및 양원제 입법부, 그리고 독립적인 사법제도로 구성되어야 합니다. 소재지는 라싸여야 합니다.

티베트의 사회적·경제적 제도는 전체 국민의 생활수준을 높일 필요성을 특히 염두에 두면서 티베트인의 열망에 따라 결정될 것입니다.

티베트 정부는 야생동물과 자연식물을 보호하기 위해 엄격한 법을 통과시킬 것입니다. 천연자원의 착취를 엄격하게 규제할 것입니다. 핵무기를 비롯해서 다른 무기의 제조, 실험, 비축을 금지함과 함께 유해 폐기물을 배출하는 원자력 및 그 밖의 기술 사용은 금지되어야 합니다. 티베트를 지구에서 최대의 자연보호지역으로 전환하는 것이 티베트 정부의 목표입니다.

비무장화에 의해 티베트가 진정한 평화 보호지역이 될 수 있도록 지역 평화회담의 개최를 요구해야 합니다. 이러한 평화회담이 소집되고 비무장과 중립을 달성할 때까지 중국은 티베트에 일정 수의 군사시설들을 유지할 권리를 가질 수 있습니다. 그러나 이런 시설은 방위만을 목적으로 하는 것이어야 합니다.

내실이 있는 협상을 이끌어 낼 신뢰의 분위기를 구축하기 위해, 중국 정부는 티베트 본토에서의 인권 침해를 중단해야 하고, 중국인 이주 정책을 포기해야 합니다.

이상이 우리 망명 정부가 마음에 두고 있는 생각입니다. 저는 이런 생각이 나타내는 온건한 입장에 대해 많은 티베트인이 실망할 것임을 알고 있습니다. 의심할 여지없이, 앞으로 몇 달 동안 티베트 본토와 망명지에 있는 양쪽 티베트 공동체에서 많은 논의가 있을 것입니다. 그러나 이런 논의는 변혁의 모든 과정에서 필수적이고 유익한 부분입니다. 저는 이런 생각들이 중국의 이익을 수용하면서도, 티베트 독자적인 정체성을 다시 확립하고 티베트인의 기본적 인권을 회복할 수 있는 가장 현실적인 방법이라고 생각합니다. 그러나 중국인과의 교섭의 결과가 어떻든 최종적인 결정권은 티베트인 스스로에게 있음을 강조하고 싶습니다. 따라서 모든 계획에 전국적인 국민투표에서 티베트인의 희망을 확인하기 위한 포괄적인 절차를 포함할 것입니다.

이번 기회를 빌려서 제가 티베트 정부에서 적극적인 역할을 담당하고 싶지 않다고 분명히 말하고 싶습니다. 그럼에도 불구하고 저는 티베트인의 안녕과 행복에 관해서는 필요한 한 계속 노력할 것입니다.

제가 제시했던 생각을 바탕으로 우리 망명 정부는 중화인민공화국 정부에 제안서를 제출할 용의가 있습니다. 티베트 정부를 대표하는 협상팀이 선정되었습니다. 우리는 공평한 해결에 이르도록 이 제안서의 세부 사항을 협의하기 위해 중국 측과 만날 준비가 되어 있습니다.

지미 카터 전 미국 대통령을 비롯해서 점점 더 많은 정부와 정치 지도자들이 티베트 상황에 큰 관심을 보이고 있어 우리는 크게 용기를 얻습니다. 우리는 최근 중국 내부의 변화로, 보다 실용적이고 자유주의적인 새로운 지도층이 탄생하게 된 것에도 용기를 얻습니다.

우리는 중국 정부와 중국 지도부가 제가 방금 설명한 아이디어를 진지하고 실질적으로 꼭 고려했으면 합니다. 오직 대화와 그리고 티베트의 현실을 정직하고 명확하게 바라보려는 의지만이 실행 가능한 해결책으로 이어질 수 있습니다. 우리는 인류의 더 큰 이익을 염두에 두고 중국 정부와 논의를 진행하고자 합니다. 그러므로 우리의 제안은 화해의 정신으로 이루어질 것이며, 우리는 중국인이 적절히 응답해 주었으면 합니다.

제 조국 고유의 역사와 심오한 영적 유산은 아시아의 심장부에서 평화 보호 지역의 역할을 수행하기에 이상적입니다. 티베트는 전 대륙의 안정에 기여하는 중립 완충국으로서의 역사적 위상을 회복할 수 있습니다. 아시아의 평화와 안전은 물론 세계 전체의 평화와 안보를 강화시킬 수 있습니다. 티베트는 미래에 더 이상 무력으로 억압받고, 비생산적이며, 고통으로 상처 입은 점령지가 될 필요가 없습니다. 티베트는 인류와 자연이 조화롭게 균형을 이루는 자유로운 안식처가 될 수 있으며, 전 세계 많은 지역을 괴롭히는 긴장 상태를 해결하는 창의적인 모델이 될 수 있습니다.

중국의 지도자는 오늘날 점령지역을 식민지로 지배하는 것은 시대착오적이라는 것을 깨달아야 합니다. 당사자 전원에게 만족스런 이익이 있을 때 비로소 진정한 거대 연합이나 연대가 자발적으로 생길 수 있습니다. 유럽공동체가 분명한 사례입니다. 반면에 한 국가나 공동체는 신뢰나 이익이 부족하고, 무력이 주요 통치 수단으로 사용될 때 두 개 이상의 실체로 분열될 수 있습니다.

마지막으로 저는 유럽의회의 영예로운 의원님들에게, 그리고 의원님들을 통해 각 지역구의 지지자 분들에게, 우리 티베트인의 노력을 더욱더 폭넓게 지지해달라고 특별히 호소하고 싶습니다. 우리가 제안한 틀 안에서 티베트 문제를 해결하는 것은 티베트인과 중국인의

상호이익을 위한 것일 뿐만 아니라, 아시아 지역에 그리고 세계의
평화와 안정에 기여할 것입니다. 제 생각을 여러분과 공유할 수 있는
기회를 주셔서 감사합니다.

감사합니다.

57. 적을 포용하라

- 예일 대학교 연설, 1991년 10월 9일 -

따뜻하게 환영해 주셔서 정말 감사합니다. 리튼 박사님, 예일 대학의
형제자매 여러분, 이 자리에 서게 되어 큰 영광입니다.

우리는 정말 놀라운 시대에 살고 있습니다. 지난 수년 동안 세상은
극적으로 변했습니다. 자유와 민주주의에 대한 민중과 국가들의 염
원, 그리고 민족자결에 대한 욕구는 예상치 못한 활력과 끈기를 가지고
다시 부상했습니다. 동유럽과 몽골에서의 사건들, 베를린 장벽 붕괴,
그리고 더 최근에는 70년간의 공산주의 지배 이후의 소련에서 일어난
변화 등이 모두 이러한 현상의 사례들입니다.

저는 기억에 남을 몽골, 발트해 국가들, 불가리아 방문을 막 마쳤습
니다. 저는 수백만 명의 인간들이 수십 년 동안 박탈당했던 자유를
누리는 것을 보면서 큰 행복으로 가득 찼습니다. 이들의 승리는 억압
기간이 아무리 길고 억압의 정도가 아무리 가혹해도 자유에 대한

인간의 욕구가 결국 승리할 것임을 강력하게 상기시켜 줍니다. 그리고 가장 중요한 것은 폭력에 의존하지 않고도 반드시 그런 변화가 이루어질 수 있다는 것입니다.

최근 조지 부시 대통령과 미하일 고르바초프 대통령의 발표는 언젠가는 무기 없는 세계를 낳을 수도 있습니다. 역사적인 결정에 대해 두 분을 축하해드리고 싶습니다. 수년 전, 제가 무기 없는 세상의 꿈을 말했을 때, 몇몇 친구들을 포함한 많은 사람들은 그것이 너무 이상주의적이라고 생각했습니다. 그러나 최근의 새로운 전개는 이 꿈이 실현될 수 있음을 보여줍니다. 그럼에도 불구하고 그것은 어려운 일이고 수많은 장애물이 있을 것입니다. 우리의 노력이 아무리 미미해도 계속해서 이런 노력을 해야 합니다.

중국 정부의 40년 이상의 탄압 끝에 자유를 되찾기 위한 티베트인의 투쟁이 지금 일어날 수밖에 없었던 것도 바로 이런 급변하는 정치 풍토 속에서였습니다. 1949년부터 1951년 사이 중국이 티베트를 침공한 이래 인구의 5분의 1에 해당하는 120만 명의 티베트인이 목숨을 잃었습니다. 42년의 긴 세월 동안 우리는 우리의 대의를 지키고 비폭력과 자비의 불교문화를 보존하기 위해 투쟁해 왔습니다.

이런 사건들에 대해 화를 내고 중국 당국에 대해 증오만 느끼기는 쉽습니다. 우리는 그들을 우리의 적으로 낙인찍고, 그들의 잔혹성에 대해 독선적으로 비난하고 더 이상 생각하거나 고려할 가치가 없는 존재로 일축할 수 있습니다. 그러나 그것은 불교적인 방식이 아닙니다. 그리고 최근의 사건들이 너무나 분명하게 보여주었듯이, 그것은 평화와 화합을 이룰 수 있는 방법이 아닙니다.

우리의 가장 소중한 스승은 우리의 적입니다. 이것은 불교의 근본적 가르침일 뿐만 아니라 삶에서 증명된 사실입니다. 친구들은 여러 가지로 우리를 도울 수 있지만, 오직 우리의 적들만이 우리가 관용과 인내와 자비를 키우는 데 필요한 도전을 해옵니다. 이 세 가지 덕목은 인격을 닦고 마음의 평화를 키우며 진정한 행복을 가져다주는 데 필수적입니다.

기독교에는 한쪽 뺨을 때리면 다른 쪽 뺨도 돌려준다는 감동적인 가르침이 있습니다. 이 같은 이상이 불교철학의 근저에도 있습니다. 우리는 체계적인 훈련을 통해서 적이 공격할 때 그의 행위에 대해 그리고 그가 주는 성장의 기회에 대해 사실상 감사를 할 만큼 강한 참을성을 기를 수 있습니다. 우리가 편해지고, 분노와 증오가 없어지면, '적'의 행동을 촉발시키는 충동을 분명히 봅니다. 우리는 그의 해로운 행동을 통해서 그가 자초한 슬픈 운명에 대해 진심으로 동정을 느낄 수 있습니다.

좋은 때나 나쁜 때나 우리 티베트인은 우리를 해치든 도와주든 모든 사람들이 궁극적으로 친구라는 것을 기억하며, 우리의 영적 건강과 좋은 기분을 지키려고 노력합니다. 저는 종종 티베트인에게 우리가 이러한 근본적인 진실을 기억하는 한, 우리는 정말로 무적이라고 말합니다. 우리의 결심은 결코 죽지 않을 것이며, 우리는 결국 중국 내부의 우리의 친구들에게도 도움을 줄 수 있을 것입니다.

저는 사람들 사이의 관계와 국가들 사이의 관계는 반드시 인간적인 이해에 기초해야 한다고 굳게 믿고 있습니다. 우리가 허심탄회하게 아이디어를 공유해야만 현재 지구적 공동체가 직면하고 있는 수많은 시험에 대한 해결책을 찾을 수 있을 것입니다. 이런 맥락에서 중국이 국제사회에 건설적으로 참여할 의사가 있을 때마다 세계는 중국과 관계를 맺어야 한다고 봅니다. 하지만 중국이 문명화된 행동의 기본 규범을 계속해서 위반할 때 버릇없는 아이처럼 그냥 두어서는 안 됩니다. 중국은 국제사회의 책임 있는 일원으로서 자신의 행동에 대해 책임을 져야 합니다.

아시다시피, 지난번 미국을 방문했을 때 저는 조지 부시 대통령을 만날 수 있는 특권을 누렸습니다. 지난 봄 이곳 예일대에서의 연설과 같은 그의 공식 성명은 인류의 4분의 1을 아우르는 중국의 민주적 변화를 장려하겠다는 그의 진심 어린 책무를 반영하고 있습니다.

우리 티베트인은 미국과 다른 나라들이 중국 정부의 억압적인 정책을 용인할 수 없다는 분명한 신호를 보내야 한다고 믿습니다. 정치적·경제적 압박은 필요한 변화를 유도하기 위한 적절한 유인책입니다. 국제사회가 세계의 다른 지역에서 일어난 식민주의와 인권 유린에 대응해서 발동한 것과 같은 기준을 중국에도 적용해야 합니다. 동유럽, 발트해 국가들, 소련, 남아프리카공화국의 상황은 외교적·경제적 제재를 포함한 국제적 압력이 없었다면 바뀌지 않았을 것입니다.

국제사회가 중국에 압박을 가해서 중국의 태도를 바꾸라고 하면 중국이 마오쩌둥의 고립 정책으로 돌아갈 것이라고 주장하는 사람들도 있습니다. 중국의 지도자들 스스로가 국제적 압력을 막기 위해 그렇게 하겠다고 위협해 왔습니다. 그러나 경험상 중국은 일부 지도자들이 원한다고 해도 그 길을 택할 수 없을 것입니다. 중국 국민은 이미 민주주의와 자유에 대한 욕구를 보여주었습니다. 그들은 그런

욕구가 주요한 공산주의 국가에서 만연하는 것을 보아왔습니다. 소련
쿠데타 실패의 주동자들이 배웠듯이, 자유와 민주주의의 정신은 한번
방출되면 분쇄될 수 없습니다.

인권에 대한 아시아의 견해는 인권에 대한 서구의 것과는 근본적으
로 다르며 아시아인은 인간의 생명을 덜 중시한다는 의견도 제시됐습
니다. 이것은 전혀 옳지 않습니다. 불교도인 우리는 인간의 생명을
가장 소중한 선물로 생각합니다. 인권에 대한 저의 견해는 여러분의
것과 다르지 않습니다. 고통과 통증은 모든 인간에 똑같습니다. 티베
트인을 비롯한 아시아인들은, 여러분 미국인, 유럽인, 아프리카인,
남미인 등의 사람들과 똑같은 방식으로 느낍니다. 중국과 티베트
본토에서 일어나는 학대에 대한 고통은, 소련과 남아프리카의 인권
침해에 대한 국제적 우려만큼이나 진정한 것입니다. 이러한 문제들은
어느 특정 국가의 내정이 아니라, 형제자매의 고통에 대한 도처에
있는 인류의 근본적인 관심사입니다.

중국은 이제 마지막 전체주의적 공산주의 제국으로 홀로 서 있습니
다. 하지만 최근 소련에서의 사건들이 분명히 보여주었듯이, 오랫동
안 그렇게 남아 있을 수는 없습니다. 자유와 민주주의가 중국에 올
것입니다. 저는 국제사회가 세계평화와 안정을 위해 중국이 최대한
신속하고 원활하며 비폭력적으로 변할 수 있도록 중국을 적극적으로
격려해야 한다고 생각합니다. 동유럽의 많은 곳 그리고 소련에서
일어난 평화 혁명은 본보기가 되어야 합니다. 우리는 유고슬라비아의
상황이 되풀이되도록 해서는 안 됩니다. 세계 공동체는 유고슬라비아
에서의 문제의 심각성을 충분히 조기에 인식하지 못해서 혼란이 일어

났고, 그 혼란은 지금 이 지역을 집어삼키고 자국민에게 엄청난 고통을 안겨주고 있습니다.

국제적 압력이 전혀 없을 경우, 소련에서와 같은 상황에 대한 중국 정부의 대응은, 약화되는 그들의 권력 기반을 고수하기 위해서 더 억압적일 가능성이 높습니다. 티베트에서 들어온 최근 보고서는 이러한 태도를 보여줍니다. 그래서 불가피한 변화가 일어나면 사람들에게 더 많은 폭력과 더 큰 고통이 일어날 것입니다. 세계는 이런 일이 일어나지 않도록 해야 할 책임이 있습니다. 발트해 국가들의 변화는 특히 고무적입니다. 비록 오랜 시간이 걸렸지만 결국 옛 점령 세력인 소련 정부마저 민중의 요구가 가져온 필연적인 결과를 받아들였습니다.

발트해 사람들이 자유를 되찾는 데 성공했듯이, 우리 티베트인도 곧 우리의 자유를 되찾을 것이라고 확신합니다. 우리는 42년간의 점령 기간 동안 이 목표를 달성하기 위한 확고한 결의를 유지해 왔습니다.

저는 과거에 중국 지도자들에게 여러 가지 제안을 했는데, 이런 제안이 우리의 차이를 해소하고 티베트 문제에 대한 포괄적인 해결책을 찾을 수 있는 추동력이 되기를 바랍니다. 저는 600만 티베트인의 자유로운 대변자로서 이 제안들을 제시했습니다.

저는 1987년 협상을 시작하기 위한 제안으로 중국인에게 '5항목평화플랜'을 제시했습니다. 이듬해 스트라스부르에서 열린 유럽의회 연설에서 티베트와 중국 사이의 연합 형태를 제안하는 연설을 통해 이 플랜을 상세히 설명했습니다. 그러나 중국 지도자들은 이 제안을 거부하고 협상 개시도 거부했습니다. 게다가 망명 티베트인과 티베트 본토의 많은 티베트인은 그 제안이 중국인에게 불필요한 양보를 했다고 느껴서 그것에 강하게 반대했습니다. 따라서 스트라스부르 제안이 더 이상 유용한 목적을 달성할 수 없다는 것이 분명해져서, 저는 최근 더 이상 스트라스부르 제안 조건을 준수하지 않을 것임을 선언했습니다.

저는 항상 티베트인이 궁극적으로 그들 자신의 운명을 선택하는 것이 핵심적인 이슈라고 말해 왔습니다. 그런 결정을 내리는 것은 달라이 라마도 아니고 중국은 더더욱 아닙니다. 이 원칙은 1950년 12월 7일 인도 의회 연설에서 고 네루 수상이 명시적으로 표명했습니다. "티베트는 중국과 같지 않기 때문에 궁극적으로 티베트 국민의 소망대로 되어야 합니다. …"

하지만 저는 상황이 교착상태로 빠지는 것은 원치 않습니다. 전 세계적인 변화의 빠른 속도를 감안할 때 티베트와 같은 장기적 쟁점을 해결할 수 있는 새로운 기회는 오지 않을 것으로 생각합니다. 따라서 저는 망명 티베트 의회와 다른 사람들에게 티베트 문제를 평화적으로 해결하기 위한 새로운 아이디어를 제시해 줄 것을 요청했습니다. 그러나 무엇보다도, 저는 티베트 본토의 600만 티베트인이 우리나라의 미래에 대한 최종 결정권을 가져야 한다는 것을 다시 한번 말씀드려야 하겠습니다.

중화인민공화국은 티베트인이 중국의 통치 아래서 행복하며, 달리 생각하는 자들은 '소수의 분열주의자'일 뿐이라고 주장합니다. 앞서 말했듯이 티베트인의 심정은 국민투표로 가장 잘 확인할 수 있습니다. 그러나 중국 정부가 이 상황의 현실을 받아들이지 않기 때문에 중국의 공식적인 태도는 저를 매우 걱정스럽게 합니다. 중국인이 티베트인의 진실한 감정과 염원을 이해하지 못하는 한, 이 문제에 대한 만족할 만한 해결책을 찾기는 매우 어려울 것입니다.

협상을 시작하려는 저의 노력에 중국 정부가 응하지 않는 바람에, 우리가 따르고 있는 비폭력적인 길에 대해, 많은 티베트인, 특히 티베트 본토에 사는 젊은 티베트인의 조바심이 가중되었습니다. 중국이 티베트 본토에 대한 인구학적인 침략을 조장하고 티베트인을 우리나라에서 소수파로 전락시키면서 티베트 내의 긴장감도 높아지고 있습니다. 티베트인에 대한 가혹한 탄압과 협박은 상황을 점점 양극화시키고 있습니다. 저는 이 폭발적 상황에서 폭력이 일어날지도 모른다는 사실에 극도로 불안합니다. 제가 할 수 있는 일을 하면서 이를 예방하고 싶습니다.

이러한 사태를 고려하여, 저는 가능한 한 빨리 티베트를 방문할 수 있는 가능성을 고려하고 있습니다. 저는 그 방문에 두 가지 목적을 염두에 두고 있습니다.

첫째, 제가 현장에서 직접 티베트의 상황을 확인하고 동포와 직접 소통하고 싶습니다. 이를 통해 중국 지도부가 티베트인의 진심을 이해할 수 있도록 돕고 싶습니다. 그러므로 중국 고위 지도자들이 그런 방문에 저와 동행하는 것은 중요할 것이며, 언론을 비롯한 외부 관측통들이 참석하여 그들이 조사 결과를 보도하는 것이 중요합니다.

둘째, 저는 제 동포들에게 비폭력이라는 적절한 투쟁방식을 버리지 말라고 조언하고 설득하고 싶습니다. 제 동포와 대화하는 저의 능력은 평화적 해결책을 이끌어 내는 데 핵심 요소가 될 수 있습니다. 저의 방문은 이해를 증진시키고 협상 해결의 토대를 만드는 새로운 기회가 될 수 있습니다.

물론 티베트 방문은 티베트인이 보복에 대한 두려움 없이 자유롭게 저와 만나고 대화할 수 있어야만 가능합니다. 저로서는 원하면 언제든 자유롭게 여행할 수 있어야 하고, 제가 만나고 싶은 티베트인이라면 누구든지 만날 수 있어야 합니다. 그런 여행에 저와 함께 간절히 가고 싶어 하는 많은 친구들은 아무런 방해 없이 자유롭게 여행할 수 있어야 합니다. 이러한 예의는 호의와 개방의 정신으로 국제 언론에도 확산되어야 합니다.

중국인과 티베트인 사이의 수십 년 묵은 갈등에 대한 해결책을 찾아야 하는 시급성을 감안할 때, 이제 중국 지도자들이 저의 새로운 계획에 긍정적으로 응해주길 바랍니다. 저는 저 지도자들이 대중의 감시·감독을 통과할 만한 약속, 그리고 티베트 본토의 변화와 평화를 추구하는 모든 사람들을 만족시킬 만한 약속을 할 것이라고 믿습니다.

제가 이런 예방 조치들을 촉구하는 이유는, 우리가 한 걸음 앞으로 전진한 후에는 어느 쪽도 쉽게 후퇴할 수 없도록 하기 위함입니다. 과거에 중국 지도자들은 저에게 많은 약속과 확언을 해 주었지만 그 어느 것도 지켜지지 않았습니다. 1951년 라싸, 1954년 베이징, 1956년 인도에서, 저는 많은 이들을 비롯해 특히 마오쩌둥과 저우언라이로부터 우리 민족에 관한 중국인의 행동에 대해 분명한 확언을 받았습니다. 이후 중국 당국은 티베트의 민족적, 문화적, 종교적 정체성을 존중하기 위해 스스로가 선언한 많은 정책을 거듭 이행하지 않았습니다.

520

최근 몇 년 동안 많은 세계 지도자들과 의원들, 그리고 친구들 개개인이 중국 정부가 제 제안에 적극적으로 반응하도록 설득하려 노력해 왔습니다. 이 자리를 빌려서 진심으로 감사드리고, 저의 노력을 계속해서 지지해주시길 바랍니다.

중국 지도자들이 자국민, 이웃들, 미국과 나머지 세계와 더불어 화합과 평화 속에서 살아가기를 바랍니다. 그래야만 이제 인류의 4분의 1을 이루고 있는 이 오랜 국가가 마침내 지구촌에서 정당한 자리를 차지하게 될 것입니다. 이는 자비심을 바탕으로 한 세계에 대한 불교적인 비전, 즉 적이 없는 세계, 평화와 진정한 행복의 세계에 대한 비전과도 일치합니다.

감사합니다.

58. 협상을 위한 상호신뢰

- 장쩌민에게 보낸 편지,[2] 1992년 9월 11일 -

친애하는 쩌민 씨에게,

다시 한번 우리 사이에 직접적인 접촉이 이루어져서 기쁩니다.

---

2 장쩌민(江澤民, 1926~2022)은 중국 공산당 중앙위원회 총서기 겸 중국 공산당 주석(1993~2003)을 지냈다. (역주)

이를 통해 관계가 개선되고 상호 이해와 신뢰가 발전하기를 바랍니다.

저는 딩광엔(Ding Gwangen, 丁關根) 씨가[3] 1992년 6월 22일에 걀로 튄둡과 가진 논의에 대해, 그리고 티베트 문제 해결을 위한 협상에 관한 중국 정부의 입장에 대해 통보받았습니다. 저는 딩광엔 씨가 전달한 강경하고 융통성 없는 입장, 특히 협상의 전제조건을 강조하는 것에 실망했습니다.

다만 저는 티베트인과 중국인 모두를 위해 성실하고 개방적인 분위기에서 열린 협상을 통해서만 우리의 문제가 해결될 수 있다는 믿음을 변함없이 갖고 있습니다. 이를 위해 어느 쪽도 장애물이나 전제조건을 내세워서는 안 됩니다.

의미 있는 협상이 이루어지기 위해서는 꼭 상호신뢰가 있어야 합니다. 그러므로 신뢰를 쌓기 위해서는 지금까지 제가 해온 노력을 중국 지도자들과 국민이 아는 것이 중요하다고 생각합니다. 저의 세 명의 대표들은 제가 보낸 편지와 함께 티베트인과 중국인의 최선의 이익을 위한 협상을 촉진하기 위해 수년간 노력한 저의 견해와 저의 노력에 대한 상세한 메모를 지참했습니다. 그들은 당신에게 제기하고자 하는 질문 및 여러 안건에 대해 답변하고 토론할 것입니다. 저는 이러한 재개된 논의를 통해 협상으로 이끌 수 있는 방법을 찾기를 희망합니다.

저로서는 우리의 문제를 해결하기 위해 많은 아이디어를 제시했습니다. 당신이 티베트와 중국이 평화롭게 함께 사는 모습을 보고 싶다면

---

3 딩광엔(丁關根, 1929~2012)은 중화인민공화국의 정치가로, 14, 15기 중국공산당 중앙정치국 위원, 9대 철도부장, 장쩌민 정권 10년간 당 요직을 맡았다. (역주)

이제 중국 정부가 진정으로 의미 있는 제안을 해야 한다고 생각합니다. 그러므로 저는 당신이 개방과 우정의 정신으로 응답해 주시길 진심으로 바랍니다.

그럼 안녕히 계십시오.
달라이 라마 드림

59. 지속적이며 진정한 행복

- 덩샤오핑과 장쩌민에게 보내는 편지에 포함된 메모, 1992년 9월 11일 -

1992년 6월 22일, 중국 공산당 중앙위원회 통일전선부장인 딩광엔(丁關根) 씨는 베이징에서 걀료 퇸둡 씨를 만나, 1979년 덩샤오핑 씨가 걀료 퇸둡 씨에게 확언한 내용, 즉 중국 정부가 완전한 독립을 제외한 어떤 문제라도 논의할 용의가 있다는 것을 재차 확인했습니다. 딩광엔 씨는 또한 정부의 견해에 따르면 '달라이 라마는 독립 활동을 계속하고 있다'고 말했지만, 중국 정부는 제가 티베트의 독립을 포기하는 즉시 협상을 시작할 용의가 있었다고 말했습니다. 중국 정부가 과거에도 거듭 언급했던 이 같은 입장은 중국 지도부가 티베트-중국 관계에 대한 제 생각을 아직도 이해하지 못하고 있음을 보여줍니다. 따라서 이번 기회에 이 메모를 통해 제 입장을 명확히 하겠습니다.

과거 티베트와 중국이 별개의 국가로 존재했다는 것은 확립된 사실입니다. 하지만, 몽골 황제와 만주 황제들과 티베트 간의 독특한 관계가 잘못 와전되어서, 티베트와 국민당, 그리고 티베트와 현 중국 정부 사이에 분쟁이 일어났습니다. 중국 정부가 1951년 티베트 정부와 '17개조협정'을 체결할 필요가 있다고 판단한 것은 티베트 특유의 입장을 중국 정부가 인정했음을 여실히 보여줍니다.

1954년 베이징을 방문했을 때 그곳에서 만난 공산당 지도자들 대부분이 정직하고 솔직하며 개방적인 사람들이라는 인상을 받았습니다. 특히 마오쩌둥 주석은 중국인이 티베트 본토에 있는 이유는 오로지 티베트가 국가 발전을 위해 천연자원을 활용하고 사용하는 것을 돕기 위해서라고 여러 차례 저에게 말했습니다. 장징우(張敬武) 장군과 판밍(範明) 장군은 중국인이 저와 티베트인을 돕기 위해 티베트 본토에 있는 것이지 티베트 정부와 국민을 통치하기 위해 있는 것이 아니며, 또한 티베트 본토의 모든 중국 관리들은 우리를 돕기 위해서 티베트에 있는데, 티베트가 발전하면 철수할 것이라고 했습니다. 이에 따라 행동하지 않은 중국 관리는 중국으로 돌려보내질 것이라고도 말했습니다. 마오 주석은 이어 '군정위원회'를 통해 티베트를 중국 정부의 직속 통치하에 두려는 초기의 계획 대신, '티베트 자치구 수립 준비위원회'를 설립하기로 했다고 밝혔습니다.

제가 중국을 떠나기 전 마오 주석과의 마지막 만남에서 그는 민주주의에 대해 길게 설명해 주었습니다. 그는 제가 리더십을 발휘해야 한다고 말했고, 어떻게 하면 국민의 의견을 잘 들을 수 있을지에 대해 조언해 주었습니다. 그는 부드럽고 자비로운 태도로 말했고 감동적이고 영감을 주었습니다.

베이징에 있는 동안, 저는 저우언라이 총리에게 우리 티베트인이 정치·사회·경제적으로 발전해야 한다는 것을 충분히 알고 있으며, 사실 저는 이미 이 문제에 대한 조치를 취했다고 말했습니다.

티베트로 돌아오는 길에 장궈화(張國華) 장군에게 저는 우리 민족과 나라의 미래에 대한 의심과 불안 때문에 중국에 갔지만, 지금은 큰 희망과 낙관, 그리고 중국 지도자들에 대한 매우 긍정적인 인상을 가지고 돌아간다고 말했습니다. 제 국민, 특히 가난한 자와 약한 자에게 봉사하고 싶다는 저의 타고난 욕구 그리고 티베트와 중국의 상호 협력과 우정에 대한 전망은, 티베트의 미래 발전에 대해 희망적이고 낙관적인 느낌을 주었습니다. 당시 티베트-중국 관계에 대한 제 심정은 그랬습니다.

1956년 라싸에 '티베트 자치구 준비위원회'가 설치되자 양측의 이익과 혜택을 위해 성실하게 협력할 수밖에 없었습니다. 그러나 당시 중국 당국은 이미 캄과 암도 특히 리탕에 사는 티베트인에게 공산주의를 강요하기 위해 상상도 못할 만큼 잔인하게 무력을 행사하기 시작했습니다. 이는 티베트인의 중국 정책에 대한 원한을 증가시켜, 공개적인 저항으로 이어졌습니다.

마오 주석이 제가 중국에 있을 때 한 약속을 생각하면 그런 억압적인 정책을 승인했을 것이라는 사실을 믿을 수가 없었습니다. 그래서 저는 그에게 상황을 설명하고 억압을 종식시키기를 바라며 편지를 세 통이나 썼습니다. 유감스럽게도, 제 편지에 답장이 없었습니다.

1956년 말, 저는 석가탄신일 행사에 참석하기 위해 인도를 방문했습니다. 당시 많은 티베트인이 저에게 티베트로 돌아가지 말고, 인도에서 중국과 대화를 계속하라고 충고했습니다. 저도 당분간은 인도에 머물러야겠다고 느꼈습니다.

인도에 있는 동안 저우언라이 총리를 만나 캄과 암도 지역의 티베트인에게 '개혁'이라는 이름으로 가해진 군사적 탄압에 제가 얼마나 크게 슬퍼했는지 이야기했습니다. 저우언라이 총리는 이러한 문제들을 중국 관리들이 저지른 실수들로 간주했으며 티베트의 '개혁'은 티베트인의 뜻에 따라서만 이루어질 것이고, 사실 중국 정부는 이미 티베트의 '개혁'을 6년 연기하기로 했다고 말했습니다. 그러고 나서 그는 저에게 더 이상의 소요 사태를 막기 위해 가능한 한 빨리 티베트로 돌아가라고 촉구했습니다.

자와할랄 네루 인도 총리에 따르면, 저우언라이 총리는 중국 정부가 티베트를 중국의 속국으로 생각하지 않는다고 그에게 말했다는 것이었습니다. 티베트인은 중국인과는 완전히 달랐습니다. 따라서 중국인은 티베트를 자치를 누릴 수 있는 자치 지역으로 간주했습니다. 네루 총리는 저우언라이 총리로부터 티베트의 자치가 존중받을 것이라는 확약을 받았다며, 그러한 확약을 지켜내고 중국과 협력해 개혁을 이끌어 내야 한다고 저에게 조언했습니다. 그때 티베트의 상황은 극도로 위험하고 절망적이었습니다. 그럼에도 불구하고, 저는 중국 정부가 그들의 약속을 이행할 수 있는 또 다른 기회를 중국 정부에게 주기 위해 티베트로 돌아가기로 결심했습니다. 도모, 걍체, 시가쩨를 거쳐 라싸로 돌아오는 길에 티베트 및 중국 관리들과 많은 만남을 가졌습니다. 저는 그들에게 중국인은 티베트인을 통치하기 위해 티베트에 온 것이 아니고, 티베트인은 중국의 신민이 아니며, 중국 지도자들이 티베트를 완전한 내부 자유가 있는 자치구로 세우겠다고 약속했기 때문에, 우리 모두는 그 일이 성공하도록 노력해야 한다고 말했습니다. 중국 지도자들은 티베트 본토의 모든 중국인이 우리를 돕기 위해 그곳에 있다는 점을, 그리고 만약 그들이 다른 행동을 한다면 자국 정부의 명령을 어기는 셈이라고 중국 지도자들이 확언했다는 점도 저는 강조했습니다. 저는 다시 한번 티베트와 중국의 협력을 증진시키기 위해 제가 최선을 다하고 있었다고 생각합니다.

하지만 동부 티베트 캄과 암도 지역의 가혹한 군사 탄압으로 인해 수천 명의 티베트 청년과 노년층이 그런 상황에서 살 수가 없어서 난민 신분으로 라싸에 도착하기 시작했습니다. 이러한 중국의 행동으로 인해 티베트인은 큰 불안을 느꼈고 중국이 한 약속에 대한 신뢰를 잃기 시작했습니다. 이는 더 큰 원한과 악화된 상황으로 이어졌습니다. 그럼에도 불구하고, 저는 국민에게 평화적인 해결책을 찾고 자제를 보이라고 계속해서 권고했습니다. 티베트인의 신뢰를 잃을 위험을 무릅쓰고, 저는 라싸에 있는 중국 관리들과의 연락이 두절되는 것을 막기 위해 최선을 다했습니다. 하지만 상황은 계속 악화되었고 마침내 1959년의 비극적인 사건으로 폭발했으며, 이로 인해 저는 티베트를 떠나야 했습니다.

이러한 절박한 상황에 직면하여, 저는 유엔에 호소하는 것 외에는 다른 대안이 없었습니다. 유엔은 1959년, 1961년, 1965년 티베트에 관한 세 개의 결의안을 통과시켰는데, 그 안에서 티베트인으로부터 자결권을 포함한 기본적인 인권과 자유를 박탈하는 행위를 중단할 것을 요구했으며, 회원국들에게 이 목적을 달성하기 위해 가능한 모든 노력을 기울일 것을 요청했습니다.

중국 정부는 유엔 결의안을 준수하지 않았습니다. 그 사이 문화대혁명이 시작되어 티베트-중국 문제를 해결할 기회가 전혀 없었습니다. 사실, 우리가 대화할 수 있는 지도자를 확인하는 것조차 불가능했습니다.

중국 정부를 상대하면서 겪은 저의 이루지 못한 소망과 실망에도 불구하고, 티베트와 중국은 항상 이웃으로 남을 것이기 때문에, 우리는 평화롭게 공존하고 서로를 도울 수 있는 방법을 찾기 위해 노력해야 한다고 확신합니다. 이것이 가능하고 우리의 노력에 가치가 있다고 저는 믿습니다. 1971년 3월 10일 티베트인에게 보내는 성명에서 이렇게 말했습니다. '우리 티베트인이 공산주의 중국에 반대해야 한다는 사실에도 불구하고, 저는 결코 중국인들을 미워할 수 없습니다. 증오는 힘이 아니라 나약함의 표시입니다. 부처님께서 증오는 증오로 극복할 수 없다고 말씀하셨을 때 그는 영적의 의미로만 말씀하신 건 아니었습니다. 그의 말은 삶의 실질적인 현실을 반영합니다. 증오를 통해 성취하는 것은 무엇이든 오래 지속되지 않을 것입니다. 반면에 증오는 더 많은 문제를 일으킬 뿐입니다. 그리고 그러한 비극적인 상황에 직면한 티베트인에게 증오는 우울감만 더욱 가져다줄 것입니다. 게다가 무엇을 하고 있는지도 모르는 사람들을 어떻게 미워할 수 있겠습니까? 힘도 없고 지도자들에게 속수무책으로 끌려가는 수백만 중국인들을 어떻게 미워할 수 있겠습니까? 우리는 중국 지도자들이 그들의 국가와 그들이 옳다고 믿는 대의를 위해 엄청난 고통을 받아왔기 때문에 그들을 미워할 수도 없습니다. 저는 증오를 믿지

않지만, 언제나 그래왔듯이 언젠가는 진실과 정의가 승리할 것이라고 믿습니다.'

1973년 3월 10일 성명에서, 티베트가 '3대 봉건영주로부터 해방되어 전례 없는 진보와 행복'을 누리고 있다는 중국의 주장을 언급하면서, 저는 다음과 같이 말했습니다. '티베트 밖에서 일어나는 티베트인의 투쟁의 목적은 티베트인의 행복을 달성하는 것입니다. 티베트 본토의 티베트인이 중국의 통치하에서 진정으로 행복하다면, 망명 중인 우리가 달리 주장할 이유가 없습니다.'

다시 한번 1979년 3월 10일 성명에서 저는 중국 국민에게 오랫동안 바라던 권리를 주기 위해 '사실에서 진실을 찾자'는 덩샤오핑의 발언, 그리고 자신의 실수와 단점을 인정할 필요가 있다는 덩샤오핑의 발언을 환영했습니다. 저는 정직, 진보, 개방의 이러한 징후들을 칭찬하면서, '현 중국 지도자들은 과거의 독단적인 편협함과 체면을 잃는 것에 대한 두려움을 버리고 현재의 세계 상황을 인식해야 합니다. 그들은 자신들의 실수, 현실, 평등과 행복에 대한 모든 인류의 권리를 받아들여야 합니다. 서류상으로만 받아들여서는 안 됩니다. 실행에 옮겨야 합니다. 만약 이것들이 받아들여지고 엄격히 지켜진다면, 모든 문제는 정직과 정의로 해결될 수 있습니다.' 이러한 신념으로 저는 중국과 티베트의 화해와 우정을 증진시키기 위해 다시 노력했습니다.

1979년 덩샤오핑 씨는 갈로 퇸둡 씨를 베이징으로 초청하여, 완전한 독립에 대한 문제를 제외하고, 모든 다른 문제들을 논의하고 모든 문제를 해결할 수 있다고 말했습니다. 덩 씨는 또한 퇸둡 씨에게 우리가 서로 연락을 유지해야 하며 티베트에 진상조사단을 파견할 수 있다고 말했습니다. 이것은 자연스럽게 우리의 문제를 평화적으로 해결하고자 하는 큰 희망을 우리에게 주었고, 우리는 티베트에 대표단을 파견하기 시작했습니다.

1981년 3월 13일, 저는 덩샤오핑 씨에게 편지를 보냈고, 거기서 이렇게 말했습니다.

세 명의 진상조사단은 티베트 사태의 긍정적인 면과 부정적인 면 모두를 알아낼 수 있었습니다. 티베트인의 정체성이 보존되고 진정으로 행복하다면 불평할 이유가 없습니다. 그러나 실제로는 90%가 넘는 티베트인이 정신적, 육체적으로 고통을 받고 있으며 깊은 슬픔 속에 살고 있습니다. 이러한 슬픈 상황은 자연재해가 아니라 인간의 행동에 의해 야기되었습니다. 그러므로 합리적인 방법으로 기존의 현실에 맞게 문제를 해결하기 위한 진정한 노력이 이루어져야 합니다.

이를 위해서 우리는 티베트 안팎의 티베트인 사이뿐만 아니라 중국과 티베트 사이의 관계도 개선해야 합니다. 진실과 평등을 우리의 기반으로 삼아, 우리는 더 깊은 이해를 통해 앞으로 티베트인과 중국인의 우정을 발전시키기 위해 노력해야 합니다. 긴박감을 가지고 티베트인의 진정한 행복을 이루기 위해 관용과 넓은 정신으로 우리의 보편적인 지혜를 적용할 때가 왔습니다. 저는 국경에 따라 구분하지 않고 모든 인류, 특히 빈자와 약자의 복지에 최선을 다하겠다는 의지를 가지고 있습니다.

앞서 언급한 사항에 대한 의견을 들려주시기 바랍니다.

제 편지에 대한 대답은 없었습니다. 그 대신 1981년 7월 28일 후야오방 총서기는 '달라이 라마에 대한 5개항정책'이라는 제목의 문서를 걀로 퇸둡 씨에게 전달했습니다. 이것은 뜻밖의 일이었고 정말 실망스러웠습니다. 우리가 중국 정부를 상대하기 위해 꾸준히 노력하는 이유는 대대로 중국의 이웃으로 살아가야 하는 600만 티베트인에게 영속적이고 진정한 행복을 주기 위해서입니다. 그러나 중국 지도부는 이를 무시한 채 대신 정말 근본적인 문제를 해결하려는 의지도 없이, 모든 사안을 제 개인적 지위와 복귀 조건에 대한 이슈로 축소하려 했습니다.

그럼에도 불구하고, 저는 덩샤오핑 씨의 '사실에서 진실을 추구하는' 발언과 그의 자유화 정책에 희망을 두었습니다. 그래서 저는 티베트와 중국에 여러 대표단을 파견했고 기회가 있을 때마다 토론과 대화를 통해 이해도를 높이기 위해 우리의 견해를 설명했습니다. 덩샤오핑 씨가 처음 제안했듯이. 저는 티베트 본토 티베트인의 교육을 개선하기 위해 인도에서 티베트 교사를 파견하는 것에 동의했습니다. 그러나 이런저런 이유로 중국 정부는 이를 받아들이지 않았습니다.

이번 접촉으로 티베트 진상조사단 4명, 베이징 대표단 2명이 생겼고, 티베트 내의 티베트인과 망명 중의 가족 간 방문이 시작되었습니다. 그러나 이러한 조치들은 중국 지도자들의 입장이 경직되어 있어서 쌍방의 문제를 해결하는 데 있어 실질적인 진전으로 이어지지는 못했으며, 이는 덩샤오핑 씨의 정책을 반영하지 못한 것으로 생각됩니다.

저는 다시 한번 희망을 버리지 않았습니다. 이는 1981년, 1983년, 1984년, 1985년에 티베트인에게 한 연례 3월 10일 성명에 반영되었습니다. 저는 다음과 같이 말했습니다. '과거 역사는 과거에 사라졌습니다. 더 중요한 것은 앞으로 중국과 티베트의 우호적이고 의미 있는 관계를 발전시켜 진정한 평화와 행복이 있어야 한다는 것입니다. 이를 실현하기 위해서는 양측이 관용과 이해, 열린 마음을 가질 수 있도록 노력하는 것이 중요합니다.'(1981)

자신의 생각을 표현하고 이를 구현하기 위해 모든 노력을 기울일 수 있는 권리는 모든 사람들이 창의적이고 진보적이 될 수 있도록 합니다. 이것은 인간사회를 빠르게 발전시키고 진정한 화합을 경험하게 합니다. … 무력으로든 다른 방법으로든 자신의 견해를 표현할 자유를 박탈하는 것은 절대적으로 시대착오적이고 잔인한 억압의 형태입니다. … 세상 사람들은 그것에 반대할 뿐만 아니라 비난할 것입니다. 따라서 600만 티베트인은 문화적 정체성과 종교의 자유를 보존하고 드높일 권리, 자신의 운명을 결정하고 자신의 일을 해낼 권리, 어떠한 방해도 받지 않고 자유로운 자기표현을 성취할 권리를 가져야 합니다. 이것은 합리적이고 정당합니다.(1983)

다양한 개발 정도와 경제적 격차와 관계없이 대륙, 국가, 사회, 가족, 사실상 모든 개인은 자신들의 존재와 안녕을 위해 서로에게 의존합니다. 모든 인간은 행복을 바라고 고통을 원하지 않습니다.

이를 명확히 인식함으로써 상호 간의 자비심과 사랑, 그리고 기본적인 정의감을 키워야 합니다. 이런 분위기 속에서 국가 간 문제와 가족 내 문제가 점차 극복되고, 사람들이 평화와 화합 속에서 살아갈 수 있다는 희망이 있습니다. 그 대신 사람들이 이기주의, 지배와 질투의 태도를 취한다면 개인은 물론 세계 전체도 평화와 화합을 누리지 못할 것입니다. 그러므로 저는 상호 자비와 사랑을 바탕으로 한 인간관계가 인간의 행복에 있어 근본적으로 중요하다고 생각합니다.(1984)

어떤 인간사회에서든 진정한 행복을 이루기 위해서는 사상의 자유가 매우 중요합니다. 이런 사상의 자유는 상호신뢰, 상호 이해, 그리고 두려움이 없는 상태에서만 달성될 수 있습니다. … 티베트와 중국의 경우에도 우리가 상호 간의 공포와 불신의 상태를 제거할 수 없다면, 그리고 우리가 진정한 우정과 선의의 감각을 기를 수 없다면, 오늘날 우리가 직면하고 있는 문제들은 계속 존재할 것입니다.
우리 둘 다 서로에 대해 배우는 것이 중요합니다. … 이제는 중국인이 현대의 계몽된 이상과 원칙에 따라 행동하고, 열린 마음으로 나서서 티베트인의 관점과 그들의 진실한 감정과 염원을 알고 이해하기를 진지하게 노력해야 할 때 입니다. … 자신의 사고방식에 반하는 의견에 의심이나 불쾌감을 가지고 반응하는 것은 잘못된 것입니다. 의견 차이를 공개적으로 검토하고 논하는 것이 필수적입니다. 서로 다른 관점을 정직하게 진술하고, 동등한 입장에서 합리적으로 논의해서, 그 결과로 도출된 결정이나 합의는 모든 관계자에게 실질적이고 유익할 것입니다. 그러나 생각과 행위 사이에 모순이 있는 한, 진실되고 의미 있는 합의는 있을 수 없습니다.

그래서 지금 이 시점에서 우리에게 가장 중요한 것은 친밀한 관계를 유지하고 서로의 생각을 솔직하게 표현하고 서로를 이해하려고 노력하는 것이라고 저는 생각합니다. 그리고 인간관계의 궁극적인 개선을 통해 우리의 문제가 상호 간에 만족스럽게 해결될 수 있다고 저는 확신합니다.(1985)

이를 비롯하여 여러 방법으로 저는 제 견해를 명확하게 표현했습니다. 하지만, 제 유화적 방식에 돌아오는 호혜적 행동이 없었습니다.

티베트인과 중국인의 모든 교류는 아무런 성과를 거두지 못해서 근본적인 문제에 대한 납득할 만한 해결책에 대해 제 견해를 공개할 수밖에 없었습니다. 1987년 9월 21일 저는 미국에서 5항목평화플랜을 발표했습니다. 도입부에서 저는 진정한 화해와 지속적인 문제해결을 바라는 마음에서 이 주도적 계획으로 첫발을 내딛는 것이 저의 바람이라고 말했습니다. 이 플랜이 앞으로 중국 국민을 포함한 모든 주변국들 사이의 선과 이익을 위한 우정과 협력에 기여하기를 저는 희망했습니다.

기본 요소는 다음과 같습니다.

(a) 티베트 전 지역을 아힘사 지대(평화 및 비폭력)로 바꾼다.

(b) 티베트민족의 존속을 위협하는 중국인 대량이주 정책을 폐지한다.

(c) 티베트인의 기본적 인권과 민주적 자유를 존중한다.

(d) 티베트의 자연환경을 복원하고 보호하며, 중국이 티베트를 핵무기 제조 및 핵폐기물 처리용으로 이용하는 것을 금지한다.

(e) 미래의 티베트 지위 및 티베트인과 중국인 간의 관계에 대한 진지한 협상을 개시한다.

이 계획에 대한 대응으로, 양밍푸(楊明福) 씨는 1987년 10월 17일 걀로 퇸둡 씨를 만났고, 위의 평화 계획에 대해 저를 비판하고, 1987년 9월 27일의 라싸 시위를 제가 선동하고 티베트인의 이익에 반하는 일을 했다고 비난하는 다섯 가지 사항이 포함된 메시지를 전달했습니다.

이 반응은 화해를 위한 저의 진지한 제안에 대해 심각하게 생각하기는커녕 실망스럽고 모욕적이었습니다.

그럼에도 불구하고, 저는 1987년 12월 17일 14개 항의 상세한 답변으로 우리의 견해를 명확히 하려고 다시 한번 노력했습니다.

1988년 6월 15일 스트라스부르에서 열린 유럽의회에서 저는 다시 한번 5항목평화플랜에 대해 상세히 설명했습니다. 저는 티베트인들의 기본권 확보를 협상의 틀로 제안했습니다. 중국은 티베트의 대외 정책에 대해 책임을 질 수 있고, 지역 평화 회의가 소집되고 티베트가 중립적인 평화 보호지역으로 변모할 때까지 티베트에 군사시설을 제한적으로 유지할 수 있습니다. 저는 이 제안 때문에 많은 티베트인에게 비판을 받았습니다. 제 생각은 중국과 티베트가 지속적인 우호 관계를 유지하고 티베트인이 자기 나라를 통치할 수 있는 권리를 확보할 수 있도록 하자는 것이었습니다. 앞으로 티베트를 아힘사 지대로 비무장화하면, 이는 티베트인과 중국인뿐만 아니라 주변 모든 나라와 지역 전체의 화합과 평화에 기여할 수 있을 것으로 저는 진심으로 믿습니다.

중국 정부는 1988년 9월 23일 중국이 우리와 협상을 시작할 용의가 있다는 성명을 발표했습니다. 성명은 협상 날짜와 장소는 달라이 라마에게 맡기겠다고 밝혔습니다. 우리는 베이징으로부터의 이 발표를 환영했고 1988년 10월 25일에, 시기는 1989년 1월을, 장소는 국제적으로 인정받는 중립지역인 제네바를 우리의 선택으로 제안했습니다. 우리는 협상팀이 준비되었다고 발표하고 팀원들을 지명했습니다.

중국 정부는 1988년 11월 18일 제네바를 거부하고 베이징이나 홍콩을 개최지로 선호한다는 반응을 보였습니다. 그들은 또한 저의 협상팀은 '외국인'을 포함할 수 없고 '젊은 사람들'로만 구성되어야 하고, 걀로 퇸둡 씨를 비롯한 나이 든 사람들이 있어서는 안 된다고 말했습니다. 우리는 그 외국인이 실제 협상팀의 일원이 아닌 법률 고문일 뿐이며, 걀로 퇸둡 씨도 팀의 고문으로 포함될 것이라고 설명했습니다.

유연하고 개방적인 태도로 우리는 중국 정부의 요청을 수용하고 홍콩에 대표를 파견하여 중국 정부 대표들과 사전 회담을 갖기로 합의했습니다. 불행하게도 양측이 홍콩을 사전 논의 장소로 최종

합의했을 때, 중국 정부는 더 이상의 대화를 거부하고 자신들이 스스로 한 제안에 부응하지 못했습니다.

제가 2년 넘게 이 제안을 위해 싸워 왔지만, 중국 정부가 검토를 하거나 인정한다는 흔적조차 없었습니다. 따라서 1991년 3월 10일 성명에서 저는 중국 정부가 가까운 시일 내에 응답하지 않으면, 제가 프랑스에서 한 제안을 스스로 더 이상 준수하지 않아도 되는 것으로 생각한다고 말할 수밖에 없었습니다.

티베트와 중국에 대해 제가 주장해 온 많은 해결책들이 아무런 이득이 될 것 같지 않아서, 저는 새로운 방법을 찾아야 했습니다. 그러므로 1991년 10월 9일 예일 대학에서의 연설에서, 저는 '… 저는 가능한 한 빨리 티베트를 방문할 가능성을 고려하고 있습니다. 저는 그러한 방문에 두 가지 목적을 염두에 두고 있습니다. 첫째, 현장에서 직접 티베트의 상황을 확인하고 국민과 직접 소통하고 싶습니다. 이를 통해 중국 지도부가 티베트인의 진심을 이해할 수 있도록 돕고 싶습니다. 그러므로 중국 고위 지도자들이 이러한 방문에 저와 동행하는 것은 중요할 것이며, 언론을 포함한 외부 참관인들이 참석하여 그들이 찾아낸 것을 보고하는 것이 중요합니다. 둘째, 저는 국민에게 적절한 투쟁의 방식으로 비폭력을 버리지 말라고 조언하고 설득하고 싶습니다. 우리 티베트인과 대화하는 저의 능력은 평화적 해결책을 이끌어 내는 데 중요한 요소가 될 수 있습니다. 저의 방문은 이해를 증진시키고 협상된 해결책의 기초를 만들 수 있는 새로운 기회가 될 수 있습니다.'

불행하게도 중국 정부는 이 제안을 즉시 반대했습니다. 당시 저는 스트라스부르 제안이 더 이상 타당하지 않다고 선언한 터라 티베트 독립을 재촉하는 것이 아니냐는 언론의 질문을 여러 차례 받았습니다. 이 질문들에 대해 저는 언급하고 싶지 않다고 말했습니다.

중국 정부는 커다란 의심과 의혹을 품고 우리의 투쟁을 '구 사회'를 회복하기 위한 운동이라고 표현했으며, 이는 티베트인의 이익이 아니라 달라이 라마의 개인적 지위와 이익을 위한 것이라고 밝혔습니다. 저는 어렸을 때부터 티베트의 기존 시스템에 많은 결함이 있음을 알고 개선하고자 했습니다. 그때 저는 티베트에서 개혁의 과정을 시작했습니다. 인도로 도주한 직후 우리는 망명 사회에 민주주의를 착착 도입했습니다. 저는 우리 국민에게 이 길을 따르라고 거듭 촉구했습니다. 그 결과 추방된 우리 사회는 이제 보편적인 민주주의 원칙에 따라 제도를 시행하고 있습니다.

티베트가 예전 정부 체제로 돌아가는 것은 불가능합니다. 티베트의 대의를 위한 저의 노력이 중국인이 비난하듯 저의 개인적인 지위와 이익을 위한 것인지는, 제가 미래 티베트에서는 어떠한 행정적 책임도 지지 않을 것이며 정치적 지위도 갖지 않을 것이라는 저의 거듭된 발언으로 분명히 알 수 있습니다. 게다가 이것은 망명 티베트 정부를 통치하는 헌장 안에, 그리고 제가 1992년 2월 26일에 발표한 '미래 티베트의 정치체제를 위한 지침과 헌법의 기본적 특징' 안에 분명히 반영되어 있습니다.

이 지침의 결론 부분에서 저는 티베트가 다른 나라의 정책과 이념에 영향을 받거나 흔들리지 말고 진정한 의미의 중립 국가를 유지해야 한다고 제안했습니다. 티베트는 동등한 조건에서 그리고 상호이익을 위해 이웃과 조화로운 관계를 유지해야 합니다. 티베트는 적대감과 증오가 없어야 합니다.

이와 유사하게, 1992년 3월 10일 성명에서 저는 이렇게 말했습니다. '티베트인과 중국인 사이에 진정으로 우호적인 관계가 구축될 때, 그것은 우리가 금세기 두 나라 사이의 분쟁을 해결할 수 있게 해줄 뿐만 아니라, 티베트인이 우리의 풍부한 문화적 전통을 통해, 수백만 명의 중국 젊은이들 사이에 정신적 평화를 위해 중요한 기여를 할 수 있게 해 줄 것입니다.'

중국 지도자들과 개인적인 관계를 맺기 위한 저의 노력에는, 1980년 후반 뉴델리 주재 귀국 대사관을 통해 후야오방 총서기와 해외에 편리한 장소 어디서든 회담을 갖자고 제안한 것이 포함됩니다. 1991년 12월, 리펑 총리가 뉴델리를 방문했을 때, 저는 그를 거기서 만나자고 제안했습니다. 이 제안들은 소용이 없었습니다.

위의 사항들을 공정하게 검토해 보면, 제 생각과 연이은 노력이 티베트와 중국이 평화롭게 함께 살 수 있는 해결책을 지속적으로 모색해 왔다는 것을 분명히 보여줄 것입니다. 이러한 사실들에 비추어 볼 때, 1979년의 티베트에 대한 덩샤오핑의 성명은 여전히 유효하다는 중국 정부의 의도, 그리고 '달라이 라마가 분열주의적 활동을 포기하는' 즉시 협상이 시작될 수 있다는 중국 정부 입장의 의도를 이해하기가 어렵습니다. 이러한 입장은 저의 많은 계획에 대한 구체적인 답변 없이 계속해서 반복되고 있습니다. 중국이 티베트가 중국과 함께 있기를 바란다면, 이에 필요한 조건을 만들어야 합니다. 이제 중국인이 티베트와 중국이 우호적으로 함께 살 수 있는 길을 보여줄 때가 왔습니다. 티베트의 기본적 위상에 대한 구체적 단계별 윤곽이 드러나야 합니다. 이렇게 명확한 윤곽이 주어지면 합의의 가능성과 상관없이 우리 티베트인은 중국과 함께 살 것인지 말지를 결정할 수 있습니다. 만약 우리 티베트인이 만족할 만큼 기본권을 얻는다면, 우리는 중국인과 함께 사는 것이 줄 수 있는 장점을 볼 수 있을 것입니다.

저는 중국 지도자들의 선견지명과 지혜를 신뢰하며, 그들이 현재의 세계 정치 변화와 티베트 문제를 평화적으로 해결할 필요성을 고려해서, 이웃하고 있는 우리 양국 사이에 진정한 지속적인 우정을 증진하기를 바랍니다.

60. 최종 해결책

- 1993년 9월 성명 -

티베트의 미래에 대한 제 입장이 무엇인지 다시 한번 분명히 밝힐 필요가 있습니다. 티베트의 문제는 달라이 라마의 귀환과 지위에 대한 문제가 아닙니다. 이는 티베트에 거주하는 600만 티베트인의 권리와 자유에 관한 문제입니다. 이 문제는 협상을 통해서만 풀 수 있다고 확신합니다. 수년간 제 입장은 한결같지만, 중국 정부의 성명에 따르면, 중국 정부는 협상에 항상 열려 있지만 티베트인은 그렇지 않다고 주장함으로써 혼란을 야기합니다.

1993년 8월 25일 중국 외교부 대변인이 발표한 내용이 그런 성명

중의 하나인데, 그것은 1979년 덩샤오핑이 제 사절에게 처음 전달한 입장, 즉 '티베트의 독립을 제외한 다른 모든 문제들은 협상할 수 있다'는 입장을 되풀이하고 있습니다.

그 입장을 처음 밝힌 후 지난 14년 동안 저는 협상에 임하겠다는 의지를 천명했을 뿐만 아니라, 덩샤오핑이 제안한 협상의 틀 안에 분명히 들어갈 일련의 제안을 해 왔습니다. 저의 대표들이 베이징에서 중국 관리들과 협의하고 나중에 5항목평화플랜(1987)과 스트라스부르 제안(1988)에서 제안한 아이디어들은, 티베트의 독립을 요구하지 않는 해결책을 구상하고 있습니다. 그러나 중국은 어떤 종류의 협상도 하지 않았으며, 어떤 제안도 진지하게 협의하지 않았고 건설적으로 대응하기를 거부했습니다.

저는 협상이, 티베트인의 생존을 위협하는 중국인 이주 정책을 종식시키는 방식에 초점을 두어야 한다는 점, 그리고 티베트인의 기본 인권과 민주적 자유의 존중, 티베트의 비무장화와 비핵화, 자신들의 일에 영향을 미치는 모든 사안들에 대한 티베트인의 통제력 회복과 자연환경보호에 초점을 두어야 한다는 점을 분명히 했습니다. 저는 어떤 협상도 중국이 '티베트 자치구'라고 부르는 지역만이 아니라 티베트 전체를 포괄해야 한다는 점을 항상 강조해 왔습니다.

저는 오늘 최근 보낸 편지들과 1993년 7월 베이징 주재 제 특사들이 덩샤오핑 씨와 장쩌민 씨에게 전달한 첨부 메모, 그리고 덩샤오핑 씨에게 보낸 저의 첫 번째 편지도 함께 공개합니다. 그것들은 덩샤오핑 씨가 구상한 틀 안에서 평화롭고 합리적이며 정의로운 해결책을 찾으려는 제 방식의 일관성과 저의 확고한 노력을 보여줍니다. 저는 티베트의 독립에 대한 협상을 요구한 적이 없습니다. 중국은 이 편지들에 대해 건설적인 반응을 보인 적이 없습니다.

저는 티베트와 관련된 중국 정부의 의도를 깊이 우려하고 있습니다. 중국의 공식 성명은 실제적인 문제를 혼란스럽게 하고 문제에 대한 실질적인 논의를 지연시키기 위한 것입니다. 중국 정부는 중국이 협상할 준비가 돼 있다는 입장을 반복하면서 티베트 문제에 대한 '최종 해결책'을 계속 모색하고 있습니다. 즉 티베트인을 완전히 제압하고 동화시키기 위해 중국 정착민들을 티베트로 대규모로 이주시키는 것입니다. 이러한 우려는 5월 12일 쓰촨에서 열린 지난주 비밀 회담의 폭로로 인해 더욱 고조되고 있습니다. 이 비밀 회담에서 티베트인의 저항을 진압하기 위해 중국 당국에 의해 이중 전략이 합의되었습니다.

1. 인구통계학적으로 '티베트인이 봉기할 수 없는' 상황을 만들기 위해 중국인을 티베트로 이주시키는 것.
2. 티베트의 주요 종교인들을 조종하고, 종교 기관에 침투하고, 티베트 운동을 분열시키는 것.

중국 정부가 티베트 문제에 대한 해법을 협상하는 데 진정성이 있다면 이 결정을 말뿐 아니라 실제로도 분명히 뒤집어야 합니다. 저는 중국 정부에 지체 없이, 그리고 전제조건 없이 협상을 시작할 것을 촉구합니다.

61. 민족 간의 관계

- 중국인에게 하는 호소, 2008년 3월 28일 -

오늘은 전 세계의 중국인 형제자매들, 특히 중화인민공화국에 계신
분들께 진심 어린 인사를 드립니다. 최근 티베트 사태에 비추어 볼
때, 저는 티베트인과 중국인의 관계에 대한 제 생각을 말씀드리고,
여러분 모두에게 직접 호소하고자 합니다.

최근 티베트에서의 비극적인 사건으로 사람들이 목숨을 잃어 너무
나 슬픕니다. 저는 중국인 중에도 사망한 이가 있다는 걸 알고 있습니
다. 저는 희생자들과 그들의 가족들을 위로하고 그들을 위해 기도합니
다. 최근의 소요는 티베트 사태의 심각성과 대화를 통한 평화적이고
상호 유익한 해결책을 모색해야 할 시급한 필요성을 여실히 보여주고
있습니다. 이 시점에서도 저는 중국 당국에 평화와 안정을 가져오기
위해 협력하겠다는 의지를 표명했습니다.

중국 형제자매 여러분, 장담하건대 저는 티베트의 분리를 원하지
않습니다. 또한 티베트인과 중국인 사이에 쐐기를 박고 싶은 마음도
없습니다. 반대로 저의 책무는 항상 티베트 문제에 대한 진정한 해결
책, 즉 중국인과 티베트인 모두의 장기적인 이익을 보장하는 해결책을
찾는 것이었습니다. 제가 몇 번이고 반복해 왔듯이, 저의 주된 관심사
는 티베트 민족의 독특한 문화, 언어, 정체성의 존속을 보장하는
것입니다. 불교의 가르침에 따라 일상을 살아가기 위해 노력하는
소박한 승려로서 제 동기가 진정성 있는 것이라고 보장합니다.

저는 중화인민공화국 지도부에, 제 입장을 명확히 이해하고 '사실에서 진실을 추구함으로써' 이러한 문제들을 해결하기 위해 노력할 것을 호소했습니다. 저는 중국 지도부가 지혜를 발휘해서 티베트인과 의미 있는 대화를 시작할 것을 촉구합니다. 또한 저는 중국 지도부에게 중화인민공화국의 안정과 화합에 기여하고, 민족 간 불화가 발생하지 않도록 진정성 있는 노력을 기울이라고 호소했습니다. 국영 매체가 최근 티베트 사태를 기만과 왜곡된 이미지로 묘사하는 것은 예측불허의 장기적 결과와 함께 인종 갈등의 씨앗을 뿌릴 수 있습니다. 이것은 저에게 중대한 관심사입니다. 마찬가지로 제가 거듭해서 베이징 올림픽을 지지하는데도 중국인과 저 사이에 균열을 낳으려는 의도를 가진 중국 당국은 제가 베이징 올림픽을 방해하려 한다고 주장합니다. 그러나 몇몇 중국 지식인들과 학자들도 중국 지도부의 행동에 대해, 그리고 특히 민족 간의 관계에 미칠 장기적인 악영향의 가능성에 대해 강한 우려를 표명한 것은 고무적입니다.

고대부터 티베트인과 중국인은 이웃으로 살아왔습니다. 우리의 2,000년 역사를 보면, 우리는 때로는 우호적인 관계를 키우고, 심지어 혼인 동맹까지 맺은 적도 있었고, 서로 싸운 적도 있습니다. 하지만 불교가 인도에서 티베트에 도착하기 전에 중국에서 먼저 불교가 번성했기 때문에, 역사적으로 우리 티베트인은 손위 다르마 형제자매인 중국인에게 존경과 애정을 표해 왔습니다. 이 사실은 중국 밖에 사는 중국인 공동체 구성원들에게 잘 알려져 있는데, 그들 중 일부는 저의 불교 강의를 들었습니다. 그리고 이 사실은 영광스럽게도 제가 만날 수 있었던 중국 본토 출신 순례자들에게도 잘 알려져 있습니다. 저는 이 만남을 통해 용기를 얻었고, 우리 두 민족이 서로를 더 잘 이해하게 끔 할 수 있다고 생각합니다.

20세기는 세계 곳곳에서 엄청난 변화를 목격했고, 티베트 역시 이러한 격동에 휘말렸습니다. 1949년 중화인민공화국이 건국된 직후 인민해방군이 티베트에 진입했고, 1951년 5월 중국과 티베트 사이에 17개조협정이 체결됐습니다. 전국인민대표대회에 참석하기 위해 제가 1954~55년 베이징에 있을 때, 저는 마오 주석 본인을 비롯한 많은 고위 지도자들을 만나 친분을 쌓을 기회를 가졌습니다. 실제로 마오 주석은 티베트의 미래를 개인적으로 보장하는 것은 물론 수많은 현안에 대한 조언을 해 주었습니다. 이러한 확언에 격려를 받고 당시 많은 중국 혁명 지도자들의 헌신에 고무되어, 저는 자신감과 낙천적인 마음으로 티베트로 돌아왔습니다. 공산당의 일부 티베트 당원들도 이런 희망을 갖고 있었습니다. 라싸로 돌아온 후, 저는 가능한 모든 노력을 다하여, 중화인민공화국의 가족으로 남으면서 티베트를 위한 진정한 자치를 얻으려고 노력했습니다. 저는 이것이 티베트인과 중국인들 모두의 장기적인 이익에 가장 도움이 될 것이라고 믿었습니다.

불행하게도 1956년경부터 티베트에서 긴장이 고조되기 시작했고 결국 1959년 3월 10일 라싸에서의 평화적인 봉기로 이어져서 저는 결국 망명길에 올랐습니다. 비록 중화인민공화국의 통치하에 티베트에서는 많은 긍정적인 발전이 이루어졌지만, 이러한 발전은 이전의 빤첸 라마가 1989년 1월에 지적했듯이 엄청난 고통과 광범위한 파괴로 빛을 잃었습니다. 티베트인은 끊임없는 공포의 상태에서 살도록 강요받았지만 중국 정부는 여전히 그들을 의심하고 있었습니다. 하지만

티베트인에 대한 무자비한 탄압에 책임이 있는 중국 지도자들에게
저는 적개심을 키우기보다는 친구가 되기를 기도했는데, 인도에 도착
한 지 1년이 지난 1960년에 지은 기도문에 다음과 같은 구절로 표현했
습니다. "그들이 옳고 그름을 분별하는 지혜의 눈을 얻고 우정과
사랑의 영광 속에 거하기를." 학생들을 비롯한 많은 티베트인은 매일
기도하면서 이 구절을 암송합니다.

1974년, 당시 티베트 대표자의회 의장 겸 부의장과 저의 내각(카샥)
과의 진지한 논의 끝에, 우리는 티베트를 중국에서 분리하지 않고,
티베트의 평화적 발전을 촉진할 수 있는 중도를 찾기로 결정했습니다.
문화대혁명이 한창이던 당시에는 중화인민공화국과는 접촉이 없었
지만, 우리는 조만간 협상을 통해 티베트 문제를 해결해야 한다는
것을 이미 인지하고 있었습니다. 우리는 또한 최소한 근대화와 경제
발전과 관련하여, 티베트가 중화인민공화국 내에 남아 있다면 큰
도움이 될 것도 인정했습니다. 티베트는 고대 문화유산이 풍부하지
만, 물질적으로는 미개발되어 있습니다.

세계의 지붕에 위치한 티베트는 아시아의 여러 큰 강의 수원지이므
로 티베트고원의 환경을 보호하는 것은 매우 중요합니다. 우리의
최대 관심사는 보편적 자비라는 가치에 뿌리를 내리고 있는 티베트
불교문화만이 아니라 티베트 언어와 티베트 고유의 정체성을 보호하
는 것이기 때문에, 우리는 모든 티베트인을 위한 명실상부한 자치를
이루기 위해 전심전력을 기울여 왔습니다. 중화인민공화국의 헌법은
티베트인에게도 자치권을 부여하고 있습니다.

1979년 당시 중국 최고 지도자 덩샤오핑은 '티베트의 독립을 제외하

고 다른 모든 문제는 협상할 수 있다'고 제 개인 사절에게 확언했습니다. 우리가 이미 중화인민공화국 헌법 내에서 티베트 문제에 대한 해결책을 모색하기 위한 우리의 접근방식을 공식화했으므로, 우리는 이 새로운 기회에 대응할 수 있는 위치에 있음을 알게 되었습니다. 제 대표들은 중화인민공화국 관계자들과 여러 번 만났습니다. 2002년 다시 연락한 이후 지금까지 여섯 차례에 걸쳐 대화를 나눴습니다. 그러나 근본적인 문제에 대해서는 구체적인 결과가 전혀 나오지 않고 있습니다. 그럼에도 불구하고 여러 차례 선언한 바와 같이, 저는 중도 어프로치에 확고한 신념을 가지고 있으며, 대화의 과정을 계속 추구하겠다는 의지가 있음을 거듭 강조합니다.

올해 중국인은 올림픽 개막을 자랑스러워하고 간절히 기다리고 있습니다. 저는 처음부터 베이징이 올림픽 게임을 주최할 기회를 얻도록 응원해 왔습니다. 제 입장은 변함이 없습니다. 중국은 세계에서 가장 많은 인구와 오랜 역사, 그리고 매우 풍부한 문명을 가지고 있습니다. 오늘날, 중국의 인상적인 경제 발전으로 인해, 중국은 강대국으로 부상하고 있습니다. 이것은 분명히 환영받을 일입니다. 그러나 중국도 투명성, 자유, 법치주의 원칙들에 입각한 개방적이고 조화로운 사회 구축을 통해 지구촌의 존중과 존경을 얻어야 합니다. 예를 들어, 오늘날까지 수많은 중국 시민들의 삶에 악영향을 미친 천안문 광장 참사의 희생자들은 정당한 보상도 공식적인 대답도 받지 못했습니다. 이와 비슷하게, 농촌에 사는 수천 명의 평범한 중국인이 착취적이고 부패한 지방 관리들의 손에 의해 부당한 고통을 당할 때, 그들의 정당한 불만은 무시되거나 공격에 직면하곤 합니다. 저는 같은 인간으로서, 그리고 자신을 중화인민공화국이라는 대가족의 일원으로 간주할 준비가 되어 있는 사람으로서 이런 우려를 표현합니다. 그런 점에서 후진타오 주석의 '조화사회〔和諧社會·화해사회〕' 건설 정책에는 감사하고 이를 지지하지만, 이는 언론의 자유와 법치를 비롯한 상호 신뢰와 자유로운 분위기에 의해서만 생길 수 있습니다. 이러한 가치들을 수용한다면 티베트 문제뿐만 아니라 동투르크스탄 문제, 토착민이 현재 총인구 2,400만 명의 20%에 불과한 내몽골 문제 등 소수 민족과 관련된 많은 중요한 문제들이 해결될 수 있다고 굳게 믿습니다.

저는 티베트의 안정과 안전에 관한 후진타오 주석의 최근 발언이 티베트의 문제 해결을 위한 새로운 시대의 개막을 예고할 수 있기를 바랐습니다. 중국과 티베트를 분리하지 않으려는 저의 진심 어린 노력에도 불구하고 중화인민공화국 지도자들이 저를 계속 '분리주의자'라고 비난하고 있는 것은 유감입니다. 마찬가지로 라싸를 비롯한 여러 지역의 티베트인들이 그들의 뿌리 깊은 원한을 표출하기 위해 자발적으로 시위를 벌이자 중국 당국은 즉시 제가 그들의 시위를 조직했다고 비난했습니다. 저는 이 혐의를 조사하기 위해 평판 있는 기관의 철저한 조사를 요청했습니다.

중국 형제자매 여러분, 여러분이 어디에 있든지, 깊은 관심을 가지고 우리 두 사회 사이의 오해를 불식시키도록 도와주셨으면 합니다. 아울러 이해와 융화의 정신으로 대화를 통해 티베트 문제에 대한 평화롭고 지속적인 해결책을 찾을 수 있도록 저희를 도와주시기를 바랍니다.

62. 중국인에게 보내는 호소문

- 2008년 4월 25일 -

오늘 저는 중화인민공화국 내부는 물론 밖에서 사는, 특히 부처님을 따르는 모든 중국의 영적 형제자매들에게 개인적으로 호소하고 싶습니다. 저는 불교 승려이면서 우리의 가장 존경받는 스승 부처님의 제자로서 이 일을 합니다. 저는 이미 일반 중국인 공동체에 호소했습니다. 영적인 형제자매 여러분, 긴급한 인도주의적 문제에 대해 호소드립니다.

중국인과 티베트인은 대승불교에서 공통의 정신적 유산을 공유합니다. 우리는 자비의 부처, 즉 중국 전통에서 관음, 티베트 전통에서 잰례식(Chenrezig)을 섬기며, 고통받는 모든 생명에 대한 자비심을 최고의 영적 이상 중 하나로 소중히 여깁니다. 게다가 불교가 인도에서 티베트로 오기 전 중국에서 번성했기 때문에 저는 항상 중국 불교도를 선배 영적 형제자매로서 존경하며 바라보았습니다.

여러분 대부분이 알고 계시듯, 올해 3월 10일을 시작으로 라싸와 많은 티베트 지역에서 일련의 시위가 일어났습니다. 이는 중국 정부의 정책에 대한 티베트인의 깊은 원한에서 비롯된 것입니다. 저는 중국인과 티베트인이 목숨을 잃은 것에 대해 깊은 슬픔을 느꼈고, 즉시 중국 당국과 티베트인 모두에게 자제를 호소했습니다. 저는 특히 티베트인에게 폭력을 사용하지 말라고 호소했습니다.

불행하게도 중국 당국은 많은 세계 지도자들, NGO 단체들, 그리고

저명한 세계 시민들, 특히 여러 중국학자가 자제를 호소했음에도
불구하고 이 사태에 대처하기 위해 잔인한 방법을 사용해 왔습니다.
이 과정에서 인명 피해, 다수의 부상, 수많은 티베트인의 억류 사태가
발생했습니다. 단속은 여전히 계속되고 있으며, 특히 전통적으로
고대 불교 지식과 전통의 보고였던 사원들을 대상으로 하고 있습니다.
이 중 많은 사원들이 봉쇄되었습니다. 구금된 사람들 중 다수가 구타당
하고 가혹한 대우를 받았다는 보고를 받았습니다. 이러한 억압적인
조치들은 공식적으로 허가된 체계적인 정책의 일환인 것 같습니다.

국제 참관인, 언론인, 관광객까지 티베트에 들어올 수 없는 상황에
서 티베트인의 운명이 크게 걱정됩니다. 단속 과정에서 다친 사람
중 많은 수가, 특히 외딴 지역의 사람들이, 체포가 두려워 치료받기를
겁내고 있습니다. 일부 믿을 만한 소식통에 따르면, 사람들이 식량과
은신처도 없는 산으로 도망치고 있다고 합니다. 뒤에 남겨진 사람들
은 바로 다음에 체포되지 않을까 하는 끊임없는 두려움 속에 살고
있습니다.

저는 이렇게 지속되는 고통이 몹시 괴롭습니다. 저는 이 모든 비극적
인 전개가 궁극적으로 어디로 이어질지 매우 걱정됩니다. 저는 억압적
인 조치가 어떤 장기적인 해결책도 얻지 못할 것이라고 생각합니다.
제가 오랫동안 주장해 온 것처럼, 티베트인과 중국 지도부 사이의
문제는 대화를 통해 해결하는 것이 최선책입니다. 저는 중화인민공화
국의 지도부에 제가 독립을 추구하지 않는다는 것을 거듭 확인했습니
다. 제가 추구하는 것은 티베트인에게 명실상부한 자치, 우리의 불교
문화와 언어, 민족 고유의 정체성을 장기간 존속하게 해주는 자치입니

다. 풍부한 티베트 불교문화는 중화인민공화국의 더 큰 문화 유산의 일부이며 우리 중국인 형제자매에게 혜택을 줄 수 있는 잠재력을 가지고 있습니다.

현 위기에 비추어, 저는 계속되는 잔혹한 탄압을 즉각 중단하고 억류된 모든 사람들을 석방하고, 부상자들에 대한 즉각적인 의료 서비스 제공을 촉구해 줄 것을 여러분 모두에게 호소합니다.

감사합니다.

63. 중국인에게 보내는 메시지

- 제네바 티베트·중국 회의 연설, 2009년 8월 6일 -

우리 티베트인이 우리 중국 형제자매들에 대한 증오를 품고 있지 않으며, 우리 티베트인은 반反중국인도 반중국도 아니라는 메시지를 중국인에게 전달하는 데 여러분의 도움을 요청합니다. 티베트 문제가 인종적 편견과 티베트인과 중국인의 대립의 문제로 번지는 것을 막기 위해 여러분의 도움과 협조를 구합니다.

회의 의장님, 주최자들, 여러 곳에서 오신 대표님, 그리고 내빈 여러분께 인사를 드립니다. 저는 특별히 중국인과 티베트인의 광범위한 회의를 조직한 국제우화회(International Fellowship of Reconciliation) 와 스위스 티베트 우호협회(Swiss Tibetan Friendship Association)에 찬사를 보내고 싶습니다.

천 년이 넘는 세월 동안 티베트인과 중국인은 종교와 문화뿐만 아니라 사회와 경제 분야에서도 상호 풍성하게 관계를 맺으며 우호적이고 조화로운 이웃으로 공존해 왔습니다.

가끔, 우리는 서로 싸울 때도 있었습니다. 그러나 티베트인과 중국인의 관계는 대부분 평화로웠습니다. 티베트에 앞서 중국에서 불교가 번성했기 때문에 티베트 불교도들은 손위 영적 형제자매인 중국 불교도들에게 합당한 존경과 경의를 표합니다.

세계의 다른 나라들이 20세기에 격동의 발전을 목격한 것처럼, 중국 역시 극적인 변화를 경험했습니다. 1949년 공산당이 중국을 점령한 직후, 인민해방군은 참도에서 소규모의, 장비가 부족한 티베트 군을 물리치고 티베트에 진입했습니다. 1951년 17개조협정이 압박 하에서 체결되고 티베트 전체가 중화인민공화국에 편입되었습니다.

17개조협정을 준수하기 위한 우리의 모든 노력에도 불구하고, 결국 1959년 저는 내각 그리고 우리를 따를 수 있는 약 8만 명의 티베트인(승려와 재가자)과 함께 망명길에 올라야 했습니다.

망명지에 도착한 직후 우리는 중국 당국과 접촉과 논의를 통해 티베트 문제 해결에 대한 집중적이고 심도 있는 논의를 시작했습니다. 그 결과, 1974년경 우리는 중도 어프로치를 채택했습니다. 이 어프로치의 지도 정신은 화해와 타협의 정신으로 협상을 통해 상호 수용적이고 서로에게 유익한 해결책을 추구하는 것입니다. 우리는 티베트의 분리와 독립을 추구하지 않고 중화인민공화국의 틀 안에서 해결책을 찾기 위해 노력하기로 했습니다. 이에 1979년 고 덩샤오핑 중국 국가주석이 접촉과 논의의 의지를 내비쳤을 때 우리는 긍정적으로 대응할 만반의 준비가 돼 있었습니다. 직접 접촉하면서 우리는 진상 조사 임무와 탐색 회담을 위한 대표단을 파견했으며, 총 20명의 대표단을 구성했습니다. 하지만 안타깝게도 구체적인 결과는 나오지 않았습니다. 게다가, 모든 직접적인 접촉은 1993년에 중단되었습니다. 그 결과 티베트 망명 공동체에서 중도 어프로치에 동의하지 않는 사람들이 늘어났습니다.

이러한 배경에서, 1997년에 우리는 티베트 망명자들을 대상으로 여론 조사를 실시했는데, 64% 이상이 중도 어프로치의 지속을 지지했습니다. 그 결과 우리는 중국 중앙 정부와 다시 접촉하기 위해 노력했고 2002년에 성공했습니다.

그 이후로 제 특사단은 중국 정부의 관련 지도자들과 여덟 차례의 공식 회담과 한 차례의 비공식 회담을 했습니다. 유감스럽게도, 중국 중앙 정부가 티베트 문제를 진실하고 현실적인 방법으로 해결하려는 정치적 의지가 부족했기 때문에, 회담은 가시적인 성과를 거두지 못했습니다. 지난해 3월 티베트 사태 이후 티베트 본토 상황이 크게 악화됐습니다. 베이징은 소수 민족들, 특히 대對 티베트인 정책에 대한 불만을 평화적으로 드러낸 사람들을 반중反中으로 규정해 티베트인과 중국인 사이의 인종적 반목과 증오를 조장했습니다. 이것은 가장 무책임한 정책입니다. 그것은 두 사회 사이에 근거 없는 의심과 불신을 초래했습니다. 저는 이 상황이 매우 슬프고 걱정됩니다.

다행히 많은 중국 지식인들이 중앙 정부의 선전에 굴복하지 않았습니다. 그들은 그 문제를 객관적으로 이해하기 위해 노력해 왔습니다. 따라서 그들은 자신들의 관찰과 발견을 바탕으로 많은 기사에서 티베트인에 대한 연민과 지지를 보여주었습니다. 이것은 티베트인에게 큰 격려의 원천이고 진리가 승리하는 원천입니다.

제 특사단은 중화인민공화국의 틀 안에서, 그리고 헌법의 원칙에 따라 티베트 문제에 대한 해결책을 모색하는 저의 중도 어프로치의 핵심을 중앙 정부에 문서와 구두로 분명히 전달했습니다. 헌법은 소수 민족에게 지역 자치를 제공합니다. 작년 제8차 회담에서, 제 특사단은 티베트인을 위한 진정한 자치 각서를 발표했습니다. 이 각서는 중화인민공화국 헌법과 민족 지역 자치에 관한 법률 조항을 바탕으로 티베트인이 어떻게 의미 있는 민족 지역 자치를 행사할 수 있는지를 상세히 설명하고 있습니다. 그러나 실망스럽게도 우리의 계획은 위장한 독립이나 반半독립 요구라는 딱지가 붙었고, 우리의 각서는 단정적으로 거부되었고 중국은 반대 제안을 제시하려는 어떠한 노력도 하지 않았습니다. 그 결과 오늘날 중국 지도부의 호의에 대한 저의 믿음은 흔들리고 있습니다.

이런 슬픈 상황을 감안하여, 저는 티베트인의 특별 총회를 소집했습니다.

지난해 11월 티베트 망명자 대표단 600여 명이 6일간의 회담을 위해 다람살라에 모였습니다. 이번 회의에서 티베트 본토 상황과 중국의 발전, 티베트 자유 투쟁의 향후 진로에 대해 상세히 논의했습니다. 회의는 또 티베트 본토 전 방면의 티베트인들에게서 우리가 모을 수 있는 모든 의견을 검토했습니다. 이와 비슷하게, 전 세계의 티베트 지원단체들에 의해 특별 회의가 열렸습니다.

두 회의 모두 중도 어프로치의 변경과 현 중국 정부와의 접촉 중단을 요구하는 목소리가 높았음에도 불구하고, 대부분의 참석자는 중도 어프로치의 지속과 티베트와 중국의 대화 과정을 지지했습니다.

우리는 이렇게 우리의 중도 어프로치를 공개적으로 지지하며, 베이징으로부터 중국 중앙 정부가 티베트 본토 내 600만 명의 티베트인이 직면하고 있는 현실적 문제들을 해결할 용의가 있다는 분명한 신호가 오는 즉시, 진지하고 성실한 논의에 임할 준비가 되어 있습니다.

이번 회의에 참석하는 중국인 형제자매에게 두 가지를 부탁하고 싶습니다. 먼저 티베트 문제를 해결하기 위해 향후 어떤 조치를 취해야 할지에 대한 여러분의 조언과 솔직한 의견을 구합니다.

둘째, 우리 티베트인이 우리의 중국 형제자매에 대한 증오를 품고 있지 않으며, 우리 티베트인이 반反중국인도 반중국도 아니라는 메시지를 중국인에게 전달하는 데 여러분의 도움이 필요합니다. 티베트 문제가 인종적 편견과 티베트인과 중국인 간의 적대감의 문제로 번지는 것을 막기 위해 여러분의 도움과 협조를 구합니다.

주최 측뿐만 아니라 먼 곳에서 오신 모든 참가자에게 감사의 말씀을 전하며 마무리 짓고자 합니다. 이번 회의가 진정한 신뢰와 우정, 상호존중과 상호이익을 바탕으로 한 공동의 미래를 향한 중요한 발걸음이 되기를 기원합니다.

64. 2010년 노벨 평화상

- 류샤오보 수상을 축하드림, 보도자료, 2010년 10월 8일 -

올해의 노벨 평화상을 수상한 류샤오보(劉曉波) 씨에게 진심으로 축하드립니다. 평화상을 그에게 수여한 것은 국제사회가 중국을 정치·법률·헌법의 개혁으로 밀어붙이는 데 있어 중국인의 목소리가 높아지고 있음을 인정한 것입니다.

저는 개인적으로 중국의 민주주의와 자유를 요구하는 08헌장에 서명한 류샤오보 씨를 비롯해 수백 명의 중국 지식인들과 관련 시민들의 노력에 고무되었을 뿐만 아니라 감동을 받았습니다. 저는 헌장 발표 이틀 후 폴란드를 방문하는 동안 2008년 12월 12일의 공개 성명에서 찬탄을 표한 바가 있습니다. 저는 앞으로 현재의 중국 시민들이 책임 있는 통치체제를 위해 노력한 결실을 후세대가 몇 년 안에 누릴 수 있을 것이라고 믿습니다.

최근 원자바오 중국 총리는 언론 자유가 어느 나라에든 불가결하고, 민주주의와 자유에 대한 국민의 바람을 거부할 수 없다고 발언했습니다. 이 발언은 더 개방적인 중국에 대한 열망이 커져 나가는 것을 반영했다고 생각합니다. 이러한 개혁은 조화롭고 안정적이며 번영하는 중국으로 이어질 것이고, 중국은 보다 평화로운 세계에 크게 기여할 수 있습니다.

이번 기회에 표현의 자유를 행사한 죄로 투옥된 류샤오보 씨와 다른 양심수들을 석방해 달라고 중국 정부에 재차 요청하고 싶습니다.

65. 신뢰 구축

- 중국인 인권운동가와의 화상 회의,[4] 2011년 1월 10일 -

Q.1: 성하, 가보 아왕 직메(Ngabo Ngawang Jigme)에 대해 어떻게
생각하십니까? 그는 중화인민공화국과 협상할 수 있도록 당신이
위임한 대표였으며 또 1951년 17개조협정에 서명도 했습니다. 설령
당신이 그에게 협정에 서명하도록 〔전권대사의〕 권한을 부여하지
않았다고 해도, 당신은 나중에 그 협정을 받아들였습니다. 결국,
대부분의 경우, 그는 당신에게 반대했고 티베트 문제에 대해 중국
정부의 대변자처럼 행동했습니다.

달라이 라마: 저는 1950년 전부터 가보를 알고 있었습니다. 당시
가보를 알고 있던 사람들은 가보를 정직한 사람, 성실한 사람으로
보았습니다. 저 또한 가보를 진보적인 사람으로 보고 신뢰했습니다.
그는 그때 저의 신임과 신뢰를 받던 주요 인물 중 하나였습니다.

협정이 체결된 후 제가 라싸에서 가보를 만났을 때, 그는 자신들이
서명하기를 거부했다면 티베트의 '무장 해방'을 초래했을 것이기 때문

---

4 중국을 거점으로 활동하는 인권운동가 텡뱌오, 인권변호사 장톈용 두 사람이,
다람살라 소재 달라이 라마 관저의 달라이 라마와 생방송으로 진행한 인터넷
질의응답의 영어 녹취록이다. 이 대화 세션은 2011년 1월 4일 중국의 저명한
작가 왕 리시숑이 정리하였다. (원주) 2011년 3월 30일자 조선일보는 텡뱌오와
장톈용 모두 중국 공안에 체포된 상태에 있을 것이라는 기사를 베이징 최유식
특파원이 보낸 기사로 실었다. 이 기사대로라면 이 인터넷 화상 회의 2~3개월
이후에 체포된 셈이다. (역주)

에 어쩔 수 없이 그 협정에 서명할 수밖에 없었다고 말했습니다. 따라서 그는 '평화적 해방'이 '무장 해방'보다 낫다고 느꼈습니다. 그러나 그는 그들이 협정에 서명할 때 참도 지사 직인을 가지고 있었음에도 이를 사용하지 않았다고 말했습니다. 그들은 대신 중국 정부가 제공한 위조 직인을 사용해야 했습니다.

마찬가지로, 1979년 덩샤오핑이 상당한 유연성을 보인 후, 저는 티베트에 진상조사단을 파견했습니다. 그때 제 대표단이 가보를 만났을 때, 그는 대표단에게 그 문제에 관한 한 청 왕조 때든, 국민당 통치하에서든 간덴 포당(티베트 정부)의 영토 내에 있는 곳에서 그들에게 세금을 낸 적이 없다는 사실을 알고 있으라고 말했습니다. 따라서 가보는 자신의 애국심을 분명히 보여주었습니다.

이와 비슷하게 1989년 티베트 자치구 인민대표대회 회기 중 가보는, 난징 국민당 정부가 14대 달라이 라마의 즉위뿐만 아니라 그 달라이 라마의 신원과 공인公認에 관한 모든 결정을 내렸다고 주장하는 중국 관영 신문이 사실이 아니라고 반박했습니다. 가보는 달라이 라마의 환생은 티베트의 섭정이 종교적인 전통에 따라 인정했으며 즉위식에 외국인 주재자도 참석하지 않았다고 밝혔습니다. 국민당 관리들의 앞선 주장은 사실이 아니라고 가보는 말했습니다. 저는 즉위 당시 미성년자였지만 영국령 인도, 중국, 네팔, 부탄 대표들이 나란히 한 줄에 앉아 있던 기억이 생생합니다. 따라서 이러한 문제들에 있어서, 가보는 실제적인 사실들을 명확히 하는 데 최선을 다하였습니다. 그의 죽음 이후, 우리는 추도식을 열었습니다.

사실, 몇몇 친구들은 그를 위한 우리의 추도식이 부적절하다고 비판했습니다. 공포에 질린 사람들이 주어진 상황에 따라 외교적으로 말할 수밖에 없다는 것은 우리 모두가 알고 있는 사실이기도 합니다. 이것이 제가 항상 그를 전적으로 신뢰했던 이유입니다. 비록 지금은 돌아가셨지만, 저는 항상 그를 위해 기도합니다.

Q.2: 성하, 당신은 망명 중인 몇몇 티베트인의 행동에 대한 통제력을 잃으셨습니까? 어떻게 생각하십니까? 만약 그렇게 된다면 어떻게 하실 생각입니까?

달라이 라마: 15만 명이 넘는 티베트인이 망명 생활을 하고 있으며, 이 중 99%가 티베트 문제에 대한 같은 걱정과 진심을 공유하고 있습니다. 물론 의견차도 있을 것입니다. 민주주의의 길을 가고 있으니 이런 것들이 존재할 수밖에 없습니다. 저는 국민에게 그들이 언론의 자유와 사상의 자유가 있으며 자유롭게 자신들을 표현해야 한다고 말합니다. 그래서 서로 다른 의견들이 나오는 것입니다. 티베트 청년의회(Tibetan Youth Congress)의 예를 들어봅시다. 그들은 독립을 위해 투쟁하고 우리의 중도 정책을 비판합니다. 그들과 가끔 만나는 자리에서, '중국 정부는 제가 여러분 중 몇 명을 체포해야 하리라 기대하고 있다'고 저는 말하면서도, 우리는 이 같은 자유국가에서 그렇게 할 수 없고 저는 결코 그런 일을 하지 않을 것입니다.

Q.3: 스승님, 제가 드리는 질문은, 비폭력과 진리(비협조)의 투쟁이 공산주의 중국에 맞서는 데 효과적인가요? 만약 그렇다면 티베트인은 어떤 방식으로 비폭력과 진리로 이득을 보고 있는지요?

달라이 라마: 저는 티베트인에게 항상 같은 말을 합니다. 그리고 여기서 언급하고 싶은 것은 비폭력의 토대에 근거한 우리의 일관된 중도 정책의 입장이 중국 정부와의 대화를 통해 가시적인 성과를 거두지는 못했지만, 중국 지식인, 학생들의, 그리고 현실에 관심이 있고 그 현실을 인지하는 사람들의 강력한 지지를 받는 데 도움이 되었다는 것입니다. 이것은 저의 노력의 결과입니다. 중국 정부를 상대하기는 어렵고, 우리가 중국 지식인 및 대중과 폭넓은 접촉을 유지할 수 없어도, 우리의 입장은 그들의 응원에 힘입어 계속 강화될 것이라고 생각합니다. 천안문 사태가 일어난 지 몇 달이 지난 후 저는 우연히 미국의 하버드 대학교에서 중국인 친구들을 만났습니다. 제가 그들에게 우리의 입장을 설명하자, 그들은 중국 국민 전체가 달라이 라마의 입장을 알면 응원해 줄 것이라고 말했습니다.

Q.4: 성하, 라마 환생 제도를 개혁하는 것이 어떻게 허용될 수 있는지 설명해 주십시오. 그런 개혁이 부처님의 가르침에 위배되는 것입니까?

달라이 라마: 우선 질문자께서 부처님의 가르침 중 깡규르(부처님의 가르침)와 땡규르(불교 고승들의 주석)에 담긴 가르침을 조금 읽으셨으면 좋겠습니다. 라마들이 환생하는 것을 인정하는 풍습은 인도에서 생기지 않았습니다. 마찬가지로, 라마 환생 전통은 태국, 버마, 중국과 같은 많은 불교 국가에서 생겨나지 않았습니다. 이런 나라들에서 누군가를 깨달은 자의 환생으로 인정하는 제도가 있지만, 뚤꾸나 라마로 인정하는 제도는 존재하지 않습니다.

티베트에서 처음 있었던 환생은 어린아이가 전생을 분명히 기억하고 그것이 사실로 입증된 후에야 인정되었습니다. 나중에, 이 제도는 천천히 그리고 점차 사회에서 계급구조가 되었습니다. 이 때문에 저는 뚤꾸와 라마 사이에는 차이가 있음을 널리 알렸습니다. 라마가 뚤꾸일 필요도 없고 뚤꾸가 라마일 필요도 없지만, 라마와 뚤꾸 둘 다일 수도 있습니다. 자신의 연구와 수행의 결과로 자격이 있는 사람이 라마로 알려져 있습니다. 그러한 교육 기준이 없어도 뚤꾸는 이전의 라마의 이름으로 사회에서 지위를 누리고 있습니다.

그리고 라마의 자격이 부족하고 심지어 불명예를 가져오는 사람들도 많습니다.

그래서 저는 40여 년 전부터 뚤꾸의 공인을 규제할 수 있는 어떤 시스템이 필요하다고 말하곤 했습니다. 그렇지 않으면 부적격자가 많이 생겨서 좋지 않겠지요. 저는 환생 제도에 대한 저의 관심을 부처님의 가르침에 대한 봉사로 생각합니다.

달라이 라마의 환생에 대해서는, 400년 동안 영적이며 현세적 지도자였던 달라이 라마의 전통은 2001년 망명 중인 티베트인이 직접 정치 지도자를 선출하는 것으로 막을 내렸습니다.

1969년, 저는 달라이 라마 제도가 계속될지 말지는 티베트인이 결정할 것이라는 점을 공식 성명으로 널리 알렸습니다. 앞으로 우리는 달라이 라마 환생 제도의 존속 여부를 결정하는 일에 대해, 항상 과거의 선례를 따를 필요는 없고 필요하다면 주어진 상황에 따라 행동할 수 있습니다. 이것은 부처님의 가르침에 부합하며 어긋나지 않습니다.

제가 일반적인 라마들의 환생 가능성, 특히 달라이 라마의 환생 가능성에 대해 설명하면, 중국 친구들은 물론 티베트 본토 일부 티베트 인은 이것이 우리의 종교 전통과 일치하는지 궁금해합니다.

Q.5: 현재 중국에는 당신에게 깊은 분노와 반감을 품고 있는 사람들이 많이 있습니다. 그들에게 무슨 말을 하고 싶습니까?

달라이 라마: 한때 달라이 라마는 악마라고 불렸습니다. 몇 차례 달라이 라마가 악마라고 불리는 것에 대해 어떻게 생각하느냐는 질문을 받았고 저는 그들에게 쾌활하게 말했습니다. '저는 악마랍니다. 머리에 뿔이 났지요.' 하고요.

중국인은 편향되고 왜곡된 정보에만 접근할 수 있기 때문에 이는 이해할 수 있습니다. 예를 들어, 올림픽 성화 봉송 때, 저는 특히 관계자들에게 올림픽은 13억 중국인의 자존심 문제이며 우리는 절대 문제를 만들어선 안 된다고 말했습니다.

게다가 올림픽 주최권이 중국에 부여되기도 전, 제가 미국 수도 워싱턴 DC를 방문했을 때 몇몇 기자들이 제 견해를 물었습니다. 저는 그들에게 중국은 풍부한 문화유산과 역사를 가진 가장 인구가 많은 나라이므로 올림픽을 개최할 자격이 있다고 말했습니다. 이것은 사실에 입각한 이야기입니다. 하지만 중국 정부는 여전히 우리가 올림픽에 반대하고 있다고 대대적으로 홍보했습니다. 이런 선전 때문에 중국 국민은 전체적인 상황을 모르고 있기에, 그들을 비난할 수는 없습니다.

다른 한편 세계에 저를 존경하는 사람들도 많이 있습니다. 그러므로 저는 중국인 형제자매들에게 자세한 내용을 검토하고 모든 출처의 정보를 철저히 조사하기를 권하고 싶습니다. 저는 중국 학생들을 만나면 자유로운 나라에 머물고 있으니 눈과 귀를 충분히 활용해야 한다고 말합니다.

Q.6: 우리가 알기로는, 달라이 라마의 환생 선발 절차와 즉위식에 중화민국 중앙 정부가 참여했습니다. 성하, 대만에 근거지를 둔 중화민국을 인정하시나요? 그리고 대만 정부가 다시 환생 과정에서 얼마나 많은 영향력을 행사할 것으로 보십니까?

달라이 라마: 그것은 제가 좀 전에 했던 가보의 이야기와 비슷합니다. 일반적으로 저는 대만에 있을 때 '하나의 중국'을 요구하는 목소리를 지지해 왔습니다. 그러나 결국, 미래에 하나가 되고 싶은지 결정하는 것은 중국 본토와 대만 국민에게 달려 있습니다. 더 중요한 것은 대만의 민주주의와 튼튼한 경제, 대만의 좋은 교육 수준을 제대로 보호해야 한다는 것입니다. 이게 제가 평소에 하는 말이에요.

왕 리시옹: 우리는 달라이 라마를 가상으로 만났습니다. 성하께서 말씀하신 것처럼, 우리는 서로의 냄새를 맡을 수 없었습니다. 21세기에 인터넷을 사용하면서 우리는 성하와 교류할 수 있는 이 기회를 근본적으로 중요하게 생각합니다. 따라서 이러한 상호작용이 중국과 티베트 관계에 건설적이고 서로에 대한 이해를 증진시킨다고 생각한다면, 앞으로는 많은 중국학자와 관련자들이 참여하기를 바라고 있습니다. 따시 델렉.

달라이 라마 성하: 아주 좋아요. 당신이 편하다면, 저는 항상 현대 기술을 이용하여 교류하고 중국 친구들의 의심을 풀 준비가 충분히 되어 있습니다. 저는 항상 '한짱다뚜안제(漢藏大團結·한장대단결)'라고 말합니다.

만약 우리가 비슷한 회의와 소통을 자주 할 기회가 생긴다면, 우리 사이에 진정한 신뢰와 이해를 쌓는 데 도움이 될 것입니다. 멀리 떨어져서는 신뢰를 쌓지 못할 것입니다. 우리가 우리의 문제를 더 명확하게 논의할수록 서로에 대한 신뢰가 더 많이 생길 것입니다. 신뢰가 있으면 정이 있고 정이 있으면 문제가 있어도 해결할 수 있습니다.

제 얼굴이 잘 보이시나요? 제 회색 눈썹 보이세요?

이따 봐요. 따시 델렉.

감사합니다.

5부

· · ·

티베트 봉기

66. 티베트 고유의 영적인 유산 보존

- 티베트민족봉기 40주년 기념일의 성명, 다람살라, 1999년 3월 10일 -

1959년 티베트민족봉기[1] 40주년을 맞이하여 티베트 본토의 동포들과 망명 중의 동포들, 그리고 전 세계의 모든 친구 및 지지자들에게 진심으로 인사를 드립니다.

우리가 망명하여 티베트 본토 내외에서 자유를 위한 투쟁을 계속한 지 40년이 흘렀습니다. 인생에 있어서 40년은 상당히 긴 세월입니다. 1959년 티베트에 머물렀던 동포와 당시에 티베트를 탈출한 동포 중 많은 이들이 세상을 떠났습니다. 오늘날, 티베트인 2세대, 3세대들은 불변의 결의와 불굴의 정신으로써 우리 자유 투쟁의 책임을 맡고 있습니다.

40년의 망명 생활 중 티베트 사회는 민주화를 진행시키고, 교육에 엄청난 성과를 이루었습니다. 우리는 또한 우리 고유의 문화적, 종교적 유산을 유지하고 드높일 수 있었습니다. 이런 모든 면에서 우리의 업적은 이제 국제사회에 널리 알려지고 인정받고 있습니다. 이 성과에

---

1 일역 『ダライ・ラマ 聲明 1961-2011』, ダライ・ラマ十四世 テンジン・ギャツォ 著, 고이케 미와(小池美和) 역(集廣舍 2017, 일본 후쿠오카)을 일부 참조함. (역주) 고이케는 티베트 원문에서 바로 번역한 것으로 보인다. 그는 'Tibetan National Uprising'을 '티베트민족평화봉기'로 옮겼다. 본 번역에서는 영어 원서에 따라서 '평화'를 넣지 않았다. 하지만 봉기의 평화적인 성격에는 변함이 없을 것이다. (역주)

대한 공로는 티베트인의 결의와 노고에 있습니다. 그런데 우리의 성공은 수많은 국제 지원 기관과 개인의 관대한 지원이 없었다면 불가능했을 겁니다. 특히 고 자와할랄 네루 수상이 티베트 난민에게 망명을 허락하고 난민 공동체의 교육과 사회복귀를 위한 프로그램을 수립한 이래, 비길 데 없는 관대함과 환대를 베풀어 주신 인도 국민과 정부에 감사의 뜻을 표하고 싶습니다.

동시에 지난 40년 동안 티베트는 중화인민공화국 정부의 완전한 지배하에 있었고 중국 당국은 우리나라를 좌지우지해 왔습니다. 1962년 고 빤첸 라마가 제출한 '7만어 탄원서'는 중국 정부의 가혹한 티베트 정책 및 행위를 보여주는 역사적인 문서로 사용됩니다. 얼마 후 일어난 문화대혁명 당시의 엄청난 파괴와 사람의 고통이 오늘날 세계적으로 알려졌는데, 이런 슬프고도 고통스런 사건을 길게 말하고 싶지는 않습니다. 빤첸 라마는 1989년 1월에 급사했는데, 그 며칠 전 "중국 치하에서 티베트가 이룬 발전은 티베트인이 당했던 파괴와 고통의 양과 비교할 수 없다"고 했습니다.

티베트에서 약간의 발전과 경제 발전이 이루어졌지만, 우리나라는 여전히 많은 근본적인 문제에 직면하고 있습니다. 역사, 문화, 언어, 종교, 생활양식, 지리적 조건 등에서 티베트와 중국 사이에는 현저한 차이가 있습니다. 이러한 차이는 심각한 가치관의 충돌, 반목, 불신을 초래합니다. 조금만 이의를 제기해도 중국 당국은 폭력과 탄압으로 보복해서 그 결과 티베트에는 인권 침해가 광범위하고 심각합니다. 이러한 권리 침해는 뚜렷한 특징을 가지고 있는데, 그 권리 침해는 티베트인이 하나의 민족으로서 자신들의 정체성과 문화를 확고히 하고 이를 보존하고자 하는 바람을 막기 위한 것입니다. 따라서 티베트에서의 인권 침해는 인종과 문화에 대한 차별 정책의 결과인 경우가 많으며, 더 깊은 문제가 낳은 증상과 결과일 뿐입니다. 중국 당국자들은 티베트 독자의 문화와 종교를 티베트인의 원한과 반대의 근본적인 이유로 지목하고 있습니다. 따라서 그들의 정책은 이러한 티베트 문명과 정체성의 필수적인 핵심을 없애는 것을 목표로 합니다.

티베트가 중국에서 '해방'되기 위한 운동이 개시된 이후 반세기가 지났지만, 티베트 문제는 여전히 생생하며 해결해야 할 과제로 남아 있습니다. 이 상황은 분명히 티베트나 중국 어느 편에게도 득이 되지 않습니다. 이 길을 계속 간다는 것은 티베트인의 고통을 덜어주지도 않고, 중국에 안정과 단결을 가져다주지도 않으며, 중국의 국제적 이미지와 위상을 높이는 데도 도움이 되지 않습니다. 이 문제를 해결할 수 있는 현명하고 책임감 있는 유일한 방법은 대화입니다. 그 외에 현실적인 대안은 없습니다.

저는 바로 이런 인식에서 1970년대 초에 저의 중도 어프로치의 요점을 망명 정부의 고위 관리들과 의논해서 결정하게 되었습니다. 그 결과, 저는 티베트의 독립도, 중국으로부터의 분리도 요구하지 않으면서 티베트 문제를 해결하는 길을 선택했습니다. 저는 중화인민공화국의 테두리 안에서 티베트인의 기본적 인권과 자유를 보장하는 정치적 해결책을 찾을 수 있다고 굳게 믿고 있습니다. 저의 주된 관심사는 자비와 비폭력에 기반을 둔 티베트 고유의 영적 유산의 존속과 보존입니다. 그리고 이 유산은 금일의 세계에서도 여전히 의미가 있으므로 보존할 만한 가치가 있고 유익하다고 생각합니다.

　이런 생각에 기초해서 저는 1978년 후반 덩샤오핑 씨가 대화 재개의 뜻을 비쳤을 때 바로 응답했습니다. 그 이후로 중국 정부와 우리의 관계는 많은 우여곡절을 겪었습니다. 안타깝게도 중국 지도부의 정치적 의지와 용기의 부족은 오랫동안 저의 많은 제안에 화답하지 못하는 결과를 낳았습니다. 이로써 1993년 8월에 중국 정부와의 공식적인 접촉이 종료되었습니다. 그러나 그 후 민간인 혹은 반관반민을 통해서 몇 개의 비공식적 채널이 열렸습니다. 지난 1년 반 동안 비공식 채널 하나가 원활하고 안정적으로 작동하는 것처럼 보였습니다. 게다가 장쩌민 주석이 개인적으로 티베트 문제에 관심을 가지게 되었다는 몇몇 징후도 있었습니다. 지난 6월 미국의 클린턴 대통령이 중국을 방문했을 때, 장쩌민 주석은 상당한 시간을 할애해서 그와 티베트에 대해 논의했습니다.

　공동 기자회견 자리에서 장쩌민 주석은 대화와 협상을 재개하기 전, 두 가지 조건에 대해 공식 성명을 내라고 저에게 요구했습니다. 우리 쪽에서는 중국 정부에 장 주석의 성명에 기꺼이 응답하고자 한다는 저의 의사와 더불어 공식적인 발표 전에 비공식적 협의를 희망한다는 뜻을 전달했습니다. 유감스럽게도 중국 측으로부터 긍정적인 반응이 없었습니다.

　작년 가을 말, 뚜렷한 이유 없이 대화에 대한 중국의 입장과 저에 대한 중국의 태도가 눈에 띄게 경직되었습니다. 이러한 갑작스런 변화에 이어서 티베트에서는 새롭게 강화된 탄압이 재개되었습니다. 이것이 우리와 중국 정부와의 관계에 있어서의 현 상황입니다.

　과거 수십 년간의 경험으로 보면, 공식 성명, 관료적 미사여구,

정치적 편의주의만으로는 중국의 지배로 고통받는 당사자의 고통을 줄이거나 당면한 문제를 해결하는 데 별 도움이 되지 않을 것이 분명합니다. 무력행사는 사람을 신체적으로만 통제할 수 있다는 것 또한 분명합니다. 인간의 마음과 심정은 이성, 공정, 정의를 통해서만 얻을 수 있습니다. 필요한 것은 문제의 근본 원인을 규명하고, 티베트인의 만족과 이익을 위해 문제를 단번에 해결하려는 정치적 의지, 용기, 비전입니다. 우리가 티베트 문제에 대해 티베트와 중국 쌍방이 수용할 수 있는 해결책을 찾게 되면, 저는 수년 동안 분명히 말해왔듯이 티베트 정부의 어떠한 공식적 지위도 갖지 않을 것입니다.

티베트 문제의 근본 원인은 이데올로기나 사회 체제의 차이도 아니고, 전통과 근대화의 충돌이 낳은 이슈도 아닙니다. 인권 침해의 문제만도 아닙니다. 티베트 문제의 뿌리는 티베트의 길고 분리된 역사, 독자적인 고대 문화, 그리고 그 고유의 정체성에 있습니다.

1978년 말과 마찬가지로 오늘날에도, 이 복잡하고 심각한 문제를 해결할 수 있는 현명하고도 실행이 가능한 유일한 방법은 접촉과 대화의 재개입니다. 티베트인과 중국인 사이에 있는 깊은 불신의 분위기를 극복해야 합니다. 이 불신감은 하루에 사라지지 않을 것입니다. 얼굴을 맞대고 진지하게 대화함으로써 비로소 사라질 것입니다.

생각해 보면 중국 지도부는 때때로 스스로의 의심으로 방해받아서, 티베트 문제에 대한 전반적인 해결책이나 그 외에 다른 문제에 대한 우리 측의 진심이 담긴 발의를 받아들일 수 없는 것으로 보입니다. 티베트의 환경이 처한 상황을 존중해야 한다는 저의 지속적이고 오랜 요구가 대표적인 예입니다. 저는 티베트고원의 취약한 자연환경을 마구잡이로 착취할 때 일어날 결과에 대해 오랫동안 경고해 왔습니다. 저는 티베트에 대한 이기적인 걱정 때문에 그런 것이 아닙니다. 오히려 티베트의 어떤 생태적 불균형도 티베트뿐만 아니라 중국의 인접 지역 전체, 심지어 주변 국가에도 영향을 미칠 것이 극명하게 밝혀졌습니다. 중국 지도부가 작년에 엄청난 홍수를 겪고 나서야 환경보호의 필요성을 깨닫게 되었다는 것은 슬프고도 불행한 일입니다. 저는 티베트 지역의 산림 남벌이 금지된 것을 환영하며, 늦었지만 이러한 조치가 티베트의 취약한 생태계를 온전하게 유지하기 위한 더 많은 조치로 이어지기를 바랍니다.

저는 티베트 문제를 해결하기 위한 수단으로 대화의 과정에 여전히 전념하고 있습니다. 저는 티베트의 독립을 추구하지 않습니다. 협상이 시작되어 그것이 티베트인에게 진정한 자치를 제공하고, 그들의 문화적, 종교적, 언어적 완전성의 유지와 촉진은 물론 그들의 사회경제적 발전도 이루기를 바랍니다. 저는 저의 중도 어프로치가 중화인민공화국의 안정과 단결에 기여하고, 티베트인에게 자유, 평화, 존엄 속에서 살아갈 수 있는 권리를 보증할 것이라고 진심으로 믿고 있습니다. 티베트 문제의 공정하고 공평한 해결책을 통해, 저는 티베트인이 분리를 추구하지 않도록 설득하는 데 제 도덕적 권위를 사용할 것임을 완벽히 보장할 수 있습니다.

티베트인의 자유 대변자로서, 저는 중국 정부가 티베트인의 미래에 대한 협상에 참여하도록 가능한 모든 노력을 기울여 왔습니다. 이런 노력의 과정에서, 전 세계의 여러 정부와 의회, 비정부조직과 대중으로부터 받은 지원에, 저는 크게 용기를 얻고 격려받았습니다. 그들의 관심과 지원에 깊이 감사드립니다. 중국 정부가 우리와의 대화에 참여하도록 장려하기 위해 클린턴 대통령과 미국 정부가 기울이고 있는 노력에 대해 특별히 언급하고 싶습니다. 게다가 미국 의회의 초당적 지원을 계속 받을 수 있어서 다행입니다.

티베트인의 고난과 우리의 자유를 위한 비폭력 투쟁은 진리와 정의의 두 가치를 소중히 여기는 모든 사람의 마음과 양심을 움직였습니다. 작년 이래 티베트 문제에 대한 국제적인 인식은 전례 없는 수준에 도달했습니다. 티베트에 대한 관심과 적극적인 지원은 인권단체, 각국 정부와 의회에만 국한된 것이 아닙니다. 대학, 학교, 종교단체와 사회단체, 예술가나 실업가 공동체뿐만 아니라 다양한 계층의 사람들도 티베트의 문제를 이해하게 되었고 이제 우리의 대의에 연대를 표명하고 있습니다. 이러한 대중의 정서가 높아지는 것을 반영하여, 많은 정부와 의회들은 티베트 문제를 중국 정부와의 관계에서 생기는 의제에서 중요한 사안으로 다루고 있습니다.

우리는 또 중국의 민주주의와 인권 운동을 하는 중국인 형제자매들과의 관계를 깊게 하고 넓힐 수도 있었습니다. 마찬가지로, 우리는 대만을 비롯해서 외국에 거주하는 동료 중국인 불교도들과 일반 중국인과도 우호적이고 친근한 관계를 맺을 수 있었습니다. 우리가 중국 형제자매들로부터 받는 지지와 연대는 큰 격려와 희망의 원천입니다. 저는 특히 티베트인에 대한 중국의 정책 변화를 정부에 촉구하거나 공개적으로 요구한 중국 내의 용감한 중국인에게 고무되고 감동을 받았습니다.

오늘날 티베트 자유 운동은 그 어느 때보다 견고하고 유리한 위치에

574

있으며, 중국 정부의 완고한 태도에도 불구하고 의미 있는 대화와
협상을 진전시킬 수 있다는 전망이 그 어느 때보다 높다고 저는 굳게
믿고 있습니다. 그러므로 저는 각국 정부와 의회, 그리고 우리의
친구들에게 새로운 헌신과 열정으로써 지원과 노력을 지속해 줄 것을
호소합니다. 저는 이러한 국제적 관심과 지원의 표명이 필수적이라고
강하게 믿고 있습니다. 이런 국제적인 관심과 지원의 표명이야말로
베이징 지도부에 위급함을 전달하고, 티베트 문제를 진지하고 건설적
으로 다루도록 설득하는 데 필수적입니다.

우리의 자유를 위해 목숨 바친 티베트의 용감한 남녀들에게 경의를
표하며, 티베트 본토에 사는 동포들의 고난이 하루라도 빨리 끝나기를
기도합니다.

67. 평화와 대화의 세기

- 티베트민족봉기 41주년 기념일의 성명, 다람살라, 2000년 3월 10일 -

1959년에 일어난 티베트민족봉기 41주년을 맞이하여 티베트 본토의
동포, 망명 중의 동포, 그리고 전 세계의 친구들과 지지자들에게
진심으로 인사를 드립니다.

우리는 21세기의 시작에 있습니다. 20세기에 일어난 사건을 살펴보
면, 인류는 물질적 안녕을 향상시키는 데 엄청난 발전을 이루었습니
다. 동시에 민족과 국가가 양자 또는 다자간의 문제를 해결하기 위한

수단으로 대화가 아니라 대결에 의존하면서, 많은 인명과 물리적 구조의 양 방면에서 대규모의 파괴가 일어났습니다. 그러므로 20세기는 어떤 의미에서는 전쟁과 유혈의 세기였습니다. 우리가 이런 경험을 통해 귀중한 교훈을 얻었다고 저는 생각합니다. 폭력이나 대결에서 오는 어떤 해결책도 오래 지속되지 않는다는 것은 분명합니다. 저는 평화적인 수단을 통해서만 우리가 비로소 서로를 더 잘 이해할 수 있다고 굳게 믿고 있습니다. 우리는 이 새로운 세기를 평화와 대화의 세기로 만들어야 합니다.

우리가 3월 10일 민족봉기기념일을 맞는 지금, 우리의 자유 투쟁을 둘러싼 상황은 복잡하고 다양하지만, 티베트 본토에 있는 동포의 저항 정신은 계속 강고해지고 있습니다. 또한 우리의 대의에 대한 전 세계적인 지원이 높아지고 있다는 점도 고무적입니다. 유감스럽게도, 베이징 측에서는 대화를 통해 현명하고 실용적으로 티베트 문제를 다루려는 정치적 의지도 용기도 없는 것이 분명합니다.

망명 시절의 처음부터, 우리는 최선의 결과를 바라면서도 최악의 사태에도 대비해야 한다고 믿어 왔습니다. 이러한 정신으로 우리는 대화와 화해의 과정을 가져오도록 중국 정부에 접촉하려고 수년 동안 최선을 다했습니다. 우리는 또한 대만을 포함한 해외의 중국 형제자매들과 다리를 놓으며 상호 이해와 존중, 결속력을 크게 높여 왔습니다.

동시에 우리는 티베트 투쟁의 실체를 인식시키고, 티베트의 가치를 보존하며 비폭력의 촉진, 민주주의의 강화, 전 세계로 지지자들의 네트워크를 확대하는 등 망명 사회의 기반을 강화하는 작업을 계속해 왔습니다.

오늘날 티베트에서의 인권 상황이 최근 몇 년간 중대한 국면을 맞이하게 되었다는 것은 매우 슬픈 일이지만 말씀드리겠습니다. 티베트 종교와 애국심에 대항하는 '엄타嚴打'와[2] '애국재교육'으로 불리는 캠페인이 해가 지날수록 격화되었습니다. 일부의 일상생활에서 우리는 문화대혁명 시대에 방불하는 협박과 강요, 공포의 분위기가 되살아나는 것을 목격하고 있습니다. 1999년 한 해만 해도, 고문과 학대에 의한 사망사건 6건이 발생했음이 보고되었습니다.

중국 당국은 티베트의 자유에 반대하지 않거나 저에 대한 비난을 거부했다는 이유로 모두 1,432명의 비구와 비구니를 사원과 비구니 사원으로부터 추방했습니다. 티베트에는 기록으로 알려진 사람만으로도 615명의 티베트인 정치범들이 있습니다. 1996년 이래 도합 11,409명의 비구와 비구니가 그들의 예배와 연구 장소에서 추방당했습니다. 고 10대 빤첸 라마는 1950년대부터 1960년대 초까지 중국공산주의자에 의한 티베트 점령을 직접 목격하고, 1960년대 초에 그 유명한 '7만어 탄원서'를 썼는데, 그 이후 티베트에 대한 중국의 무자비한 정치적 목표가 거의 변하지 않은 것은 분명합니다. 심지어 환생한 어린 현재의 11대 빤첸 라마는[3] 오늘날까지도 세계 최연소 정치수로서 사실상 가택 연금 상태에 놓여 있습니다. 저는 이를 깊이 우려하고 있습니다.

티베트에서 가장 걱정스러운 동향은, 티베트가 시장 자본주의로

---

2 중국판 엄벌주의를 가리키는 용어. 고이케 역 『ダライ·ラマ 聲明 1961-2011』, p.208 참조. (역주)

3 같은 책, p.209를 참조해서 10대와 11대를 각각 추가했다. (역주)

개방하는 것을 이용하기 위해 티베트에 오는 중국인 정착민들의 홍수입니다. 이는 중국 당국이 묵인하는 매춘, 도박, 가라오케 등의 질병을 퍼트리고, 티베트인의 전통적인 사회 규범과 도덕적 가치를 훼손하고 있습니다. 이것들은 폭력보다 더 효과적으로 티베트인을 자국 내 소수파로 전락시키고 전통적인 믿음과 가치에서 멀어지게 하고 있습니다.

티베트의 이런 슬픈 상황은 티베트인의 고통을 덜어주는 데, 그리고 중화인민공화국에 안정과 단결을 가져다주는 데 아무런 도움이 되지 않습니다. 중국이 단결을 진심으로 고려한다면, 중국은 티베트인의 마음을 얻기 위해 성실하게 노력해야 하며, 그들에게 중국 측의 의지를 강요하려 해서는 안 됩니다. 국가의 분리를 막기 위해, 다민족에 대한 정책이 평등과 정의에 기초하고 있음을 보증하는 일은, 통치하고 지배하는 권력자의 책임입니다. 거짓과 허위는 잠시 사람을 속이고, 무력을 사용하면 인간을 육체적으로 지배할 수 있을지도 모릅니다. 하지만 인간이 진정으로 납득하고 만족할 수 있는 것은 올바른 이해와 공정, 상호 존중을 통해서입니다.

중국 당국은 티베트 독자의 문화와 종교를 분리의 주요 원인으로 보고 있습니다. 따라서 티베트 문명과 정체성의 불가결한 핵심을 파괴하려고 합니다. 문화·종교·교육 분야에서의 새로운 규제 조치와 중국 이주자의 끊임없는 티베트로의 유입은, 문화적 대량 학살 정책과 같습니다.

티베트인의 저항과 자유를 위한 투쟁의 근본 원인이 티베트의 장구한 역사, 고대로부터 내려온 독자적인 문화, 그리고 고유의 정체성에 있는 것은 사실입니다. 티베트 문제는 중국 정부가 내세우는 단순한 공식 견해보다도 훨씬 복잡하고 뿌리가 깊습니다. 역사는 역사이고 누구도 과거를 바꿀 수 없습니다. 원하는 것은 간직하고, 원치 않는 것이라고 내버릴 수는 없습니다. 사실을 객관적으로 연구하고, 판단을 내리는 것은 사학자나 법률전문가에 맡기는 것이 최선입니다. 역사에 관한 한 정치적인 결정은 필요하지 않습니다. 그러므로 저는 희망을 품고 미래를 내다보고 있습니다.

티베트 독자의 문화, 역사, 정체성에 대한 이해, 인정, 존중이 부족해서, 중국의 티베트 정책은 계속 잘못된 방향으로 나아가고 있습니다. 점령 하의 티베트에서는 진실의 여지가 거의 없습니다. 티베트를 통치하기 위한 주요 수단으로서 무력과 강압이 행사된 결과, 티베트인은 공포심에 거짓말을 하고, 현지 관리들은 베이징과 티베트 내의 공무원을 만족시키고 기쁘게 하기 위해 진실을 숨기고 거짓된 사실을 만들어 낼 수밖에 없습니다. 그 결과 티베트에 대한 중국 정책은 티베트의 현실과 계속 동떨어져 있습니다. 이 접근법은 근시안적이고 비생산적입니다. 이런 편협한 정책들은 인종적, 문화적 오만이라는 추한 일면과 깊은 정치적 불안정을 드러내고 있습니다. 꿈붐(Kumbum) 사원의 사원장 아갸 린뽀체(Agya Rinpoche)의 탈출,[4] 그리

---

4 1995년 11월 19일, 중국 정부가 라싸의 죠캉사에서 티베트인 승려에게 강요했던, 중국측 11대 빤첸 라마를 선택하기 위한 의식인 금병체첨(金瓶製籤)에 출석했다. 공산당원의 아들로 당시 6세의 갸루첸 소르부가 빤첸 라마의 환생자로 선택받고, 아갸 린뽀체는 교육계에 임명되었으나, 1996년 2월에 티베트를 탈출해서 미국으로 망명했다. 『ダライ・ラマ 聲明 1961-2011』, p.214 참조. (역주)

고 최근에는 까르마파 린뽀체(Karmapa Rinpoche)의 탈출 상황에서[5] 이를 확인할 수 있습니다. 그러나 국가 주권과 진실성이라는 이름 하에 국가가 그러한 무자비한 정책을 처벌 없이 계속 시행하고, 국제적 비난을 피할 수 있는 시대는 지났습니다. 게다가 중국인 스스로가 티베트의 오래되고 풍부한 문화유산을 파괴한 것을 깊이 후회할 것입니다. 저는 우리의 풍부한 문화와 영성은 수백만 명의 중국인에게 도움이 될 뿐만 아니라 중국 자체를 풍요롭게 할 수 있다고 진심으로 믿고 있습니다.

중화인민공화국의 일부 지도자들이 티베트 문제가 시간의 경과와 함께 소멸하기를 원하는 것 같아 안타깝습니다. 그러한 중국 지도부의 생각은 과거에 했던 과오를 반복하는 것입니다. 단언컨대, 과거 1949/50년 그리고 1959년 당시의 중국 지도자들은 2000년도가 되어서도 중국이 여전히 티베트 문제로 고심하고 있을 것이라고 생각하지 않았을 것입니다. 당시 고령이었던 티베트인은 사라지고, 2세대와 3세대 티베트인이 등장했습니다. 시간이 경과해도 티베트인의 자유를 위한 투쟁은 확고한 결의와 함께 계속되고 있습니다. 이것은 한 사람의 대의를 위한 투쟁도, 한 세대의 티베트인의 대의를 위한 투쟁도 아닌 것이 분명합니다. 앞으로 등장할 차세대의 티베트인도 계속해서 이

5 17대 까르마빠 우겐 띠소레 도르제. 티베트 불교 까규파의 최고위의 화신 라마. 1980년대에 중국 영내에서 전생轉生하고, 중국 정부가 14대 달라이 라마에 대항할 수 있게 지원에 힘을 쏟았지만, 1999년 12월 28일, 14세에 티베트 자치구 도룬현의 쯔루푸 사찰을 탈출해서, 인도 달라이 라마 성하 아래로 망명했다. 『ダライ·ラマ 聲明 1961-2011』, p.214 참조. (역주)

자유 투쟁을 소중히 여기고 존중하며, 그것에 헌신할 것임은 분명합니다. 이르든 늦든, 중국 지도부도 이러한 사실을 직면해야 할 것입니다.

중국 지도자들은 제가 추구하는 것이 분리가 아니고, 티베트인을 위한 진정한 자치라는 점을 믿으려 하지 않습니다. 그들은 제가 거짓말을 하고 있다고 공공연히 매도합니다. 그들은 우리 망명 사회를 자유롭게 방문해서 스스로 진실을 알아낼 수 있습니다.

저는 티베트 문제에 대한 평화적이고 쌍방이 받아들일 수 있는 해결책을 찾기 위해 일관되게 노력해 왔습니다. 저의 접근방식은 중화인민공화국이라는 테두리 내에서 티베트가 진정한 자치를 누리는 것을 상정합니다. 이 같은 상호 호혜적인 해결 방법은 두 개의 우선 과제인 중국의 안정과 단결에 기여할 뿐만 아니라, 티베트인이 자신들의 고유 문명을 보존할 기본적 권리 그리고 티베트고원의 미묘한 자연환경을 보호할 수 있는 기본적 권리를 보장합니다.

지난 수년 동안 중국 정부가 저의 제안에 어떤 명확한 답변도 주지 않아, 저는 국제사회 구성원들에게 호소할 수밖에 없게 되었습니다. 티베트 정책을 수정하도록 중국을 설득할 수 있는 것은 국제적 노력의 증가와 결집 이외에 없다는 것이 이제 분명해졌습니다. 중국 측은 바로 부정적 반응밖에 보여주지 않았지만, 저는 티베트 문제의 평화적 해결에 도움이 되는 환경을 만들기 위해서는 국제사회의 관심과 지지의 표명이 필수적이라고 확신하고 있습니다. 저로서는 대화의 과정에 계속 전념하고 있습니다. 저는 티베트의 현실을 정직하고 투명하게 바라볼 의지와 대화야말로 우리를 실행이 가능한 해결책으로 이끌어 줄 것이라 굳게 확신합니다.

이 자리를 빌려서 수많은 개인, 각국 정부와 의원, 비정부조직과 다양한 종교계 여러분들의 지원에 감사를 드립니다. 높은 식견을 갖춘 중국 형제자매들의 수가 증가하고 그들이 우리의 대의에 동정과 지지를 보낸다는 사실은, 우리 티베트인에게 특별한 의미와 큰 격려가 되고 있습니다. 저는 또 오늘 이 기념일을 환영해 주시는 전 세계의 지지자 모든 분에게 인사드리며 깊은 감사의 뜻을 전하고 싶습니다.

무엇보다 지난 40년의 망명 기간 동안 인도 정부와 국민 모두의 비할 데 없는 관대함과 지원에 대해, 티베트인을 대표하여 감사의 뜻을 표하고 싶습니다.

우리의 자유를 위해 목숨 바친 용감한 티베트의 남녀들에게 경의를 표하며, 티베트 동포의 고통이 한시라도 빨리 종식되기를 기도합니다.

68. 중국은 변하고 있다

- 티베트민족봉기 42주년 기념일의 성명, 다람살라, 2001년 3월 10일 -

티베트는 50년 전 중국에 점령당했습니다. 1959년 수천 명의 티베트인이 망명 생활을 시작한 지도 40년 이상의 세월이 흘렀습니다. 그날 이래, 3세대에 걸쳐 티베트인은 티베트 역사상 가장 어두운 시기를 살면서, 혹독한 고난과 고통을 겪었습니다. 하지만 티베트 문제는 지금도 생생히 살아 있습니다. 중국 정부가 인정하든 않든 세계인들은 티베트 자치 구역만 아니라 다른 티베트 지역에서도 심각한 문제가 있음을 잘 알고 있습니다. 1962년 베이징 당국에 고 빤첸 라마가 전달한 '7만어 탄원서'는 티베트 본토의 상황이 얼마나 끔찍한지를 분명히 보여주었습니다. 그 후 어떤 부분에서 개선된 측면도 있지만, 사태의 심각함은 별로 달라지지 않았습니다. 티베트 문제는 중국에게 지속적으로 국제적인 망신을 당하게 할 뿐만 아니라, 중화인민공화국의 안정과 단결을 해치고 방해합니다.

중국 정부는 티베트의 비극적 상황을 프로파간다에 의해 계속해서 은폐합니다. 만약 티베트 본토의 상황이 중국 당국의 말대로라면, 왜 관광객을 아무 제한도 없이 티베트로 입국시킬 용기가 없는 것입니까? '국가기밀'이라고 말하며 사실을 숨기는 대신 그들은 왜 외부 세계에 진실을 보여줄 용기가 없는 것입니까? 그리고 티베트에는 왜 저렇게 많은 치안 부대와 형무소가 있습니까? 제가 항상 말해왔듯이 만약 티베트 본토의 대다수 티베트인이 티베트의 정세에 정말로 만족한다면, 제가 티베트 상황을 비판하기 위해 목소리를 높일 이유도, 정당성도 열망도 없을 것입니다. 안타깝게도, 티베트인이 목소리를 높일 때마다 그것을 들어주기보다는 체포하여 투옥하고, 반혁명분자라고 낙인찍습니다. 티베트인에게는 진실을 이야기할 수 있는 기회도 자유도 주어지지 않습니다.

만약 티베트인이 정말 행복하다면 중국 당국은 티베트에서 국민투표를 하는 데 전혀 어려움이 없을 것입니다. 이미 일부 티베트 비정부조직들은 티베트 본토에서 일반투표를 실시할 것을 주장하고 있습니다. 그들은 '이 모든 문제를 완전히 종식시키기 위해서는 티베트 본토의 티베트인이 자유로운 국민투표를 거쳐 스스로의 운명을 선택하도록 허용하는 것이 최선'이라고 주장합니다. 그들은 티베트인이 자유롭게 말하도록 하고, 스스로 결정하도록 하라고 요구합니다. 저는 언제나 '티베트의 미래는 최종적으로 티베트인이 결정할 수 있어야 한다.'고 주장해 왔습니다. 실제로 저는 그런 국민투표의 결과를 전적으로 지지할 것입니다.

티베트의 투쟁은 저의 개인적인 지위나 안녕에 관한 것이 아니라, 600만 명 티베트인의 자유, 기본적 인권, 문화의 유지와 티베트의 자연환경보호에 관한 것입니다. 저는 1969년부터 300년이 넘은 달라이 라마 제도의 존속 여부를 결정하는 것은 티베트인에 달려 있다고 확언해 왔습니다. 더 최근에, 저는 티베트의 미래 정치체제에 관한 1992년의 정식 정책 발표에서, 우리가 어느 정도의 자유를 가지고 티베트로 돌아간다면, 저 자신은 티베트 정부에서 어떠한 직위도 갖지 않을 것이라고 분명히 말했습니다. 저는 항상 장래의 티베트는 세속적이고 민주적인 통치체제를 따라야 한다고 믿어 왔습니다. 저는 망명 중이든 티베트에 있든 티베트의 과거 사회질서를 회복하고 싶어 하는 티베트인은 없을 것이라고 확신합니다.

저는, 티베트에 사회변화가 필요하다는 것을 항상 인식하고 있었고, 몹시 어려운 정치 상황에서도 티베트에 있는 동안 개혁에 착수했습니다. 망명 이후로 저는 망명 티베트인에게 민주적 방식을 따르라고 격려해 왔습니다. 오늘날 티베트 난민은 입법, 사법, 행정이라는 민주주의의 세 기둥을 확립한 몇 안 되는 난민사회의 하나가 되었습니다. 올해 민주개혁을 더 추진시켜서 망명 티베트 내각의 의장, 즉

584

총리를[6] 직접 선거로 선출할 것입니다. 저는 선거로 선출된 총리와 망명 티베트 의회에 망명 사회의 일상적 운영 책임을 이양할 것입니다. 그러나 금후에도 중국 지도부와 함께 티베트 문제를 계속 논의하는 것, 그리고 티베트 문제가 해결될 때까지 티베트 국민의 자유로운 대변자 역할을 하는 것은 600만 티베트인에 대한 저의 도덕적 의무라고 생각합니다. 저에 대한 티베트인의 커다란 신뢰는 저의 책임감을 강하게 합니다.

티베트(bod)와 중국(gya)의 역사적 관계는 조금만 보아도 베이징이 지지하는 단순한 공식 버전보다 훨씬 복잡합니다. 티베트는 2,000년 이상 별개의 독립된 존재로 있었습니다. 이는 부정할 수 없는 사실입니다. 역사는 역사이고 누구도 과거를 바꿀 수 없으며 사실을 받아들일 수밖에 없습니다. 저는 티베트의 역사적 위상은 사학자나 법률전문가들에게 맡겨 정하도록 하는 것이 최선이라고 생각합니다. 과거의 역사와 관계없이 저는 미래를 보고 있습니다.

마오쩌둥, 저우언라이에서 덩샤오핑, 후야오방에 이르기까지 중화인민공화국의 역대 지도자들은 티베트의 상황이 '독특한 성질'과 '특별

---

6 달라이 라마 성하의 뜻을 받아서, 2001년 9월 내각의 최상급 관료인 칼론 티빠(총리, 일어로는 수석대신)의 직접 선거가 실시되었다. 그때까지 내각은 대의원에 의한 호선이었지만, 총리가 스스로 내각을 지명할 수 있게 되었다. 정치적 지도자를 인민이 스스로 선택한 것은, 티베트의 긴 역사 중에서도 처음 있는 일이다. 칼론 티빠의 직접 선거가 실현되었으므로, 달라이 라마의 간덴 포당 기구가 종교와 정치의 양면을 통합한 시대는 끝을 맞이했다. 이후, 성하는 정치적 최고 지도자로서의 역할을 "반은 은퇴한" 것이라고 표현하고 있다. 『ダライ・ラマ 聲明 1961-2011』, p.222 참조. (역주)

한 사례'임을 거듭해서 인정해 왔습니다. 일국양제一國兩制라는[7] 독창
적인 정신과 발상을 구현한 1951년 티베트인과 중국인 사이의 17개조
협정은 그것을 훌륭하게 증명합니다. 중화인민공화국의 다른 어떤
성이나 지역도 중국 정부와 이런 협정을 맺지는 않았습니다. 중국
정부는 티베트의 '독자성'을 존중하겠다고 약속했습니다. 유감스럽게
도 이러한 약속에도 불구하고, 그 지배의 대부분에 있어서 중국의
티베트에 대한 억압 정책은 심각한 불안, 불신, 의혹, 오만에 이끌려,
그리고 티베트 독자의 문화, 역사, 정체성에 대한 놀랄 만한 몰이해,
무평가, 존중 없는 태도에 이끌려 잘못된 방향으로 나아갔습니다.
오늘날 티베트에 대해 실제로 '독특한' 점은, 중국 본토에서는 오래전
부터 영향력이 줄어든 극좌파 요소에 의해 실시되는 정책이 지금도
활발하게 시행되는 지역, 가장 가난하고 가장 억압받는 지역이라는
것입니다.

　저는 비폭력과 화해 및 협력의 정신을 확고히 믿는 사람으로서,
처음부터 유혈을 막고 평화적 해결에 도달하기 위해 꾸준히 노력해
왔습니다. 오랜 역사와 풍부한 문화를 가진 중국과 중국 국민에 대해서
도 존경의 마음을 가지고 있습니다. 따라서 저는 용기, 비전, 지혜가
있다면, 상호 이익이 되는 관계를, 존경과 우정에 기반을 둔 티베트와
중국 간 관계를 수립할 수 있다고 믿습니다. 결과적으로, 티베트의
자유를 추구하는 투쟁에 대한 제 입장은 티베트인을 위한 진정한
자치를 추구하는 것이었습니다. 저에 대한 비난이 높아지고 티베트

---

7 고이케의 『ダライ・ラマ 聲明 1961-2011』, p.218 참조해서 'one country and
　two systems' 구절을 이렇게 번역했다. (역주)

정세의 악화에도 불구하고 저는 여전히 중도 어프로치를 견지하고 있습니다. 이 어프로치에 따른 티베트 문제의 해결이 티베트인을 만족시키면서도 중화인민공화국의 안정과 단결에 크게 기여할 것이라고 확신하고 있습니다. 과거 20년 이상에 걸친 중국 정부와의 접촉은 많은 우여곡절을 겪었으며 때로는 고무적이었고 때로는 실망을 안겨주었습니다.

지난 7월, 저의 형 걀로 퇸둡(Gyalo Thondup)은 다시 한번 베이징을 개인적으로 방문하고 통일전선공작부(United Front Department)의 메시지를 가지고 돌아왔는데, 그 내용은 북경지도부와 저의 관계에 대하여 잘 알려진 입장의 반복이었습니다. 같은 해 9월 우리는 뉴델리 중국대사관을 통해, 베이징에 대표단을 파견해서 티베트 문제에 대한 제 생각을 상세히 기록한 각서를 전달하고, 각서에 열거된 요점을 설명하고, 우리가 협의하고 싶다는 의사를 전달했습니다. 이런 경과가 티베트 문제의 현실적인 돌파구로 이어지기를 진심으로 바랐습니다. 저는, 우리가 대면 회동을 통해 오해를 풀고 불신을 극복하는데 성공할 수 있을 것이라고 중국 지도부에 설명했습니다. 일단 이것이 실현되면 쌍방이 수용할 수 있는 해결책을 큰 어려움 없이 찾을 수 있을 것이라는 저의 강한 신념을 표했습니다. 지금까지 중국 정부는 저의 특사 수락을 거부하고 있습니다. 지난 1979년부터 1985년 사이에 6회에 걸쳐 망명 정부의 특사를 수락했습니다. 그런데도 지금 그들은 티베트 특사의 수락을 늦추고 있습니다. 이는 중국 정부 측의 강경한 태도를, 그리고 티베트 문제의 해결을 위한 정치적 의지의 결여를 명확하게 보여줍니다.

중국 지도부가 취하고 있는 현재의 강경책은 비폭력에 의한 자유와 평화의 추구에 있어서 우리를 막지 못할 것입니다. 그런 시련의 상황에서 그리고 아주 중요한 상황에서 인내심, 용기, 결의는 우리 티베트인에게 필수적입니다. 저는 가까운 장래에 티베트 문제를 진지하게 논의하고, 현실을 직시할 수 있는 기회가 있을 것이라고 굳게 믿고 있습니다. 중국에도 우리에게도 다른 선택지가 없기 때문입니다.

티베트 본토의 상황을 보면, 점점 더 억압이 심해지고, 환경이 파괴되고, 중국인이 티베트 지역으로 대량 이주함에 따라 티베트의 정체성과 문화가 위험 수준까지 훼손되고 있어서 거의 절망적으로 보입니다. 하지만 티베트 문제는 중국 내에서 벌어지고 있는 일과 밀접한 관련이 있습니다. 그리고 중국이 아무리 강력하더라도 여전히 세계의 일부입니다. 오늘날의 세계 추세는 더 많은 접근성, 개방성, 자유, 민주주의와 인권 존중의 방향으로 나가고 있습니다. 사실 중국도 이미 변화의 과정에 있습니다. 장기적으로 보면 중국도 진실과 정의, 자유를 피할 길은 없습니다. 가장 든든한 것은 지식인과 선견지명이 있는 사상가를 비롯해서 넓은 식견이 있는 중국인이 증가하고 있고, 이들이 티베트에 대한 염려만이 아니라 티베트 대의에 연대를 표하고 있다는 점입니다.

앞서 지적한 대로, 티베트 내의 심각한 상황이 지금도 지속되고 있고, 또 중국 당국이 티베트 문제를 토의하는 것을 거부하고 있으므로, 제가 제창한 중도 어프로치를 비판하는 목소리가 높아지고 있습니다. 저는 항상 다른 정치적 의견을 가질 권리를 환영해 왔습니다. 티베트 독립이라는 목표를 굳건히 지키는 사람들도 있습니다. 제 입장이 우리 국민 사이에 분열과 혼란을 일으키고 있다는 비판도 나옵니다. 중국이 제 중도 어프로치에 건설적으로 대응하고 싶어 하지 않아서, 비판이 증가하는 것을 이해할 수 있습니다. 게다가 티베트인의 압도적 다수는 독립이 그들의 역사적이고 정당한 권리라는 점에 대해 마음에서 조금도 의심하지 않습니다. 저는 자유를 구하는 투쟁의 수단으로서 폭력을 사용하는 것은 단호히 배격합니다. 하지만 동시에 티베트인 각자가 모든 정치적 선택지에 대해서 논의하고 모색하는 권리를 존중합니다.

이런 자리를 빌려서 세계의 수많은 개개인 여러분, 정부, 국회의원, 비정부조직, 다양한 종교단체의 지원에 대해 감사를 드립니다. 또 우리의 정당한 대의를 지지해 주는 편견 없는 많은 중국인에게 감사의 뜻을 표명하고 싶습니다. 무엇보다 지난 40년 동안 베풀어 주신, 타의 추종을 불허하는 관용과 지원에 대해 인도 정부와 국민에게 티베트인을 대표해서 감사의 마음을 전하고 싶습니다.

마지막으로, 티베트의 자유를 위해 목숨을 바친 용감한 티베트인 남녀에게, 그리고 지금도 희생하고 있는 티베트 본토에 계신 분들에게 경의를 표하고, 우리 민족의 고난이 하루라도 빨리 종식되기를 기도합니다. 또 이 자리를 빌려서 중국의 자유와 민주주의를 위해 엄청난 희생을 치렀던 우리의 용감한 중국인 형제자매들에게도 경의를 표합니다.

69. 타협과 화해의 정신으로 하는 대화

- 티베트민족봉기 43주년 기념일의 성명, 다람살라, 2002년 3월 10일 -

오늘 우리는 티베트민족봉기 43주년을 기념합니다. 하지만 저는 항상 과거보다 현재와 미래를 더 중요하게 생각해 왔습니다.

지금 세계는 9·11테러 사건의 결과로서 테러 문제를 크게 우려하고 있습니다. 세계 대다수 국가의 정부들은 긴급하게 테러 대책에 공동으로 대처하는 일에 동의하고, 일련의 조처가 취해졌습니다. 안타깝게도, 현재의 조치에는 테러의 근본적인 원인을 해결하기 위한 장기적이고 포괄적인 접근법이 빠져 있습니다. 필요한 것은 비폭력과 대화의 정치 문화를 전 세계적으로 촉진하기 위한 신중하고 장기적인 전략입니다. 국제사회에는 평화적 변화에 헌신하는 비폭력 운동에 강력하고 효과적인 지원을 해야 할 책임이 있습니다. 그렇지 않으면 분노와 절망으로 궐기한 사람들을 비난하고 맞서 싸우면서도, 폭력에 대한 건설적인 대안으로 자제와 대화를 일관되게 추구해 온 사람들을 계속 무시하는 것은 위선으로 보일 것입니다.

우리는 우리의 경험에서 교훈을 얻어야 합니다. 지난 20세기를 돌아보면 사람들을 가장 참담하게 만드는 고통의 원인은, 차이와 갈등을 폭력으로 해결하려는 폭력의 문화였습니다. 그러므로 우리 앞에 놓인 도전은 이 새로운 21세기를, 비폭력으로 갈등을 해결하는 대화의 세기로 만드는 것입니다.

인간사회에는 항상 다양한 의견과 이해利害의 차이가 있을 것입니다. 하지만 오늘날의 현실은 우리 모두가 상호 의존하고 있으며 이 작은 행성에서 서로 공존해야 한다는 것입니다. 그 결과 오늘날 개인, 사회, 국가 간에 존재하는 차이 그리고 이해의 충돌을 해결할 수 있는 유일하게 합리적이고 지적인 방법은 타협과 화해의 정신으로 하는 대화에 있습니다. 우리는 이러한 비폭력의 정신을 연구, 개발, 교육해야 하고, 이러한 노력에 군사 방어를 위해 하는 것만큼 많은 자원을 투자해야 합니다.

현재 경직된 정치적 기류 속에서, 티베트 본토의 중국 당국은 지난 1년 동안 티베트 본토 티베트인에게 종교적 박해를 포함한 대규모 인권 유린을 자행했습니다. 이로 인해 목숨을 걸고 티베트를 탈출해서 다른 곳으로 피신하는 티베트인이 늘어나고 있습니다. 지난여름 티베트 동부의 쎄르타르(Serthar)에 있는 티베트 불교 학술 기관으로부터 수천 명의 티베트 및 중국 비구와 비구니가 추방된 사건은 티베트 탄압의 격렬함과 규모를 잘 보여줍니다. 이러한 인권 유린은 티베트인이 어떻게 자신들의 정체성과 문화를 주장하고 보존할 권리를 박탈당했는지 명백하게 보여줍니다.

저는 티베트 내의 많은 인권 유린이 의심과 신뢰의 부족, 그리고 티베트 문화와 종교에 대한 진정한 이해가 결여된 결과라고 생각합니다. 전에도 여러 번 말했지만 중국 지도부가 티베트 불교문화와 문명을 보다 더 잘, 심도 있게 이해하고 제대로 평가하는 것은 매우 중요합니다. 저는 '사실에서 진실을 구하라'는 덩샤오핑의 현명한 발언을 전적으로 지지합니다. 따라서 우리 티베트인은 중국의 티베트 통치가 티베트인에게 가져다준 진보와 개선사항을 받아들이고 이를 인정해야 합니다. 동시에 중국 당국은 티베트인이 지난 50년 동안 엄청난 고통과 파괴를 겪어야 했다는 것을 이해해야 합니다. 고 빤첸 라마는 1989년 1월 24일 시가쩨에서 열린 그의 마지막 연설에서 티베트에 대한 중국의 통치는 티베트인에게 이익보다 더 많은 파괴를 가져다주었다고 말했습니다.

티베트의 불교문화는 티베트인에게 자비·용서·인내라는 가치와 개념을 고취하고, 일상생활에서 실질적인 이익과 연관성이 있는 모든 생명에 대한 존경과 그 생명을 보존하고자 하는 소망을 고취합니다. 슬프게도, 우리의 불교문화와 생활방식은 완전히 절멸당할 위기에 처해 있습니다. 티베트에 대한 중국 '개발' 계획의 대부분은 티베트를 중국 사회와 문화에 완전히 동화시키고, 중국인을 대규모로 티베트로 이주시킴으로써 티베트의 인구를 압도하기 위해 고안되었습니다. 안타깝게도 이는 중화인민공화국의 다른 곳에서 중국 정부와 당이 시행하고 있는 엄청난 변화에도 불구하고, 티베트 본토 내의 중국 정책들은 중국 정부의 '극좌세력'에 의해 계속 지배되고 있다는 것을 보여줍니다. 이 정책은 중국과 같은 자랑스러운 국가와 문화에 어울리지 않으며 21세기 정신에 어긋납니다.

오늘날 전 세계적인 추세는 더 큰 개방성, 자유, 민주주의, 인권 존중을 지향하고 있습니다. 중국이 아무리 크고 강력해도 여전히 세계의 일부입니다. 조만간 중국은 세계의 추세를 따라가야 할 것입니다. 중국에서 이미 일어나고 있는 변화의 과정이 앞으로 몇 달, 몇 년 동안 가속화될 것입니다. 불교 승려로서 저는 세계 인구 중 거의 4분의 1이 사는 중국이 이런 변화를 평화롭게 겪어가기를 바랍니다.

혼란과 불안정은 대규모의 유혈사태, 그리고 수백만 명의 사람들에게 엄청난 고통을 초래할 뿐입니다. 이러한 상황은 전 세계의 평화와 안정에도 심각한 영향을 미칠 것입니다. 그리고 우리의 중국인 형제자매가 자유와 민주주의, 번영과 평화를 누리는 것이 한 사람의 인간으로서 저의 진심 어린 소망입니다. 중국의 금후 변화가 티베트에 새로운 생명과 새로운 희망을 줄 것인지, 중국이 국제사회에서 신뢰할 수 있고 건설적이며 평화로운 지도자의 일원이 될 수 있을지는 주로 중국이 계속해서 크기, 수, 군사력과 경제력을 통해 스스로를 규정할 것인지, 아니면 보편적인 인간의 가치와 원칙에 전념하고 그것들을 통해 자신의 힘과 위대함을 규정하기로 할 것인지에 달려 있습니다. 결국 중국의 이번 결정은 국제사회의 대중국 태도 및 정책으로부터 큰 영향을 받을 것입니다. 저는 항상 중국을 세계 민주주의의 주류로 끌어들일 필요성에 주목해 왔으며, 중국을 고립시키고 봉쇄하려는 어떠한 아이디어도 반대해 왔습니다. 그러한 시도는 도덕적으로 옳지 않고 정치적으로 비현실적입니다. 대신, 저는 책임 있고 원칙에 입각한 관계를 중국 정부와 갖는 정책을 항상 권해 왔습니다.

중국 지도부가 협상을 통해 티베트 문제를 해결할 수 있는 용기와 지혜, 비전을 찾기를 저는 진심으로 바라고 있습니다. 협상에 의한 해결은 중국이 새 시대로 향하여 무리 없이 전환할 수 있게 하는 정치적 환경을 조성하는 데 도움이 될 뿐만 아니라 전 세계적으로 중국의 위상을 크게 높일 것입니다. 이는 대만 국민에게도 긍정적인 영향을 강하게 줄 것이고, 진정한 신뢰와 자신감을 불어넣어 중국과 인도 관계의 개선에도 크게 도움이 될 것입니다. 변화의 시기는 좋은 기회이기도 합니다. 중국이나 우리에게 다른 선택지가 없기 때문에 언젠가는 대화와 평화를 향한 노력이 있을 것이라고 저는 진심으로 믿습니다. 티베트의 현 상황은 티베트인의 불만을 완화하지도 않고, 중화인민공화국에 안정과 단결을 가져다주지도 않습니다. 조만간 베이징의 중국 지도부는 이 사실에 직면해야 할 것입니다. 우리 측에서는 대화를 통한 해결에 전념하고 있습니다. 베이징에서 긍정적인 신호가 오는 즉시, 제가 지명한 대표자들은 언제 어디에서라도 중국 정부 당국자들과 만날 준비가 되어 있습니다.

이를 위해서는 티베트인이 티베트 내의 문제를 다루고, 그들의 사회적, 경제적, 문화적 발전을 자유롭게 결정할 수 있어야 합니다. 우리 망명 티베트인은 티베트 정치체제의 민주화를 계속하고 있습니다. 작년 3월, 저는 티베트 대표자의회의 선출 의원들에게 망명 티베트인이 차기 칼론 티빠를 직접 선출해야 한다고 알렸습니다. 그 결과 작년 8월 티베트 역사상 처음으로 망명 티베트인은 총 투표수의 84%가 넘는 큰 차이로 삼동 린뽀체(Samdhong Rinpoche)를 새로운 칼론 티빠로 직접 선출했습니다. 이것은 망명 티베트 사회에서 민주주의의 지속적인 성장과 성숙을 위한 큰 발걸음입니다. 앞으로는 티베트 본토에서도 선거에 의한 민주 정부를 가질 수 있기를 바랍니다.

이 자리를 빌려서 우리의 비폭력적 자유 투쟁을 계속 지지해 주신 세계의 수많은 개인에게, 그리고 정부, 국회, 비정부조직의 모든 분에게 감사의 말씀을 전합니다. 대학, 학교, 종교단체 및 사회단체, 예술 및 실업계의 모든 분을 비롯해서, 다양한 계층의 사람들도 티베트의 문제를 이해하게 되었고, 우리의 대의에 대한 연대를 표명하고 있는 것을 보면 무엇보다도 고무적입니다.

마찬가지로, 우리는 동료 중국 불교도들과 해외와 대만에 거주하는 일반 중국인과 우호적이고 친근한 관계를 맺을 수 있었습니다. 점점 더 많은 중국인 지식층 형제자매들이 우리의 대의에 대해 보여준 동정심과 지원은 우리 티베트인에게 특별한 의미가 있으며 큰 격려가 됩니다. 저는 이 기회를 빌려 중국의 자유와 민주주의를 위해 큰 희생을 치른 많은 중국인 형제자매들에게 경의를 표하고 그들을 위해 기도합니다. 무엇보다도, 저는 인도 국민과 인도 정부의 비길 데 없는 관대함과 지원에 대해 티베트인을 대표해서 감사의 뜻을 표명하고 싶습니다. 티베트에 대한 국제적인 지원이 높아지는 것은 인간의 고통에 대한 인간의 타고난 공감과 연대, 그리고 진리와 정의에 대한 보편적인 존중을 반영합니다. 저는 세계 각국의 정부와 의회, 그리고 친구들에게 새로운 헌신과 열정을 가지고 지원과 노력을 지속해 줄 것을 호소합니다.

마지막으로, 티베트의 자유를 위해 목숨을 바친 용감한 남녀 티베트인에게, 지금도 목숨을 바치고 있는 티베트 본토의 용감한 남녀에게 경의를 표하고, 우리 민족의 고난이 조속히 종식되기를 기도합니다.

70. 무자비한 탄압 정책

- 티베트민족봉기 44주년 기념일의 성명, 다람살라, 2003년 3월 10일 -

1959년 티베트민족봉기 44주년을 맞이하면서, 티베트 본토의 동포 그리고 망명 중의 동포 그리고 전 세계의 친구 및 지지자 여러분 모두에게 진심으로 인사드립니다. 티베트의 전반적인 문제에 대해서 는 긍정적인 진전이 있었지만, (중국인의 유입이 계속되고 있어서) 우리는 티베트인이 그들 자신의 나라에서 계속해서 소외당하는 일에 대해, 그리고 작년 티베트인의 인권과 종교의 자유에 대한 중국의 조치에 대해 여전히 우려를 표하는 바입니다.

제16차 중국공산당대회는 지도자를 제3세대에서 제4세대로 순조 롭게 이양하며 신 시대의 막을 열었습니다. 이것은 정치적 성숙과 적응력의 표시입니다. 이 개혁은 덩샤오핑에 의해 시작되었고 장쩌민 주석이 이어갔는데, 특히 경제와 무역의 분야에서, 국제 관계의 행위 에서 중국에 큰 변화를 가져왔습니다. 저는 이런 전개를 환영하고 있습니다. 왜냐하면 저는 항상 중국 정부를 세계 공동체의 주류로 끌어들일 필요성에 주목해 왔으며, 중국을 고립시키고 봉쇄하려는 어떠한 생각에도 반대해 왔기 때문입니다. 하지만 유감스럽게도 이러 한 긍정적인 측면과는 대조적으로, 시민의 기본적인 인권과 정치적 권리와 자유를 지키는 데 있어 실용적이고 유연한 방식은 특히 중화인 민공화국 내의 소위 소수 민족에 대해서는 부족했습니다.

지난 한 해 동안 몇몇 티베트인 양심수와 중국인 양심수들이 석방된 것은 우리에게 용기를 주었습니다. 그중에서도 중국 정부의 티베트 정책 특히 티베트 역사에 대해 그들의 견해를 과감하게 표현했다는 이유만으로, 오랫동안 투옥되었던 딱나 직메 상뽀(Takna Jigme Sang-po)와[8] 니승 아왕 쌍돌(Ani Ngawang Sangdrol)[9]과 같은 티베트인은 티베트 본토에 있는 동포의 용기와 결의를 대변하고 있습니다.

중국 정부가 제 특사들의 베이징 방문을 받아들여 중국 지도부와 직접 회견하게 하고, 그 특사들에게 티베트를 방문하여 주요 티베트 지역 관리들과 직접 교류할 수 있는 기회를 준 데 대해 저는 기뻤습니다. 저의 특사들이 작년 9월 베이징을 방문한 것은 티베트 문제에 대한 우리 측의 견해를 중국 지도부에 설명할 수 있는 좋은 기회가 되었습니다. 우호적이면서 의미 있는 의견 교환이 가능했다는 점에 대해 저는 용기를 얻었습니다.

저는 특사들에게 베이징 지도부와의 대화 노선을 추진하는 데 전력을 다하고, 모든 기회를 이용해서 우리의 견해와 입장에 대해 베이징이 가진 기존의 오해와 착각을 없애라고 지시했습니다. 바로 이것이 이견을 해결하고 이해를 확립하기 위한 유일하게 합리적이고 지적이며 인간적인 방법입니다. 이것은 쉽지 않은 일이며 단기간 내에 이루어질 수도 없습니다. 하지만 이것은 티베트인과 중국인

8 티베트의 최장 복역 정치수. 교사. 1960년 이래, 거듭 체포되고, 2002년 3월 76세에 가석방될 때까지 합해서 40년 가까이 복역했다. 『ダライ・ラマ 聲明 1961-2011』, 고이케 미와 역, p.235 참조. (역주)
9 13세경 처음 체포되고, 15세에 다시 체포. 그 이후 12년간 복역하고, 2002년 3월 석방됨. 같은 책, p.235 참조. (역주)

사이에 수십 년에 걸친 응어리, 불신, 원한을 뒤로 하고 평등, 우정, 상호 이익을 바탕으로 새로운 관계를 형성할 수 있는 특별하고 결정적인 기회를 제공합니다.

역대 중국 지도자들은 티베트의 고유문화, 역사, 정체성을 인정하고, 이해와 관용을 가지고 이것들을 존중할 것을 약속했습니다. 실제로는 티베트인이 티베트 자국민에 대한 충절과 관심을 보일 때마다, 중국 당국은 그들의 통상적인 '용서 없는 탄압 정책'에 의존하고, 그 결과 '분열주의자'라는 딱지를 붙여서 체포하고 수감합니다. 그들은 진실을 말할 기회가 없습니다. 최근 롭상 된둡이 처형된 것과 텐진 데렉 뚤꾸(Tulku Tenzin Delek)에게 정당한 법 절차 없이 사형이 선고된 것은 이런 정책의 전형적 사례입니다. 이를 통해서는 문제를 해결할 수 없으며 달라져야 합니다.

중국 지도부가 대화를 통해 티베트 문제를 해결하기 위한 새로운 탈출구를 열어주는 용기와 비전, 지혜를 찾기를 진심으로 바랍니다. 전 세계를 둘러보면, 방치된 민족분쟁들이 거의 해결 불가능한 방향으로 분출되는 것을 금방 알 수 있습니다. 따라서 이러한 문제를 해결하는 것은 중화인민공화국의 이익입니다. 티베트 문제를 해결하기 위한 새로운 창의적인 계획을 실행하면, 이는 중국이 변화하고 성숙하고 있으며, 신뢰할 수 있는 미래지향적인 강대국으로 세계무대에서 더 큰 역할을 맡을 수 있다는 사실을 확실히 알리게 됩니다.

티베트 문제를 건설적으로 해결하려고 노력하는 것은 국내적으로 그리고 국제적으로도 신뢰·신용·개방의 정치 풍토를 조성할 수 있는 중요한 기회를 제공합니다. 국제분쟁, 테러, 인종 갈등에 대한 불안감이 팽배한 이 시대에, 중국 지도부의 새로운 결의 표명은 세계를 감동시키고 안심시키는 데 큰 역할을 할 것입니다.

티베트의 자유 투쟁이 저의 개인적 지위나 안녕에 관한 것이 아니라는 것을 인정할 필요가 있습니다. 1969년부터 저는 수백 년 된 달라이 라마 제도를 존속시킬지를 결정하는 것은 티베트인에게 달려 있음을 분명히 말해 왔습니다. 1992년의 공식 발표에서 저는 티베트로 돌아가 우리가 어느 정도의 자유를 얻게 된다면 티베트 정부의 어떤 직책도 어떤 정치적 입장도 갖지 않을 것이라고 정식으로 말했습니다. 하지만, 종종 언급한 바와 같이, 인간의 가치를 증진하는 데, 그리고 다른 종교 간의 화합을 증진하는 데 저는 마지막 날까지 전념할 것입니다. 저는 또한 (티베트가 자유를 다시 얻게 되면) 망명 티베트 정부는 해산하고, 티베트 정부 운영의 주요 책임은 티베트 본토의 티베트인이 맡아야 한다고 발표했습니다. 저는 항상 미래의 티베트가 세속적, 민주적 통치체제를 따라야 한다고 믿어 왔습니다. 따라서 우리가 티베트의 낡은 사회제도를 부활하려고 노력한다고 주장하는 것은 사실무근입니다. 망명 티베트인이든 티베트 본토의 티베트인이든, 티베트의 낡은 사회질서를 부활하고 싶어 하는 자는 단 한 사람도 없습니다. 오히려 정반대로, 우리는 망명하자마자 망명 티베트 사회의 민주화에 착수했습니다. 우리는 2001년에 우리 정치 지도부의 직접 선거를 실현시키는 데까지 도달했습니다. 우리는 일반 티베트 민중 사이에서 민주적 가치를 더욱 증진시키기 위해 계속해서 적극적으로 활동할 것을 약속합니다.

1970년대 초부터 저는 티베트 간부 관료들과 협의하여 티베트 문제를 해결하는 방법으로서 중도 어프로치를 채용하기로 했습니다. 이 틀은 티베트의 독립과 분리를 요구하지 않습니다. 그것은 동시에 스스로를 티베트인이라고 여기는 600만 명의 남녀에게 진정한 자치를 제공하여, 티베트인으로서 고유의 정체성을 지키고, 21세기에도 유익한 수백 년의 불교 철학을 바탕으로 한 종교적·문화적 유산을 증진시키고, 티베트고원의 취약한 자연환경을 보호할 수 있게 합니다. 이 어프로치는 중화인민공화국의 전반적인 안정과 단결에 도움이 될 것입니다. 저는 이러한 현실적이고 실용적인 중도 어프로치에 전념하며, 쌍방이 수용할 수 있는 해결을 향해 모든 노력을 다 기울일 것입니다.

우리는 모두 상호의존적이며 이 작은 행성에서 공존해야 한다는 것이 오늘날의 현실입니다. 따라서 개인 간이든, 민족 간이든, 국가 간이든 의견의 차이를 해결할 수 있는 유일하게 현명하고 지적인 방법은 비폭력과 대화라는 정치 문화를 이용하는 것밖에 없습니다. 우리의 투쟁은 진실, 정의, 비폭력에 바탕을 두고 있고, 결코 반중反中이 아닙니다. 그 때문에 다행스럽게도 중국인을 포함한 전 세계적인 사람들의 동정심과 지원을 점점 더 받을 수 있었습니다. 이러한 한결같은 연대에 감사를 표합니다. 또 티베트인을 대표해서 인도 국민과 정부의 변함없고 비길 데 없는 관대함과 지원에 대해 무한한 감사를 다시 한번 전합니다.

티베트의 자유를 위해 목숨을 바친 용감한 티베트 남녀들에게 경의를 표하며, 우리 민족의 고난이 조속히 종식되기를 기도드립니다.

71. 티베트 문제는 중국에게 도전과 기회다

- 티베트민족봉기 45주년 기념일의 성명, 다람살라, 2004년 3월 10일 -

오늘 우리는 1959년 티베트민족봉기 45주년의 기념일을 맞이했습니다. 티베트의 자유를 위해 목숨 바친 많은 티베트의 용감한 남녀들에게 경의를 표합니다. 그들은 항상 기억될 것입니다.

제가 1954년에 마오쩌둥을 비롯한 당시의 중국 지도자들을 만나기 위해 베이징을 방문한 지 50년이 됩니다. 티베트의 미래에 대해 깊이 고민하며 여행을 떠났던 기억이 생생합니다. 제가 만났던 모든 중국 지도자들은 티베트에 중국이 있는 것은 티베트인의 복지를 위해 일하고 티베트의 '발전을 돕기 위해서'라고 말해 저를 안심시켰습니다. 체재 중 저는 중국의 국제주의와 사회주의에 대해서 배웠고, 이것이 저에게 깊은 감명을 주었습니다. 그래서 저는 평화롭고 상호 호혜적인 공존이 이루어질 수 있겠다는 낙관론과 확신을 지닌 채 티베트로 돌아왔습니다. 안타깝게도, 제가 돌아온 직후 중국은 급진적인 정치 운동이 촉발한 정치적 불안에 휩싸였습니다. 이러한 전개는 중국의 티베트 정책에도 영향을 미쳤고, 더 많은 억압과 강경노선을 초래하여 결국 1959년 3월 티베트민족봉기로 이어졌습니다.

저는 올해 중국 정부와의 관계에 있어서 중대한 돌파구가 마련되기를 바랍니다. 1954년 당시처럼 오늘도 저는 중국의 우려를 해결하면서도 티베트인이 자유, 평화, 존엄의 삶을 살 수 있도록 상호 호혜적인 해결책을 찾기 위해 모든 수단을 강구할 것입니다. 이별한 지 수십 년이 지났지만, 티베트인은 저에게 크나큰 믿음과 희망을 품고 있습니다. 저는 그들을 위해 자유롭게 발언할 수 있는 대변자 역할을 해야 할 막중한 책임감을 느끼고 있습니다. 그런 점에서 후진타오 주석이 티베트의 상황과 문제에 대해 개인적인 지식을 가지고 있다는 것은 티베트 문제를 해결하는 데 긍정적인 요인이 될 수 있습니다. 그러므로 저는 티베트 문제에 대해 상호 수용 가능한 해결책을 확보하기 위해 오늘날의 중화인민공화국 지도자들과 만날 용의가 있습니다.

제 특사들은 2002년 9월과 2003년 5월/6월 두 차례 중국을 방문하고 중국 정부와 직접 접촉했습니다. 이 접촉은 장쩌민 주석 시절 시작된 것인데, 이번 접촉은 긍정적이고 반가운 진전을 보여줍니다. 티베트 문제는 복잡하면서도 티베트인과 중국인 모두에게 매우 중요합니다. 따라서 어떤 결정을 내리기 전에 양측의 신중한 검토와 진지한 숙고가 필요합니다. 이 과정을 성공적으로 마무리 짓기 위해서는 시간, 인내심, 결의가 필요합니다. 다만, 저는 정기적인 대면 회의와 실질적인 논의를 통해 추진력을 유지하고, 이 과정을 강화하고 심화시키는 것이 무엇보다 중요하다고 생각합니다. 그래야만 기존의 불신과 오해를 해소하고 신뢰와 믿음을 키울 수 있습니다.

따라서 저는 제 특사에게 가장 빠른 시일 내에 중국을 방문하여 절차를 계속 진행하라고 지시했습니다. 저는 그들이 곧 방문할 수 있기를 바랍니다. 티베트인은 물론 전 세계의 우리 친구들과 지지자 중 많은 사람들이 중국 정부가 재교섭과 대화의 진정한 프로세스에 참여하려는 의지를 갖고 있는지 극히 회의적이기 때문에, 특사의 방문은 현 과정에 대한 신뢰와 믿음을 쌓는 데 도움이 될 것입니다.

티베트 본토의 현 상황은 티베트인과 중화인민공화국 정부 어느 쪽에게도 득이 되지 않습니다. 중국 정부가 티베트에서 시작한 개발 프로젝트는 티베트인을 위한 것으로 알려져 있습니다. 하지만 티베트인 고유의 문화·종교·언어의 정체성에 부정적인 영향을 미치고 있습니다. 많은 중국인 이주자들이 티베트로 들어오면서 티베트인은 경제적으로 주변화되고 티베트 문화는 중국화되고 있습니다. 티베트인에게는 생활의 질의 개선, 티베트의 청정 환경 회복, 적절한 개발모델을 결정할 자유가 있어야 합니다.

니승 푼쪽 니돌(Phuntsok Nyidrol)의 석방을 환영합니다. 하지만 우리는 그녀에게 내려진 판결이 부당함을 인지하고, 티베트의 모든 정치범이 석방되기를 계속 촉구하고 있습니다. 티베트의 인권 상황은 개선될 조짐이 없습니다. 티베트의 인권 침해는 티베트인이 하나의 민족으로서의 정체성과 고유의 문화를 내세우는 것을 가로막는다는 명확한 특성이 있습니다. 이러한 인권 침해는 인종차별, 문화적 차별, 그리고 종교적 불관용 정책의 결과입니다.

이런 배경에서 전 세계의 여러 개개인, 각국 정부와 의회가 중화인민공화국에 대하여 평화적인 협상을 통해서 티베트 문제를 해결하라고 촉구해 온 것에, 우리는 격려받고 감사하게 생각합니다. 유럽연합(EU)과 미국의 주도로, 티베트 문제는 인권 침해뿐만이 아니라 협상을 통해 해결해야 할 보다 깊은 정치적 성격의 문제라는 인식이 국제사회에서 커지고 있습니다.

저는 또 최근 인도와 중국의 관계 개선에도 고무되었습니다. 특히 저는 아시아의 평화와 안정을 비롯해서 세계 전체의 평화와 안정을 위해서 세계 최다 인구를 가진 인도와 중국 간에 보다 깊은 이해와 보다 좋은 관계가 극히 중요하다고 항상 믿어 왔습니다. 양국의 관계 개선은 티베트 문제의 평화적 해결을 위해 보다 유리한 정치 환경을 조성할 것이라고 생각합니다. 또 인도는 티베트 문제를 평화적으로 해결하는 데 건설적이고 영향력 있는 역할을 할 수 있고, 또 그렇게 해야 한다고 저는 강하게 믿고 있습니다. 저의 중도 어프로치는 중화인 민공화국의 테두리 안에서 티베트 문제를 다루고 있기 때문에 인도가 수용할 만한 티베트 정책일 것입니다. 중도 어프로치를 통해 티베트 문제를 해결하는 것은, 인도가 중국과의 다양한 분쟁을 해결하는 데도 도움을 줄 것입니다.

중화인민공화국이 수립된 지 54년이 되었습니다. 마오쩌둥 시대가 이데올로기에 중점을 두었다면, 덩샤오핑은 주로 경제 발전에 집중했습니다. 덩샤오핑의 후계자 장쩌민은 그의 '3개 대표'론을 내세워 부유한 사람들이 공산당에 입당이 가능하도록 함으로써 당의 지지기반을 넓혔습니다. 최근 후진타오와 그의 동료들은 지도부를 원활히 이양할 수 있었습니다. 지난 수십 년에 걸쳐 중국은 많은 발전을 이룰 수 있었습니다. 하지만 경제 분야를 포함한 다양한 분야에서 결점과 실패도 있었습니다. 결점과 실패의 주요 원인 중 하나는 진실한 실제 상황에 맞추어 대처하지도 행동하지도 못하기 때문인 것 같습니다. 진실과 실제 상황을 알기 위해서는 정보의 자유가 있어야 합니다.

중국은 커다란 변화를 겪고 있습니다. 이러한 변화를 원활하게 그리고 혼돈과 폭력 없이 이루기 위해서는, 더 큰 개방과 더 큰 정보의 자유 그리고 국민의 올바른 인식이 필수적이라고 생각합니다. 우리는 조작 없는 사실에서 진실을 찾아야 합니다. 그렇지 못한다면 중국이 진정한 안정을 얻기는 어렵습니다. 모든 것이 감춰져야 하고 국민은 자신의 진정한 감정을 말할 수 없다면 어떻게 안정이 있을 수 있을까요?

저는 중국이 더 개방적이고 최종적으로 더 민주적으로 되기를 기대합니다. 저는 오랫동안 중국의 변화와 변혁은 큰 격변 없이 순조롭게 이루어져야 한다고 주장해 왔습니다. 이것은 중국인뿐만 아니라 세계 공동체에도 득이 됩니다.

중국이 지역과 세계의 강대국으로 부상하는 데는 중국의 힘에 대한 우려, 의혹, 두려움도 수반합니다. 올림픽과 세계박람회를 유치한다고 해도 이러한 우려를 불식시키는 데 도움이 되지 않을 것입니다. 중국 정부가 특히 소수 민족과 관련해서 시민들의 기본적, 정치적 권리와 자유의 결여를 해결하지 않는 한, 중국은 자신이 평화롭고 책임감 있고 건설적이며 미래지향적인 강대국이라고 전 세계를 안심시키는 데 계속 어려움을 겪을 것입니다.

티베트 문제는 성숙한 중국이 개방·자유·정의·진실이라는 전망과 가치들을 지닌 채 새롭게 부상하는 세계 주역으로서 행동할 수 있음을 보여줄 수 있는 도전이면서 기회입니다. 티베트 문제에 대한 건설적이고 유연한 접근법은 국내·외적으로 신뢰, 확신, 개방의 정치적 분위기를 조성하는 데 큰 도움이 될 것입니다. 티베트 문제의 평화적 해결은 중국이 현대적이고 열린, 자유로운 사회로 전환하고 변화하는 데 광범위하고 긍정적인 영향을 미칠 것입니다. 이제 중국 지도부가 티베트 문제를 완전히 해결하는 데 용기와 선견지명을 가지고 행동할 수 있는 절호의 기회가 왔습니다.

이 자리를 빌려 우리 티베트인을 끊임없이 지지해 주신 전 세계의 모든 분에게 감사를 표하고 싶습니다. 또한 티베트인을 대표하여 인도 국민과 정부의 변함없고 비길 데 없는 관대함과 지원에 큰 감사를 다시 한번 전합니다.

모든 생명의 안녕을 기원합니다.

72. 중도에 대한 책무

— 티베트민족봉기 46주년 기념일의 성명, 다람살라, 2005년 3월 10일 —

티베트민족봉기 46주년을 맞아 티베트 본토의 동포, 망명 중의 동포, 그리고 전 세계 친구들에게 따뜻한 인사를 전합니다.

40년이 넘는 세월 동안 티베트에는 큰 변화가 있었습니다. 사회 기반 시설이 정비되면서 많은 경제적 발전이 있었습니다. 지금 건설 중인 골무드 라싸 철도(Golmud Lhasa, 靑藏鐵路·청장철로)는 좋은 예입니다. 하지만, 같은 기간 동안 자유 언론인들과 여행자들은 의도적으로 보여주는 것이 아닌, 티베트의 실상에 대해 많은 글을 썼습니다. 이들 대부분은 중국 정부가 주장하는 티베트와는 아주 다른 티베트의 모습을 그리며, 티베트의 인권과 종교자유 그리고 자치가 없는 상태에 대해 중국을 분명히 비판하고 있습니다. 티베트 자치구 설치 이래,

실질적인 권한을 쥐고 있는 것은 중국 지도자들인데, 그런 상황은 지금도 과거에도 변화가 없습니다. 티베트인에 대해 말하자면, 그들은 불신과 점점 더 강해지는 제재를 겪고 있습니다. 신뢰에 바탕을 둔 민족 간의 진정한 평등과 화합의 부재, 티베트 본토에 진정한 안정의 부재 등은 티베트의 상황이 좋지 않고 근본적으로 문제가 있음을 명시하고 있습니다.

티베트 본토의 저명하고 존경받는 티베트 지도자들은 이에 대해 수시로 솔직한 의견을 제시했고, 그들의 용기 있는 행동 때문에 고통받았습니다. 1960년대 초, 고 빤첸 라마는 티베트인의 고난과 염원을 탄원서에 요약해서 중국 지도부에 보냈습니다. 티베트 공산당 최고지도자 중 한 명인 바바 푼촉 왕걜(Baba Phuntsok Wangyal)은 영어로 출판한 그의 최신 자서전에서 티베트인의 이익을 충족시켜야 할 필요성에 대해 상세히 논하고 있습니다. 사실, 티베트 본토에 있는 대부분의 티베트인 고위 관리들은 마음속 깊은 곳에서 큰 불만을 품고 있음이 분명합니다.

올해 중국 정부는 티베트 자치구 수립 40주년을 맞이합니다. 이를 기념해서 성대한 선전과 많은 기념 이벤트가 있겠지만, 현실을 반영하지 못한다면 의미가 없게 됩니다. 예를 들어, 대약진 운동과 문화대혁명도 그것들이 일어났던 당시는 참된 위업으로 여겼고, 성대하게 축하했습니다.

중국은 지난 20여 년간 비약적인 경제 발전을 이루었습니다. 현재의 중국은 20년 전의 중국, 또는 30년 전의 중국이 아닙니다. 중국에서는 많은 것이 변했습니다. 그 결과 중국은 세계의 주역이 되었고, 그 자리를 얻을 만한 자격을 충분히 가지고 있습니다. 중국은 광대한 인구와 풍요로운 고대 문명을 지닌 대국입니다. 하지만, 인권 침해의 기록, 비민주적인 조치, 법치의 부족, 티베트인을 포함한 소수 민족에 대한 불평등한 자취권의 행사로 중국의 이미지는 나쁘게 되었습니다. 이 모든 것이 외부로부터 더 많은 의혹과 불신을 받는 원인입니다. 이러한 상황은 내부적으로 중화인민공화국의 지도부에게 극히 중요한 단결과 안정을 방해합니다. 제가 생각하기에 중요한 것은, 중국이 강하고 존경받는 나라가 되어 가면서 합리적인 정책을 의연한 태도로 시행할 수 있어야 한다는 것입니다.

중국을 포함한 세계는 전반적으로 호전되고 있습니다. 최근에는 평화, 비폭력, 민주주의, 정의, 환경보호에 대한 인식과 공감대가 확실하게 더 높아지고 있습니다. 최근 쓰나미 피해자들에 대한 각국 정부와 개개인의 전례 없는 대응은 세계가 진실로 상호의존적이라는 것, 그래서 보편적 책임의 중요성을 재확인시켜 줍니다.

제가 티베트 문제에 관여하는 것은 저 자신을 위한 특정한 권리나 정치적 입장을 주장하기 위한 것도, 망명 티베트 정부에 대한 권리를 주장하기 위한 것도 아닙니다. 저는 우리가 티베트로 돌아가 일정 정도의 자유가 주어지게 되면, 저 자신은 티베트 정부에서의 어떤 직책이나, 그 밖의 모든 정치적 입장에서도 떠날 것이며, 현재의 망명 티베트 정부는 해산할 것이라고 1992년 공식 성명에서 분명히 말했습니다. 뿐만 아니라 티베트 본토에서 일하는 티베트인이 티베트의 통치에 대한 주요 책임을 맡아야 합니다.

제가 중국 정부에게 다시 한번 보증하고 싶은 것은, 제가 티베트 문제를 책임지는 한, 우리는 티베트의 독립을 추구하지 않는 중도 어프로치를 채택할 것임을 전면적으로 약속하고, 중화인민공화국의 일부로 계속 남을 것이라는 점입니다. 장기적으로 본다면 그러한 어프로치가 티베트인의 물질적 진보에 도움이 된다고 저는 확신합니다. 이런 중도 어프로치가 합리적이고 현실적이며 중국인과 티베트인 모두에게 이득이 된다고 세계 도처에서 지지를 보내 저의 용기를 북돋아 주었습니다. 저는 특히 중국 국내 일부 지식인들로부터 인정과 지지를 얻을 수 있어서 고무되었습니다.

저는 중국 지도부와 다시 접촉하게 되어 기쁩니다. 지난 9월의 3차 회담 이래 우리의 교류가 점차 나아지고 있어서 기쁩니다. 이제 선거를 통해 선출된 정치 지도부가 티베트 문제에 대한 책임을 더 많이 지고 있어서, 저는 그들에게 3차 회담에서 중국 측이 제기한 문제들을 살펴보고, 필요에 따라 문제를 해결하거나 명확히 할 수 있는 조치를 취하도록 권고했습니다. 우리는 결국 필요한 신뢰를 발전시키고, 이 해묵은 문제를 상호 호혜적으로 해결할 수 있을 것이라는 희망을 계속 가지고 있습니다.

마지막으로, 이 자리를 빌려서 인도 국민과 정부의 변함없는 동정심과 지원에 티베트인을 대신해서 감사의 뜻을 표합니다. 저는 이 나라의 일원임을 강하게 느끼고 있습니다. 그것은 인도와 티베트가 누렸던 수 세기 동안의 종교적, 문화적 유대관계뿐만 아니라, 저와 망명 티베트인 대다수는 지난 45년 동안 인도에서 살았기 때문입니다.

티베트의 자유를 위해 목숨을 바친 티베트의 용감한 남녀들을 위해 기도합니다.

73. 티베트인을 위한 진정한 자치

- 티베트민족봉기 47주년 기념일의 성명, 다람살라, 2006년 3월 10일 -

오늘 티베트민족봉기 47주년을 맞이하여 티베트 본토의 동포, 망명 중인 동포, 그리고 전 세계의 친구들에게 따뜻한 인사를 전합니다. 또한 티베트인을 위해 목숨을 바친 티베트의 용감한 남녀들에게, 그리고 지금도 티베트인의 대의를 위해 고난 속에 있는 티베트의 용감한 남녀들에게 경의를 표합니다.

티베트는 1949년경부터 전례 없는 일련의 사건들을 만났고, 역사의 새로운 단계로 나아갔습니다. '티베트의 평화적 해방을 위한 조처에 관한 17개조협정'에[10] 명시된 바와 같이, 티베트 이슈는 1951년에 중앙 정부와 지방 정부 간의 합의를 통해, 티베트의 특수한 지위와 현실을 고려하면서 결정되었다고 합니다. 그 후, 저는 중화인민공화국의 테두리 안에서 티베트인에게 스스로 통치하는 것, 즉 진정한 자치를 허가하는 정책의 실시를 확보하기 위해, 그리고 중국국가의 대가족의 일원으로서 티베트인이 조화와 통일 속에 공존할 수 있는 환경을 만들기 위해 최선을 다했습니다.

저는 1954에서 1955년에 걸쳐서 티베트인의 대표로 베이징을 방문했습니다. 저는 그 방문을 마오쩌둥 주석을 비롯한 당정군(黨·政·軍)의 고위지도자들과 티베트인의 미래를 논의할 기회로 삼았습니다.

---

10 고이케의 일역을 보고 문서 이름을 보충했다. 『ダライ・ラマ 聲明 1961-2011』, 고이케 미와 역, p.248 참조. (역주)

이 회담은 저에게 큰 희망과 확신을 주었습니다. 그래서 저는 낙관하는 마음과 확신을 품고 티베트로 돌아왔습니다. 그런데 1955년 후반부터 극좌파들이 과격하게 티베트 일부 지역에 대해 무력 공격을 시작했습니다. 1959년에는 티베트 전체가 크나큰 위기에 빠졌습니다. 그 때문에 저와 십만 명이 넘는 티베트인들은 망명할 수밖에 없었습니다. 우리는 46년 동안 망명 생활을 하고 있습니다.

우리 망명정권은 언젠가 중국 지도부와의 대화가 실현될 기회가 반드시 올 것이라 믿었으므로, 1974년경 우리는 티베트 문제를 해결하기 위해 중도 어프로치라는 기본방침을 정리했습니다. 1979년에 베이징 지도부와의 직접 대화가 실현되었습니다. 그때 덩샤오핑은 '독립을 제외하면 모든 문제는 협상을 통해 해결될 수 있다'고 말했습니다. 그 후 저는 일관되고 성실하게 중도 어프로치를 추구해 왔습니다.

물론 저는 중국, 티베트, 그리고 전 세계에 참을 수 없을 정도로 안타까운 상황이 전개되는 것을 볼 때는, 당연한 일이지만 그것을 비판해 왔습니다. 그러나 저의 비판은 개별 사건의 실상을 다루는 것에 국한되었습니다. 저는 그 어떤 경우에도 중도 어프로치를 향한 제 책무를 저버린 적이 없습니다. 이 점은 세상이 다 알고 있습니다. 안타깝게도 베이징은 여전히 저의 의도에 대한 의심과 의혹을 극복하지 못하는 것 같습니다. 그들은 제가 은밀하게 분리주의 정책을 품고 이를 실현하기 위해 음모를 꾸미고 있다고 계속 비판하고 있습니다.

2002년 중화인민공화국과의 직접 대화가 재개된 후, 저의 특사와 중국 측의 담당자 사이에 일련의 회담이 있었고, 솔직하고 광범위한 논의가 있었으며, 서로의 입장을 설명할 수도 있었습니다. 이런 회담을 통해 중화인민공화국의 의심과 의혹을 해소하고, 견해와 입장의 차이를 해결해서, 티베트 문제에 대해 쌍방이 수용 가능한 해결책을 찾을 수 있다면 좋겠습니다. 특히 몇 주 전에 개최된 5차 회담에서 양측은 주된 입장 차이와 그 원인을 명확하게 파악할 수 있었습니다. 그들은 또한 그러한 입장 차이를 해결하기 위해 어떤 조건이 갖추어져야 하는지도 확인할 수 있었습니다. 또한 저의 특사는 순례를 위해 중국을 방문하고 싶다는 제 소망을 다시 한번 전달했습니다. 장구한 불교의 역사를 지닌 나라로서 중국에는 수많은 신성한 순례지가 있습니다. 순례지를 방문할 뿐만 아니라, 중화인민공화국의 변화와 발전도 직접 볼 수 있기를 바랍니다.

지난 수십 년 동안 중국은 눈부신 경제적, 사회적 발전을 했습니다. 이는 훌륭한 일입니다. 티베트 지역도 마찬가지로 어느 정도 사회 기반 시설의 발전이 진행되었는데, 저는 이 부분을 항상 긍정적으로 생각해 왔습니다.

지난 50년간의 중국 역사를 돌이켜보면, 중국에는 마르크스-레닌주의의 원리에 입각한 많은 변화가 있었습니다. 이는 마오의 시대에 일어난 일입니다. 그 후 덩샤오핑은 '사실에서 진실을 추구'하는 현실 노선을 따라 사회주의 시장경제를 도입해서 크나큰 경제 발전을 가져다주었습니다. 이에 뒤따르며 장쩌민은 자신의 '3개의 대표'론을 바탕으로, 중국 공산당의 영역을 확대하여 농민과 노동자뿐만 아니라 '선진적인 생산력', '진보적인 중국 문화의 전진', '광범한 인민의 근본적 이익'이라는 3가지 요소까지 포함시켰습니다. 오늘날 후진타오 주석의 '3개의 조화'론은 중국 국내에서, 그리고 근린 제국 및 국제사회

612

에서 평화적 공존과 우호 관계의 전망을 내세우고 있습니다. 이러한 모든 계획은 시대의 변화와 발맞추어 시행되었습니다. 그 결과, 중국은 정치권력이 쉬지 않고 이양되고 국가 발전이 계속되어 왔습니다. 그리고 오늘날 중국은 세계의 강대국으로 부상하고 있는데, 장구한 역사와 거대한 인구 규모를 고려하면 충분히 그럴 자격이 있습니다.

그러나 반드시 해결해야 할 근본적인 과제는 중국이 정치권력과 경제 발전에 발맞추어, 더 열린 사회, 자유 언론, 정책의 투명성을 키워 현대의 조류를 따라야 한다는 것입니다. 양식 있는 사람이라면 누구나 알 수 있듯이, 이것이야말로 진정한 평화와 조화, 안정의 기반이라고 할 수 있습니다.

티베트인은 중국의 55개 소수 민족 중 가장 큰 민족의 하나로서 지리, 역사, 언어, 문화, 종교, 관습과 전통의 면에서 독자성을 가지고 있습니다. 이러한 독자성은 전 세계에 잘 알려져 있을 뿐만 아니라 과거 다수의 중국 지도자들도 인정했습니다. 저의 요구는 오직 한 가지입니다. 바로 모든 티베트인을 위해, 즉 티베트민족 전체를 위해 티베트인 스스로 통치하는 것, 진정한 자치입니다. 이러한 요구는 중국 헌법의 조항과 일치하므로 받아들여질 수 있습니다. 이는 티베트 안팎에 있는 티베트인의 열망을 반영하는 합법적이고 정당하며 합리적인 요구입니다. 또 이런 요구는 과거보다 미래를 중시하는 논리에 근거하며, 현재의 실상과 미래의 이익에 바탕을 두고 있습니다.

과거의 긴 역사를 단순히 흑백으로 해석할 수는 없습니다. 이렇듯 과거사로부터 해결책을 도출하는 것은 쉽지 않습니다. 따라서 제가 여러 번 밝혔듯이, 저는 중국으로부터 티베트의 분리를 추구하는 것이 아니라 중국 헌법의 테두리 안에서 티베트의 미래를 추구합니다. 이 말을 들은 사람이라면 누구나, 현실을 보는 눈이 의심으로 흐려지지 않았다면, 진정한 자치에 대한 저의 요구가 분리에 대한 요구가 아님을 깨달을 것입니다. 제가 자치를 요구한다는 사실과 자유, 개방, 언론의 점진적인 발전이 합해져서, 협상을 통해 중국과 티베트 문제를 해결할 수 있는 여건이 조성되기를 바랍니다. 그렇기 때문에 저는 현재의 접촉을 지속시켜 우호적인 분위기를 조성하기 위해 최선을 다하고 있습니다.

중앙 티베트 정부의 내각(카샥)은 티베트인과 국제사회의 지원자들을 향해 협상을 위한 우호적인 환경 조성을 여러 차례 호소했습니다. 저는 오늘 중국과 티베트 문제 해결을 위한 현재의 대화 과정에 도움이 될 만한 모든 수단을 강구해야 한다는 점을 강조하고 싶습니다. 저는 모든 티베트인이 내각의 호소에 근거해서 이 점에 주목했으면 좋겠습니다. 티베트 지지자들과 티베트인과 공감하는 이들에게도 같은 호소를 하고 싶습니다.

같은 이유에서, 저는 중화인민공화국이 현 접촉을 통해 진지하게 대화를 추구할 가치가 있다고 본다면, 그 점을 명확한 태도로 보여야 한다고 말하고 싶습니다. 저는 중국 지도부가 이에 대해 신중히 고려하기를 촉구합니다. 긍정적인 분위기는 한 편만으로는 조성할 수 없습니다. 옛 티베트 속담에 이르기를, 한 손으로는 박수를 칠 수 없습니다.

마지막으로, 저는 이 자리를 빌려 국제사회가 우리를 계속해서 지지해 준 것에 대해 감사를 표하고 싶습니다. 또한 인도 정부와 국민이 변함없이 베풀어 준 최고의 관대함과 지원에 대해 다시 한번 티베트인을 대표해서 깊은 감사의 뜻을 전합니다.

티베트 본토의 티베트인의 처지와 마음을 생각하며, 그들 모두를
위해 기도합니다. 또한 모든 생명의 안녕을 위해 기도합니다.

74. 진정한 평등과 단결의 성취

- 티베트민족봉기 48주년의 성명, 다람살라, 2007년 3월 10일 -

1959년 라싸에서 티베트인이 평화 봉기를 일으킨 지 48주년이 되는
날, 티베트인의 대의를 위해 고난을 겪고 목숨을 바친 모든 티베트인에
게 기도와 경의를 바칩니다. 또한 현재 탄압과 투옥으로 고통받는
이들과 연대를 표하는 바입니다.

2006년, 우리는 중화인민공화국의 좋은 변화와 나쁜 변화를 동시에
목격했습니다. 한편으로, 망명 정부에 대한 비방과 함께 강경노선이
강화되었고, 더욱 우려해야 할 것은 티베트에서 정치적 제재와 탄압이
심해졌다는 점입니다. 반면에, 중국 자체에서는 표현의 자유가 개선
되는 것을 볼 수 있었습니다. 특히 중국인 지식인 사이에는 물질적
진보만으로는 불충분하고 영적 가치에 기초한 보다 의미 있는 사회를
만들 필요가 있다는 인식이 높아지고 있습니다. 그런 사회를 만들기에
는 현행 제도로는 부족하다는 견해가 득세하고 있는데, 그 결과로
종교 일반에 대한 믿음, 특히 티베트 불교와 문화에 대한 관심이
높아지고 있습니다. 또한 제가 중국을 순례하고 설법을 하면 좋겠다는

소망을 피력하는 중국인도 많습니다.

후진타오 주석이 조화사회를 계속해서 요구한다는 것은 칭찬할 만한 일입니다. 그런 사회를 실현하는 근간은 인민 사이의 신뢰를 함양하는 것인데, 그 신뢰는 표현의 자유, 진실, 정의, 평등이 있을 때 가능한 일입니다. 그러므로 모든 직급의 정부 관리들이 이런 원리들에 유의해야 할 뿐만 아니라 그것들을 실천하는 것이 중요합니다.

중국과의 관계에 대해 말하자면, 1974년경부터 우리는 중국과 언젠가 반드시 대화를 할 수 있는 기회가 있으리라는 사실을 깨닫고, 중국 헌법에 명시되어 있듯이 모든 티베트인을 위한 진정한, 통일된 자치를 달성하기 위해 준비해 왔습니다. 1979년 덩샤오핑 총서기는 '티베트 독립을 제외하고 다른 모든 문제는 협상을 통해 해결될 수 있다'고 제안했습니다. 이것은 우리의 생각과도 일치하였기 때문에, 우리는 쌍방에 유익한 중도 정책을 채택하였습니다. 그 후 28년 동안 우리는 일관되게 성의를 다해 이 정책을 추진해 왔습니다. 이 정책은 티베트인과 중국인 쌍방의 장·단기적 이익, 아시아 지역의 평화적 공존, 환경보호라는 포괄적인 목표를 바탕으로, 철저한 논의와 분석에 기초해서 채택된 것입니다. 이 중도 정책은 티베트 안팎의 여러 실용적인 티베트인과 많은 나라들의 지지를 받아 왔습니다.

제가 모든 티베트인을 위한 민족 지역 자치를 제안한 최대의 이유는, 맹목적 중화사상과 지방의 민족주의를 제거함으로써 티베트인과 중국인 간에 진정한 평등과 통일을 이루기 위해서입니다. 티베트민족 자치가 실현된다면, 이는 양 민족의 상호 지원, 신뢰, 우정을 통해서 국가 안정에 기여하고, 또 동시에 인류 전체의 이익을 위해 영적 발전과 물질적 발전 간의 적절한 균형을 바탕으로 풍부한 문화와 언어 유지에 기여할 것입니다.

중국 헌법이 소수 민족에 대해 민족 지역 자치를 보장하는 것은 사실입니다. 문제는 그것이 완전히 이행되지 않아 소수 민족 고유의 정체성이나 문화, 언어를 보존하고 보호한다는 명확한 목적에 부합하지 못한다는 것입니다. 실상 현장에서 어떤 일이 일어났느냐 하면, 다수파 민족의 많은 인구가 이러한 소수 민족의 지역에 퍼져 나갔습니다. 따라서 소수 민족은 고유의 정체성과 문화, 언어를 보존하지 못하고 일상생활에서 다수파 민족의 언어와 관습에 의존하는 것밖에 다른 선택지가 없습니다. 따라서 소수 민족의 언어와 풍부한 전통이 점차 사라질 위험이 있습니다.

철도와 같은 사회 기반 시설의 발달은 아무런 문제가 없습니다. 하지만 철도가 개통된 이래 대량의 중국 인구가 티베트로 이주하고, 티베트는 환경 파괴, 수자원의 오용과 오염, 그리고 천연자원의 착취, 이 모든 것이 티베트의 국토와 거기에 서식하는 모든 생명에게 엄청난 파괴를 야기하고 있다는 것은 깊은 우려의 원천입니다.

소수파 민족 중에도 교육받고 유능한 공산당원들은 있었습니다. 하지만 국가 차원에서 지도자급 자리에 오른 이들은 극소수뿐이고, 일부에게는 분리주의자와 같은 꼬리표가 붙게 되어서 안타깝습니다.

다수파 민족과 소수파 민족, 중앙 정부와 지방 정부 쌍방에 실질적인 혜택을 제공하기 위해서는 명실상부한 자치가 실현되어야 합니다. 이 자치는 소수파 민족을 위한 자치이기 때문에, 티베트민족 만에 의한 단독 행정을 요구하는 것은 성실하고 정의롭고 투명성이 있는 행위입니다. 우리에게 숨겨진 의도가 없다는 것은 전 세계가 잘 알고 있습니다. 따라서 이러한 합리적인 요구를 실현하기 위해 계속 투쟁하는 것은 모든 티베트인의 신성한 의무입니다. 우리의 염원을 이룰 때까지 시간이 얼마나 걸리든 우리의 용기와 결의는 흔들리지 않을 것입니다. 티베트인의 투쟁 운동은 몇몇 티베트인의 개인적 지위를 위한 운동이 아닙니다. 그것은 티베트민족을 위한 투쟁입니다. 우리는 이미 티베트 망명 정부와 망명 사회를 진정한 민주적 조직으로 전환했고, 국민을 위해 국민에 의해 선출된 지도자들이 줄을 잇고 있습니다. 따라서 우리는 앞으로도 세대에서 세대로 우리의 투쟁을 전진시킬 뿌리 깊고 활기찬 사회적, 정치적 제도를 수립했습니다. 결국에는 국민 스스로가 최종적인 결정을 내리게 될 것입니다.

2002년 티베트인과 중국인 간의 직접적인 접촉이 재개된 후, 제 특사와 중화인민공화국의 관계자들 사이에 5회에 걸쳐 포괄적인 논의가 진행되었습니다. 이러한 논의 중에 쌍방이 서로 간에 존재하는 의혹과 의심, 실질적인 난제를 분명히 전달할 수 있었습니다. 따라서 이러한 일련의 논의는 양자 간의 소통 채널을 만드는 데 도움이 되었습니다. 티베트 대표단은 언제 어디서나 대화를 이어갈 준비가 되어 있습니다. 상세한 점은 티베트 망명 정부 내각이 성명을 통해 발표할 것입니다.

공산당원, 지도부, 관료, 전문가를 비롯해서 티베트인의 진정한 이익을 위해 노력하며 티베트 정신을 지켜나가는 티베트 본토의 모든 동포에게 인사드립니다. 티베트인을 위해서라면 할 수 있는 모든 행위를 하는 그들의 엄청난 용기에 대해 깊은 경의를 표합니다. 저는

618

또 어떤 역경에도 불구하고 티베트인의 정체성과 문화, 언어를 보존하기 위해 노력하고, 티베트민족의 염원을 실현하는 데 있어서 그들의 확고한 용기와 결의를 보여준 티베트 본토의 티베트인에게 깊은 존경심을 표합니다. 저는 본토의 동포들이 새로운 헌신과 책무를 가지고 우리 공동의 대의를 위해 계속 노력할 것이라고 확신하고 있습니다. 저는 티베트 본토의 동포, 망명 중의 동포, 모든 티베트인이 모든 민족들의 평등과 조화를 기반으로 한 안전한 미래를 위해 단결할 것을 촉구합니다.

이 기회를 빌어 인도 국민과 정부의 우리를 향한 변함없고 비할 데 없는 관대함과 지원에 진심으로 감사를 드립니다. 또한 티베트 문제에 관심을 갖고 지원해 주신 국제사회의 각국 정부와 국민에게도 감사를 표합니다.

모든 생명의 평화와 안녕을 기원합니다.

75. 중국의 티베트 통치는 합법성이 없다

- 티베트민족봉기 49주년의 성명, 다람살라, 2008년 3월 10일 -

1959년 3월 10일 라싸에서 티베트인이 평화로운 봉기를 일으킨 49주년을 맞이하여 저는, 티베트인의 대의를 위해 말로 표현할 수 없는 고난을 견디고 목숨을 바친 티베트의 용감한 남녀들에게 기도와 경의를 표합니다. 또 바로 지금 억압과 학대를 견디고 있는 티베트인과 연대를 표하고 싶습니다. 또한 티베트 안팎의 동포와 티베트 대의를 지지하는 사람들, 그리고 정의를 소중히 여기는 모든 이들에게도 인사를 드립니다.

티베트에서 촐카-숨(Cholka-Sum)으로 불리는 전체 티베트 세 지역 (우창, 캄, 암도)에 사는 티베트인은, 오늘날까지 거의 60년 동안 중국의 탄압 아래 끊임없는 공포와 위협, 그리고 혐의를 받으며 살아야 했습니다. 그럼에도 불구하고 티베트인은 신앙심과 민족의식, 고유문화를 지키고, 더욱이 자유를 향한 근본적인 염원을 이어 왔습니다. 저는 티베트인의 특성과 불굴의 용기를 깊이 존경하고 있습니다. 저는 너무나 기쁘고 그들을 매우 자랑스럽게 생각하고 있습니다.

전 세계의 많은 정부, 비정부단체 그리고 개인은 평화와 정의에 관심을 가지고 있기 때문에 티베트의 대의를 항상 지지해 왔습니다. 특히 지난 한 해 동안, 여러 국가의 정부와 국민이 우리를 지지한다고 분명히 표명하는 중요한 태도를 취했습니다. 그들 모두에게 감사를 표하고 싶습니다.

티베트의 문제는 매우 복잡합니다. 그것은 본질적으로 정치, 사회의 성격, 법, 인권, 종교, 문화, 민족의 정체성, 경제, 자연환경의 상태 등 많은 이슈와 깊은 연관이 있습니다. 따라서 이 문제를 해결하기 위해서는 한 편의 이익이 아니라 관련된 모든 이들의 이익을 감안한 종합적인 접근법을 채택해야 합니다. 따라서 우리 망명 정부는 티베트와 중국 쌍방의 이익이 되는 중도 어프로치에 대한 우리의 책무를 단호하게 지켜 왔으며, 이 어프로치를 실현하기 위해 수년 동안 성실하고 끈질긴 노력을 기울여 왔습니다. 2002년 이후, 저의 특사들은 관련 이슈들을 협의하기 위해 중화인민공화국의 관계자들과 여섯 차례 회담을 진행했습니다. 이러한 폭넓은 협의를 통해, 우리는 어느 정도 그들의 의혹을 해소했고 그들에게 우리의 염원을 설명할 수 있었습니다.

하지만 근본적인 문제에 대해서는 구체적인 성과가 전혀 없었습니다. 그리고 지난 수년 동안 티베트는 점점 더 심한 탄압과 만행을 목격했습니다. 이렇게 안타까운 상황에도 불구하고, 중도 정책을 추진하고 중국 정부와 대화를 계속하겠다는 저의 입장과 결의는 변하지 않았습니다.

중화인민공화국에 대한 주된 우려는 티베트에 대한 합법성의 결여입니다. 중국 정부가 자신의 입장에 설득력을 줄 만한 주된 방법은, 그들이 티베트인을 만족시키고 신뢰를 얻을 수 있는 정책을 추구하는 것입니다. 제가 이미 여러 차례 말한 바와 같이 우리가 합의하에 화해에 도달할 수 있다면, 저는 티베트인의 지지를 얻기 위해 전력을 기울일 것입니다.

오늘날 티베트는 선견지명이 없는 중국 정부의 수많은 조치로 인해 자연환경이 심각하게 훼손되었습니다. 그리고 중국인의 이주 정책의 결과로 비非티베트인의 인구가 몇 배 증가해서, 티베트인은 자국임에도 불구하고 미미한 소수 민족으로 전락했습니다. 게다가 티베트인의 진정한 본성과 정체성을 드러내는 티베트의 언어, 습관, 전통이 점차 사라지고 있습니다. 그 결과, 점점 더 많은 티베트인이 더 많은 중국 인구에 동화 흡수되고 있습니다. 티베트에서는 상상할

수조차 없는 심각한 인권 침해, 종교적 자유의 부정, 종교 문제의
정치화로 인해 탄압이 계속 증가하고 있습니다. 이 모든 것은 티베트인
에 대한 중국 정부의 존중이 부족하여 일어난 일입니다. 이것들은
중국 정부가 티베트인과 중국인을 차별해서, 민족들의 통일정책을
의도적으로 가로막는 주된 장애물입니다. 그러므로 저는 중국 정부가
이러한 정책을 즉각 중단할 것을 촉구합니다.

티베트인이 거주하는 지역은 자치구, 자치현, 자치주 등 자치라는
이름이 주어져 있지만, 자치는 이름일 뿐 실제 자치는 없습니다.
대신, 이런 지역들은 지역 상황에 무지한 이들에게 지배당하며, 마오
쩌둥이 말하는 '중화사상(Han chauvinism)'에[11] 이끌려갑니다. 그 결과,
소위 자치는 해당 민족에게 어떠한 가시적 이익도 가져다주지 못했습
니다. 현실과 동떨어진 표리부동한 정책은 해당 민족에게도, 그리고
중국의 단결과 안정에도 막대한 피해를 주고 있습니다. 중국 정부는
덩샤오핑의 조언대로 진정한 의미에서 '사실에서 진실을 추구'해야
합니다.

중국 정부는 제가 국제사회에서 티베트인의 복지에 대해 문제를
제기하면 저를 심하게 비판합니다. 우리가 티베트와 중국 쌍방에
이익이 되는 해결에 도달할 때까지, 저는 티베트인을 대신해서 계속해
서 자유롭게 목소리를 내야 할 역사적·도의적 책임이 있습니다. 하지

---

11 "중국인이 예전부터 계속해서 가지고 온 민족적 자부의 사상. 자신을 하夏,
화하華夏, 중화中華, 중국이라고 미칭하고, 타민족을 멸시, 그 차이를 강조하므로
화이사상華夷思想이라고도 불린다." 『ダライ・ラマ 聲明 1961-2011』, 고이케
미와 역, p.265 참조. (역주)

만 티베트 디아스포라의 정치적 지도부가 일반 티베트인에 의해 직접 선출된 이후로 제가 반 은퇴 생활을 하고 있다는 사실은 누구나 잘 알고 있습니다.

중국은 큰 경제 발전을 이루어 강국으로 부상하고 있습니다. 이는 환영할 일이고, 중국이 세계무대에서 중요한 역할을 할 수 있는 기회가 되기도 했습니다. 세계는 현재의 중국 지도부가 공언한 '조화사회'와 '평화적 대두'라는 개념을 어떻게 실행에 옮길지 고대하고 있습니다. 이런 개념들이 실현되기 위해서는 경제적 발전만으로는 부족할 것입니다. 언론의 자유는 물론 법치주의, 투명성, 정보를 접할 권리도 더 잘 지켜져야 합니다. 중국은 다민족 국가이기 때문에 국가가 안정을 유지하려면, 그들 민족 모두에게 평등과 자유가 주어져서 민족 독자의 정체성이 보호되어야 합니다.

2008년 3월 6일 후진타오 주석은 '티베트의 안정은 중국의 안정이고, 티베트의 안전은 중국의 안전이다'라고 말했습니다. 그는 '중국 지도부는 티베트인의 안녕을 보장하고, 종교와 민족에 관련된 사항을 개선하고, 사회적 조화와 안정을 유지해야 한다'고 덧붙였습니다. 후 주석의 발언은 현실에 부합하며, 우리는 그것이 실제로 실행되기를 고대합니다.

중국인은 금년 올림픽 개막을 자랑스럽게 생각하고 고대하고 있습니다. 저는 처음부터 중국에게 올림픽을 개최할 기회가 주어져야 한다는 생각을 지지했습니다. 국제 스포츠 행사 중에서도 특히 올림픽은 언론의 자유, 표현의 자유, 평등, 우정의 원칙을 지지하기 때문에, 중국은 이러한 자유들을 제공함으로써 스스로가 좋은 개최국임을 증명해야 합니다. 따라서 국제사회는 자국의 선수를 보내는 것 외에도, 중국 정부에게 이러한 문제들을 상기시켜야 합니다. 전 세계에 있는 여러 국가의 의회, 개인, 비정부조직들이, 중국이 올림픽을 계기로 해서 긍정적인 변화를 할 수 있도록 여러 활동을 한다는 것을 저는 알고 있습니다. 저는 이들의 신실함을 존경합니다. 저는 올림픽 폐막 이후의 중국을 주목하는 것이 매우 중요하다고 강조하고 싶습니다. 올림픽이 중국인의 마음에 큰 영향을 줄 것임은 틀림없습니다. 그러므로 올림픽이 끝난 후에도 세계는 중국 내에 긍정적인 변화가 계속해서 생기도록 집단적인 에너지를 쏟을 방법을 모색해야 합니다.

이번 기회를 빌려 티베트 본토에 있는 동포들의 성의, 용기, 결의에 대해 자부심과 감사를 표하고 싶습니다. 티베트인이 자신들을 포함한 중화인민공화국 내의 모든 소수 민족이 정당한 권리와 이익을 향유할 수 있도록 법의 테두리 안에서 평화적으로 계속 노력하기를 강력히 권합니다.

또한 이번 기회를 빌려 인도 정부와 인도 국민이 티베트 난민과 티베트 대의를 위해 장기간의 비할 바 없는 지원을 해 주신 것에 대해 마음으로 감사를 드립니다. 동시에 티베트 대의를 위해 지속적인 관심을 보여주신 각국 정부와 개인에게 감사를 전하고 싶습니다.

모든 생명의 안녕을 기원합니다.

76. 중국과 티베트 대화

- 티베트민족봉기 50주년의 성명, 다람살라, 2009년 3월 10일 -

오늘은 공산주의 중국의 티베트 탄압에 맞서 티베트인이 평화적으로 봉기한 지 50주년이 되는 날입니다. 작년 3월 이후 티베트 전역에서 평화적 시위가 일어났습니다. 참가자 대부분은 1959년 이후에 태어나고 자란 청소년들로, 그들은 한 번도 자유로웠던 티베트를 보거나 경험하지 못했습니다. 하지만 그들이 대대로 이어져 온 티베트 대의에 봉사하겠다는 확고한 신념에 이끌려 행동했다는 사실은 실로 자랑스러운 일입니다. 이는 티베트 문제에 깊은 관심을 가진 국제사회의 사람들에게 영감의 원천이 될 것입니다. 우리는 작년과 같은 위기를 포함해서, 우리가 투쟁을 시작한 이래, 티베트를 위해 죽고 고문당하고 엄청난 고난을 겪은 모든 이들에게 경의를 표하며 기도드립니다.

1949년경, 중국 공산당 군대는 티베트 북동부의 암도 지방과 동부의 캄 지방에 진격을 개시했고, 1950년에는 5천 명 이상의 티베트 병사가 살해당했습니다. 중국 정부는 이런 우세한 상황을 고려해서 평화적 해방 정책을 채택했고, 1951년 17개조협정과 그 부속 문서의 조인에 이르게 되었습니다. 그때부터 티베트는 중화인민공화국의 지배 아래 있습니다. 하지만 17개조협정에는 티베트 독자의 종교, 문화, 전통적 가치관의 보호가 명기되어 있습니다.

1954년에서 1955년 사이에 저는 베이징에서 마오쩌둥 국가주석이 이끄는 공산당, 정부, 군 대부분의 고위 간부를 만났습니다. 우리가

티베트의 사회적, 경제적 발전을 이룰 방법만이 아니라, 티베트의
종교적, 문화적 유산을 유지하는 방법을 토의할 때에는, 마오쩌둥을
비롯해서 상층부 전원이 자치구의 이행을 위한 길을 닦기 위해서
준비위원회를 설립하기로 합의했습니다. 이는 군부 관리위원회의
설립이 아니라 협정에 명시되어 있는 것과 같은 위원회였습니다.

그러나 1956년 무렵부터 티베트에서 극좌 정책이 시행되면서 상황
은 악화되었습니다. 결과적으로, 상층부와의 확약이 실제로 이행되지
않았습니다. 티베트 캄과 암도 지방에서 강행된 이른바 '민주적 개혁'
은 그 지방의 일반적인 상황과 맞지 않아 엄청난 혼란과 파괴를 초래했
습니다. 티베트 중부 지역에서 중국인 관리들은 17개조협정을 강경하
게 고의로 위반했고, 그들의 압제적인 전략은 날이 갈수록 거세졌습니
다. 이러한 절망적인 사태로 티베트인은 선택의 여지없이 1959년
3월 10일 평화 봉기를 할 수밖에 없었습니다. 중국 지도부는 전례
없이 격렬한 무력 행사로써 이를 진압하고 이후 몇 달 동안 수만
명의 티베트인이 살해, 체포, 투옥당했습니다. 그 결과 저는 다른
도리 없이 몇몇 칼론(각료)을 포함한 소규모의 티베트 정부 고관
일행과 함께 인도로 망명했습니다.[12] 그 후, 거의 십만 명의 티베트인이
인도, 네팔, 부탄으로 도주했습니다. 탈출과 그 이후 몇 개월간 그들은
상상조차 할 수 없는 고난을 겪었는데, 이는 티베트인의 기억 속에
여전히 생생히 남아 있습니다.

티베트를 점령한 중국 공산당 정부는 '민주개혁', 계급투쟁, 인민공

---

12 1959년 3월 17일, 달라이 라마 성하는 라싸를 탈출했다. (역주)

사, 문화대혁명, 계엄령 선포를 포함한 억압적이고 폭력적인 작전을 펼쳤고, 최근에는 애국재교육과 엄타嚴打 작전을 벌였습니다. 이것들은 티베트인을 고통과 고난의 구렁텅이로 몰아넣어 말 그대로 생지옥을 경험하게 했습니다. 이 작전의 즉각적인 결과는 수십만 티베트인의 죽음이었습니다. 불법의 혈통은 단절되었습니다. 사원, 비구니 사원, 사찰 등과 같은 수천 개의 종교와 문화의 중심지가 흔적도 없이 사라졌습니다. 역사적인 건물들과 영탑靈塔들이 파괴되었습니다. 천연자원은 무분별하게 착취되어 왔습니다. 오늘날 티베트의 섬세한 자연환경은 오염되었고, 대규모로 삼림 파괴가 진행되었으며, 야크와 티베트 영양 같은 야생동물들은 멸종되고 있습니다.

지난 50년 동안 티베트 대지와 국민은 말로 표현할 수 없는 고통과 파괴를 겪었습니다. 오늘날에도 티베트 본토의 티베트인은 끊임없는 공포 속에 살고 있으며 중국 당국은 계속해서 그들을 의심하고 있습니다. 오늘날, 티베트인이 대대로 자신의 목숨보다 소중하게 여겨온 종교, 문화, 언어, 정체성은 거의 절멸되어 가고 있습니다. 간단히 말해서, 티베트인은 마치 죽여 마땅한 범죄자들처럼 간주되고 있습니다.

티베트인의 비극은 1962년 고 빤첸 린뽀체가 중국 정부에 제출한 '7만어 탄원서'에 기록되어 있습니다. 그는 죽기 직전인 1989년 시가쩨에서 한 연설에서, '중국 공산당 지배 하에서 우리 티베트인은 얻은 것보다 잃은 것이 훨씬 많다'고 말했을 때에도 그 비극을 다시 한번 제기했습니다. 중립적인 입장에 있으면서 걱정하는 많은 티베트인도 티베트인의 고난에 대해 목소리를 높였습니다. 심지어 공산당 서기장인 후야오방조차도 1980년 라싸에 도착했을 때 이러한 실수를 분명히 인정하고 티베트인에게 용서를 구했습니다. 도로, 공항, 철도 등 수많은 사회 기반 시설의 개발은 티베트 지역을 진보시킨 듯이 보입니다. 하지만 실제로는 티베트를 중국화하려는 정치적 목적 아래에서, 티베트의 자연환경과 티베트인의 삶의 방식을 파괴하는 엄청난 대가를 치렀습니다.

우리 티베트 난민에 대해 이야기하자면, 처음에 우리는 기후와 언어의 큰 차이, 생활비 마련 등 많은 문제에 직면했지만, 망명 하에서 재출발에 성공했습니다. 티베트인이 두려움 없이 자유롭게 살아갈 수 있었던 것은, 우리 난민을 관대하게 받아들였던 인도와 같은 국가들 덕분입니다. 우리는 생계를 유지할 수 있었고 우리의 종교와 문화를 지킬 수 있었습니다. 우리는 아이들에게 전통 교육과 현대 교육을 모두 제공할 수 있었고, 티베트 문제를 해결하기 위한 노력도 해왔습니다. 다른 긍정적인 결과도 있었습니다. 자비를 강조하는 티베트 불교에 대한 더 깊은 이해는 세계 곳곳에서 긍정적인 기여를 했습니다.

망명지에 도착한 직후, 저는 티베트인 사회에 민주주의를 증진시키는 데 착수했고 1960년 망명 티베트 대표자의회를 설립했습니다. 그 후 우리는 단계적으로 민주주의로의 길을 서서히 걸어 왔고, 오늘날 우리 망명 정부는 독자의 헌장과 입법부를 갖춘, 완전하게 작동하는 민주주의로 발전했습니다. 이것은 정말 우리 모두가 자랑할 만한 것입니다.

2001년 이래, 타국의 민주주의 체제와 유사한 절차를 밟아 우리도 티베트 망명자들의 정치 지도자를 직접 선거로 뽑는 제도를 도입했습니다. 현재, 직접 선출된 칼론 티빠(총리)의 두 번째 임기가 진행 중입니다. 그 결과, 저의 일상적인 행정 책임은 줄어들었고 현재는 반 은퇴 상태입니다. 하지만 티베트의 정당한 대의를 위해 일하는 것은 모든 티베트인의 책임이며, 제가 살아 있는 한 이 책임을 다할 것입니다.

인간으로서 저의 주된 사명은 인간적 가치를 증진시키는 것입니다. 저는 이런 인간적 가치의 증진이 바로 개인, 가족, 사회 차원에서 행복한 인생을 위한 열쇠라고 생각합니다. 저의 두 번째 사명은 종교 실천자로서 종교 간 화합을 도모하는 것입니다. 저의 세 번째 사명은 물론 티베트 문제입니다. 무엇보다 제가 '달라이 라마'의 칭호를 가진 티베트인이기 때문이기도 하지만, 더 중요한 것은 티베트 안팎의 티베트인이 저를 믿고 있기 때문입니다. 바로 이 세 가지가 저의 중요한 사명인데, 언제나 마음에 두고 있답니다.

중앙 티베트 정부의 임무의 하나는 망명 티베트 사회의 안녕을 돌보는 것인데, 이 일에 지금까지 상당히 성공했습니다. 이 정부의 주요 임무는 티베트 문제를 해결하기 위해 노력하는 것입니다. 우리 망명 정부는 티베트와 중국 쌍방에게 유익한 중도 정책을 1974년에 세웠고, 1979년 덩샤오핑 씨가 회담을 제안했을 때[13] 즉시 응할 준비가 되어 있었습니다. 여러 번 회담이 진행되었고 진상조사단도 파견되었습니다. 그러나 이것들은 구체적인 성과를 낳지 못했고, 결국 1993년에 공식적인 접촉은 끊어졌습니다.

---

13 망명 후 중국 정부와의 최초의 접촉이었다. 『ダライ・ラマ 聲明 1961-2011』, 고이케 미와 역. p.276 참조. (역주)

그래서 자유를 구하는 우리의 운동을 티베트인이 충분히 만족하도록 진행하기 위해 금후 나아가야 할 길을 국민이 결정하도록 하고, 1996년에서 97년에 걸쳐 망명 티베트인을 대상으로 국민투표에 관한 여론조사를 실시했고, 동시에 티베트 본토의 티베트인으로부터도 가능한 한 의견을 수집했습니다. 그 여론조사와 티베트로부터의 의견에 기초해서, 우리는 중도 정책을 지속하기로 했습니다.

2002년에 티베트와 중국 간의 접촉이 재개된 이래, 우리는 '하나의 공식 루트와 하나의 의제'라는 방침에 따라 중국 당국과 8차례의 회담을 개최했습니다. 그 결과, 우리 망명 정부는 '전 티베트인이 명실상부한 자치를 향유하기 위한 초안'을 제출하고, 자치법을 완전히 이행함으로써 중국 헌법에 규정된 민족 지방 자치의 조건이 충족된다는 점을 설명했습니다. 티베트는 고대부터 중국의 일부였음을 우리가 인정하라고 중국은 주장했지만, 그것은 잘못이고 불합리합니다. 좋든 싫든 과거는 바꿀 수 없습니다. 정치적 목적을 위해 역사를 왜곡하는 것은 옳지 않습니다.

우리 티베트인은 미래를 보고 상호 이익을 위해 노력해야 합니다. 우리 티베트인이 요구하고 있는 것은 합법적이고 명실상부한 자치인데, 말하자면 티베트인이 중화인민공화국의 테두리 안에서 살아갈 수 있게 하는 협약입니다. 티베트인의 염원이 이루어지면 중국은 안정과 단결을 이룰 수 있을 것입니다. 우리 측에서 역사를 기반으로 해서 무슨 요구를 하는 것이 아닙니다. 역사를 돌이켜보면 중국을 포함해 오늘날 전 세계 어디에도 영토가 영원히 불변이었던 나라, 불변을 계속 지킬 수 있는 나라는 하나도 없습니다.

630

우리의 염원은 모든 티베트인이 하나의 자치 정권에 들어가는
것인데, 이는 민족 지방 자치[14]의 원리 그 자체와 일치하는 것입니다.
이것이 실현된다면 티베트인과 중국인의 기본적인 요구도 충족됩니
다. 중국 헌법 및 기타 관련 법규도 이런 염원에 아무런 장애가 되지
않으며, 중국 중앙 정부의 많은 지도자는 이 진실한 염원을 받아들였습
니다. 17개조협정에 조인할 때 저우언라이 총리도 이것이 타당한
요구라고 인정했습니다. 1956년 '티베트자치구 준비위원회'를 설립할
때, 천이(陳毅·진혹) 부주석은 지도를 가리키며 '라싸가 다른 현의
티베트 지역을 포함한 티베트 자치구의 수도가 된다면 티베트의 발전
만이 아니라, 티베트인과 중국인 사이의 우호 관계를 진전시키는
데 공헌할 것'이라고 말했습니다. 빤첸 린뽀체를 비롯한 많은 티베트인
간부들과 학자들도 이런 견해를 갖고 있었습니다. 만약 중국 지도부가
우리의 제안에 조금이라도 이의가 있었다면, 그들은 그에 대한 근거를
대고 우리에게 대안을 제시할 수도 있었지만 그러지 않았습니다.
중화인민공화국의 헌법에 입각하여 모든 티베트인을 위한 명실상부
한 민족 지방 자치의 원칙을 실행에 옮기려는 우리의 진지한 노력에
대해 중국 당국이 제대로 응답하지 않아 저는 실망했습니다.

중국과 티베트 대화 프로세스가 구체적인 성과를 거두지 못하고
있는 것과는 별개로, 중국은 작년 3월부터 티베트 전역을 뒤흔들었던
티베트인의 시위를 잔혹하게 탄압했습니다. 따라서 향후 어떤 행동을
취해야 할지에 대한 여론을 수렴하기 위해 2008년 11월 망명 티베트인

---

14 고이케는 '민족자치구'로 번역하고 있다. 『ダライ・ラマ 聲明 1961-2011』, 고이케
   미와 역, p.273 참조. (역주)

에 의한 특별 총회를 개최했습니다. 티베트 본토에 있는 동포로부터도 최대한 많은 제안을 모으려고 노력했습니다. 이 모든 절차를 거쳐 나온 결과는 티베트인 대다수가 중도 정책이 지속되기를 강하게 지지한다는 것이었습니다. 따라서 우리는 더욱 확신을 가지고 중도 정책을 수행하고 있으며, 모든 티베트인을 위한 명실상부한 민족 지방 자치를 달성하기 위해 계속 노력할 것입니다.

태곳적부터 티베트인과 중국인은 이웃이었습니다. 앞으로도 우리는 함께 살아가야 할 것입니다. 그러므로 우리에게 가장 중요한 것은 우정 속에서 공존하는 것입니다.

티베트를 침략한 이래 중국 공산당은 티베트와 티베트인에 대해 왜곡된 선전을 해 왔습니다. 따라서 일반 중국 시민들 사이에서 티베트를 올바르게 이해하고 있는 사람들은 거의 없습니다. 사실, 일반 시민이 진실을 찾기란 매우 어렵습니다. 또한 지난 3월부터 티베트인과 중국인을 분열시키고 양측 간에 적대감을 조성할 목적으로 엄청난 선전 활동을 벌여 온 극좌파 중국 지도부도 있습니다. 그 결과 슬프게도 일부 중국 형제자매들의 마음속에 티베트인에 대한 나쁜 인상이 생기게 되었습니다. 따라서 제가 전에도 거듭 호소했듯이, 우리 중국 형제자매들에게는, 그런 선전에 휘둘리지 말고 공평하게 티베트에 대한 사실을 찾을 수 있도록 노력해서, 우리 사이의 분열을 막을 것을 다시 한번 촉구합니다. 티베트인은 중국인과의 우정을 위해 계속 노력해야 합니다.

50년간의 망명 생활을 돌아보면, 우리는 많은 우여곡절을 겪었습니다. 하지만 티베트 문제가 생생하게 살아 있고 이에 대한 국제사회의 관심이 커지고 있다는 사실은 분명한 성과입니다. 이런 관점에서 볼 때, 우리가 계속해서 진리와 비폭력의 길을 걷는다면 티베트 대의의 정의가 승리할 것이라고 저는 믿어 의심치 않습니다.

망명 50주년을 기념하면서 가장 중요한 것은 우리 망명 티베트인을 받아들인 국가들의 정부와 국민에게 깊은 감사를 표하는 일입니다. 우리는 우리를 받아들인 이런 국가들의 법을 준수할 뿐만 아니라, 그들의 자산이 될 수 있도록 처신하고 있습니다. 마찬가지로 우리는 티베트의 대의를 실현하고 티베트의 종교와 문화를 지키기 위해 노력하면서, 과거의 경험에서 배우면서 미래의 전망과 전략을 짜야 합니다.

저는 항상 우리가 최선을 바라면서도 최악을 대비해야 한다고 말하곤 합니다. 세계적 시각에서 바라보든 중국 내 상황의 맥락에서 보든, 우리가 티베트 문제를 조속히 해결하기를 원하는 이유가 있습니다. 하지만 티베트 투쟁이 장기화될 때를 대비해서 우리도 준비를 잘해야 합니다. 이를 위해서는 자녀 교육과 다양한 분야의 전문가 양성에 중점을 두어야 합니다. 우리는 또한 자연환경과 건강에 대한 인식을 높이고, 일반 티베트인 사이에서 비폭력적인 방식에 대한 이해와 실천을 증진시켜야 합니다.

저는 이 자리를 빌려서, 인도의 지도자와 국민, 인도 중앙 정부와 주 정부에 대해 진심으로 감사를 표하고 싶습니다. 그들은 어떠한 문제나 장애에 직면해서도, 지난 50년 동안 망명 중인 티베트인에게 귀중한 지원과 도움을 주었습니다. 그들의 친절함과 관대함은 헤아릴 수 없을 만큼 큽니다. 저는 또 국제사회의 지도자, 정부, 일반 시민,

다양한 티베트 지원단체의 아낌없는 지원에 감사를 표합니다.

모든 생명이 평화와 행복 속에서 살기를 기원합니다.

77. 티베트 본토의 탄압

- 티베트민족봉기 51주년 기념일의 성명, 다람살라, 2010년 3월 10일 -

오늘, 우리는 1959년 티베트인이 중국 공산당의 탄압에 맞서 평화적으로 봉기한 이후 51주년을 맞이했습니다. 동시에 2008년 3월 티베트 전역에서 평화로운 시위가 일어난 지 2주년을 맞이합니다. 이 자리를 빌려서 티베트를 위해 목숨을 바친 영웅적인 남녀 티베트인에게 경의를 표하고, 지금도 티베트에서 여전히 억압당하고 있는 이들의 고통이 조속히 끝나도록 기도합니다.

티베트인은 수십 년에 걸쳐 당한 엄청난 고난에도 불구하고, 용기와 결의를 꿋꿋이 지킬 수 있었고, 자신들의 자비로운 문화를 보존하고 고유의 정체성을 유지할 수 있었습니다. 오늘날 티베트인의 새로운 세대가 티베트의 정당한 대의가 살아 있도록 계속 유지하고 있다는 점은 고무적입니다. 저는 공포와 억압을 여전히 견디는 동포들의 용기에 경의를 표합니다.

어떤 상황에 처하든지, 여러 민족 사이에 평등, 조화, 단결을 유지하는 것, 또 동시에 티베트 특유의 정체성과 문화를 지켜나가는 것은 모든 티베트인의 책임입니다. 티베트 본토에서 수많은 티베트인은

634

당, 정부, 군대 등 많은 책임 있는 자리에서 일하면서, 그들이 할 수 있는 모든 방식으로 동포들을 돕고 있습니다. 우리 망명 정부는 수많은 티베트인이 지금까지 긍정적인 기여를 해 온 것을 알고 있고, 티베트가 미래에 명실상부한 자치를 성취할 때, 그들은 분명히 그런 책임을 계속 완수해야 할 것입니다.

다시 한번 말씀드립니다. 티베트 이슈가 해결될 때가 오면, 저는 어떤 정치적인 지위도 맡지 않을 것이고, 티베트 망명 정부의 멤버는 티베트 본토의 정부 내에서 어떤 직위도 맡지 않을 것입니다. 저는 과거 반복해서 이 점을 분명히 밝혀 왔습니다. 망명 티베트인의 상황과 염원을 이해하기 위해서, 저는 티베트 자치구의 여러 지역에서 일하는 티베트인 관리들을 자유세계에서 살고 있는 망명 티베트 공동체에 초대하고 있습니다. 공적이든 사적이든 자신의 눈으로 망명 티베트인의 상황을 보라는 것입니다.

우리 망명 티베트인이 어디에 정착했든, 우리는 그곳에서 우리 고유의 문화적·영적 전통을 보존하고 육성시킬 수 있었습니다. 동시에 티베트의 대의에 대한 자각을 일으켰습니다. 다른 난민들과는 달리, 우리 망명 티베트인은, 아이들에게 건전한 현대 교육을 시키면서도 전통 가치에 따라서 우리 아이들을 양육할 수 있었기 때문에, 난민으로서 상대적으로 성공했습니다. 망명지에 티베트 불교의 4대 주요 학파와 본교의 본부도 모두 망명 하에 있으므로, 종교 훈련과 실천을 위한 다양한 교육기관을 재구축할 수 있었습니다. 이런 교육기관에서는 1만 명이 넘는 비구들과 비구니들이 자유롭게 면학에 힘쓸 수 있습니다. 우리는 티베트에서 계속해서 건너오는 비구와 비구니,

그리고 학생들에게 교육의 기회를 곧바로 제공할 수 있었습니다. 동시에 동·서양에서 티베트 불교가 전례 없이 확산되고 있고, 미래에 계속해서 번성할 것이라는 전망이 있는데, 이런 확산과 전망은 티베트 불교가 존속할 것이라는 희망을 우리에게 주고 있습니다. 이는 티베트 역사에서 가장 중요한 시기에 살아가는 우리에게 위로가 됩니다.

현재, 중국 지도부는 티베트 본토의 여러 사원에서 '애국재교육' 캠페인 등 다양한 정치 캠페인을 벌이고 있습니다. 중국 지도부는 평화 속에서 불교를 배우고 실천하는 기회를 비구와 비구니로부터 박탈하고, 감옥에 있는 것과 같은 생활을 강요하고 있습니다. 이런 상황은 사원을 박물관처럼 기능하게 해서, 의도적으로 티베트 불교를 말살하려고 하는 것입니다.

자비와 비폭력이라는 불교적 가치들에 기초한 티베트 문화는 티베트인만이 아니라, 중국인을 포함한 전 세계 사람들에게 도움을 줍니다. 따라서 우리 티베트인은 물질적인 발전만을 희망해서는 안 됩니다. 바로 이런 이유로 티베트 본토 내외의 모든 티베트인이 우리의 전통적인 가치에 맞춰서 현대 교육을 확장해야 합니다. 무엇보다도, 될수록 많은 수의 티베트 청년들이 이 분야의 숙련된 전문가가 되도록 노력해야 합니다.

티베트인은 모든 민족의 사람들과 우호적인 관계를 유지하는 것이 중요하듯이, 자신들 사이에서도 그런 관계를 유지하는 것이 중요합니다. 티베트인은 서로 사소한 분쟁에 휘말려서는 안 됩니다. 저는 그 대신 인내와 이해심으로써 모든 차이를 해소할 것을 간곡히 호소합니다.

중국 정부가 인정하든 않든 티베트 본토에 심각한 문제가 존재합니다. 전 세계가 주지하듯이, 티베트 본토에 엄청난 수의 중국군이 주둔하고 여행제한이 있다는 사실이 이것을 증명하고 있습니다. 이는 중국과 티베트 쌍방에 좋은 일이 아니므로, 우리는 전력을 다해 그 문제를 해결하도록 노력해야 합니다. 저는 30년 이상, 중국과 티베트 쌍방에 이로운 중도 어프로치를 통해서 티베트 이슈를 해결하기 위해 중화인민공화국과 대화를 갖고자 최선을 다해 왔습니다. 저는 티베트 의 염원이 중화인민공화국의 헌법과 민족 지역 자치법에 부합한다는 것을 분명히 밝혔지만, 구체적인 결과는 얻지 못했습니다. 현재의 중국 지도부의 태도로 판단해 보면, 조만간 어떤 성과를 얻을 희망은 거의 없습니다. 하지만, 대화를 원한다는 우리의 자세에는 변함이 없습니다.

중국과 티베트 쌍방에 유익한 중도 어프로치와 티베트 투쟁이 가지고 있는 정당성에 대해 우리는 자부심과 만족을 느낍니다. 해마다 정치적·영적 지도자들이 점점 더 많이 이해하고 지지해 준다는 점에서 그렇습니다. 여기에는 미국 대통령, 저명한 NGO 단체들, 국제사회, 특히 중국 지식인들이 포함되어 있습니다. 티베트 이슈는 중국인과 티베트인 사이의 분쟁이 아니라, 중국 공산당 지도부의 극좌파 정책에 기인하는 문제라는 점이 분명합니다.

2008년 티베트에서 시위가 일어난 이래, 중국 내외의 중국 지식인들 이 티베트 문제에 대해 800편 이상의 편견 없는 기사를 써 왔습니다. 제가 해외여행 중 어디를 가든, 일반적인 중국인, 특히 지식인이나 학생을 만나면, 그들은 진지한 동정심과 지지를 보냅니다. 중국과 티베트 문제는 결국 양국 국민 스스로가 해결해야 합니다. 그래서 저는 우리 사이에 상호 이해를 얻을 수 있을 때마다, 중국인에게 접근하도록 노력했습니다. 따라서 어디에 살건 티베트인이 중국인과 친근한 관계를 만드는 것, 그리고 티베트의 대의라는 진리와 티베트의 현재 상황에 대해 그들에게 알려주는 것이 중요합니다.

큰 고난과 탄압이 증가했던 동투르키스탄의 인민들, 그리고 보다 큰 자유를 위해 운동하다가 중형을 선고받은 중국 지식인들을 함께 기억합시다. 저는 그들과 연대감을 표하고 싶고, 그들과 나란히 굳건히 서고 싶습니다.

13억 중국인이 자국과 다른 지역에 대한 정보에 자유롭게 접근할 수 있어야 하고, 표현의 자유와 법치도 모두 필수적입니다. 만일 중국 내부의 투명성이 높아진다면, 신뢰도 높아지고, 이런 신뢰는 또 조화, 안정, 진보를 촉진하는 적절한 토대가 될 것입니다. 바로 이런 이유로 관계자 전원이 이런 방향으로 노력을 기울여야 합니다.

티베트인의 자유로운 대변자로서 저는, 우리의 근본적인 염원을 중화인민공화국 지도자들에게 반복해서 말했습니다. 그들의 긍정적인 반응이 없어서 유감입니다. 중국의 현 지도부는 강경노선을 고수한다고 해도, 국제무대에서 일어나는 정치적 변화만이 아니라 중국 국민의 관점 변화로 판단하건대, 진실이 이길 날이 올 것입니다. 따라서 각자 인내심을 갖고 포기하지 않는 것이 중요합니다.

중국 정부는 제5회 티베트 공작工作 좌담회에서 미래의 진보와 발전을 확보하기 위해 티베트 전역에서 통일적으로 정책을 실시한다는 새로운 결정을 내렸는데, 우리는 이 결정을 인정합니다. 원자바오

(溫家宝) 총리도 최근의 국가인민대표대회의 연차 회의에서 이것을 거듭 강조했습니다. 이는 티베트 전역에 걸친 단일 행정부에 대한 우리의 거듭된 희망에 부합합니다. 마찬가지로 티베트 지역, 특히 유목과 농경 지역에서 일어난 개발사업에 감사하는 바입니다. 하지만 그런 진보가 귀중한 우리 문화와 언어 그리고 티베트고원의 자연환경을 훼손하지 않도록 우리는 경계해야 합니다. 티베트고원의 자연환경은 아시아 전체의 안녕과 연결되어 있습니다.

이 자리를 빌려서, 저는 세계 각국 지도자, 지식인, 그리고 대중 여러분, 티베트 지원단체의 모든 분, 그리고 중국 정부의 압박과 핍박을 받으면서도 진실과 정의를 품고 티베트의 대의를 계속 지지하고 있는 모든 분에게 심심한 감사의 말씀을 드리고 싶습니다. 무엇보다도 인도 중앙 정부, 그리고 여러 주 정부와 인도 국민의 아낌없는 지속적인 지원에, 마음으로부터의 감사함을 표하고 싶습니다.

마지막으로, 저는 모든 생명의 행복과 안녕을 위해 기도합니다.

78. 정치적 권한의 이양

- 티베트민족봉기 52주년 기념일의 성명, 다람살라, 2011년 3월 10일 -

오늘, 우리는 1959년 티베트 수도 라싸에서 티베트인이 중국 공산당의 탄압에 맞서 평화적으로 봉기한 이후 52주년을 맞이했습니다. 동시에

2008년 3월 티베트 전역에서 일어난 비폭력 시위 3주년이 되었습니다. 이 자리를 빌려서 저는 티베트의 정당한 대의를 위해 목숨을 바친 용감한 남녀 티베트인에게 경의를 표하고 또 그들을 위해 기도합니다. 티베트에서 여전히 억압당하고 있는 이들과 연대를 표하고, 모든 생명의 안녕을 위해 기도합니다.

  60년 이상, 티베트인은 자유를 박탈당하고, 공포와 불안에서 살아가고 있음에도 티베트 민족 고유의 정체성과 문화적 가치를 유지할 수 있었습니다. 결과적으로, 자유로웠던 티베트의 경험이 없는 새로운 세대들은 티베트의 대의를 전진시키는 데 용감하게 책임을 져 왔습니다. 그들은 티베트인의 강인함을 상징적으로 보여주고 있으므로 칭찬할 만한 일입니다.

  지구는 인류에 속하고, 중화인민공화국은 13억 국민에 속합니다. 중국 국민에게는 국내와 해외에서 일어나는 여러 사태에 대한 진실을 알 권리가 있습니다. 국민이 충분히 알게 되면, 그들은 선악을 구분할 능력을 갖게 됩니다. 검열과 정보 제한은 기본적인 인간의 고귀함에 대한 모욕입니다. 예를 들면, 중국의 지도자들은 공산주의 이데올로기와 그 정책이 옳다고 간주합니다. 만일 정말로 옳다면, 이들 정책을 자신 있게 공표해야 하고, 정밀한 검토를 받아야 합니다.

  세계 최대의 인구 보유국인 중국은 세계강대국으로 부상하고 있는데, 저는 중국이 이뤄온 경제 발전을 존경합니다. 중국은 인간의 진보와 세계평화에 기여할 거대한 잠재력을 가지고 있습니다. 그러나 기여하기 위해서는 중국은 국제사회의 존경과 신뢰를 얻어야 합니다. 그런 존경을 얻기 위해, 중국 지도자들은 투명성을 높여야 하고,

말과 행동을 일치시켜야 합니다. 이를 보장하기 위해, 표현의 자유와 언론의 자유는 필수입니다. 이와 유사하게, 통치체제에서의 투명성은 부패를 견제하는 데 도움이 됩니다. 최근, 중국은 점점 더 많은 지식인들이 정치적 개혁과 더 큰 개방을 요구하고 있습니다. 원자바오 총리도 정치적 개혁과 개방성에 대해 지지를 표시했습니다. 이것들은 유의미한 조짐이어서, 저는 환영하는 바입니다.

중화인민공화국(PRC)은 언어와 문화의 다양성으로 풍성해진 다민족 국가입니다. 각 민족의 언어와 문화 보호는 중화인민공화국의 정책의 하나이고, 헌법에 명시되어 있습니다. 티베트어는 부처님 가르침 전체를 보존하고 있는 유일한 언어로서, 티베트인이 인도 날란다 사원으로부터 물려받은 논리와 지식에 대한 이론(인식론)의 텍스트도 포함하고 있습니다. 티베트어는 이성과 논리의 지배를 받는 지식 체계로서, 모든 생명의 평화와 행복에 기여할 수 있는 잠재력을 지녔습니다. 따라서 그런 문화를 보호하고 발전시킬 정책이 아니라, 그것을 훼손할 정책은 결국 인류의 공동 자산을 파괴하는 것과 같습니다.

중국 정부는 티베트의 안정과 발전이 티베트의 장기적인 안녕의 토대라는 점을 자주 발언해 왔습니다. 하지만 중국 당국은 티베트 전역에 대규모의 군대를 주둔시키면서, 티베트인에 대한 규제를 강화하고 있습니다. 티베트인은 지속적인 공포와 불안 속에서 살고 있습니다. 최근에는 많은 티베트 지식인, 저명인사, 환경론자들이 티베트인의 기본적인 염원을 명확하게 표현했다는 이유로 처벌받았습니다. 그들은 실제로는 티베트인의 정체성과 문화유산을 말했을 뿐인데,

소위 '국가전복'이라는 혐의로 투옥되었습니다. 이와 같은 억압적인 조처는 단결과 안정을 해칩니다. 마찬가지로 중국 국내의 중국인, 즉 인민의 권리를 옹호하는 변호사, 독립 작가, 인권 운동가들이 체포되었습니다. 저는 중국 지도자들에게, 이와 같은 전개 과정을 재평가하고 이런 양심수들은 즉시 석방하기를 강력하게 촉구하는 바입니다.

중국 정부는 티베트에 달라이 라마의 개인적 특권과 지위의 문제 이외에 아무 문제가 없다고 주장합니다. 실제, 티베트인에 대한 지속적인 탄압은, 현재의 공식 정책에 대한 광범위하고 깊은 분노를 불러일으키고 있습니다. 각계각층의 사람들은 종종 불만을 표명하고 있습니다. 티베트 본토에 문제가 있다는 것은, 중국 당국이 티베트인을 신용하지도 않고, 충성심을 얻지도 못하고 있다는 사실에 반영되어 있습니다. 그 대신 티베트인은 지속적인 의심과 감시 아래에서 살아갑니다. 티베트를 방문한 중국인과 외국인 관광객들은 이런 암울한 현실을 입증하고 있습니다.

따라서 우리가 1970년대 후반 그리고 1980년대 초반에 걸쳐서, 망명 티베트인 중에서 진상조사단을 티베트 본토에 파견할 수 있었듯이, 이번에도 우리는 유사한 방문을 제안합니다. 동시에 의원단을 포함해서, 독립적인 국제기구의 대표들을 파견할 것을 장려하는 바입니다. 만일 그들이 티베트 본토의 티베트인이 행복하다는 점을 발견한다면, 우리는 그것을 기꺼이 수용할 것입니다.

1950년대 초, 마오의 지도 아래에 충만했던 현실주의 정신에 이끌려, 중국은 티베트와 17개조협정을 체결했습니다. 1980년대 후야오방 집권 시기에 유사한 현실주의가 다시 한번 유행했습니다. 만일 그런 현실주의가 지속되었다면, 티베트 문제는 물론 다른 몇 가지 문제도 간단히 해결되었을 것입니다. 불행하게도 보수적인 견해들이 이런 정책들을 탈선시키고 말았습니다. 그 결과는 60여 년 이후, 문제는 점점 더 다루기 어렵게 되었습니다.

티베트고원은 아시아의 주요 강들의 원천입니다. 남극과 북극을 제외하고 티베트고원에 빙하가 가장 많이 집적되어 있으므로, 제3극으로 간주되고 있습니다. 티베트의 환경 악화는 아시아의 대부분, 특히 중국과 인도 아대륙에 악영향을 줄 것입니다. 중국 국민만이 아니라 중국 중앙 정부와 지방 정부도 티베트 환경의 악화를 인식하고, 티베트 환경을 보호하는 지속 가능한 조처를 내놓아야 합니다. 티베트고원에서 일어나는 환경 문제에 영향을 받는 사람들의 생존을 고려하라고 저는 중국에 호소하는 바입니다.

티베트 이슈를 해결하려는 우리의 노력에서, 우리는 티베트와 중국 쌍방에 이익이 되는 중도 어프로치를 일관되게 추구해 왔습니다. 이 정책은 중화인민공화국 내에서 티베트인의 진정한 자치를 추구하는 것입니다. 중국의 중앙 통일전선공작부와의 회담에서, 우리는 티베트인의 희망과 염원을 자세하고 분명하게 설명했습니다. 우리의 합리적인 제안에 대해 긍정적인 반응은 전혀 없었습니다. 그래서 우리는 이런 제안이 중국 정부 상층부에 완전하고 정확하게 전달되었는지 의심하게 되었습니다.

고대로부터 티베트인과 중국인은 이웃으로 살아왔습니다. 우리 사이에 있는 해결되지 않은 간극이 우리의 오래된 우정을 해친다면 이는 잘못된 것입니다. 해외에서 살아가는 티베트인과 중국인 사이에 선린 관계를 증진하기 위해 현재 특별한 노력을 기울이고 있습니다. 이런 노력이 우리 사이에 더 나은 이해와 우정을 향상시켜 왔다는 점에 대해 저는 행복합니다. 티베트 본토의 티베트인도 중국인 형제자매들과 양호한 관계를 발전시켜야 할 것입니다.

최근 몇 주간, 우리는 북아프리카의 여러 지역 및 다른 지역에서 자유와 민주주의를 위한, 놀랄 만한 비폭력 투쟁을 목격해 왔습니다. 저는 비폭력과 민중의 힘을 확실하게 믿는 사람입니다. 이런 사건들은 단호한 비폭력적 행위가 실제로 긍정적인 변화를 초래할 수 있음을 다시 한번 보여주었습니다. 우리는 모두 이런 고무적인 변화가 이런 나라에 사는 국민의 진정한 자유, 행복, 번영으로 이어지기를 희망해야 할 것입니다.

제가 어린 시절 이래 품어 왔던 염원의 하나는 티베트의 정치적·사회적 구조의 개혁이었습니다. 그리고 제가 티베트에서 달라이 라마로서 실질적인 권력을 가지고 있었던 수년 동안, 저는 몇몇 근본적인 변화를 이룰 수 있었습니다. 제가 티베트에서 이를 더 진행시킬 수는 없었지만, 우리가 망명한 이후 이를 위해 전력을 다했습니다. 현재 망명 티베트인 헌장의 테두리 안에서 총리(칼론 티빠), 정치 지도부, 인민 대표가 인민에 의해 직접 선출되었습니다. 우리는 열린 사회의 기준에 맞춘 망명 민주주의를 실현할 수 있었습니다.

1960년대 초반 이후, 저는 '제가 권력을 이양할 수 있는 지도자, 티베트 인민들에 의해 선거에서 자유롭게 선출된 지도자가 필요합니다'라는 것을 여러 번 강조해 왔습니다. 이제 우리는 이를 실행할

644

시기에 도달했음이 분명합니다. 2011년 3월 14일에 시작하는 제14차 망명 티베트 대표자의회의 11기 중에, 저는 망명 티베트인 헌장에 대한 필수 수정안을 정식으로 발의하고, 선출된 지도자에게 저의 공적 권한을 이양할 것이라는 저의 결의를 그 헌장에 반영할 것입니다.[15]

제가 제 의도를 명확히 한 이래, 저는 티베트 내외로부터 정치적 리더십을 계속해서 발휘해 달라는 진지한 요청을 여러 번 받아 왔습니다. 제가 권력 이양을 원하지만 이로써 책임을 회피하려는 것은 아닙니다. 그것은 장기적으로 티베트인에게 이익을 주기 위한 것입니다. 제가 낙담해서 권한을 이양하는 것은 아닙니다. 티베트인은 저에게 믿음과 신뢰를 주고 있습니다. 그래서 저는 그중 한 사람으로 티베트의 정당한 대의를 위해 제 역할을 수행하는 데 전념하고 있습니다. 저는 인민들이 제 의도를 차차 이해하고 제 결정을 지지할 것이고, 따라서 결정이 실행으로 옮겨질 것이라고 믿고 있습니다.

이 기회를 빌려서 저는 정의를 소중히 여기는 각국 지도자, 국회의원, 지식인 여러분의 친절함을, 그리고 티베트인을 꿋꿋하게 지원해 온 티베트 후원단체 여러분의 친절함을 기억하겠습니다. 특히 우리 티베트인이 자신들의 종교와 문화를 유지·촉진하도록, 그리고 망명

15 3월 14일, 달라이 라마 성하는 티베트 대표자의회에 칙서를 보내고, 정치적 권력의 이양을 요청했다. 5월 29일, 성하는 직접 선거로 선출된 지도자에게 정치적 최고지도자로서의 권한을 완전히 이양하고, 368년간 지속되었던 티베트 성속 양면에서의 최고지도자로서의 달라이 라마 제도에 종지부를 찍었다. 『ダライ・ラマ 聲明 1961-2011』, 고이케 미와 역. p.290 참조. (역주)

티베트인의 복지가 보장되도록 끊임없이 도와준 인도 국민, 인도 정부, 인도 주 정부들의 친절과 한결같은 성원을, 우리 티베트인은 항상 기억할 것입니다. 저는 그들 모두에게 진심으로 감사를 드립니다.

모든 생명의 안녕과 행복을 위해 기도하면서.

6부

. . .

보편적 책임감

79. 폭력 대 폭력

- 사형제 폐지를 위한 국제연맹의회 연설, 유럽의회,
브뤼셀, 1993년 12월 9~10일 -

인간과 동물을 포함한 모든 생명체는 행복을 추구하고 고통을 피하려고 합니다. 그런 점에서 우리 모두는 동일합니다. 실제로 우리는 행복을 추구하고 고통을 피할 권리가 있습니다. 하지만 우리가 행복을 추구할 때, 우리는 우리에게 이익이 되고 타인에게도 이익이 되도록 현명한 결정을 해야 합니다.

인간의 생명은 특히 소중합니다. 이것은 불교에서만이 아니라 대부분의 종교와 철학에서도 강조됩니다. 불교에 따르면, 한 생명이 인간으로 환생한다는 것은 드물고도 어렵습니다. 그런 좋은 기회는 영적 해방으로 나아가는 긴 여정에 있어서 자신의 선과 타인의 선을 위해 충분히 활용되어야 합니다.

우리는 우리의 삶을 영위하면서, 종종 자신이나 타인을 해치는 잘못된 결정을 합니다. 무지에서 그렇게 합니다. 우리는 어떤 행동이 우리에게 행복을 가져다줄 것이라고 생각하지만, 실제로 그것은 우리에게 고통을 줍니다. 이기심, 탐욕, 증오, 자만심 같은 느낌들은 때때로 우리에게 도움이 되고 뭔가 행복을 가져다 줄 것이라는 잘못된 신념을 가지게 하여 다른 사람을 해치게끔 합니다. 실제로 그것은 우리 행위의 희생자에게도, 우리 자신에게도 고통을 줍니다. 그것은 우리 마음의 평화를 심각하게 방해하고, 우리 자신의 고통을 위한

650

조건을 만듭니다.

인간은 함께 살아가야 하고, 여러 가지 필수적인 방식으로 서로 의존해서 살아갑니다. 따라서 우리는 인간사회에서 서로 평화롭고 조화롭게 살아가도록, 도덕적 행동 규범이 필요합니다. 종교와 철학은 이런 행동 규범을 발전시키고 설명하고, 고취해야 하는 기능을 가지고 있습니다. 정치적 사회 역시 법적 규칙들을 만들지만, 법적 규칙들이 때로는 도덕 규칙에 근거하기도 하고, 때로는 도덕 규칙을 어기기도 합니다. 모든 나라의 법체계 하에서 범죄 행위는 당국에 의해 처벌받습니다.

무엇이 범죄 행위로 간주되는지는 국가마다 크게 다릅니다. 어떤 국가에서는 인권을 주장하는 것이 범죄로 간주되지만, 다른 국가에서는 언론의 자유를 방해하는 것이 범죄로 간주됩니다. 범죄에 대한 처벌 또한 아주 다르지만, 보통 다양한 형태의 투옥이나 압제, 처벌을 포함하고 있습니다. 어떤 국가에서는, 정부가 아주 심각하다고 간주하는 범죄들에 대해 죄를 범한 사람을 사형에 처하기도 합니다.

타인을 해친다는 것이 나쁘다는 것은 말할 것도 없습니다. 그런 죄를 방지하고 피해자를 보호하기 위해, 법적으로 강제할 규칙은 물론 있어야 합니다. 처벌은, 다른 잠재적인 범죄자들에게 죄를 범하지 말라고 경고하고, 범죄를 범했던 자가 다시 범죄를 저지르지 못하게 하므로, 일종의 예방책이라 할 수 있습니다. 이런 식으로 처벌은 그 본질적인 기능을 합니다. 하지만 만일 주로 증오의 감정을 충족시키기 위해 또는 희생자나 사회가 범죄자에게 복수하기 위해 처벌이 가해진다면, 그런 처벌은 정당화될 수 없습니다. 그런 유형의 처벌이 희생자와 다른 사람들의 아주 중요한 심리적인 필요를 충족시키고, 〔그들에게〕당국에 의해서 정의는 행해졌다고 말할 수는 있겠지만, 다른 사람에게 고통을 가하는 것은 이미 가해진 고통을 가중시킬 뿐, 관련 당사자 그 누구의 행복의 가능성을 높여주는 것은 아닙니다. 복수가 아니라 용서의 관념이 고취되고 발전되어야 합니다. 이것은 대다수의 주요 종교 및 인본주의 철학자들에 의해 강조되고 있습니다.

사형제도는 예방기능을 다하지만, 분명히 복수의 한 형태이기도 합니다. 그것은 어떤 의미에서는 최종적인 것이기 때문에 특별히 엄한 형벌입니다. 인간의 생명은 끝나게 되고, 처형당한 사람은 변화한다든지 이미 가해진 피해를 회복〔복구〕한다든지, 보상한다든지 하는 기회도 얻지 못합니다.

불교도에게 있어서 어떤 생명체의 목숨이라도 앗아가는 것은 죄입니다. 그것이 벌레여도 그렇습니다. 인간의 생명—자신을 계발할 귀중한 기회를 제공하는 인간 생명—을 앗아가는 것은, 그 행위의 책임자에게 아주 심각한 업보를 갖고 올 것입니다. 가해자를 죽이는 일이 죄의 문제를 해결하는 것은 아닙니다. 교육을 통해 그리고 보편적 책임감의 확립을 통해 친절과 자비를 고취하는 일만이 결국 상황을 개선할 것입니다.

오늘날 많은 사회에서 교육을 거의 중요하게 여기지 않습니다. 오락과 사회 프로그램에서도 이런 핵심 가치의 계발에 대해 거의 중요성을 부여하지 않습니다. 실제로 우리가 텔레비전 프로그램을 예로 들면, 살인을 포함한 폭력이 오락성이 높습니다. 이는 잘못된 방식을 따르고 있음을 보여줍니다.

저는 사람은 본성상 폭력적이지 않다고 믿습니다. 그래서 사람은 공격하고 죽이기 위한 날카롭고 긴 이빨을 가지고 있지 않습니다. 사람은 주로 환경과 상황의 결과로 폭력적이 됩니다. 폭력과 그 밖의 범죄에 대응하는 방식으로서 폭력을 수용하는 것은, 의도와는 정반대의 결과를 가져올 수 있습니다. 저지른 죄가 아주 흉악한 경우 그런 범법자를 죽이는 것은 타인에 대한 잠재적 위협을 제거하는 단기간의 목표에는 기여합니다. 그러나 그것은 범죄와 폭력을 줄인다는 장기적인 목표, 훨씬 중요한 목표에는 기여하지 못합니다. 많은 나라에서 정치적인 '범죄' 때문에도 사람들이 처형당합니다. 그것은 사회에 아주 나쁩니다. 사형은 범죄라는 문제의 해결책이 아니라, 대부분의 경우 사형은 복수와 살인이 정당하다는 관념을 부추기는 데 기여합니다. 마하트마 간디가 믿었듯이, 폭력은 더 많은 폭력을 낳고, 사형은 폭력의 한 형태입니다.

저는 모든 사람이 자비, 친절, 비폭력의 길에서, 선한 마음을 계발하는 방향으로, 아동과 성인을 교육할 수 있는 긍정적인 길을 진지하게 생각했으면 합니다. 우리 사회는 이런 길로 가기 위해 많은 노력을 기울이지 않지만, 그것이야말로 전진하는 유일한 길입니다.

80. 보편적 책임감과 환경

- 자연보호협회에서의 연설, 이스라엘, 1994년 3월 22일 -

20세기가 저물어가는 지금, 세계가 더 작아졌다는 것을 느낍니다. 세계의 사람들은 거의 하나의 공동체가 되었습니다. 즉 정치·군사 동맹은 커다란 다국적 그룹을 만들었고, 산업과 국제무역은 하나의 글로벌 경제를 만들었습니다. 전 세계의 통신은 거리, 언어, 인종이라 는 오래된 장벽을 허물었습니다. 우리는 우리가 직면하고 있는 심각한 문제 속으로 끌려 들어가고 있습니다. 그 문제에는 인구과잉, 자연자 원의 감소, 공기, 물, 나무를 위협하는 환경 위기가 포함되어 있습니다. 환경 위기는 또 우리가 공유하는 이 작은 행성 위에 사는 모든 존재의 토대인 수많은 아름다운 생명체도 위협하고 있습니다.

저는 우리 시대의 도전에 응전하기 위해, 인간은 더 큰 보편적 책임감을 길러야 한다고 믿습니다. 우리 각자는 자기 자신, 가족, 나라를 위해서만이 아니라, 인류 전체의 이익을 위해 일하는 방법을 배워야 합니다. 보편적 책임은 인류의 생존을 위한 진정한 열쇠입니 다. 그 책임은 세계평화, 자연 자원의 공평한 사용을 위한 토대이면서, 미래 세대를 위한 환경의 적절한 보호를 위한 토대이기도 합니다.

바로 이런 이유로 여러분들과 같은 비정부조직을 보면 힘이 됩니다. 더 나은 미래를 만드는 일에 여러분이 담당한 역할이 꼭 필요합니다. 동료 인간들에 대한 진지한 배려에서 나온 헌신적인 자원봉사자들이 세운 단체를 많이 보아왔습니다. 그 책무는 사회적, 환경적 진보의 최전선이라 할 수 있습니다.

좋든 싫든, 우리는 하나의 거대한 가족의 일원으로 태어났습니다. 부유하든 가난하든, 교육을 받든 받지 않았든, 우리는 각자 하나의 국가, 종교, 이념에 속해 있으면서, 궁극적으로 다른 모든 사람과 마찬가지로 한 사람의 인간입니다. 우리는 모두 행복을 바라고, 고통을 원치 않습니다. 나아가서, 우리 각자는 행복을 추구하고 고통을 피할 동일한 권리를 가지고 있습니다. 여러분이 모든 존재가 이런 점에서 동등하다는 점을 인정한다면, 저절로 그들에게 공감하고 친근함을 느낄 것입니다. 바로 여기에서 진정한 보편적 책임감이 생깁니다. 타인들이 그들 자신의 문제를 극복하도록 능동적으로 돕고 싶다는 소망도 생깁니다.

현대 생활의 모든 면에서 보편적 책임감의 필요성이 존재합니다. 오늘날, 세계의 한 지역에서 중요한 사건들은 결국 지구 전체에 영향을 미칩니다. 그러므로 우리는 각각의 주요 지역 문제를 그것이 시작되는 순간부터 세계적인 관심사의 하나로 다루어야 합니다. 우리를 갈라놓는 국가적, 인종적, 이념적 장벽을 발동하면 반드시 파괴적인 영향이 생깁니다. 우리의 새로운 상호의존의 맥락에서 보면, 타인의 이익을 고려하는 것이 분명히 자기 이익의 가장 좋은 형태입니다.

우리는 자연 속에서의 상호의존을 우리가 과거에 한 것보다 훨씬 더 높이 평가할 필요가 있습니다. 상호의존에 대한 우리의 무지야말로 우리가 직면하고 있는 많은 문제에 직접 책임이 있습니다. 가령, 단순히 소비주의를 부추기기 위해 우리 세계의 제한된 자원의 이용, 특히 개발도상국 자원의 경우는 처참한 지경입니다. 만일 이런 일이

견제 없이 지속되면, 우리는 모두 결국 고통을 당할 것입니다. 우리는 생명의 미묘한 균형을 존중해야 하고, 생명 스스로 회복할 수 있도록 해야 합니다.

상호의존에 대한 무지는 자연환경뿐만 아니라 인간사회에도 해를 끼쳤습니다. 서로를 배려하기보다는, 우리는 개인적인 물질적 소비를 추구하며 행복하려고 우리의 노력을 대부분 쏟습니다. 우리가 이런 걸 추구하는 데 너무나 몰두한 나머지, 우리는 알지도 못한 사이에 사랑, 친절, 협력, 곧 인간에게 가장 필요한 것들의 양성을 게을리했습니다. 우리는 그저 물질적이기만 한 피조물이 아니므로, 외면적 발전만의 충족을 추구하는 것은 잘못입니다.

성장을 적절히 추구하기 위해, 우리는 많은 분야에서 인간적인 가치에 대한 우리의 책무를 새로이 할 필요가 있습니다. 물론 정치 생활은 윤리적인 토대가 있어야 합니다. 하지만 과학과 종교 역시 도덕적 기반 위에서 추구되어야 합니다. 그것이 없다면 과학자들은 유익한 기술과 단순히 편리한 기술을 구분할 수 없습니다. 우리를 둘러싸고 있는 환경 피해는 이런 혼란의 가장 선명한 결과입니다. 종교의 경우 도덕적 기반은 특히 필요합니다.

종교의 목적은 아름다운 건물을 짓는 것이 아니라 관용, 관대함, 사랑과 같은 긍정적인 인간의 자질을 기르는 것입니다. 그 철학적인 견해가 무엇이든, 모든 세계 종교는 우리가 무엇보다도 이기심을 줄이고 타인에게 봉사해야 한다는 계율에 기초하고 있습니다. 불행하게도 종교라는 이름으로, 사람들은 때때로 다툼을 해결하기보다는 더 만들어 냅니다. 서로 다른 신앙을 수행하는 이들은, 개별 종교 전통이 정신적·영적 건강을 제공하는 수단으로서 무한한 내적 가치를 지니고 있음을 깨달아야 합니다.

저는 이스라엘인과 팔레스타인들 사이에서 평화를 추구하는 최근의 전개 과정을 따라가다가 아주 고무되었습니다. 제 의견으로는, 쌍방이 총을 내려놓고, 마주 보고 대화하는 것이 분쟁을 해결하는 유일한 길입니다. 우리는 모든 사람의 자유를 키우는 비폭력의 방식으로 함께 사는 법을 배워야 합니다.

기독교 성경에 칼을 쟁기로 만든다는 멋진 구절이 있습니다. 그것은 사랑스런 이미지, 즉 무기가 인간의 기본적인 욕구에 봉사하는 도구로 변한다는 이미지인데, 이는 내적·외적 무장 해제의 태도를 상징적으로 보여줍니다. 이런 고대 메시지의 정신을 따라, 우리가 지구 전체의 비무장화라는 만시지탄의 정책의 긴급성을 오늘날 강조하는 것이 아주 중요하다고 저는 생각합니다. 비무장화는 자유롭고 위대한 인간적인 자원을 풀어서 환경보호, 빈곤 구제, 지속가능한 인간 발전에 사용할 수 있게 할 것입니다.

저는 항상 제 조국 티베트의 미래를 바로 이 비무장화에 근거해서 구상해 왔습니다. 티베트는 모든 무기가 금지되고 거기에서 살아가는 사람들이 자연과 조화롭게 살아가는 중립적, 비무장화된 성지가 될 것입니다. 저는 이를 아힘사 지대, 즉 비폭력 지대라고 불러 왔습니다. 이건 단순히 꿈이 아니라, 티베트가 비극적인 침략을 당하기 전 티베트인이 1천 년 이상 살아가려고 했던 바로 그런 방식입니다. 티베트에서는 야생동물도 불교 원칙에 따라서 보호받았습니다. 우리는 환경을 보호하기 위한 법령도 제정했지만, 환경은 어릴 때 우리에게 주입된 신념들에 의해 주로 보호받았습니다.

제가 미래에 대해 낙관적이라는 점을 말하면서 결론을 내리겠습니다. 보다 나은 세계를 실현하기 위한 우리의 잠재력을 보여주는 최근의 경향이 몇 개 있습니다. 지구에 대한 우리 태도의 급격한 변화는 희망의 원천입니다. 10년 전까지는, 우리는 세계 자원들이 무한하듯이 탕진해 왔습니다. 우리는 절제 없는 소비주의가 환경과 사회복지 모두에 막대한 피해를 초래한 사실을 자각하지 못했습니다. 이제 개인과 정부들이 새로운 생태학적, 경제적 질서를 찾고 있습니다.

1980년대까지만 해도 사람들은 전쟁이 인류가 피할 수 없는 조건이라고 믿었다는 것은 사실입니다. 이해가 상반된 사람들은 서로 대립할 수밖에 없다는 생각이 우세했습니다. 이러한 관점은 약해졌습니다. 오늘날, 전 세계 사람들은 여기 중동에서 분명히 알 수 있듯이, 평화적인 공존에 더욱 전념하고 있습니다. 이것은 놀라울 만큼 긍정적인 발전입니다.

수 세기 동안 인간사회는 엄격한 권위주의적 규율에 의해서만 통치할 수 있다고 믿었는데, 세계 각지의 사람들은 민주주의의 미덕을 깨닫게 되었습니다. 그들은 마음으로부터 자유·진실·민주주의에 대한 열망이 인간 본성의 핵심에서 비롯되었음을 보여주었습니다. 최근의 사건들은 간단히 진리를 표현하는 것이 인간 정신의 막강한 힘이고, 그 결과 역사를 형성하는 데 막강한 힘으로 작용한다는 사실을 증명했습니다.

우리 모두에게 가장 큰 교훈 중 하나는 동유럽의 평화적 변화였습니다. 과거에, 억압받는 사람들은 자유를 얻기 위한 투쟁을 하면서 항상 폭력에 의지해 왔습니다. 이제 간디와 마틴 루터 킹의 뒤를 이은 이 평화적 혁명은 미래 세대들에게 성공적인 비폭력적 변화의 엄청난 사례를 보여주었습니다. 미래에 사회를 변화시켜야 할 필요성이 생겼을 때, 우리의 후손들은 1989년을 평화투쟁의 패러다임으로 되돌아볼 수 있을 것입니다. 즉, 6개 이상의 국가와 수억 명의 사람들이 참여하는 전례 없는 규모의 진정한 성공 스토리가 그것입니다.

한편, 인권에 대한 인식도 높아지고 있습니다. 우리의 기본권인 자유와 진실, 민주주의에 대한 인류의 기본적인 욕망을, 조야한 힘으로 결코 억누를 수 없습니다. 사람들은 단순하게도, 괴롭히고, 속이고, 거짓말을 하는 사람이나 시스템을 좋아하지 않습니다. 이런 활동들은 본질적으로 인간의 정신에 반합니다.

이 모든 고무적인 징후들은 기본적인 인간 가치들이 지닌 이익에 대한 새로운 인식을 반영합니다. 우리가 배우기 시작한 교훈 때문에, 다음 세기는 더 친근하고 더 조화롭고 덜 해로울 것입니다. 평화의 씨앗인 자비가 번성할 수 있을 것입니다. 동시에, 저는 모든 개인이 우리의 글로벌 가족을 올바른 방향으로 인도할 책임이 있다고 믿습니다. 선의만으로는 충분하지 않습니다. 우리는 각자가 책임을 다해야 합니다.

앞으로 더 행복하고 더 조화롭고 더 건강한 세상을 만들겠다는 목표가 이뤄지도록, 우리 각자가 할 수 있는 모든 것을 다해 주길 저는 바라고 기도합니다.

81. 인류의 생존과 진보를 위한 보편적 책임감

- 세계인권선언 50주년 기념일 메시지, 다람살라, 1998년 12월 7일 -

전 세계적으로 세계인권선언 채택과 서명 50주년 기념행사가 열린다는 것을 알게 되어 매우 고무적입니다. 또한 유엔 인권고등위원회 사무소가 일반인들도 자신의 권리가 무엇인지 잘 알 수 있도록 전 세계적으로 세계인권선언 본문의 연구와 보급을 장려하고 있다는 사실을 알게 되어 매우 기쁩니다.

자유, 평등, 존엄성을 갈망하는 것은 모든 인간의 본성이기 때문에 인권은 보편적인 관심사이며 인간이라면 그것들을 쟁취할 권리가 있습니다. 우리가 좋든 싫든, 우리는 모두 인류라는 하나의 거대한 가족의 일원으로 이 세상에 태어났습니다. 부자든 가난하든, 교육을 받든 못 받든, 어느 국가나 종교 소속이든, 어느 이념을 고수하든, 궁극적으로 모든 사람은 다 같은 인간입니다. 우리는 모두 행복하기를 원하고 고통을 원치 않습니다.

어떤 정부들은 세계인권선언에 명시된 인권 기준이 서구가 주장하는 기준이며 문화, 사회, 경제 발전의 차이 때문에 아시아와 제3세계 국가에는 적용되지 않는다고 주장해 왔습니다. 저는 이러한 견해에 동의하지 않으며 대부분의 사람들도 마찬가지라고 확신합니다. 저는 세계인권선언에 명시된 원칙이 모든 국민과 정부가 따라야 할 자연법이라고 생각합니다.

저는 티베트나 세계 어느 지역에서 일어나는 인권 침해든 그것에 대한 우려가 확산되어 용기를 얻습니다. 모든 사람이 인권의 크나큰 중요성과 가치를 깨닫게 되었습니다. 그것은 고통받는 많은 사람에게 구원의 희망을 줄 뿐만 아니라 인류의 발전과 성장을 보여주는 지표이기도 합니다. 인권 침해에 대한 우려와 인권 보호를 위한 노력은 현재와 미래 세대 모두를 위한 큰 봉사라고 생각합니다.

21세기의 시작을 불과 1년 앞둔 지금, 우리는 세상이 하나의 글로벌 가족이 되고 있음을 알게 되었습니다. 우리는 즉각 정보를 공유할 수 있는 과학기술의 놀라운 발전에, 그리고 인구과잉, 천연자원 감소, 지구상에서 우리 존재의 근간을 위협하는 환경 위기 등 크고 작은 문제에 함께 이끌리고 있습니다. 인권, 환경보호, 사회적·경제적 평등은 모두 서로 연관되어 있습니다. 이 모든 문제에서, 저는 보편적인 책임감이 인간의 생존과 진보를 위한 열쇠라고 생각합니다. 그것은 또한 세계평화와 인권 증진, 인간 갈등을 해소하는 비폭력과 대화의 정치 문화를 위한 최고의 토대이기도 합니다.

끝으로, 저는 이 기회를 빌려 세계 곳곳의 인권 수호자들에게 깊은 존경과 찬사를 보내고 싶습니다. 이분들은 인권 유린을 기록하고 이를 완화하기 위해 노력함으로써 진정으로 사람들의 삶을 변화시키고 있습니다. 저는 인권 사업과 운동을 일종의 영적인 수행이라고 생각합니다. 인종, 종교, 민족, 이념 때문에 핍박받는 사람들을 옹호함으로써, 여러분은 실제로 우리 인간 가족을 평화, 정의, 존엄성으로 인도하는 데 기여하고 있습니다.

82. 대화와 논의의 세기

- 새천년을 위한 메시지, 2000년 1월 1일 -

많은 사람이 새천년에 대해 들떠 있는 것 같아도, 새천년 그 자체로 특별한 것은 아닐 것입니다. 새천년을 맞이해도 모두 그대로일 것이고 특별한 점은 없을 것입니다. 하지만 우리가 정말로 다가오는 천 년이 인류를 위해 더 행복하고, 더 평화롭고, 더 조화롭기를 바란다면 우리는 그렇게 되도록 노력해야 할 것입니다. 이것은 우리 손에, 특히 우리의 젊은 세대들의 손에 달려 있습니다.

우리는 금세기 동안 매우 파괴적인 일도, 건설적인 일도 많이 겪었습니다. 우리는 이러한 경험을 통해 배워야 합니다. 우리는 다음 천 년을 더욱더 열린 마음과 선견지명을 가지고 보다 전체적으로 접근해야 합니다. 우리가 미래에 더 좋은 세상을 만들기 위해 걸맞은 노력을 한다면, 저는 다음과 같은 문제들이 매우 중요하다고 생각합니다.

물질적 진보와 육체적 안녕을 챙기는 만큼이나, 우리 마음의 평안을 키워서 우리 존재의 내적 측면도 돌보는 데 관심을 가져야 합니다.

보통 학문적 성과만을 다루는 교육과 더불어, 다양한 교육기관에서 공부하는 젊은 세대들의 마음속에 더 큰 애타주의, 타인에 대한 배려와 책임감을 키워야 합니다. 이것은 종교를 수반하지 않고도 이루어질 수 있습니다. 따라서 이것은 친절, 자비, 성실, 정직과 같은 인간의 기본적인 자질로 구성되어 있으므로 이것을 '세속 윤리'라고 부를 수도 있습니다.

지난 세기는 어떤 면에서는 전쟁과 유혈의 세기였습니다. 세계 대부분의 나라들의 방위비 지출이 매년 증가했습니다. 이러한 추세를 바꾸고 싶다면 우리는 자비의 물리적 표현인 비폭력의 개념을 심각하게 고려해 봐야 합니다. 비폭력을 실현하기 위해서는 우선 내부적으로 무장 해제를 한 다음 외부적으로 무장 해제를 진행해야 합니다. 내적인 무장 해제란 폭력으로 이어지는 부정적인 감정을 떨쳐버리자는 뜻입니다. 외적인 무장 해제도 차례차례 단계별로 이루어져야 할 것입니다. 우리는 우선 핵무기를 완전히 폐기하도록 힘써야 하고, 점차 전 세계적인 비무장화까지 나아가야 합니다. 이 과정에서 우리는 높은 수익성 때문에 여전히 널리 행해지는 무기 거래를 멈추려고 노력해야 합니다. 우리가 이 모든 것을 했을 때야, 우리는 다가오는 천 년 동안 각국의 군사비 지출이 해마다 줄어들고 점진적으로 비무장화하는 모습을 볼 수 있을 것입니다. 물론 인간의 문제는 항상 남아 있을 것이지만, 이는 대화와 토론을 통해 해결해야 합니다. 다가오는 세기는 전쟁과 유혈이 아닌 대화와 토론의 세기가 되어야 합니다.

우리는 세계적으로, 그리고 국가적으로 빈부격차 문제를 해결해야 합니다. 이 세계 인간사회의 어떤 곳은 풍부한 부를 누리지만, 어떤 사람들은 굶주리고 심지어 굶어 죽기도 합니다. 이것은 도덕적으로 잘못되었을 뿐만 아니라 실제로 문제를 일으키기도 합니다. 마찬가지로 중요한 것은 자유의 문제입니다. 세계 곳곳에 자유가 없는 곳이 남아 있는 한, 진정한 평화가 있을 수 없고, 어떤 의미에선 나머지 세계에도 진정한 자유가 없다고 할 수 있습니다.

우리의 미래 세대를 위해 우리는 지구와 환경을 보호해야 합니다.

환경 피해는 종종 점진적이고 쉽게 드러나지 않으며 우리가 그것을 알아차릴 쯤에는 이미 너무 늦은 경우가 많습니다. 동남아시아의 많은 지역으로 유입되는 주요 강들은 대부분 티베트고원에서 발원하기 때문에, 그 지역의 환경을 돌보는 것이 매우 중대한 사안이라고 여기에서 말해도 이상하지 않을 것입니다.

마지막으로, 오늘날 가장 큰 걱정거리 중 하나는 폭발적인 인구 증가입니다. 우리가 이 문제를 효과적으로 해결하지 않는 한, 우리는 지구상에 존재하는 모든 사람을 위한 천연자원이 부족해지는 문제에 직면하게 될 것입니다.

우리가 어느 정도 희망을 품고 미래를 기대하고 싶다면 이처럼 우리 모두와 관련이 있는 문제들을 진지하게 들여다보아야 합니다.

83. 테러를 억제하는 비폭력

- 2001년 9·11 테러 1주년 추모 메시지, 2002년 9월 1일 -

2001년 9월 11일 세계무역센터와 펜타곤에 대한 테러 공격은 매우 충격적이고 너무나 슬펐습니다. 저는 그런 끔찍한 파괴 행위를 증오와 폭력의 행위이자 파괴적 감정의 결과물로 간주합니다. 이런 종류의 사건들은 인간의 지능이 증오처럼 부정적인 감정에 이끌리고 통제받도록 허용할 경우, 이는 비참한 결과로 이어진다는 것을 명백히 보여줍니다.

이러한 공격에 대응하는 방법이란 너무나 답하기 어려운 질문입니다. 물론 이런 문제를 다루는 사람들이 더 잘 알겠지만, 저는 충분한 검토가 필요하며 비폭력의 원칙을 적용하여 폭력 행위에 대응하는 것이 적절하다고 생각합니다. 이는 매우 중요합니다. 미국에 대한 공격은 충격적이었지만, 더 이상의 폭력을 사용하는 보복은 장기적으로 최선의 해결책이 아닐 수도 있습니다.

우리는 합리적으로 사고하기 위해 더 넓은 시각을 키우고, 비폭력적인 방법을 사용해서 미래에 닥칠 재앙을 막기 위해 노력해야 합니다. 이러한 문제들은 단지 한 국가가 아닌, 전 인류에게 영향을 미칩니다. 우리는 모든 종류의 테러를 억제하기 위한 장기적인 조치로서 비폭력을 사용하는 방법을 탐색해야 합니다. 면밀하고 철저한 장기 전략이 필요합니다. 저는 인류가 존재하는 한 항상 갈등과 생각의 충돌이 있을 것이라고 믿습니다. 이것은 자연스러운 일입니다. 따라서 우리는 이러한 모순을 극복하기 위해 새로운 방법과 접근법이 필요합니다.

오늘날 현실에서 차이를 해소하는 방법은 대화와 타협, 인간적인 이해와 겸손을 통해서만 가능합니다. 우리는 상호 이해, 존중, 신뢰를 통해 진정한 평화가 이루어진다는 사실을 인정해야 합니다. 인간사회에서 일어나는 문제들은 인도주의적으로 해결해야 하며, 이를 위해 비폭력이 적절한 방법이 되어줍니다.

테러리즘은 무력으로 극복할 수 없는데, 무력은 복잡하게 얽힌 근본적인 문제들을 다루지 않기 때문입니다. 사실 무력을 사용하는 것은 문제를 해결하지 못할 뿐만 아니라 더 악화시키고 그로 인해 파괴와 고통을 일으키는 경우가 많습니다. 마찬가지로, 테러 행위,

특히 폭력을 수반하는 행위는 상황을 더 악화시킬 뿐입니다. 테러는 폭력을 수반할 뿐만 아니라, 9월 11일 세계가 목격한 것처럼 무고한 사람들이 무분별한 테러 행위의 희생양이 되기 때문에 우리는 테러를 규탄해야 합니다.

인간의 갈등은 어느 날 갑자기 일어나지 않습니다. 갈등이란 특정한 원인과 조건으로 인해 발생하며, 이 중 대부분은 갈등의 주동자들이 통제할 수 있습니다. 여기서 리더십이 중요합니다. 언제 행동하고 언제 자제할 것인지 결정하는 것이 리더의 책임입니다. 어떤 갈등이 있을 때, 상황이 걷잡을 수 없게 되기 전에 필요한 예방 조치를 취하는 것이 중요합니다. 일단 격한 충돌로 이어지는 원인과 조건들이 완전히 무르익고 분출되면, 그 원인과 조건들을 통제하고 평화를 회복하기가 매우 어렵습니다. 폭력은 의심할 여지 없이 더 많은 폭력을 낳습니다.

만약 누군가 우리에게 폭력을 가했을 때 우리가 반사적으로 보복한다면, 상대방도 자신이 당연히 보복해야 한다고 느낄 것이라고 우리는 예상할 수밖에 없습니다. 바로 이렇게 폭력이 악화됩니다. 초기 단계에서 예방하고 자제해야만 합니다. 지도자들은 반드시 경각심과 선견지명, 결단력을 가져야 합니다.

오늘날 세계에서는 전쟁에 대한 기대치가 변했습니다. 우리의 적이 완전히 파괴되거나 우리가 완전한 승리를 거둘 것이라고 기대하는 것은 이제 비현실적입니다. 또한 이런 문제에 있어서 우리의 적이 진짜 적이라고 할 수 있습니까? 오늘날 우리는 오늘의 적이 내일의 동맹이 되는 일을 여러 번 보아왔고, 이는 상황이라는 것이 상대적이며 서로 연관되어 있고 상호의존적이라는 사실을 분명히 보여줍니다.

우리의 생존, 성공, 발전은 다른 이들의 안녕과 깊은 연관이 있습니다. 그러므로 우리뿐만 아니라 우리의 적들도 여전히 매우 상호의존적입니다. 우리가 그들을 경제적, 이념적, 정치적인 적으로 간주해도 이것은 마찬가지입니다. 그들이 파괴되면 우리에게도 파괴적인 영향을 미칩니다. 따라서 고통스러울 뿐만 아니라 자멸의 씨앗을 담고 있는 이 전쟁이라는 개념은 더 이상 의미가 없는 것입니다.

이와 마찬가지로, 세계 경제가 발전하면서 모든 국가는 다른 국가에 어느 정도 의존하게 됩니다. 현대 경제는 자연환경과 마찬가지로 경계가 없습니다. 심지어 공공연히 서로 적대적인 나라들도 세계의 자원을 활용할 때는 협력해야 합니다. 예를 들어, 그들은 종종 같은 강이나 천연자원에 의존하곤 합니다. 그리고 우리의 경제적 관계가 상호의존적일수록, 우리의 정치적 관계는 더욱 상호의존적이 되어야 합니다.

오늘날 우리는 어린아이부터 정치적 지도자까지, 폭력이란 역효과적이고 문제를 해결하는 현실적인 방안이 아니며, 대화와 이해만이 우리의 곤경을 해결할 수 있는 현실적인 방법이라는 생각을 심어줄 수 있도록 개인과 국가를 교육할 필요가 있습니다.

2001년 9월 11일의 비극적인 사건의 1주년은 우리에게 좋은 기회가 됩니다. 테러리즘에 반대하는 전 세계적인 의지가 있습니다. 우리는 이러한 합의를 장기적인 예방 조치를 취하는 데 이용할 수 있습니다. 이것은 궁극적으로 분노를 비롯한 다른 파괴적인 감정에 기반을 둔 극적이고 폭력적인 조치를 취하는 것보다 훨씬 더 효과적일 것입니다. 폭력적으로 대응하려는 유혹은 이해할 수 있지만 좀 더 신중한 접근이 더 효과적일 것입니다.

84. 현대 세계에서의 보편적 책임

- 로열 앨버트 홀, 런던, 2008년 5월 22일 -

리키 하이드-챔버스(Riki Hyde-Chambers, 티베트협회 회장): 신사 숙녀 여러분, 티베트의 14대 달라이 라마 텐진 갸초 성하를 소개해 드리게 되어 매우 영광입니다.

달라이 라마: 우선, 좀 편하게 앉겠습니다. 걱정하지 마세요, 조용히 명상하진 않을 거예요. 정말 고맙습니다. 저는 이 홀에서 여러분과 다시 만나서 정말 기쁩니다. 세 번째, 아니 두 번째인 것 같네요. 기억이 잘 안 납니다.

친애하는 형제자매 여러분, 여러분과 함께 앉아 대화할 수 있게 돼서 정말 기쁩니다. 한 삼사십 분 정도 말씀드리겠습니다. 저는 말할 때 정확한 시간이 아니라 제 기분에 따라갑니다. 기분이 좋으면 더 오래 얘기하고, 기분이 별로 안 좋을 때 짧아지곤 합니다. 저는 연설을 할 때마다 아무런 준비도 안 하고 메모도 없어요. 그저 제가 느끼는 바를 아주 편하게 표현하지요. 그러면 질문이 생길 겁니다. 예상치 못한 질문이나 미처 생각지 못했던 포인트가 있기도 하니까, 그런 질문들은 도움이 될 것 같습니다. 그러면 저는 그런 포인트에 대해 좀 더 진지하게 생각할 수 있으니까 우리 모두에게 좋은 일이지요.

먼저 저는 주최 측에 감사의 말씀을 드립니다. 특히 티베트협회에 감사의 말씀을 드립니다. 우리가 난민이 되었을 때 만들어진 티베트협회는 티베트의 대의를 지지하는 가장 오래된 협회라고 생각해요. 저는 티베트의 대의를 위해 크게 기여하셨던 고 에날스 경과 다른 활동적인 멤버들을 기억하고 있습니다. 고 에날스 경은 더 이상 우리 곁에 없지만, 리키는 제가 1973년에 여기 처음 왔을 때부터 있었고 겉보기에는 크게 변하지 않았어요. 그는 몸집은 별로 안 커도 에너지와 따뜻한 느낌이 넘치지요. 이 사람들은 처음 그대로의 정신력을 지닌 채 그것을 더 강하게 키워 왔습니다. 티베트협회를 비롯한 다른 친구들과 지지자들에게 감사를 표합니다. 정말 고맙습니다. 의원 중에 진심으로 걱정해 주시는 분들이 많습니다. 감사합니다. 저는 우리 지지자들이 티베트 지지자들이 아니라 오히려 정의의 지지자라고 늘 믿고 있습니다. 정말 고맙습니다.

티베트 음악가들과 댄서들에게도 감사를 전합니다. 정말 고마웠어요. 거의 반세기 동안 그들은 집 없이 살아왔습니다. 세대는 변하지만, 우리 민족은 티베트 정신을 이어갑니다. 이곳 영국에는 티베트인이 아주 소수이지만, 그들은 우리의 정신을 생생하게 이어갑니다. 그뿐만 아니라 이곳에서 태어난 어린아이들은 부모로부터 티베트 정신을 물려받았습니다. 기성세대에서 신세대로 이어진 셈이지요. 그게 저희의 원래 목표였어요. 난민이 되자마자 우리의 주된 관심사는 풍부한 티베트 불교문화, 다시 말해 평화와 자비의 문화를 보존하는 것이었습니다. 오늘날 이런 것이 세상에서 아주 의미가 크지요. 그래서 처음부터 우리는 티베트 문화를 보존하기 위해 주로 노력했습니다. 요즘 중국 당국과의 주요 논의는 티베트 문화유산을 어떻게 보호할 것인가에 관한 것입니다. 그것이 우리의 주된 관심사입니다. 이 작은 모임은 우리의 정신, 우리의 문화유산을 보존하기 위해 노력해 주었습니다. 정말 고맙습니다.

이제 제 강연으로 넘어가 보면, 여러분 중 대다수는 제가 주로 두 가지 책무를 맡고 있다는 걸 알고 있을 겁니다. 첫째는 인간적 가치를 증진시키는 것이고, 둘째는 종교적 화합을 증진시키는 것이지요. 저는 죽을 때까지 그 두 가지 일에 전념할 것입니다. 세 번째 책무는 티베트 문제/투쟁에 관한 것입니다. 역사적인 일들이 있었기 때문에 사실 꼭 자발적인 것만은 아닙니다. 가장 중요한 건 티베트 안팎의 티베트인이 저를 정말 믿어주고 제게 많은 희망을 걸고 있다는 겁니다. 그래서 저는 제가 할 수 있는 한 그들을 위해 일해야 할 도덕적 책임이 있습니다. 비록 다양한 분야에서 제 능력과 지식, 경험은 크게 부족해도, 제가 할 수 있는 한 어떻게든 그들을 도와주는 것이 제 도덕적 책임입니다. 하지만, 시간제한이 있을 겁니다. 2001년부터 우리는 선출된 정치 지도부가 있었기 때문에 저는 이미 반 은퇴 상태에 있어요. 그래서 저는 수석 고문 같은 위치에 있습니다. 정치 지도부는 대체로 제 의견을 들어주지만, 그렇지 않을 때도 있습니다. 잘된 일이에요. 또 어떤 정책은 내키지 않을 때도 있지만, 저는 항상 조용히 있습니다. 그래서 우리는 진심으로 민주주의를 실천하고 있어요.

초청에 응할 때면 저는 두 가지 주제, 인간적 가치를 드높이는 것과 종교적인 화합을 드높이는 것에 대해 이야기하곤 합니다. 하지만 최근 티베트 사태로 인해 미국, 독일, 그리고 지금 이곳에서 제 방문은 훨씬 더 정치적이 되었습니다. 그래서 제가 여기서 이야기할 주제는 현대 세계에서의 보편적 책임에 관한 내용입니다. 1973년 유럽을 처음 방문한 이래 저는 보편적 책임감과 글로벌 책임감에 대한 메시지를 전해 왔습니다. 1959년 인도로 간 이후 다양한 사람들을 만날 기회가 생겼고, 부족한 영어 실력이라도 BBC 월드 서비스 라디오 방송을 듣는 데는 아주 도움이 됩니다.

자연재해는 다르지만, 우리의 문제들은 대부분 실질적으로 우리 자신이 만들어낸 셈입니다. 그러면서 문제를 바라는 사람은 아무도 없습니다. 이 홀에는 수천 명의 사람이 있는데요, 제 생각엔 여러분 중 누구도 아침 일찍이나 느지막이 일어나서 그날 더 많은 문제가 생기길 바라는 사람은 없을 겁니다. 아무도 그렇게 느끼지 않지요. 이른 아침 일어나자마자 저는 그날이 좋은 하루가 되길 바라고 또 기도합니다. 아무 문제없이 즐거운 하루요. 그것이 인간의 본성입니다. 기본적으로 대부분의 말썽꾼들이 일부러 그런 건 아니지만, 그들의 접근방식이 비현실적이고 그 때문에 예기치 못한 문제를 일으키는 경우가 많습니다.

이런 비현실적인 방식은 의도적으로 나타나는 게 아니라, 전체적이고 포괄적인 시각이 부족하고, 많은 경우에 근시안적인 관점 때문에 생깁니다. 그래서 궁극적으로 글로벌 책임감이 부족할 때 우리는 '우리'와 '저들'을 나누고 우리의 이익이 저들의 이익과 별개라고 느끼게 됩니다. 우리는 자신의 이익을 가장 중요하게 여기고 다른 사람의 이익을 무시합니다. 그래서 문제가 생기죠.

실제로 우리의 이익과 다른 사람들의 이익은 서로 깊이 연관되어 있고, 우리는 60억 인류 가족의 일원입니다. 그러므로 60억의 인류가 행복하면 한 개인은 행복해질 수밖에 없어요. 만약 60억 명에게 문제가 생기면 우리는 탈출할 수 없습니다. 그게 현실입니다. 그런 현실에 따르면, '우리'와 '그들'이라는 오래된 개념은 시대에 뒤떨어졌다고 생각합니다. 특히 현대에 와서는 경제 상황, 환경 문제, 인구의 규모에 따라 모든 것이 상호의존적입니다.

그런 상황에서 불교적인 개념이란, 모든 생명을 어머니로 생각하고 친어머니와 같이 가깝게 느껴야 한다는 것입니다. 그런데 신학적 종교에 따르면 모든 창조물은 신이 창조하는 것입니다. 그래서 우리 인간들, 다른 생명들, 그리고 전 세계가 하나님에 의해 창조되었습니다. 한 무슬림 친구가 저에게 말하길, 진정한 이슬람교도는 신을 사랑하는 만큼 모든 창조물을 사랑해야 한다고 했습니다. 그래서 다른 단어, 다른 방식을 사용해도 의미는 같습니다. 따라서 인류 전체, 전 세계에 대한 글로벌 책임감과 관심을 키워야 한다는 생각이 존재합니다. 결국엔 그런 책임감과 관심이 생기게 됩니다. 30년이 넘는 세월 동안 저는 그렇게 이해했고, 이는 여전히 의미가 있습니다. 점점 더 많은 사람이 이런 생각에 동의하는 것 같아요.

그렇다면, 어떻게 하면 글로벌 책임감을 기를 수 있을까요? 그것은 종교적 화합과 인간적 가치를 증진시키는 데 헌신하는 것과 깊은 관련이 있습니다. 먼저 인간적 가치를 증진시키는 것에 대해 간단히 설명해 보겠습니다.

인간적 가치란 무엇일까요? 돈이요? 예, 그럼요. 정말 중요하지요. 티베트어로는 꿍가 돈둡(Kunga Dhondup)[1]이라고 합니다. 돈의 별명인데, 말 그대로 '모든 사람을 행복하게 하고 모든 것을 성취할 수

672

있는 것'이라는 뜻이에요. 맞아요, 돈이 없으면 아무것도 할 수 없어요. 돈은 중요하죠. 가끔 제가 특히 티베트인 불교도 청중들에게 농담을 하기도 해요. 우리는 보통 특별한 티베트 만트라 '옴 마니 뻬메 훔 Om Mani Padme Hum'을 암송합니다.[2] 아시는 분도 있을 거예요. 때로는 우리가 서둘러서 암송할 때도 있는데, 그러면 '옴 마니 뻬메 훔, 옴 마니 뻬메 훔'이 되고, 그 다음에는 [점점 더 빨리 말하며] '옴 마니, 옴 마니, 마니, 마니'가 됩니다. 마치 '돈돈돈' 하는 것처럼 들리지요. '달러 머니 달러 머니', '파운드 머니 파운드 머니'일 수도 있지요. 어쨌든 그래서 돈은 가치 있고, 이 모든 외부 시설은 가치가 있습니다. 좋습니다. 하지만 그 모든 건 모두 정신적 평안이 아니라 육체적 평안을 주는 겁니다. 여러분이 돈이 많으면 '아, 나는 돈이 많구나' 하면서 정신적으로 어느 정도 만족할 겁니다. 그러는 것은 착각입니다. 왜냐하면 우리는 억만장자가 돈이 많아도 굉장히 불행한 사람이라는 걸 알아채기 때문입니다. 우리는 그걸 압니다. 그들은 걱정, 불안, 의심, 질투가 많습니다. 돈이 그들에게 내면의 평화를 가져다주지는 못합니다. 돈이 더 많아지면 의심, 불편, 걱정은 더 늘지요. 돈이 있으면 모든 것이 해결되고 백 프로 만족할 수 있다고 믿는 건 착각입니다. 하지만, 그건 여러분이 직접 판단해야 해요. 왜냐하면 제가 말하는 게 백 프로 옳다고 절대 말하지 않으니까요.

---

1 གུན་དགའ་ནོ་སྒྲུབ་: 모든 행복과 소원성취로 직역할 수 있다. (역주)

2 우리에게는 옴마니반메훔, 곧 관세음보살 본심미묘 육자대명왕진언(觀世音菩薩 本心微妙 六字大明王眞言)으로 알려져 있다. 여기서는 티베트어 발음을 따른다. (역주)

여러분 스스로 조사해 주세요. 저 자신도 항상 조사하라고 훈련받았습니다.

티베트 불교 전통은 사실 날란다 전통입니다. 날란다는 2,000년 이상 된 대학이기 때문에 가장 오래된 대학 중 하나입니다. 단순한 사원이 아니라 학습 센터지요. 티베트 불교 전통은 그 대학 출신의 위대한 인도 철학자이자 논리학자에 의해 확립되었습니다. 그의 이름은 산따락쉬타(Shantarakshita, 寂護)였습니다. 8세기에 그는 티베트 황제의 초대를 받았어요. 티베트 연령 체계에 따르면 그는 900세였고 인도 친구에 따르면 75세 정도였다고 합니다. 그 친구는 티베트 사람들이 0을 더해서 90이 900이 된다고 놀려요. 산따락쉬타-티베트어로는 시와 쵸(Shiwa Tso)라고 하는데 멋진 이름이지요-는 티베트 황제의 도움으로 티베트에 불교를 확립한 사람이었습니다. 그는 위대한 학자이자 논리학자였기 때문에 결코 만족하는 법이 없었습니다. 그는 '항상 조사하고, 항상 논쟁하고, 항상 추론하라'고 했어요. 그런 스타일이었지요. 그는 그렇게 불교 전통을 소개했습니다. 지금까지 티베트의 주요 불교 기관은 항상 조사, 또 조사하는 방식으로 연구를 수행해 왔습니다. 저 자신도 조사하고 실험하도록 교육을 받았기 때문에 제 강연에 대해서도 마찬가지라고 말씀드리고 싶어요. '계속 조사해 주세요.' 제 말을 그냥 받아들이지 마세요.

진정한 내면의 평화와 만족은 궁극적으로 우리의 정신적인 태도에 달려 있습니다. 어떤 종류의 정신적인 태도요? 첫째, 우리는 사회적 동물이기 때문에 우리를 하나의 사회 집단으로 뭉치게 하는 정서적 요소가 있습니다. 생물학적 요인도 있습니다. 우리는 어머니의 자궁에서 태어났고, 그 순간에는 마치 동물과 같은 작은 아기들입니다. 우리의 생존은 전적으로 다른 사람, 보통은 우리 어머니의 보살핌에 달려 있어요. 만약 당신의 어머니가 하루, 이틀, 사흘만 당신을 방치하면, 당신은 죽을 거예요. 우리의 생존은 전적으로 다른 사람들의 보살핌에 달려 있습니다. 게다가, 육체는 모유의 영양을 섭취하며 생존합니다. 사람뿐만 아니라 새끼 고양이, 강아지, 심지어 새들의 새끼도 전적으로 타인의 보살핌에 달려 있습니다. 정말 그렇지요. 그러니까 어머니의 그런 결심을 키워준 정서적인 요소가 있을 거예요. 바로 어머니의 애정이죠. 그 애정은 아이를 보호하고 보살피기 위해 어머니가 자신의 안락함, 심지어 생명까지 희생하는 어머니의 결심과 함께합니다.

최근에 저는 일본에서 미국이었는지, 아니면 미국에서 유럽으로 가는 길이었는지, 밤 비행기에 탔습니다. 앞좌석에는 두 아이의 부부가 있었는데요. 한 명은 여섯, 일곱 살 정도였고 다른 한 명은 한 살 정도였습니다. 작은 아이는 밤새 잠을 안 자고 여기저기 돌아다니며 소리를 질렀어요. 한 번은 주머니에서 사탕을 꺼내 그 아이에게 줬습니다. 그 애는 그걸 들고 계속 돌아다녔어요. 처음에는 그 아이의 아빠가 아주 잘 보살펴주다가 자정이 지나자 갑자기 의자에 누웠습니다. 그리고는 엄마가 밤새 아이를 돌봤습니다. 엄마의 눈이 빨개졌어요. 아마 잠이 부족해서 그런 것 같아요. 그래서 그 엄마가 정말 다정하다는 걸 다시 확인할 수 있었죠. 그런 태도는 종교적인 가르침에서 오는 것이 아니라 자연에서 오는 겁니다. 주로 생물학적 요인 때문이지요. 그 애정이 궁극적으로 우리 삶의 토대가 됩니다.

몇 가지 과학적인 연구가 있었습니다. 한 번은 어느 과학자가 어린 원숭이들에 대해 발표했는데, 그중 몇 마리는 어미와 함께 있었고 몇 마리는 어미와 분리되어 있었습니다. 어미와 함께 있던 원숭이들은 항상 장난기가 많고 거의 싸우지 않았습니다. 어미와 떨어져 있는 원숭이들은 항상 기분이 안 좋고 자주 다퉜습니다. 우리도 마찬가지예요. 그래서 행복하고 평화로운 삶은 궁극적으로 애정과 정말 관련이 깊습니다. 또 다른 사례로, 학회에서 한 의학자가 기니피그나 쥐들이 서로를 핥아주는 게 상처를 치유하는 데 얼마나 좋은지 이야기했습니다. 그건 또 애정이 우리의 육체적 자아와 정신적 평안함에 영향을 준다는 것도 보여주죠. 그래서 우리는 인간의 애정이 인간의 기본적 가치라고 할 수 있습니다. 태어날 때부터 죽을 때까지 애정과 인간의 자비는 정말 중요한 역할을 합니다.

엄청난 위기가 닥쳤을 때, 자비는 정말 큰 차이를 만들 수 있습니다. 저는 3월 10일부터 이어진 최근 일들의 경우를 들 수 있습니다. 3월 10일 오후 저는 라싸에서 일부 티베트인이 시위를 하고 있다는 소식을 들었습니다. 그 말을 듣자마자 저는 1959년 3월 10일과 똑같이 엄청난 불안과 공포를 느꼈습니다. 지적으로는 불안, 두려움, 의심, 불확실성이 많았습니다. 하지만 그 밑으로 좀 더 감정적인 차원에서는 꽤 괜찮았던 것 같았습니다. 저는 보통 8시간에서 9시간 정도 잡니다. 어때요, 너무 많은가요? 다행히 지적으로 그렇게 불안했는데도, 잠을 방해받는 경우는 없습니다. 그러니까 속으로는 어느 정도 평온함이 있는 것 같아요. 그 주된 요인은 제 훈련과 매일매일 하는 명상입니다. 명상 종류 중 하나는 '받고주기', '주고받기'라고 하는데 티베트어로 똥렌(Tonglen)이라고 하지요. 저는 주로 똥렌 명상을, 이타심에 대해서 명상합니다. 제 하루는 매일 새벽 3시 30분에 시작하고, 그때 저는 적어도 4시간 동안 명상하는데 물론 이때는 주로 분석 명상을 합니다. 제 명상의 일부는 결정권을 가진 사람들을 시각화해서 그들을 향한 이타심을 키우는 겁니다. 행동과 사람을 구분하는 건 정말 중요해요. 행동에 관한 한, 우리는 반대하고 대응해야 합니다. 하지만 잘못을 저지른 사람은 우리의 자비와 걱정을 받을 자격이 있습니다. 그것은 그들의 잘못이었기 때문에 불교적인, 비非신론적 관점에서 그리고 인과응보라는 법칙에 따라 그들은 결과를 직면해야 합니다. 그러니 피해자들보다 그 말썽꾼에 대해 걱정할 이유가 더 많지요. 그런 것들을 시각화하고 그들의 분노, 증오, 의심을 받아들이고 그들에게 자비, 용서와 인내심의 정신을 보내주세요. 그런 종류의 명상은 상상으로만 하는 것이니 바보처럼 보이지요. 맞아요, 실제적인 효과는 없습니다. 하지만 명상을 하는 사람의 감정 수준에는 엄청나게 도움이 됩니다. 이것이 제 경험인데요, 하지만 그건 대단한 건 아닙니다.

과거 저는 1959년 이전에 잘 알고 지내던 티베트 승려에 대한 이야기도 한 적이 있습니다. 그는 18년 동안 중국 강제 노동수용소에서 지냈습니다. 1980년대 초에 중국 정부는 티베트인이 인도에 가는 걸 허용하고, 티베트 밖에 있는 티베트인이 그들의 마을 '고향집'으로 돌아가는 걸 허용하는 새로운 정책을 도입했습니다. 그래서 이 승려는 다람살라를 방문했어요. 서로 잘 아는 사이라서 어느 날 우리는 함께 수다를 떨었어요. 그는 18년 동안 중국 수용소에서 몇 차례 위험에 직면했다고 말했습니다. 저는 목숨이 위태로웠다는 뜻인 줄 알았어요. '어떤 종류의 위험이었나요?' 하고 물었지요. 그는 '중국인에 대한 자비심을 잃을 위험'이라고 답했습니다. 제가 말하는 태도가 바로 그런 것입니다. 수행자는 그 수행을 통해 어떤 내적 평화를 갖게 되는데, 이게 한 가지 예입니다.

내면의 평화를 유지하는 데 자비는 큰 차이를 만듭니다. 그건 정말 중요하죠. 자비에 대해선 좀 더 정확히 이야기할 만할 가치가 있다고 생각합니다. 자비의 한 종류 중 기본적으로 낮은 레벨이고 생물학적 요소를 가지고 있는 것이, 애착이 섞인 낮은 레벨의 자비입니다. 그 제한된 자비는, 하나의 씨앗으로서, 사고를 통해 높은 레벨의, 무한하고 편견 없는 자비로 더 강해질 수 있습니다. 우리는 그게 필요해요. 예를 들면, 앞서 이야기했듯이 사회적 동물로서 행복하고 성공적인 나 자신의 미래를 위해서는, 나는 60억의 인간 중 하나로서 다른 인간들을 돌봐야 합니다. 왜냐하면 내 미래가 그들에게 달려 있기 때문입니다. 그렇지 않습니까? 더 많은 적을 만들면 고통을 받을 거예요. 친구를 더 많이 만들면 이득을 볼 수 있을 거예요. 어떻게 친구를 만들죠? 돈만으로요? 아니지요. 돈은 친구를 데려올 수 있지만, 그들은 본질적으로 돈의 친구이지 당신의 친구는 아니에요. 재산이 불어나서 더, 더, 더 부자가 되고 더 많은 친구를 만나게 될 거예요. 당신의 재산이 사라지면, 그 친구들도 사라질 겁니다. 전화를 해도 안 받을 수 있어요. 그 친구들은 당신의 진정한 친구가 아니라 당신이 가진 돈의 친구입니다. 그러므로 진정한 친구는 걱정이나 존경심에서만 생깁니다. 친구들을 존중해주세요. 동물들도 그러는 것처럼 진실한 걱정과 자비심을 길러보세요. 제 요점은 바로 행복과 내적 평온의 씨앗, 내적 힘의 씨앗이 내적 힘과 자신감을 더 많이 만들고 두려움을 덜 느끼게 한다는 겁니다. 그것은 자동으로 다른 사람들에 대한 일종의 친밀한 감정을 발생시킵니다. 자비로운 태도는 우리 내면의 문을 열어 주고, 그러면 다른 사람들과 소통하는 게 훨씬 쉬워집니다. 자기중심적인 태도가 너무 많으면 두려움, 의혹, 의심이 생겨나고 그 결과 우리 내면의 문이 닫힙니다. 그러면 다른 사람들과 소통하는 게 굉장히 어렵지요.

　미국의 한 학회에서 자신이 한 실험 자료를 발표했던 의사가 있었습니다. 그는 '나', '나의', '나는'이라는 단어를 자주 사용하는 사람들은 심장마비의 위험이 더 크다고 말했습니다. 왜 그랬을까요? 그는 설명은 안 했습니다. 그런데 전 '아, 그럴 수도 있겠구나'라고 생각했어요. 왜냐하면 자기중심적인 사람은 자기 자신만을 소중히 여기는 사람이기 때문이고, 그 느낌은 그들이 '나'라는 단어를 사용하는 데 반영되거든요. 그 단어 자체에는 아무 잘못도 없지만, 그 말 뒤에 숨겨진 태도는 자기 자신만을 생각하는 것입니다. 자기 자신에 대해서만 생각하면 아무리 사소한 문제라도 견딜 수 없을 것 같겠죠. 타인의 안녕에 대해 더 많이 생각한다면—여기서 타인이란 한계가 없습니다—여러분의 마음이 더 열리고 스스로의 문제는 대수롭지 않아 보입니다. 같은 문제, 같은 비극도 매우 다르게 보일 수 있습니다. 한 각도에서 보면 아주 안 좋은 게 보이고, 다른 각도에서는 '아, 괜찮구나' 하고 말할 수 있습니다. 그런 일이 종종 있고, 그러니까 자비로운 태도는 당신의 마음을 정말로 넓혀줍니다. 작은 문제 하나는 별로 심각한 게 아니지요. 그것이 우리 내적 평화에 차이를 만듭니다. 그게 바로

우리 내적 평화의 근간인 인간적 가치를 증진시키는 길입니다. 이건
건강한 신체와 더불어 행복한 삶에 정말 중요한 요소입니다.

한 과학자가 저에게 분노, 증오, 공포가 실제로 우리의 면역체계를
갉아먹고 있다고 했습니다. 자비는 우리의 면역체계를 강화합니다.
그러니까 마음의 평화를 위한 육체적, 정신적 건강의 관점에서 보면
따뜻한 마음이 중요한 요인입니다. 앞서 얘기했듯이, 그건 꼭 종교적
인 믿음에서만 오는 게 아니라 자연적으로 생기는 거지요. 그래서
저는 그걸 보통 '세속 윤리'라고 부릅니다. 그건 평화를 위해 정말
중요해요. 진정한, 지속적인 세계평화는 내면의 평화를 통해 이루어
져야 합니다. 저는 가끔 그것을 '내면의 무장 해제(inner disarmament)'
라고 부릅니다. 분노와 증오를 통해서는 진정한 평화를 이루기가
정말 어려워요. 가족 차원에서도 증오와 의심으로 가득 차 있다면
그 가족에 진정한 평화를 어떻게 이루겠어요? 자비는 진정한 평화를
가져다줍니다.

지구적 차원에서는 진정한 세계평화를 위해 외면의 무장 해제가
필요합니다. 첫 번째 내면의 무장 해제가 있다면 차근차근 외면의
무장 해제를 이룰 가능성이 있어요. 저는 보통 '저의 세기'에 대해
이야기합니다. 60~70세 정도인 저같이 나이 든 세대는 20세기에
속합니다. 좋든 싫든 우리 세기는 유혈, 전쟁, 폭력의 세기가 되었습니
다. 우리 세대는 우리가 시작한 문제를 이제 젊은 세대가 해결하도록
할 겁니다. 금세기에 속하는 우리의 젊은 세대에게는 평화로운 세기가
오기를 바랍니다. 평화는 인류 간의 갈등이 더 이상 없다는 의미가
아니에요. 갈등은 반드시 일어나기 때문에, 갈등에도 불구하고 평화

를 유지하는 현실적인 방법은 대화의 정신을 가지고, 상대방을 존중하고 그의 관점을 이해하는 것뿐입니다. 형제애와 자매애의 정신, 화해와 타협의 정신으로 문제를 해결하려고 노력해야 합니다. 저는 이 사실을 사람들과 자주 나누곤 합니다. 이제 금세기를 대화의 세기로 만들도록 노력합시다. 그러면 진정한 평화의 가능성이 있을 거예요.

여기까지가 인간적 가치를 증진하는 것에 관한 내용이었습니다. 이제 저는 종교적 화합을 증진하는 것에 대해 이야기하겠습니다. 당신이 글로벌 책임 의식을 갖고 있다면, 종교가 없거나 심지어는 종교를 비판하는 반反 종교인을 포함한 모든 인류가 당신의 형제자매인 셈입니다. 일단 그런 의식을 키우면, 사람들이 다른 종교를 갖는 건 문제가 안 돼요. 그건 그들의 권리인 거죠. 앞에서 잠깐 언급했듯이, 자세히 보면 모든 주요 종교의 전통에는 사랑과 자비와 용서라는 같은 메시지가 담겨 있습니다. 장소, 시간, 기후가 달라서 다른 접근법이 필요한 것뿐이에요. 사람들의 사고방식이 조금씩 다르고요. 그래서 이런 인간적 가치를 증진시키는 데 다른 접근법이 필요한 겁니다. 모든 주요 종교의 전통에는 사랑의 메시지와 형제애와 자매애의 감정이 담겨 있습니다. 그래서 그건 서로 다른 접근법의 문제인 거지요. 어떤 사람은 하나님이 계시고 그 하나님께서 이 모든 것을 만드셨고, 그래서 우리는 진정한 의미에서 형제자매라고 말합니다.

어떤 사람들은 그것이 인과의 법칙이라고 말합니다. 다시 말하지만, 좋은 경험은 타인에 대한 사랑과 존경에서 나옵니다. 나쁜 경험은 남을 해치는 데서 오고요. 그건 부정적인 결과를 가져옵니다. 같은 목적이지만 접근법은 다른 거예요. 그러니 이런 것들을 이해하려고 노력하면 종교적인 전통들 사이에 진정한 화합을 가져오는 데 아무런 장애물이 없다는 걸 알 수 있을 거예요. 여기서 신앙심과 존중을 구별하는 것이 유용할 것 같군요. 신앙심은 자신의 종교를 향한 것이고 존중은 모든 종교를 향한 겁니다. 이렇게 한 가지고요.

또 한 가지는 하나의 종교, 하나의 진리라는 개념과 여러 개의 진리, 여러 종교라는 개념입니다. 두 가지가 모순되는 것처럼 보이지만, 그건 맥락이 달라서 그렇습니다. 개인별로 볼 때는 하나의 진리, 하나의 종교라는 개념이 단일 신앙을 발전시키는 데 매우 의미가 있지만, 여러 사람이 모인 한 집단으로 볼 때는, 여러 개의 진실, 여러 개의 종교라는 개념이 의미가 있어요. 그게 사실입니다. 현실이고요. 그래서 하나의 진리, 하나의 종교라는 개념과 여러 개의 진리, 여러 개의 종교라는 개념 간에는 아무런 모순도 없습니다. 그게 제가 종교적 화합을 도모하는 방법입니다.

여기까지 하겠습니다. 이제 질의응답 시간입니다.

노먼 베이커 하원 의원: 성하, 정말이지 따뜻하고 자비로운 말씀에 감사드립니다. 여기 로열 앨버트 홀에 있는 청중 모두가 넋을 잃고 모든 말씀을 듣고 있었습니다. 저희 모두 당신께서 런던에 계시고, 오늘 오후 당신의 강연을 듣게 되어 기쁩니다. 당신은 희망과 영감의 등불입니다. 티베트인뿐만 아니라 전 세계 수백만 명에게요. 감사합니다.

신사 숙녀 여러분, 저는 하원의원 노먼 베이커라고 하고 티베트협회의 회장입니다. 이 질의응답 세션을 진행하게 되어 아주 영광스럽게 생각합니다. 성하께서는 이 모임 바로 다음에 중요한 약속이 있으셔서 부득이하게 질의응답 세션이 조금 짧아질 것 같습니다. 그럼 바로 질문을 드리도록 하겠습니다.

첫 번째 질문은 '중국의 지진 사태에 대해 어떻게 생각하십니까?'입니다.

달라이 라마: 저는 특히 무너진 학교 잔해 속에서 죽은 어린 학생의 사진을 보고 너무나 슬펐고 충격을 받았습니다. 저는 바로 '아, 한 자녀 정책 때문에 이 학생들의 부모님 중 많은 이들이 아이가 하나뿐이겠구나' 하고 느꼈습니다. 엄마 하나에, 아이 하나요. 그 엄마들, 그 부모들은 얼마나 고통스러울까요? 그들의 하나뿐인 자식인데요. 너무나 슬픈 일이지요. 하지만 한 가지 정말 고무적인 건 쓰나미가 일어났을 때와 같은 전 세계의 반응이었습니다. 버마 사건에서 군사정권의 대처는 정말 미흡하지만, 그런 반응은 훌륭했다고 생각해요. 중국의 사례에서도 최근 많은 고통을 겪었던 티베트인의 반응도 포함해서 마찬가지로 굉장히 고무적입니다. 예를 들어, 라싸 근처의 데뿡 (Drepung) 사원에 있는 승려들은 최근에 많은 고통을 받았습니다. 여러 승려가 체포되거나 행방불명이 됐지만, 지진 이후에는 그 사원의 승려들도 희생자들을 위해 기금을 모았습니다. 또 다른 고무적인 조짐은 중국 정부가 지진 문제를 정말 투명하게 처리해 왔다는 겁니다. 그건 정말, 매우 고무적인 일이지요. 그러니 이제 더 넓은 분야에도 투명성이 생겼으면 좋겠습니다.

노먼 베이커: 감사합니다. 두 번째 질문은 좀 색다른데요. '무엇이 당신을 웃게 만드나요?'

달라이 라마: 한마디로 사랑이지요. 또 저는 다른 사람들의 작은 실수에 바로 웃곤 해요. 한 번은 런던에 갔었는데, 어딘지 기억은 안 나는데 어린 티베트인이 춤을 췄는지 그랬습니다. 그 아이는 아주 큰 신발을 신고 있었는데, 저는 그 큰 신발을 보자마자 웃고 또 웃었어요. 가끔 사람들은 너무 진지해요. 한 번은 멕시코시티에서 종교 간 예배가 있어서 일본 불교의 대표를 포함한 여러 전통의 대표들이 있었습니다. 평소처럼 그는 꽤 엄격하고 정말 위엄 있었고, 평소처럼 묵주를 이렇게 하고 있었어요. 그런데 어쩌다가 그 줄이 끊어지고 구슬이 사방으로 흩어졌답니다. 하지만 그는 꼼짝 않고 그대로 있었어요. 저는 그걸 보고 많이 웃었습니다.

노먼 베이커: 세 번째는 '티베트와 티베트의 훌륭한 전통을 지키기 위한 투쟁에서 저희는 영국에서 무엇을 도울 수 있을까요?' 하는 질문입니다.

달라이 라마: 걱정해 주셔서 감사합니다. 모두가 알다시피 우리의 주된 목표는 분리를 추구하는 것이 아닙니다. 왜냐하면 중화인민공화국 안에 있는 것이 우리에게 이익이 되기 때문입니다. 우리가 명실상부한 자치를 가지고, 우리 문화를 보존할 수 있다면, 물질적 발전에 관한 한 우리는 그것으로부터 많은 도움을 받습니다. 지금은 자세히 설명할 시간은 없지만, 최근에 중국 정부는 티베트 문제에 더 관심을 가지는 것 같아요. 이걸 보면, 제 생각엔 확실히 전 세계의 지지와

관심이 중국 정부 지도부에 영향을 미친다고 생각합니다. 그러니 여러분은 계속해서 연대와 관심을 보여주세요. 정말 도움이 됩니다. 특히 의원님들이 진심으로 관심을 가져 주고 도움을 주려고 하는 마음에 감사드려요. 정말로 도움이 많이 됩니다. 계속 그렇게 해 주세요. 그리고 중국 형제자매들과 대화할 수 있는 기회가 있으면 언제든지 이야기를 나눠 주세요. 그들에게 가르쳐 주세요. 어떤 중국인은 현실에 대해 완전한 정보를 접하지 못할 때도 있어서 그렇습니다. 가끔은 우리 티베트인이 반중국적이라고 느끼는 사람도 있는 것 같은데, 전혀 그렇지 않아요. 그러니까 그들에게 가르쳐 주는 게 중요한 거지요.

노먼 베이커: 안타깝게도, 질문을 이제 하나 밖에 못한다고 하는데요, 너무 아쉽습니다. 런던에서 다시 태어나고 싶으세요?

달라이 라마: '다시 태어난다'는 게 무슨 뜻인가요?

노먼 베이커: 환생하시는 거요.

달라이 라마: 아, 물론 그럴 수 있겠죠. 어릴 때부터 우리는 영국인들을 '왕코'라고 불렀답니다. 그러니 제가 다음 생에서는 왕코로 환생할 수도 있어요! 이론적으로 말한다면요. 중요한 건 쓸모가 있어야 합니다. 제가 항상 기도하듯이, 중생들의 아픔과 괴로움이 존재하는 한, 저는 그들을 위해 계속 남아 있을 겁니다. 그게 제가 가장 좋아하는 기도에요. 그런 결심을 키우려고 노력하고 있어요. 그러니까 제 다음 생은 어디든 제가 쓸모가 있는 곳이 될 겁니다. 확실해요. 만약 여기서

제가 더 쓸모가 있다면, 자연스레 여기서 다시 태어나게 되겠지요.

노먼 베이커: 그렇게 하셔서 당신이 여기 계실 수 있다면 저희는 너무 좋을 텐데요. 신사숙녀 여러분, 이번 주에 BBC에서 저에게 '왜 티베트이지요?' 하고 질문을 해 왔습니다. 단순히 그 나라의 훌륭한 문화나 역사 때문만은 아니고, 거기서 일어난 끔찍한 인권 유린 때문도 아니고, 달라이 라마 성하같이 우리에게 영감을 주는 리더가 있어서도 아닙니다. 그건 바로 모든 사람이 체포당하거나 수감되거나 고문당할 일 없이 자유롭고, 하고 싶은 말을 할 수 있도록 투쟁하는 티베트인의 대의가 바로 우리의 대의와 같기 때문입니다. 그건 그들이 믿는 대의를 위해 평화적으로 시위할 권리이지요. 그건 국가나 타인에게 겁먹지 않고 자신의 종교와 문화를 따를 수 있는 힘이지요. 그런 것들은 단순히 티베트만이 아닌 우리 모두의 대의인 것입니다. 여러분들이 갖고 계신 일정표를 보시면, 의회와 티베트협회에서 저희가 추진 중인 행동 방침을 보셨을 거예요. 잠시 시간을 내서 여러분이 도울 방법이 있는지 한번 살펴보시길 바라겠습니다. 혹시 티베트협회의 회원이 아니시면, 저희와 함께 정의를 위한 캠페인에 동참해서 머지않아 티베트가 다시 자유로워지고 라싸에서 만날 날을 기다릴 수 있다면 좋겠습니다.

마지막으로, 말씀드릴 계획이 있습니다만, 성하께서도 동참해 주시면 좋겠습니다. '평화에 손 빌려주기'라고 하는 건데요. 잠시 후 성하께서, 바라건대 저와 악수를 해 주시면 밖에 있는 두 티베트 아이들에게 제가 그 악수를 전달해 줄 겁니다. 또 여기서부터 중국대사관 사이에

2천 명의 사람들이 서 있는데요. 그 평화의 악수는 여기서부터 중국대사관까지 전달되는 거예요. 저는 이게 평화와 화해의 메시지가 되고, 오늘 오후에 있었던 이렇게 도움이 되고 멋진 행사를 건설적으로 마무리하기를 간절히 바랍니다. 와 주셔서 정말 감사드립니다.

85. 인권, 민주주의, 자유

- 세계인권선언 60주년 기념식, 다람살라, 2008년 12월 10일 -

올해 2008년은 세계인권선언의 60주년(1948~2008)이 되는 해입니다. 이 선언은 모든 인간이 결핍과 공포로부터 자유로울 권리가 있음을 확인시켜 줍니다. 이러한 인권은 포괄적이고 상호의존적이며 보편적인 것입니다.

가난으로 고통을 받거나, 자유를 부정당했거나, 무력 충돌이 있거나, 자연환경에 대한 방만한 태도 때문에 걱정한다고 해서 이러한 일들을 모두 따로따로 봐서는 안 됩니다. 결국에는 우리 모두가 영향을 받게 되기 때문입니다. 그러므로 우리는 하나된 인류라는 관점에서, 그리고 오늘날 세계가 서로 깊게 연관되어 있다는 사실을 잘 이해하여, 이러한 전 지구적 문제를 해결하기 위해 효과적인 국제적 조치를 취해야 합니다.

태어나면서부터 모든 인간은 자연스럽게 보살핌, 양육, 애정 등 생존에 필요한 자질을 부여받습니다. 하지만, 이미 그러한 긍정적인 자질이 있음에도 불구하고, 우리는 그것들을 무시하는 경향이 있습니다. 그 결과 인류는 불필요한 문제에 직면하게 됩니다. 우리가 해야 할 일은 이러한 자질을 유지하고 발전시키기 위해 더 많은 노력을 하는 것입니다. 따라서 가장 중요한 것은 인간적 가치를 증진시키는 것입니다. 또한 국적, 종교, 인종, 빈부, 교육 유무의 차이를 떠나 우리는 모두 같은 인간이기에 좋은 인간관계를 함양하는 데 집중해야 합니다. 우리가 어려움에 처했을 때, 우리는—어쩌면 처음 만나는 사이일지도 모르는—누군가를 만나게 되고, 그 사람은 바로 우리를 도와줍니다. 우리는 누구나 어려운 상황에서 서로에게 무조건적으로 의지합니다. 우리는 도와주기 전에 상대가 누구인지 묻지 않습니다. 그들이 우리와 같은 인간이기 때문에 돕는 것입니다.

빈부격차 해소

우리의 세상은 점점 상호의존적으로 변해 가지만, 우리의 상호의존적인 인류공동체가 자비심을 가져야 한다는 사실을 진정으로 이해하고 있는지는 의문입니다. 자비로운 마음으로 목표를 설정하고, 자비로운 협력 방식으로 이러한 목표를 달성해야 한다는 점 말입니다. 우리 사회에서 경제기관들이 획득한 어마어마한 권력과 더불어, 빈곤이 가져오는 고통스러운 영향 때문에 우리는 현 경제를, 자비를 기반으로 한 경제로 변화시킬 방법을 찾아야 합니다. 이러한 형태의 자비는 세계인권선언에 명시된, 만인을 위한 존엄과 정의의 원칙을 확인해 줍니다.

　가난은 어디에서 발생하든 사회적 불협화음, 건강 악화, 고통,

무력 충돌의 큰 원인이 됩니다. 이대로 가다가는 돌이킬 수 없는 상황이 될 수도 있습니다. '가진 자'와 '못 가진 자' 사이의 격차가 점점 커지면서 모두에게 고통을 초래합니다. 우리 자신, 우리 가족, 우리 공동체와 나라를 걱정하는 마음뿐 아니라, 우리는 인간 가족 전체를 구성하는 개인, 공동체, 민족들에 대한 책임감도 느껴야 합니다. 우리는 고통 받는 이들에게 자비로운 마음을 가져야 할 뿐만 아니라 사회정의를 보장하는 일에도 전념해야 합니다.

저는 인권이란 개념의 핵심에 평등의 근본원칙에 대한 우리의 신념이 있다고 믿습니다. 만약 우리가 이러한 신념에 진심이라면, 오늘날의 경제적 격차를 더 이상 무시할 수는 없습니다. 모든 인간이 동등한 존엄성을 누려야 한다는 것만으로는 충분하지 않습니다. 이것을 실행으로 옮겨야 합니다.

민주주의와 평화

오늘날 전 세계적으로 민주주의, 열린 사회, 인권 존중, 평등은 보편적인 가치로 인정받고 있습니다. 저는 민주주의적 가치들과 인간의 선함과 관련된 근본적인 가치들 사이에는 밀접한 관계가 있다고 생각합니다. 민주주의가 있는 곳에서는 국민이 자신의 기본적인 인간의 자질을 드러낼 수 있는 가능성이 더 크고, 이러한 기본적인 인간의 자질이 우세한 곳에서 민주주의를 강화할 수 있는 여지도 더 커집니다. 무엇보다 민주주의는 세계평화를 지키는 가장 효과적인 토대이기도 합니다.

하지만 평화를 위해 노력할 책임은 우리의 지도자뿐만 아니라 우리 개개인에게도 있습니다. 평화는 우리 각자로부터 시작합니다. 우리가 내적 평화를 가질 때, 주변 사람들과도 평화로울 수 있습니다. 우리 공동체가 평화로울 때, 이웃 공동체와도 그 평화를 나눌 수 있는 식입니다. 우리가 타인을 향해 사랑과 친절함을 느끼면, 그들은 사랑받고 배려받는다는 느낌을 받을 뿐만 아니라 우리 스스로도 내면의 행복과 평화를 키울 수 있습니다. 우리는 의식적으로 사랑과 친절함의 느낌을 키우도록 노력할 수 있습니다. 우리 중 일부에게 가장 효과적인 방법은 종교적 수행입니다. 다른 사람들에게는 비종교적인 실천이 될 수도 있습니다. 중요한 점은 우리가 상대방과 우리가 사는 세상에 대한 책임을 진지하게 지도록 마음을 다해 노력하는 것입니다.

인권

세계인권선언문은 법에 따라 평등을 보장하면서, 모두가 어떠한 차별도 받지 않고 동등한 권리와 자유를 누릴 권리가 있다고 명시하고 있습니다. 기본적인 인권이 침해받는 한 평화와 자유는 보장될 수 없습니다. 마찬가지로 억압과 탄압이 있는 한 평화와 안정은 있을 수 없습니다. 타인의 권리를 희생하면서 자신의 이익을 추구하는 것은 불공평합니다. 우리가 진실을 받아들이지 못하거나 진실을 말하는 것이 불법이라고 생각한다면 진실은 빛을 발할 수 없습니다. 우리가 진실과 사실을 은폐하고 불법적인 행위가 승리하도록 한다면 진실과 사실이라는 생각은 어떻게 될까요?

티베트의 인권

다른 사람들도 우리처럼 평화와 행복을 누릴 동등한 권리가 있다고 인정한다면, 우리에게는 도움이 필요한 사람들을 도울 책임이 있지 않나요? 민주주의에 대한 염원과 기본적인 인권에 대한 존중은 유럽이나 아메리카 사람들 못지않게 아프리카와 아시아 사람들에게도 중요합니다. 하지만 인권을 박탈당한 이들이야말로 누구보다 자신들을 대변할 수 없는 경우가 많습니다. 그러한 자유를 누리고 있는 우리 모두에게 책임이 있는 겁니다.

티베트에서는 가능한 한 잘 알고 있어야 하는 슬픈 상황이 벌어지고 있습니다. 중국 정부는 제가 티베트에서 일어난 시위를 조직했다고 비난하는데, 저는 권위 있는 기구가 이러한 주장을 철저히 조사하고 중국 대표들도 참여시켜야 한다고 생각합니다. 이 기구는 티베트와 티베트 자치구 외곽의 전통적인 티베트 지역, 그리고 이곳 인도에 있는 중앙 티베트 정부를 방문해야 할 것입니다. 국제사회, 특히 검열되지 않은 정보에 접근할 수 없는 10억 명 이상의 중국인이 티베트에서 실제로 무슨 일이 벌어지고 있는지 알 수 있도록 국제 언론 대표들도 조사에 임한다면 큰 도움이 될 것입니다.

저는 티베트 인권 침해의 대다수가 티베트 문화와 종교에 대한 의심, 신뢰와 진정한 이해가 결여되어 생긴 것이라 생각합니다. 전에도 여러 번 말했지만 중국 지도부가 티베트 불교문화와 문명을 더 잘, 깊이 있게 이해하는 것은 매우 중요합니다. 저는 '사실에서 진실을 추구해야 한다'는 덩샤오핑의 현명한 발언을 전적으로 지지하는 바입니다. 그러므로 우리 티베트인은 중국의 티베트 통치가 티베트인에게 가져다준 진보와 개선사항을 받아들이고 인정해야 합니다. 동시에 중국 당국은 티베트인이 지난 50년 동안 엄청난 고통과 파괴를 겪어야 했다는 것을 이해해야 합니다.

약간의 발전과 경제적 발전에도 불구하고, 티베트 문화는 계속해서 근본적인 생존 문제에 직면하고 있습니다. 티베트 전역에서 심각한 인권 침해들이 계속되고 있습니다. 하지만 그것들은 더 깊은 문제의 증상과 결과에 불과합니다. 중국 당국은 지금까지 티베트의 고유한 문화와 종교에 대해 포용적이고 다원적인 견해를 취하지 못했습니다. 대신에 당국은 그것들을 의심하고 통제하려 했습니다. 티베트에 대한 중국의 '발전' 계획 대부분은, 티베트를 중국 사회와 문화에 완전히 동화시키고, 많은 수의 중국인을 티베트로 이주시킴으로써 인구통계학적으로 티베트인을 압도하기 위해 고안된 것입니다. 이는 중국 정부와 중국 내 타 지역에 있는 당이 시행한 엄청난 변화에도 불구하고, 안타깝게도 티베트에 대한 중국의 정책이 계속 가혹하다는 것을 보여줍니다. 따라서 의도적인 정책으로 인해 자신들만의 독특한 문화와 정체성을 가진 티베트인 전체가 완전히 압도당할 위기에 직면하고 있습니다.

티베트 불교문화의 보고일 뿐 아니라 우리의 주된 학문 터전을 이루고 있는 티베트 사원의 숫자와 거주 인구가 모두 심각하게 감소했다는 것은 잘 알려져 있습니다. 여전히 존재하는 사원들에서는 더 이상 티베트 불교에 대한 진지한 연구가 허용되지 않습니다. 사실, 이러한 학습 센터에 입학하는 것조차도 엄격히 규제되고 있습니다. 실제로 티베트에는 종교의 자유가 없습니다. 자유를 조금 더 요구하는 것조차 분리주의자로 낙인찍힐 위험을 감수하는 것입니다. 중국 헌법은 이런 기본적인 자유를 보장하지만 티베트에는 진정한 자치가 없습니다.

저는 티베트에서 벌어지고 있는 데모와 시위가 억압에 대한 반발을 반영한다고 생각합니다. 더 이상의 억압적인 조치가 단결과 안정으로 이어지지는 않을 것입니다.

인권과 중국

중국은 인권, 민주주의, 그리고 법치가 필요합니다. 왜냐하면 이러한 가치들이 자유롭고 역동적인 사회의 기반이기 때문입니다. 그것들은 진정한 평화와 안정의 원천이기도 합니다. 저는 또한 점점 개방적이고 자유롭고 민주적인 중국이 티베트인에게도 도움이 될 것이라는 점을 의심치 않습니다. 저는 대화와 더불어 티베트와 중국의 현실을 정직하고 명료하게 바라보려는 의지가 우리 문제에 대한 실행 가능한 해결책으로 우리를 이끌 수 있다고 확신합니다. 중국을 세계 경제에 통합시키는 일에 큰 진척이 있었지만, 저는 중국이 세계 민주주의의 주류에 진입하도록 장려하는 것 또한 중요하다고 생각합니다.

인권 준수 개선

국제적으로, 우리의 풍부한 문화와 종교의 다양성은 모든 공동체에서 기본적인 인권을 강화하는 데 도움이 될 것입니다. 이러한 다양성의 밑바탕에는 우리 모두를 같은 인간 가족의 구성원으로 결속시키는 인간의 기본 원칙들이 있습니다. 인권 문제는 기본적으로 너무나 중요하기 때문에 그에 대해 어떠한 이견도 없어야 합니다. 우리는 모두 인간으로서 공통된 욕구와 걱정을 안고 있습니다. 우리 모두는 인종, 종교, 성별, 사회적 지위에 상관없이 행복을 추구하고 고통을 회피하고자 합니다. 하지만, 다양한 전통을 유지한다는 명목만으로 인권 침해를 정당화해서는 안 됩니다. 그러므로 일부 지역에서 다른 인종, 여성, 그리고 사회적 약자에 대한 차별을 전통적으로 하더라도, 만약 이 차별이 보편적으로 인정되는 인권과 부합하지 않는다면 이러한 방식은 변해야 할 것입니다. 모든 인류의 평등이라는 보편적 원칙을 우선시해야 합니다.

세계의 변화를 추구하는 거대하고 강해지는 열망이 존재합니다. 이는 윤리적, 영적 가치에 대한 새로운 헌신을 이끌어 내고, 갈등을 평화적으로 해결하고, 대화와 비폭력을 사용하며, 인간의 책임뿐만 아니라 인권과 인간의 존엄성을 보호하는 변화입니다. 우리는 지구와 그 생태계를 시급히 보살펴야 할 필요성을 교육하고 장려하는 변화, 모든 국가에 핵과 그 외 대량살상무기의 전 세계적인 폐기를 위해 노력할 것을 촉구하며, 평화, 자비, 존경과 따뜻한 마음을 고취하는 변화가 필요합니다. 저는 이러한 목표들에 대한 인지도를 높여 달성할 수 있다고 믿습니다. 번영과 자유에 대한 우리의 비전 속에 전 세계와 미래 세대의 안녕을 포함할 수 있도록 우리의 시각을 넓혀보도록 합시다.

86. 지구적 책임감

- 템플턴상 시상식, 성 베드로 성당, 런던, 2012년 5월 14일 -

존경하는 영적 지도자 여러분, 템플턴 재단 형제자매 여러분!

여러분 모두의 얼굴을 볼 수는 없지만, 웅장하고 유서 깊은 이 성당에 있는 수많은 사람의 얼굴은 미소를 띠고 있어요. 누구도 화가 나 있거나 불행한 표정을 짓고 있지는 않은 것 같습니다. 태어날 때부터 우리는 인간적인 애정을 품고 있습니다. 이 자리에 우리는 서로 다른 국적, 인종, 종교를 가진 수백 명의 사람들과 함께 있어요. 하지만 근본적으로 우리는 정신적으로, 감정적으로, 신체적으로도 같은 인간입니다. 거기에는 어떠한 차이도 장벽도 없습니다. 저는 항상 우리는 근본적으로 같은 인간이며 서로 다투거나 싸울 이유가 없다고 느낍니다. 우리가 부수적인 차이점에 대해 생각할 때 비로소 여러 가지 문제가 생기기 시작하지요.

오늘 우리는 인간의 애정과 자비로 가득 찬 이 신성한 장소에 수많은 이들과 함께 모였습니다. 정말 기분이 좋아요. 제가 연설할 때마다, 저는 항상 사람들을 그들의 직함과 지위로 부르기보다는 형제자매라고 부릅니다. 때로는 그것들이 발음하기 어렵기도 해서 형제자매라는 단어를 사용하는 것이 더 좋습니다. 훨씬 간단하지요.

우선 저를 올해의 수상자로 선정해 주신 재단에 감사드려야겠지요. 저는 앞서 말했듯이 특별한 사람이 아닙니다. 우린 똑같아요. 아마도 저는 이런 관례를 수행할 기회, 그리고 더 많은 사람과 제 경험을 공유할 기회를 가졌던 것 같습니다.

차분한 마음의 궁극적인 원천은 자신감입니다. 이러한 자신감은 다른 사람들을 형제자매로 생각하게끔 하는 열린 마음을 길러줍니다. 이런 느낌은 간극을 없앱니다. 기본적으로 우리는 모두 똑같아요. 우리는 하나의 인류의 일부이고 심지어는 말썽꾼들도 이 인류의 한 부분입니다.

자신감은 두려움과 불안을 줄여줍니다. 여러분은 자신감을 통해 정직하고 진실하게, 또 성실하게 행동할 수 있습니다. 그렇게 하면 우리는 신뢰하는 분위기를 조성할 수 있고, 그것은 여러분이 신자든 비신자든 상관없이 두려움, 불안, 외로움을 줄여줄 수 있습니다. 바로 그것이 행복한 삶과 건강한 신체의 비결입니다. 또한 이것은 친구를 더 많이 사귀고 긍정적인 미소를 지을 수 있는 가장 좋은 방법이기도 하지요.

돈과 힘은 여러분에게 어느 정도 미소를 가져다주긴 해도 그 미소는 진짜가 아닌 인위적인 것입니다. 여러분이 가난하든 부유하든, 또는 권력이 있든 교육받았든 상관없이, 우리는 태어날 때부터 정말 유용한 긍정적인 잠재력을 갖추고 있습니다. 하지만, 저는 제 인생 경험 때문에 그리고 제가 어려운 시기를 겪고 있기 때문에 그걸 실천할 기회가 더 많았던 겁니다. 그래서 저는 기회가 있을 때마다 항상 제 경험에 따라 사람들과 생각을 공유합니다. 따라서 저는 여러분이 주신 상을, 제가 작고 미미하게나마 인류 발전에 공헌한 것에 대해 일종의 인정을 해주는 것이라 생각합니다.

개인의 수준에서 시작해 가족과 지역사회 수준에서, 우리는 천천히 변화를 가져올 수 있습니다. 몇 백 명부터 시작할 수 있을 것 같아요. 여러분 각자는 친구가 몇 명 있겠지요. 여러분은 만 명에게 메시지를 전할 수 있고, 그 만 명은 십만 명에게 메시지를 전할 것입니다.

그러니 차분한 마음과 즐거운 삶의 궁극적인 원천은 돈이나 권력에 달려 있는 것이 아니라 내면의 가치에 달려 있다는 메시지를 공유해 주세요. 태어날 때부터 매일 그 속에 잠재력이 있습니다. 그러니 여러분 자신 안에 있는 여러분의 큰 잠재력을 실현하세요.

그리고 종교적 화합에 대해 말하자면, 저는 불교 신자이며 티베트인입니다. 오늘날 세계에는 큰 갈등이 있고, 저는 경제와 권력 다툼이 주된 원인이라고 생각합니다. 하지만 종종 종교라는 명분이 사용되기도 하지요. 그래서 때때로 종교가 분열과 문제와 갈등을 일으키는 요소가 되고 있습니다. 정말 슬픈 일이에요! 만약 돈이나 권력으로 인한 다툼이 있다면 이해할 수 있습니다. 하지만, 만약 종교의 차이 때문에 갈등이 일어난다면, 그것은 잘못된 것이고 터무니없는 일입니다.

모든 종교적 전통은 사랑과 자비의 실천에 기반을 둔 용서에 대해 말합니다. 그러므로 종교적 근원은 우리에게 자비와 용서를 제공해야 합니다. 만약 그 근원 자체가 싸우고 죽이는 이유가 된다면 그것은 병을 더 생기게 하는 약과 같은 것이지요. 그러면 무엇을 어떻게 해서 그것을 바꿀까요? 약은 병을 치료하기 위한 것입니다. 마찬가지로 다양한 종교적 전통은 이렇게 인간의 부정적인 감정을 최소화하고 긍정적인 감정을 키우게 되어 있습니다. 만약 종교 자체가 때때

로 더 많은 문제를 일으킨다면, 그것은 정말이지 너무나도 슬픈 일입
니다.

고대에 사람들은 고립되어 있었고 어느 정도 독립적이고 자급자족
했습니다. 지금 세계는 그런 고대와는 다릅니다. 경제적으로 우리는
매우 상호의존적입니다. 우리는 남북, 동서로 경제적으로나 환경적으
로나 상호의존하고 있습니다.

저는 한 나라가 이러한 인간 문제를 해결할 수 있다고 생각하지
않아요. 전 인류가 구체적인 노력을 해야 합니다. 환경보호는 우리에
게 이득이지요. 그러니 이러한 현실을 볼 때 꼭 전적으로 협력해야
할 필요가 있습니다. 전적으로 협력하기 위해서는 우정이 필요합니
다. 완전히 신뢰에 기반을 둔 그런 우정은 따뜻한 마음을 바탕으로
하지요. 마음속에 부정적인 감정을 가지고 좋은 말을 사용하거나
웃는 얼굴을 보여주는 것은 신뢰도 진정한 우정도 가져다주지 않을
것입니다. 진정한 우정이란 여러분이 진실한 인간적 애정을 보일
때만 나타납니다. 또한 타인의 안녕에 대한 진심 어린 관심은 우정이
자라나는 기반이 되지요. 이러한 우정으로 우리는 진정한 협력과
전 지구적인 책임감을 가질 수 있습니다.

70억의 전체 인류에 대해 말하자면, 우리는 하나의 인류의 일부라
할 수 있습니다. 저는 우리가 인간적인 방식을 통해 많은 문제를
해결할 수 있다고 생각합니다. 그래서 저는 종종 사람들에게 20세기는
유혈사태의 세기였다고 말합니다. 제2차 세계대전 중에 이 성당에
폭탄이 떨어졌죠? 처칠이 말했습니다. 우리는 이 성당을 지켜야 한다
고. 성스러운 장소지만, 폭탄은 그 위에도 떨어졌고 여러분은 일부분

이 손상된 것을 볼 수 있습니다. 그런 거예요. 그게 20세기에 일어난 일입니다.

지난 100년은 정말 멋진 한 세기였고, 우리 인류는 특히 기술과 과학 분야에서 많은 혁신과 다양한 아이디어를 개발했습니다. 하지만 저는 전쟁 또한 기술과 과학을 발전시키는 데 어느 정도 도움을 주었다고 생각해요. 어쨌든 20세기는 유혈사태와 폭력의 세기였습니다. 만약 그 엄청난 양의 폭력이 정말로 더 좋고 행복한 세상을 가져올 수 있었다면, 그걸 정당하다고 여길지도 모르지요. 하지만 실제로는 그렇지 않았습니다.

21세기 초에 중동과 코소보에서 몇몇 안 좋은 일들이 있었습니다. 사실 그것들은 옛 실수와 태만의 증상이지요. 이제 우리는 21세기의 초입에 있는데, 좀 더 넓게 생각해야 합니다. 만약 우리가 우리나라, 우리 민족, 그리고 자신만의 종교적 믿음만을 계속 생각한다면 그건 낡고 시대에 뒤떨어진 사고방식입니다.

우리는 하나의 세계와 하나 된 인류에 대해 생각해야 합니다. 그러므로 어떤 사람이 신자이든 비신자이든 상관없이, 전 인류와 심지어는 동물들조차 따뜻한 마음을 알아봅니다. 철학의 차이에도 불구하고 종교적 전통에 있어서 모든 전통은 사랑, 자비, 용서의 메시지를 지지합니다.

그래서 저는 여러분 모두가 자신의 친구와 다른 친구들에게, 주요 종교적 전통들이 서로 다른 관점을 가지더라도, 모두 사랑, 용서, 관용, 만족과 자기 훈련을 자신들의 메시지로 전달한다는 사실을 전하고 공유했으면 합니다.

우리는 다른 철학적 관점을 가지고 있습니다. 그런데 저는 그러한 차이들의 진정한 목적은 바로 인간의 기본적 가치를 강화하는 것이라고 생각합니다. 그래서 같은 목적을 가지고 있지요. 어떤 사람들은 신이 절대적이라고 말하고, 어떤 사람들은 인과 법칙에 대해 이야기합니다. 이것은 다른 관점입니다. 하지만 두 가지 모두, 사람들에게 따뜻한 마음이라는 가치와 자비와 용서의 실천이라는 가치를 납득시키려고 노력하는 겁니다.

그래서 저는 이 상을 수상하며 부디 단 한 사람에게 희망을 걸지 말라고 말하고 싶습니다. 여러분 스스로 자신감을 기르고 잠재력을 깨닫고 더 많은 사람들과 공유해야 합니다. 천 명이 노력하면 만 명, 십만 명으로 늘어날 수 있어요. 그것이 인간의 마음을 바꾸는 방법입니다. 우리는 변화를 일으키기 위해 단결해야 합니다. 어느 한 사람만을 기대하는 것은 비현실적이에요.

또한 언론인 여러분, 여러분은 돈이 행복의 궁극적인 원천이 아니라는 사실을 사람들에게 교육해야 할 중요한 역할을 가지고 있습니다. 진정한 행복의 원천은 우리 안에 있습니다. 이것은 반드시 종교적인 믿음에 바탕을 둔 것은 아니에요. 종교적인 믿음이 없더라도 태어날 때부터 우리는 어머니로부터 인간적 애정의 소중함을 배웠고 심지어 동물들도 애정을 소중히 여깁니다. 그래서 우리는 태어날 때부터 자비를 실천하고 그 원천이 될 준비가 되어 있습니다. 그래서 언론은 중요한 역할을 합니다. 마찬가지로 저는 모든 전문가들이 따뜻한 마음씨를 전달할 의무가 있고, 이 마음이 궁극적으로는 모두에게 이롭다고 생각합니다. 저는 전쟁조차도 덜 파괴적일 수 있다고 생각해요.

나쁜 감정과 증오가 있으면 종교도 파괴적이 될 수 있습니다. 저는 사람들에게 정치 그 자체는 더럽지 않아도(사람들은 종종 '더러운 정치판'이라 말하곤 하지요), 정치에 관여하는 사람들은 좀 지저분해졌다고 종종 이야기합니다. 그래서 정치 또한 더러워진 거예요. 마찬가지로 저나, 어쩌면 여러분도 포함해서, 우리 같은 종교적 스승들은 종교의 전도사이지만 우리가 잘못된 방식으로 가르친다면 종교도 타락합니다. 그래서 모든 분야는 궁극적으로 진심 어린 동기에 달려 있는 것이지요.

신자든 비신자든 상관없이, 우리는 모두 따뜻한 마음을 가지고 있고 그 사실을 알리는 것은 매우 중요합니다. 우리는 궁극적인 행복의 원천을 외부에서 찾을 수 없으며, 내면의 평화에 더 많은 관심을 기울여야 합니다.

그런 의미에서 여러분이 제 작은 기여를 인정해 주신 것은 더 많은 청중에게 영향을 미칠 수 있습니다. 만약 여러분이 어떤 시도나 노력을 한다면, 여러분 또한 강한 목소리로 사람들에게 행복과 기쁨의 궁극적인 원천은 우리 자신 안에 있다는 메시지를 보낼 수 있습니다.

그래서 만약 제가 여러분의 돈을 제 호주머니에 갖고 있으면, 저는 하룻밤 사이에 좀 더 부유한 종교적 스승이 될 수도 있어요[웃음]. 하지만 저는 승려이고, 가족도, 아무것도 없습니다. 그리고 실질적으로 저는 인도 정부의 손님입니다. 사실 인도 정부의 최장기 손님으로 때때로 여기저기서 작은 문제를 일으키기도 하지요. 하지만 저는 제 스스로를 고대 인도 사상의 전달자라고 생각합니다. 제가 어디를 가든, 저는 비폭력과 종교적 화합에 대해 말하는데, 그것은 인도의 메시지이기도 하지요. 저는 인도가 모든 주요 종교 전통들이 화합과 존중 속에 함께 살아가는 진정한 살아 있는 예시라고 생각합니다.

세이브 더 칠드런 펀드에 기부하고 싶어요. 1960년대 초 티베트인이 망명 직후 기후 조건 때문에 큰 문제와 어려움에 직면했을 때, 세이브 더 칠드런 펀드는 티베트 어린이들을 도와주었습니다. 그리고 최근 이 상에 대해 발표했을 무렵 저는 BBC를 통해 세이브 더 칠드런 펀드에 대해 들었습니다. 세계적인 운동으로서 말이죠. 그리고 나서 저는 우리의 진정한 희망이 젊은 세대의 어깨에 달려 있다고 느꼈습니다. 제가 너무 직설적인 게 아니라면, 가끔 저는 나이든 세대의 뇌가 고정되어 있어서 바꾸거나 넓게 생각하기가 어렵다고 느껴요. 저도 그 세대 출신이에요. 그래서 우리의 진정한 희망은 젊은 세대에게 있습니다. 만약 우리가 그들을 잘 교육하면 그들이 이 세상에 변화를 가져올 것입니다.

이 21세기는 좀 더 평화로워야 하겠지만 그것은 자비심에 달려 있어요. 그러니 우리는 좀 더 자비로운 세상을 목표로 해야 합니다. 그 자비로운 세상은 기도나 명상이 아니라 교육을 통해 실현될 것입니다.

세이브 더 칠드런처럼 말입니다. 처음에는 물리적으로, 그리고 나중에는 더 중요한, 교육을 통해서요. 보다 전체적인 방법으로 교육 하는 것입니다. 그래서 저는 150만 달러를 세이브 더 칠드런 펀드에 기부할 것입니다.

그리고 나서 저는 가까운 친구들에게 수십 년 동안 기부를 할 것입니다. 주로 따뜻한 마음과 내적 평화의 근원을 찾기 위해 노력하고 있는 과학자들과 두뇌 전문가들이에요. 그들은 다른 종류의 가치와 사람의 정신 상태 변화를 인지함으로써 여러 실험과 마음 훈련을 수행합니다.

우리는 내생이나 천국에 대해 이야기하는 것이 아닙니다. 단순히 건강한 마음을 통해 건강한 몸을 만드는 방법에 대해 이야기하고 있는 것뿐이에요. 그래서 이 과학적 연구는 정말 도움이 되고, 그래서 일부를 그들에게 기부하고 싶습니다. '마음과 생명(Mind and Life)'이라는 조직입니다. 저도 이 조직과 관계가 있어요.

그리고 남은 75,000달러는 인도에 있는 우리 공동체에 기부할 것입니다. 티베트 공동체는 전통적으로 날란다 형태의 전통을 본떠서, 이미 지난 몇 년 동안 우리는 선별된 학생들에게 과학 수업을 시작했습니다. 이는 매우 성공적이고, 이미 우리는 사원에 현대 과학을 도입하기 위한 구체적인 계획을 갖고 있어요. 저는 일부를 그들에게 주고 싶습니다.

그래서 제 주머니는 여전히 텅 비어 있어요. 제 주머니가 저한테 불평할지도 모르겠어요! 그래도 괜찮답니다.

마지막으로, 앞서 말씀드린 것처럼 인간적인 애정으로 가득 찬 많은 이들과 함께 이 웅장한 성당에서 이런 상을 받게 되어 정말 영광스럽고, 감사드립니다.

정말 고맙습니다.

7부

· · ·

자비와 세계평화

87. 자비와 개인

- 1991년 -

우리가 의식적으로 생각하든 그렇지 않든, 우리의 경험을 바탕으로 하는 한 가지 중요한 질문은 바로 이것입니다. 삶의 목적은 무엇입니까? 저는 이 질문에 대해 깊이 생각해 보았고, 이 글을 읽는 이들에게 직접적이고 실질적인 도움이 되기를 바라며 제 생각을 나누고자 합니다.

저는 인생의 목적이 행복해지는 것이라고 믿습니다. 태어나는 순간부터 모든 인간은 행복을 원하고 고통을 원치 않습니다. 사회적 조건화도 교육도 이념도 이에 영향을 미치지 않습니다. 우리 존재의 가장 깊은 곳으로부터, 우리는 단지 만족하기를 원할 뿐입니다. 저는 수많은 은하계, 별과 행성을 안고 있는 우주가 더 깊은 의미를 가졌는지는 모르겠지만, 적어도 지구상에 살고 있는 우리 인간들은 행복한 삶을 살아야 할 과제에 직면해 있다는 것은 분명합니다. 따라서 무엇이 가장 큰 행복을 가져다줄지 찾아내는 것이 중요합니다.

행복해지는 법

우선, 모든 종류의 행복과 고통을 크게 정신적인 것과 신체적인 것 두 가지 범주로 나눌 수 있습니다. 둘 중에 대다수의 사람들에게 더 큰 영향을 미치는 것은 바로 마음입니다. 우리가 정말 아프거나 기본적인 생필품을 빼앗기지 않는 한, 우리의 신체 상태는 삶에서 부차적인 역할을 합니다. 신체가 만족스러운 상태에 있다면 우린 사실상 그것을 무시합니다. 하지만 마음은 아무리 사소하더라도 모든 사건을 기록합니다. 그래서 우리는 정신적 평화를 가져오기 위해 진심 어린 노력을 기울여야 합니다.

저 자신의 한정된 경험을 통해 저는 사랑과 자비를 기를 때 내면의 평온함이 가장 많이 온다는 사실을 발견했습니다.

우리가 타인의 행복에 마음을 쓰면 쓸수록 스스로의 행복감은 더 커집니다. 타인에 대해 친밀하고 따뜻한 감정을 가꾸는 것은 자동적으로 마음을 편안하게 해줍니다. 이는 우리가 가질 수 있는 두려움이나 불안감을 없애는 데 도움을 주고 우리가 마주치는 장애물에 대응할 힘을 줍니다. 그것은 인생에서 성공의 궁극적인 원천이라고 할 수 있습니다.

우리가 이 세상에 사는 한 우리는 문제에 직면하게 될 것입니다. 만약 그럴 때 우리가 희망을 잃고 낙담한다면, 우리는 어려움에 대면할 스스로의 능력을 깎아내리게 됩니다. 반면에, 만약 우리가 자신뿐만 아니라 모든 사람이 고통을 겪어야 한다는 사실을 기억한다면, 이 같은 현실적인 관점은 어려움을 극복하는 우리의 결단력과 능력을 키울 것입니다. 실로 이러한 태도를 가진다면 새로운 장애물이 각각 우리의 마음을 향상시킬 또 다른 소중한 기회라고 여길 수도 있겠지요!

따라서 우리는 더 자비로워지기 위해 점차로 노력할 수 있습니다. 즉, 우리는 타인의 고통에 대한 진정한 동정심과 그들의 고통을 없앨 수 있도록 도울 의지, 두 가지를 모두 기를 수 있는 것입니다. 그로 인해 우리 자신의 평온함과 내면의 힘이 자라날 것입니다.

사랑에 대한 욕구

궁극적으로, 사랑과 자비가 가장 큰 행복을 가져다주는 이유는 우리의 본성이 무엇보다도 그것들을 소중히 여기기 때문입니다. 사랑에 대한 욕구는 바로 인간이라는 존재의 가장 근원에 자리 잡고 있습니다. 그것은 우리 모두가 서로 공유하는 깊은 상호의존성에서 비롯됩니다. 아무리 유능하고 능숙한 사람이라도, 혼자 남겨진다면 그나 그녀는 살아남지 못할 것입니다. 인생의 가장 황금기에서 어떤 이가 아무리 활기차고 독립적이라고 느낄지라도, 사람은 아프거나 아주 어리거나 아주 나이 들었을 때 다른 사람들의 도움에 의존해야 합니다.

물론 상호의존성은 자연의 기본 법칙입니다. 고등 생물뿐만 아니라 많은 작은 곤충들도 종교나 법, 교육 없이도, 상호연관성에 대한 타고난 인식을 기반으로 해서 서로 협력하여 생존하는 사회적 존재들입니다. 가장 미세한 물질적 현상도 상호의존성에 의해 좌우됩니다. 우리가 살고 있는 행성에서 우리를 둘러싼 바다, 구름, 숲, 꽃에 이르는 모든 현상은 미세한 에너지 패턴들에 의존해서 일어납니다. 현상들 사이에 적절한 상호작용 없이는 그것들은 모두 용해되고 쇠퇴합니다.

왜냐하면 우리 자신이라는 인간 존재가 타인의 도움에 너무나 의존하는 나머지 사랑에 대한 욕구가 우리 존재의 가장 기저에 있기 때문입니다. 그러므로 우리는 타인의 복지에 대한 진심 어린 책임감과 진실한 관심을 가져야 합니다.

우리는 인간이란 진정 무엇인지 생각해 보아야 합니다. 우리는 기계로 만들어진 물건과는 다릅니다. 만약 우리가 단지 기계적인 실체라면, 기계 자체가 우리의 모든 고통을 덜어 주고 우리의 필요를 충족시켜 줄 수 있을 것입니다.

하지만, 우리는 단순히 물질적인 생물체가 아니어서, 행복에 대한 기대를 외적인 발전에만 거는 것은 잘못된 것입니다. 대신, 우리는 우리가 무엇을 필요로 하는지 찾기 위해 스스로의 기원과 본성을 감안해야 합니다.

우주의 생성과 진화에 대한 복잡한 질문을 제쳐두고라도, 우리는 적어도 각자가 우리 부모님의 산물이라는 사실에 동의할 수 있습니다. 일반적으로, 우리의 잉태는 성적 욕망이라는 맥락뿐만이 아닌 아이를 갖기로 한 부모님의 결정으로 인해 일어났습니다. 그러한 결정은 책임감과 이타주의, 즉 스스로 돌볼 수 있을 때까지 아이를 돌보겠다는 부모의 자비로운 책무에 바탕을 두고 있습니다. 그러므로 우리가 잉태되는 바로 그 순간부터, 우리 자신의 창조 속에 직접적으로 부모님의 사랑이 있는 것입니다.

게다가, 우리는 처음 자라나기 시작하면서부터 전적으로 어머니의 보살핌에 의존하고 있습니다. 몇몇 과학자들은 임산부의 정신 상태가 차분하든 불안하든 태아에게 직접적으로 물리적인 영향을 미친다고 합니다.

태어나면서 사랑의 표현 또한 정말 중요합니다. 우리가 가장 먼저 하는 일이 어머니의 젖을 빠는 것이기 때문에, 우리는 자연스럽게 어머니를 가깝게 느끼고, 어머니가 우리를 잘 먹이려면 우리에게 애정을 느껴야 합니다. 만약 어머니가 분노나 원한을 느낀다면, 그녀의 젖은 아낌없이 흐르지 않을지도 모릅니다.

그러고 나서 태어난 시점부터 적어도 서너 살까지 중요한 두뇌 발달 시기가 있는데, 그동안 애정 어린 신체적 접촉은 아이의 정상적인 성장에 독보적으로 중요한 요소입니다. 만약 아이를 안고, 포옹하고, 껴안고, 사랑하지 않는다면 아이의 발육에 지장이 생기고 두뇌가 제대로 성숙하지 못할 것입니다.

아이는 타인의 보살핌 없이는 생존하지 못하기 때문에, 사랑은 가장 중요한 영양분입니다. 어린 시절의 행복, 아이가 가진 수없는 두려움을 완화시켜 주는 것, 그리고 자신감의 건강한 발달은 모두 사랑에 달려 있는 것입니다.

요즘, 많은 어린이가 불행한 가정에서 자랍니다. 만약 제대로 사랑받지 못한다면 나중에 부모님을 거의 사랑하지 않고, 타인을 사랑하기 어려워하는 경우도 드물지 않게 있을 것입니다. 이는 정말 슬픈 일입니다.

아이들이 자라 학교에 다니기 시작하면서, 지지받고자 하는 욕구는 선생님들이 충족시켜 주어야 합니다. 학문적인 교육뿐만 아니라 학생들의 삶에 대한 준비를 책임진다면, 그나 그녀의 학생들은 신뢰와 존경심을 느낄 것이고, 그들이 배운 것은 마음속에 지울 수 없는 감동을 남길 것입니다. 반면에, 학생들의 전반적인 안녕에 진심 어린 관심을 보이지 않는 선생님이 가르치는 과목들은 일시적이고 오래가지 않는 것으로 여겨질 것입니다.

마찬가지로, 만약 몸이 아픈 누군가가 따스한 인정人情을 보여주는 의사에게 치료를 받게 된다면, 그 사람은 마음이 편안할 뿐만 아니라, 의사가 가진 의술의 정도와는 상관없이 최고의 치료를 하고자 하는 의사의 열망 그 자체로 치료 효과가 있습니다. 반면에, 만약 의사가 인정이 부족하고 불친절한 표정을 짓거나, 조급하거나 무심결에 무시하는 모습을 보여준다면, 설령 그나 그녀가 최고의 자격을 갖춘 의사이고 질병을 정확하게 진단하고 올바른 약을 처방했다고 하더라도 사람들은 불안해할 것입니다. 필연적으로, 환자의 감정은 회복의 질과 그 완벽성에 영향을 미칩니다.

우리가 일상에서 평범한 대화를 할 때조차도, 만약 누군가가 인정人情을 가지고 말한다면, 우리는 그 이야기를 즐겁게 듣고 그에 따라 반응합니다. 또 그 어떠한 사소한 주제라 할지라도 모든 대화가 흥미로워집니다. 반면에, 만약 어떤 사람이 차갑거나 거칠게 말한다면, 우리는 불안해하고 그 대화가 빨리 끝나기를 바랍니다. 가장 사소한 일에서 가장 중요한 일까지, 우리의 행복을 위해 타인의 애정과 존중이 꼭 필요합니다.

최근에 저는 미국의 한 과학자 집단을 만났습니다. 그들은 자기 나라의 정신 질환 비율이 12% 정도로 꽤 높다고 했습니다. 우리의 논의를 통해 분명해진 사실은 우울증의 주된 원인이 물질적인 빈곤 때문이 아니라 타인의 애정이 부족해서라는 것입니다.

자, 지금까지 제가 쓴 모든 내용을 통해 알 수 있듯이, 한 가지는 분명해 보입니다. 우리가 의식적으로 그것을 인지하고 있는지의 여부와 상관없이 태어나면서부터 우리의 핏속에는 인간적인 애정에 대한 욕구가 있습니다. 그 애정이 동물로부터 오거나 우리가 평소에 적으로 여기던 누군가에게서 온다고 하더라도, 아이와 어른 모두 자연스럽게 그것에 이끌리게 될 것입니다.

저는 누구도 사랑에 대한 욕구로부터 자유롭게 태어난 사람은 없다고 믿습니다. 그리고 이것은, 비록 몇몇 현대 학파들은 그렇게 하려고 하지만, 인간이 단지 물질적인 것으로 정의될 수 없다는 사실을 보여줍니다. 아무리 아름답고 가치 있는 물건이라도 그것으로부터 우리가 사랑받고 있다고 느끼게 할 수는 없습니다. 왜냐하면 우리의 보다 깊은 정체성과 진정한 기질은 마음의 주관적인 본성에 있기 때문입니다.

자비심 키우기

제 친구 중 몇 명은 제게 사랑과 자비란 놀랍고도 좋은 것이지만, 그것들은 그다지 의미가 없다고 했습니다. 그들은 우리의 세계가 그러한 믿음들이 큰 영향이나 힘을 가지는 곳이 아니라고 말합니다. 그들은 분노와 증오가 인간 본성의 너무나도 큰 부분이기 때문에 인류는 항상 그것들에 지배될 것이라고 주장합니다. 저는 동의하지 않아요.

우리 인간은 약 10만 년 동안 지금의 모습으로 존재해 왔습니다. 저는 만약 이 기간 동안 주로 분노와 증오가 인간의 마음을 통제했더라면, 우리의 전체 인구는 감소했을 것이라고 믿습니다. 하지만 오늘날, 우리의 그 모든 전쟁에도 불구하고, 그 어느 때보다도 인구가 많다는 사실을 알고 있습니다. 이는 세상에 사랑과 자비심이 우세하다는 사실을 분명히 보여줍니다. 그리고 바로 이 때문에 불쾌한 사건들이 뉴스가 되고, 자비로운 행위는 일상의 많은 부분을 차지해 당연시되어 대부분 무시하고 지나치게 됩니다.

지금까지 저는 자비심이 가져다주는 정신적인 혜택에 대해 주로 이야기했습니다만, 자비심은 신체의 건강에도 기여합니다. 제 개인적인 경험에 따르면, 정신적 안정과 신체의 안녕은 직접적으로 연관이 있습니다. 의심할 여지 없이, 분노와 동요는 우리를 질병에 더 취약하게 만듭니다. 반면에, 마음이 평온하고 긍정적인 생각으로 가득 차 있다면, 육체는 쉽게 질병에 걸리지 않을 것입니다.

하지만 우리 모두가 타인에 대한 사랑을 억제하는 자기중심성을 갖고 태어난다는 점도 물론 사실입니다. 그래서 우리는 평온한 마음만이 가져다주는 진정한 행복을 원하고, 자비로운 태도만이 그런 마음의 평화를 불러일으킨다면 우리는 어떻게 이를 키울 수 있을까요? 분명 자비심이 얼마나 좋은지 단순히 생각하는 것만으로는 충분하지 않아요! 우리는 자비심을 키우기 위해 혼신의 노력을 다해야 합니다. 우리의 생각과 행동을 바꾸기 위해 일상생활의 모든 일들을 이용해야 합니다.

우선, 우리는 자비심이 무엇을 의미하는지 분명히 해야 합니다. 많은 형태의 자비심은 욕망과 애착이 섞여 있습니다. 예를 들어, 부모들이 자녀에 대해 느끼는 사랑은 종종 그들 자신의 감정적 욕구와 강하게 연관되어 있기 때문에, 완전한 자비심이 아닙니다. 다시 한번 말하지만, 결혼 생활에서 남편과 아내 간의 사랑은—특히 각자가 상대방의 성격을 깊이 알지 못하는 초반에 — 진정한 사랑보다는 애착에 달려 있습니다. 우리의 욕망은 너무 강한 나머지 우리가 애착을 느끼는 상대가 실제로는 정말 나쁜 사람이어도 그 사람이 선해 보일 수 있습니다. 게다가, 우리는 조그마한 긍정적인 특성들을 과장하는 경향이 있습니다. 그래서 한 파트너의 태도가 변하면, 상대방도 종종 실망한 나머지 태도가 변하곤 합니다. 이것은 상대를 위한 진정한 배려보다 개인적인 욕구가 사랑의 원동력이었다는 것을 나타내지요.

진정한 자비심은 단순히 감정적인 반응이 아닌, 이성에 근거한 확고한 책무라고 할 수 있습니다. 그러니 타인에 대한 진정한 자비심은 그들이 부정적으로 행동하더라도 변치 않습니다.

물론, 이런 종류의 자비심을 키우는 건 결코 쉽지 않아요! 먼저 다음과 같은 사실을 살펴봅시다. 사람들이 아름답고 친절하든, 매력적이지 않고 파괴적이든, 궁극적으로 그들은 여러분과 같은 인간입니다. 그들은 행복해지고 싶고 고통스러워지고 싶지 않아요. 게다가, 그들이 고통을 극복하고 행복해질 권리는 당신 자신의 권리와 똑같습니다. 자, 이제 모든 존재가 똑같이 행복해지고 싶은 욕망을 가지며 행복해질 권리가 있다는 사실을 인지하면, 여러분은 자연스럽게 그들에게 공감하고 친밀감을 느끼게 됩니다. 여러분의 마음이 이 같은 보편적 이타심에 익숙해지면서, 다른 이들에 대한 책임감을 느끼게 됩니다. 즉 그들이 자신의 문제를 적극적으로 극복하도록 돕고 싶어 하는 마음을 키우게 되지요. 이러한 바람은 선택적인 것이 아니라, 모두에게 똑같이 해당됩니다. 그들이 여러분처럼 기쁨과 고통을 경험하는 사람들인 한, 그들이 부정적으로 행동하더라도 그들을 차별하거나 당신이 그들을 걱정하는 마음을 바꿀 만한 논리적 근거는 없습니다.

인내심과 시간이 주어지는 한, 여러분에게는 이런 자비심을 키울 능력이 있다는 점을 강조하고 싶어요. 물론, 우리의 자기중심성, 우리가 독립적인 자기 존재라는 느낌에 대한 독특한 애착감은 근본적으로 우리의 자비심을 억제합니다. 실로, 진정한 자비심은 이 같은 자기 집착이 사라질 때만 경험할 수 있습니다. 하지만 이런 점이 우리가 이제부터 시작해서 진전할 수 없다는 뜻은 아닙니다.

시작하는 법

우리는 자비심의 가장 큰 장애물인 분노와 증오를 제거하는 것부터 시작해야 합니다. 모두 알다시피, 이것들은 정말 강렬한 감정이고 우리의 마음 전체를 압도할 수 있습니다. 그렇지만 그것들을 통제할 수 있습니다. 하지만, 만약 그렇지 않다면, 이러한 부정적인 감정들은 우리를 괴롭힐 것이고－그러한 감정들이 더 활약하지 않더라도－ 다정한 마음이 얻는 행복을 추구하는 데 방해가 될 것입니다.

그래서 우선, 분노가 가치 있는 것인지를 살펴보는 게 도움이 됩니다. 때때로, 우리가 어려운 상황 때문에 낙담할 때면 분노가 더 많은 에너지, 자신감, 그리고 결단력을 가져오는 것 같아서 도움이 되는 듯합니다.

하지만 여기서, 우리는 스스로의 정신 상태를 주의 깊게 살펴야 합니다. 분노가 에너지를 더 주는 건 사실이지만, 이 에너지의 본질을 분석해 본다면 우리의 분노가 맹목적이라는 사실이 보입니다. 즉, 우리는 분노의 결과가 긍정적일지 부정적일지 확신할 수가 없습니다. 이는 분노가 우리 두뇌의 가장 좋은 부분인 합리성을 덮어 버리기 때문입니다. 그래서 분노의 에너지는 대체로 신뢰하기가 어렵습니다. 그것은 엄청나게 파괴적이고 나쁜 행동을 초래할 수 있습니다. 게다가, 만약 분노가 극단적으로 증가한다면, 사람은 미친 사람처럼 변하고, 타인에게나 자신에게나 해가 되는 방식으로 행동하게 됩니다.

그러나 어려운 상황에 대처하기 위해 마찬가지로 강력하지만 훨씬 더 통제된 에너지를 키우는 건 가능합니다.

이 통제된 에너지는 자비로운 태도뿐만 아니라 이성과 인내심에서도 나옵니다. 이것들은 분노의 가장 강력한 해독제입니다. 안타깝게도 많은 이들이 이러한 자질들을 나약함의 징후로 잘못 판단합니다. 저는 그 반대라고 믿습니다. 즉 그것들은 내면의 힘을 보여주는 진정한 표식이지요.

자비심은 본래 온화하고 평화로우면서 부드럽지만, 매우 강합니다. 불안하고 불안정한 이들은 쉽게 인내심을 잃어버리는 사람들입니다. 그러므로 분노가 일어나는 것은 제게 나약함의 직접적인 신호로 보입니다.

그러니 문제가 처음 생겼을 때 겸손하고 성실한 태도를 유지하면서 결과가 타당하도록 신경 쓰세요. 물론, 다른 사람들이 여러분을 이용하려고 할 수도 있고, 만약 여러분의 초연함이 부당한 공격만 부추긴다면, 강경한 입장을 취하도록 하세요. 하지만 이는 자비심을 가지고 해야 하며, 만약 여러분 자신의 의견을 표명하고 강하게 대응해야 한다면, 분노나 악의 없이 하도록 하세요.

비록 상대방이 여러분에게 해를 끼치는 것처럼 보여도, 그들의 파괴적인 행동은 결국 그들 자신만을 해친다는 것을 여러분은 깨달아야 합니다. 보복하려는 여러분 자신의 이기적인 충동을 저지하기 위해, 여러분은 자비심을 실천하고자 하는 욕구를 상기하고 상대가 스스로의 행동 때문에 고통스러워하지 않도록 도울 책임을 져야 합니다.

따라서 여러분이 사용하는 방식은 침착하게 선택되었기 때문에 더 효과적이고, 더 정확하며, 더 강력할 것입니다. 분노라는 맹목적인 에너지에 기반을 둔 보복은 좀처럼 목적을 달성하지 못합니다.

친구와 적

자비심과 이성, 인내심이 좋다고 생각하는 것만으로 그것들을 기르기는 부족하다는 점을 다시 한번 강조해야겠습니다. 우리는 어려운 상황이 일어날 때까지 기다렸다가 그것들을 실천하려고 해야 합니다.

그리고 그런 기회는 누가 만들까요? 물론 친구는 아닐 것이고, 적일 테지요. 그들은 우리에게 가장 큰 골칫거리를 안기는 사람들입니다. 우리가 진정으로 배우고 싶다면, 우리는 적을 최고의 스승으로 여겨야 합니다.

자비와 사랑을 소중히 여기는 사람은 반드시 관용을 실천해야 하고, 그러려면 적이 꼭 있어야 합니다. 그러므로 우리는 우리의 적들에게 감사해야 합니다. 왜냐하면 바로 그들이야말로 우리가 평온한 마음을 기를 수 있게 하는 데 가장 큰 도움이 되기 때문입니다! 또한, 개인적인 삶과 공적인 삶 양쪽에서, 상황의 변화와 함께, 적은 친구가 되는 경우가 많습니다.

그래서 분노와 증오는 항상 해롭습니다. 그리고 우리가 우리의 마음을 훈련하고 그것들의 부정적인 힘을 줄이기 위해 노력하지 않으면, 그것들은 계속해서 우리를 방해하고 평온한 마음을 기르려는 우리의 시도를 방해할 것입니다. 분노와 증오는 우리의 진정한 적입니다. 우리가 맞서 물리쳐야 할 세력은 바로 이것들이지, 한평생 이따금씩 나타나는 일시적인 적이 아닙니다.

물론, 우리 모두가 친구를 원하는 것은 자연스럽고 옳은 일입니다. 제가 종종 하는 농담은 바로 여러분이 정말로 이기적이고 싶다면 정말 이타적이야 한다는 거예요! 타인을 잘 보살피고, 그들의 복지를 생각해주고, 도와주고, 내어주고, 친구를 더 만들고, 더 웃는다면, 결과는? 여러분이 도움이 필요할 때 도와줄 사람이 이렇게나 많다는 걸 알게 될 것입니다. 반면에, 타인의 행복을 등한시하면 장기적으로 여러분은 실패자가 될 것입니다. 그리고 우정이 다툼과 화, 질투심과 강렬한 경쟁심에서 나오던가요? 저는 그렇게 생각하지 않아요. 오직 애정만이 진정으로 가까운 친구들을 만들어 주지요.

오늘날의 물질주의 사회에서, 여러분이 만약 돈과 힘이 있다면 친구가 많아 보입니다. 그러나 그들은 여러분의 친구가 아닙니다. 여러분이 가진 돈과 권력의 친구들이죠. 여러분이 부와 영향력을 잃으면, 이 사람들을 찾아내기가 정말 어렵다는 걸 알게 될 것입니다.

문제는 세상일이 잘 풀릴 때, 우리는 혼자 해낼 수 있다고 확신하고 친구가 필요 없다고 느끼지만, 우리의 지위가 쇠퇴하고 건강이 악화하면서, 얼마나 틀렸는지 금방 깨닫게 된다는 것입니다. 그 순간이야말로 우리는 비로소 누가 정말로 도움이 되고 누가 완전히 쓸모없는지 알게 됩니다. 그래서 바로 그 순간을 준비하기 위해, 필요할 때 우리를 도와 줄 진정한 친구를 사귀기 위해, 우리는 스스로 이타심을 길러야 한답니다!

가끔 제가 말하면 사람들이 웃지만, 저는 항상 친구가 더 있었으면

해요. 저는 미소가 좋습니다. 그래서 저는 어떻게 하면 더 많은 친구를 사귀고 더 많은 미소-특히 진실한 미소-를 얻을 수 있을지 깨닫는 데 어려움을 겪습니다. 빈정거리는 미소, 인위적인 미소, 외교적인 미소 등 많은 종류의 미소가 있지요. 많은 미소는 만족감을 주지 못하고, 심지어 때때로 의심이나 두려움을 주지 않나요? 하지만 진실한 미소는 우리에게 상쾌한 느낌을 주는데, 저는 이게 인간에게서만 나타난다고 믿습니다. 만약 우리가 이러한 미소를 원한다면, 우리 스스로 그런 미소가 지어질 이유를 만들어야겠지요.

자비심과 세계

결론적으로, 저는 이 짧은 이야기의 주제를 넘어 제 생각을 확장하고 더 폭넓은 의견을 개진하고자 합니다. 바로 개인의 행복이 우리 인류 공동체 전체의 전반적인 개선에 깊고 효과적인 방법으로 기여할 수 있다는 점입니다.

우리는 모두 똑같이 사랑에 대한 욕구를 가지고 있기 때문에, 어떤 상황에서든지 그 누구를 만나더라도 상대를 형제자매라고 느낄 수 있습니다. 얼마나 생경한 얼굴이든지, 옷차림과 행동이 얼마나 다르든지, 우리 자신과 다른 이들 간에는 큰 차이가 없습니다. 우리의 근본적인 천성은 모두 같기 때문에 외관상의 차이에 연연하는 건 어리석은 일입니다.

궁극적으로, 인류는 하나이고 이 작은 행성은 우리의 유일한 보금자리입니다. 만약 우리가 우리의 집을 보호하려면, 우리는 각자 보편적인 이타심에 대한 생생한 느낌을 경험해야 합니다. 사람들이 서로를 속이고 악용하게 만드는 자기중심적 동기를 없앨 수 있는 건 이 느낌뿐입니다.

만약 여러분이 진실하고 열린 마음을 가지고 있다면, 여러분은 자연스럽게 자존감과 자신감을 느끼고, 다른 사람들을 두려워할 필요가 없겠지요.

가족, 종족, 국가 및 국제사회의 모든 단계에서 보다 행복하고 성공적인 세상을 향한 비결은 자비심의 성장이라고 생각합니다. 우리는 종교적일 필요도 없고, 어떠한 이념을 믿을 필요도 없어요. 필요한 것은 각자가 우리 자신의 선한 자질을 계발하는 것입니다.

저는 누구라도 만나면 옛 친구처럼 대하려고 합니다. 이건 저에게 진정한 행복감을 주지요. 바로 이것이 자비의 실천입니다.

88. 불교와 민주주의

- 워싱턴 DC, 1993년 4월 -

수천 년 동안 사람들은 엄격한 징계 방법을 사용하는 권위주의적인 조직만이 인간사회를 지배할 수 있다고 믿었습니다. 하지만, 사람들은 자유에 대한 타고난 열망을 가지고 있어서, 자유와 억압의 세력들은 역사를 통틀어 계속해서 갈등을 겪어 왔습니다. 오늘날, 어느 쪽이 이기고 있는지는 분명합니다. 좌우의 독재정권을 타도하는 민중 세력 운동의 등장은 인류가 폭정 아래서는 용인할 수도, 제 기능을 할

720

수도 없다는 것을 명백하게 보여주고 있습니다.

비록 우리 불교 사회들 어디에서도 우리의 정부 체제에서 민주주의와 같은 것을 발달시키지 못했지만, 저는 개인적으로 세속적인 민주주의를 매우 존경합니다. 티베트가 아직 자유로웠을 때, 우리는 우리의 평화와 안보를 연장할 수 있다고 잘못 생각하면서 자연적 고립을 구축해 갔습니다. 결과적으로, 우리는 바깥세상에서 일어나는 변화에 거의 주의를 기울이지 않았습니다. 우리는 우리의 가장 가까운 이웃 중 하나인 인도가 평화로운 방식으로 독립을 쟁취하고 세계 최대의 민주주의 국가가 된 것을 쉽게 알아차리지 못했습니다.

나중에, 우리는 자유가 국내뿐만 아니라 국제무대에서도 혼자만의 것이 아닌, 다른 이들과 함께 나누고 즐길 수 있는 것이라는 사실을 어렵사리 배우게 되었습니다.

비록 티베트 밖에 있는 티베트인은 난민 지위로 전락했지만, 우리는 우리의 권리를 행사할 자유가 있습니다. 티베트 본토에 있는 우리 형제자매들은, 자신의 나라에 있지만 생존에 대한 권리조차 갖고 있지 않습니다. 따라서 망명 중인 우리에게는 미래의 티베트를 생각하고 계획을 세워야 할 책임이 있습니다. 그래서 우리는 수년 동안 진정한 민주주의의 형태를 이루기 위해 다양한 방법으로 노력해 왔습니다. 모든 티베트 망명자들이 '민주주의'라는 단어와 친숙한 것이 이 점을 보여 줍니다.

저는 우리의 전통과 현대 세계의 요구에 모두 맞는 정치 시스템을 고안해 낼 수 있기를 고대해 왔습니다. 민주주의의 기본 토대가 비폭력과 평화이기 때문입니다. 우리는 최근 망명 정부를 더욱 민주화하고 강화할 변화에 착수했습니다. 여러 가지 이유로, 저는 티베트가 독립하면 정부에서 수반이나 그 어떤 역할도 맡지 않기로 결심했습니다. 티베트 정부의 미래 수장은 국민에 의해 일반투표로 선출된 사람이어야 합니다. 그런 방식에는 여러 이점이 있고 그것은 우리가 진정하고 완전한 민주주의를 이룰 수 있도록 할 것입니다. 저는 이러한 변화가 티베트인으로 하여금 그들 나라의 미래를 결정하는 데 분명한 발언권을 가지게 할 수 있기를 바랍니다.

우리의 민주화는 전 세계에 있는 티베트인에게까지 뻗어나갔습니다. 저는 미래 세대들이 이러한 변화를 우리의 망명 경험에서 가장 중요한 업적 중 하나로 여길 것이라고 믿습니다. 티베트에 불교가 전래된 것이 우리나라를 확고하게 했듯이, 우리 사회의 민주화가 티베트인의 활력을 더해 주고, 의사결정 기관들이 국민의 진심 어린 욕구와 열망을 반영할 수 있을 것이라고 저는 확신합니다.

사람들이 개인으로서 자유롭게, 원칙적으로 평등하고 서로를 책임지며 살 수 있다는 생각은 본질적으로 불교의 성향과 일치합니다. 불교 신자로서, 우리 티베트인은 인간의 생명을 가장 소중한 선물로서 우러러보고 부처님의 철학과 가르침을, 남녀 모두가 성취해야 할 목표인 최고의 자유를 향한 길이라고 생각합니다.

부처님은 인생의 목적이 바로 행복이라고 보셨습니다. 또한 그분은 무지가 끝없는 좌절과 고통 속에 인간을 구속하는 반면 지혜는 해방한다는 것을 보셨습니다. 현대 민주주의는 모든 인간은 본질적으로 평등하며, 우리 각자가 생명, 자유, 행복에 대한 동등한 권리를 가지고 있다는 원칙에 바탕을 두고 있습니다. 불교 역시 인간이 존엄성을 지닐 자격이 있다는 점을 인정하며, 인류라는 가족의 모든 구성원은 정치적 자유뿐만 아니라, 근본적으로 두려움과 결핍으로부터 자유로울 권리, 평등하고 양도할 수 없는 권리를 가지고 있음을 인정합니다. 우리가 부자든 가난하든, 교육받았든 그렇지 못하든, 어느 국가나 종교에 속하든, 어떤 이념을 고수하든, 우리는 각자가 다른 이들과 같은 인간일 뿐입니다. 우리 모두는 행복을 갈망하고 고통을 피하려고 할 뿐만 아니라, 각자가 이러한 목표를 추구할 동등한 권리를 갖고 있습니다.

부처님이 세운 제도는 주로 민주적인 노선으로 활동하던 승가 또는 사원 공동체였습니다. 이 종교단체 속에서 사람들은 그들의 사회적 계층이나 카스트 출신이 무엇이든 평등했습니다. 약간의 지위 차이는 수계의 연공서열에 달려 있었습니다. 예를 들어 해탈이나 깨달음과 같은 개인의 자유는 공동체 전체의 주된 관심사였고 명상을 통해 마음을 수련해서 달성했습니다. 그럼에도 불구하고, 일상적인 관계는 타인에 대한 관용, 배려, 그리고 상냥함을 바탕으로 이루어졌습니다. 집이 없는 생활을 계속하며 승려들은 소유의 걱정에서 벗어났습니다. 그러나 그들이 완전히 고립되어 사는 것은 아닙니다. 탁발하며 살아가는 풍습이 오히려 그들 자신이 타인에게 의지하며 살아간다는 자각을 더 분명하게 합니다. 공동체 내에서 투표를 통해 결정을 내렸고 합의를 통해 의견의 차이를 해결했습니다. 따라서 승가는 사회적 평등, 자원 공유, 민주적 과정의 본보기 역할을 했습니다.

불교는 본질적으로 실용적인 교리입니다. 인간의 고통이라는 근본적인 문제를 다루는 데 있어서, 불교는 단 하나의 해결책을 고집하지 않습니다. 불교는 인간의 욕구, 성향, 능력이 서로 크게 다르다는 것을 알고 평화와 행복을 향한 길이 여럿이라는 점을 인정합니다. 영적 공동체로서 그 결속은 형제애·자매애라는 하나 된 느낌에서 생겨난 것입니다. 불교는 분명한 중앙집권적 권한 없이도 2,500년이 넘는 세월을 버텨 왔습니다. 불교는 연구와 수행을 통해 부처님의 가르침에 둔 그 뿌리를 반복적으로 갱신하면서 다양한 형태로 번성해 온 것입니다. 개인이 스스로 책임을 안는 이런 다원주의적인 방식은 민주적인 관점과 정말 좋은 조화를 이룹니다.

우리는 모두 자유를 원하지만, 인간을 구분 짓는 것은 그들의 지능이라고 할 수 있습니다. 자유로운 인간으로서 우리는 우리 자신과 세계를 이해하는 데 우리의 유일무이한 지능을 활용할 수 있습니다. 부처님은 그의 추종자들이 당신이 말씀하신 것조차 액면 그대로 받아들일 것이 아니라, 금 세공사가 금의 품질을 대하듯이 검사하고 시험해야 한다고 하셨습니다. 하지만 우리가 자신의 지식과 창의력을 사용하지 못하게 방해받는다면, 우리는 인간의 기본적인 특성을 하나 잃게 되는 것입니다. 따라서 민주주의가 수반하는 정치적, 사회적, 문화적 자유는 정말 가치가 있고 중요합니다.

완벽한 정부 시스템은 없지만, 민주주의는 우리의 본질적인 인간 본성에 가장 가깝습니다. 또한 정의롭고 자유로운 세계 정치 구조를 구축할 수 있는 유일하게 안정적인 기반이라고 할 수 있습니다. 따라서 이미 민주주의를 향유하는 우리가, 다른 이들도 민주주의를 향유할 권리를 적극적으로 지지하는 것이 모두에게 이득이라고 생각합니다.

비록 공산주의가 이타주의를 포함한 여러 숭고한 이상을 옹호했지만, 자신의 뜻을 따르도록 명령하는 지배 엘리트 계층의 시도는 비참한 결과를 낳았습니다. 이 정부들은 그들의 사회를 통제하고 시민들이 공공선을 위해 일하게 하려고 엄청난 노력을 기울였습니다. 이전의 억압적인 정권을 극복하기 위해 초반에는 경직된 조직이 필요했을지도 모릅니다. 그러나 일단 그 목표를 달성하자, 그러한 경직성은 진정한 협력 사회를 건설하는 데 거의 도움이 되지 않았습니다. 공산주의가 완전히 실패한 이유는 자신의 신념을 증진하기 위해 폭력을 사용했기 때문입니다. 궁극적으로, 인간 본성은 공산주의가 가하는 고통을 계속 견딜 수가 없었던 것입니다.

아무리 강한 완력을 가해도 자유를 향한 인간의 기본적인 욕망을 꺾을 수는 없습니다. 동유럽 도시들에서 행진했던 수십만 명의 사람들이 이를 증명한 바가 있습니다. 그들은 단순히 자유와 민주주의에 대한 인간의 욕구를 표현한 것뿐입니다. 그들의 요구는 그 어떠한 새 이념과도 아무런 상관없이 단지 자유를 향한 자신의 진심 어린 열망을 표현한 것입니다. 공산주의 체제는 사람들에게 의식주만 제공하면 충분하다고 했지만 그렇지 않습니다. 우리의 뿌리 깊은 본성은 자유의 소중한 공기를 호흡하기를 요구합니다.

구소련과 동유럽에서 일어난 평화로운 혁명은 우리에게 많은 훌륭한 교훈을 가르쳐 주었습니다. 하나는 진실의 소중함입니다. 사람들은 개인이나 체제에 의해 괴롭힘, 사기, 거짓말을 당하는 것을 좋아하지 않습니다. 그러한 행위는 인간의 본질적인 정신에 반하는 것입니다. 그러므로 속임수를 쓰고 무력을 행사하는 이들은 단기적으로는 상당한 성공을 거두어도, 결국에는 타도될 것입니다.

진실은 자유와 민주주의의 최고의 보증인이자 진정한 토대입니다. 여러분이 약하든 강하든, 여러분의 대의를 지지하는 사람이 많든 적든, 진실은 여전히 승리할 것입니다. 최근, 성공적인 여러 자유 운동은 사람들의 가장 기초적인 감정을 진실하게 표현한 것을 바탕으로 합니다. 이는 우리 정치 생활의 많은 부분에서 진실 자체가 여전히 심각하게 부족하다는 사실을 상기시켜 주는 가치 있는 일입니다. 특히 국제관계를 수행하면서 우리는 진실을 거의 존중하지 않습니다. 불가피하게, 대부분의 사회의 약자들이 더 부유하고 강한 사람들의 손에 의해 고통받는 것처럼, 약한 나라들은 더 강한 나라들에게 조종되고 억압받습니다. 과거에, 꾸밈없이 진실을 표현하는 것은 비현실적이라고 무시해왔지만, 지난 몇 년 동안에는 진실이야말로 인간의 마음속에 존재하면서 결과적으로 역사를 형성하는 엄청난 힘이라는 사실을 증명해 왔습니다.

20세기 말이 다가오면서, 우리는 세계가 점점 작아지고 세계인이 거의 하나의 공동체가 되었다는 것을 알게 되었습니다. 우리는 또한 우리가 직면하는 심각한 문제들, 즉 인구과잉, 줄어드는 천연자원, 그리고 우리가 공유하는 이 작은 행성의 존재의 근간을 위협하는 환경 위기로 서로 가까워지고 있습니다. 저는 이 시대의 시험에 대처하기 위해 인간은 보편적인 책임감을 더 키워야 할 것이라고 믿습니다. 우리 각자는 자기 자신, 가족, 국가뿐만 아니라 모든 인류의 이익을 위해 일하는 법을 배워야 합니다. 보편적인 책임은 인류 생존의 진정한 비결입니다. 그것은 세계평화, 천연자원의 공평한 사용, 그리고 환경을 제대로 돌보기 위한 최고의 토대입니다.

협력이 시급한 상황은 오직 인류를 강하게 만들 뿐입니다. 왜냐하면 그것은 새로운 세계질서를 위한 가장 단단한 토대가 단순히 정치적, 경제적 동맹을 더 넓게 맺는 것뿐만이 아니라, 각자가 진정한 사랑과 자비를 실천하는 것이라는 사실을 우리가 인식하도록 도와주기 때문입니다. 이러한 자질들은 인간 행복의 궁극적인 원천이고, 사랑과 자비에 대한 우리의 욕구는 우리라는 존재의 가장 핵심에 있는 것입니다. 자비의 실천은 그저 비현실적인 이상주의를 나타내는 신호가 아닌, 우리 자신의 이익뿐만 아니라 타인에게 있어서도 최선의 이익을 추구할 수 있는 가장 효과적인 방법입니다. 국가 또는 개인으로서 우리가 다른 사람들에게 더 많이 의존할수록, 그들의 안녕을 보장하는 것이 우리 자신의 이익에 더 도움이 됩니다.

금세기에 문명이 급속한 발전을 이루었지만, 저는 현재 우리 딜레마의 가장 직접적인 원인은 우리가 오직 물질적인 성장에만 지나치게 중점을 두고 있는 것이라고 생각합니다. 우리는 그것을 뒤쫓는 데 너무 몰두하게 되었고, 자신도 모르게 사랑, 친절, 협동, 그리고 배려 같은 가장 기본적인 인간의 욕구를 함양하는 데는 소홀했습니다. 만약 우리가 모르는 사람이거나 어떤 사람이나 집단과 특별히 관계가 있다고 느끼지 못하면 우리는 그들의 욕구를 쉽게 간과하게 됩니다. 그러나 인간사회의 발전은 전적으로 사람들이 서로를 돕는 데 바탕을 두고 있습니다. 일단 우리가 자신의 기반이 되는 본질적인 인간성을 잃는다면, 물질적인 향상만을 추구하는 게 무슨 의미가 있을까요?

현 상황에서는 누구도 다른 누군가가 우리의 문제를 해결해 줄 것이라고 생각할 여유가 없습니다. 모든 이들은 우리 지구촌 가족을 올바른 방향으로 향하도록 인도하는 데 도울 책임이 있고 우리는 각각 그 책임을 져야 합니다. 우리가 지향할 것은 우리 사회 공동의 대의입니다. 만약 사회 전체가 풍요롭다면, 그 속의 모든 이들과 단체는 자연스럽게 그로부터 이득을 얻을 것입니다. 그들은 자연스레 행복해질 것입니다. 하지만, 만약 사회 전체가 무너진다면, 우리는 어디에서 우리의 권리를 위해 싸우고 요구할 수 있을까요?

한 가지 예로, 저는 개개인이 사회에 변화를 가져올 수 있다고 믿습니다. 불교 승려로서, 저는 단지 종교적인 관점뿐만 아니라 인도주의적인 관점에서도 자비심을 스스로 키우려고 노력합니다. 이렇게 이타적인 태도를 갖도록 스스로를 격려하기 위해, 저는 때때로 저 자신, 단 한 사람이 한쪽에 있고 반대쪽에는 나머지 모든 사람들이 모인 거대한 군중이 있다고 상상해 보는 게 도움이 된다는 것을 알게 되었습니다. 그러고 나서 '누구의 이익이 더 중요한가?'라며 자문합니다. 제 스스로가 아무리 중요하다고 느껴도, 저는 단 한 사람일 뿐이고, 다른 사람들이 다수를 구성하고 있다는 점이 꽤나 명확하게 보입니다.

89. 불교와 영적 관광

- 뉴델리, 2004년 2월 17일 -

여러 불교 국가의 대표 여러분이 모인 이 자리에 함께하게 되어 정말 영광스럽고 스스로가 정말 행운아처럼 느껴집니다.

부처님의 대반열반大般涅槃, 곧 입적入寂 이후 2,500년 이상이 흘렀습니다. 똑같이 부처님을 따르는 우리 모두가 이런 날에 모여서 부처님과 그분의 친절함을 돌이켜볼 수 있게 되어 정말이지 상서로운 일이 아닌가 하고 생각하며 그분께 경의를 표하는 바입니다.

우리는 이제 막 21세기를 시작했고 지난 세기를 되돌아보고 있습니다. 어쩌면 인류 역사상 가장 중요한 시기 중 하나로 여길지도 모르겠네요. 20세기에는 경제, 정치, 과학과 같은 광범위한 인간 활동에서 일어난 실험과 발전으로 인해 큰 변화가 있었습니다. 지난 100년간의 경험의 결과로서 우리는 인간에게 매우 본질적인 자유의 중요성에 대해, 그리고 개인 기업 및 기업의 사적 소유가 경제를 크게 개선하는 데 기여한다는 점에 대해, 훨씬 더 깊이 이해하게 되었습니다. 같은 기간 동안 사람들은 과학적 연구의 결실 중 하나인 엄청난 파괴력을 지닌 무기의 생산 및 확산을 중단하는 것이 너무나도 중요하다는 사실을 새롭게 인식하게 되었습니다. 20세기에 우리가 직면한 많은 어려움과 도전적인 경험 때문에 저는 우리 인간이 지성과 창의적 능력을 최대한 활용하도록 고무하는 여러 면에서 성숙했다고 믿습니다. 따라서 우리가 20세기 초반과 말년을 비교해 보면, 인간의 사고와 문제 접근방식에 있어서 긍정적인 발전이 있었다는 걸 분명히 알 수 있습니다. 이것이 바로 희망의 원천이라 할 수 있습니다.

20세기 초 많은 사람은 인간의 행복이 육체적인 만족을 통해서만, 과학과 기술을 통한 물질적 발전을 통해서만 이룰 수 있다는 잘못된 인식을 가지고 애썼습니다.

엄청난 인적 에너지가 물질적인 발전을 위해 사용되었습니다. 그러나 20세기 말, 우리는 물리적 시설을 개선하기 위해 광범위하게 지식이 성장했지만, 물질적인 발전만으로는 충분하지 않습니다. 더 많은 사람이 이제 우리의 동기와 정신적 태도에서의 변화가 인간의 행복을 달성하고 고통과 불안을 극복하는 데 중요하다는 사실을 인식하게 되었습니다. 그와 동시에 평화와 자연환경보호를 위해 비폭력 원칙을 적용할 필요가 있다는 대중의 인식이 훨씬 더 커졌습니다. 이러한 태도의 변화는 지난 100년 동안 우리의 수많은 경험의 결과로서 나타난 것입니다.

이제 막 21세기를 시작하는 이 시기에, 우리는 주변 사건에 대한 우리의 정신적인 접근방식을 바꾸는 것이 중요하다는 사실을 분명히 알 수 있습니다. 비폭력, 평화, 내부로부터의 전쟁 철폐라는 이상을 내적으로 함양하며 얻어지는 잠재적인 보상은, 자비, 관용, 만족감, 자기 훈련이라는 긍정적인 자질을 증진시키는 모든 종교적 전통과 시의적절하게 잘 어울립니다. 결과적으로 우리가 지닌 다양한 종교적 전통들은 현대에도 중요한 역할을 합니다. 따라서 전 세계에 존재하는 서로 다른 종교적 전통들 간에는 깊은 이해와 화합이 있어야 하며, 그것들은 모든 인류의 복지에 기여하기 위해 공동의 노력을 해야 합니다.

저는 특히 2,500년 넘게 번창하고, 자비, 친절, 관용, 자기 훈련에 관한 가르침을 다른 종교적 전통과 공유하는 부처님의 가르침이야말로 현대사회에서 특별한 역할을 하고 있다고 믿습니다. 이는 불교가 다른 종교적 전통과는 달리 독특하게도, 현대 과학의 근본적인 관념과 밀접하게 부합하는 상호의존성이라는 개념을 제창하기 때문입니다.

다양한 시대와 장소에서 번성했던 다양한 불교 전통 중에는, 팔리어로 보존된 경전이야말로 자기 전통의 근원이라고 여기는 사람들이 있고 산스크리트 전통이야말로 그렇다고 여기는 사람들도 있습니다. 후자의 전통은 그 유명한 고대의 날란다 대학에서 절정에 이르렀는데, 그곳에서 당대의 불교학자들이 철학과 논리에 관한 문헌 그리고 이해를 깊이 다듬었습니다. 산스크리트 전통은 우리 불교 유산의 중요한 부분입니다.

비교적 최근까지 우리 불교인들 사이에는 연락과 대화가 부족했습니다. 앞으로 우리는 서로 다른 전통들 간의 지식과 경험의 교환을 장려하고 육성해야 하며 우리들 간의 의사소통을 개선해야 합니다. 이런 맥락에서 저는 인도인 불교도 형제·자매들이 이 나라에서 천년 이상 번성했던 산스크리트 불교 전통에 특별한 관심과 책임을 가져야 한다고 제안하고 싶습니다.

인도 불교 유산의 또 다른 중요한 측면으로 우리 모두가 관심을 갖고 있고, 제가 이 모임의 주안점으로 알고 있는 것은 바로 불교 성지의 존재입니다. 당연히 그곳들은 불교 신자에게 특별한 의미를 가집니다. 제가 어린 시절 티베트에서 공부할 때, 저는 다른 모든 티베트인처럼 인도를 불교와 불교문화의 원천인 거룩한 땅(Aryabhumi)으로 여겼습니다. 모든 독실한 불교 신자들처럼 저도 보드가야를 영적인 길의 최고 업적, 즉 부처님의 정각의 성취와 결부시켰습니다. 제가 오랫동안 가고 싶어 했던 곳이지요. 다행히도 1956년 마하보디협회(Mahabodhi Society)로부터 석존 탄신일에 초청을 받아 기회가 생겼습니다.

마침내 깨달음의 자리에 섰을 때, 저는 깊게 감명받았습니다. 이곳에서 성취된 석가모니 부처님의 위업을 되새기면서, 저는 또한 모든 생명체에 대한 그의 넘치는 친절함을 기억하지 않을 수 없었습니다. 그는 스스로 완벽에 도달했을 뿐만 아니라 우리 각자가 그러한 잠재력을 가지고 있다는 걸 드러냈지요. 저는 그 당시에도, 제가 지금 그러하듯이, 부처님의 가르침이 개인의 삶 속에서 내면의 평화로 이어질 뿐만 아니라 국가 간의 평화로 이어질 수 있다고 믿었습니다.

보드가야에서 처음 감명을 받은 이래로 저는 인도를 비롯해 세계 여러 나라를 더 폭넓게 여행했습니다. 다른 종교 전통의 성지를 방문할 기회를 가짐으로써 종교 간 화합과 이해를 함양하는 데 영적 관광(spiritual tourism)이 중요한 역할을 한다는 것을 깨닫게 되었습니다. 저는 우리가 다음 두 가지 일을 해야 한다고 굳게 믿습니다. 저는 모든 주요 종교적 전통들이 인류의 진보, 인류에의 봉사, 지구의 구제를 위해 인간의 잠재력을 확실하게 이끌어 내 활용하는 일에 우리가 더 많은 노력을 해야 한다는 것, 그리고 그와 동시에 종교의 이름으로 벌어지는 분쟁을 줄이기 위해 우리가 힘을 써야 한다는 것을 굳게 믿고 있습니다. 이를 위한 한 가지 방법은 종교학자들과 지도자들을 한자리에 모으는 것입니다. 또 다른 방법은 일반인들이 이러한 신성한 장소들을 방문하여 그 분위기를 통해서 다른 종교에 대해 깊은 감정을 경험하는 것입니다. 사찰, 기념물, 웅장한 예술작품과 같은 불교 성지들의 경우, 그것들은 평화, 자비, 이해라는 불교적 가치를 상징합니다. 성지들을 보고 감탄하는 것만으로도 내면에서 그러한 자질을 기르는 원인 중 하나가 됩니다. 따라서 인도 및 전 세계의 대중이 그런 장소들을 방문하도록 권할 뿐만 아니라 적절한 시설을 이용할 수 있도록 하는 것이 중요하며, 그들이 보는 대상이 왜 중요한지를 설명하는 믿을 만한 정보를 제공해야 합니다.

마지막으로, 이렇게 대단한 불교 장로님들과 대표 여러분이 계신 모임에서 연설하는 이런 드문 기회를 빌려서, 저는 앞으로 우리 불교인들이 서로 간에는 의사소통을 개선하고 늘릴 수 있기를 바라고, 우리 측에서는 자신이 어떤 전통에 속하든지 상관없이 전 세계 인류의 행복과 마음의 평화에 더 효과적으로 기여할 수 있기를 희망합니다.

90. 세계평화를 향한 접근법

우리가 아침에 일어나서 라디오를 듣거나 신문을 읽을 때, 우리는 폭력, 범죄, 전쟁, 그리고 재난에 대한 똑같은 슬픈 소식을 듣게 됩니다. 어디선가 끔찍한 일이 일어났다는 보도가 없던 날은 거의 기억나지 않습니다. 현대에 와도 자신의 소중한 생명이 안전하지 않은 것은 분명합니다. 이전의 그 어떤 세대도 오늘날 우리가 직면하는 만큼 수많은 나쁜 소식을 겪을 필요가 없었습니다. 두려움과 갈등을 쉴 새 없이 의식하는 것은 섬세하고 자비로운 사람이라면 누구나 현대 세계의 발전을 진지하게 의심토록 할 것입니다.

아이러니한 점은 더 산업화된 사회에서 더 심각한 문제들이 생긴다는 점이에요. 과학과 기술은 여러 분야에서 대단한 일을 해냈지만, 인간의 기본적인 문제는 그대로 남아 있습니다. 교육 분야에서 놀라운 발전이 있지만, 이 보편적인 교육은 선한 마음이 아닌 정신적인 불안과 불만만 키운 것 같습니다. 우리가 물질적 진보와 기술의 발전을 이루었다는 점에서는 의심의 여지가 없지만, 어쩐지 아직도 평화와 행복을 가져오거나 고통을 극복하지는 못하기 때문에 이것만으로는 부족합니다.

우리의 진보와 발전에는 뭔가 심각한 문제가 있고, 이를 제때 살펴보지 않으면 인류의 미래에 처참한 결과로 이어질 수 있다는 결론을 내릴 수밖에 없습니다. 저는 결코 과학과 기술에 반대하는 것이 아닙니다. 그것들은 인류의 전반적인 경험에, 우리의 물질적인 편안함과 안녕에, 그리고 우리가 살고 있는 세상을 보다 잘 이해하는 데에 크게 기여했습니다. 하지만 우리가 과학과 기술에 너무나 많은 중점을 둔다면 정직과 이타주의를 열망하는 인간의 지식과 이해의 측면을 놓칠 위험에 처하게 됩니다.

과학과 기술은 헤아릴 수 없는 물질적 편안함을 만들어낼 수 있지만, 오늘날 우리가 알고 있는 모든 형태의 세계 문명을 주로 형성한 오래된 영적, 인도주의적 가치를 대체할 수는 없습니다. 그 누구도 과학과 기술의 전례 없는 물질적 혜택을 부인할 수는 없지만, 우리 인간의 기본적인 문제들은 남아 있습니다. 우리는 그 이상은 아니더라도 여전히 같은 고통, 두려움, 갈등에 직면해 있습니다. 그러므로 물질적 발전과 영적, 인간적 가치의 발달 사이에서 균형을 맞추려고 노력하는 것은 당연합니다. 이러한 위대한 조정을 이끌어 내기 위해서는 우리는 우리의 인도주의적 가치를 되살려야 합니다.

저는 많은 사람이 현재 전 세계적인 도덕적 위기에 대한 저의 우려를 공유하고, 또 우리 사회를 더 자비롭고 정의로우며 공평하게 만드는 데 도움이 되도록, 이 우려를 공유하고 있는 모든 인도주의자와 종교 실천자에 대한 저의 호소에 동참할 것이라고 확신합니다. 저는 불교도나 티베트인으로서 말하는 것이 아닙니다. 국제정치 전문가로서 (물론 제가 관련 이슈에 대해 어쩔 수 없이 언급하기는 해도) 말하는 것도 아닙니다. 오히려 저는 인간으로서, 대승불교만이 아니라 모든 위대한 세계 종교의 기반이 되는 인도주의적 가치를 지지하는 사람으로서 말할 뿐입니다. 이러한 관점에서 제 개인적인 견해는 다음과 같습니다.

1. 세계적인 문제를 해결하기 위해서는 보편적인 인도주의가 필수적이다.

2. 자비심은 세계평화의 기둥이다.

3. 인도주의자들이 그 어떤 이념을 가졌더라도 상관없이 그렇게 하듯이, 모든 세계 종교는 이미 이렇게 세계평화를 지지하고 있다.

4. 각자는 인간의 욕구를 충족시킬 기관을 형성할 보편적인 책임이 있다.

인간의 태도를 바꾸어 인간의 문제 해결하기

오늘날 우리가 직면한 많은 문제 중 일부는 자연재해인데, 이는 우리가 평정심을 가지고 받아들이며 직면해야 합니다. 그러나 다른 종류는 오해로 인해 우리가 직접 만들어낸 문제들이며 고쳐 나갈 수 있습니다. 그러한 유형 중 하나는 정치적이든 종교적이든 이념의 충돌에서 비롯되며, 사람들이 우리를 하나의 가족으로 묶어 주는 기본적인 인간성을 잃고 사소한 목적으로 서로 싸울 때 일어납니다. 우리는 세계의 다른 종교, 이념, 정치 제도는 인간의 행복을 이루기 위한 것임을 기억해야 합니다. 우리는 이 근본적인 목표를 잃지 않아야 하고, 수단을 목적보다 결코 우선시해서는 안 됩니다. 인류가 항상 물질과 이념보다 우위에 있어야 하는 것입니다.

단연코 인류가 —사실 지구상의 모든 생명체가— 직면한 가장 커다란 단 한 가지 위험은 핵 파괴의 위협입니다. 제가 이 위험에 대해 자세히 설명할 필요는 없겠지만, 말 그대로 세계의 미래를 손에 쥐고 있는 모든 핵보유국 지도자들, 이렇게 거대한 파괴 무기를 계속해서 만들어 내는 과학자와 기술자들, 그리고 자신의 지도자들에게 영향력을 행사할 수 있는 위치에 있는 모든 이들에게 호소합니다. 사리 분별을 제대로 하고 모든 핵무기를 해체하고 파괴하는 일을 시작할 것을요. 우리는 핵전쟁이 일어나도 승자가 없다는 사실을 압니다. 바로 생존자가 없기 때문이지요! 이렇게 비인간적이고 무정한 파괴를 생각하는 것만으로도 두렵지 않은가요? 그리고 우리가 원인을 알고 있고, 그렇게 할 시간과 수단이 모두 있다면 자멸의 원인을 제거해야 한다는 것이 논리적이지 않습니까? 종종 우리는 문제의 원인을 모르거나, 만약 안다고 해도 그것을 제거할 수단이 없어서 문제를 극복하지 못합니다. 그러나 핵 위협은 이에 해당하지 않습니다.

인간처럼 더 진화한 종이든 동물처럼 더 단순한 종이든, 모든 존재는 주로 평화, 편안함, 그리고 안전을 추구합니다. 생명은 말 못하는 동물에게도, 인간에게도 소중합니다. 심지어 가장 단순한 곤충도 생명을 위협하는 위험으로부터 보호받기 위해 노력합니다. 우리 모두가 살고 싶어 하고 죽고 싶지 않은 것처럼, 우주의 다른 모든 생명체도 마찬가지입니다.

넓게 보면 행복과 고통에는 정신적인 것과 육체적인 것 두 가지가 있는데, 저는 정신적 고통과 행복이 더 심각하다고 생각합니다. 그래서 저는 고통을 견뎌내고 행복한 상태가 더 오래가기 위해 마음을 훈련하기를 강조합니다. 그러나 저는 행복에 대한 보다 일반적이고 구체적인 생각을 가지고 있습니다. 내적 평화, 경제적 발전, 그리고 무엇보다도 세계평화가 결합된 것입니다. 그러한 목표를 달성하기 위해서는 신념, 피부색, 성별, 국적과 상관없이 모든 것에 대한 보편적인 책임감과 깊은 관심을 기를 필요가 있다고 생각합니다.

보편적 책임이라는 이 생각의 전제는 바로 다른 모든 이들의 욕구가 내 것과 같다는 단순한 사실입니다. 모든 존재는 행복을 원하고 고통을 원하지 않습니다. 지적인 인간으로서 우리가 이 사실을 받아들이지 않는다면, 이 지구에는 점점 더 많은 고통이 있을 것입니다. 만약 우리가 삶에 대해 자기중심적으로 접근하고 자신의 이득을 위해 끊임없이 타인을 이용하려고 한다면, 우리는 일시적인 이득은 얻을 수 있어도, 장기적으로는 우리 자신의 행복조차 달성하지 못하고 세계평화는 완전히 물 건너갈 겁니다.

행복을 추구하는 과정에서, 인간은 종종 잔인하고 혐오스러운 갖가지 방법들을 사용해 왔습니다. 인간으로서의 지위에 전혀 맞지 않는 방식으로 행동하며, 그들은 이기적인 이득을 위해 같은 인간과 다른 생물에게 고통을 가합니다. 결국 그러한 근시안적인 행동은 다른 사람뿐만 아니라 자신에게도 고통을 줍니다. 인간으로 태어난다는 것 자체가 드문 일이며, 이 기회를 최대한 효과적이고 능란하게 활용하는 것이 현명하지요. 우리는 한 사람 또는 한 집단의 행복이나 영광이 다른 사람의 희생으로 이루어지지 않도록 보편적인 삶의 과정에 대한 올바른 시각을 가져야 합니다.

이 모든 것이 전 지구적 문제에 대한 새로운 접근법을 필요로 합니다. 세계는 급속한 기술 발전과 국제 무역으로 인해 그리고 초국가적인 관계도 늘어나서, 점점 더 작아지고 있고, 더욱 상호의존적으로 되어 갑니다. 우리는 이제 서로에게 정말 많이 의지하고 있습니다. 고대에는 문제들이 대부분 가족 단위였고, 자연스럽게 가족 수준에서 해결되었지만, 상황이 달라진 것입니다. 오늘날 우리는 너무 상호의존적이고 서로 밀접하게 연결되어 있어서 보편적인 책임감, 보편적인 형제애와 자매애, 그리고 우리가 정말로 하나의 큰 인류 가족의 일원이라는 이해와 믿음이 없다면, 우리는 평화와 행복을 불러오기는커녕 우리 존재에 가해지는 위험을 극복하는 것조차 바랄 수 없겠지요.

한 나라의 문제는 더 이상 혼자서 제대로 해결하기 어렵습니다. 너무 많은 것이 다른 나라의 관심, 태도, 협력에 달려 있기 때문이지요. 세계평화를 위해 믿을 만한 유일한 토대는 세계 문제에 대한 보편적인 인도주의적 접근뿐인 것 같습니다. 이것이 무슨 뜻일까요? 앞에서 언급했듯이, 우리는 모든 존재가 행복을 소중히 여기고 고통을 원치 않는다는 인식에서 출발합니다. 그러면 같은 인류라는 가족의 일원으로 우리를 둘러싸고 있는 다른 모든 사람들의 감정과 염원을 망각한 채 자신의 행복만을 추구하는 것은 도덕적으로도 잘못되고 실용적으로도 현명하지 못합니다. 더 현명한 방법은 자신의 행복을 추구할 때 다른 사람도 생각하는 것이지요. 이것은 내가 '지혜로운 사익'이라고 부르는 것으로 이어질 것이고, 그것이 '절충하는 사익', 또는 더 나은 '상호 이익'으로 변화할 것을 기대하고 있습니다.

국가 간 상호의존도가 높아지면서 더 호의적인 협력이 이루어질 것으로 예상하지만, 타인의 감정과 행복에 무관심한 한 진정한 협력 정신을 이루기는 어렵습니다. 사람들이 주로 탐욕과 질투에 의해 동기를 부여받으면 서로 조화롭게 사는 것은 불가능합니다. 영적 방식이 기존의 자기중심적인 방식이 일으킨 모든 정치적 문제를 해결할 수는 없겠지만, 장기적으로는 오늘날 우리가 직면한 문제의 근원을 극복할 것입니다.

반면 인류가 일시적인 편의성만을 생각하며 여러 문제에 계속 접근한다면 미래 세대는 엄청난 어려움에 직면하게 될 것입니다. 전 세계 인구가 증가하고 있고, 우리의 자원은 빠르게 고갈되고 있습니다. 예를 들어 나무들을 보세요. 아무도 이 거대한 규모의 삼림 벌채가 기후, 토양, 그리고 지구 생태계에 어떠한 악영향을 미칠지 정확히 모릅니다. 우리는 사람들이 인류라는 가족 전체를 생각지 않고 단기적이고 자기중심적인 이익에만 집중하기 때문에 문제들에 직면해 있습니다. 그들은 지구와 보편적 생명에 미치는 장기적인 영향에 대해 생각하고 있지 않습니다. 만약 현 세대가 바로 지금 이것들에 생각하지 않으면, 미래 세대는 이에 대처할 수 없을지도 모릅니다.

세계평화의 기둥으로서의 자비심

불교 심리학에 따르면, 우리의 골칫거리 중 대부분은 우리가 영속적인 존재라고 착각하고 있는 대상에 대해 가진 열렬한 욕망과 애착 때문입니다. 우리의 욕망과 애착의 대상을 좇기 위해서 우리는 효과가 있을 것 같은 공격성과 경쟁심을 수단으로 사용하게 됩니다. 이러한 정신적 과정은 쉽게 행동으로 옮겨지고, 분명히 호전성으로 나타납니다. 이러한 과정은 태곳적부터 인간의 마음속에서 일어났지만, 현대 상황에서는 더욱더 효과적으로 시행되고 있습니다. 우리가 이러한 '독', 즉 망상, 탐욕, 공격성을[1] 제어하고 규제하기 위해 무엇을 할 수 있을까요? 세상의 거의 모든 골칫거리의 배후에 있는 것이 바로 이러한 독입니다.

저는 대승불교 전통 속에서 성장해서, 사랑과 자비가 세계평화의 도덕적 뼈대라고 느낍니다. 먼저 제가 말하는 자비심의 의미를 정의하겠습니다. 여러분이 정말 가난한 이에게 연민이나 자비심을 가질 때, 여러분은 그들이 가난하기 때문에 동정심을 보이는 것입니다. 여러분의 자비심은 이타적인 배려를 바탕으로 합니다. 반면에 아내, 남편, 자녀, 또는 가까운 친구에 대한 사랑은 보통 애착을 바탕으로 합니다. 애착이 변하면 당신의 친절함도 변하게 됩니다. 사라질지도 모르지요. 이는 진정한 사랑이 아닙니다. 진정한 사랑은 애착이 아닌 이타심에 기반을 둡니다. 이 경우 여러분의 자비심은 그 존재가 계속 고통을 받고 있는 한 그 고통에 대한 인간적인 반응으로 남을 것입니다.

---

1 불교의 삼독三毒을 가리킨다. (역주)

　　이런 종류의 자비심은 우리 자신 안에 가꾸기 위해 노력해야 하고, 한정된 양에서 무한한 양으로 발전시켜야 합니다. 모든 생명체에 대한 차별 없고 자발적이며 무한한 자비심은 무지와 욕망, 애착이 결합된 친구나 가족에 대한 일반적인 사랑은 분명히 아닙니다. 우리가 내세워야 할 종류의 사랑은 설령 당신에게 해를 끼친 사람, 즉 당신의 적을 향해서도 가질 수 있는 폭넓은 사랑입니다.

　　자비심을 뒷받침하는 근거는 바로 우리 모두가 고통을 피하고 행복하기를 원한다는 점입니다. 이것은 결국 행복에 대한 보편적인 욕구를 결정하는 '일체감(oneness)'이라는 정당한 느낌에 기초합니다. 실로 모든 존재는 비슷한 욕망들을 가지고 태어나므로 그것들을 이룰 동등한 권리를 가져야 합니다. 제가 셀 수 없이 많은 사람과 저를 비교하면, 다른 사람들이 더 중요하다고 느낍니다. 저는 단지 한 사람일 뿐이고 다른 사람들은 여럿이기 때문이지요. 게다가, 티베트 불교 전통은 우리에게 모든 생명체를 마치 소중한 어머니와 같이 보고 그들을 모두 사랑함으로써 감사를 표시하라고 가르칩니다. 불교 이론에 따르면 우리는 수없이 태어나고 다시 태어나고, 한 번쯤은 각 존재가 우리의 부모였다고 생각해볼 수 있기 때문입니다. 이런 식으로 우주의 모든 존재는 가족 관계에 있습니다.

　　종교를 믿든 안 믿든 사랑과 자비심을 고마워하지 않는 사람은 없습니다. 태어나는 순간부터 부모의 배려와 친절함에 의존하고, 나중에는 질병과 노환으로 고통받을 때 다시 타인의 친절에 의지하게 됩니다. 인생의 시작과 끝에 우리는 타인의 친절함에 의지합니다. 그렇다면 우리는 왜 중년에 다른 이들에게 친절하지 않아야 하나요?

친절한 마음(모든 인류에게 느끼는 친밀감)을 키우는 일은 우리가 일반적으로 종교적인 수행과 연관 짓는 그런 독실함을 필요로 하지 않습니다. 친절한 마음은 종교를 믿는 사람들만을 위한 것이 아니라 인종, 종교, 정치적 소속에 상관없이 모두를 위한 것이지요. 그것은 무엇보다도 자신을 인류라는 한 가족의 일원이라고 생각하고 사물을 이렇게 더 큰 시각으로 보는 사람을 위한 것입니다. 이는 우리가 키우고 적용해야 하는 강렬한 느낌입니다. 그러나 그 대신에 우리는 우리가 인생의 황금기에서 거짓된 안정감을 경험할 때 이 마음을 종종 무시하곤 합니다.

모든 이들이 행복해지고 싶고 고통을 피하고 싶어 한다는 보다 더 넓은 관점을 가지고, 수많은 타인과의 관계에서 우리 자신이 상대적으로 별로 중요하지 않다는 사실을 염두에 두면, 우리는 자신이 가진 것을 다른 이들과 공유하는 것이 가치 있는 일이라는 결론을 내릴 수 있습니다. 이런 시각을 지니고 연습할 때 비로소 타인에 대해 진정한 자비심, 사랑과 존경을 가질 수 있습니다. 개인의 행복은 더 이상 의도적으로 이기적인 노력이 아니게 되고, 그 대신에 타인을 사랑하고 섬기는 모든 과정에서 자동으로 나오는 훨씬 양질의 부산물이 됩니다.

영적 성장의 또 다른 결과로서 일상에서 가장 유용한 결과는, 영적 성장이 평온함을 주는 것과 더불어 마음의 존재를 알아차리게 한다는 것입니다. 우리의 삶은 끊임없이 유동적이어서 여러 가지 어려움이 생깁니다. 차분하고 맑은 마음으로 마주하면 성공적으로 문제를 해결할 수 있습니다. 그 대신에 증오, 이기심, 질투, 분노로 인해 마음을 다스릴 수 없게 되면 판단력을 잃게 됩니다. 우리의 마음은 맹목적으로 변하고, 그 광란의 순간에는 전쟁을 포함한 어떤 일도 일어날 수 있습니다. 따라서 자비심과 지혜의 실천은 모두에게, 특히 세계평화의 구조를 만들 수 있는 힘과 기회를 가진 국정운영 책임자에게 유익합니다.

세계평화를 위한 세계의 종교들

지금까지 논의한 원칙들은 모든 세계 종교들의 윤리적 가르침에 따른 것입니다. 저는 불교, 기독교, 유교, 힌두교, 이슬람교, 자이나교, 유대교, 시크교, 도교, 조로아스터교 등 세계의 모든 주요 종교가 사랑이라는 이상과 영적인 수행을 통해 인류에게 도움이 된다는 동일한 목표, 그리고 그 신자들을 더 나은 인간으로 만드는 동일한 효과를 가지고 있다고 단언합니다. 모든 종교는 몸과 마음, 그리고 말(身, 意, 口)의 기능을 완벽하게 만들기 위한 도덕적인 계율을 가르칩니다. 모두가 거짓말을 하거나 훔치거나 타인의 목숨을 빼앗지 말 것 등을 가르칩니다. 인류의 위대한 스승들이 정한 모든 도덕적 계율의 공통 목표는 바로 사심이 없는 상태입니다. 위대한 스승들은 그들의 추종자들을 무지로 인한 부정적인 행위의 길에서 벗어나게 하고 그들을 선한 길로 안내하고 싶었습니다.

모든 종교는 이기심과 여러 문제의 근원을 안고 있는 훈련되지 않은 마음을 통제할 필요성에 동의하며, 각 종교는 평화롭고 훈련되고 윤리적이고 지혜로운 영적 상태로 가는 길을 가르칩니다. 이런 점에서 저는 모든 종교가 본질적으로 같은 메시지를 갖고 있다고 믿습니다.

교리의 차이는 문화적 영향뿐만 아니라 시대와 환경의 차이에서 기인할 수 있습니다. 실제로, 우리가 종교의 순수 형이상학적 측면을 고려할 때, 학문적 논쟁에는 끝이 없습니다. 다만 접근방식에서 나타나는 사소한 차이점을 따지기보다는 모든 종교가 가르치는 선을 위한 공통의 계율을 일상에서 실천하려 노력하는 쪽이 훨씬 유익합니다.

각기 다른 질병에 대한 특정한 치료법이 있는 것처럼, 인류에게 위로와 행복을 가져다줄 수 있는 다양한 종교들이 많이 있습니다. 모든 종교는 살아 있는 존재가 고통을 피하고 행복을 얻을 수 있도록 나름대로 노력하기 때문입니다. 종교적 진리에 대한 특정한 해석을 선호하는 원인을 찾을 수는 있지만, 인간의 마음에서 비롯된 통일에 대한 원인이 훨씬 더 큽니다. 각각의 종교는 인간의 고통을 줄이고 세계 문명에 기여하기 위해 나름대로의 방식으로 작용합니다. 중요한 것은 개종이 아닙니다. 예를 들어, 저는 다른 사람들을 불교도로 개종시키거나 단지 불교적인 대의를 발전시키는 것에 대해 생각하지 않습니다. 오히려 불교적 인도주의자로서 제가 어떻게 인간의 행복에 기여할 수 있는지 생각해보려고 노력합니다.

세계 종교 간의 근본적인 유사성을 가리키면서도, 저는 다른 종교를 희생하여 어느 한 종교를 옹호하지도 않으며, 새로운 '세계 종교'를 추구하지도 않습니다. 인간의 경험과 세계 문명을 풍요롭게 하려면 세계의 모든 종교가 필요합니다. 인간의 정신은 다른 기준과 성향을 가지고 있기 때문에 평화와 행복에 대한 다른 접근방식이 필요합니다. 그것은 꼭 음식과 같습니다. 어떤 사람들은 기독교가 더 매력적이라고 생각하고, 다른 사람들은 불교에 창조주가 없고 모든 것이 자신의 행동에 달려 있다고 하기 때문에 불교를 선호합니다. 우리는 다른 종교에 대해서도 비슷한 주장을 할 수 있습니다. 그러니 요점은 분명하지요. 인류는 여러 삶의 방식, 다양한 영적 욕구, 그리고 개개인이 물려받은 민족 전통에 맞는 세계의 모든 종교가 필요합니다.

이러한 관점에서 저는 세계 각지에서 종교에 대한 이해를 높이기 위해 노력하는 것을 환영해요. 특히 지금 이것이 필요한 때입니다. 만약 모든 종교가 인류의 진보를 주요 관심사로 삼는다면, 그들은 세계평화를 위해 쉽고 조화롭게 협력할 수 있습니다. 종교 간 이해는 모든 종교가 협력하는 데 필요한 단결을 가져올 것입니다. 하지만, 비록 이것이 정말로 중요한 단계일지라도, 우리는 빠르고 쉬운 해결책은 없다는 사실을 기억해야 합니다. 우리는 다양한 신앙들 간에 있는 교리적 차이를 숨길 수도 없고, 기존의 종교를 새로운 보편적 신앙으로 대체하길 바랄 수도 없습니다. 각 종교는 저마다 고유한 기여를 하고, 각각의 방식으로 삶을 이해하는 특정 집단의 사람들에게 맞는 것입니다. 세상에는 그것들이 모두 필요합니다.

세계평화를 걱정하는 종교 수행자들이 직면한 두 가지 주요 과제가 있습니다. 첫째, 우리는 종교 간 이해를 증진하여 모든 종교가 실천 가능한 통일성을 갖도록 해야 합니다. 부분적으로 이것은 서로의 신념을 존중하고 인류의 안녕에 대한 공통된 관심을 강조함으로써 달성할 수 있습니다. 둘째, 우리는 모든 인류의 마음에 와닿는 기본적인 영적 가치에 대한 실천적 합의를 이끌어 내야 하며, 인간의 전반적인 행복을 증진해야 합니다. 이는 우리가 세계 모든 종교의 공통분모인 인도주의적 이상을 강조해야 한다는 것을 의미합니다. 이 두 단계를 통해 우리는 세계평화에 필요한 영적 조건을 조성하기 위해 각자 그리고 함께 행동할 수 있을 것입니다.

우리와 같이 서로 다른 종교를 수행하는 이들이 본질적으로 여러 종교를 선한 마음—타인에 대한 사랑과 존경, 진정한 공동체 의식—을 기르기 위한 도구로 볼 때 우리는 세계평화를 위해 함께 일할 수 있습니다. 가장 중요한 것은 단순한 지성주의로 이어질 수 있는 신학이나 형이상학적인 세부 내용이 아니라 종교의 목적을 보는 것입니다. 저는 세계의 모든 주요 종교들이 각 종교 내부 사정에 불과한 서로 간의 미세한 형이상학적 차이를 제쳐둔다면, 세계평화에 이바지하고 인류의 이익을 위해 함께 협력할 수 있다고 믿습니다.

세계적인 현대화가 가져온 점진적인 세속화와 일부 지역에서 영적 가치를 파괴하려는 조직적인 시도에도 불구하고, 절대다수의 인류는 여전히 특정 종교를 믿고 있습니다. 종교를 향한 불멸의 믿음은, 심지어 비종교적인 정치 제도에서도 명백하게 종교 자체의 효용을 분명히 보여 줍니다. 이 영적 에너지와 힘은 세계평화에 필요한 영적 조건을 갖추기 위해 의도적으로 사용될 수 있습니다. 전 세계의 종교 지도자들과 인도주의자들은 이 점에서 특별한 역할을 하고 있습니다.

우리가 세계평화를 이룰 수 있든 없든, 우리는 그 목표를 향해 노력할 수밖에 없습니다. 만약 우리의 마음이 분노에 지배된다면, 우리는 인간 지능의 가장 중요한 부분—옳고 그름을 결정하는 능력인 지혜—을 잃게 될 것입니다. 분노는 오늘날 세계가 직면한 가장 심각한 문제 중 하나입니다.

기관을 형성하는 개인의 힘

중동, 동남아, 북반구-남반구 문제 등 현재의 갈등 상황에서 분노는 적지 않은 역할을 하고 있습니다. 이러한 갈등은 서로의 인간성을 이해하지 못하면서 일어납니다. 해답은 더 큰 군사력을 개발하고 이용하는 것도, 군비 경쟁도 아닙니다. 또한 순전히 정치적이지도, 기술적이지도 않습니다. 기본적으로 해답은 영적인 것으로, 필요한 것은 우리 인류가 공동으로 처한 상황을 세심하게 이해하는 것입니다. 증오와 싸움은 그 누구에게도, 심지어 전투의 승자에게도 행복을 가져다주지 못합니다. 폭력은 항상 불행을 낳고 그에 따라 본질적으로 역효과가 납니다. 따라서 이제는 세계 지도자들이 인종과 문화, 이념의 차이를 초월해서 인류가 함께 처한 상황을 보는 시선으로 서로를 대하는 법을 배울 때입니다. 그렇게 하는 것이 개인, 공동체, 국가, 그리고 세계 전반에 이득이지요.

현재의 세계 긴장 상태는 대부분 제2차 세계대전 이후 계속되고 있는 '동구권' 대 '서구권' 갈등에서 비롯된 것으로 보입니다. 이 두 블록은 서로를 완전히 부정적인 시각으로 묘사하고 보는 경향이 있습니다. 이렇듯 계속되는 무리한 투쟁은 같은 인간으로서 서로에 대한 애정과 존중이 부족하기 때문입니다. 동구권 사람들은 서구권에 대한 증오를 줄여야 합니다. 왜냐하면 서구권도 남성, 여성, 어린아이들이라는 같은 인류로 구성되어 있기 때문입니다. 마찬가지로 동구권도 인간이기 때문에 서구권의 사람들도 동구권에 대한 증오를 줄여야 합니다. 서로 간에 이렇게 증오심을 줄이는 데에는 양쪽 블록 지도자들이 강력한 역할을 하게 됩니다. 그러나 무엇보다도 지도자들은 자신과 타인의 인간성을 깨달아야 합니다. 이러한 기본적인 깨달음 없이는 조직적인 증오를 효과적으로 줄일 수 없습니다.

예를 들어, 미국의 지도자와 소련의 지도자가 무인도 한가운데서 갑자기 만난다면, 그들은 서로에게 같은 인간으로서 즉흥적으로 반응할 것이 분명합니다. 그러나 그들을 '미국의 대통령'과 '소련의 서기장'으로 알아보는 순간 서로 간의 의심과 오해의 장벽이 그들을 갈라놓습니다. 어떠한 안건도 없이 비공식 연장 회의라는 형식의 보다 인간적인 접촉이 상호 이해를 증진할 것입니다. 그들은 인간으로서 서로 관계를 맺는 법을 배우게 될 것이고, 이러한 이해를 바탕으로 국제적인 문제를 해결할 수 있을 것입니다. 상호 간의 의심과 증오의 분위기 속에서는, 특히 적대적인 역사가 있는 경우의 두 당사자 사이에서는, 어떤 협상도 결실을 맺을 수 없습니다.

저는 세계 지도자들이 일 년에 한 번 아무런 일도 없이 아름다운 곳에서 만나 단지 인간으로서 서로를 알아가기를 제안합니다. 그러고 나서 나중에 그들은 서로의 문제와 세계적인 문제를 논의하려고 만날 수 있겠지요. 세계 정상들이 이런 상호 존중과 서로의 인간성에 대한 이해의 분위기 속에서 회의 석상에서 만났으면 하는 저의 바람을 많은 분들이 공감하실 거라고 확신합니다.

세계 각국의 대면 접촉을 개선하기 위해, 저는 국제 관광이 더욱 활성화되기를 바랍니다. 또한, 특히 민주주의 사회에서 대중매체는 인류의 궁극적인 일체감을 반영하는 인간미 있는 내용을 더 많이 보도함으로써 세계평화에 상당한 기여를 할 수 있습니다. 국제무대에서 소수의 강대국들이 부상하며 국제기구의 인도적 역할은 무시되고 방치되어 있습니다. 이를 바로잡고 모든 국제기구, 특히 유엔이 인류에게 최대한의 이익을 보장하고 국제적 이해를 증진하는 데 더욱 적극적이고 효과적으로 임하기를 바랍니다. 소수의 강력한 회원국들이 그들의 일방적인 이익을 위해 유엔 같은 세계 기구들을 계속해서 오용한다면 그것은 실로 비극적일 것입니다. 유엔은 세계평화의 도구가 되어야 합니다. 이 세계 기구는 모두에게 존중받아야 하며, 유엔은 억압받는 작은 나라들과 지구 전체에 있어서 유일한 희망의 원천입니다.

모든 나라가 그 어느 때보다도 서로에게 경제적으로 의존하고 있습니다. 인간의 이해는 국경을 넘어 국제사회 전체를 포용해야 합니다. 실로, 위협이나 실제 무력행사 없이 진심 어린 이해에 바탕한 진정한 협력의 분위기를 조성하지 못한다면 세계의 문제는 더 커질 뿐입니다. 만약 가난한 나라의 사람들이 그들이 원하고 마땅히 가져야 할 행복을 얻지 못한다면, 그들은 당연히 만족하지 못하게 되고 부자들에게 문제가 생기게 될 것입니다. 내키지 않는 사회적, 정치적, 문화적 형태를 원치 않는 사람들에게 계속 강요하면 세계평화를 달성하기는 불확실해질 것입니다. 하지만 우리가 마음을 터놓고 사람들을 만족시킨다면 평화가 올 것입니다.

각 국가 내에서는 개인에게 행복할 권리를 주어야 하고, 국가 간에는 아무리 작은 국가의 복지라도 그에 대해 동등한 관심을 가져야 합니다. 저는 한 제도가 다른 제도보다 낫고 모두가 그 제도를 채택해야 한다고 말하는 것이 아닙니다. 그와는 반대로, 다양한 정치 제도와 이념이 있는 것이 바람직하며 인간 공동체 내의 다양한 성향과도 잘 맞습니다.

이 다양성은 인간이 행복을 향해 끊임없이 탐색하도록 합니다. 따라서 각 공동체는 자기 결정의 원칙에 따라 자신의 정치적, 사회적, 경제적 체제를 자유롭게 발전시켜야 합니다.

정의와 화합, 평화의 성취는 여러 요인에 달려 있습니다. 우리는 그것들을 단기적인 측면보다는 장기적인 인간의 이익이라는 측면에서 생각해야 합니다. 저는 우리 앞에 놓인 일이 얼마나 큰지 알고 있지만, 우리 공통의 인간성을 기반으로 해서 제가 제안한 내용 외에는 다른 대안이 없습니다. 국가들은 다른 국가들의 복지에 대해 염려할 수밖에 없는데, 이는 인간성에 대한 믿음 때문이 아니라 관련된 모든 사람들의 상호적이고 장기적인 이익 때문입니다. 이 새로운 현실에 대한 인식은 유럽경제공동체, 동남아시아국가연합(ASEAN) 등과 같은 지역 또는 대륙 경제 기구의 출현으로 나타납니다. 경제 발전과 지역 안정이 부족한 지역을 중심으로 이런 초국가적 조직이 더 많이 만들어졌으면 좋겠습니다.

현 상황에서 인류의 이해에 대한 욕구와 보편적 책임감의 필요성이 확실하게 늘고 있습니다. 이런 생각을 이루기 위해서는 선하고 친절한 마음이 생겨야 하는데, 이것이 없이는 보편적인 행복도 항구적인 세계평화도 이룰 수 없습니다. 우리는 서류상으로 행복을 만들 수 없습니다. 보편적 책임과 보편적 형제애·자매애를 표방하더라도, 인류는 국가 사회라는 형태로 분리된 실체로 구성되어 있는 것이 엄연한 사실입니다. 따라서 현실적인 의미에서 세계평화를 위한 빌딩 블록 역할을 해야 하는 건 바로 이러한 국가 사회라고 생각합니다. 과거에 더 정의롭고 평등한 사회를 만들기 위한 시도가 있었습니다.

많은 기관들이 반사회적 세력과 싸운다는 고귀한 선언과 함께 설립되었습니다. 불행하게도 그러한 생각들은 이기심에 배신당해 왔습니다. 그 어느 때보다도 오늘날 우리는 특히 정치권에서 윤리와 숭고한 원칙이 사리사욕의 그늘에 가려지는 모습을 목격하고 있습니다. 정치가 무도덕성의 대명사가 된 만큼 아예 정치 행위를 삼가라고 경고하는 학파가 있습니다. 윤리가 없는 정치는 인간의 복지를 증진하지 못하고, 도덕성이 없는 삶은 인간을 짐승의 수준으로 떨어뜨립니다. 그러나 정치가 자명하게 '더러운' 것은 아닙니다. 오히려 우리 정치 문화의 도구들은 인간의 복지를 증진하기 위한 높은 이상과 고귀한 사상을 왜곡했습니다. 당연히 영적인 사람들은 더러운 정치 때문에 종교가 오염되는 것이 두려워서 종교 지도자들이 정치와 '얽히는 것'에 우려를 표합니다.

저는 종교와 윤리가 정치에서 설 자리가 없고 종교인은 은둔자로서 스스로를 고립해야 한다는 일반적인 가정에 의문을 제기하는 바입니다. 종교에 대한 그런 관점은 너무 편파적입니다. 그런 관점은 개인이 사회와 이룬 관계에 대해, 그리고 우리 삶 속에서 종교가 가진 역할에 대해 안목이 부족하다 할 수 있지요. 윤리는 종교인에게 중요한 만큼 정치인에게도 중요합니다. 정치인들과 통치자들이 도덕적 원칙을 잊어버리면 위험한 결과가 뒤따를 것입니다. 우리가 하나님을 믿든 업보를 믿든 윤리는 모든 종교의 근본입니다.

도덕, 자비심, 품위, 지혜와 같은 인간의 자질은 모든 문명의 토대가 되어 왔습니다. 이러한 자질이 일어나기 좋은 환경에서 체계적인 윤리 교육을 통해 인간의 자질을 닦고 지속해야, 보다 인도적인 세상이 나올 수 있습니다. 그런 세상을 만드는 데 필요한 자질은 처음부터, 어린 시절부터 제대로 심어 주어야 합니다. 우리는 다음 세대가 이러한 변화를 이루기를 기다릴 수가 없습니다. 현 세대는 기본적인 인간의 가치를 새로이 해야 합니다. 만약 희망이 있다면 미래 세대에게 있지만 지금의 교육시스템을 전 세계적으로 변화시키지 않는 한 희망이 없습니다. 우리는 보편적인 인도주의적 가치를 실천하고 그 가치에 헌신하는 데 혁명이 필요합니다.

도덕적 퇴보를 멈추기 위해 요란하게 요구하는 것만으로는 부족합니다. 그것에 대해 뭔가를 해야 하지요. 오늘날의 정부는 이런 '종교적' 책임을 짊어지지 않기 때문에 인도주의자와 종교 지도자는 기존의 시민·사회·문화·교육·종교 조직들을 강화해 인간적, 영적 가치를 살려야 합니다. 필요하다면 우리는 이러한 목표를 달성하기 위해 새로운 조직을 만들어야 합니다. 그렇게 해야만 세계평화를 위한 보다 안정적인 기반을 만들 수 있을 것입니다.

사회를 살아가며 우리는 동료 시민과 고통을 함께 나누고, 사랑하는 사람뿐만 아니라 적들에게도 자비와 관용을 실천해야 합니다. 이것은 우리 자신의 도덕적인 힘을 시험하는 것과 같습니다. 우리는 스스로 실천해서 모범을 보여야 합니다. 단순히 말로만 종교의 가치를 다른 사람들에게 납득시키길 바랄 수는 없기 때문입니다. 우리가 다른 이들에게 요구하는 높은 수준의 청렴함과 희생에 스스로 부응해야 합니다. 모든 종교의 궁극적인 목적은 인류에 봉사하고 도움이 되는 것이지요. 바로 이 때문에 단순히 다른 사람들을 개종하기 위해서가 아니라, 모든 존재의 행복과 평화에 영향을 주기 위해 항상 종교를 이용하는 것이 매우 중요합니다.

　종교에는 국경이 없습니다. 종교란 그것이 도움이 된다고 생각하는 어떤 집단이든 개인이든 이용할 수 있고 또 그렇게 이용되어야 합니다. 각 구도자에게 중요한 것은 자신에게 가장 적합한 종교를 선택하는 것입니다. 그러나 특정 종교를 수용하는 것이 다른 종교나 자신의 공동체를 거부한다는 의미는 아닙니다. 사실, 종교를 받아들인 이들은 그들 자신의 사회로부터 스스로를 단절하지 않는 것이 중요합니다. 자신이 공동체 안에서 그 구성원들과 조화롭게 살아야 하는 것입니다. 자신의 공동체에서 도피함으로써 여러분은 다른 사람들에게 도움이 될 수 없게 되는데, 사실 타인에게 도움을 주는 것이 종교의 근본적인 목표라 할 수 있습니다.

　이와 관련하여 명심해야 할 중요한 사항이 두 가지 있습니다. 바로 자기 성찰과 자기 교정입니다. 우리는 끊임없이 타인에 대한 우리의 태도를 살피고, 스스로를 잘 점검하고, 잘못된 것을 발견하면 즉각 바로 잡아야 합니다.

　마지막으로 물질적 발전에 대해 몇 마디 하겠습니다. 저는 서구인들에게 물질적 발전에 대해 수많은 불평을 들었지만, 역설적으로 그것은 서구 세계의 자랑거리였습니다. 저는 사람을 우선시한다는 전제하에서는 물질적 진보 그 자체에 아무런 문제가 없다고 봅니다. 인간의 문제를 다방면에서 해결하기 위해서는 경제적 발전과 영적 성장을 결합하고 조화시켜야 한다는 것이 저의 확고한 신념입니다.

　하지만 우리는 그것의 한계를 알아야 합니다. 과학과 기술의 형태를 한 물질적인 지식이 인류 복지에 크게 기여했더라도 영속적인 행복을 만들 능력은 없습니다.

예를 들어, 다른 어떤 나라보다 기술 발전이 더 진보한 미국에는 여전히 엄청난 정신적 고통이 존재합니다. 이는 물질주의적인 지식이 물리적 조건에 기반을 둔 행복밖에 줄 수 없기 때문입니다. 그 물질주의적인 지식은 외적 요인들과 독립된 내적 성장에서 오는 행복감은 주지 못합니다.

인간의 가치를 부활시키고 영속적인 행복을 얻기 위해서는 세계 각국에 있는 공통된 인도주의적 유산을 살펴볼 필요가 있습니다. 부디 이 글이 지구상에서 우리 모두를 한 가족으로 단결시키는 인간의 가치를 잊어버리지 않도록, 한시라도 빨리 일깨워주는 역할을 하길 바라며.

91. 전쟁의 현실

전쟁과 대규모 군사시설은 세계에서 가장 큰 폭력의 원천입니다. 그것들의 목적이 방어적이든 공격적이든, 이 거대한 조직들은 오로지 인간을 죽이기 위해 존재합니다. 우리는 전쟁의 현실에 대해 신중히 생각해야 합니다. 우리 대부분은 군사 전투가 흥미롭고 매력적이며, 남성들이 자신들의 능력과 용기를 증명할 수 있는 기회라고 생각하도록 길들여져 있습니다. 군대는 합법적이므로, 우리는 전쟁을 받아들일 수 있다고 느낍니다. 보통 그 누구도 전쟁이 죄를 범하는 행위라거나 전쟁을 받아들이는 것이 범죄적인 태도라고 느끼지 않습니다. 사실,

우리는 세뇌당한 거지요. 전쟁은 화려하지도 매력적이지도 않습니다. 그것은 무시무시한 것입니다. 전쟁의 본질은 비극과 고통입니다.

전쟁은 인간사회에서 생명체를 연료로 하는 불길과 같습니다. 저는 이 비유가 특히나 적절하고 유용하다고 생각합니다. 현대의 전쟁은 일차적으로 다른 형태의 불길을 이용해 치러지고 있지만, 우리는 그것이 아주 신나는 것이라고 보는 데 너무나 익숙해져서, 그걸 실제로 사용하면 살아 있는 사람들을 불태울 것이라는 사실은 잊은 채 이런저런 놀라운 무기를 대단한 기술의 한 조각이라고 생각합니다. 전쟁은 확산되는 양상도 불과 매우 비슷합니다. 만약 한 부분이 약해지면, 지휘관은 증원군을 파견합니다. 이는 살아있는 사람들을 불에 던지는 거지요. 하지만 우리는 이렇게 생각하도록 세뇌당해서, 병사 개개인의 고통은 고려하지 않습니다. 그 어떤 병사도 다치거나 죽고 싶어 하지 않습니다. 그가 사랑하는 이들 중 그 누구도 그에게 해가 가길 바라지 않아요. 만약 한 병사가 죽거나 평생 불구가 되면, 그의 친척과 친구 등 적어도 다섯에서 열 명이 고통받습니다. 이 비극의 크기에 공포를 느껴야 하는데, 우리는 너무 혼란스러운 상태입니다.

솔직히 말하면, 어린 시절에는 저도 군대에 끌렸습니다. 그들의 제복은 정말 맵시 좋고 아름다워 보였지요. 하지만 바로 그렇게 유혹이 시작되는 겁니다. 아이들은 언젠가 그들 자신을 곤경에 빠뜨릴 놀이를 시작합니다. 살인을 소재로 하지 않아도 즐길 만한 재미있는 게임과 의상이 많습니다. 다시 말하지만, 우리 같은 어른들이 전쟁에 그렇게 매료되지 않았다면, 우리 아이들을 전쟁놀이에 익숙하게 하는 것이 너무나 안타까운 일이라는 점이 자명해 보였을 것입니다. 어떤 전직 군인들은 사람을 처음 쐈을 때는 마음이 거북했지만, 계속해서 죽이자 그것을 꽤 정상적으로 느끼기 시작했다고 저에게 말했습니다. 시간이 지나면, 우리는 무엇이든 익숙해질 수 있는 거지요.

군사시설은 전쟁 중에만 파괴적인 것이 아닙니다. 하지만 그 시설들은 설계 단계에서부터 가장 많이 인권을 침해하고, 시설들의 남용으로 인해 가장 지속적으로 고통받는 것은 군인 자신입니다. 담당 장교가 군대의 중요성과 규율, 적을 물리칠 필요성에 대해 멋진 설명을 한 후에 군인들은 대부분의 권리를 빼앗깁니다. 그러고 나서 그들은 개인의 의지를 상실하고 결국 그들의 생명을 희생해야 합니다. 게다가, 군대가 강력해지면 그것이 자국의 행복을 파괴할 위험이 충분히 있습니다.

모든 사회에는 파괴적인 의도를 가진 사람들이 있고, 이들은 자신들의 욕망을 충족시킬 조직을 장악하려는 유혹에 질 수 있습니다. 하지만 아무리 악랄하고 살인적인 독재자들이 나라를 억압하고 국제적 문제를 일으킨다고 해도, 군사 조직이 동의해 주지 않고 사회가 묵인해 주지 않는다면 타인을 해치거나 수많은 인명을 파괴할 수 없을 것이 분명합니다. 강력한 군대가 존재하는 한 독재정권의 위험은 항상 있을 것입니다. 만약 독재라는 것이 비열하고 파괴적인 형태의 정부라고 정말로 믿는다면, 우리는 강력한 군사시설의 존재가 그 주요 원인 중 하나임을 인정해야 합니다.

군국주의 또한 매우 값비쌉니다. 군사력을 통해 평화를 추구하는 것은 사회에 엄청나게 낭비적인 부담을 줍니다. 정부는 점점 더 복잡해지는 무기에 막대한 돈을 씁니다. 사실은, 아무도 그것들을 사용하고 싫어 하지 않아요. 돈뿐만 아니라 값진 에너지와 인간의 지능도 낭비하고 두려움만 커질 뿐입니다.

제가 비록 전쟁에 깊이 반대하지만 유화 정책을 옹호하는 것은 아니라는 점을 분명히 하고 싶습니다. 부당한 공격에 대항하기 위해 종종 강경한 입장을 취할 필요도 있지요. 예를 들어, 제2차 세계대전이 전적으로 정당했다는 것은 우리 모두에게 명백합니다. 윈스턴 처칠의 적절한 표현처럼, 그것은 나치 독일의 폭압으로부터 '문명을 구원'했습니다. 제가 볼 때, 한국전쟁 또한 한국이 민주주의를 점진적으로 발전시킬 기회를 그 나라에 주었기 때문에 정당했습니다. 그러나 우리는 뒤늦게야 어떤 갈등이 도덕적 근거로 정당화되었는지 판단할 수 있습니다. 예를 들어, 우리는 지금에야 냉전 기간 동안의 핵 억제력의 원리가 어느 정도 가치 있었다는 사실을 알 수 있습니다. 그럼에도 불구하고, 그러한 사항들을 정확하게 평가하는 것은 매우 어렵습니다. 전쟁은 폭력적이고 예측할 수 없지요. 따라서 가능하면 피하는 것이 좋고, 특정 전쟁의 결과가 득이 될지 아닐지 미리 안다고 단정하지 않는 것이 좋습니다.

예를 들어, 냉전의 경우, 억제력이 안정을 촉진하는 데 도움이 되었을지라도, 진정한 평화를 만들어내지는 못했습니다. 지난 40년 동안 우리는 유럽에서 전쟁이 없는 것을 보아 왔는데, 이는 진정한 평화가 아닙니다. 평화를 유지하기 위해 무기를 만드는 것은 기껏해야 임시방편일 뿐입니다. 적들이 서로를 신뢰하지 않는 한, 그 어떠한 요인이라도 힘의 균형을 무너뜨릴 수 있습니다. 항구적인 평화는 진정한 신뢰의 기반 위에서만 안전을 보장할 수 있습니다.

92. 세계평화를 위한 무장 해제

역사상 인류는 어떻게든 평화를 추구해 왔습니다. 세계평화가 마침내 우리의 손안에 있을지도 모른다고 상상하는 것은 너무나 낙관적입니다. 저는 사람들의 증오가 늘어나진 않았지만, 그 증오를 엄청나게 파괴적인 무기로 드러낼 능력이 늘었다고 믿습니다. 반면에 자국에서 이러한 무기로 인한 대량 학살이라는 비극적인 증거를 목격함으로써 우리는 전쟁을 통제할 수 있는 기회를 얻게 되었습니다. 그러기 위해서는 무장을 해제해야 합니다.

무장 해제는 새로운 정치적·경제적 관계의 맥락 속에서만 일어날 수 있습니다. 이 문제를 자세히 고려하기 전에, 우리가 가장 큰 이익을 얻을 만한 평화의 과정을 상상할 가치가 있지요. 이 부분은 꽤나 자명합니다. 먼저 우리는 핵무기를 제거하는 작업을 해야 하고, 그 다음에는 생화학 무기를, 그 다음에는 공격 무기를, 마지막으로 방어 무기를 제거해야 합니다. 그와 동시에 우리는, 평화를 지키기 위해서, 하나 이상의 세계 지역에서 각 국가로부터 동등한 수의 인원을 모아 집단의 지휘를 받는 국제 경찰을 만들기 시작해야 합니다. 결국 이 경찰력이 전 세계에 다다를 것입니다.

무장 해제와 국제 경찰력의 발전이라는 이중적인 과정은 다국 간에 일어나는 일이며 민주적일 것입니다. 한 국가가 기본 규칙을 위반할 경우 다수결로 비판하거나 개입할 수 있는 권리가 보장될 것입니다. 게다가, 규모가 커지면 국제 연합 경찰력의 통제 하에서 국경 분쟁과 같은 모든 분쟁을 없앨 수 있을 것이고, 크고 작은 나라들은 진정한 의미에서 평등해질 것입니다. 이러한 개혁은 안정적인 국제 환경을 가져올 것입니다.

　무기 생산 중단으로 거둬들인 막대한 재정적 배당 또한 세계 발전에 엄청난 횡재인 셈입니다. 오늘날, 세계의 국가들은 군대를 유지하기 위해 매년 수조 달러를 들입니다. 여러분은 이 돈이 얼마나 많은 병상, 학교, 그리고 집에 자금을 댈 수 있는지 상상할 수 있나요? 게다가 앞에서 이야기했듯이 군사 개발에는 엄청난 양의 희소 자원을 낭비하고 있기 때문에, 이 낭비는 빈곤과 문맹, 질병이 근절되는 것을 막을 뿐만 아니라 소중한 인간 지성의 희생을 요구합니다. 우리 과학자들은 너무나 똑똑합니다. 그들의 총명함을 긍정적인 세계 발전을 위해 사용할 수 있는데 왜 그런 끔찍한 노력에 낭비해야 할까요?

　사하라 사막과 고비 사막과 같은 세계의 광활한 사막들을 경작해서 식량 생산을 늘리고 인구 과밀을 완화할 수 있습니다. 오늘날 여러 나라가 심각한 가뭄에 직면해 있습니다. 바닷물을 인간이 사용하고 다른 용도에 적합하게 만들기 위해 비용이 덜 드는 새로운 해수 담수화 기술을 개발할 수도 있습니다. 에너지와 건강 분야에는 우리 과학자들이 더 도움이 될 만한 급한 문제들이 산적해 있습니다. 그들의 노력으로 세계 경제가 더 빠르게 성장할 테니, 보수를 더 많이 받을 수도 있겠네요!

　우리 행성은 막대한 양의 천연 보물로 축복받았습니다. 군국주의와 전쟁의 철폐부터 시작해서 그것을 제대로 사용한다면 모든 인류가 진정한 의미에서 부유하고 제대로 보살핌 받는 삶을 살 수 있을 것입니다.

당연히 세계평화가 한꺼번에 올 수는 없습니다. 전 세계의 조건이 다양하기 때문에, 세계평화의 확산도 점진적일 수밖에 없습니다. 하지만 한 지역에서 시작해서 한 대륙에서 다른 대륙으로 점차 확산하지 않을 이유는 없지요.

저는 유럽공동체 같은 지역 공동체가 우리가 만들고자 하는 보다 평화로운 세계의 필수적인 부분으로 자리잡을 것을 제안하고 싶습니다. 냉전 이후 환경을 객관적으로 보면, 분명히 그런 공동체가 새로운 세계질서에서 가장 자연스럽고도 바람직한 구성 요소입니다. 보다시피, 우리의 상호의존은 마치 서로를 끌어당기는 중력과 같아서 더 협력적인 새로운 구조가 필요합니다. 유럽공동체는 한편으로 경제, 군사, 정치의 미묘한 균형을 협상하고, 다른 한편으로는 회원국들의 주권적 권리를 협상하면서 이러한 노력을 개척하고 있습니다. 저는 이 일에 큰 영감을 받았습니다. 또한 신생 독립국가연합이 비슷한 문제와 씨름하고 있으며, 그러한 공동체의 씨앗이 이미 그것을 구성하는 많은 공화국들의 마음속에 자리 잡고 있다고 생각합니다. 이러한 맥락에서 저는 제 조국인 티베트와 중국의 미래에 대해 간략히 이야기하고자 합니다.

구소련과 마찬가지로 중국은 다민족 국가이며, 팽창주의의 이념으로 자극받아 인위적으로 건설되었으며, 오늘날까지 식민지 방식의 무력으로 통치되고 있습니다. 중국의 평화롭고 번영하는 미래, 무엇보다도 정치적으로 안정된 미래는 개방적이고 민주적인 체제를 원하는 자국민의 바람뿐만 아니라 자유를 되찾고자 하는 8천만 명의 소위 '소수 민족'의 바람 역시 성공적으로 충족시키는 데 있습니다.

760

인류의 5분의 1이 사는 아시아의 중심부에 진정한 행복이 돌아오기 위해서는 현재의 중화인민공화국 대신에 다원적이고 민주적이며 상호 협력적인 주권 국가들의 공동체가 자리를 잡아야 합니다.

이러한 공동체가 현재 티베트인, 몽골인, 위구르인과 같이 중국의 공산주의 지배하에 있는 이들에게 국한될 필요는 없습니다. 홍콩국민, 독립한 대만을 원하는 이들, 그리고 심지어 북한, 베트남, 라오스, 캄보디아 같은 다른 공산주의 정부 하에서 고통받고 있는 사람들 또한 아시아 공동체 건설에 관심이 있을 것입니다. 하지만, 지금은 특히 중국 공산당에게 통치받는 이들이 그런 생각을 하는 것이 시급합니다. 제대로 해 나간다면, 이런 공동체는 폭력적인 해체과정과 지역주의로부터, 그리고 20세기 내내 이 위대한 국가를 괴롭혀 온 혼란스러운 소동으로 되돌아가는 것으로부터, 중국을 구해내는 데 도움이 될 것입니다. 현재 중국의 정치 생활은 너무나 양극화되어서 유혈사태와 비극이 조기에 재발할까 충분히 두려워할 만합니다. 우리 모두, 즉 세계 공동체의 모든 구성원들은 중국의 방대한 인구가 내전이 가져올 엄청난 고통을 피할 수 있도록 도와야 하는 도덕적 책임을 지고 있습니다.

아시아 국가들이 공동체를 구축하는 데 수반되는 대화와 현대화의 과정 그 자체가, 그리고 타협 그 과정 자체가, 중국 안에 평화롭게 발전하는 새로운 질서에 대한 진정한 희망을 줄 것이라고 믿습니다. 시작 단계부터 그런 공동체의 회원국들은 자국의 국방 정책과 외교 관계 정책을 함께 결정하기로 합의할 수 있습니다. 협력할 수 있는 기회가 많이 있을 것입니다. 중요한 건 지금같이 부당한 억압적인 분위기에서 자유, 민주주의, 온건주의 세력이 성공적으로 나올 수 있도록 평화적이고 비폭력적인 방법을 찾는 것입니다.

93. 지구 공동체

20세기가 저물어 가면서, 우리는 세계가 점점 작아지고 세계인들이 거의 하나의 공동체처럼 되었다는 것을 알게 됩니다. 정치 및 군사 동맹들은 대규모 다국적 그룹, 산업 및 국제 무역을 만들었습니다. 그 동맹들은 공간상의 거리, 언어, 인종이라는 고대의 장벽을 없애는 지구 경제와 전 세계적인 정보 통신망을 만들어냈습니다. 또한 우리는 인구과잉, 줄어드는 천연자원, 그리고 우리가 공유하는 이 작은 행성에서 우리 존재의 기반이 되는 방대한 수의 아름다운 생명체를 위협하고, 동시에 공기, 물, 나무를 위협하는 환경 위기 같은 심각한 문제들에 의해 하나로 뭉치고 있습니다.

저는 인간이 우리 시대의 시험에 부응하기 위해 보편적 책임감을 더 키워나가야 한다고 생각해요. 우리는 각자 자기 자신이나 가족, 국가를 위해서만이 아니라 모든 인류의 이익을 위해 일하는 법을 배워야 합니다. 보편적 책임은 인간 생존의 열쇠입니다. 그것은 세계 평화를 위한 최고의 토대이면서, 천연자원의 공평한 이용과 미래 세대에 대한 관심을 만들고, 적절한 환경보호를 증진합니다. 한동안 저는 어떻게 하면 상호 책임감과 그것을 낳는 이타적 동기를 높일 수 있을까 고민해 왔습니다. 간단하게 제 생각을 이야기해 드리겠습니다.

인류라는 한 가족

좋든 싫든, 우리는 이 땅에서 인류라는 하나의 위대한 가족의 일원으로 태어났습니다. 부유하든 가난하든, 교육받든 그렇지 못하든, 어느 나라에 속하든, 혹은 어떤 종교에 속하든, 어떤 이념에 매달리든, 궁극적으로 우리는 모두 다른 이들과 같은 인간일 뿐입니다. 우리는 모두 행복하기를 원하고 고통은 원치 않습니다. 게다가, 우리 모두는 이러한 목표를 추구할 동등한 권리를 가지고 있습니다.

오늘날, 세계는 인류의 하나됨을 받아들이길 요구합니다. 과거에는 고립된 공동체 서로가 근본적으로 분리되어 있고, 심지어는 완전히 고립되어 존재한다고 생각할 수 있었습니다. 오늘날에는, 세계 어느 한 지역에서 일어나는 사건들이 결국 지구 전체에 영향을 미칩니다. 그래서 우리는 모든 주요한 지역 문제는, 그것이 일어나는 순간부터 세계적인 관심사로 다루어야 합니다. 우리는 더 이상 파괴적인 반동 없이 우리를 갈라놓는 국가적, 인종적, 이념적 장벽을 불러올 수 없습니다. 우리의 새로운 상호 의존의 맥락에서, 다른 이들의 이익을 고려하는 것은 분명히 자기 이익의 측면에서도 가장 좋은 방식입니다.

저는 이런 사실을 희망의 원천으로 봅니다. 협력의 필요성은 인류를 강화할 수밖에 없는데, 협력은 새로운 세계질서를 위한 가장 안전한 기반이 단순히 더 넓은 정치적 경제적 동맹이 아니라, 개개인의 사랑과 자비를 진정으로 실천하는 것이라고 우리 스스로가 인지하도록 도와주기 때문입니다. 더 나은, 더 행복한, 더 안정적이고 문명화된 미래를 위해, 우리 각자는 형제·자매에 대한 진실하고 따뜻한 감정을 키워야 합니다.

보편적 책임

먼저 말씀해두겠습니다만, 저는 운동을 일으키거나 이데올로기를 지지하는 것은 믿지 않습니다. 저는 특정 아이디어를 홍보하기 위해 조직을 설립하는 관행도 좋아하지 않는데, 이는 한 집단의 사람들만 목표 달성에 책임이 있는 반면 다른 이들은 모두 그런 책임에서 예외라고 나타내기 때문입니다. 현재 상황에서는 우리 중 누구도 다른 이들이 우리 문제를 해결할 것이라고 가정할 만한 여유가 없습니다. 우리는 각자 자신 몫의 보편적인 책임을 져야 합니다. 이런 식으로, 걱정하고 책임감을 가진 개인들의 수가 늘어나면서 수십, 수백, 수천, 심지어는 수십만 명의 사람들이 전반적인 분위기를 크게 개선할 것입니다. 긍정적인 변화는 빨리 오지 않고 지속적인 노력이 필요합니다. 우리가 낙담하면 가장 단순한 목표도 달성하지 못할 수 있습니다. 지속적이고 확고하게 전심전력을 다하면 가장 어려운 목표도 달성할 수 있습니다.

보편적인 책임의 태도를 취하는 것은 본질적으로 개인적인 문제입니다. 자비심에 대한 진정한 시험은 우리가 추상적인 논의에서 이야기하는 것이 아닌, 일상에서 어떻게 행동하느냐에 달려 있습니다. 여전히, 어떤 근본적인 관점들은 이타주의 실천의 기본이 됩니다. 완벽한 정부 시스템은 없지만, 민주주의는 인간의 본성에 가장 가까운 것이지요. 그래서 민주주의의 혜택을 입는 사람들은 모든 이들의 권리를 위해 계속 싸워야 합니다. 더군다나 민주주의는 세계 정치 구조가 구축될 수 있는 유일하게 안정적인 토대입니다. 하나로 일하기 위해서는 모든 민족과 나라가 각자의 고유한 특징과 가치를 유지할 권리를 우리는 존중해야 합니다.

특히 국제 비즈니스의 영역에 자비심을 불러들이기 위해서는 엄청난 노력이 필요할 것입니다. 경제적 불평등, 특히 개발도상국들 사이에 자라난 불평등은 지구상에서 가장 큰 고통의 근원으로 남아 있습니다.

비록 그들이 단기적으로는 손해를 볼지라도, 큰 다국적 기업들은 빈곤국에 대한 착취를 줄여야 합니다. 선진국에서 소비주의를 부채질하려고 빈곤국에 있는 몇 안 되는 희소 자원을 이용하는 것은 재앙과 같습니다. 만약 손쓰지 않고 이것이 계속되면 결국에는 우리 모두가 고통받게 됩니다. 약하고 다양화되지 못한 경제를 강화하는 것이 정치 경제적 안정을 증진하는 훨씬 더 현명한 정책입니다. 이상적으로 들리겠지만, 단순히 경쟁과 부에 대한 욕망이 아닌, 이타주의가 사업의 원동력이 되어야 합니다.

우리는 현대 과학 분야에서도 인간의 가치에 대한 헌신을 새로이 해야 합니다. 과학의 주된 목적은 실재에 대해 더 배우는 것이지만, 또 다른 목표는 삶의 질을 향상하는 것입니다. 이타적인 동기가 없다면, 과학자들은 유익한 기술과 단순한 편리를 구별하지 못합니다. 우리를 둘러싼 환경 파괴야말로 이러한 혼란이 낳은 가장 분명한 예시인데, 오늘날 우리가 생명체의 그 미묘한 구조를 조작할 수 있는 놀랍도록 새로운 일련의 생물학적 기술들을 어떻게 다루느냐에 있어서 합당한 동기가 훨씬 더 의미가 있을지도 모릅니다. 만약 우리의 모든 행동이 윤리적 토대를 기반으로 이루어지지 않으면, 섬세한 생명의 연결망에 끔찍한 해를 끼칠 위험이 있습니다.

세계의 종교들도 이 책임에서 면제되는 것은 아닙니다. 종교의 목적이란 아름다운 교회나 절을 짓는 것이 아니라 관용, 관대함, 사랑 같은 인간의 긍정적인 자질을 함양하는 것입니다. 모든 세계 종교는 철학적 관점이 어떻든 간에 무엇보다도 이기심을 줄이고 남을 섬겨야 한다는 가르침 위에 세워져 있습니다. 안타깝지만 종교가 다툼을 해결하기보다 오히려 더 많은 다툼을 일으킬 때가 종종 있습니다. 서로 다른 신앙을 가진 수행자들은 각 종교의 전통이 본질적으로 어마어마한 가치와 정신적, 영적 건강을 제공하는 수단을 갖고 있다는 걸 깨달아야 합니다. 하나의 종교는, 마치 한 종류의 음식처럼, 모든 사람을 만족시킬 수 없습니다.

각자의 다양한 정신적 성향에 따라, 어떤 사람들은 한 종류의 가르침 으로부터, 다른 이들은 또 다른 종류의 가르침에서 이득을 얻습니다. 각 신앙은 훌륭하고 따뜻한 마음을 가진 사람들을 배출할 능력이 있는데, 종종 모순되는 철학을 지향하면서도 모든 종교가 그렇게 하는 데에 성공했습니다. 따라서 분열적인 종교적 편협함과 옹졸함에 사로잡힐 이유가 없으며, 모든 형태의 영적 수행을 소중히 여기고 존중할 이유가 있을 뿐입니다.

확실히, 더 큰 이타주의의 씨앗을 뿌리는 가장 중요한 분야는 바로 국제관계입니다. 지난 몇 년간 세상은 극적으로 변했습니다. 냉전의 종식과 동유럽과 구소련의 공산주의 붕괴가 새 역사적 시대를 열었다 고 우리 모두가 동의할 것이라고 저는 생각합니다. 우리가 1990년대를 거치면서 20세기의 인간 경험은 원점으로 돌아온 것 같습니다.

이 시기는 인류 역사상 가장 고통스러운 시기였는데, 무기의 파괴력이 엄청나게 증가해서 그 어느 때보다 더 많은 이들이 폭력에 고통받고 죽었습니다. 게다가, 우리는 항상 인간 공동체를 분열시키던 근본적인 이념들 간의 거의 종말에 가까운 경쟁을 목도했습니다. 한편으로는 폭력과 원초적인 힘, 그리고 다른 한쪽에서는 자유, 다원주의, 개인의 권리, 그리고 민주주의를 보았지요. 저는 이 엄청난 경쟁의 결과가 이제 분명하다고 믿습니다. 비록 평화와 자유, 민주주의라는 인간의 선한 정신이 여전히 여러 형태의 폭정과 악에 직면해 있더라도 도처에 있는 대다수의 사람들은 틀림없이 그 정신이 승리하기를 바랍니다. 그래서 우리 시대의 비극이 전혀 쓸모가 없었던 것은 아니었고, 많은 경우 인간의 마음을 열었던 수단이 되었습니다. 공산주의의 붕괴가 이를 보여줍니다.

비록 공산주의가 이타주의를 비롯한 많은 이상을 포함한 여러 고귀한 이상을 신봉했지만, 자신들의 견해를 명령하려는 지도층 엘리트들의 시도는 처참한 것으로 드러났습니다. 이 정부들은 그들의 사회 속 정보 흐름을 통제하고 그들의 시민들이 공공선을 위해 일하도록 교육 체계를 구성하려고 엄청난 노력을 기울였습니다. 비록 초반에는 이전의 억압적인 정권들을 파괴하기 위해 경직된 조직이 필요했을지 몰라도, 일단 그 목표를 달성하면 그 조직은 유용한 인간 공동체를 건설하는 데 기여하기가 어려웠습니다. 공산주의는 그들의 신념을 증진하기 위해 무력에 의존했기 때문에 완전히 실패했어요. 결국 인간의 본성은 공산주의가 낳은 고통을 계속해서 감내할 수가 없었습니다.

야만적인 힘을 아무리 강하게 가해도 자유에 대한 인간의 기본적인 욕망을 결코 억누를 수 없습니다. 동유럽 도시에서 행진했던 수십만 명의 사람들이 이것을 증명했습니다. 그들은 자유와 민주주의에 대한 인간의 욕구를 표현했을 뿐입니다. 정말 감동적이었지요. 그들의 요구는 무슨 새로운 이념과 전혀 관련이 없어요. 이 사람들은 단지 그들의 마음에서 우러나온 자유에 대한 열망을 공유하며 그것이 인간 본성의 핵심에서 비롯되었음을 증명했습니다. 사실 자유는 개인과 사회 모두의 창의성의 원천입니다. 공산주의 체제가 가정한 것처럼 사람들에게 단지 의식주를 제공하는 것만으로는 충분하지 않습니다. 이 모든 것을 가지고 있더라도 우리 속 더 깊이 있는 본성을 지탱할 소중한 자유의 공기가 부족하면, 우리는 그저 반쪽짜리 인간일 뿐입니다. 단지 신체적 욕구를 충족시키는 데만 만족하는 짐승과 같지요.

저는 구소련과 동유럽의 평화 혁명이 우리에게 위대한 교훈을 많이 주었다고 느낍니다. 그중 하나는 진실의 소중함입니다. 사람들은 개인이나 체제로 인해 괴롭힘, 사기, 거짓말 당하는 것을 좋아하지 않습니다. 그런 행동은 인간의 본질적인 정신에 반하지요. 그래서 속임수를 쓰고 무력을 사용하는 사람들이 단기적으로는 상당히 성공하더라도, 그들은 결국 전복됩니다.

반면에, 모든 사람은 진실을 고마워하고, 진실을 존경하는 마음이 우리 핏속에 정말로 흐릅니다. 진실은 자유와 민주주의의 최고의 보증인이자 진정한 토대입니다. 당신이 약하든 강하든, 당신의 대의를 지지하는 이들이 많든 적든, 진실은 여전히 이길 것입니다. 1989년과 그 이후에 일어난 성공적인 자유 운동이 사람들이 가진 가장 기본적인 감정의 진실한 표현을 바탕으로 이루어졌다는 사실은, 우리 정치 생활의 상당 부분에 아직도 진실 그 자체가 심각하게 결여되어 있음을 일깨워주는 소중한 것입니다. 특히 국제관계 행위에서 우리는 진실을 거의 고려하지 않습니다. 대부분의 사회적 약자가 더 부유하고 강력한 자들의 손에 고통받는 것처럼, 필연적으로 약소국들은 더 강한 국가들에 의해 조종되고 억압받습니다. 과거에는 그저 진실을 표현하는 것은 비현실적이라고 치부했지만, 지난 몇 년간 진실은 인간의 마음, 그리고 결과적으로 역사 형성 과정에서 엄청난 힘이라는 것을 증명했습니다.

동유럽에서 얻은 두 번째 큰 교훈은 평화적 변화였습니다. 과거에 노예들은 자유를 위한 투쟁에서 종종 폭력에 의존했습니다. 마하트마 간디와 마틴 루터 킹 주니어의 발자취를 따라 이 평화로운 혁명은 미래 세대에게 성공적인 비폭력적 변화의 훌륭한 사례를 보여줍니다. 앞으로 사회에 큰 변화가 다시 필요할 때 우리 후손들은 지금을 평화 투쟁의 전형으로 되돌아볼 수 있을 것입니다. 10여 개의 나라에서 수억이 넘는 국민이 참여한 유례없는 규모의 진정한 성공담이라고요. 게다가, 최근의 사건들은 평화와 자유에 대한 열망이 인간 본성의 가장 기저에 있다는 것과 폭력은 그 정반대라는 것을 보여주었습니다.

냉전 이후 우리에게 가장 큰 도움이 될 국제질서가 어떤 것일지를 고려하기 전에, 저는 폭력 문제를 해결하는 것이 필수적이라고 생각합니다. 모든 측면에서 폭력을 없애는 것이 세계평화를 위한 필수적인 토대이며 모든 국제질서의 궁극적인 목표입니다.

비폭력과 국제질서

언론은 매일 테러, 범죄, 공격 사건을 보도합니다. 죽음과 유혈사태라는 비극적인 이야기가 신문과 공중파를 채우지 않는 나라는 가 본 적이 없습니다. 기자와 청중 모두 그런 보도에 거의 중독되어 있습니다. 하지만 인류의 압도적인 다수는 파괴적으로 행동하지 않습니다. 지구상의 50억 인구 중 정말 일부만이 실제로 폭력을 저지릅니다. 우리 중 대부분은 가능한 한 평화로운 것을 더 좋아하지요.

기본적으로, 우리는 모두 평온함을 소중히 여깁니다. 심지어는 폭력적인 버릇이 있는 사람들도요. 예를 들어 봄이 오면 해가 길어지고 햇빛이 많아져서 풀과 나무가 살아나고 모든 것이 매우 생생합니다. 사람들은 행복해합니다. 가을에는 잎이 하나둘씩 떨어지고 아름다운 꽃들이 모두 죽어서 우리는 헐벗은 식물에 둘러싸이게 됩니다. 별로 즐겁지 않지요. 왜 그럴까요? 왜냐하면 우리 마음 깊은 곳에서 건설적이고 생산적인 성장을 원하기 때문입니다. 무너지거나 죽거나 파괴되는 것은 싫어하고요. 모든 파괴적인 행동은 우리의 본성에 반하며, 건설적인 것이 인간의 방식입니다. 폭력을 극복해야 한다는 것에는 모두가 동의하겠지만, 폭력을 완전히 없애려면 우선 폭력에 무슨 가치가 있는지 분석해야 합니다. 만약 우리가 실용적인 관점에서 엄밀하게 이 문제를 다룬다면, 우리는 특정한 경우 폭력이 실제로 유용해 보인다는 것을 알게 됩니다. 사람은 힘으로 문제를 빨리 해결할 수 있습니다. 그러나 그와 동시에, 그런 성공은 종종 다른 사람들의 권리와 복지를 희생시키게 됩니다. 그 결과 한 문제가 해결되어도 또 다른 문제의 씨앗이 심어진 것입니다.

반면, 자신의 대의명분을 건전한 근거로 뒷받침한다면 폭력을 행사하는 것은 의미가 없습니다. 동기가 이기적인 욕망밖에 없고 타당한 논리를 통해 목표를 달성하지 못하는 사람들이 바로 무력에 의지하는 사람들입니다. 가족과 친구들이 반대하더라도 타당한 이유가 있는 사람들은 그러한 이유를 차례로 인용하며 자신의 주장을 차근차근 입증할 수 있는 반면, 합리적인 증거가 거의 없는 사람들은 곧 분노의 먹잇감이 되어 버립니다. 따라서 분노는 강함이 아닌 나약함의 표시입니다. 궁극적으로, 자신의 동기와 상대의 동기를 검토하는 것이 중요합니다. 폭력과 비폭력에는 여러 종류가 있지만, 외적 요인만으로는 구분할 수 없습니다. 만약 한 사람의 동기가 부정적으로 보이면, 그것이 낳는 행동은 부드럽고 온화해 보일지라도, 가장 깊은 의미로는 폭력적입니다. 반대로 동기는 성실하고 긍정적인데 상황이 가혹한 행동을 요한다면 본질적으로는 비폭력을 실천하는 것입니다. 어떤 경우든, 저는 무력 사용을 정당화할 수 있는 유일한 경우는 단순히 스스로를 위한 것이 아닌, 타인의 이익에 대한 자비로운 관심뿐이라고 생각합니다.

여전히 우리 지구상에서 진정한 비폭력을 실천하는 것은 조금 실험적이지만, 사랑과 이해를 바탕으로 비폭력을 추구하는 것은 신성합니다. 만약 이 실험이 성공한다면, 다음 세기에는 훨씬 더 평화로운 세상으로 가는 길을 열 수 있을 것입니다.

간혹 서양인들이 '간디주의자들이 비폭력적으로 수동적 저항을 하며 장기간에 걸쳐 투쟁하는 것이 모두에게 알맞은 방식은 아니며, 그런 행동 방식은 동양에서 더 자연스럽다'고 주장하는 걸 들었습니다.

서양인들은 활동적이라서 모든 상황에서 즉각적인 결과를 추구하는 경향이 있고, 심지어 그들의 생명을 희생해서라도 그런다는 것입니다. 그러나 이런 방식이 항상 유익하지는 않다고 생각합니다. 하지만 비폭력의 실천은 분명히 우리 모두에게 잘 맞습니다. 단지 결단력이 필요할 뿐이지요. 동유럽에서는 자유 운동을 통해 그들의 목표에 빠르게 도달했지만, 비폭력 시위는 본질적으로 인내심이 필요합니다.

그런 점에서 그들이 당하는 탄압이 잔혹하고 그들이 처한 투쟁이 어렵더라도, 중국 민주화운동에 참여하는 이들이 언제나 평화롭게 남기를 기도합니다. 그럴 거라고 확신해요. 참여하는 대부분의 중국 학생들은 특히나 가혹한 공산주의 체제하에서 나고 자랐지만, 1989년 봄 그들은 자발적으로 마하트마 간디의 수동적 저항 전략을 실행했습니다. 이는 놀라우면서도, 모든 사람들이 아무리 세뇌를 당해도 궁극적으로는 평화의 길을 추구하고 싶어 하는 것을 여실히 보여줍니다.

평화지대(Zones of Peace)

저는 아시아 공동체에서 티베트의 역할은 제가 이전에 '평화지대'라고 불렀던 것, 즉 무기가 금지되고 사람들이 자연과 조화롭게 살아가는 중립적인 비무장의 성역이 되는 것이라고 봅니다. 이것은 단순한 꿈이 아닙니다. 바로 우리나라가 침략당하기 전 티베트인이 천 년 이상 노력하며 살아가던 방식이지요. 모두 알다시피, 티베트에서는 모든 야생동물은 불교 원칙에 따라 엄격하게 보호받았습니다. 또한 적어도 지난 300년 동안은 제대로 된 군대가 없었습니다. 티베트는 3대의 위대하고 신실한 왕들의 통치 이후, 6, 7세기에 전쟁을 개전하는

772

것을 국가 정책의 도구로 삼는 것을 포기했습니다.

발전하는 지역 공동체와 무장 해제의 과제 간의 관계로 돌아가자면, 각 공동체의 '심장'은 군사력을 금지한 지역인 평화지대가 되기로 한, 하나 또는 하나 이상의 국가가 될 수 있다고 제안하고 싶습니다. 다시 말하지만, 이것은 그저 꿈에 불과한 이야기가 아닙니다. 40년 전, 1948년 12월, 코스타리카는 군대를 해산했습니다. 최근, 스위스 인구의 37%가 군대 해산에 찬성표를 던졌습니다. 체코슬로바키아의 새 정부는 모든 무기의 제조와 수출을 중단하기로 했습니다. 만약 국민이 선택한다면, 국가는 스스로의 본질을 바꾸기 위해 급진적인 조치를 취할 수도 있습니다.

지역 사회 내에서 평화지대는 안정의 오아시스 역할을 할 것입니다.

공동체 전체가 만든 어떤 집단 세력의 비용 중 정당한 자신들의 몫을 지불하면서도, 이 평화지대는 전적으로 평화로운 세계의 선구자이자 등불이 될 것이고 그 어떠한 갈등에서도 면제받게 될 것입니다. 아시아, 남미, 아프리카에서 지역 공동체가 실제로 자라나고 무장 해제가 진행되어 모든 지역을 아우르는 국제 세력이 탄생한다면, 이런 평화지대를 확장할 수 있고, 평화지대가 커지면서 평온함을 퍼뜨릴 수 있겠지요.

정치적, 경제적, 군사적으로 더욱 협조적인 새로운 세상을 위한 이 제안이나 다른 제안을 고려할 때, 우리가 머나먼 미래를 계획하고 있다고 생각할 필요는 없습니다. 예를 들어, 새로이 활성화된 48개국 유럽 안보 협력 회의는 이미 동유럽과 서유럽 국가들 사이에서뿐만 아니라, 독립 국가 연합에 소속된 국가들과 미국 사이에 동맹의 토대를 마련했습니다. 이 놀라운 사건들은 이 두 강대국들 사이에서 심각한 전쟁이 일어날 위험을 사실상 제거했습니다.

저는 유엔이 더 나은 세상을 만드는 데 중요한 역할을 하고 있다는 사실과, 또 그렇게 할 수 있는 큰 잠재력을 갖고 있다는 사실이 너무나 잘 알려져 있으므로, 현 시대의 논의에는 포함시키지 않았습니다. 유엔 자체의 정의에 따르면, 유엔은 어떤 중대한 변화가 있든지 바로 그 중심부에 있어야 합니다. 하지만, 미래를 위해서는 그 구조를 수정해야 할 수도 있습니다. 저는 항상 유엔에 가장 큰 희망을 걸어왔고, 어떤 비판을 할 의도도 없지만, 유엔 헌장이 구상되었던 제2차 세계대전 이후 풍토가 바뀌었다는 건 간단히 지적하고 싶습니다. 그 변화와 함께 유엔, 특히 5개 상임이사국을 둔 안보리를 더욱 민주화할 수 있는 기회가 왔고, 안보리는 대표성을 키워야 합니다.

마무리하며

저는 미래를 대체로 낙관적으로 본다는 말과 함께 마무리 짓고 싶습니다. 최근의 몇몇 경향은 우리에게 더 나은 세상을 위한 큰 잠재력이 있다는 걸 암시하지요. 1950년대와 60년대까지만 해도 사람들은 전쟁이란 인류가 피할 수 없는 조건이라고 믿었습니다. 특히 냉전은, 서로 대립하는 정치 제도는 그저 충돌할 뿐, 경쟁하거나 심지어는 협력할 수도 없다는 관념을 강화했습니다. 지금 이런 견해를 가진 사람은 거의 없습니다. 오늘날, 전 세계 사람들은 진심으로 세계평화를 걱정하고 있습니다. 그들은 이념을 내세우는 데는 관심이 훨씬 떨어졌고, 공존하는 데 훨씬 더 전념하고 있습니다. 정말 긍정적인 국면입니다.

또한, 수천 년 동안 사람들은 엄격한 징계 조치를 취하는 권위적인 조직만이 인간사회를 다스릴 수 있다고 믿었습니다. 그러나 사람들은 자유와 민주주의에 대한 선천적인 욕구를 갖고 있으며, 이 두 세력은 갈등을 겪어왔지요. 오늘날 어느 쪽이 이겼는지는 분명합니다. 비폭력적 '민중의 힘' 운동이 출현한 것은 인류가 폭정의 지배를 용납할 수도, 그 아래에서 제 기능을 할 수도 없다는 것을 반론의 여지 없이 보여주었습니다. 이러한 인식은 괄목할 만한 발전을 나타냅니다.

또 다른 희망적인 전개는 과학과 종교의 양립 가능성이 증가하고 있다는 점입니다. 19세기와 우리 시대 전반에 걸쳐서, 사람들은 일견 모순되어 보이는 세계관 사이의 갈등 때문에 매우 혼란스러워 했습니다. 오늘날 물리학, 생물학, 심리학은 매우 정교한 수준에 도달하여 많은 연구자가 우주와 생명의 궁극적인 본질에 대한 가장 심오한 질문을 던지기 시작했습니다. 여러 종교가 가장 관심을 가지고 있는 질문이기도 하지요. 따라서 보다 통합된 관점이 정말로 생겨날 가능성이 있는 것 같습니다. 특히 마음과 물질에 대한 새로운 개념이 생겨나는 것 같아요. 동양은 마음을 이해하는 데, 서양은 물질을 이해하는 데 더 신경을 써 왔습니다. 이제 둘이 만났으니, 이런 영적, 물질적 관점들이 더욱 조화를 이룰 수 있을 것입니다.

지구에 대한 우리의 태도가 급변하는 것도 희망의 원천입니다. 10~15년 전까지만 해도 우리는 무분별하게 자원을 소비했습니다. 마치 끝이 없다는 듯이요. 이제는 개개인뿐만 아니라 정부도 새로운 생태 질서를 추구하고 있습니다. 저는 종종 농담합니다. 달과 별이 아름답다고 하지만, 만약 우리 중 누군가가 실제로 그곳에서 살려고 한다면 정말 고생스러울 것이라고. 우리의 이 푸른 행성은 우리가 알고 있는 한 가장 쾌적한 거주지입니다. 이 행성의 생명이 바로 우리의 생명이고, 그것의 미래가 우리 자신의 미래입니다. 저는 지구 자체가 지각이 있는 존재 곧 생명이라고는 믿지 않지만, 사실은 우리 어머니 역할을 하고 있고, 우리는 아이들처럼 그녀에게 의지하고 있습니다. 이제 대자연은 우리에게 협조하라고 말하고 있어요. 온실 효과와 오존층 약화와 같은 전 지구적인 문제 앞에서 개별 조직과 단일 국가는 속수무책입니다. 우리 모두가 힘을 합치지 않으면 해결 방안을 찾을 수 없습니다. 우리 어머니는 우리에게 보편적 책임에 대한 가르침을 주고 계십니다.

저는 우리가 배우기 시작한 교훈 때문에 다음 세기는 더 친근하고, 더 조화롭고, 덜 해로울 것이라고 말할 수 있다고 생각합니다. 평화의 씨앗인 자비심이 번성할 수 있을 것입니다. 저는 매우 희망적이랍니다.

동시에, 저는 개개인 모두가 우리 지구 가족을 올바른 방향으로 인도하는 데 도와줄 책임이 있다고 믿습니다. 선한 소망만으로는 부족합니다. 우리는 책임을 져야 합니다. 인간의 커다란 운동은 개개인이 주도해서 나옵니다. 만약 당신이 큰 효과를 낼 수 없다고 느끼면, 그다음 사람도 낙담할 수 있고, 그러면 좋은 기회를 잃게 될 것입니다. 반면에, 우리 모두가 스스로 이타적인 동기를 키워서 다른 이들에게 영감을 줄 수도 있습니다.

전 세계의 수많은 정직하고 성실한 사람들이 이미 제가 여기서 언급한 관점을 가지고 있다고 저는 확신합니다. 그런데 안타깝게도 아무도 그들의 말을 듣지 않습니다. 제 목소리 또한 무시당하고 끝날 수 있지만, 그들을 대신해서 이야기하는 노력은 해야겠다고 생각했습니다. 물론, 어떤 사람들은 달라이 라마가 이런 식으로 글을 쓰는 것이 정말 주제 넘는다고 느낄지도 모르겠습니다. 하지만 저는 노벨 평화상을 받았기 때문에 이렇게 해야 할 책임이 있다고 생각합니다. 만약 제가 노벨 상금만 가져다가 원하는 대로 쓴다면, 제가 예전에 했던 그런 온갖 좋은 이야기들이 그저 이 상을 받기 위해서 한 것처럼 보이겠지요! 하지만, 이제 제가 이 상을 받았으니, 제가 항상 표현하던 견해를 계속 지지하며 그 영광에 보답해야 합니다.

저는 개인이 사회를 변화시킬 수 있다고 진심으로 믿습니다. 인류 역사에서 지금처럼 큰 변화의 시기가 매우 드물기 때문에, 더 행복한 세상을 만들기 위해 우리의 시간을 최대한 활용하는 것은 각자의 몫입니다.

94. 이타주의가 약이다

티베트에서는 많은 질병을 사랑과 자비심이라는 한 가지 약으로 치유할 수 있다고 말합니다. 이러한 자질들은 인간 행복의 궁극적인 원천이고 이들에 대한 욕구는 우리 존재의 가장 핵심에 있지요. 불행히도 사랑과 자비심은 사회적 상호작용이 일어나는 수많은 영역에서 너무 오랫동안 누락 되어 왔습니다. 사랑과 자비가 보통 가족과 집에만 있고, 공적 생활에서 사랑과 자비를 실천하는 것은 터무니없다고 여깁니다. 이건 비극이에요. 제가 볼 때, 자비심의 실천은 그저 비현실적인 이상주의를 나타내는 증상이 아니라 자신뿐만 아니라 다른 사람들의 최대 이익을 추구하는 가장 효과적인 방법입니다. 우리가 국가, 집단 또는 개인으로서 타인에게 더 많이 의존할수록 그들의 안녕을 보장하는 것이 우리 자신에게 최대의 이익이 됩니다.

이타주의를 실천하는 것이야말로 타협과 협력의 진정한 근원입니다. 단지 화합이 필요하다고 인지하는 것만으론 부족합니다. 자비심에 헌신하는 마음은 마치 넘치는 저수지와 같고, 끊임없는 에너지와 결단력, 친절의 원천입니다. 이 마음은 마치 씨앗과 같아서 재배하면 용서, 관용, 내면의 힘, 두려움과 불안을 극복할 자신감처럼 다른 좋은 자질을 많이 낳습니다. 자비로운 마음은 영약과 같아서, 나쁜 상황을 이로운 상황으로 바꿀 수 있습니다. 그러므로 우리는 사랑과 자비의 표현을 가족과 친구들에게 국한해서는 안 됩니다. 또한 자비심은 성직자, 의료종사자, 사회복지사만의 책임도 아닙니다. 그것은 인류 공동체 모든 부분에서 필요한 일입니다.

갈등이 정치, 사업, 종교 어느 분야에 있든지, 이타적인 방식은 종종 그 갈등을 해결할 유일한 수단입니다. 때때로 우리가 분쟁을 중재하기 위해 이용하는 관념 자체가 문제의 원인일 때가 있습니다. 그렇게 해결책이 전혀 보이지 않을 때, 양측 모두 그들을 하나로 결속시키는 기본적인 인간의 본성을 되새겨야 합니다. 이것이 난국을 타개하고 장기적으로 모두가 자신의 목표를 달성하는 데 도움이 될 것입니다. 비록 어느 쪽도 완전히 만족할 수는 없지만, 만약 양쪽이 모두 양보한다면, 최소한 더 이상 갈등의 위험은 피할 수 있을 것입니다. 우리 모두는 이러한 형태로 타협하는 게 문제를 해결하는 가장 효과적인 방식이라는 것을 알고 있습니다. 그렇다면 왜 이런 방식을 더 자주 사용하지 않는 것일까요?

인간사회에서의 협력의 결여를 보면, 그것은 상호의존적인 우리의 본성에 대한 무지에서 왔다고 결론 내릴 수밖에 없습니다. 예를 들어 저는 종종 벌처럼 작은 곤충에 감동합니다. 자연의 법칙은 벌들이 살아남으려면 함께 일하라고 명합니다. 결과적으로, 그들은 본능적인 사회적 책임감을 갖게 됩니다. 그들은 헌법, 법률, 경찰, 종교, 도덕적인 훈련이 없어도, 그들의 천성 때문에 충실히 함께 일합니다. 때때로 싸울 수도 있지만, 일반적으로 벌 전체의 군락은 협력을 기반으로 생존합니다. 반면에 인간은 헌법, 방대한 법체계, 경찰력을 갖고 있습니다. 종교, 놀라운 지능, 사랑할 수 있는 위대한 능력을 가진 마음도 있습니다. 하지만 우리의 여러 특별한 자질에도 불구하고, 실제로 우리는 작은 곤충들보다 뒤처져 있습니다. 어떤 면에서 보면, 저는 우리가 벌들보다 더 가난하다고 느낍니다.

예를 들어, 전 세계 대도시에서 수백만 명의 사람들이 함께 살고 있지만, 이러한 근접성에도 불구하고, 많은 이들이 외로워합니다. 어떤 이들은 그들 내면의 가장 깊은 감정을 나눌 사람이 단 하나도 없고, 끊임없이 불안한 상태로 살고 있습니다. 너무 슬프지요. 우리는 짝짓기를 위해서만 남과 어울리는 고독한 동물이 아닙니다. 만약 그렇다면, 우리는 왜 큰 도시와 마을을 지었을까요? 우리는 함께 살도록 되어 있는 사회적 동물이지만, 안타깝게도 동료 인간에 대한 책임감이 부족합니다. 우리 사회 구조, 즉 우리 사회를 지탱하는 가족이나 공동체라는 기본 구조에 문제가 있는 걸까요? 아니면 기계, 과학, 기술 같은 외부 시설 때문일까요? 저는 그렇게 생각하지 않습니다.

저는 금세기 문명의 급속한 발전에도 불구하고, 현 딜레마의 가장 즉각적인 원인은 물질적인 발전에만 지나치게 치중했기 때문이라고 생각합니다. 우리는 그것을 추구하는 데에만 너무 몰두해서, 자신도 모르는 사이에 사랑과 친절, 협력과 보살핌이라는 가장 기본적인 인간의 욕구를 육성하는 데는 소홀했습니다. 만약 우리가 모르는 누군가라거나, 그 사람이나 집단과 관련이 있다고 느낄 만한 이유를 찾지 못하면 그냥 무시하곤 합니다. 하지만 인간사회의 발전은 전적으로 사람들이 서로를 돕는 데 달려 있습니다. 우리의 토대인 본질적인 인간성을 잃어버린다면 물질적인 발전만을 추구할 이유가 어디에 있을까요?

제가 보기에, 우리가 자비심을 길러야 비로소 진정한 책임감이 생길 수 있습니다. 자발적으로 타인에게 공감해야만 정말로 우리가 그들을 위해 행동할 동기가 생깁니다.

95. 이타주의는 행복의 근원이다

- 오프라 매거진 O 인터뷰, 2001년 8월 -

오프라: 비록 많은 미국인이 행복에 관한 당신의 책을 읽었지만, 어떤 미국인들은 아직도 행복을 어떻게 성취하는지 이해하지 못하고 있습니다. 물질주의를 강조하는 문화에서 어떻게 진정한 행복을 얻을 수 있을까요?

달라이 라마: 어떤 사람이 삶의 모든 편의가 −좋은 음식, 좋은 집, 동반자− 다 갖춰져 있어도 그 사람이 비극적인 상황에 직면하면 여전히 불행해질 수 있지요. 육체적인 편안함이 정신적인 고통을 가라앉힐 수는 없고, 자세히 들여다보면 많은 걸 소유하고 있는 이들이 꼭 행복한 건 아니에요. 사실, 부유해지는 건 종종 불안감을 훨씬 더 가져옵니다. 반면에 호화롭게 살지 않는 사람도, 자족하고 자기 훈련을 실천한다는 선택을 바탕으로 해서 자비심으로 가득 찬 가정을 가질 수 있습니다. 육체적인 어려움을 겪어도 우리는 정말 행복할 수 있어요.

오프라: 그럼 행복이 우리 마음에서 시작된다는 건가요?

달라이 라마: 네. 그래서 정신적 행복이 육체적인 편안함보다 더 중요합니다. 육체적인 편안함은 물질에서 나오지요. 하지만 물질적인 편의 시설이 여러분 마음의 평화를 가져다주지는 않아요.

오프라: 그렇군요.

달라이 라마: 불만이 있을 때, 여러분은 항상 더, 더, 더 많은 걸 원하죠. 여러분의 욕망은 결코 충족될 수 없을 거예요. 하지만 여러분이 만족을 연습하면, 스스로에게, '아, 나는 정말 내가 필요한 건 다 있구나.' 하고 스스로에게 말할 수 있지요.

오프라: 제가 당신의 『행복론(*The Art of Happiness*)』에서 배운 건 자비심이 평온함과 마음의 평화를 위한 열쇠라는 점이에요. 하지만 자기 스스로가 고통스러울 땐 어떻게 다른 사람들에게 자비심을 가질 수 있을까요?

달라이 라마: 어떤 사람이 정말 딱한 상황에 처했을 땐, 그렇죠, 다른 사람들에게 진정한 자비심을 기르기가 어려워요. 그래서 제가 가난한 이들에게 '백만장자들에게 자비심을 가져주세요'라고 말하기 어려운 겁니다. 쉽지 않아요. 그렇다 하더라도 부자들조차 그들만의 고통, 불안, 의심, 두려움을 갖고 있답니다. 그래서 부자인 사람들은 행복하지 않은 경우가 많아요! 그리고 물질적인 부를 가진 이들이 작은 어려움에 맞닥뜨리면, 오히려 매일매일 그런 어려움을 겪는 사람들보다 정신적으로 더 큰 고통을 느끼는 경우도 종종 있어요.

오프라: 불교는 행복으로 가는 길인가요?

달라이 라마: 물론이에요. 어떤 사람들은 불교가 고통에 대해 너무 많이 얘기한다는 인상을 받기도 하지만요. 사람이 번영하려면 처음에는 정말 열심히 일해야 하므로 여가 시간을 많이 희생해야 합니다.

마찬가지로, 불교도도 자신의 영속적인 행복을 얻기 위해 목전의 편안함을 기꺼이 희생하지요. 그리고 희생하는 데 필요한 의지력을 키우려고 하면서, 모든 시간과 에너지를 물질적인 편안함을 추구하는 데 소비한다는 건 결국 여러분 자신이 괴로워질 것을 의미한다는 사실을 우선 깨달아야 합니다. 전부 긍정적인 결과와 부정적인 결과에 대한 이야기에요. [모든 행동에는] 장기적인 결과가 있다는 사실을 인지하는 게 정말 중요합니다.

오프라: 비록 당신은 불교가 행복으로 가는 길이라고 믿지만, 당신은 다른 사람들이 자신의 신앙을 유지하도록 격려해 오셨지요. 정말인가요?

달라이 라마: 맞아요. 저는 항상 자신의 종교적 신앙을 지키는 게 훨씬 안전하고 낫다고 강조합니다. 다른 주요 종교들은 수천 년이 되었고 오랜 전통을 갖고 있어요.

오프라: 당신은 누군가가 기독교인이면서 불교 수행을 할 수 있다고 생각하세요?

달라이 라마: 네, 저는 그렇게 생각해요. 불교에는 명상처럼 누구나 받아들일 수 있는 기술들이 있어요. 그리고 물론 헌신, 자비심, 용서하는 능력을 기르기 위해 이미 불교적인 방식을 사용하고 있는 기독교 수도자들과 수녀들도 있어요.

오프라: 종교는 우리의 삶에서 어떤 기능을 하나요?

달라이 라마: 우리가 자비심, 배려심, 그리고 제 생각엔 목적의식을 기르도록 도와줍니다.

오프라: 지구상에서 우리의 목적은 무엇일까요?
달라이 라마: 서로 돕는 거지요.

오프라: 그럼 우리가 이 지구상에 있는 유일한 이유가 서로를 위해 봉사하기 위해서라는 건가요?
달라이 라마: 맞습니다.

오프라: 종교 생활을 하지 않고도 사람은 선해질 수 있을까요?
달라이 라마: 그럼요. 그리고 그 사람도 행복해질 수 있어요.

오프라: 모든 사람이 행복해질 수 있을까요?
달라이 라마: 물론 가능하지요. 그리고 행복해지기 위해 노력하는 건 가치 있는 일입니다. 식물의 목적이 자라는 것인 것처럼, 모든 인간의 주목적은 죽는 그 순간까지 살아남고 성장하는 것입니다. 정신적인 성장에 관한 한, 우리는 절대 현실에 안주해서는 안 돼요. 우리는 우리 마음을 무한히 성장시킬 수 있고, 거기에 한계는 없답니다. 우리 중 많은 사람은 많은 걸 갖고 있으면서도 불만족스러워하지만, 우리의 영적 성장에 대해서는 만족스러워하곤 합니다. 그게 우리가 저지르는 실수예요.

784

오프라: 정말 심각한 거군요! 우리가 만약 모두의 유일한 목표가 다른 이들을 돕는 거라는 사실을 이해하면, 그게 인류를 변화시키지 않을까요?

달라이 라마: 맞아요, 그리고 그걸 이해하는 건 우리의 태도를 바꾸는 것에서 비롯합니다. 사람들 간에 서로 무엇이 다른가에 연연하기보다는, 우리의 하나됨에 주목하는 게, 즉 우리가 서로 어떤 점이 같은지 재차 강조하는 게 최선이라는 걸 깨달아야 해요. 네, 우리 사이에는 서로 다른 점들이 있지요. 하지만 제 미래와 당신의 미래는 다른 모든 이들의 미래와도 연결되어 있어서, 차이점을 강조하는 건 말이 안 돼요. 그러니까 우리는 진지하게 전 인류에 대한 관심을 가져야 합니다. 우리가 개개인에 집중할 때, 인류는 고통받을 수밖에 없어요. 그리고 인류가 고통스러우면 우리 각자가 모두 고통스러워할 겁니다.

예를 들어, 몇 분 전에 이 건물에 화재 경보가 울렸습니다. 제가 바로 반응한 이유는 이 건물이 제 몸의 일부라서가 아니라 제가 여기, 건물 안에 있기 때문이죠. 그래서 제가 신경을 써야 하는 거예요. 마찬가지로, 우리가 인류를 사랑하든 아니든, 우리가 그 일부라는 걸 깨달아야 합니다. 제 미래는 전적으로 인류의 미래에 달려 있기 때문에 저는 인류를 돌볼 수밖에 없습니다. 바로 그래서 자비심을 갖는 것이 제 스스로에게도 최선의 이익인 겁니다. 그리고 제 심적 평온함의 증상은 바로 주변 사람들과 편안함을 나눌 수 있다는 것이랍니다.

오프라: 감사하는 마음을 연습하는 건 자비심처럼 우리 삶에 영향을
미치지 않나요?

달라이 라마: 정말 그러네요. 감사함을 연습하면 상대에 대한 존경심
이 생기지요.

오프라: 맞아요. 이제 당신처럼 된다는 게 어떤 건지 이야기해
볼 수 있을까요? 당신이 달라이 라마로서 처음 발견되었을 때, 당신은
스스로에게 특별한 무언가가 있다고 느꼈나요?

달라이 라마: 아니요.

오프라: 당신이 무언가가 다르다는 걸 계속해서 알고 있었던 부분이
없으셨어요?

달라이 라마: 가끔, 저는 전생에서 어떤 영향을 받는 걸지도 모른다
고 느껴요. 새벽녘 반쯤 잠들어 있고 반쯤 깨어 있을 때면, 아주
정신이 맑습니다. 그리고 이 특별히 몽롱한 상태에 있을 때면, 전생의
기억을 언뜻 본 적도 있습니다. 어떤 때는 한, 두 세기 전의 누군가와
동일시했던 거죠. 한 번은 600년 전 이집트에 있었던 것 같은 느낌을
받은 적도 있어요.

오프라: 자신이 대부분의 사람들과 다르다고 생각하세요?

달라이 라마: 아뇨, 아뇨, 아니에요.

오프라: 다른 모든 인간처럼, 당신도 당신 스스로의 주인인가요?

달라이 라마: 그렇지요.

오프라: 하지만 당신은 다른 누구의 주인도 아니죠.
달라이 라마: 그것도 맞아요.

오프라: 자라면서, 평범한 어린 시절을 보내고 싶어 하셨어요?
달라이 라마: 다행히, 저는 놀이 친구들이 있었어요. 대부분이 어른들이긴 했지만요.

오프라: 가족이나 아이를 원했던 적이 있나요?
달라이 라마: 아니요. 글쎄요, 제가 15살이나 16살쯤엔 관심이 좀 있었어요. 생물학적인 거였죠. 하지만 승려였던 연상의 놀이 친구들 중 몇몇이 평신도가 되었는데, 제게 가족생활의 어려움에 대해 조금 이야기해줬어요. 가족을 갖는 것은 물론 큰 즐거움도 있지만, 여러 문제점도 있습니다.

오프라: 저는 당신이 하루에 명상에 많은 시간을 보내신다는 내용을 읽었어요. 불교 신자가 아닌 사람에게 명상은 어떤 가치가 있을까요?
달라이 라마: 명상은 자신의 내면을 보는 것이기 때문에 모든 인류에게 가치가 있습니다. 사람들이 자신의 내면을 더 주의 깊게 보려고 종교적일 필요는 없지요. 우리가 좀 더 차분하고 행복해질 수 있도록 자비심과 배려심을 포함한 우리 감정을 분석하는 건 건설적이고 가치 있는 일이에요. 증오, 질투, 두려움은 마음의 평화를 방해합니다.

예를 들어 당신이 화가 나 있거나 용서하지 못하면 정신적인 고통은 계속됩니다. 나쁜 감정으로 마음의 평화를 망치는 것보단 용서하는 게 더 나아요.

오프라: 당신은 많은 기쁨을 가지고 있는 것 같아요. 무엇이 당신을 행복하게 하나요?

달라이 라마: 저는 저 자신을 너무 심각하게 생각하지 않아요! 그게 저를 행복하게 만든답니다.

오프라: 당신에게 완벽한 날이란 어떤 건가요?

달라이 라마: 완벽한 날은 없지요. 세상에 완벽이란 없어요.

오프라: 그렇다면 좋은 날은 어떤가요? 정말 재미있고 많이 웃는 날요.

달라이 라마: 저는 정원을 가꾸고 기계로 작동되는 것들을 갖고 노는 걸 정말 좋아해요. 그리고 여가 시간이 있을 때, 저는 그중 일부를 티베트의 불교 문헌뿐만 아니라 자비심과 이타주의와 같이 제가 좋아하는 주제에 대한 독서와 공부로 보냅니다. 이해하느라 몇 시간을 할애할 수 있는 날엔 보람을 느낍니다. 시간을 잘 활용했다는 느낌이 들어요.

오프라: 티베트인에게 무슨 일이 일어나고 있는지 사람들이 관심을 가졌으면 해서 그렇게 열심히 일하고 여행을 많이 하세요?

788

달라이 라마: 꼭 그렇지는 않아요. 바로 오늘 아침만 해도, 저는 '달라이 라마가 중국의 티베트 탄압을 설명하려 여섯 개 도시를 방문하다' 같은 내용의 신문을 읽었습니다. 틀렸어요. 저는 제가 먼저 초대받지 않은 곳엔 한 번도 간 적이 없어요. 그리고 초대받았을 때 인류에 어떤 방식으로든 기여할 가능성이 있다고 느끼면 피곤하더라도 따른답니다.

오프라: 당신이 돌아가시기 전 티베트가 독립하지 못하면 행복하지 않을 것 같으신가요?

달라이 라마: 만약 제가 오늘 죽는다면, 티베트에 대해 어느 정도 걱정은 할 겁니다. 하지만 저는 자신이라는 존재를 다른 이들을 위해 사용하려고, 개인적으로 제가 할 수 있는 모든 걸 해 왔다는 걸 알고 있어요. 그래서 전 후회하지 않습니다.

오프라: 전혀요?

달라이 라마: 네.

오프라: 당신은 무언가 때문에 스스로를 용서해야 했던 적이 있으세요?

달라이 라마: 우연히 곤충을 죽인 것처럼 작은 일들에 대해선 저 자신을 용서해야만 했어요. 모기와 빈대에 대한 제 태도는 결코 호의적이거나 평화롭지 않답니다!

오프라: 큰 실수들에 대해 자신을 용서해야 했던 적이 있나요?

달라이 라마: 저는 매일 작은 실수를 해요. 하지만 큰 실수요? 없는 것 같아요. 저는 티베트인과 인류에게 이바지한 일에 대해 고찰해 봤고, 제 인생에서 할 수 있는 한 다 했어요.

오프라: 마지막 질문입니다. 저는 매달 『내가 확실히 아는 것』이라는 잡지에 칼럼을 기고하고 있는데요. 당신이 확실히 아시는 건 뭔가요?

달라이 라마: 이타주의는 행복의 최고의 원천입니다. 의심의 여지가 없답니다.

96. 달라이 라마에게 질문하다

- 타임지 인터뷰, 뉴욕, 2012년 5월 14일 -

질문. 화나거나 격분한 적이 있으신가요? —인도 푸네의 칸테쉬 구탈

달라이 라마: 네, 그럼요. 저도 인간인 걸요. 일반적으로 말해서, 만약 어떤 사람이 절대 화를 안 낸다면, 저는 뭔가 잘못되었다고 생각합니다. 머리가 좀 이상한 거죠.〔웃음〕

질문. 세상에 그렇게 증오가 많은데 어떻게 그렇게 낙관적이고

강한 믿음을 가지고 지내나요? —독일 프랑크푸르트의 조아나 코타르

달라이 라마: 저는 항상 어떤 사건이라도 더 폭넓은 관점에서 봅니다. 매일매일 어떤 살해, 살인, 테러 행위, 스캔들이 도처에 존재하지요. 하지만 만약 전 세계가 그렇다고 생각한다면 틀리신 거예요. 60억 명의 인간 중에서, 말썽꾸러기는 단지 몇 명에 불과하답니다.

질문. 달라이 라마가 된 후 당신에게 주어진 역할은 어떻게 바뀌었나요? —웨일스 카마던의 앤디 토마스

달라이 라마: 저는 자원봉사로 달라이 라마가 된 것이 아닙니다. 제가 그러고 싶든 아니든, 저는 큰 사원들에서 평범한 학승처럼 불교 철학을 공부해야 했어요. 결국에 저는 제게 책임이 있다는 걸 깨달았습니다. 때로는 어렵지만, 어느 정도 도전이 필요한 곳이라면, 그건 분명 더 많이 봉사할 수 있는 기회이기도 합니다.

질문. 당신이 살아계신 동안 중국 정부와 화해할 가능성이 있다고 보십니까? —호주 멜버른의 조세프 K.H. 챙

달라이 라마: 네, 있습니다. 하지만 과거의 경험을 보면 그게 쉽지 않다는 걸 보여준다고 생각해요. 이런 강경파들 중 다수는 시야가 매우 좁고 근시안적입니다. 그들은 상황을 총체적으로 보지 않아요. 하지만, 중화인민공화국 내에서는 외부 세계와의 접촉이 더 넓어졌습니다. 국민, 특히 지식인들 사이에서 불만의 목소리가 점점 커지고 있습니다. 상황이 바뀔 거예요. 반드시 그렇게 될 겁니다.

질문. 어떻게 하면 자녀들이 화를 안 내도록 가르칠 수 있을까요?
—콜로라도 그랜드 정션의 로빈 라이스

달라이 라마: 아이들은 항상 부모님을 바라봅니다. 부모들이 좀
더 침착해져야 해요. 아이들에게 당신이 여러 문제에 맞닥뜨린다고
가르칠 수는 있어도 당신은 그런 문제에 침착한 마음과 이성으로
대처해야 합니다. 저는 항상 현대 교육시스템에 대해 이런 견해를
가져왔어요. 우리는 두뇌 발달엔 관심을 가지면서도, 친절한 마음은
당연하게 발달한다고 생각하곤 하죠.

질문. 달라이 라마 대신 평범한 사람이 되는 것에 대해 생각해
본 적이 있나요? —필리핀 마닐라의 그레고 프랑코

달라이 라마: 네, 어릴 때는요. 가끔 '아, 이건 부담스러워. 내가
그냥 무명의 티베트인이었으면 좋았을 텐데, 그러면 좀 더 자유로웠을
텐데.' 하고 느꼈어요. 하지만 나중에 저는 제 자리가 다른 이들에게
도움이 된다는 걸 깨달았습니다. 저는 요새 달라이 라마라서 행복해
요. 동시에, 저는 제가 특별한 사람이라고는 한 번도 느낀 적이 없어요.
똑같아요—우리는 다 똑같답니다.

질문. 티베트가 그립나요? —멕시코 아과스칼리엔테스의 파멜라
델가도 코르도바

달라이 라마: 네. 티베트 문화는 고대의 문화일 뿐만 아니라 오늘날
의 세계와도 관련이 있습니다. 폭력의 문제점을 보고 우리는 티베트
문화가 자비심과 비폭력의 문화라는 걸 깨달았어요. 기후도 있습니

다. 인도는 장마철에 날씨가 너무 습해요. 그러면 [티베트가] 너무 그리워요.

질문. 종교를 폭력과 살인의 구실로 사용하는 이들에게 뭐라고 말하실 건가요? - 필리핀 케손 시티의 아르니 도밍고

달라이 라마: 이해관계가 다른 어떤 사람들에게 조종당하는 순수하고 신실한 이들이 있습니다. 그런 사람들의 관심사는 종교가 아닌 권력이거나 때때로는 돈이죠. 그들은 종교적인 믿음을 조종합니다. 이런 경우 우리는 분명히 구분할 줄 알아야 해요. 이런 나쁜 것들이 종교에 의해 야기된 것은 아니랍니다.

질문. 바지 입어본 적 있으세요? - 코네티컷 스탬포드의 주 황

달라이 라마: 너무, 너무 추울 때요. 특히 1959년, 제가 탈출할 때, 저는 평신도처럼 바지를 입었습니다. 그래서 경험은 있답니다.

질문. 당신은 지구에서의 당신의 시간이 성공적이었다고 믿습니까? - 브리티시 콜롬비아 켈로나의 레 루카스

달라이 라마: 흠. 상대적이겠죠. 말하기가 너무 어려워요. 모든 인간의 삶은 부분적인 실패와 부분적인 성취입니다.

8부

· · ·

환경과 생태계

97. 자연에 대한 불교적 개념

- 뉴델리, 1992년 2월 -

오늘밤 저는 불교적인 자연의 개념에 대해 말하겠습니다. 나가르주나는 공이 가능한 체제라면 기능성(functionality)을 갖추는 것도 가능하고, 기능성이 가능하면 공도 가능하다고 했습니다.[1] 그래서 우리가 자연에 대해 말할 때, 궁극적인 자연은 공입니다. 공, 즉 순야타는 무엇을 의미합니까? 존재의 공이 아닌 참되거나 독립적인 존재의 공인데, 이는 사물들이 다른 요소들에 의존하여 존재한다는 것을 뜻합니다.

그래서 사람이 사는 환경이든 거기서 사는 거주자든 양쪽 모두 네다섯 가지 기본 원소로 이루어져 있습니다. 이 원소들은 땅, 바람, 불, 물, 진공, 즉 공간(地水火風空)입니다. 깔라짜끄라 딴뜨라에는 공간의 원자, 공간의 입자들에 대한 언급이 있습니다. 그래서 그 공간이 전체 현상의 중심적인 힘을 형성합니다. 우주 전체 시스템이 처음 생성했을 때, 그 시스템은 공간의 입자인 이 중심적인 힘, 즉 우주의 시스템으로부터 생성하여 결국 이 공간의 입자 안으로 용해됩

---

1 기능성은 functionality의 번역어다. 달라이 라마의 다른 책에 나오는 '속제의 현실세계(the reality of the world)'에 근접하는 것으로 보인다. "모든 현상의 실유(intrinsic existence of all phenomena)를 부정하면서도 속제의 현실 세계를 그대로 인정하는 것"이라는 구절을 참조. (『달라이 라마의 지혜명상』, 달라이 라마, 최로덴 역, 모과나무, 2020, pp.172~173). (역주)

니다. 그래서 이 다섯 가지 기본 원소에 기초해서 자연환경인 거주지와, 거기 살고 있는 생명체인 거주자들 간에 매우 밀접한 상관관계가 있습니다.

또한, 우리가 원소들에 대해 이야기할 때, 생명체 안에 선천적으로 존재하는 내부적인 원소들이 있습니다. 원소들에는 다른 단계들이 존재하는데, 어떤 것은 미묘하고 어떤 것은 거칩니다.

그래서 궁극적으로 불교의 가르침에 따르면 가장 깊은 곳에 있는 미묘한 의식은 단 하나의 창조자이며, 그 자체가 매우 미묘한 다섯 가지 원소로 구성되어 있습니다. 이렇게 미묘한 원소들은 생명체를 형성하는 내부적 요소들을 만드는 조건으로 작동하며, 이들 내부적 요소들은 결국 외부 요소들의 존재나 생성을 야기합니다. 그래서 환경과 거주자 사이에는 매우 밀접한 상호의존성 또는 상호관계가 있습니다. 상호의존성의 의미 속에는 여러 단계가 존재하는데, 사물들이 우연한 〔원인적〕 요소들에 의존하는 단계나, 사물들이 그것들 자신의 일부에 의존하거나, 또는 실제로 이름을 부여하는 개념적 마음에 의존하는 단계가 있습니다.

오늘 우리가 논의할 주제는 자연환경과 그 안에 살고 있는 생명체들 간의 상호관계 또는 상호의존성입니다.

여기, 보시다시피, 제 친구들 중 몇몇은 제게 인간의 본성이 폭력적인 것이라고 말했습니다. 그리고 저는 친구들에게 그렇게 생각지 않는다고 했어요. 다른 포유류를 조사해 보면, 호랑이나 사자처럼 본성적으로 기본적인 생존을 위해 다른 생명에 정말 많이 의존하는 동물들은 이빨이나 긴 손톱처럼 특별한 구조를 하고 있습니다. 그래서 완전히 초식성인 사슴처럼 평화로운 동물들을 보면 그들의 이빨과 손톱은 뭔가 다릅니다. 더 무뎌요. 그래서 그런 관점에서 보면 우리 인간은 온화한 범주에 속하지 않나요? 우리의 치아나 손톱은 아주 무디니까요. 그래서 저는 친구들에게 그들의 관점에 동의하지 않는다고 말했어요. 기본적으로 인간은 비폭력적인 성격을 갖고 있습니다.

또한 인간의 생존에 관한 문제를 이야기하자면, 인간은 사회적 동물입니다. 살아남기 위해서는 다른 동료가 필요하지요. 다른 인간 없이는 그야말로 살아남을 수 없는 겁니다. 그것이 자연의 법칙이고, 그게 자연입니다.

저는 기본적으로 인간이 온화한 성격이라고 깊게 믿기 때문에, 환경에 대한 인간의 태도는 온화해야 한다고 생각합니다. 그래서 저는 우리가 다른 이들과의 관계를 매우 온화하고 비폭력적으로 유지해야 할 뿐만 아니라, 그런 태도를 자연환경에까지도 확장시키는 게 정말 중요하다고 생각해요. 도덕적으로 말하자면 우리는 그렇게 생각할 수 있고 모두가 환경을 걱정해야 한다고 생각합니다.

또 다른 관점도 있습니다. 이 경우엔 도덕이나 윤리의 문제가 아니라 이 세대뿐만이 아닌 다음 세대에서도 우리 자신의 생존이 걸린 문제입니다. 환경은 정말 중요한 거지요. 만약 우리가 자연환경을 극단적으로 착취하면, 오늘날 우리는 어느 정도 이득을 얻을지 몰라도, 장기적으로는 우리 스스로가 고통받고 미래 세대들이 고통스러워할 것입니다.

그래서 환경이 변하면 기후 조건도 변합니다. 기후 조건이 극적으로 변할 때, 경제 구조, 심지어 우리 신체까지 포함해서 다른 많은 것들이 변하지요. 그러니 여러분은 그 변화가 미치는 큰 영향을 볼 수 있습니다. 그런 관점에서 이건 우리만의 생존 문제가 아닙니다.

　그렇기 때문에 보다 효과적인 결과를 얻기 위해, 그리고 자연환경의 보호, 보존, 보전에 성공하기 위해서는 무엇보다도, 인간 스스로의 내적 균형을 이끌어 내는 것도 중요하다고 생각합니다. 환경에 대한 태만이 인류 공동체에 많은 해를 끼쳤기 때문에 ─그 태만은 환경이 가지는 그 특별한 중요성을 알지 못하는 데서 왔고요─ 저는 무엇보다도 이러한 지식을 인간 내면에 심어 주는 것이 정말 중요하다고 생각해요. 그래서 사람들에게 그런 중요성을 가르치거나 이야기해 주는 게 중요합니다.

　또 하나 중요한 부분은, 제가 늘 이야기하는 것처럼 자비로운 사고의 중요성입니다. 앞서 말했듯이, 자신의 이기적인 관점에서 봐도 사람들은 다른 사람을 필요로 합니다. 그래서 다른 이의 복지에 관심을 보이고, 다른 이의 고통을 나누고, 다른 이를 도와줌으로써 궁극적으로는 자신이 이익을 얻을 수 있지요. 자기 생각만 하고 다른 사람을 잊어버리면 결국 지게 됩니다. 이것 또한 자연의 법칙과 같은 것입니다. 제 생각엔 꽤 간단한 것 같아요. 만약 여러분이 다른 사람들에게 미소를 짓지 않고, 안 좋은 표정이나 그런 모습을 보여주면, 상대도 비슷한 반응을 보일 것입니다. 그렇지 않나요? 만약 여러분이 다른 사람들에게 정말 진실하고 열린 태도를 보여주면, 비슷한 반응이 있을 거예요. 그래서 꽤 간단한 논리인 거죠.

　모든 사람들이 친구를 원하지 적은 원치 않습니다. 친구를 사귀는 올바른 방법은 돈이나 권력에 의해서가 아니라 따뜻한 마음을 통해서입니다. 권력의 친구와 돈의 친구는 뭔가 다르지요. 이들은 친구가 아닙니다. 진정한 친구란 마음의 친구여야 합니다. 그렇지 않나요? 저는 항상 사람들에게 돈과 힘이 있을 때 찾아오는 친구들은 진정한 친구가 아니라 돈과 권력의 친구라고 말합니다. 왜냐하면, 여러분의 돈과 힘이 사라지면, 그 친구들도 작별을 고할 준비가 되어 있기 때문입니다. 그러니 이런 친구들은 신뢰할 수 없겠죠. 참된 진짜 친구들은 항상 여러분의 슬픔과 짐을 나눌 테고, 여러분이 성공하든 불행하든 항상 여러분에게 다가올 것입니다. 그러니 그런 친구를 사귀는 방법은 분노도, 단순한 교육도, 그냥 지능도 아닌 마음, 즉 선한 마음을 통해서입니다.

그래서 제가 늘 이야기하는 것처럼, 좀 더 깊이 생각하고, 이기적이 되려면, 편협하게 이기적으로 굴지 않고, 슬기롭게 이기적이어야 합니다. 그런 관점에서 중요한 건 진정한 힘의 원천, 진정한 행복의 원천인 보편적 책임감입니다.

그런 시각에서, 만약 우리가 우리 세대에서 이용할 수 있는 모든 걸—나무, 물, 광물 자원 같은 것들을— 다음 세대나 미래에 대해 신경 쓰지 않고 사용해 버린다면, 그건 우리의 죄입니다, 그렇지 않나요? 그래서 만약 우리가 중점적인 동기와 원칙으로 보편적 책임감을 갖고 있다면, 그 방향에서 환경과의 관계는 잘 균형 잡혀 있을 겁니다. 관계의 여러 측면이 그렇듯이, 우리 이웃들, 우리 가족 이웃들, 혹은 국가의 이웃들과의 관계도 그 방향으로 균형을 이룰 것입니다.

사실 고대에는 위대한 영적 대가들뿐만 아니라 많은 위대한 사상가들이 바로 인도라는 나라에서 배출되었습니다. 그래서 현대에 마하트마 간디 같은 인도의 위대한 사상가들과 몇몇 정치인들이 정치의 장에서 아힘사(비폭력)와 같은 고귀한 사상을 구현했다고 생각합니다. 어떤 면에서 보면 인도의 비동맹 외교정책 또한 그런 종류의 도덕적 원칙과 관련이 있어요. 그래서 저는 이 나라에서 이런 숭고한 생각, 숭고한 행동이 더 많이 확장되고 발전하는 것이 정말 의미 있고 중요하다고 생각합니다.

이런 측면에서 제가 또 중요하게 생각하는 점은, 의식이란 무엇인가, 마음이란 무엇인가, 하는 것입니다. 저는 특히 서양에서 지난 한, 두 세기 동안 과학과 기술을 매우 강조해 왔으며 주로 물질을 다루었다고 생각합니다.

오늘날, 핵물리학자들과 신경학자들은 입자를 매우 자세하고 심도 있게 조사하고 분석하기 시작했습니다. 그렇게 하는 동안, 그들이 때때로 '아는 자(the knower)'라고 부르는 관찰자 쪽에서 어떤 식으론가 관여하는 것을 발견했습니다. '아는 자'라는 것은 과연 무엇일까요? 간단히 말하면 존재, 과학자 같은 인간 존재입니다. 과학자들은 어떤 방법으로 아는 것일까요? 저는 뇌를 통해서라고 생각해요. 자, 뇌에 대해서, 서양의 과학자들은 아직 수십억 개의 뇌세포를 완전히 규명하지 못했습니다. 지금까지 확인된 것은 천억 개 중 몇백 개뿐이라고 생각합니다. 여러분이 그걸 마음이라고 부르든, 뇌의 특별한 에너지라고 부르든, 의식이라 부르든, 여러분은 뇌와 마음, 그리고 마음과 물질 간에 어떤 관계성이 있다는 걸 알게 될 것입니다. 이건 중요한 내용인 것 같아요. 저는 마음과 물질의 관계를 바탕으로 동양철학과 서양과학 간에 모종의 대화가 있어야 한다고 생각합니다.

어쨌든, 오늘날 인간의 마음은 외부 세계를 매우 많이 보거나 그 세계에 관여하고 있습니다. 우리는 내적 세계를 돌보거나 연구하는 데는 실패하고 있다고 생각합니다.

우리는 살아남기 위해, 이익을 얻기 위해, 그리고 더 많은 번영을 이루기 위해서 과학적이고 물질적인 발전이 필요합니다. 마찬가지로 우리는 정신적 평화도 필요합니다. 어떤 의사도 정신적인 평화를 주사할 수 없지요. 어떤 시장도 정신적인 평화나 행복을 팔 수는 없어요. 수백만 루피면 뭐든 살 수 있지만 슈퍼마켓에 가서 마음의 평화를 원한다고 하면 사람들이 웃을 거예요. 그리고 의사에게 '진정한 마음의 평화를 원해요' 하고 부탁하면 수면제 한 알이나 주사를 맞을 수도 있습니다. 휴식을 취할 수는 있지만, 정확한 의미에서는 아닐 거예요, 그렇죠?

그래서 만약 당신이 진정한 정신적 평화나 정신적 평온을 원한다면 의사는 그걸 줄 수 없습니다. 컴퓨터 같은 기계는 아무리 정교해도 여러분에게 정신적인 평화를 줄 수 없어요. 정신적인 평화는 마음에서 우러나야 합니다. 모두가 행복과 쾌락을 원하죠. 이제 육체적 쾌락과 육체적 고통을 정신적 고통과 정신적 쾌락과 비교해보면 마음이 더 우월하고, 더 효과적이며, 더 우세하다는 걸 알 수 있습니다. 그러니 특정한 방법을 통해 정신적인 평화를 증진하는 건 가치 있는 일입니다. 그러기 위해서는 마음을 좀 더 아는 게 중요하죠. 저는 항상 그게 정말 중요하다고 생각합니다. 그게 다예요.

그래서 환경, 혹은 환경보전이라고 하면 여러 가지와 관련이 있습니다. 결국 인간의 마음에서 결정해야 하는 것 아니겠어요? 그래서 핵심 포인트는 사랑과 자비심, 명확한 인식에 바탕을 둔 참된 보편적 책임감이라고 생각합니다.

98. 자연의 중요성

- 지구 정상회담 의회에 보낸 언론 성명서, 리우데자네이루, 1992년 6월 5일 -

여러분과 여기서 함께하게 되어 정말 기쁘고 영광스럽습니다. 제 기본적인 신념은 우리 삶의 목적은 행복이고 행복은 행복의 기초에 의해 좌우된다는 점이에요. 저는 행복과 만족감의 기초, 즉 원인은 물질적·영적 발달이라고 생각합니다.

인간은 우리의 능력, 지식, 기술과 상관없이 기본적으로 자연의 산물입니다. 따라서 궁극적으로 우리의 운명은 자연에 크게 좌우됩니다.

고대에 인간의 능력이 제한적일 땐 자연의 소중함을 충분히 인식하고, 자연을 존중했다고 생각합니다. 그리고 시간이 흘러 과학과 기술을 통해 우리는 발전하고 더 많은 능력을 갖게 되었습니다. 때때로 사람들은 자연의 중요성을 잊어버린 것처럼 보여요. 우리는 종종 인간이 기술의 도움을 받아 자연을 통제할 수 있을 것 같은 잘못된 느낌을 받습니다. 물론, 어느 정도 제한된 지역에서는 어느 정도까지 할 수 있습니다. 하지만 지구 통째로는 불가능합니다. 그러니 지금은 이제 자연의 소중함, 우리 지구의 소중함을 깨달아야 할 때가 왔습니다. 언젠가 우리는 인류를 포함한 지구상의 모든 생명체가 멸종한 것을 알 수 있을지도 모릅니다.

저는 핵전쟁의 위험은 모두가 당면한 걱정거리라고 생각합니다. 끔찍한 일이죠. 하지만 환경이 손상되는 건 큰 인식 없이 서서히 일어납니다. 일단 깨닫고 나면 명확하게 보여도, 그때쯤에는 이미 늦을지도 모릅니다. 그래서 저는 우리가 제때 스스로의 세상을 돌봐야 할 우리의 책임을 깨달아야 한다고 생각합니다.

저는 종종 사람들에게 달과 별이 하늘 높이 있을 때는 마치 장식품처럼 너무나 아름답다고 이야기합니다. 하지만 만약 우리가 정말로 달에 가서 정착하려고 노력한다면, 아마도 며칠은 정말 좋고, 새로운 경험에 너무 흥미진진하겠죠. 하지만, 만약 우리가 정말로 그곳에 머무르게 된다면, 저는 며칠 안에 우리의 작은 행성을 향한 호된 향수병을 앓게 될 거라고 생각합니다. 바로 이곳이 우리의 유일한 집이에요. 그래서 전 우리의 환경과 지구를 돌보는 이런 모임이 정말 유용하고 중요하며 시기적절하다고 생각합니다.

그리고 물론 쉬운 일은 없습니다. 이런 회의를 통해 모든 문제를 한 번에 해결할 수는 없다고 생각합니다. 하지만 이런 회의는 우리 눈을 뜨게 하는 데 큰 도움이 됩니다.

그래서 일단 인간의 정신이 깨어나면, 인간은 문제를 해결할 수 있는 어떤 방법과 수단을 찾을 수 있는 지능을 갖고 있습니다. 하지만 때때로 우린 모든 것을 당연시하며 돌보지 않는데, 이런 종류의 태만 또한 위험합니다. 그렇기 때문에 위기 상황에 대한 이런 회의들에 열린 마음과 눈으로 접근한다면 정말 중요하고 유용하겠지요. 저는 이렇게 느낍니다.

감사합니다.

99. 보편적 책임과 지구 환경

- 지구 정상회담 의회 발표문, 리우데자네이루, 1992년 6월 7일 -

20세기가 저물어가며, 우리는 세계가 작아졌다는 것을 알게 됩니다. 전 세계 사람들은 거의 하나의 공동체가 되었습니다. 정치적, 군사적 동맹은 대규모 다국적 그룹을 만들었고, 산업과 국제 무역은 세계 경제를 만들었습니다. 전 지구적 통신은 거리, 언어, 인종 같은 오래된 장벽을 없애고 있습니다. 우리는 또 인구과잉, 줄어드는 천연자원과 같은, 우리가 당면하고 있는 심각한 문제들, 그리고 우리가 공유하는 이 작은 행성에서 존재의 기반이 되는 방대한 수의 아름다운 생명체를 위협하고, 동시에 우리의 공기, 물, 나무를 위협하는 환경 위기 같은 심각한 문제에 의해 우리는 함께 끌려가고 있습니다.

저는 우리 시대의 시험에 맞서기 위해 인간이 보편적 책임감을 더 키워나가야 한다고 생각합니다. 우리는 각자 자기 자신이나 가족, 국가를 위해서가 아니라 전 인류의 이익을 위해 일하는 법을 배워야 합니다. 보편적 책임감은 인간 생존의 진정한 열쇠입니다. 미래 세대에 대한 걱정과 적절한 환경보호를 통해 천연자원을 공정하게 이용하는 것은 세계평화를 위한 최고의 기반입니다.

저는 낙관적이고 희망찬 마음으로 환경 지도자들이 모인 이 국제적인 자리에 왔습니다. 이곳에서의 만남은 인류에게 있어서 어떤 시초라고 할 수 있습니다. 또 이 만남은 떠오르는 우리 지구촌이 전례 없는 방식으로 협력할 수 있는 기회입니다. 지구 정상회담이 어떤 면에서는 필요한 수준에 미치지 못하는 것처럼 보일지 몰라도, 회담이 열린 바로 그 사실은 엄청난 성과를 상징합니다. 그래서 이렇게 많은 비정부 기구들이 이 자리에 있다는 사실이 너무나 고무적인 것입니다. 더 나은 미래를 만들기 위한 여러분의 역할은 꼭 필요하며, 이런 역할은 유엔 내에서 여전히 제한적이지만 확장할 필요가 있습니다.

그래서 매우 많은 비정부 기구가 인류 동포에 대한 진심 어린 배려로 헌신적인 자원봉사자들에 의해 설립되고 있습니다. 여러분의 헌신은 사회적, 환경적 발전의 최전선을 나타냅니다. 여기에 참석한 모든 조직은 한 개인처럼 각자 특정한 요구와 욕구가 있지요. 그러나 우리의 공동 노력이 없다면 이곳에서 얻을 이익은 크게 줄어들 것입니다.

우리가 좋든 싫든, 우리는 이 땅에서 위대한 한 가족의 일원으로 태어났습니다. 부유하든 가난하든, 교육을 받든 못 받든, 어떤 나라, 종교, 이념 등에 속하든, 궁극적으로 우리는 모두 다른 이들과 같은 인간일 뿐입니다. 우리는 행복하기를 원하고 고통을 피하고 싶어 합니다. 게다가, 우리는 각자 행복을 추구하고 고통을 피할 권리가 있어요. 이 점에서 모든 존재가 평등하다는 것을 인지하면, 당신은 자동적으로 그들에게 공감하고 친밀감을 느끼게 됩니다. 이로부터 차례로, 진정한 보편적 책임감이 생깁니다. 다른 이들이 문제를 극복하도록 적극적으로 돕고 싶어 하는 것이죠.

　물론 자비심은 본래 평화롭고 온화하지만, 매우 강력하기도 합니다. 그것은 진정한 내면의 힘을 나타내는 것입니다. 우리는 종교적일 필요도 없고, 어떤 이념을 믿을 필요도 없습니다. 필요한 것은 우리 각자가 좋은 인간의 자질을 기르는 것입니다. 보편적인 책임감의 필요성은 현대 생활의 모든 측면에 영향을 미칩니다. 오늘날, 세계 어느 지역에서 일어난 중요한 사건들은 결국 지구 전체에 영향을 미칩니다. 그러므로 우리는 주요 지역에서 일어난 각각의 문제가 시작되는 순간부터 세계적인 관심사로 다루어야 합니다. 파괴적인 반동 없이 우리를 갈라놓는 국가적, 인종적, 이념적 장벽을 불러올 수는 없습니다. 우리의 새로운 상호의존적 맥락에서, 다른 이들의 이익을 고려하는 것은 분명히 자리심自利心의 가장 좋은 형태라 할 수 있습니다.

　상호의존성은 자연의 기본 법칙입니다. 무수한 형태의 생명체뿐만 아니라 가장 미세한 수준의 물질적 현상도 상호의존성에 지배당합니다. 우리가 살고 있는 행성에서 우리를 둘러싸고 있는 바다, 구름, 숲, 꽃에 이르기까지 모든 현상은 미세한 에너지 패턴에 의존해서 일어납니다. 적절한 상호작용이 없으면, 그들은 용해되고 쇠퇴해 버립니다.

　우리는 이러한 자연의 법칙을 예전보다 훨씬 더 잘 이해할 필요가 있습니다. 우리가 직면한 많은 문제들은 직접적으로 우리의 무지 때문입니다. 예를 들어, 세계의 한정된 자원, 특히 개발도상국의 자원을 단순히 소비지상주의를 부채질하기 위해 이용하는 것은 재앙과 같습니다. 이대로 가면 결국 우리 모두가 고통을 받게 됩니다. 우리는 섬세한 생명의 연결망을 존중하고 그 연결망이 스스로 회복할 수 있도록 해야 합니다. 유엔환경계획(United Nations Environment Program)은 우리가 6천5백만 년 만에 가장 큰 멸종 위기에 직면해 있다고 경고했습니다. 이 사실은 정말 두려운 일이에요. 이런 사실은 우리가 직면한 엄청난 규모의 위기에 대해 우리의 마음을 열어 주어야 합니다.

상호의존성에 대한 무지는 자연환경뿐만 아니라 인간사회에도 해를 끼쳤습니다. 우리는 서로를 배려하기보다는 개인의 물질적 소비를 추구하는 데 행복을 위한 대부분의 노력을 기울입니다. 우리는 이 일에 너무 몰두해서 자기도 모르게 사랑과 친절, 협동이라는 가장 기본적인 인간 욕구들의 함양을 소홀히 하게 되었습니다. 너무나 슬픈 일이지요. 우리는 우리 인간이 정말 무엇인지 고민해야 해요. 우리는 기계가 만든 물건이 아닙니다. 만약 우리가 단지 기계적인 존재였다면, 기계 자체가 우리의 모든 고통을 줄이고 우리의 욕구를 충족시킬 수 있었을 겁니다. 하지만 우리는 단순히 물질적인 존재만은 아니라서, 외적인 발전만으로 충족되길 원하는 건 잘못된 것입니다.

기본적으로, 우리 모두는 평온함을 소중히 여깁니다. 예를 들어 봄이 오면 낮이 길어지고 햇빛이 더 많이 들고 풀과 나무가 살아나고 모든 것이 생생합니다. 사람들은 행복해하지요. 가을에는 잎이 하나둘 떨어지고, 아름다운 꽃들이 모두 죽어서 우리는 헐벗은 식물에 둘러싸이게 됩니다. 그렇게 즐겁지 않지요. 왜 이런가요? 마음속 깊은 곳에서 건설적이고 알찬 성장을 바라기 때문입니다. 우리는 사물이 무너지고 죽거나 파괴되는 것을 보고 싶어 하지 않아요. 모든 파괴적인 행동은 우리의 본성에 반합니다. 짓고, 건설적인 것이야말로 인간의 방식이죠.

제대로 성장하기 위해서는 여러 분야에서 인간의 가치에 대한 헌신을 새로이 할 필요가 있습니다. 정치 생활도 물론 윤리적 토대가 필요하지만, 과학과 종교도 도덕적 기반에서 수행해야 합니다. 그것 없이는 과학자들은 유익한 기술과 단지 편리할 뿐인 기술을 구별하지 못합니다. 우리를 둘러싼 환경 파괴는 이러한 혼돈이 낳은 가장 명백한 결과입니다. 종교의 경우에는 이것이 특히 필요하죠.

종교의 목적은 아름다운 교회나 절을 짓는 것이 아니라 관용, 관대함, 사랑 같은 긍정적인 인간의 자질을 함양하는 것입니다. 모든 세계 종교는 철학적 관점이 어떻든 간에 무엇보다도 이기심을 줄이고 남을 섬겨야 한다는 가르침 위에 세워져 있습니다. 안타깝지만 때때로 사람들은 종교의 이름 아래 다툼을 해결하기보다 더 일으키곤 합니다. 서로 다른 신앙의 수행자들은 각자의 종교적 전통이 정신적이고 영적인 건강을 제공하는 수단으로서 본질적으로 엄청난 가치를 갖고 있다는 사실을 깨달아야 합니다.

성경에 칼을 쟁기로 바꾸는 것에 대한 멋진 구절이 있습니다. 아주 멋진 그림이죠. 인간의 기본적인 욕구를 충족시켜 주는 도구로 변형된 무기는, 내부와 외부의 무장 해제의 정신을 상징합니다. 이 오래된 메시지에 깃든 정신을 볼 때, 저는 우리가 벌써 시행했어야 할 정책, 즉 지구 전체의 비무장화 정책이 얼마나 긴급한지를 강조하는 것이 중요하다고 생각합니다.

비무장화는 환경보호, 빈곤 구제, 지속 가능한 인간 발전을 위한 엄청난 자원을 마련할 것입니다. 유엔이 곧 이를 현실화하는 데 도와줄 수 있기를 바랍니다.

저는 항상 제 조국인 티베트의 미래가 이런 토대 위에 세워지기를 꿈꿔 왔습니다. 티베트는 무기가 금지되고 사람들이 자연과 조화를 이루며 살아가는 중립적인 비무장의 성역이 될 것입니다. 이것은 단순히 꿈에 불과한 것이 아니라, 우리나라가 비극적으로 침략당하기 전 천 년이 넘는 시간 동안 바로 티베트인이 살아가려고 한 방식입니다. 티베트에서는 불교 원칙에 따라 야생동물을 보호했습니다. 17세기에, 우리는 환경을 보호하기 위한 법령을 제정하기 시작했고, 그랬기에 우리는 환경 규제를 시행하는 데 어려움을 겪은 최초의 나라 중 하나였을지도 모른답니다! 하지만, 우리의 환경은 주로 어린 시절 우리에게 주입된 신념에 의해 보호되었습니다. 또한, 적어도 지난 300년 동안, 우리는 사실상 군대가 없었습니다. 티베트는 8세기에 국가 정책의 도구로서 전쟁을 일으키기를 포기했습니다.

저는 전반적으로 미래에 대해 낙관적이라고 생각하며 마무리하고 싶습니다. 지구에 대한 우리의 태도가 빠르게 변하는 것도 희망의 원천입니다. 불과 10년 전만 해도 우리는 세상의 자원을 무심코 먹어치웠습니다. 마치 끝이 없다는 듯이요. 억제하지 않은 소비지상주의가 환경과 사회복지에 모두 재앙과 같다는 사실을 깨닫지 못했습니다. 이제 개인과 정부 모두 새로운 생태학적, 경제적 질서를 모색하고 있습니다.

저는 종종 달과 별은 보기엔 아름답지만, 만약 우리 중 누군가가 거기서 살려고 하면 정말 비참해질 거라고 농담하곤 합니다. 우리의 푸른 행성은 정말 마음에 드는 주거지랍니다. 이 행성의 생명이 우리의 생명이고 행성의 미래가 우리의 미래입니다. 실로, 지구는 우리 모두에게 어머니처럼 행동합니다. 우리도 아이들처럼 그녀에게 의지하고 있어요. 온실효과와 오존층 고갈 등 지구적인 문제 앞에서 개별 단체와 모든 국가는 속수무책입니다. 우리 모두가 힘을 합치지 않으면 해결책을 찾을 수 없습니다. 우리의 어머니 지구는 우리에게 보편적 책임에 대한 교훈을 주고 있습니다.

저는 우리가 배우기 시작한 교훈 때문에 다음 세기는 더 친근하고 조화롭고 덜 위험할 것이라고 생각합니다. 평화의 씨앗인 자비심이 꽃필 수 있을 겁니다. 저는 매우 희망적이에요. 동시에, 저는 개개인 모두가 우리의 전 지구적 가족을 올바른 방향으로 인도할 책임이 있다고 믿습니다. 선한 소망만으로는 충분하지 않습니다. 우리는 책임을 져야 해요. 인간의 큰 운동은 개인이 주도해서 나온답니다.

이 행사의 후원자인 유엔은 군사적 충돌을 막기 위해 설립되었습니다. 저는 유엔의 임무가 지구와 우리 스스로의 장기적인 건강을 지킨다는 새로운 도전을 받아들일 만큼 성장했다는 점에 정말 감동했습니다. 앞으로 더 행복하고 조화롭고 더 건강한 세상을 만들겠다는 목표가 이뤄지도록 우리 각자가 할 수 있는 모든 것을 다해주길 바라고, 또 기도합니다.

100. 자연계

- 『고대 지혜, 현대 세계: 새천년을 위한 윤리』에서 발췌,
14대 달라이 라마 텐진 갸초[2] -

교육과 언론 모두가 특별한 책임이 있는 분야가 있다면 바로 우리의
자연환경이라고 생각합니다. 이 책임은 옳고 그름의 문제보다는 생존
의 문제와 관련이 있습니다. 자연계는 우리의 집입니다. 꼭 신성하거
나 거룩한 것은 아니지요. 단순히 우리가 사는 곳일 뿐이랍니다.

그러니 자연계를 돌보는 게 우리에게 이득입니다. 이건 상식이에
요. 하지만 최근에 와서야 우리 인구 규모와 과학기술의 힘이 자연에
직접적인 영향을 미칠 정도로 성장했습니다. 바꿔 말하면, 지금까지,
어머니 지구는 우리의 엉성한 집안 습관을 용인해 온 것입니다. 하지
만, 이제는 그녀가 더 이상 우리의 행동을 묵묵히 받아들일 수 없는
단계에 이르렀습니다. 자연재해로 인한 문제는 우리의 무책임한 행동
에 대한 그녀의 반응이라고 볼 수 있습니다. 그녀는 자신의 관대함에도
한계가 있음을 경고하고 있어요.

우리가 환경과 관계를 맺는 방식에 있어서 제대로 규율을 지키지
못한 결과가, 오늘날의 티베트보다 더 명확한 곳은 없습니다. 제가
자란 티베트는 야생동물의 천국이라 해도 과언이 아니었습니다. 20
세기 중반 이전에 티베트를 방문했던 모든 여행자들이 이 점을 언급했

---

2 *Ancient Wisdom, Modern World: Ethics for the New Millenium*, 1999년, 영국
Little, Brown and Company에서 출판(pp.213~220).

지요.

농작물을 기를 수 없는 외딴 지역을 제외하고는 거의 동물을 사냥하지 않았습니다. 정말로, 정부 관료들은 매년 야생동물을 보호하는 포고문을 발표하는 것이 관례였습니다. 아무리 미천하거나 고귀하더라도, 수중이나 야생의 동물들에게 해를 끼치거나 폭력을 가해서는 안 된다고 포고했어요. 유일한 예외는 쥐와 늑대였습니다.

젊은 시절, 저는 라싸 외곽을 여행할 때마다 수많은 종을 본 것이 기억납니다. 동부의 탁최에 있는 제 생가에서, 제가 4살 소년일 때 공식적으로 달라이 라마로 선언되었던 라싸까지 3개월 동안 티베트를 횡단하던 중 기억에 남는 일은, 가는 길에 마주친 야생동물에 대한 것입니다.

어마어마한 무리의 끼앙(kiang, 야생 당나귀)과 동(drong, 야생 야크)이 자유롭게 대평원을 돌아다녔습니다. 가끔 우리는 낯가리는 티베트 가젤 고와(gowa), 흰 입술을 가진 사슴 와(wa), 혹은 장엄한 영양 쵸(cho)의 반짝이는 무리를 목격하곤 했습니다. 풀밭에 모여 있는 작은 치비(chibi), 즉 우는 토끼에 제가 매료되었던 것도 기억합니다. 그들은 너무나 우호적이었답니다. 저는 새를 보는 걸 좋아했어요. 사원 위로 높이 치솟아 산에 앉는 위엄 있는 고(gho, 수염독수리), 기러기 떼(낭바, nangbar), 그리고 밤에 때때로 욱빠(wookpa, 긴귀을빼미)가 우는 소리를 듣는 것을요.

라싸에서도 자연 세계와 단절된 느낌은 받지 못했습니다. 달라이 라마들의 겨울 궁전 포탈라 궁 꼭대기에 있는 제 방에서, 저는 어렸을 때 벽 틈새에 둥지를 튼 붉은 부리 크융까르(khyungkar)의 행동을

연구하며 몇 시간을 보냈습니다. 그리고 여름 궁전 노부링카 뒤 습지대
에 살던 한 쌍의 퉁퉁(trung trung, 흑두루미)을 종종 보았습니다. 제게는
우아함과 품위의 전형이었죠. 그리고 이뿐만 아니라 티베트 동물
최고의 장관은 말할 것도 없겠지요. 곰과 산 여우, 찬꾸(chanku, 늑대),
사직(sazik, 아름다운 눈표범), 평범한 농사꾼에게 공포를 안겨준 테식
(thesik, 스라소니), 혹은 티베트와 중국 국경 지대에서 자생하는 온순한
얼굴의 자이언트 팬더(thorn tra, 톤타)까지요.

  슬프게도, 이 많은 야생동물은 더 이상 발견할 수 없습니다. 어느
정도는 사냥 때문이지만 주로 서식지를 잃어서, 티베트가 점령된
후 반세기 동안 남아 있는 것은 그곳에 있던 것의 극히 일부에 불과합니
다. 예외 없이, 30~40년 만에 티베트를 다시 방문하고 저와 대화를
나눈 모든 티베트인은 야생동물이 눈에 띄게 사라졌다고 말했습니다.
전에는 자주 집 근처로 야생동물이 오곤 했지만, 오늘날에는 거의
어디에서도 볼 수가 없습니다.

  마찬가지로 문제가 되는 것은 티베트 숲의 황폐화입니다. 옛날에는
모두 울창한 숲이 우거져 있었는데, 오늘날에는 다녀온 사람들이
마치 스님의 머리처럼 깨끗하게 잘려 나갔다고 전합니다. 베이징
정부는 중국 서부, 그리고 더 먼 곳의 비극적인 홍수가 어느 정도는
이 때문이라고 인정했습니다. 그러고도 저는 티베트 동쪽에서 통나무
를 실어나가는 트럭 호송대가 24시간 내내 있다는 보고를 계속 듣습니
다. 이는 특히 이 나라의 산악 지형과 혹독한 기후를 고려할 때 비극적
인 일입니다. 이는 나무를 다시 심는 데 지속적인 보살핌과 주의가
필요하다는 걸 뜻하지요. 안타깝게도 이런 흔적은 거의 없습니다.

역사적으로 우리 티베트인이 일부러 '보호주의자'였다는 건 아닙니다. 우린 보호주의자가 아니었어요. 우린 '오염'이라는 개념조차 전혀 생각하지 못했습니다. 이 점에서 우리는 다소 응석받이로 자랐다는 걸 부인할 수는 없습니다. 적은 수의 인구가 깨끗하고 건조한 공기와 풍부하고도 맑은 산의 물을 가진 넓은 지역에 살았던 것입니다. 청결에 대한 이런 순수한 태도는 우리 티베트인이 망명을 갔을 때, 예를 들면, 마실 수 없는 개울의 존재를 발견하고 깜짝 놀랐다는 걸 의미합니다. 마치 하나뿐인 자식처럼, 우리가 무엇을 하든, 어머니 지구는 우리의 행동을 용인했습니다. 그 결과 우리는 청결과 위생에 대해 제대로 이해하지 못했습니다. 사람들은 생각 없이 길거리에서 침을 뱉거나 코를 풀었습니다. 실제로 제가 이런 이야기를 하면, 매일 다람살라에 있는 제 거주지를 순회(대중적인 기도법)하기 위해 오곤 했던 전직 경호원 캄빠 노인이 생각납니다. 불행하게도, 그는 기관지염을 심하게 앓았습니다. 이것은 그가 가져온 향 때문에 더 심해졌지요. 그래서 그는 모퉁이마다 기침을 하려고 멈추곤 했는데, 어찌나 사납게 가래를 뱉던지 전 가끔 그가 기도를 하러 온 건지 그냥 침을 뱉으러 온 건지 궁금할 지경이었답니다!

우리가 처음 망명길에 오른 이래로 저는 환경 문제에 깊은 관심을 가져왔습니다. 티베트 망명 정부는 우리 아이들에게 이 섬세한 행성의 거주자로서 책임을 지우는 것에 특별히 신경을 써 왔습니다. 그리고 저는 기회가 있을 때마다 그 주제에 대해 말하는 것을 주저하지 않습니다. 특히, 저는 환경에 영향을 미치는 우리의 행동이 다른 것들에게도 어떤 영향을 미칠지 고려해야 한다고 항상 강조합니다. 이게 판단하기 어렵다는 점은 저도 인정합니다. 예를 들어 우리는, 삼림 벌채가 지구의 기상 시스템에 미치는 영향은 말할 것도 없고, 토양과 지역 강우에 미치는 궁극적인 영향이 무엇인지조차 확실히 말하기 어렵습니다. 단 한 가지 분명한 건, 우리가 아는 한 지구를 파괴할 힘을 가진 유일한 종족은 인간이라는 점입니다. 새들도, 곤충도, 그리고 그 어떤 포유류도 그런 힘이 없습니다. 하지만 지구를 파괴할 능력이 있다면 지구를 보호할 능력도 있습니다.

반드시 해야 할 일은 자연을 파괴하지 않는 생산 방법을 찾는 것입니다. 우리는 나무와 다른 제한된 천연자원의 사용을 줄일 방법을 찾아야 합니다. 저는 이 분야의 전문가가 아니며, 어떻게 해야 할지 제안할 수도 없습니다. 단지 필요한 결단력이 있다면 그것이 가능하다는 것만 알 뿐이죠. 예를 들어, 저는 수년 전 스톡홀름을 방문했을 때 수년 만에 처음으로 물고기들이 도시를 관통하는 강으로 돌아온다는 이야기를 들은 것을 기억합니다. 최근까지는 산업 오염 때문에 없었지요. 그러나 이러한 상황의 개선은 결코 모든 지역 공장들이 문을 닫은 결과는 아닙니다. 마찬가지로, 독일을 방문했을 때, 저는 오염 물질을 만들지 않도록 설계한 산업 개발을 보았습니다. 따라서 산업을 중단시키지 않으면서도 자연계에 대한 피해를 제한할 수 있는 해결책이 분명히 존재합니다.

이것은 제가 우리의 모든 문제를 극복하기 위해 기술에 의존할 수 있다고 믿는다는 건 아닙니다. 또한 기술적으로 수정할 수 있는 방법이 개발될 것을 미리 예상해서 파괴적인 관행을 계속할 여력은 없다고 저는 생각합니다. 게다가, 고쳐야 하는 건 환경이 아닙니다.

그와 관련된 우리의 행동인 것이죠. 온실효과에 의해 야기된 것과 같은 거대한 재앙의 경우, 이론적으로라도 해결책이 존재할 수 있을지 의문이 듭니다. 그리고 그게 가능하다고 가정한다면, 우리는 그 해결책을 필요한 만큼의 규모로 적용하는 것이 과연 실현 가능한지 물어봐야 합니다. 경비와 우리의 천연자원에 대한 비용은 어떻게 되나요? 저는 이것들이 엄청나게 높을 것이라 추측합니다. 또한 기아에 대한 인도주의적 구호와 같은 다른 많은 분야에서는 이미 할 수 있는 일조차 감당하기에 자금이 부족하다는 사실도 있습니다. 따라서 필요한 재원을 조달할 수 있다고 주장하더라도, 도덕적으로 말하면 이렇게 부족한 점을 정당화하기는 거의 불가능하겠지요. 다른 지역에 있는 사람들은 스스로 먹을 수조차 없는 상황에서 선진국들이 단순히 그들의 해로운 관행을 계속할 수 있도록 막대한 금액을 투입하는 것은 옳지 않을 것입니다.

이 모든 것은 우리 행동의 세계적인 규모를 인지하고 이를 바탕으로 자제력을 행사할 필요가 있음을 나타냅니다. 이것의 필요성은 우리가 우리 종의 증식을 고려할 때 강력하게 증명됩니다. 비록 모든 주요 종교의 관점에서 볼 때 인간은 많을수록 좋고, 최근의 연구 중 일부가 지금부터 한 세기 후의 인구 폭발을 시사하는 것이 사실일지 모르지만, 저는 여전히 우리가 이 문제를 무시할 수 없다고 믿습니다. 승려로서, 제가 이 문제를 언급하는 건 부적절할지도 모르겠습니다. 저는 가족계획이 중요하다고 생각합니다. 물론, 우리가 아이를 갖지 말아야 한다고 제안하려는 것은 아닙니다. 인간의 생명은 소중한 자원이며, 결혼한 부부는 특별한 이유가 없다면 아이를 가져야 합니다. 책임감 없이 충만한 삶을 살고 싶다는 이유만으로 아이를 낳지 않는다는 생각은 상당히 잘못된 생각이라고 생각합니다. 동시에, 커플들은 우리의 숫자가 자연환경에 미치는 영향을 고려해야 할 의무가 있습니다. 현대 기술의 영향을 고려하면 특히 그렇습니다.

다행히도, 점점 더 많은 사람들이 건강한 삶의 터전을 보장하기 위한 수단으로서 윤리적 규율의 중요성을 인식하게 되었습니다. 이러한 이유로 저는 재앙을 피할 수 있다고 낙관합니다. 비교적 최근까지도, 인간 활동이 지구에 미치는 영향에 대해 많이 생각한 사람은 거의 없었습니다. 그러나 오늘날에는 심지어 환경보호라는 대의명분을 옹호하는 정당들도 있습니다.

부록

비폭력에 대한 책무
마음 훈련 / 희망

1. 비폭력에 대한 책무

- 마하트마 간디 화해와 평화를 위한 국제상, 보드가야, 2012년 1월 4일 -

마하트마 간디 선생님의 존경하는 손녀님,

　제 영어가 엉터리인 걸 아시겠지만, 이 엉터리 영어는 제 따뜻한 감정을 표현한 것이랍니다. 불교 신자로서 이곳은 신성한 곳입니다. 석가모니는 이곳에서 깨달음을 얻으셨지요. 그래서 부처님이 다른 여러 훌륭한 선생님들처럼 평화와 사랑의 상징이셨다는 걸 모두가 알고 있고, 그런 신성한 장소에서 저는 간디 선생님의 이름으로 그 분의 손녀분을 통해 이 상을 받고 있습니다. 이건 정말 뜻깊은 의미가 있답니다. 정말 감사합니다. 감사해요.

　간디 선생님은 인도 3,000년 전통의 아힘사 지지자였습니다. 아힘사는 우리가 어떤 문제에 직면할 때마다 대화와 화해를 통해 해결하려고 노력한다는 뜻입니다. 그래서 20세기에 훌륭한 인도인인 마하트마 간디가 있었지요. 그는 현대 교육을 받았고 변호사였습니다. 그는 인도뿐만 아니라 처음에는 남아프리카에서도 투쟁을 계속했습니다. 그러고 나서 그는 절대적으로 비폭력적인 방법으로만 인도의 자유 투쟁을 계속했습니다. 어쩌면 그 당시 몇몇 사람들은 그의 비폭력 투쟁을 나약함의 표시로 여겼을지도 모릅니다. 사실은, 그렇지 않았지요. 최근 수십 년 동안, 도처에서 점점 더 비폭력의 진가를 알아보고 있습니다. 간디는 더 이상 우리와 함께하지 않지만, 그의 정신은 이 행성에 생생히 살아 있습니다. 그래서 저는 마하트마의 작은 추종자이기도 하지요.

이제 제 나이는 76살이 넘었지만, 저는 제 여생 동안 비폭력에 전념할 것이라고 장담합니다. 그리고 불교 수행자로서 저는 모든 생명체, 특히 지구상의 70억 인류를 위해 일하려고 노력하고 있습니다. 저도 그들 중 한 명일 뿐이고 대단한 것도 없는데, 이곳에는 사람들이 십만 명이나 있네요. 우리는 모두 같은 인간이고 부정적인 감정과 부정적인 행동, 긍정적인 감정과 긍정적인 행동에 대한 똑같은 잠재력을 가지고 있답니다.

그래서 부정적인 감정을 최소화하고 일부러 긍정적인 감정을 고취하기 위해 우리 인간의 지능을 사용해야 합니다. 그렇게 함으로써 우리 또한 훨씬 더 행복한 사람이 될 것입니다. 정신적인 차원에서 평화와 행복이 있다면 비폭력과 비폭력적인 행동은 자동적으로 찾아올 것입니다. 우리 마음이 두려움, 분노, 증오, 복수심으로 가득차 있다면 진정한 비폭력은 불가능합니다. 그래서 비폭력은 내면의 평화를 반영하는 것과 같습니다.

저는 사람들에게 특히 전 지구적인 수준에서 진정한 비폭력을 달성하기 위해서는 먼저 내부적인 무장 해제를 달성해야 한다고 종종 말합니다. 그래야 결국 외부의 무장 해제가 올 것입니다. 세계가 비무장화되면 정말로 평화로운 세상이 열릴 것입니다. 특히 지금은 21세기의 시작에 불과하며, 겨우 11년이 지났을 뿐이지만 앞으로 수십 년은 더 지나야 할 것입니다. 지금이 바로 더 나은 세상, 평화로운 세상을 만들기 위해 노력해야 할 적기입니다. 우리는 어떤 문제에 직면할 때마다 대화와 평화적인 수단, 그리고 비폭력적인 방법으로 해결해야 합니다. 모든 사람에게 책임이 있고, 우리는 인류의 일부이며, 행복한 인류는 스스로에게 최대의 행복을 가져다준답니다.

개인이 자기 생각만 하고 타인을 잊은 채 괴롭힘, 속임수, 부정부패, 위선으로 일시적인 이득을 얻으려고 하는 건 사실 우리의 정신적 평화를 망칩니다. 정직하고 진실하며 투명성을 유지함으로써 우리는 최대의 이익을 얻습니다. 그러니 사람들은 인생에서 행복을 얻는 진정한 방법이 돈이나 권력이 아닌 정직, 진리, 자비를 통해서라는 것을 알아야 합니다.

이것들은 비폭력과 평화의 기반입니다. 다시 한번 저는 제 여생 동안 비폭력에 전적으로 전념할 것이라고 장담합니다만, 때로는 여러분 같은 분들의 일종의 정신적인 지지가 필요하기도 합니다. 그건 필요하답니다.

감사합니다.

2. 마음 훈련

- 케임브리지 대학교 세인트 존스 칼리지, 2013년 4월 19일 -

형제·자매 여러분,

존경하는 학자, 학생 여러분과 제 생각을 나눌 수 있는 기회를 갖게 되어 너무나 기쁩니다.

저는 티베트 북동부의 외딴 마을에서 태어났습니다. 어머니는 교육도 못 받은 문맹이었고 마을 주민일 뿐이었지만 마음이 참 따뜻했습니다. 그녀의 아이들, 제 형제·자매들 중 그녀의 화난 얼굴을 본 사람은 거의 없었습니다. 그녀는 정말 따뜻한 마음을 가지고 있었죠. 그래서 저는 어머니로부터 최대한의 애정을 받았답니다. 저는 종종 농담 반 진담 반으로 사람들에게 1930년대 마을의 어린아이였을 땐 장난감이 없었고, 어머니가 저를 어깨에 메고 다녔던 기억밖에 없다고 말하곤 합니다. 그녀는 밭에서 일하면서 종종 저를 업어주곤 했어요. 그리고 물론, 그녀는 정말 친절하고 다정한 어머니였기 때문에, 저는 그게 저를 조금이나마 응석받이로 만들었다고 생각합니다. 그래서 어머니에게 업혀 가면서 좌우로 방향을 돌리고 싶을 때면 어머니의 두 귀를 잡아당기고, 들어주지 않으면 소리를 내곤 했습니다.

그래서 항상 저는 어머니가 너무나 다정했고 제가 어머니에게 최대한의 애정을 받았기 때문에 그때 처음으로 따뜻한 마음을 키우기 시작한 것이라 느낍니다. 그것이 도움이 되어서 다른 이들에게 애정을 표현하고 더 자비심을 갖게 된 것이죠. 그 후 물론 저는 불교도로서 논리학을 공부했고, 이는 논리적인 사고방식을 기르는 데 도움이 되었는데, 이것이 따뜻한 마음을 유지하고 더 키우는 데 큰 도움이 되었습니다.

생물학적으로 발달한 따뜻한 마음과 교육을 통해 발달한 따뜻한 마음, 두 가지가 있습니다. 따뜻한 마음은 행복한 사람과 행복한 마음을 위한 열쇠랍니다. 저는 열여섯 살에 자유를 잃었고, 스물네,

다섯 살에 조국을 잃었습니다. 25세부터 지금 거의 78세까지 저는 제 삶의 대부분을 난민인 채로 살아왔습니다. 그것은 어떤 면에서는 매우 슬프지만, 다른 면에서는 종교인과 비종교인, 과학자, 그리고 다양한 분야의 다양한 사람들 등 서로 다른 배경을 가진 새로운 사람들을 만날 기회를 주었습니다.

그래서 저는 어린 시절부터 토론과 호기심을 통해 마음을 훈련했답니다. 우리는 문제에 직면할 때마다 그 이유가 뭔지 생각하려 노력합니다. 부처님은 스스로 이렇게 말씀하셨어요. '오! 나의 추종자들, 승려들, 학자들이여. 그대들은 나를 믿음이나 헌신하는 마음으로 따를 것이 아니라, 철저한 조사와 실험을 거쳐 따라야 한다.' 그래서 저희는 그렇게 훈련받고 항상 질문을 하고, 그 질문을 통해 답을 찾으면, 그것이 더 많은 지식을 얻는 데 큰 도움을 주며, 또한 다양한 경험을 가진 세계 여러 지역에서 온 다른 사람들을 만날 때 정말 도움이 됩니다.

많은 교육학자, 사상가, 사회복지사, 그리고 의학자들, 특히 신경과학자들을 만난 결과, 제 요점은 인류가 몇 가지 문제에 직면해 있다는 것입니다. 이 문제들 중 일부는 물론 자연재해나 다른 것 때문이지만, 우리의 여러 문제와 어려움은 우리가 직접 만든 것입니다.

70억 인류 중 문제를 원하는 사람은 아무도 없고 모두가 평화를 원한다는 것은 이상한 일이죠. 종교적인 믿음의 문제도 아닌데, 심지어는 동물들도 평화로운 삶을 원합니다. 우리는 확실히 문제를 원치 않지만, 많은 문제를 우리 스스로 만들어냅니다. 왜 문제들이 생겨나는 것이며, 이런 문제들은 인간이 일부러 만들어낸 걸까요? 서로 다른 목적과 동기를 가지고 있기에, 방법이 틀리게 됩니다. 그래서 그들이 평화로운 삶을 원한다고 해도 잘못된 방식으로 접근하는 것입니다. 이러한 비현실적인 접근은 근시안, 편협함, 그리고 궁극적으로는 극단적인 자기중심적 태도 때문에 일어납니다. 스스로만 생각하면서, 망설임 없이 무언가를 얻기 위해 타인을 착취하고, 이용하고, 괴롭히고, 속이는 것이죠. 그래서 비현실적인 접근은 어떤 분야에서든 재앙을 불러옵니다. 결과를 생각지 않고 단기적인 이익을 추구하는 건 잘못된 것이에요. 타인을 파괴함으로써 내가 무언가를 얻을 것이라고 생각하는, '우리'와 '그들', '나와 그들'이라는 태도가 바로 폭력의 근간입니다. 꼭 교육이 부족해서 그런 것은 아니지요.

지금 이곳 현대사회에서는 기술과 과학의 도움으로 물질적 개발이 크게 발전했습니다. 과학과 기술에 대한 지식 또한 교육에 매우 많이 의존하기 때문에, 현존하는 교육시스템은 실제로 물질적인 가치를 지향합니다. 기존의 교육시스템 모델들이 내적 가치와 윤리에 대해 별로 이야기하지 않는 것은 꽤 분명합니다.

이탈리아 볼로냐 대학교에 한번 갔던 적이 기억나요. 1,000년은 된 대학인 것 같았어요. 그들은 저에게 명예 학위를 주었고, 그들의 관습에 따라 특이한 모자를 주었으며, 그런 다음 제 손가락에 반지를 하나 끼워 주었습니다. 승려로서, 저는 그 반지를 끼어서는 안 되지만, 그들의 전통을 존중한다는 의미에서 한 시간이나 한 시간 반 정도 그 반지를 끼고 있었습니다. 그래서 확실히 기억하고 있어요.

그 대학은 가장 오래된 교육 기관 중 하나입니다. 케임브리지 대학보다 더 오래된 것 같아요. 그 학교가 처음 시작할 무렵 자연스럽게 교회가 도덕적 윤리와 내적 가치에 대한 모든 책임을 맡게 되었고, 어느 정도 가족의 가치에 대한 책임도 있었다고 생각합니다. 그래서 아마도 그 당시에는 그것으로 어느 정도 충분했고 균형이 잘 잡혔다고 생각하는데, 시간이 지나면서 교회의 영향이 줄어들고 가족의 가치도 덜 강조하게 되었습니다.

이제 그런 기관들이 따뜻한 마음이 아닌 두뇌 발달만 신경 쓴다면 뭔가 아쉬운 점이 있지요. 몇몇 현대 과학자들은 건강한 신체에는 건강한 마음이 필요하다고 이야기합니다. 건강한 신체의 청결은 건강한 마음을 위한 감정의 청결과 비슷합니다. 그래서 학생들이 건강한 마음과 건강한 감정을 갖도록 교육하는 것도 똑같이 중요하지요. 저는 이게 꽤 중요한 주제라고 생각해요. 인도의 전통들을 보면, 한 점에 집중된 마음을 실천하고 또한 현 상황의 진정한 본성을 이해하는 것, 즉 사마디와 비파사나라 불리는 수행은 모두 우리 마음에 형태를 부여하는 것입니다. 그래서 이를 수행하려면 마음과 감정에 대한 지식이 더 필요합니다. 불교 전통에는 마음과 감정에 대해 더 해설하는 여러 설명이 있습니다.

지난 30년 동안 저는 우주론, 신경생물학, 양자물리학, 심리학 등 4개 분야를 중심으로 현대 과학자들과 긴밀히 토론해 왔습니다. 그리고 30년 동안 그들과 함께한 저의 경험은 그들의 연구가 물리적 세계에 있는 우리 불교도들이 물질과 세계를 이해하는 데 정말 도움이 되고 우리의 이해를 풍부하게 해준다는 것입니다. 마찬가지로, 고대 전통에 있는 감정과 마음에 대한 설명은 현대 과학자들에게도 큰 도움이 됩니다. 이는 심리학자뿐만 아니라 뇌 전문가들이 뇌의 기능과 감정과 그것들 간의 상호관계를 이해하도록 도와줍니다.

초반에는 주로 저 스스로의 호기심 때문에 과학자들과 대화하기 시작했는데, 제 생각엔 15년 정도 지나니 과학자들도 매력을 느끼기 시작해 그 대화가 유용하다고 판단한 것 같습니다. 티베트 불교 사원에 있는 승려들도 과학자들이 가지고 있는 지식에서 그 유용성을 발견하고 있습니다.

우리는 이미 15년에서 20년 동안 공부해 온 소수의 학승들을 선발했는데, 이는 정말 유익했고, 작년에는 우리의 더 큰 사원에 과학 수업이 도입되어야 하고 교육과정에 포함시켜야 한다고 공식적으로 결정했습니다. 다양한 사람들을 만나고, 에모리 대학교, 스탠퍼드 대학교, 위스콘신 대학교 등 여러 기관과 협력하는 경험을 거쳐 보니 이런 일은 상당히 유용합니다.

보다 자비로운 마음을 지닌 사람들은 혈액 순환이 정상적이고 혈압이 떨어지며 스트레스도 줄어듭니다. 사람들이 훨씬 더 여유로워지지요. 제가 경험한 바로는, 설명할 가치가 없을지도 모르겠지만, 없는 것보다는 낫다고 생각합니다.

제가 스무 살이나 스물한 살 때쯤 중국을 방문했습니다. 공식적인 행사와 비공식적인 모임에 참여할 때, 저는 항상 매우 긴장했습니다. 물론 다른 요인들도 있었지요. 그러다가 1956년 부처님의 성도 2,500주년이 되는 것을 축하하기 위해 인도에 왔습니다. 물론 자유롭고 더 민주적인 나라지만 형식적인 절차도 있었습니다. 인도 대통령과 총리와의 회담은 더 격식이 있었지요. 긴장도 되고 모임에서 연설할 때 조금 불안하기도 했어요. 그러다가 차츰 우리는 같은 인간이며,

정신적으로, 감정적으로, 육체적으로도 같은 인간이고, 저는 70억 인구 중 한 명일 뿐이라는 확신이 생겼습니다. 하나도 다른 점이 없지요.

차이점은 부수적인 수준에서만 존재하는데, 예를 들어 인종, 신앙, 국적, 문화, 언어는 부수적인 수준이지만, 근본적인 수준에선 우리 모두가 같은 인간입니다. 여러분을 보세요. 그저 또 다른 인간일 뿐이지요. 제가 티베트인이라는 것을 강조하면, 저는 불교 신자이고 심지어 달라이 라마라고 생각하면 뭔가 정신적인 자세가 청중과 거리를 두게 되고 긴장감을 유발합니다. 그러니 마음을 열고 여러분 중 하나로 생각해 주세요. 외모가 어떻든 상관없이 마음 깊은 곳에서는 모두가 행복한 삶을 원하고 그것을 성취할 권리가 있습니다.

이제 문제는 진정한 행복과 즐거움, 내면의 평화를 어떻게 이룰 것인가 하는 것입니다. 돈이나 권력으로는 이룰 수 없을 거예요. 돈은 정신적 위안이 아니라 육체적 위안을 줄 뿐입니다. 때때로 중산층 시민들은 돈이 별로 없어도 마음이 더 편합니다. 세계 경제 위기가 시작되었을 때, 이 사람들은 가장 중요한 것이 돈이라고 생각하는 억만장자들보다 더 편안했습니다. 그들은 항상 돈에 대해 생각하고, 세계 경제 위기 동안 그들은 돈에 대한 너무나 많은 걱정과 염려로 잠을 설쳤을지도 모릅니다. 그래서 저는 가끔 경쟁이 너무 심해서 더 많은 돈이 더 많은 걱정과 질투를 부른다고 생각해요. 그것이 질투와 불신을 만듭니다. 만약 여러분이 그런 사람들에게 둘러싸여 있다면 어떻게 진짜 행복한 삶을 살 수 있을까요?

저는 동료 과학자들의 말에 전적으로 동의합니다. 그들은 공개적으로 자신들이 종교를 믿지 않는다고 이야기하고, 그러면 전 이 과학자들과 논의할 때 절대 종교적 문제나 구원과 내생에 관한 어떤 주제도 건드리지 않습니다. 하지만 우리는 건강한 몸과 건강한 마음을 얻는 방법과 불안한 감정을 다루는 방법에 대해 논의할 뿐이죠. 우리는 이 전통을 인도에서, 그들의 3,000년 된 세속주의 개념에서 배웠죠. 세속주의는 모든 종교를 존중하고 비신자들도 존중합니다. 최근 한 인도 국영 신문에서 70억 인구 중 10억 인구가 비신자라는 보도를 보았습니다.(하지만 그 데이터의 출처는 모르겠습니다.) 솔직히 말해서, 신자라고 하는 사람 중에서도, 우리의 믿음은 교회나 절에만 한정되어 있습니다. 예배 장소를 벗어나면 이런 믿음은 그리 진지하지 않아요.

그래서 종교인들 사이, 심지어 종교 지도자들 사이에도 약간의 부패와 착취와 속임수가 있는 것입니다.(솔직히 말씀드리는 겁니다.) 제가 불교의 가르침을 드릴 때면 가끔 사람들에게 종교가 때때로 위선적이 되는 법을 가르친다고 공개적으로 말하기도 합니다. 절에서도 교회에서도 사랑, 친절, 자비심 같은 좋은 말을 하지만 실생활에서는 사람들이 이런 실천을 진지하게 여기지 않습니다. 내적 가치에 대한 확신이 정말로 부족한 탓입니다. 종교는 파괴적인 감정 처리장이 되기도 합니다.

우리는 건강한 몸과 마음을 얻기 위해서, 그리고 우리의 감정에 더 집중하기 위해서 유치원부터 대학교까지 어떤 교육시스템이 필요합니다. 그러기 위해서는 전체 체계에 대한 지식이 약간 필요하죠.(저는 그걸 감정의 지도地圖라고 부릅니다.) 그것은 중요하고 또 보편적일 수 있도록 완전히 세속적이어야 합니다. 그래야 세속적인 교육 분야와 어울리기 쉬울 것입니다.

도덕적 신념이 종교적 신념에 기반을 둔다면 결코 보편화되지 않을 것이고, 어울리기 어려워질 것입니다. 따라서 인도 헌법 자체가 세속주의 원칙에 기반을 두고 있는 것은, 인도가 독립했을 때 이미 다종교 공동체이자 다문화 사회여서, 그들이 헌법을 세속적 가치들에 기반을 두기로 결정했기 때문입니다. 인도의 세속주의 사상은 종교에 대한 억압이 있을 때 종교를 부정적으로 해석하는 대신에, 다른 종교적 전통과 가치를 존중합니다.

그래서 미국의 몇몇 과학자들은 실험 삼아 그들의 공동체 속에서 세속적인 윤리 교육을 시행합니다. 그래서 우리는 이미 인도의 몇몇 대학과 협력하여, 어떻게 마음과 감정의 중요성에 대한 세속적 윤리를 도입할지, 어떻게 부정적인 감정을 다룰지, 그리고 어떻게 하면 종교를 건드리지 않고 긍정적인 감정을 강화할 수 있는지에 대한 초안을 만들겠다고 약속했습니다. 이미 우리는 그렇게 하고 있고 아마도 1년 안에 초안을 만들 수 있을 것입니다.

그래서 저는 이 유명한 대학에서 여러분의 조언을 구하고 싶습니다. 역사적으로 이 기관은 정말 중요한 교육 기관입니다. 이제 우리가 신체적 보살핌, 물질, 마음에 대한 교육을 도입한다면, 그것은 이 교육기관에서 나오는 학생들이 99% 파괴적이지 않고 건설적인 인간이라는 일종의 보증이 될 것입니다. 그렇지 않으면 파괴자들은 고등교육을 받았다 하더라도, 마치 9·11 사건처럼 부정적인 감정과 증오의 지배하에 지식을 사용하겠지요. 저는 아둔한 사람이 그런 일을 계획하거나 실행에 옮길 순 없다고 생각합니다. 그들은 정말 똑똑한 사람들이

832

죠. 그들은 극비리에 그들의 일을 차근차근 계획하고 수행했습니다. 그래서 그들의 뇌는 정말 영리하죠. 다만 그들의 마음은 증오와 분노가 인도했지만, 이 사람들을 탓할 수는 없습니다. 그들은 '그들과 우리'에 대한 감정이 매우 강한 분위기나 환경에서 자라 견고한 적을 만들고 모든 지식과 에너지를 동원하여 소위 적이라 부르는 이들을 파괴하고 그걸 승리로 여겼습니다. 사실은 그렇지 않지요.

그래서 저는 따뜻한 마음을 가르치는 것이 정말 의미 있고 중요하다고 생각합니다. 그래서 물론 훌륭한 학자와 지적인 교수님들과 선생님들 앞에서 이런 이야기를 하는 게 너무 주제넘을 수도 있지만, 여러분이 저에게 그 이야기를 해달라고 하셨기 때문에, 저도 이야기하게 되었습니다.

고맙습니다.

3. 희망

- 루이지애나 툴레인 대학교 졸업 연설, 2013년 5월 18일 -

존경하는 총장님과 교수님들, 그리고 특히 다년간의 노력으로 마침내 어떤 성과를 이루게 된 젊은 형제·자매 여러분,

여러분은 어쩌면 중요한 시험 기간 동안 잠을 설쳤을지도 모릅니다. 저도 중요한 시험 때면 잠을 설치기도 하고 조금 긴장되기도 합니다.

오늘, 여러분이 열심히 하고 부단히 공부한 결과물이 나왔습니다.

공부를 하면서도 남을 돕고 봉사했다는 이야기를 듣고 정말 감동받았습니다. 멋져요. 교육의 목적은 의미 있는 삶을 사는 것이라고 생각합니다. 의미 있는 삶을 이루기 위해서는 다른 사람의 안녕을 챙겨야 하고, 그렇게 하면 의미 있는 일을 하고 있다는 느낌이 들 것입니다. 자기 자신만 생각하고, 최악의 경우엔 남을 착취하고 괴롭히고 속여서는 마음 깊은 곳까지 행복하지 않을 것입니다. 그래서 저는 항상 삶의 목적이 행복이라고 말하고, 그렇게 믿습니다. 이유를 단순히 말하자면, 우리의 존재가 희망에 기반을 두고 있기 때문입니다. 우리 미래에 보장된 건 없어요. 우리는 그저 희망 위에 존재하고, 희망이란 좋은 것과 더 나은 것을 의미하지요. 그래서 일단 우리가 희망을 잃고 사기가 완전히 꺾이면 그 정신적 태도 자체가 수명을 단축시키고 신체 건강도 나쁘게 하지요. 그러니 어려운 일이 있어도 희망을 가지세요. 항상 희망과 낙관을 유지하세요. 내 스스로가 어려움을 피할 수 있다는 자신감과 그 마음가짐은 내면의 힘을 불러올 뿐만 아니라, 당신은 더 정직하고 진실하며 투명하게 일할 수 있게 될 겁니다. 그것이 신뢰를 부르고 신뢰는 우정을 부르지요. 우리는 사회적 동물이기 때문에 친구가 필요한데, 이 세상에는 많은 문제가 있어서 개인이 혼자서는 해결할 수 없답니다.

여러분의 공동체들 사이에서의 협력뿐 아니라 전 세계적인 협력이 필요합니다, 예를 들어 지구 온난화 문제를 해결하기 위해서는 전 세계적인 협력과 협조적인 노력이 필요하죠. 이를 위해서 신뢰와 우정이 반드시 필요합니다. 만약 우리 일상생활에서 서로 간에 거리를 둔다면 협력을 기대하기는 힘들다고 생각해요. 그래서 협력은 꼭 필요하고, 협력의 기본은 신뢰와 우정인 겁니다. 타인을 위해 이미 봉사하기 시작했다니 정말 감사합니다. 멋진 일이에요.

미국은 가장 위대한 민주주의 국가입니다. 여러분은 세계를 전 지구적 차원에서 바라봐야 합니다. 사실 저는 종종 미국이 자유세계의 선도 국가라고 사람들에게 말하곤 합니다. 전 지구적 차원에서 생각하는 것은 여러분에게 정말 중요해요. 지구적 책임감을 조성하기 위해서는 인류의 단일성이라는 개념을 키우는 게 매우 중요합니다. 우리는 70억 인간의 일부지요. 만약 70억 명의 사람들이 행복하고 이 자연환경이 긍정적이라면 모든 이들이 그 혜택을 받을 것입니다. 만약 전 지구적으로 이 70억 명의 사람들이 어려움을 겪고 있다면, 개개인은 그로부터 벗어나기 어렵습니다.

그리고 물론, 현대 교육에 대해 말하자면 저는 단 하루도 수업을 들은 적이 없습니다. 여러분과 비교해서 현대 교육에 대한 제 지식은 0인 겁니다. 그래서 제가 여러분에게 충고하기는 적절치 않아요. 하지만, 제 짧은 경험에서 이야기하자면, 지구적인 차원, 국가적인 차원, 그리고 심지어 지역 사회 차원에 일어난 많은 문제들은 사실 우리 스스로 만들어낸 것입니다. 물론, 자연재해는 우리가 통제할 수 없지요. 다른 여러 문제는 우리 자신이 만들어낸 겁니다. 그래서 논리적으로 우리는 이런 문제들을 극복하고 줄일 수 있는 능력을 갖추어야 합니다. 왜냐하면 인간이 만든 문제이기 때문입니다. 그러니 저는 특히 이렇게 교육받고 생생하고 영리한 젊은이들에게 여러분의 미래가 창창하다고 이야기합니다.

지금 제 세대에서는, 저뿐만 아니라 여기에 계신 다른 교수님들, 그리고 학식을 갖춘 훌륭한 분들, 우리는 사실 20세기에 속한 같은 세대입니다. 그래서 우리의 세기는 이미 지나갔고, 20세기에 속한 우리는 이제 서서히 '안녕, 잘 있어라!' 하고 인사를 하고 있어요.〔웃음〕이제 여러분, 혹은 서른 살, 스무 살, 열다섯 살보다 어린 이 세대가 진정한 21세기의 세대입니다. 20세기는 여러 고무적인 업적들, 놀라운 업적들에도 불구하고 거의 유혈사태와 폭력의 세기가 되었습니다. 어떤 역사학자들은 2억 명의 사람들이 폭력으로 죽었다고 말합니다. 만약 그 거대한 폭력이 더 나은 세상을 만들 수 있다면, 어떤 사람들은 그럴 가치가 있다, 어느 정도는 정당화할 수 있다고 말할지 모릅니다. 하지만 그렇지 않아요. 그래서 지금 시작하는 이 세기는 약 13년 정도 지났고 87년이라는 세월은 아직 오지 않았으니, 미래는 활짝 열려 있습니다. 우리의 행동이 정말로 세상을 새롭게 빚어낼 수 있어요.

그러니 이 21세기 세대의 여러분, 좀 더 지구적으로 생각하고 좀 더 평화로운 세상을 만들기 위해 노력해 주세요. 즉, 좀 더 자비로운 세상 말이에요. 타인의 안녕에 대한 걱정, 타인의 생명에 대한 존중 의식이 존재하는 한, 타인의 생명을 소중히 여기고 타인을 사랑하기 때문에 폭력을 행사할 여지가 없습니다. 어떻게 그런 동기와 마음가짐을 가진 사람이 그들을 없애려고 힘을 쓸 수 있겠어요, 그건 불가능하죠. 그러니 평화로운 세상이란 자비로운 세상을 의미합니다. 신자이든 비신자이든 자비로운 세상이 되어야 합니다. 생물학적으로 우리는 이런 자비심과 자비심에 대한 잠재력을 가지고 있습니다. 예를 들면 어린아이가 태어나자마자 어머니로부터 엄청난 사랑과 애정을 받았고, 그 아이는 몇 년 더 어머니의 보살핌과 모유에 의존해 생존합니다. 그렇게 우리 모두의 삶이 시작되죠. 어릴 때부터 우리는 다른 사람들로부터 엄청난 애정을 받습니다. 다른 사람들에 대해 애정을 느낄 수 있는 잠재력, 그 씨앗이 우리 핏속에 있어서 생물학적으로 우리는 타인의 안녕에 대한 배려를 갖고 있습니다. 두 번째로, 우리는 사회적 동물이기 때문에 자연스럽게 다른 사람들의 안녕에 대한 배려가 필요합니다.

저는 극단적인 자기중심적 태도가 이렇게 근본적인 인간의 가치를 점차 중단시키고 그다음엔 우리의 교육, 두뇌, 그리고 우리 사회와 물질만능주의적인 문화, 경쟁 문화가 그런 태도를 더 키워서 공격성이 커진다고 생각해요. 사실 70억 인류는 처음엔 더 자비로웠지만, 점차 자비심이 줄어들면서 공격성과 의심, 불신, 괴롭힘, 속임수가 많아졌습니다.

꼭 기도나 신앙을 통해서가 아니라 교육과 자각을 통해 이런 것들을 줄일 수 있다고 생각합니다. 그저 우리의 상식을 이용해서요. 사람들은 모두 행복한 삶, 행복한 가정, 그리고 행복한 공동체를 원합니다. 진정한 행복은 돈이 아니라 우리 감정에 달렸습니다. 그러니 젊은 형제·자매 여러분, 우리의 내면적 가치에 관심을 가져주길 바래요. 그러면 여러분의 지능과 따뜻한 마음이 하나로 모일 겁니다. 여러분의 교육과 지식은 건설적이 될 것입니다.

만약 여러분이 학생들 사이에서 정말 똑똑한데 스스로 따뜻한 마음을 무시해 버린다면 여러분 중 일부는 이 지구에서 말썽꾸러기가 될지도 모릅니다. 그런 사람들은 스스로도 별로 행복하지 않고, 항상 걱정에 휩싸여 있고, 외롭고, 겁먹고 있을지도 모릅니다. 여러분은 그런 사람을 만나면 두려움을 느끼고 거리를 두게 되고, 결과적으로는 외로워지는데 이건 인간의 기본적인 본성에 반하는 것입니다.

그러므로 부디 내면의 평화를 어떻게 불러일으킬 수 있는지 관심을 가지고 무언가를 배우기를 바랍니다. 내면의 평화를 통하면 여러분이 지닌 모든 전문적인 지식이 건설적일 수 있습니다. 분노와 증오, 의심이 동기를 부여한 모든 전문 지식은 파괴적으로 변한답니다. 그 정도는 제 경험과 관찰을 통해 말씀드릴 수 있어요. 나이 많은 사람들은 바로 그 나이 때문에 더 잘 알 때가 있어서라고 생각해요. 우리는 서로 다른 경험을 거쳤으니까요.

아무튼 여러분들은 정말 우리의 희망이고, 우리는 여러분들의 어깨에 의지하고 있는데, 어떻게 하면 행복한 세기, 평화로운 세기를 만들 수 있을지 좀 더 진지하게 고민해 주시기 바랍니다. 이것이 한 가지 생각이랍니다. 또 여러분의 졸업을 진심으로 축하한다는 말을 하고 싶어요.

지금까지 여러분의 삶은 어떤 식으로든 다른 사람이 알아서 했고, 이제 여러분은 진짜 인생을 시작할 테고, 여러 문제와 어려움에 직면할 수도 있습니다. 작은 일들 때문에 사기가 저하되어서는 안 됩니다. 실패의 원인이 될 거에요. 어려운 일이 있어도 여러분은 꼭 낙관주의와 자신감을 가져야 하는데, 이건 정말 중요합니다. 이 이야기를 여러분과 나누고 싶었어요.

저는 명예 학위를 받을 때마다 항상 큰 영광으로 여기고 기분이

매우 좋습니다. 그래서 정말 감사드리고, 큰 노력 없이 학위를 수여
받아서 정말 멋진데, 특별히 감사드립니다.

　저는 저보다 나이든 형제·자매 여러분과, 젊은 형제·자매 여러분들
에게 약속합니다. 이제 제 나이는 이미 78세에 가깝고, 아마 다음
10년이 지나면 88세, 그리고 아마도 다음 10년이면 98세입니다. 그래
서 저는 제 몸과 말과 마음이 다른 이들의 안녕을 위해 헌신하고,
계속해서 그런 책무를 질 것을 약속합니다. 여러분이 주신 명예 학위를
망신시키지 않도록 말입니다.

　감사합니다.

달라이 라마 전기

네 살 때 제14대 달라이 라마인 제춘 잠펠 아왕 롭상 예셰 텐진 갸초(Jetsun Jamphel Ngawang Lobsang Yeshi Tenzin Gyatso)로 등극한 라모 퇸둡(Lhamo Thondup)의 이야기는, 극악무도한 잔혹함과 반인류적 범죄에 직면해서 용기와 친절을 그려낸 것이 독특합니다. 그 이야기는 영적인 힘과 폭력, 진실과 거짓, 사랑과 증오 사이의 피할 수 없는 충돌을 묘사하고 있습니다.

제14대 달라이 라마는 1935년 7월 6일 티베트 북동부 암도 지방의 탁최(Taktser)라는 작은 마을의 농가에서 태어났습니다. 탁최는 실링과 라당 따시 킬(Labrang Tashi Khyil, 암도 지방의 중요한 사원) 사이의 상인 루트에 있는 작은 마을로, 개울이 가로지르고 풍부한 목초지로 둘러싸여 있습니다.

라모의 어머니 데키 체링(Dekyi Tsering)은 거름 더미와 젖먹이 송아지에서 멀지 않은 집 뒤편 외양간에서 멍석을 깔고 그를 낳았습니다. 그녀는 모두 16명의 아이를 낳았는데, 유아기를 넘어 생존한 아이는 7명뿐이었습니다.

새로운 달라이 라마를 찾는 일은 13대 달라이 라마 툽텐 갸초가 사망한 지 2년 반 만인 1936년 여름, 레띵 린뽀체(Reting Rinpoche, 티베트의 섭정)가 새로운 달라이 라마 수색대 파견 승인을 받기 위해 티베트 국회를 소집하면서 시작되었습니다. 섭정은 달라이 라마의 환생의 행방을 알려주는 단서라 믿었던 여러 가지 초자연적 조짐과 징조를 의회에 설명했습니다. 이 중 가장 중요한 것은 그가 본 환상이었습니다. 그는 라모 라초(Lhamo Latso) 호수에서 세 개의 티베트 문자(아, 까, 마)를 보았고, 3단 청록색 지붕과 꼭대기에 금박으로 된 탑 같은 것이 있는 사원, 그리고 이 사원의 동쪽에, 푸른 지붕을 가진 어느 작은 단층집 맞은편에 있는, 헐벗은 언덕으로 구부러지는 길을 보았습니다. 그는 '아' 자는 암도 지역을 가리킨다고 확신했고, 그곳에 수색대가 파견되었습니다.

라모 튄둡이 겨우 세 살이었을 때, 한 수색대가 꿈붐(Kumbum) 사원에 도착했습니다. 그들이 꿈붐에 도착했을 때, 수색대원들은 그들이 제대로 찾아왔다고 느꼈습니다. 만약 '아'가 암도를 가리킨다면, '까(Ka)'는 정말로 3층 건물에 청록색 지붕을 한 꿈붐 사원이 틀림없었습니다. 그들은 이제 언덕과 파란 지붕이 있는 작은 단층집을 찾기만 하면 되었습니다. 그래서 그들은 이웃 마을들을 수색하기 시작했습니다. 그들은 어느 집 지붕에 있는 구불구불한 향나무 가지를 보았을 때, 새로운 달라이 라마가 멀지 않을 것이라고 확신했습니다.

그런데도 그들은 방문의 목적을 밝히기는커녕, 그 집에서 하룻밤만 묵을 수 있게 해달라고 청했습니다. 그러고 나서 수색대의 리더였던 큐창 린뽀체(Kewtsang Rinpoche)는 하인 행세를 하며 저녁 시간의 대부분을 집안에서 가장 나이 어린 아이를 관찰하고 함께 놀며 보냈습니다. 그 아이는 그를 알아보고 '쎄라 라마, 쎄라 라마' 하고 소리쳤습니다. 쎄라는 큐창 린뽀체의 사원이었습니다. 그들은 다음날 떠났고, 며칠 후에 정식 사절단으로 돌아왔습니다. 이번에 그들은 13대 달라이 라마의 물건들과 그와 비슷한 물건들을 가지고 왔습니다. 그 아이는 13대 달라이 라마의 물건들을 보고 매번 '그건 내 거에요, 내 거에요' 하며 정확히 알아봤습니다. 수색대는 자신들이 새 환생을 찾았다고 거의 확신했습니다. 티베트 국회는 이를 만장일치로 승인했고 곧이어 티베트 전역에 선언문이 발표되었습니다.

그 후 얼마 지나지 않아, 라모 퇸둡은 3개월의 여행을 거쳐 라싸로 옮겨졌습니다. 그는 1939년 10월 7일 라싸에 도착했습니다. 그가 티베트의 수도에 도착하기 전, 궁전을 새롭게 칠했습니다. 사원들에서는 그 행렬을 위한 깃발을 만들었고 모든 이들이 점점 더 조바심을 내며 이 이례적인 행사를 기다렸습니다. 외국 사절들이 마을을 가득 메웠습니다. 라싸에서 2마일 떨어진 리갸에도 야영지가 만들어졌습니다.

곧이어 새롭게 공인된 14대 달라이 라마는 조캉 사원으로 옮겨졌습니다. 그곳에서 타퓨(taphue)라는 삭발 의식을 통해 성하는 초보 수행승으로 추대되었습니다. 고대 관습에 따라 성하는 자신의 이름인 라모 퇸둡을 잃고 새로운 이름인 제춘 잠펠 아왕 롭상 예셰 텐진 갸초를 얻었습니다.

그는 1940년 2월 22일 라싸의 포탈라 궁전에서 티베트 새해 축하 행사 직후 즉위했습니다. 즉위식에는 시킴의 행정관 바질 굴드 경, 중국 대표 우충신(吳忠信), 그리고 시킴과 네팔 대표들이 참석했습니다.

달라이 라마는 그렇게 여섯 살의 나이에 주로 영적인 교육에 국한된 포탈라에서의 삶을 시작했습니다. 가끔 가족이 방문하기도 했습니다.

그는 점차 복잡한 통치체제와 그 정치에 노출되었습니다. 하지만 미래의 지도자에 대한 이런 전통적인 준비 과정은 티베트 역사의 전환점 때문에 중단되고 말았습니다.

1949년 중국 공산당이 권력을 잡고 인민해방군이 평화 해방을 위해 티베트로 진격하겠다고 선언하자 달라이 라마는 티베트의 임시 국가원수 역할을 맡게 되었습니다. 그 당시 그는 겨우 16살이었습니다. 전통적으로 달라이 라마는 18세의 나이에 왕위에 올랐지만, 내부 파벌과 공황 상태가 티베트 정부에 심각한 압박을 가한 것은 분명했습니다.

나라 동쪽으로는 이미 중국 군대가 들어왔지만, 티베트 국가 전체는 달라이 라마에게 기대하며 그가 국가 위기 상황을 막을 수 있을 것이라고 믿었습니다. 하지만 위기는 이미 왔습니다.

달라이 라마는 당시의 상황을 이렇게 묘사했습니다. '당시에는 대부분의 사람들이 책임을 회피하려는 상태에 이르렀습니다. 그 책임을 받아들이기보다요. 그런데 침략의 위협 앞에서 그 어느 때보다도 단결이 필요한 상태였죠. 그리고 국민이 만장일치로 따르는 사람은 저 달라이 라마뿐이었습니다.'

후에 그는 자서전에 다음과 같이 썼습니다. '저는 망설였지만 국회가 소집되었고, 내각에 국회 탄원서를 제출했습니다. 저는 우리 역사의 중대한 시점에서 제가 더 이상 책임을 거부할 수 없다는 걸 깨달았습니다. 저는 바로 그 책임을 짊어지고, 제 소년 시절을 뒤로 하고, 그리고 제 나라를 이끌어 가기 위해 즉각 스스로를 준비시켜야 했습니다. 공산주의 중국의 거대한 힘에 맞서서 제가 할 수 있는 최대한으로요.'

성하는 그러고 나서 말했습니다. '그래서 떨리는 마음으로 받아들였습니다.'

1950년 11월 17일, 티베트의 완전한 정치적 권위를 맡는 의식이 포탈라 궁전에서 열렸습니다. 인도와 네팔의 대표들, 시킴의 초걀(Chogyal, 통치자)이 참석했습니다. 인도 대통령으로부터 축하의 메시지를 받았습니다.

젊은 달라이 라마는 품위 있고 명예롭게 그에게 떠맡겨진 역할을 맡았습니다. 그는 티베트 정치체제 내에 개혁을 도입하고 중국인을 상대하기 시작했습니다. 스물넷의 나이로 세 개의 사원 대학—데뿡(Drepung), 쎄라, 간덴—에서 각각 예비 시험을 치렀고, 스물다섯에 1959년 게쎄 하람빠(Geshe Lharampa) 학위(불교 철학 박사 학위)를 취득했습니다. 마지막 시험은 티베트 달력에 따라 매년 첫 달에 열리는 기도의 축제인 뮌람(Monlam)기간 동안 라싸의 조캉에서 진행되었습니다.

중국이 동부에서 세력을 강화하면서, 달라이 라마는 티베트 정부의 고위 인사들과 함께 티베트 남부로 이동해야 한다고 결정되었습니다. 그렇게 해서 상황이 악화되었을 때, 그가 쉽게 국경을 넘어 인도까지 망명할 수 있었습니다. 한편, 롭상 따시(Lobsang Tashi) 총리와 룬캉와(Lunkhangwa) 총리는 직무대행으로 남기로 했습니다.

비록 젊은 달라이 라마는 통치체제와 국가 행정에 경험이 없었지만, 그는 중국 군대의 압도적인 힘에 맞서 싸우는 것이 비현실적이라는 것을 깨달았습니다. 더 이상의 유혈사태를 피하기 위한 노력으로, 그는 중재를 희망하며 유엔과 다른 주요 강대국들, 그리고 이웃 국가들에 사절단을 파견함으로써 중국의 대세를 막으려고 했습니다.

티베트 사태에 대한 영국, 미국 등의 무관심으로 인해 성하는 중국의 전면 침공을 피하기 위한 마지막 시도로 캄의 주지사 가보 아왕 직메를 베이징으로 보내 중국인과의 대화를 열었습니다. 대표단에게 티베트를 침략하지 않게 중국 지도부를 설득하도록 위임받은 임무 외에는 그 어떠한 합의에 도달할 권한도 주지 않았습니다.

1954년, 달라이 라마는 중국에 초대받았습니다. 베이징을 방문하는 동안 그는 마오쩌둥과 저우언라이와 덩샤오핑을 비롯한 다른 중국 지도자들을 만났습니다. 베이징에서 그는 현장의 현실을 직시하며 그들과 솔직하게 함께 일하려고 했습니다. 현대 사회주의 중국이 달라이 라마에게 깊은 인상을 주었듯이, 그는 마오쩌둥과 다른 지도자들에게도 깊은 인상을 남겼고, 그와 티베트인의 크나큰 잠재력을 보여주었습니다.

달라이 라마는 1956년 독립 인도의 초대 총리 자와할랄 네루의 초청으로 부처님의 탄신 2,500주년을 기념하기 위해 특별 손님으로 인도를 방문했습니다. 그 방문에서 그는 중국과 달리 인도는 영성과 고대 문화가 여전히 자리를 잡고 있고, 더 폭넓게 인간의 자유와 민주주의를 위해 헌신하고 있음을 감지했습니다. 중국과 인도 모두를 여행한 덕분에, 젊은 달라이 라마는 모든 약속과 잠재력을 가진 현대 세계의 현실에 노출되었습니다.

그 사이에 중국은 티베트인과 그들의 의견에 대한 기본적인 존중의 결여를 여실히 드러내는 성급한 결정을 내렸습니다. 마오 주석 스스로가 장담했음에도 불구하고, 중국 관료들은 티베트 동부에서 혁명적인 '개혁'을 밀어붙였고, 이는 나라 곳곳에서 소규모 충돌을 일으켰습니다.

달라이 라마가 인도에 있는 동안 티베트의 상황이 급속히 나빠져서, 그는 인도의 자와할랄 네루 총리, 저우언라이 총리와 함께 악화되는 티베트 상황에 대해 일련의 긴급 회담을 가졌습니다. 그는 조국의 폭발적 상황에 깊이 우려했고 네루에게 인도로 정치적 망령을 고려하고 있다고 털어놓았습니다. 하지만, 네루는 달라이 라마에게 그러지 말라고 충고했고 대신 고국으로 돌아가라고 설득했습니다.

즉시, 중국 정부는 티베트의 '사회주의적이고 민주적인 개혁'을 당분간 연기할 것이라고 발표했습니다. 또한 그들은 티베트에서 중국 민간인 직원들을 철수시키기로 합의했지만, 그것은 거짓 약속으로 드러났습니다.

중국과 티베트 분쟁에 평화적인 해결책을 가져오려는 성하의 노력은 티베트 동부지역에서 자행된 중국의 무자비한 정책에 의해 좌절되었고, 이 정책은 나라의 다른 지역으로까지 확산된 민중 봉기와 저항을 촉발했습니다. 달라이 라마는 희망의 위대한 상징이면서, 동시에 티베트인 모두가 느끼는 두려움과 열정의 소용돌이의 중심이 되었는데, 그는 티베트인과 중국인 사이에 피할 수 없는 충돌을 시사했으며 최종적인 결과는 기정사실화 되었습니다.

1959년 3월 중국 측이 달라이 라마가 3월 10일 그들의 군사 병영을 방문해야 한다고 주장했을 때 피할 수 없는 결전이 일어났습니다. 이는 달라이 라마의 안전에 대한 우려로 이어졌는데, 티베트인은 중국인이 그를 납치하여 베이징으로 데려갈 계획이라고 믿었기 때문입니다. 중국인이 달라이 라마가 경호원 없이 혼자 와야 한다고 지시했을 때 티베트인은 한층 더 의심스러워했습니다.

1959년 3월 10일, 라싸에서 온 수천 명의 티베트인이 달라이 라마의 여름 궁전인 노부링카를 포위하여 그가 중국인과 만나는 것을 막았습니다. 그 후 며칠 동안, 라싸에서 큰 집회들이 열렸고, 시민들은 중국인이 티베트를 떠나고 티베트의 완전한 독립 상태를 회복시킬 것을 요구했습니다. 불만과 저항이 고조되었고 라싸에서는 대규모 군중 시위가 벌어졌습니다.

이러한 대규모 시위의 결과를 두려워한 달라이 라마는 노부링카 앞에 모인 많은 군중에게 해산할 것을 촉구했으며, 중국인을 달래고 임박한 폭력을 멈추기 위한 노력의 일환으로 중국의 고위 장군인 탄쿠아썬(譚冠三)에게 편지를 썼습니다. 달라이 라마의 노력에도 불구하고, 얼마 지나지 않아 라싸에서 대대적인 싸움이 벌어졌고, 티베트인은 비참한 결과를 맞이했습니다. 인민해방군은 수천 명의 남자, 여자, 아이들을 죽임으로써 티베트인을 잔인하게 짓밟았습니다.

1959년 3월 17일, 달라이 라마는 평범한 군인으로 변장하고 한밤중에 여름 궁전을 빠져나왔습니다. 달라이 라마와 그의 일행이 중국군 주둔지 근처를 지나갔음에도 불구하고, 중국인은 그의 탈출을 눈치채지 못했습니다. 그리하여 어머니와 남동생을 동반하고 정부 관료들과 군인들, 유격대원들의 호위를 받으며 그는 어디로 향할지, 그의 여정이 어디에서 끝날지도 모른 채 그의 생애에서 가장 중요한 여정에 올랐습니다.

창뽀(Tsangpo)강 남쪽 강둑에 도착해서 중국이 티베트 정부를 해산했다는 소식을 듣고, 달라이 라마와 그의 일행은 1959년 3월 29일 인도로 도주하던 중 유갈 룬체(Yugyal Lhuntse)에서 즉시 새로운 임시 정부를 구성했습니다. 14일 후인[1] 1959년 3월 31일, 그들은 까멩 (Kameng) 국경의 붐라 고개를 통과했습니다. 지치고 병세에서 회복 중이던 달라이 라마는 인도 국경에 도착했고, 그곳에서 인도 총리의 전보와 더불어, 역사상 가장 위대한 탈출기 중 하나를 보도하고 싶어 하는 세계 언론으로부터 환영받았습니다.

인도에 도착하자마자 달라이 라마는 17개조협정이 무효라고 선언 하고 1959년 4월 29일 무수리에 중앙 티베트 정부를 설립했습니다. 1960년 4월, 그는 행정부와 함께 티베트 망명 정부가 지금도 계속 활동하고 있는 다람살라로 옮겨갔습니다.

망명의 시작과 함께 달라이 라마의 초기 생활 방식은 물론 거의 2천 년이나 된 티베트인과 사회의 생활 방식은 극적으로 막을 내렸습니다. 티베트 봉기는 몇 달 안에 완전히 진압되었고 외부 세계의 제한적인 저항이 있었지만, 중국은 티베트를 자신이 원하는 형태로 만들어 나가기 시작했습니다.

달라이 라마는 나라도 없고 국민도 없이 인도에서 단순한 피난민이 되었습니다. 그와 티베트인의 미래는 불안정한 균형에 놓여 있었습니다. 당시는 중국 통치하에 있던 대다수의 티베트인과 달라이 라마를 따라 망명했던 소규모의 집단 모두에게 크나큰 시련의 시기였습니다.

성하의 즉각적인 임무는 티베트에서 중국인이 자행하고 있는 잔혹

---

1 원서에는 24일 후로 되어 있지만, 3월 17일을 기점으로 보아서 14일 후로 바로 잡았다. (역주)

848

한 범죄를 세계에 알리고 이를 막기 위해 지지와 도움을 얻는 것이었습니다. 그는 티베트 문제에 대해 유엔에 호소하여 1959년, 1961년, 1965년 총회에서 채택된 세 가지 결의안을 도출하여 중국이 티베트인의 인권과 그들의 민족자결권을 향한 열망을 존중할 것을 요청했습니다.

또 다른 중요한 시험은 그의 국민을 절망과 결핍의 구렁텅이에서 끌어내는 것이었습니다. 그는 티베트 문화유산의 주요 전통과 제도를 되살리고 티베트 삶의 방식을 보존함으로써 미래의 티베트를 위해 다음 세대를 준비시킨다는 힘든 임무를, 곧 티베트 공동체를 재건하는 힘든 임무를 떠맡았습니다. 그는 망명 중인 티베트인의 삶을 재건할 수 있었을 뿐만 아니라, 그 과정에서 티베트의 풍부한 문화유산의 핵심을 살리고 공동체 안에서 그리고 그 너머까지 그 가치와 의미를 재정립할 수 있었습니다.

달라이 라마는 망명 직후 티베트 정치체제의 민주화 과정을 시작했습니다. 1963년, 성하는 미래의 자유 티베트를 위한 모델로 불교 원칙과 세계인권선언에 기초한 민주 헌법을 공포했습니다. 오늘날, 티베트 의회의 구성원들은 국민이 직접 선출합니다. 성하는 티베트 행정부를 더욱 민주화해야 할 필요성을 계속해서 강조했습니다.

1987년 워싱턴 DC에서 열린 미국 의회인권대회에서 성하는 티베트의 미래 위상을 해결하기 위한 첫 단계로 5항목평화플랜을 제안했습니다. 이 계획은 티베트를 평화지대로 지정하고, 티베트로의 대규모 한족 이주에 종지부를 찍고, 기본적인 인권과 민주적 자유의 회복, 대량살상무기 배치와 핵폐기물 생산과 폐기를 위해 티베트를 이용하

는 것을 중국이 포기하는 것, 그리고 티베트의 미래에 대한 진솔한
협상을 촉구했습니다.

1988년 6월 15일 프랑스 스트라스부르에서 그는 5항목평화플랜을
상세히 설명하고 중화인민공화국과 연합한 자치 민주 티베트 창설을
제의했습니다. 그러나 1991년 9월 2일 티베트 망명 정부는 스트라스부
르 제의는 중국인의 폐쇄적이고 부정적인 태도 때문에 무효라고 선언
했습니다.

1991년 망명 정부가 티베트 헌장을 채택하면서 완전한 기능을
갖춘 민주 체제가 수립되었고, 궁극적으로 국민에게 권한을 부여했습
니다. 성하는 '이제부터는 국민의 결정이 최종적일 것입니다. 저는
달라이 라마가 여기서 어떠한 역할도 하지 말아야 한다고 생각합니다.
미래의 의회는 칼론(각료)들을 임명하는 권한을 위임받게 될 것입니
다'라고 말했습니다. 달라이 라마는 2001년 티베트인에게 칼론 티빠,
즉 내각의 수장을 직접 선출할 권한을 줌으로써 민주적 절차를 더욱
강화했습니다.

2011년 3월 10일, 성하는 궁극적으로 자신의 정치적 권한을 선출된
지도부에 이양하는 결정을 내렸고, 그에 따라 2011년 5월 29일 망명
티베트 헌장의 개정안을 비준하여 자신의 정치적 권한을 선출된 지도
부에 이양했습니다. 이로써 1642년 5대 달라이 라마가 시작한 전통,
즉 달라이 라마들이 영적, 현세적 책무를 모두 진다는 전통은 막을
내렸습니다.

* * *

14대 달라이 라마는 삶에서 세 가지 주요 책무를 가지고 있습니다. 그의 첫 번째 책무는 자비심, 용서, 관용, 만족, 자기 훈련 같은 인간적 가치를 증진하는 것입니다. 성하에 의하면, '모든 인간은 동일합니다. 우리는 모두 행복하길 원하고 고통을 원치 않습니다. 종교를 믿지 않는 사람들조차 그들의 삶을 더 행복하게 만든다는 의미에서 이러한 인간적 가치의 중요성을 인지하고 있습니다.' 달라이 라마는 이러한 인간적 가치를 세속 윤리라고 부르며, 지금도 만나는 사람마다 그 중요성에 대해 이야기하고 그 가치들을 공유하는 데 전념하고 있습니다.

그의 두 번째 책무는 세계의 주요 종교적 전통들 간 종교적 화합과 이해를 증진하는 것입니다. 그는 '철학적 차이에도 불구하고, 세계의 모든 주요 종교는 선한 인간을 만들어낼 수 있는 잠재력을 똑같이 가지고 있습니다. 그러므로 모든 종교적 전통이 서로를 존중하고 서로 각각의 전통이 지닌 가치를 인정하는 것이 중요합니다.' 그래서 그는 세계 어디를 가든 다양한 종교적 전통과 공동체의 수장을 만나 종교적 화합과 그들 간의 평화와 통합의 메시지를 장려합니다. 달라이 라마에 따르면, 이것이 그가 마지막 숨을 거둘 때까지 전파할 그의 평생의 책무라고 합니다.

세 번째는 티베트 문제에 대한 그의 책무입니다. 이 주제에 대해, 그는 '저는 티베트인이며 달라이 라마의 이름을 가지고 있고 티베트인은 저를 믿어 주고 있습니다. 따라서 저는 정의를 위한 투쟁에서 티베트인의 자유로운 대변인 역할을 할 책임이 있습니다.'라고 말했습

니다. 하지만, 그는 티베트인과 중국인 사이에 상호 호혜적인 해결책
이 마련되면 그의 세 번째 책무는 더 이상 존재하지 않을 것이라고
분명히 말했습니다.

　이러한 책무들을 이행하면서, 달라이 라마는 과학의 여러 측면과
관계를, 그리고 자신의 종교적 전통과 거리가 먼 사람들과 관계를
지속해 왔는데, 이런 관계는 그를 보편적 윤리, 비폭력, 그리고 세계
종교 간 화합을 이야기하는, 세계적으로 비할 데 없는 대변자로 만들었
습니다. 그는 또한 수십 년 동안 과학의 탐구 전통과 불교 수행 간에
존재하는 연관성에 집중해 왔습니다. 이는 두 분야가 세상을 위해
무엇을 기여할 수 있는지 이해하고 그것을 발전시키기 위해서입니다.
특히, 그는 세상의 근본적인 문제를 해결하는 데 있어서―그의 가르침
의 핵심이기도 하며 그가 지닌 엄청난 인기의 초석이 되는 주제인― 자비심
이 지닌 힘과 그것이 지닌 광범위한 잠재력을 과학적으로 진지하게
조사하기를 장려합니다. 그는 커다란 의문을 제기합니다. '자비심을
훈련하거나 가르칠 수 있을까요?' 이 때문에 중국 내부와 전 세계의
중국인 사이에서, 그리고 과학계에서도 티베트 불교 문명의 가치에
대한 인식이 높아지고 있습니다.

　성하는 사랑과 평화, 자비와 이타심에 대한 인간의 영원한 메시지를
전파하기 위해 62개국이 넘는 나라를 지칠 줄 모르고 여행하며, 권력과
권세가 있는 이들과 가난하고 박탈당한 이들을 똑같은 따스함과 애정
을 가지고 만났습니다. 그는 등대처럼, 마치 진리·평화·자비·사랑의
횃불처럼 서 있습니다.

　평화, 비폭력, 종교 간의 화합, 보편적 책임과 자비의 메시지를

852

설파하는 그의 변함없는 노력을 인정받아 성하는 수백 개의 명예박사 학위, 상패와 상을 수여받았습니다. 1989년, 티베트 문제에 대해 관용, 상호 존중, 티베트의 역사적, 문화적 유산 보호에 기반을 둔 비폭력적 해결책, 그리고 국제 분쟁 문제, 인권 문제, 지구적 환경 문제 해결에 대한 건설적이고 미래지향적인 계획을 지지하는 자세를 인정받아 그는 노벨 평화상을 수상했습니다.

바쁜 여행 일정에도 불구하고 백 권이 넘는 서적을 영어로 집필했습니다.

* * *

오늘날, 달라이 라마 성하는 그의 용기, 확신, 그리고 자비심으로 전 세계적으로 존경 받고 인정받고 있습니다. 세계는 그를 노벨 수상자이면서도, 티베트인을 향한 우려 이상으로 폭넓은 자비심을 지닌 사람으로 알고 있습니다. 그는 수많은 포럼에서 광범위한 인류에 대한 문제를 다루고, 글을 쓰고, 논의해 왔습니다. 세계적인 불평등과 갈등 방지에 대한 그의 생각, 서로 다른 영적 전통들 간의 이해와 공유를 촉진하려는 그의 작업, 과학과 영성의 세계를 연결시키기 위한 그의 노력은, 모두 미래를 향한 단순하고도 심오한 메시지이며, 우리가 더 나은 세상을 만들 잠재력이 있다는 사실을 가리킵니다. 개개인에게 다가가 단순하고 명쾌하게 소통할 수 있는 그의 능력은 그의 위대함을 나타내는 척도입니다. 달라이 라마는 이제 인간의 존엄성, 민주주의적 가치, 보편적인 사랑을 지키기 위해 노력하는 세계 최고의 성화 봉송 주자 중 한 명입니다. 오늘날 세계에서 이처럼 사심 없는 헌신과 일편단심, 정직한 목적의식을 가지고 인류를 위해 봉사하며 살아가는 이는 거의 없습니다. 그는 오늘날 인류의 존립에 심각한 위협을 가하는 삶의 모든 측면을 다루며 보편적 책임의 원칙을 세상에 제시했습니다. 대화가 있든 없든 만나는 이들을 변화시키는 것은 그의 경험이 지닌 투명한 빛과 순수함 때문입니다.

그의 명성, 부, 영향력에도 불구하고, 달라이 라마 성하는 항상 자신을 '그저 한 명의 승려일 뿐'이라고 묘사합니다.

역자 해설

달라이 라마(1935~): 자비와 관용으로 인류평화를 심다.[1]

티베트의 운명

14대 달라이 라마(1935~)는 정치적 불교도다. 그의 전 생애에 걸쳐 정치와 불교는 분리될 수 없었다. 스스로도 종교적 은둔자가 될 수 없다고 했다. 여기에는 몇 가지 이유가 있다. 그가 대승불교 전통에 있다는 점, 최근 300여 년의 티베트 전통에서 달라이 라마의 직위가 종교적, 현세적 지도자였다는 점, 하지만 가장 중요한 것은 티베트의 슬픈 운명이었을 것이다.

티베트 현대사는 참 슬프다. 중국의 티베트 점령과 폭압은 일본의 조선 탄압보다 10배, 100배 더 무자비해 보인다. 1950년 10월 중국이 한국전쟁에 개입하던 그 무렵, 8만의 인민해방군이 티베트 서부지역을 침공했다. 달라이 라마는 1987년 미의회 인권대회 연설(워싱턴 DC)에서, 과거 수십 년 동안 총인구의 6분의 1에 해당하는 1백만 명 이상의 티베트인이 대학살을 당하고, 최소한 그만큼의 티베트인이 종교적 신념과 자유에 대한 사랑 때문에 수용소에 감금되었다고 말한다.[2]

---

1 이 글은 『불교평론』 제93호 2023년 봄호에 실린 것이다. (역주)
2 *The Political Philosophy of The Dalai Lama: Selected Speeches and Writings*

1958년 캄과 암도 지역에서 티베트의 자유 투사와 중국군 사이에 전투가 일어났다. 달라이 라마는 자서전에서 중국군의 잔혹 행위를 이렇게 기록했다. "십자가형, 생체해부, 희생자들의 창자를 들어내거나 손발을 자르는 일은 보통이었다. 심지어 그들은 머리를 베거나 태워 죽이고, 죽을 때까지 때리거나 산 채로 매장하기도 했다. 그리고 희생자들이 '달라이 라마 만세'를 외치는 것을 막기 위해 형장으로 가는 도중에 그들의 혀를 손으로 찢었다."[3] 저항군 가담자들의 아내와 자식들에게 무자비한 고문과 처형이 뒤따랐다. 이들에게 고문을 가한 사람들은 강요당한 승려였다. 이들은 대중 앞에서 독신 서약을 부정하도록, 심지어 다른 사람을 죽이도록 강요당하기도 했다. 비구니 승려에 대한 성적 고문도 있었다.[4]

달라이 라마는 왜 자서전을 썼을까? 티베트의 실제 상황을, 진실을 모르는 선량한 중국 인민들에게 알리기 위해서였다. 그에게 과거사 기록은 잔혹한 현실의 고발이 아니라 공동의 미래를 건설하기 위한 초대였다. 이런 자세는 노벨평화상 수락연설(1989)에도 나타났다. 침략자 중국에 대한 분노나 원한, 무장봉기의 선동 대신, "저는 우리 모두를 위해, 압제자와 친구 모두를 위해, 우리 함께 인간적인 이해와 사랑을 통해 더 나은 세계를 건설하는 데 성공"할 수 있도록 기도한다고

---

ed. Dr. Subhash C. Kashyap(New Delhi: Rupa Publications 2014, 이하 *PPDL*) p.317 (본 역서, p.499 참조).

3 텐진 갸초, 『달라이 라마 자서전, 유배된 자유를 넘어서』, 심재룡 옮김(정신세계사, 2012), p.196.

4 같은 책, pp.387~388 참조.

했다.(본 역서, p.278)

선한 일에 억압자도 초대한 것은 상호의존의 원리에 대한 깨달음, 즉 '적'이 바로 이웃이라는 깨달음 때문이다. 이 원리는 "우리로 하여금 더 넓은 시각을 가질 수 있게 해주고, 더 넓은 마음으로, 분노 같은 파괴적인 감정에 덜 집착하게 해줍니다. 따라서 더 많이 용서하게 합니다. 오늘날의 세계에서는 각 나라는 깊이 상호 의존하고 있고, 상호 연결되어 있습니다. 이런 상황에서 당신의 적―바로 당신의 이웃―을 파괴하는 것은 결국 당신 자신을 파괴하는 것입니다."[5]

달라이 라마는 자서전 말미에서 마오의 총구에 자비의 빛을 맞세운다. "마오 주석은 정치적인 힘은 총구에서 나온다고 말한 적이 있다. 그는 부분적으로만 옳았다. 총구에서 나온 권력은 일시적일 뿐이다. 결국에는 진실과 정의, 자유와 민주주의를 향한 사람들의 사랑이 승리한다. 정부가 무슨 일을 하든지 인간의 정신은 승리하고야 만다. … 나는 기도했다. 자비와 깨달음의 빛이 전 세계를 비추고 공포와 억압의 어둠을 쫓아내기를!"(심재룡 옮김, p.383, 일부 수정) 그는 여기에서 진실과 정의, 자유와 민주주의에 대한 사랑이 승리한다고 말하지만, 다른 곳에서는 그 사랑을 인간 본성과 관련짓기도 한다.

중국은 지난 수십 년 동안 티베트의 독립 대신 자치라는 중도적 해법조차 거부해왔다. 마오쩌둥과 시진핑은 총구가 자비보다 한없이 강하다고 할 것이다. 격변하는 세계사에서 누가 최후의 승자가 될까?

---

5 달라이 라마, 빅터 챈, 『용서』, 유시화 옮김(오래된 미래, 2004), p.141; *The Wisdom of Forgiveness* (New York: The Penguin Group, 2004), pp.117~118.

858

한국은 주권 국가인가?

한국 정부와 언론은 중국에 대한 달라이 라마의 비판을 종종 외면한다. 그를 세계적인 영적 스승으로 칭송하고, 보리심과 공성을 바탕으로 탐진치 삼독을 없애야 내면의 평화가 시작된다는 그의 가르침은 무사 통과다. 하지만 중국식의 중앙집권적 민주주의 곧 반자유적 전체주의 체제에는 자유, 민주, 인권이 보장되지 않는다는 달라이 라마의 현실 진단은 보도하기 꺼린다. 소위 중국이라는 현실 때문이다.

이런 현실주의는 김대중 대통령 시절에도 있었다. 1959년 망명 이후 최근까지, 달라이 라마는 유럽과 미국, 남미, 소련, 일본과 대만 등 총 62개국을 방문한 것 같다.[6] 대만은 세 번, 일본은 1967년부터 2018년까지 여섯 번 정도 방문했다.[7] 하지만 한국 불교도들의 요청에도 불구하고 한국 방문은 이뤄지지 않았다. 김대중 대통령 재임 기간인 2000년에는 방한 일정까지 잡았지만, 중국의 강력한 반대로 무산되었다.

이런 중국 눈치보기는 중국몽夢에 취한 문재인 정권에서는 거의 당연시되었다. 윤석열 정권은 어떤가? 여전히 부족하다. "GPS가 고장나면 길을 잃는다"는 최근의 기사(예영준)가 그것을 지적한다(중앙일보, 2022. 11. 29). 윤 정권이 "보편 규범, 인권 중시"를 공약해 놓고 크림 결의, 신장 규탄에서 모두 빠져 결과적으로 "한국은 중국의 압박이 통하는 나라"로 자처했다는 것이다.

---

6 본 역서 p.851을 참조하여 수정함. (역주)

7 *Wikipedia*, "List of overseas visits by the 14th Dalai Lama outside India", 2022. 12. 16.

사연은 이렇다. 2022년 10월 6일 신장 위구르 인권 문제와 관련한 유엔 인권이사회의 표결에서 찬성표를 던졌다. 그런데 20여 일 뒤 10월 31일 유엔총회 제3위원회는 중국 신장 위구르 인권탄압 규탄 성명을 발표했고, 미국·영국·일본·호주 등 자유민주 진영 50개국이 참여했다. 그런데 한국은 빠졌다. 이 기사는 이런 변심이 중국 눈치보기의 결과라고 본다. 결국 윤석열 정부는 한·중 정상회담은 성사시켰다. 하지만 "보편적 가치와 규범을 중시하는 국정기조를 바탕으로 국제사회의 인권 논의에 적극 참여하겠다"는 공약은 어긴 셈이다.

한국은 역사적으로 일본에 비해 중국과의 관계에 있어서 독립성에서 현저히 떨어지는 것 같다. 달라이 라마처럼 중국 정부를 적이 아니라 이웃으로 보면서도, 지정학적인 숙명 운운하며 주권을 포기할 것이 아니라, 당당한 자유대한민국이 되어야 한다.

자유민주주의가 인간 본성에 맞다

이는 달라이 라마가 세계 곳곳을 방문해서 사람의 행·불행을 관찰하며 얻은 신념이다. '불성'이란 말 대신에 인간 본성, 마음, 정신, 열망, 사랑이라는 말을 세계사적인 맥락에서 사용한다. 아래는 1994년 이스라엘에서 행했던 연설의 일부다.

수 세기 동안 인간사회는 엄격한 권위주의적 규율에 의해서만 통치할 수 있다고 믿었는데, 세계 각지의 사람들은 민주주의의 미덕을 깨닫게 되었습니다. 그들은 마음으로부터 자유·진실·민주주의에 대한 열망이 인간 본성의 핵심에서 비롯되었음을 보여주었습니다. 최근의 사건들은 간단히 진실을 표현하는 것이 인간 마음의 막강한 힘이고, 그 결과 역사를 형성하는 데 막강한 힘으로 작용한다는 사실을 증명했습니다. 우리 모두에게 가장 큰 교훈 중 하나는 동유럽의 평화적 변화였습니다. 과거에, 억압받는 사람들은 자유를 얻기 위한 투쟁을 하면서 항상 폭력에 의지해 왔습니다. 이제 간디와 마틴 루터 킹의 뒤를 이은 이 평화적 혁명은 미래 세대들에게 성공적인 비폭력적 변화의 엄청난 사례를 보여주었습니다. …

우리의 후손들은 1989년을 평화투쟁의 패러다임으로 되돌아볼 수 있을 것입니다. 즉, 6개 이상의 국가와 수억 명의 사람들이 참여하는 전례 없는 규모의 진정한 성공 스토리가 그것입니다. … 사람들은 단순하게도, 괴롭히고, 속이고, 거짓말을 하는 사람이나 시스템을 좋아하지 않습니다. 이런 활동들은 본질적으로 인간의 정신에 반합니다.(본 역서, pp.657-58)

달라이 라마는 자유·진실·민주주의에 대한 열망이 우리 인간 본성의 핵심에 있다고 한다. 그는 동유럽의 평화 혁명을 그 열망의 힘으로 얻어낸 결과로 본다. 현대사에 대한 달라이 라마의 이런 이해는 불교계를 넘어가 일반인에게도 큰 영감을 줄 수 있다.

동유럽의 평화 혁명은 자비, 정의, 평등이라는 불교 원리를 실천한 것이기도 했다. 달라이 라마는 「티베트 대표자의회 연설」(1992)에서 불교 원리와 자유민주주의가 둘이 아님을 밝히고 있다.

전 지구적으로 말하자면, 민주주의, 자유, 정의가 갖는 가치는
모든 곳에서, 특히 중앙집권적 민주주의라는 이름의 전체주의
체제가 진정한 자유민주주의(true and free democracy)로 바뀌고
있는 동유럽 국가에서는 더욱 널리 인정되고 수용되고 있습니다.
그런 억압적인 체제 속에서 살아온 국민은 이제 자유와 독립을
얻고 있습니다. … 40년 넘게 티베트 본토의 우리 형제들은 기본권
을 완전히 박탈당한 채 억압적이고 폭압적인 정권 아래에서 살아왔
습니다. … 머지않아 중국인은 티베트를 떠나야 한다는 사실을
알게 될 것입니다. 그런 기쁜 날, 티베트에 있는 티베트인과 망명자
들이 자유 티베트에서 재회하는 날이 오면, 중앙집권적 민주주의
로 불리는 현재의 전체주의 체제는 진정한 민주주의에 자리를
내줘야 할 것입니다. 그런 민주주의 아래에서 우창, 캄, 암도의
티베트 3개 지역에 사는 인민들이 모두 사상, 표현, 행동의 자유를
누릴 수 있을 것입니다. … 저는 티베트 민주주의가 자비, 정의,
평등이라는 불교 원리들에서 영감을 얻기를 바랍니다. 미래의
티베트 정치 시스템은 의회라는 다당제를 비롯해서, 입법부, 행정
부, 사법부 3개 기관을 가지고 있고, 각 기관은 다른 기관으로부터
독립적이며 모두 동등한 권력과 권한을 갖기를 바랍니다.(본 역서,
pp.143-44)

달라이 라마에게 중앙집권적 민주주의는 종종 전체주의의 다른
이름이다. 그래서 혁명 이전의 동유럽, 중국과 북한의 민주주의는
거짓 민주주의다. 중국식 민주주의는 중국 인민에게는 자유 없는

전체주의이며, 폭압적인 정권 아래 살아가는 티베트인과 같은 소수민족에게는 한족漢族 우월주의가 겹쳐서 더욱 폭압적이 된다. 그런 곳에는 자비, 정의, 평등이라는 불교 원리도 없고, 삼권분립도 없고, 사상, 표현, 행동의 자유도 없다.

달라이 라마가 세계인권선언 50주년 인권 기념일(12. 10)에 메시지를 낸 적이 있다. 인권선언과 불교 원리가 상통한다고 본 것 같다. 세계인권선언은 UN이 1948년 12월 10일에 발표한 선언문이다. 그 안에는 인류 사회의 모든 구성원은 양도할 수 없는 고유의 권리를 누리는 것이 세계의 자유, 정의, 평화의 기초라고 하고, 어떤 국가에 소속된 개인에게도 인권이라는 고유의 권리가 보장되어야 한다는 선언이다. 거기에는 차별받지 않을 권리, 사상, 양심 및 종교의 자유, 의견 표현의 자유, 평화적인 집회 및 결사의 자유 등이 포함되어 있다.

달라이 라마가 낸 위의 기념 메시지를 요약하면 다음과 같다. 자유, 평등, 존엄성을 바라는 것은 인간의 본성이다; 고로 모든 인간은 그것들을 쟁취할 권리가 있다; 인권보장은 제3세계 국가에도, 티베트인에게도 적용되어야 한다. 그것은 모든 인간이 행복을 원하고 고통을 원치 않는다는 사실 때문이다. 달라이 라마는 "세계인권선언에 명시된 원칙이 모든 국민과 정부가 따라야 할 자연법"이라고 천명한다.(본 역서, p.659)

이런 인간 본성론에 따르면, 자유 없는 민주주의는 전체주의의 다른 이름이거나 좌우 민중 상호간에 억압이 될 뿐이다.

정당한 전쟁: 제2차 세계대전과 한국전쟁

달라이 라마는 「전쟁의 현실」이라는 글에서 전쟁과 대규모 군사시설, 군국주의, 핵전쟁에 대해 분명히 반대하고 있다. 하지만 그는 이 글에서 정당한 전쟁은 옹호한다. 제2차 세계대전은 나치 독일의 폭압으로부터 문명을 구원했으니 정당했고, 한국전쟁은 부당한 공격에 대항했고 민주주의를 발전시킬 기회가 되었으니 정당한(just) 전쟁이었다고 한다.(본 역서, p.756 참조)

공산주의 체제에 대한 달라이 라마의 비판은 매섭고 깊다. 그 체제가 의식주를 제공한다고 해도 "우리 속 더 깊이 있는 본성을 지탱할 소중한 자유의 공기"를 주지 않고, "(우리를) 그저 반쪽짜리 인간"으로 "단지 신체적 욕구를 충족시키는 데만 만족하는 짐승"으로 취급한다고 보고 있어서다.(본 역서, p.767)

혼합경제 시스템 선호

달라이 라마는 자유의 공기가 온전한 인간의 필수조건이라 했지만, 자유에도 문제가 있다고 보았다. 그래서 그는 혼합경제론을 주장한다. 한 연설에서 이렇게 말한다. 사회주의가 실제로 실현되기만 하면 불교에 가깝다; 그런데 현실을 보니, 노력의 결실이 자신에게 직접 오는 경우 개인적인 동기가 더 커진다; 그런데 사회 전체를 위하라고 하면 그런 동기는 부족하다. 그래서 그는 "미래 경제 시스템은, 우리가 양쪽 시스템의 좋은 점을 포함한 혼합경제 시스템"이 되어야 한다고 했다.(본 역서, p.135)

「미래의 티베트 정책 지침」이라는 제목의 티베트 대표자의회 연설에서(1992), 그는 티베트 경제체제는 자본주의와 사회주의의 양극단을 피하고 조세제도는 소득 기준에 근거할 것이라고 하고(본 역서, p.149), 티베트는 자유경제를 지향하겠지만, 경제정책은 국가와 대중의 이익에 이바지하는 것을 목표로 할 것이라고 했다.(본 역서, p.152)

달라이 라마에게는 무조건의 자유도 문제가 있다. 하지만 반시장적 통제 경제에서 개인적 동기 무시와 비효율성보다 더 무서운 것은 기본적 인권의 박탈이다. 시장통제는 정치 검열과 불가분의 관계에 있다고 본 것 같다.

중국 정부에 대한 충고

그는 2002년 한 성명에서 "중국인 형제자매가 자유와 민주주의, 번영과 평화를 누리는 것"을 진심으로 소망하고 있다고 말한다.(본 역서, p.592) 그는 또 다른 성명에서(2011년) 중국 지도자들에게 다음과 같이 말한다. 지구는 인류에 속하고, 중화인민공화국은 13억 국민에 속한다; 중국 국민에게는 국내와 해외에서 일어나는 여러 사태에 대한 진실을 알 권리가 있다; 국민이 충분히 알게 되면, 그들은 선악을 구분할 능력을 갖는다; 검열과 정보 제한은 기본적 인간의 고귀함에 대한 모욕이다. 중국의 지도자들이 공산주의 이데올로기와 그 정책이 옳다고 간주한다면, 그들은 이들 정책을 자신 있게 공표해야 하고, 정밀한 검토를 받아야 한다고 했다.(본 역서, p.639)

2012년 11월 시진핑 주석 취임(2013년 3월 14일) 넉 달 전, 달라이 라마는 한 연설에서 시 지도부에 대해 다음과 같이 기대했다. 세계의 흐름은 개방과 민주주의, 자유와 법치주의로 나아가고 있다; 중국 정부가 아무리 강력해도 세계 흐름을 따라야 한다; 중국의 새 지도부는 그러한 현실을 깨닫게 될 것이다; 덩샤오핑은 사실에서 진실을 추구한다고 했다. 그들은 현실에 근거한 정책을 채택해야 한다. 비현실적인 정책은 문제를 해결하지 못할 것이다.(본 역서, p.476)

2022년 시 주석의 3연임의 성공과 강화된 공산당 일당 독재에 대해, 달라이 라마는 이것이 덩샤오핑의 사실 존중의 원칙을 어겼다고 하고 크게 실망할 것 같다. 2022년 11월 청년을 중심으로 일어난, 코로나 봉쇄 반대를 외친 중국 내의 백지 시위는 진실과 정의, 자유와 민주주의를 향한 인간 본성이나 사랑의 표출일까? 이런 본성이나 사랑에서 나온 힘이 언젠가 독재 체제를 허물고, 진정한 삼권분립식 민주주의를 성취할 수 있을까?

달라이 라마의 네 가지 책무

달라이 라마는 슬픈 티베트에 태어난 사실을 두 가지로 해석한다. 하나는 전생에 나쁜 업을 쌓은 탓이다. 하지만 그는 "우리의 잠재력을 개발하고 사용할 수 있는 둘도 없는 기회"로 본다.(본 역서, p.129 참조) 그는 이생망이라는 한탄 없이 최소 네 가지 책무를 희망을 갖고서 수행하고 있다.

첫 번째 책무는 자비심, 용서, 관용, 만족, 자기 훈련 같은 인간적 가치를 증진하는 것이다. 내 삶 속에서 이런 가치를 증진하는 것은, 이렇게 해서 얻어진 내면의 평화가 국가 간의 평화로 이어질 수 있다는 그의 믿음을 구현하는 첫걸음이기도 하다.(본 역서, p.731 참조)

두 번째 책무는 세계의 주요 종교적 전통들 간 종교적 화합과 이해를 증진하는 것이다. 그는 스트라스부르 유럽의회 연설(2001)에서 다음과 같은 취지로 말했다. 교리와 철학의 내용 간 차이와 상관없이, 세계 모든 주요 종교들은 한 개인을 선한 사람으로 변화시키는 데 도움을 준다; 모든 종교는 사랑, 자비, 인내, 관용, 용서, 겸손, 자기 훈련 등을 강조한다; 그러므로 우리는 종교 분야에서도 다원성의 개념을 받아들여야 한다.(본 역서, pp.325-26)

세 번째는 티베트인에 대한 책무이다. 그는 티베트의 달라이 라마로서, "정의를 위한 투쟁에서 티베트인의 자유로운 대변인 역할을 할 책임이 있다."고 말했다. 그는 티베트인과 중국인 사이에 상호호혜적인 해결책이 마련되면 그의 세 번째 책무는 더 이상 존재하지 않을 것이라고 했다.(본 역서, p.851)

네 번째 책무는 불교와 과학의 공동연구다. 그는 수십 년 동안 과학과 불교 수행 간에 존재하는 연관성에 집중해왔다. 이는 두 분야가 세상을 위해 무엇을 기여할 수 있는지 이해하고 그것을 증진시키기 위해서였다. 관련 연구 모임인 '마음과생명컨퍼런스(Mind and Life Conference)'는 1987년 다람살라에서 시작했다. 그는 인간의 심리와 감정을 다루는 방식을 연구하는 데, 티베트 불교 전통이 크게 기여할 수 있다고 본다.(오타와 연설, 본 역서, pp.458-59 참조.)

결론

달라이 라마는 자비와 공을 가르친다. 하지만 그에게 진정한 자유민주 국가와 독재국가의 차이는 허상虛像이 아니라 현실이고 진실이다. 자비, 정의, 평등을 불교 원리라 하고 이를 다당제와 삼권분립에 기초한 민주 체제와 연결한 것은 불교 경전에서가 아니라 격동하는 세계사의 현장을 직접 돌아보며 얻은 관찰의 결과였을 것이다. 무엇보다도 티베트인으로서 사람은 날 때부터 자유와 독립을 원한다는 것을, 그것이 행복에 필수적임을 알았다.

한국인, 한국인 불자는 무슨 책무를 지는가? 자비심, 용서, 관용, 만족, 자기 훈련 같은 인간적 가치를 내 삶 속에서 증진하는 것이 첫째 책무이다. 두 번째는 다른 종교인과 잘 지내는 것이고, 세 번째는 자유, 평등, 민주, 인권이라는 보편 가치를 잘 지키고 발전시키는 것이다. 무엇보다도 중국과 북한에 당당해지는 것이다.

달라이 라마가 인류의 스승인 것은 두 가지 차원에서다. 개인적 차원에서는 자신의 탐진치를 잘 다스려 자비심을 기르는 것이고, 세계적 차원에서는 그 자비심을 확장해서 세계의 자유와 평화를 이루려는 것이다. 그에게 자비심과 자유, 그리고 평화는 모두 하나다.

'허공계가 존재하는 한
그리고 중생계가 존재하는 한
나 역시 그곳에 머물 겁니다.
세계의 고통을 물리칠 때까지.'
ㅡ달라이 라마 성하의 기도

편집 수바쉬 C. 카샵(Subhash C. Kashyap)

대법원 변호인, 인도국가변호사협회 회장, 남아시아 정치(월간) 편집자, 그리고 정책연구센터의 명예연구교수이다. 헌법, 의회 정무와 행정 관리, 체제와 철학과 관련된 여러 저명한 작품으로 잘 알려진 저자이기도 하다. 인도 및 해외의 여러 조직, 저널, 기관 및 대학의 자문/관리 이사회에서 활동하고 있으며, 인도 의회인 로크 사바(Lok Sabha)의 의장을 비롯, 여러 고위급 위원회의 의장을 역임했다.

옮긴이 허우성

경희대학교 철학과 명예교수 및 비폭력연구소 소장이다. 서울대학교 철학과 및 동 대학원 철학과를 졸업하고, 미국 하와이대학교 대학원에서 철학전공 박사학위를 취득했으며, 미국 뉴욕 주립대학교 객원교수(1998), 일본 교토대학교 종교학 세미나 연구원, 도쿄대학교 외국인연구원, 미국 UC 버클리대학교 방문교수, 한국일본사상사학회 회장, 『불교평론』 편집위원장을 역임했다. 저서로 『근대 일본의 두 얼굴: 니시다 철학』, 『간디의 진리 실험 이야기』, 『西田哲学研究: 近代日本の二つの顔』(일본 岩波 2022) 등이 있고, 역서로 『마하트마 간디의 도덕 · 정치사상』(3권), 『인도사상사』, 『초기불교의 역동적 심리학』, 『표정의 심리학』(공역) 등이 있다.

옮긴이 허주형

캐나다 퀸즈대학교 심리학과 박사과정의 비교문화심리 분야에서 도덕성 및 인지적 편향 등을 연구했다. 미국 UC 버클리대학교 심리학과를 졸업하고 서강대학교 대학원에서 심리학으로 석사학위를 받았다. 역서로 『표정의 심리학』(공역), 『인터비잉』(공역, 근간) 등이 있다.

찾아보기

대원불교 **12** 달라이 라마의 정치철학
학술총서

초판 1쇄 인쇄 2023년 11월 29일 | 초판 1쇄 발행 2023년 12월 8일
편집 수바쉬 C. 카샵 | 옮긴이 허우성 · 허주형 | 펴낸이 김시열
펴낸곳 도서출판 운주사

　　　(02832) 서울시 성북구 동소문로 67-1 성심빌딩 3층

　　　전화 (02) 926-8361 | 팩스 0505-115-8361

ISBN 978-89-5746-762-6　03220　값 50,000원

http://cafe.daum.net/unjubooks 〈다음카페: 도서출판 운주사〉